KB119867

성 문화와 심리 ^{3판}

Sex Culture and Psychology of Sexuality

| 윤가현 · 양동옥 공저 |

학지사

3판 머리말

필자는 '성'에 대한 공부를 우연히 시작했다. 유학 시절 박사과정 프로그램에 '인간의 성행동' 분야가 있었는데, 지도교수의 권유로 이를 부전공으로 선택하게 된 것이다. 그때가 1983년이었다. 마음의 준비도 전혀 하지 못한 채 아무것도 모른 상태에서 성 관련 교과목들을 수강하기 시작했다. 대학 시절 한 번도 상상해 보지 못했던 영역이라 도전하기가 매우 두려웠다. 아니, 너무 어색했다는 표현이 더 맞을 것이다. 그 어색함을 무마하기 위한 수단을 찾아야 했다. 그래서 본격적으로 성 연구에 손을 대기 시작했다. 그때 처음 연구했던 분야는 서로 잘 알고 지내는 남녀 사이에 발생하는 성폭력이었다. 당시만 하더라도 우리나라에는 성폭력의 개념을 이해하는 사람이나 성폭력이라는 단어를 들어본 사람이 극히 드문 실정이었다. 성폭력을 전문적으로 연구하면서 많은 것을 배울 수 있었다. 그중에서 가장 값진 것은 사람을 상대할 때 그의 출신배경과 상관없이 공평하게 바라봐야 한다는 깨우침이었다. 성폭력을 위시로 성 분야를 공부하면 할수록 얻어지는 것은 항상 겸손함을 잃지 않고 살아야 한다는 깨우침이었다. 지금도 성교육과 연구에 시간과 에너지를 투자할수록 새로운 깨우침이 지속되고 있다. 죽을 때까지 그러하리라고 믿는다.

필자는 깨우침이 지금보다 훨씬 더 부족했던 시절, 분수에 넘치는 일을 저질렀다. 그 깨우침을 대학생들과 공유하고 싶어서 문화, 역사, 심리 등 성 관련 연구 내용을 중심으로 교재를 만드는 욕심을 부린 것이다. 그 결과 1990년 2월 국내 최초로 대학생용 교재『성심리학』을 출간했고, 그해부터 3학점 교과목으로 강의를 개설하여 가르치기 시작했다. 그로부터 몇 년이 흐르는 사이 우리나라는 후기 산업화 사회에서 정보화 사회로 탈바꿈하는 등 사회 도처에서 매우 빠른 변화가 전개되었다. 이 과정에서 남녀노소를 막론하고 성을 바라보는 태도 역시 시시각각 다양해졌고, 성적 욕구도 매우 적극적으로 표현하게 되었다. 성심리학 수강생들은 매년, 아니 매학기 요구가 달라졌다. 급속한 사회 변화와 수강생들의 거센 요구로 인해 교재 개편의 필요성은 커져만 갔다. 좀 더 전문적인 기획을 해 줄 수 있는 출판사를 찾아야 했다. 다행스럽게도 학지사를 만나고, 편집부의 도움으로 기존의 교재를 태도의 다양성을 반영해 편집했다. 그리고『성심리학』은 1998년 8월『성 문화와 심리』라는 교재로 환골

탈태했다. 그로부터 8년이 흐른 2006년 3월에는 제2판이 발행되었고, 거의 10년 만에 제3판을 출간하게 되었다. 제3판으로 개정하면서 양동옥 박사를 공동 저자로 모셨으며, 해당 분야의 최신 연구 결과물의 포함 여부를 한 줄씩 꼼꼼히 점검하면서 깨우침이 잘 전달되도록 노력했다. 물론 이 책을 읽는다고 해서 저자의 깨우침이 곧바로 전달되지는 않을 것이다. 그렇지만 깨우침에 대한 저자의 기대는 분명하다. 이는 바로 모든 인간은 세상에 태어난 순간부터 평등하고, 사회적 관계를 지닐 때 존중받아야 한다는 점이다.

이 책이 처음 출간된 당시에도 그랬지만, 앞으로도 최소한 30년 이상은 정보기술을 비롯한 과학기술의 발전에 의해 사회가 매우 빠르게 변할 가능성이 높다. 이에 따라서 사람들의 사고나 태도, 행동이 변하면서 관습이나 법, 제도도 시시각각 달라질 것이다. 그럼에도 불구하고 변하지 않는 것은 인간의 기본 욕구에 대한 관점이다. 인간은 성욕과 같은 기본 욕구를 잘 조절해야 한다. 로봇이 성욕을 달래 주는 파트너가 되는 시대가 오더라도 기본적으로 우리는 다른 사람들과 관계를 원만하게 유지하고 살아야 하며, 이를 위해서는 스스로 성욕을 잘 조절해야 한다. 그게 바로 건강한 삶이다. 반면 쾌락을 추구하는 생활이 과해지면 자기파멸의 길에 빠져들어 헤어나지 못하게 된다.

이 책은 처음부터 마지막 장까지 이러한 입장을 강조하고 있다. 스스로를 조절할 수 있는 역량을 키워 주고자 하는 것이 이 책의 첫째 목표다. 사람을 공평하게 바라보고, 조금 더 겸손하게 살아가는 길은 기본 욕구를 조절할 수 있는 능력에 달려 있다. 그건 바로 앞에서 언급했던 깨우침에 해당된다. 이를 위해서는 지금보다 더 보수적이거나 개방적인 시대에는 성욕을 어떻게 바라보았는지, 자신이 살고 있는 지역보다 더 보수적이거나 개방적인 문화권에서는 성욕을 어떻게 바라보고 있는지, 관습이나 종교 또는 제도가 다른 곳에서는 성욕을 어떻게 바라보고 있는지 등 성에 관한 지적인 이해의 폭을 넓혀야 한다. 또한 자신의 관점을 정리하여 다른 사람들에게 전달하고, 동시에 다른 사람들의 생각을 많이 들어보면서 자신의 것과 비교해 보는 시간을 자주 가져야 한다. 이 책은 대학생 눈높이에 맞추어 집필했다. 책을 읽을 때마다 시간을 내어 자신의 관점을 정리하는 일을 게을리 하지 않기를 부탁한다. 그리하면 자신이 어떻게 살아가야 하는지 깨달을 수 있을 것이라고 믿는다.

마지막으로 이와 같은 소중한 책의 출판을 위해 수고해 주신 학지사 김진환 사장님, 김순호 편집부장님, 그리고 편집부원들께도 고마움을 전한다.

2016년 2월
빛고을 용봉골에서
대표 저자 윤 가 현

1판 머리말

기혼 남녀의 불륜을 다룬 드라마가 방영되고 있다고 가정하자. 우리의 정서에 맞지 않는 내용이라고 비난하는 목소리에도 불구하고 그 드라마는 주부들에게 대단한 인기를 누리게 된다. 그 이유는 다른 계층들과 비교해 볼 때 한국 주부들이 성욕의 발산을 더 억압받은 데 따른 반발심 때문이다.

또 요즈음 TV 드라마에는 국내 연기자들의 키스 장면이 심심치 않게 등장하고 있다. 이를 본 유치원생들은 '에이!' 하는 탄성과 함께 마치 키스 행위를 큰 잘못이라고 판단하고 부모에게 동의를 구하는 표정을 짓는다. 그러나 부모와 함께 그 장면을 시청한 중·고생이나 대학생들의 반응은 어떠한가? 부모도 자녀도 서로 그 장면을 보지 못한 척하거나, 애써 태연한 척하거나, 얼굴을 붉혀 버리는 등 어색한 표정을 짓기 일쑤다. 그 이유는 사춘기 이후의 자녀들과 부모 사이에 이루어지는 대화 중에서 성에 관련된 내용만큼은 금기처럼 받아들이고 있기 때문이다. 따라서 부모나 자녀 모두가 그러한 장면이 재빨리 지나가 버려야 서로 마음이 편해진다.

우리나라는 20세기 중반부터 서구 사회와의 교류가 활발해지면서 산업화 사회로 변모하였다. 겨우 40년 정도의 산업화 과정에서도 성행동의 양상은 매우 빠르게 변하고 있다. 결혼관계에 얽매이지 않고 성욕을 발산하는 비율도 높아지고 있으며, 성욕의 표출에서 남녀 간의 차이도 줄어들고 있다. 또 전통적 성 역할에 집착하지 않는 동성애자들의 상당수가 자신의 성 정체성을 드러내면서 살아가고 있으며, 자신의 생물학적 성을 부정하고 반대의 성으로 전환하는 사람들도 생겨났다.

물론, 산업화 과정의 역사가 짧다 보니 성행동의 기준들도 너무 다양하여 아직 혼란을 초래하는 문제점이 남아 있다. 또 전통적인 유교 사상의 영향으로 성에 관련된 언급 자체를 금기한 탓에 포르노나 매춘 등이 음성적인 형태로 다양하게 발달하고 있으며, 남녀 간의 차별 사상이 사라지지 않아 성폭력과 같은 범죄도 끊이지 않고 있다.

우리나라는 지난 반세기 동안 정치적으로나 사회적으로 안정을 찾지 못하고 있다. 도덕적 해이현상도 심하다 보니 성행동 때문에 생기는 제반문제들에 대하여 무엇이 옳고 그른가의 합리적인 기준도 마련하지 못하고 있다. 사회 지도층의 자질이 부족할 뿐만 아니라 문제해결에 대한 의지도 없다. 단순히 전통 윤리의 기준에만 맞추다 보면 현실과의 괴리가 너무 심하다. 예를 들면, 불법으로 규정된 낙태와 관련하여 처벌받는 자를 찾아보기 어렵고, 강간이 발생해도 희생자와 방관자만 있을 뿐이다.

이러한 사회 문화적 상황에서 성 과학(性科學) 개설서의 집필은 쉬운 일이 아니다. 단순히 흥미 위주로 내용을 전개할 경우 일반인들의 관심을 불러일으킬 수는 있지만, 학문적 깊이는 얕아지게 된다. 필자는 학문적 깊이를 담고자 최선을 다했지만, 역량의 부족으로 독자의 기대를 제대로 충족시키지 못했을지도 모른다. 이에 대해 굳이 변명을 한다면 한국인을 대상으로 이루어진 연구들이 많지 않다는 점이다. 그러나 독자들은 이 책에 언급된 다른 문화권의 연구 결과들을 토대로 우리 문화권의 모습을 충분히 비교하여 이해할 수 있으리라고 믿는다.

이 책은 우리 주위에 산재하는 고대인들의 성신앙의 이해에서부터 시작하여 임신과 출산의 이해, 성기능장애, 노화과정, 성욕의 표출과 행동, 성전환, 성욕의 매매, 동성애, 성범죄, 변태성욕 등 성에 관련된 현상들을 폭넓게 다루었다. 필자는 각 단원이나 주제에 대한 자신의 견해를 타인의 생각과 비교해 보면 볼수록 성 개념의 이해가 더 정확해지고, 또 성의 개념을 정확하게 이해할수록 우리 주변에서 나타나는 성에 관련된 현상을 바라보는 태도가 더 겸허해지리라고 확신한다. 즉, 우리가 어떻게 태어나 어떻게 살아갈 것인가를 의미하는 생의 가치관이 더욱 뚜렷해지리라고 믿는다. 그렇다면 나중에 후세들의 변화된 모습을 보더라도 흔들리지 않을 것이다.

양서의 발간에만 전념하고 계시는 학지사 김진환 사장님의 출판 결정에 감사드리고, 또 정성을 다해서 이 책의 내용 검토와 교정에 수고해 주신 편집부 박현주 씨에게도 고마움을 전한다. 원고를 정리하는 동안 가족과 제대로 시간을 보내지 못한 점에 대해서 아내와 두 딸에게 미안한 마음을 지면으로나마 전하고 싶다.

1998년 8월
빛고을에서 무등산 자락을 바라보며
윤 가 현

차 례

3판 머리말 ··· 3
1판 머리말 ··· 5

OI 성적 본능의 표현   13

1. 성적 사회화 ··· 13
2. 성(性)의 의미 ··· 16
3. 성적 상호작용의 기능 ··· 19
4. 성행동의 정상 기준 ··· 20
5. 성 건강의 기준 ··· 21

O2 성 혁명과 연구의 역사   25

1. 성 혁명 ··· 25
2. 성 혁명의 역사적 조망 ··· 26
3. 근대의 성 연구 ··· 33
4. 성행동 연구의 방법론적 문제 ··· 40

O3 성 문화   43

1. 여성 성기의 숭배 ··· 44
2. 남성 성기의 숭배 ··· 44

3. 성교행위의 숭배 의식 ··· 46
4. 동양의 성 문화 ··· 47
5. 한국의 성 문화 ··· 50

O4 성별의 분화   55

1. 고대의 이론 ··· 55
2. 중세 및 근세의 이론 ··· 57
3. 근대의 이론 ··· 58
4. 성별 분화의 이상 ··· 60

O5 성욕 발달과 프로이트 발달이론 65

1. 성욕이론 ··· 65
2. 프로이트의 성격발달이론 ··· 66
3. 프로이트 성격발달이론의 평가 ··· 77

O6 성차별주의   79

1. 그리스 시대로부터 중세까지의 견해 ··· 80
2. 중세의 전성설 ··· 81
3. 기독교의 입장 ··· 82
4. 사회생물학적 견해 ··· 84
5. 정신분석학적 견해 ··· 84

6. 사회 문화 및 성 정치학적 입장 ··· 86
7. 남성해방운동 ··· 87

07 성적 성숙과 발달   89

1. 사춘기의 개시 ··· 89
2. 성호르몬 ···91
3. 중추신경계의 기능 ··· 94
4. 성적 관심의 성차 ··· 97

08 성호르몬 수준과 생리 현상   99

1. 생리 주기와 발정기 ··· 99
2. 생리(월경) 전 증후군 ··· 101
3. 월경 현상의 적응기제 ··· 103
4. 월경과 금기 현상 ··· 104

09 할례 풍습   109

1. 남성의 할례 풍습 ··· 109
2. 할례 수술과 건강 ··· 111
3. 여성의 할례 풍습 ··· 113
4. 여성에게 실시된 할례 기능 ··· 115

10 자위행위   117

1. 해악을 강조한 유대교와 기독교 ··· 117
2. 자위행위의 당위성 ··· 120
3. 자위행위의 특성 ··· 121

11 성교와 처녀성   125

1. 성교행위 ··· 125
2. 구강성교 및 항문성교 ··· 127
3. 처녀성과 정조검사 ··· 129
4. 처녀성 파열 ··· 133
5. 처녀 출산 ··· 135

12 성 반응 주기와 감각 자극   137

1. 성 반응 주기 ··· 137
2. 감각 자극과 성적 흥분 ··· 140
3. 페로몬 ··· 143

13 사정과 오르가슴   147

1. 남성의 조루 현상 ··· 147
2. 조루의 원인과 치료 ··· 149
3. 여성의 사출 현상 ··· 151
4. 남녀의 오르가슴 ··· 153
5. 오르가슴의 기능 ··· 155
6. 성적 환상 ··· 157
7. 성감대와 두뇌의 역할 ··· 159

14 임신 과정과 수유행위   161

1. 임신 과정 ··· 161
2. 임신과 성욕 ··· 164
3. 난 임 ··· 165
4. 출산 후 수유행위 ··· 168

I5 피임   171

1. 근세 이전의 피임법 ··· 171
2. 현대의 피임법 ··· 173
3. 피임과 성행동 ··· 179

I6 원하지 않은 임신과 낙태   183

1. 유발적 낙태 ··· 183
2. 낙태의 법제화 및 찬반 논쟁 ··· 185
3. 원하지 않는 임신 ··· 189
4. 10대의 성행동 ··· 190

I7 사랑과 혼전 성교   195

1. 사랑의 형태 ··· 195
2. 청소년기 데이트 ··· 197
3. 혼전 성교 ··· 199

I8 성 파트너 선택 기준의 진화   205

1. 신체적 특성과 매력 ··· 205
2. 여성의 선택 전략 ··· 208
3. 성교 동기의 차이 ··· 210
4. 사회교환이론 ··· 212

I9 결혼 제도   215

1. 다양한 결혼 제도 ··· 215
2. 조 혼 ··· 217
3. 이혼 제도 ··· 219
4. 재 혼 ··· 222
5. 독신 생활 ··· 225

6. 결혼과 성생활 ··· 226
7. 부부 관계의 향상 ··· 230

2O 혼외 성관계   233

1. 혼외 성교의 보편성 ··· 233
2. 혼외 성교의 개방성 ··· 235
3. 혼외 성교에 대한 태도 ··· 239
4. 성적 환대의 풍습 ··· 243

2I 성기능장애   245

1. 성기능장애의 분류 및 요인 ··· 245
2. 성욕장애 ··· 247
3. 여성의 성기능장애 ··· 248
4. 남성의 성적 흥분장애: 발기부전 ··· 250
5. 최음제와 약물의 기능 ··· 254

22 성기능장애의 치료   259

1. 정신분석 및 행동치료 ··· 259
2. 행동치료 사례 및 기대 효과 ··· 261
3. 물리적 치료 ··· 264
4. 치료 전문가의 자세 ··· 266

23 노화와 성기능   269

1. 폐 경 ··· 269
2. 노년기의 독신 생활 ··· 272
3. 노년기 남성의 성기능 ··· 274
4. 노년기 성욕의 이해 방향 ··· 276

24 동성애   279

1. 동성애의 문화적 비교 ··· 279
2. 근대 문화권의 관점 ··· 281
3. 동성애의 원인 ··· 286
4. 동성애자의 생활양식 ··· 291
5. 이성애적 차별주의와 동성애 혐오증 ··· 294
6. 양성애 ··· 297

25 성전환   299

1. 성전환의 일화 ··· 299
2. 스포츠와 성전환 ··· 300
3. 성전환 수술의 문화적 이해 ··· 302
4. 성전환 수술의 동기 ··· 304
5. 성전환 수술의 절차 ··· 308

26 성 전파성 질환   311

1. 질병 간염 ··· 311
2. 임 질 ··· 312
3. 매 독 ··· 313
4. 음부포진 ··· 315
5. 에이즈의 발병 현황 ··· 316
6. 에이즈의 공포와 치료 ··· 318
7. 성행동의 안전성 ··· 319

27 성폭력   323

1. 강간의 의미 및 형태 ··· 323
2. 친근자 강간 ··· 325
3. 부부 강간 ··· 327
4. 전통사회에서의 강간 해석 ··· 328
5. 전쟁과 강간 ··· 330

6. 성 역할과 남성의 공격성 ··· 331
7. 강간에 대한 환상 ··· 332
8. 강간의 대상 ··· 333
9. 강간 피해자에 대한 태도 ··· 335
10. 강간범의 동기 ··· 337
11. 성폭력의 예방 ··· 340

28 친족 성폭력 및 아동학대   343

1. 근친상간의 발달 배경 ··· 343
2. 근친혼 ··· 345
3. 근친상간의 다양성 ··· 347
4. 친족 성폭력 가해자 ··· 349
5. 아동 대상 성 학대 ··· 351
6. 아동기 학대 피해와 성범죄 ··· 352

29 성희롱   357

1. 성희롱의 정의 ··· 357
2. 성희롱의 유형 및 동기 ··· 358
3. 여성의 반응과 조직의 맥락 ··· 361
4. 스토킹 ··· 362

30 성욕의 매매   365

1. 신전 성매매 ··· 365
2. 성매매의 발달 ··· 367
3. 다양한 형태의 성매매 ··· 370
4. 미성년자 성매매와 회춘 욕구 ··· 373
5. 성매매의 욕구 ··· 374
6. 성매매의 규제 ··· 376

31 포르노 381

1. 포르노 정의와 기준의 상대성 … 381
2. 문 학 … 383
3. 춘 화 … 385
4. 포르노 영화와 비디오 … 387
5. 서구 사회의 포르노 규제 … 388
6. 포르노 노출의 영향 … 391

32 노출증과 관음증 395

1. 변태성욕의 정의 … 395
2. 노출증 … 396
3. 노출광의 심리 … 399
4. 관음증 … 402

33 물품음란증 및 이성의 의복 착용 407

1. 물품음란증 … 407
2. 물품음란증의 다양성 … 408
3. 이성의 의복 착용 … 410

34 공격성 변태성욕 417

1. 가학성 변태성욕 … 417
2. 피학성 변태성욕 … 419
3. 가학-피학성 변태성욕 … 421
4. 소아기호증 … 423
5. 동물애증 … 424
6. 성욕 과다 … 426
7. 시체애증 … 429
8. 외설 음란전화와 마찰도착증 … 429

35 성욕장애의 치료와 지적장애 431

1. 러브맵 … 431
2. 변태성욕 및 성범죄의 처치 … 432
3. 지적장애와 성 … 437

36 성교육의 방향 439

1. 성교육의 필요성 … 439
2. 성교육의 3요소 … 441
3. 성인 성교육 … 446

참고문헌 … 449
찾아보기 … 479

OI
성적 본능의 표현

1. 성적 사회화

프로이트에 의하면, 인간은 양심의 발달과 함께 성적 본능을 억압하기 시작했고, 이를 계기로 동물과 구별되는 문명을 발달시키고 문화를 창조했다(203). 그러나 그 본능의 억압 정도는 시대와 문화에 따라 차이가 있으며, 현대인의 성에 대한 태도나 행동은 대부분 그 시대의 학습된 사회·문화적 현상이다. 예를 들면, 실험실에서 성적 자극을 제시하면서 흥분의 정도를 평가했을 때 남성은 생리적 변화를 통해 측정한 객관적 흥분과 주관적으로 보고한 흥분 사이의 일치도가 꽤 높았지만, 여성은 객관적 흥분에 비해서 주관적 흥분을 훨씬 더 낮게 평가했었다. 이러한 차이는 여성의 성을 억압했던 사회·문화적 영향 때문에 발생했는데, 근래에는 그러한 영향이 감소되면서 객관적 흥분과 주관적 흥분의 차이가 줄어들고 있다(134). 흔히 성장 과정에서 학습을 통해 어떤 성행동에 특별한 의미를 부여하여 내재화하는 과정을 성적 사회화(sexual socialization)라고 한다. 개인이 속한 사회제도가 서로 다르기 때문에 성에 관련된 행동이나 태도, 느낌, 생각이 다르기도 하지만, 같은 문화권에서 살아가는 동시대인들도 개인마다 성적 사회화 과정이 조금씩 달라서 개인차가 나타날 수도 있다. 또 그 개인차에 영향을 미치는 대표적인 사회제도는 다음 네 가지로 정리된다(16, 71, 335, 504).

1) 가 정

어느 가정이나 적절한 성행동의 기준이 존재하지만, 그 기준이 가족 구성원에게 어떻게 전달되는가는 가정마다 다르다. 자녀가 부모에게 성에 관해 질문할 때 자녀의 눈높이에 맞춰 대화를 하는 부모도 있지만, 무관심하게 대처하거나, 비언어적으로 반응하거나, 아이가 이해하기 어렵게 설명해 주거나, 다음부터는 그런 질문을 못하게 하거나, 또 아예 거짓말로 대응해 버리는 부모 등 다양하다. 후자처럼 가족끼리의 의사소통이 명료하지 못할 때 자녀는 성을 부정적으로 내재화할 가능성이 높다. 또 부모가 보수적인 성 태도를 지닐 때 대화를 자주 하더라도 자녀에게 별 도움이 되지 않았으며, 그 대화 내용도 자위행위나 오르가슴 등이 아니라 거의 대부분 임신이나 질병, 월경 등에 관한 것들이었다(335).

2) 학 교

학교는 또래들과 상호작용을 통해 사회화가 이루어지는 매우 중요한 환경으로 성 태도나 행동 발달에 큰 영향을 미친다. 학생들은 정규 교과과정을 통해 성에 관한 정보와 지식을 습득할 수 있으며, 교과과정 이외에서도 성에 관한 사고, 감정, 행동 등을 배우게 된다. 예를 들면, 화장실이나 탈의실에서 자신과 타인의 신체를 비교할 수 있고, 여아들은 월경에 관한 이야기를 주고받기도 한다. 또, 학교에서 주최하는 운동회나 학예회 등 여러 가지 사회적 행사는 이성과의 교류 기회를 제공해 준다.

3) 매 체

근래에는 방송이나 인쇄 광고물, 인터넷 등 다양한 매체가 대중에게 성적 메시지를 전달하면서 성 문화를 형성하고 있다. 매체에 노출된 채 일상생활을 하는 현대인은 본인의 의지와 무관하게 매일 대중매체로부터 성행위, 낙태, 성폭력 등의 정보를 접한다. 매체는 다른 어떤 제도보다도 개인의 성적 태도나 행동에 큰 영향을 미치고 있다(71, 84).

4) 종 교

종교마다 성행동 기준은 조금씩 다른데, 예를 들면 기독교는 전통적으로 모든 성행동을 결혼 관계 이내로 제한하고 있다. 우리나라는 현재 특정한 종교의 원리를 국시로 채택하지 않고 있지만, 유교의 영향으로 과거 수세기 동안 남존여비의 문화 속에서 성을 언급하는 것을 금기시했다. 또 약 2세기 전부터 기독교의 영향을 받으면서 서구인의 성에 관한 보수적인 사고방식까지도 전달받았다. 근대의 기독교 원리도 성을 금기시하고 여성보다 남성을 우월한 존재로 부각했다는 점에서 유교 원리와 다를 바 없다.

그렇지만 종교라는 사회제도가 인간의 성적 표현이나 태도를 전적으로 결정해 주지는 않는다. 앞에서 언급한 다른 사회제도나 사회·문화적 영향 및 개인의 심리적 특성에 따라 성의 표현이나 태도가 다르다. 물론 성인을 대상으로 하는 조사에서는 아직도 종교의 영향이 적지 않게 드러나지만, 최소한 20세기 후반 이후 청소년은 종교의 영향을 거의 받지 않는 편이다(275). 예를 들면, 성인들의 반응에서 기독교 정신에 투철할수록 성교 비율이나 파트너 수가 더 낮게 나타났다(470). 그러나 영국의 청소년을 대상으로 한 1990년대 초반의 조사에서는 종교적 신념 정도가 혼전 성교 행위에 어느 정도 영향을 미쳤지만, 성교가 아닌 키스, 애무 등에는 전혀 영향력이 없었다(455).

전반적으로 20세기 후반 이후 인권, 언론 자유, 양성평등 또는 성 평등 등 여러 사회적 변화가 다른 어느 시기보다 심했으며, 그로 인하여 범세계적으로 성에 대한 보수성이 약해졌다. 그러한 사회적 변화 때문에 성에 대한 관점도 최소한 세 가지 면에서 달라졌다. 첫째, 과거보다 성에 관해 더 알고자 함과 동시에 솔직하고 공개적인 분위기에서 토론할 수 있게 되었다. 예를 들면, 동성애, 성폭력, 성매매 등 사회적으로 매우 민감한 주제들의 토론도 쉬워졌다. 둘째, 결혼 관계 이외에서 발생하는 성행동을 과거보다 더 수용하는 분위기로 변하고 있다. 즉, 혼전이나 혼외 성교 금기가 약해져 기회가 주어진다면 쾌락 추구를 위한 성행위도 가능하다는 태도를 보인다. 셋째, 성인이나 청소년 모두 성을 과거보다 더 개인적인 차원에서 바라보고 있다. 그들은 사회적인 가치나 기준, 규범 등에 개의치 않고 "내가 원하는 바를 선택하겠다."는 입장을 취한다(84). 이러한 문제는 다음 장부터 하나씩 다루어질 것이다.

2. 성(性)의 의미

일상생활에서 언급되는 성(性)은 성별 구분에 사용되는 영문의 섹스(sex)와 젠더(gender)라는 용어를 번역한 단어다. 우선 섹스를 이해해야 이에 관련된 다른 용어들과의 차이를 파악할 수 있다. 보통 생물학적 성별 구분을 뜻하는 섹스는 출생 시 구분된 선천성을 강조하는데, 어원상 남녀가 함께 붙어 있었던 양성체 인간을 둘로 '자르다(to cut)'는 라틴어 동사 'secare'에서 유래했다(196). 플라톤의 『향연(Symposium)』에 언급된 아리스토파네스(Aristophanes, BC 446~386) 이야기에서 그 의미를 추론할 수 있다(〈Box 1-1〉 참조).

앞 내용은 인간을 비롯한 대다수 동물이 본질적으로 자웅으로 이분되는데, 섹스의 의미가 자웅 구분이라는 점을 설명한다. 그러나 그 이분법은 그렇게 단순하지 않은데, 생물학적으로 수많은 종에서 자웅 구분이 애매한 양성(intersexuality) 상태를 찾아볼 수 있다(196). 또 인간의 모습이 모두 남녀가 합해진 양성체가 아니라 일부는 두 여자나 두 남자가 합해진 상태였다고 하는데, 이 경우에는 여자가 여자를, 남자가 남자를 자신의 짝으로 찾는 동성애자가 된다고 했다. 섹스라는 단어가 남녀로 구분된다는 동사형에서 명사형으로 사용되기 시작

Box 1-1   아리스토파네스 이야기

인간의 조상은 원래 남녀가 합해진 양성체였다. 몸은 둥글고, 손발이 합해 4쌍, 얼굴이 둘, 등은 함께 붙어 있었다. 반듯이 걸을 수도 있지만, 8개의 손발을 이용해 땅을 짚고 굴러다니거나 빠르게 움직일 수도 있었다. 능력이 뛰어난 그들은 자존심이 강해 신들에게도 대들 정도였다. 신들은 그들의 무례함에 화를 내기도 하고, 위협을 느끼기도 했다. 결국 신의 총수 제우스의 결정에 따라 그들을 둘로 분리시키기로 했다. 그렇게 되면 지금보다 더 약해질 것이고, 신들이 더 유리해질 것으로 믿었기 때문이다. 곧 인간은 남자와 여자로 분리되었고, 그 후 남녀는 예전처럼 하나가 되려고 서로 다른 반쪽을 추구한다.

한 시기는 종교개혁가 위클리프(John Wycliffe, 1320~1384)에 의해 주도된 라틴어 성경을 영어로 번역했던 14세기 후반(1382년)부터다. 기독교 성경 창세기(6장 19절)에 신은 노아(Noah)에게 방주에 모든 동물을 암수 한 마리씩 태우라고 명했는데, 그 구절의 번역부터 생물학적으로 이미 갈라진 성별을 의미하고 있다. 역사가들의 분석에 따르면, 섹스가 암수 결합에 의한 종족 보존을 뜻하는 명사형으로 부각된 시기는 18세기, 쾌락 추구의 의미를 얻게 된 시기는 19세기경이다(126).

생물학적 차원이 아니라 정신적 면에서 남녀를 구분할 때 젠더라는 단어를 사용하는데, 젠더는 개인이 출생한 이후에 사회·문화·심리적 환경에 의해 학습되어 후천적으로 주어진 남녀의 특성을 의미한다. 출생이나 근원의 의미를 지닌 라틴어 'Genus'에서 유래한 젠더는 철학이나 언어학에서만 사용되던 단어였지만, 머니(John Money, 1921~2006)는 1955년 원래 의미를 확장해 외부 생식기가 애매한 상태로 태어난 사람들을 기술하기 위해 심리학에 응용했었다(〈Box 1-2〉 참조). 그러나 현재는 섹스가 남성, 여성 또는 중성으로서의 개인의 성별을 의미한 반면, 젠더는 신체적이고 행동적인 기준에 따른 남성이나 여성적 특성, 역할 등을 의미하는 방향으로 구분해 사용된다(122).

앞서 말했듯이 섹스는 원래 생물학적 성별을 칭하는 단어에 불과했으나 그 의미가 확장되어 종족 보존이나 쾌락 추구까지 의미하게 되었다. 그러나 시대가 바뀌면서 대부분의 근대인은 섹스를 성별보다도 단순히 성기의 자극이나 성기 접촉을 통한 성행위 등으로 국한시켜 이해하려는 경향을 보인다. 섹스의 의미가 더 확장되어 해부학적 구조와 생리적 기능을 망라한 종족 보존 과정의 생물학적 측면을 언급할 때 사용되기도 한다. 즉, 정자 및 난자세포의

Box 1-2   Sex와 Gender에 대한 관점의 사회적 변화

사회·문화적 차원의 성별을 의미하는 gender는 Money가 1955년 'gender role'이라는 용어를 사용하면서 생물학적 차원의 성별을 의미하는 sex와 비교되기 시작했다. 1945~2001년 사이에 발표된 사회, 인문 및 자연과학 논문 300만 편의 검색 결과, 두 용어에 대한 세 가지 관점 변화가 나타났다. 첫째, 최근에 올수록 sex나 gender라는 용어를 언급한 논문 수가 증가하고 있다. 둘째, 자연과학에서는 gender보다도 sex를 언급한 논문이 더 많지만, 그 차이는 줄곧 줄어들고 있다. 셋째, 사회 및 인문과학 논문에서는 1980년대 후반 이전에는 gender보다 sex를 언급한 논문이 더 많았지만, 1980년대 후반부터는 gender를 언급한 논문이 훨씬 더 많았다(249).

생성에서부터 성적 흥분, 성교, 임신 등의 생물학적 기제 등을 의미하는 것이다. 이에 19세기에는 섹스의 변질된 의미와 구분하는 차원에서 섹슈얼리티(sexuality)라는 용어가 등장했다. 이 용어는 성별이나 성행동은 물론이고 개인이 갖는 성에 대한 환상, 꿈, 태도, 사고, 감정, 가치관, 신념, 이해심뿐만 아니라 존재 의미 등을 나타내 주는 포괄적인 의미로 사용되고 있다(467). 곧 섹슈얼리티는 종족 보존은 물론 쾌락 추구 등 성행동과 관련된 심리적·문화적 요소까지 포함하고 있다. 예를 들면, 개인의 성적 감정이나 종족 보존과 상관없는 자위 행위도 섹슈얼리티의 일부에 해당된다. 역시 젠더라는 의미도 문화적이고 심리학적 특성을 나타내므로 섹슈얼리티에 속한다(126).

　해부학적으로 개인의 성별을 나타낼 때에는 '성적 정체성(sexual identity)'이라는 용어를 사용한다. 반면 한 개인이 소속된 사회 문화권에 통용되는 남성다움(masculinity, 남성성)이나 여성다움(femininity, 여성성)을 나타낼 때에는 정신 성적 정체성(gender identity)이라는 용어가 적용된다. 개인의 정신 성적 정체성 형성은 보통 환경, 특히 부모와 또래들과의 사회화 과정을 통해 이루어진다. 이는 개인이 속한 사회문화권에서 기대하고 있는 성 역할에 따라서 자신을 어떻게 바라보는가를 의미한다. 그러므로 어느 시대, 어느 사회문화권에서든지 구성원들의 일부는 일반적인 범주에서 벗어난 정신 성적 정체성을 보일 수 있다(122).

　동양에서는 섹스와 젠더의 영문 단어들을 단순히 성(性)으로 번역하는데, 그 글자는 마음[心]과 몸[生]이 합해졌다는 뜻이다. 다시 말하면, 성은 전체적인 인간 그 자체를 뜻하는 것이지 결코 성행동이나 성적 쾌락만을 의미하지는 않는다. 오히려 단순히 성적 쾌락이나 성행동만을 의미하는 단어로는 성보다도 색(色)이라는 글자가 더 적격이다. 우리가 사용하는 성격, 인성, 성미, 본성 등 여러 단어에 성이라는 글자가 포함되어 있는데, 이들 모두 전술했던 섹슈얼리티를 반영한 것들이다. 성을 포괄하는 의미를 지닌 섹슈얼리티는 환경의 영향을 많이 받기 때문에 정신 성적 정체성과 밀접한 관계를 이루고 있으며, 또 개인의 행동 변화에 큰 영향을 미치므로 성적인 인격(sexual personality)으로도 풀이된다(16).

　마지막으로 성을 연구하는 학문인 성학(sexology, 성과학)에 관해 언급할 필요가 있다. 과거에도 성을 연구했던 선구자들이 존재했지만, 1867년 성행위가 건강에 해롭다고 주장한 윌리어즈(Elizabeth Williards)가 『Sexology as the philosophy of life』라는 책을 발표하기 전에는 이에 대한 학명도 없었다(122, 335). 아직도 성학은 독립 과학으로 완전히 발전하지는 않았지만, 심리학이나 생의학(정신의학, 비뇨기학, 산부인과학, 유전학, 생리학, 내분비학, 신경해부학 등), 보건학, 약학, 사회학, 인류학, 고고학, 역사학, 교육학, 가족학, 법학, 종교학, 철학, 문학 등 다양한 영역에서 연구되고 있다(16, 361). 연구 내용도 행동이나 생태, 사회 및 문화, 수태와 피임, 임신과 출산, 부모 역할 등으로 구분되기도 하며, 연령에 따라 태내기, 유아기, 아동기, 사춘기, 청소년기, 성인기 및 노년기 성으로 구분되기도 한다.

3. 성적 상호작용의 기능

성교의 역사는 인류 조상 '호미니드(*hominid*)'로 보면 수백만 년, '호모 사피언스(*homo sapiens*)'로 보면 최소 5만 년이 지났다. 그러나 우리는 성교의 의미나 속성, 맥락을 잘 모른다. 대부분의 현대인에게 분명히 성적 감정이나 경험이 쾌감이나 친밀감의 근원이 될 수도 있지만, 성 지식이 부족하여 고통도 경험한다. 그렇다면 성행동의 목적은 무엇이고, 왜 피임을 하는가? 또 성욕의 과다한 표현은 왜 바람직하지 않은가? 사랑은 쾌를 위한 성관계나 결혼생활 유지에 필수적인가? 왜 동성끼리 성관계를 추구하는가? 성관계에서 쾌락의 경험이 건강에 이로운가? 성적 의도나 반응에서 남녀는 어떻게 다른가? 이 모든 물음에 대한 답은 성적 상호작용의 기능을 살펴볼 때 유추할 수 있다.

물론 시대나 문화적 배경에 따라서 성적 상호작용의 기능이 변하고 있다. 문헌을 통하여 성적 표현의 규준이나 법을 살펴볼 경우 지난 수세기 동안 서구 기독교 문화권에서는 임신의 의향이 없는 상태의 모든 성관계를 비자연적 · 비도덕적이라고 가르쳐 왔다. 즉, 단순히 자녀를 생산하기 위한 일부일처 관계 이외에서 발생하는 모든 성행위를 윤리나 법으로 제한해 왔다. 그러나 근자의 사회 · 문화적 환경은 과거와 매우 다르다. 효과적인 피임법이 널리 보급되고 성별이나 연령, 인종 등의 차별을 타파하는 인권운동이 전개되면서 성행동의 목적은 물론 인간의 존재 의미도 바뀌고 있다. 쉽게 표현하면, 단순한 종족 보존 이외의 친밀감이나 온정, 순수한 쾌락과 같은 정서적 측면에 비중을 두게 되었다. 게다가 자유와 행복 추구 등의 측면도 강조되어 전통적인 인간 개념이 'human being'에서 'sexual being(성적인 존재)' 차원으로 변해 가고, 또 그 속에서 존재 가치나 의미를 찾으려고 한다(16). 이러한 변화는 역시 성적 사회화의 과정에서 학습된 결과인데, 개인에 따라서 성교를 사랑의 표현으로 받아들이기도 하고 쾌락이나 우정을 위한 성교를 부정하기도 한다(504).

자고이래로 성적 상호작용의 기능은 가장 쉽게 종족 보존(procreation)과 쾌락 추구(recreation)로 이분된다. 이 두 가지 모두 창조(creation)의 의미를 내포하는데, 곧 전자는 2세 출산의 기능을, 후자는 욕구 불만이나 긴장을 해소하여 생활의 원동력인 에너지를 재충전하는 기능이다. 성행위는 그 이 기능을 동시에 충족하기도 하지만, 대부분 둘 중 하나에 더 큰

Box 1-3   보노보 원숭이의 성생활

사람들은 보노보(Bonobo) 원숭이를 근래까지 하나의 독립된 종이 아니라 사춘기에 접어든 침팬지라고 생각했다. 보노보 원숭이들은 1928년 최초로 학계에 보고되었고, 1972년에 자연 서식 상태 연구가 시작되었다. 암컷의 생식기 위치는 사람처럼 앞쪽으로 이동된 상태여서 얼굴을 마주보고 성행위를 즐긴다. 그들의 사회적 상호작용은 침팬지들과는 달리 유순하지만 긴장 상태에서 살아간다. 자제력이나 포용력이 강해서인지 서로 별다른 충돌이 없다. 그들의 사회생활은 수컷이 아니라 암컷, 특히 어머니 중심이며, 성적 상호작용의 주된 기능은 갈등 해소다. 그들은 음식을 잘 나누어 먹지만, 음식이 눈앞에 나타나면 갈등이 유발된다. 두 마리 이상의 보노보 원숭이 앞에 음식을 놓으면 이들은 즉각 성행위를 한 다음 사이좋게 나누어 먹는다. 음식이 보일 때 서로 먹고 싶은 욕망 때문에 갈등이 유발되는데, 이를 성교로 해소시킨다. 이러한 사회화 과정 때문인지 수컷은 음식이 앞에 놓이면 자연스레 발기가 된다. 그들은 음식을 발견하면 암수를 가리지 않고 성행위로 상호 기쁨을 얻거나 긴장을 완화시키는 것 같다. 그러나 어떤 암컷은 특정한 수컷만을, 또 다른 암컷은 여러 수컷을 상대하기도 한다. 그들은 소위 키스부터 성기 애무, 자위행위, 집단 섹스 등도 시도하며, 동성끼리도 음식을 먹을 때 긴장 완화를 위해 성행위를 한다. 긴장이 유발될 때에는 다른 집단의 낯선 보노보와도 성행위를 하기도 한다. 그들의 성행위의 기본 기능은 종족 보존이 아니라 일종의 평화 유지 의식에 해당된다(32, 158).

비중을 둔다(19, 467). 성인에게 종족 보존 이외의 성적 상호작용의 이유를 자유롭게 기술하도록 하자 사랑의 확인, 육체적 쾌락, 정서적 교감, 상대방으로부터 인정 및 자존감 고취, 긴장 완화, 욕구 좌절이나 갈등 및 스트레스 해소, 관계 유지의 목적, 재화나 지위 획득 등 다양했다(357, 467). 인간의 유전 인자와 거의 98% 이상을 공유하는 보노보 원숭이들은 인간을 제외한 영장류 중에서 가장 성적인 동물이다. 그들은 음식을 얻기 위한 수단, 새로운 집단과 섞이기 위한 수단, 또 동맹 관계를 유지하기 위한 수단 등으로 성행위를 이용하는데, 성적 상호작용 기능 중에서도 특히 갈등 해소에 비중을 두고 있다(〈Box 1-3〉 참조).

4. 성행동의 정상 기준

인간이 표현하는 다양한 성행동 중 무엇이 정상 범주에 속하는가? 앞에서 언급한 성적 상호작용의 기능으로 그 범주를 정할 수 있지만, 정상 여부를 가리기 어려운 성행동이 매우 다양하다. 어떤 사람은 하나의 행동을 정상으로 여기더라도, 어떤 사람은 그렇지 않을 수 있다. 일반적으로 정신분석이론가는 고결하고 정숙한 상태를, 신학자는 신의 법칙에 따라 죄가 되지 않는 행동을, 또 생물학자는 자연의 법칙에 따라 건강한 행동을 정상 범주로 해석한다. 곧 정상이라는 단어 속에는 교만이나 무례, 방어, 잔인성, 불성실 등의 의미가 숨겨져 있으며, 그 정상 범주는 영원불변의 차원이 아니라 상대적이며, 문화에 따라 다르며, 예고하지 않는 상태에서 변하기도 한다(481). 성행동의 정상성에 대한 일치된 견해는 없지만, 정상 여부를 논할 때 최소한 다음 기준을 고려한다(126).

- 사회적 기준: 이 기준의 정상 범주에 속하려면 어떠한 성행위가 사회 및 타인에게 해를 끼쳐서는 안 된다. 성인들끼리 동의한 상태에서, 자발적으로, 사적인 상황에서 성행위가 이루어진다면 정상에 해당된다.
- 통계적 기준: 대다수가 행하는 성행동은 통계적으로 정상이다. 이 기준에서는 다수가 혼외 성행위를 즐긴다면 정상으로 여기는 반면, 혼전 순결을 지키는 자들이 소수에 불과하다면 오히려 비정상이라고 해석한다.
- 심리적 기준: 긍정적인 감정을 불러일으키고, 자존심을 고양시키며, 편안함을 얻게 해주는 성행동은 심리학적으로 정상이다. 그러나 유사한 성행동이더라도 항상 긍정적인 감정을 가져다주는 것은 아니다.
- 도덕적 기준: 도덕적 기준은 자신이 믿는 종교나 철학적 견해를 근거로 형성된다.
- 법적 기준: 법률을 위반하는 성행동은 정상이 아니다. 어느 사회나 법적 기준의 변화는 여론의 변화보다 다소 느리지만, 법령은 대부분 도덕적 기준에 근접한다.
- 계통발생학적 기준: 포유동물에게서 나타나는 성행동을 인간 성행동의 기준으로 삼는다. 곧 포유동물에게서 나타나지 않는 사람들의 성행동은 모두 비정상이다.
- 문화적 기준: 어느 특정한 시점에서 문화적으로 용납되는 성행동은 정상이 된다.

5. 성 건강의 기준

성 건강(sexual health)에 대한 정의는 학자마다, 시대마다 조금씩 다르다. 최근의 정의는 개인의 사회적 존재 가치로서 긍정적 요소를 강조하는데, 세계보건기구(WHO)는 2002년 이를 섹슈얼리티에 관련하여 신체, 정서, 정신 및 사회적 안녕을 유지한 상태라고 정의했다

(175). 또 성적 건강의 정상 여부는 WHO의 ICD(International Classification of Disease & Related Health Problems, 질병 및 관련 건강 문제의 국제 통계 분류)나 미국정신의학회(American Psychiatric Association)의 DSM(Diagnostic & Statistical Manual of Mental Disorders, 정신질환의 진단 및 통계편람) 등에 정리되어 있는데, 성 건강에 대한 기준은 범세계적으로 ICD보다도 DSM에 의존하는 경향이 더 높다. DSM은 1952년 제1판(DSM-I), 1965년 제2판(DSM-II), 1980년 제3판(DSM-III), 1987년 제3판 개정판(DSM-III-R), 1994년 제4판(DSM-IV), 2000년 제4판 교과서 개정판(DSM-IV-TR)에 이어 2013년 제5판(DSM-5)이 발간되었다. ICD와 DSM

표 1-1 DSM-5(2013)에 의한 성기능장애 및 변태성욕장애의 주요 유형

성기능장애 (sexual dysfunctions)	성욕 및 성적 흥분 관련 유형	남성 성욕감퇴 장애 (male hypoactive sexual desire disorder)
		여성 성적 관심/흥분 장애 (female sexual interest/arousal disorder)
		발기부전(erectile disorder)
	오르가슴 관련 유형	여성 오르가슴 장애 (female orgasmic disorder)
		사정 지연 장애(delayed ejaculation)
		조루증(premature/early ejaculation)
	성교 통증 관련 유형	성기 통증/삽입 장애 (genito-pelvic pain/penetration disorder)
	기타 유형	물질/약물에 의한 성기능장애 (substance/medication induced sexual dysfunction) 기타
변태성욕장애 (paraphilic disorders)	노출장애(exhibitionistic disorder) 물품음란장애(fetishistic disorder) 마찰도착장애(frotteuristic disorder) 소아기호장애(pedophilic disorder) 피학성 변태성욕장애(sexual masochism disorder) 가학성 변태성욕장애(sexual sadism disorder) 이성 복장착용장애(transvestic disorder) 관음장애(voyeuristic disorder) 기타 분류되지 않은 변태성욕장애(① telephone scatologia, ② necrophilia, ③ partialism, ④ zoophilia, ⑤ corprophilia, ⑥ klismaphilia, ⑦ urophilia)	

의 기준은 다르지만, DSM-IV의 기준들은 1992년도에 발간된 ICD 제10판의 기준들과 큰 차이가 없었다(76, 77).

성적으로 건강하지 못한 상태를 DSM-I은 사회병질적(sociopathic) 성격, DSM-II는 전반적인 성격장애의 범주 그리고 DSM-III 및 DSM-III-R은 심리 성적인 장애에 포함시키고 있다. 그러나 DSM-IV 및 DSM-IV-TR에서는 이를 '성적 및 정신 성적 정체성 장애(Sexual and Gender Identity Disorders)'라는 범주로 표기하고, 이 범주의 내용을 ① 성기능장애(Sexual Dysfunctions), ② 변태성욕(Paraphilia), ③ 정신 성적 정체성 장애(Gender Identity Disorder)로 구분했다. 그리고 DSM-5에서는 그 세 가지의 범주로 소개했다. 〈표 1-1〉은 DSM-5에 수록된 성기능장애와 변태성욕장애의 유형을 소개한 것이다.

<big>O2</big>

성 혁명과 연구의 역사

1. 성 혁명

우리 문화권의 성 윤리는 1960년대까지만 해도 고대 중국 하·은·주 시대 아동용 교육서였던 소학(小學)의 입교(入敎) 편에 명시된 '남녀칠세부동석' 개념에서 벗어나지 못했다. 근대화 물결에 따라 이 같은 개념에도 변화가 생기기 시작했는데, 미니스커트 등장, 가족계획사업, 연애결혼, 혼전 성교, 포르노 등은 세대 간 거리감이 생기기에 충분했다. 변화에 저항하는 사람과 변화에 앞장서는 사람들이 함께 살고 있기에 갈등도 생긴다. 최소한 20세기 후반 한국인의 성적 태도나 행동은 그 이전과 비교할 때 크게 달라졌다.

대중매체나 문학, 예술 등에서 성적 자극이 범람하면서 누구나 성적 쾌락과 성욕 충족의 권리를 추구할 수 있다는 풍토가 범세계적으로 전개되었는데, 그 전개 시기는 구미 지역 1960년대, 일본 1970년대, 우리나라 1980년대 후반 그리고 동구권이나 중국 등은 1990년대라는 차이가 있을 뿐이다. 그러한 영향으로 동양 문화권의 여성은 서양 문화권의 여성보다 더 보수적인 성 태도를 보였고, 성욕 표현에 대한 죄의식도 더 높았다. 그러나 근래에는 동양 문화권의 서구화 영향으로 동서 간의 차이가 줄어들고 있다(534).

물론 서구에서는 20세기 초반에 일시적으로 자유로운 성적 표현이나 태도가 보였으며, 제 1차 세계대전 이후 정치와 경제·사회 구조의 재편성으로 다시 그런 분위기를 보였으나, 20세기 중반 무렵까지의 서구 사회는 기독교의 영향으로 성에 대한 태도가 매우 보수적이었 다. 그 예로 1929년 미국 중서부 지역 한 대학교에서의 사례를 소개하면 다음과 같다. 두 교 수가 학생들에게 익명으로 혼전 및 혼외 성행위에 관한 태도를 물었다. 보수적 태도를 고수 하던 미국 사회는 이를 문제화하였는데, 나중에 신성한 대학을 모독했다는 분위기가 형성되 었다. 그들은 결국 연구 주제가 저속했다는 이유로 징계위원회에 회부되어 1명은 파면, 다른 1명은 일정 기간 동안 교수 생활을 하지 못했다(467).

일반적으로 성 태도가 변하는 현상을 사회과학적(정치학) 용어를 차용하여 성 혁명(sexual revolution)이라고 부른다. 태도 변화 방향은 전통·보수적인 상태에서 자유·진보적인 쪽으 로 바뀌는 것과 그 반대로 진보에서 보수적인 상태로 바뀌는 두 가지가 존재한다. 넓게는 이 들을 모두 성 혁명이라고 부르지만, 성 혁명이라는 용어는 보통 보수에서 진보로 기준이 바 뀌는 경우만을 일컫는다. 혹자는 성 혁명의 존재에 의문을 제기하면서 변화 속도가 그렇게 빠르지 않으므로 혁명이라는 단어에서 첫 철자를 떼어내고 자연과학적(생물학) 용어로 성 진 화(sexual evolution)라고 부른다(467). 혁명이든 진화이든 정지 상태가 아님을 의미하지만 그 변화의 속도와 방향에서는 차이가 있다. 근래 우리나라를 비롯한 대다수 문화권에서는 더 자유롭고 진보적인 방향으로 변화가 매우 빠르게 나타나고 있다(20).

이러한 변화에 관련된 사회·문화적 요인은 다양하다. 그 요인들로는 산업사회 및 정보화 사회로 변모하면서 대두한 가족 구조 변화, 개인주의 가치관 팽배, 여성의 교육 기회 및 사회 참여 증진 등을 들 수 있다. 이러한 성 혁명으로 인해 이혼율이나 미혼 청소년 부모 증가, 자녀 의 결혼 파트너 선택에서 부모의 개입 감소, 청소년의 성 경험 개시 연령 저하 등이 쉽게 나 타나기도 한다. 보통 한 시대의 성 혁명 진행 정도를 따져보는 지표는 다양하지만, 사회 구성 원이 가장 거부감을 보였던 내용을 근거로 태도를 측정하는 것이 상례다. 혼전이나 혼외 성교 에 대한 태도 변화, 동성애의 이해, 여성의 성행동 변화 등이 지표가 되기도 한다(20, 21. 467).

2. 성 혁명의 역사적 조망

전술한 20세기 중반 이후의 성 혁명은 과거 수천 년의 역사를 토대로 살펴볼 때 빙산의 일각에 불과하다. 최근 1세기 동안 동서양의 문화적 교류는 고대사회에 비해 매우 활발한

편이다. 유감스럽지만 근래에는 동양이 서양에 주는 영향보다도 서양이 동양에 주는 영향이 훨씬 큰 편이다. 곧 유교나 불교, 힌두교, 회교 문화권에서도 기독교의 영향을 많이 받았으며, 우리 문화권은 지난 반세기 동안 그 영향 때문에 성을 바라보는 사고방식도 크게 달라졌다. 이에 여기에서는 편의상 서구 사회의 변화된 모습을 고대부터 근대까지를 조망하고, 다음 장의 성 문화 편에서는 동양의 모습을 부분적으로 조망한다. 성 혁명이 반복적으로 진행되었던 역사적 변화를 이해해야 우리의 현재 모습이 어떠한가를 쉽게 알아차릴 수 있다. 다음에 서술된 내용은 보수와 진보를 오고간 성 혁명의 역사에 대한 기본 틀이다.

1) 메소포타미아 및 이집트 문화(BC 3000~300)

초창기 문화에서 인구가 집중된 곳은 메소포타미아(현재 이라크 지역)와 이집트였다. 메소포타미아 문화는 수메리아, 바빌로니아, 아시리아인을 포함하여 거의 2,700여 년 동안 번성했다. 그들이 이 시기에 믿었던 신들은 대부분 생명이나 다산과 관련되는 자연의 상징물들이었다. 그리스와 로마 문명이 싹트기 거의 1,000년 전 여러 종족은 다양한 이름으로 여신들(예: Cybele, Aphrodite, Ishtar, Isis 등)을 경배했다. 성기 모양을 그려 남녀를 구별했을 정도로 미개했던 당시 수메리아인은 성교의 의미를 제대로 이해하지 못했던 탓에 여신을 받드는 사원에서 가축, 곡식 등의 풍요를 위한 의식이 성별을 가리지 않고 집단 성행위 과정으로 거행되었다(74).

메소포타미아 문화권에서는 남편이나 아버지가 여성에 대한 갈등적 태도를 지녔다. 남성에 비해 신분이 낮았던 여성은 남자가 소유하지 못한 생명을 탄생시키는 신비한 힘을 가졌다고 여겨졌기 때문이었다. 잉태 비밀을 몰랐기 때문에 아이를 낳는 여성은 남성을 유혹하거나 불구자로 만들어 버리거나 파멸시킬 수 있는 존재로 여겨졌다. 여성을 경배와 두려움의 대상으로 여겼는데, 이를 상징하는 조각품은 지중해 연안 지역을 비롯하여 세계 도처에서 발굴되었다. 이집트 문화권에서는 나일강 범람으로 농업이 번성한 탓에 여성의 지위가 비교적 높은 편이었는데, 남성과 동등한 수준은 아니었어도 이집트 여성은 어느 정도의 자산을 소유할 수 있었다. 그러나 메소포타미아처럼 이집트에서도 남성의 지위가 여성보다 더 우세했으며, 가족의 안정을 침해하지 않는 범위에서의 어떠한 성행위도 묵인되었다(74).

2) 초기 유대교 문화(BC 1800~1000)

고대 유대인 사회에서의 성행동은 종족 보존만을 위한 것으로 동성애나 자위행위, 수간, 낙태 등이 금지되었고, 월경 기간에도 성행위가 금지되었다(126). 당시 유대인은 성적 표현의 대상을 배우자로만 국한시켜 혼전이나 혼외 성교를 금했다. 그렇지만 여성은 남성보다 더 열등한 존재나 남성의 자산 정도로 여겨졌으므로 법규는 남성보다도 여성에게 더 심하게 적용되었다(74).

3) 초기 그리스 로마 문화(BC 1000~200)

초기 그리스 문화에서는 가족의 안정을 해치지 않는 한도 내의 성행위가 묵인되었다(74). 즉, 도시 국가 문화권에서는 원래 성을 즐기는 경향이었지만, BC 500년경 성에 대한 태도가 보수적으로 바뀌면서 동성애나 자위행위 등을 비난했다(375). 농부나 전사와 같은 남성이 사회의 주요한 역할을 담당했는데, 그들은 쾌락보다도 종족 보존의 의무나 윤리를 더 중요시했다(268). 그러나 1~2세기 후 다시 성에 대한 태도가 향락적으로 바뀌어 나체주의, 동성애, 성매매, 축첩, 외설문학이나 예술, 집단성교 등이 유행할 정도로 오늘날보다 성에 대한 표현이 더 자유로웠다(16).

그리스 사회에서는 낙태가 허용되었고, 기근에 의한 영아살해 행위도 성행했다. 결혼 형태는 일부일처제였지만 여성은 처녀여야 했고, 남성은 유부녀가 아닌 여성과의 관계가 가능했다. 낙태나 영아살해의 결정은 남편이 했으며, 여자는 그 결정을 따라야 했다. 여성을 남성의 종속물로 여겼으므로 플라톤이나 아리스토텔레스 등은 남성의 사랑만을 인간관계에서 최고의 사랑이라고 했다. 당시 그리스 여성은 역할이 서로 다른 세 계급이 있었는데, 남편에게 적출의 자녀를 생산해 주는 부인, 남성의 사교나 성 파트너가 되어 주는 학식이 높은 성매매 여성(hetairae), 단순히 남성의 성적 쾌락만을 위한 성매매 여성(pornae)이 있었다(126).

4) 로마제국주의 시대(BC 186~AD 476)

로마 시대는 전반적으로 성의 표현이 매우 자유로웠다. 특히 AD 300년을 전후로 그리스 시대보다 더 노골적인 형태의 성 혁명이 이루어졌는데, 당시의 대다수 로마 황제는 동성애를 즐겼다(16). 귀족들도 성매매 등 방탕한 생활을 수준 높은 문화로 인식하였다(268). BC

300년경 그리스와 AD 300년경 로마에서 발생한 성 혁명은 20세기 중반 이후의 성 혁명과는 기본적으로 차이가 있다. 고대의 성 혁명은 금세기의 것보다 더 느리게 원시 종교적 차원에서 발생했다. 고대에는 성을 풍작이나 다산과 관련시켰기 때문에 단순히 향락을 추구하는 금세기의 것과는 다르게 해석해야 한다(16).

5) 초기 기독교 문화(AD 4~5세기)

기독교에서는 처음부터 성 윤리를 체계화하지 않았다. 예수 자신은 독신이었지만, 추종자들에게 이를 요구하지 않았다. 그는 성매매나 간음행위를 한 자들까지 모두 용서했을 정도로 누구든지 동등한 인격체로 이해했다. 반면 예수의 추종자들 중에서 성행동에 관하여 최초로 언급한 사람은 독신 생활을 강조한 사도 바울(St. Paul)이다(126). 방탕한 생활로 로마제국 위상이 흔들려 버린 4세기 말 기독교는 유대교 영향으로 성을 매우 부정적으로 바라보았다(74). 이러한 입장은 바로 성 오거스틴(St. Augustine, 354~430)의 등장으로 이루어졌다. 그는 기독교도로 개종하기 전 결혼해 아이를 둔 아버지였지만, 32세에 사도 바울의 글을 읽고 기독교도가 되었다. 그는 금욕이나 자녀 생산 목적의 성행위만을 강조했는데, 그의 사고방식은 중세까지 영향을 미쳤다(126). 그가 성을 매우 보수적으로 바라보게 된 배경은 〈Box 2-1〉에 소개했다.

6) 중세의 암흑기(476~1300)

로마제국의 쇠약과 성 오거스틴의 등장 이후 동성애나 자위행위 등을 배척하고 순결을 미덕으로 여기는 시대가 수세기 동안 이어졌다. 남성은 기사도 정신을 중요시하여 윤리와 의무를 근거로 한 생활을 하였다(268). 성 오거스틴 이후 기독교 성 윤리에 다시 영향을 미친 사람이 등장했는데, 13세기의 성 아퀴나스(St. Thomas Aquinas, 1225~1274)였다. 오거스틴의 생각을 확장·체계화시켰던 그는 종족 보존과 무관한 성행위 및 남성 상위 체위가 아닌 성행위를 모두 자연에 거역하는 죄라고 규정했다. 그는 아이들에게는 안정된 가정이 필요하므로 이혼을 반대했으며, 피임은 반대했으나 임신 초기의 낙태는 허용했다(74, 126).

Box 2-1   성 오거스틴(St. Augustine, 354~430)

오거스틴은 기독교도들에게 성에 대한 부정적 태도를 부각시킨 인물이다. 그는 생의 대부분을 갈등 속에서 보냈다. 특히 어린 시절 성욕 때문에 제대로 영적인 생활을 하지 못했다. 그 이유는 기독교로 개종하기 전 11년 동안 마니교(Manichaenism, 페르시아 예언자 마니(Mani)가 제창한 종교로 3~7세기에 번성했고, 조로아스터교, 그노시스(Gnosis)파 기독교 및 이교도 원리 등을 토대로 한 종교 철학으로, 로마 정부나 신플라톤주의 철학자, 정통파 기독교에서는 이를 반대함)를 추종했기 때문이다. 모든 것을 선악으로 이분했던 마니교는 종족 보존도 사악한 행위로 보았다. 그는 독신 생활의 모범적인 마니교도가 되려고 노력했으나 실패했다. 그의 의지와 영혼은 육신에 비해 약했기에 섹스를 포기할 수 없었다. 특히 여종과의 성관계로 사생아가 태어났고, 그로 인해 마니교 생활에 집착하면서 괴로워했다. 그는 성 충동을 조절하기 어려운 것을 걱정하며 "나에게 이를 이겨 낼 수 있는 힘을 주되 지금 당장 주지는 마세요!"라고 기도했다. 그는 금욕을 위해 여종과 사생아를 멀리 보내고 어머니가 허락한 사춘기 직전의 여아와 결혼 서약을 했다. 그러나 그녀가 성숙하기 전까지도 성욕을 참지 못하고 다른 여종과 성관계를 가졌다. 이러한 개인적 위기 때문에 오거스틴은 양심의 가책을 느껴 기독교로 개종했다. 그때부터 그는 모든 사람이 욕정의 결과로 태어났으며, 죄 속에서 잉태되었다고 믿었다. 그 원죄를 보상하려면 자신의 의지로 충동을 억제할 수 있어야 한다고 주장했다. 그는 성교를 동물적 욕정으로 보았다. 그래서 성교는 자녀 생산 목적에서만 용서받을 수 있으며, 동성애 등 다른 목적의 성 행위는 모두 죄라고 했다. 그는 독신의 길을 택했으며, 그의 생각은 기독교 성 윤리의 기준이 되었다(74, 120).

7) 문예부흥기(1300~1519)

아퀴나스 등장 이후 상당 기간 동안 유럽 사회는 성을 도덕적으로 엄격하게 통제하고 있었다. 그러나 지나치게 청교도적인 금욕이나 절제된 생활에 식상한 사람들은 문예부흥기에 이르러 욕망을 보다 더 자유롭게 발산하게 되었다(268).

8) 종교개혁기(1517~1658)

문예부흥기 동안 사람들이 욕망을 너무 자유롭게 표현하자 죄의식을 느낀 기독교 지도자들은 청교도적 도덕 기준을 다시 마련했다. 당시 교황도 1563년 성 아퀴나스의 기준을 칙령으로 받아들일 태세를 갖추었다. 나중에 루터(Martin Luther)와 캘빈(John Calvin)은 결혼생활에서 성행동을 매우 중요한 삶의 일부로 이해했는데, 그들은 아내를 자녀의 생산자일 뿐만 아니라 성적 위안의 제공자로 보았기 때문에 의무적인 독신 생활을 오히려 비자연적이라고 보았다. 곧 결혼생활 내에서의 성관계만을 인정했지만, 쾌락 추구의 성은 신에게 죄가 된다고 가르쳤다(74, 126, 268).

9) 청교도주의(1620~1800) 및 빅토리아왕조 시대(1837~1901)

유럽에서는 17세기 중반에서 18세기 후반까지의 계몽운동 기간에는 다소 자유로운 생활을 추구하기도 했지만, 캘빈 추종자들의 영향으로 규준을 중요시한 풍조가 형성되어 비교적 절제된 생활을 했다. 그 추종자들은 보다 더 현실적이고 솔직한 입장에서 성행동을 이해할 뿐, 신에 의해 맺어진 결혼 관계 이외의 성행동을 반대했다. 이러한 청교도적 관점이 19세기 초반까지 이어졌지만, 지나친 성 통제에 반발해 자유연애나 산아 제한, 여성 평등, 결혼 개혁 등의 개념이 대두했다. 그러나 곧바로 대영제국의 빅토리아 여왕(Alexandrina Victoria)이 등장하면서 남녀 모두에게 자녀 생산 목적 이외의 성행위를 금지시켰다.

당시 세계 최강국이던 영국의 여왕은 18세(1837년)에 즉위하여 60년 이상 통치하면서 기독교 논리를 신봉했다. 영국이 세계의 군사 및 도덕적 선도 국가로 군림하기 위해서는 국민이 건강해야 했고, 그 건강을 위해 성행동을 자제해야 했다. 기혼 남성에게는 자신과 부인의 건강을 위해, 더 나아가 대영제국의 번영을 위해 월 1회 이상의 성교 금지를, 청소년이나 여성에게는 성을 알아서는 안 된다는 정숙함을 강조했다. 결국 1857년 여왕은 성적 내용이 포함된 책을 외설이라고 금지시켰으며, 기존의 책들도 그런 내용이 들어 있다고 판명되면 몰수·파기했다. 남녀 모두에게 자위행위를 병리적으로 인식시켰고, 여성이 처녀성을 잃을 경우 결혼도 어려웠으며, 심지어는 자녀 생산 목적이 아닐 때 남편이 부인에게 성관계를 요구하는 것도 금지되어 있었다. 게다가 여성에게는 기독교 논리를 적용시켜 남성을 유혹하지 않도록 신체 부위를 가려야 하며, 성욕을 가져서도 안 된다고 가르쳤으며, 결혼한 부부라도 성교 횟수를 줄여 여성의 성욕 표현의 기회를 제한시켰다. 즉, 빅토리아왕조 시대의 윤리강령에 의해 여자의 성관계 대상은 남편으로 국한한 반면, 남성은 아무런 구애를 받지 않는 이중 기준을 부각시켰다(16, 22, 126, 268, 335).

10) 산업화 사회(19세기 중반~20세기 초반)

산업화 사회로 진입하면서 빅토리아왕조 시대의 욕구 좌절에서 벗어나 점점 개인주의적 사고가 팽배하기 시작했다(268). 그러나 빅토리아왕조 시대로부터 이월된 사고방식이 이러한 자유로운 삶의 추구에 제동을 걸기 시작했다. 예를 들면, 미국에서는 19세기 후반에서 20세기 초반 사이 사회정화운동(social purity movement)이 전개되어 성매매를 법으로 규제하고, 성교 개시 연령을 높이고, 성에 관한 논의를 삼가고, 또한 성을 가정이라는 사적인 영역으로 한정시켜 통제하려고 했다. 당시 보수적 사회정화운동의 대표자는 콤스톡(A. Comstock, 1844~1915)이었다(〈Box 2-2〉 참조). 이러한 상황에서는 학자들도 자신의 생각을 함부로 표현하지 못했다. 예를 들면, 1899년 미국의학협회에서 한 의사(Denslow Lewis)가 「성행위의 위생

Box 2-2   콤스톡 금지법

콤스톡은 철저한 금욕을 원칙으로 한 청교도 집안 출신으로 남북전쟁 당시 북군으로 참전했으며, 젊은 시절 YMCA에서 죄악추방운동을 전개하면서 명성을 얻었다. 그는 미국이 남북전쟁 이후 산업화·도시화 과정에서 비도덕적이고 악마와 같은 생활로 변했다고 규정하면서 미국을 정화하고자 노력했다. 그는 우정성 검열관으로 위촉받아 모든 우편물에 성적 묘사가 발견되면 포르노로 규정하고 고발했다. 빅토리아왕조 시대 기준을 그대로 적용해 포르나 성매매를 적극적으로 반대한 것이다. 그는 1868년 YMCA 후원으로 외설 금지에 관한 새로운 법을 만들어 외설 관련 물건을 거래하는 자들을 구속하기 시작했다. 콤스톡이 제기한 법률이 1873년 연방법으로 통과되면서 외설 관련 물건의 우편물 우송도 금지했는데, 이에 따라 낙태나 임신 예방 정보도 주고받을 수 없게 되었다.

의사도 피임 처방을 우편으로 보낼 수 없었다. 1874년에만 해도 우정성 검열에서 거의 63,000여 건의 피임 관련 우편물이 압수되었다. 그는 피임을 언급한 의사도 고발했으며, 신문의 이혼 기사도 못마땅하게 여겼다. 그가 우정성 검열관으로 있으면서 구속시킨 자는 3,600명이 넘었다. 당시 콤스톡은 악명이 높았지만, 대중의 폭넓은 지지를 받았다. 1937년 디킨슨(Robert Dickenson)이 이끄는 미국의학협회의 요청으로 그의 영향으로 규제되었던 피임 내용을 의대생에게 가르칠 수 있도록 하는 법안이 통과되었다. 소위 콤스톡 금지법 내용은 1963년 미국 대법원에서 의사의 처방 없이도 기혼 여성에게 피임 기구를 팔 수 있도록 법이 개정될 때까지 일부 효력을 발휘하고 있었다. 미혼 여성에게는 1972년부터 그 금지가 해제되었고, 1977년에 와서야 전체 내용의 효력이 상실되었다(122, 275).

(hygiene of the sexual act)」이라는 논문 발표 시 존스홉킨스 대학교 산부인과 의사(Howard Kelly)가 그러한 주제는 대중을 오염시킨다고 반대하여 논문이 구두로만 발표되었을 뿐 논문집에는 실리지도 못했다(122).

3. 근대의 성 연구

18세기 후반 생물학에서 발생학(embryology)이 발달하면서 동물의 생식 과정 연구가 성행하기 시작했지만, 기독교 영향으로 인간의 성은 사악하게 여겨져 연구되지 못했다. 그러나 1859년 다윈의 진화론이 발표되자 인간과 동물 사이의 장벽이 허물어졌고, 인간의 성 연구도 어느 정도 명분을 찾을 수 있었다. 이 시기에 크라프트에빙, 엘리스, 프로이트 등이 등장했다. 빅토리아왕조 시대였음에도 19세기 말부터 성에 대한 정신분석학, 사회학, 생물학적 연구가 시도되었다. 이러한 연구 결과는 1900년대 초반 성행동에 대한 태도 변화에 일종의 자극제가 되었으며, 사회가 도시화·산업화로 발전하면서 그 변화가 촉진되었다. 또 효과적인 피임법 개발, 여성 평등사상의 대두와 함께 대중매체에서 성의 자유화 사상이 고양되면서 1940~1950년대 킨제이 연구 및 1960년대 성에 관한 생리학적인 연구 결과는 20세기 중반 이후 또 다른 변혁을 가져오는 계기가 되었다. 20세기 후반 성 혁명에 공헌한 19세기 후반 이후의 연구자들의 업적을 간략히 소개하면 다음과 같다.

1) 크라프트에빙

서구인들은 근대의 인물 중 성 연구의 개척자로 독일과 오스트리아 지역에서 활동했던 크라프트에빙(Richard von Krafft-Ebing, 1840~1902)을 꼽는다. 그는 성행위를 더러운 것으로 이해시켜 성욕을 억압했던 빅토리아왕조 시대의 분위기에서도 꿋꿋하게 인간의 성을 연구했다. 그러나 그의 성 이해에는 두 가지 면이 왜곡되었다.

우선 그는 경찰 업무를 돕는 의사였는지라 성적으로 적응하지 못해 경찰에 체포된 사람들을 주로 상대했다. 결국 그는 성을 의혹에 찬 눈으로 바라보면서 1886년 『성의 정신병리학(Psychopathia Sexualis)』을 출간했다. 당시 섹스를 가장 문제가 심각한 질병으로 다루었기 때문에 이 책만 읽어도 성에 대한 두려움이 생겼다. 그는 200사례 이상의 분석을 토대로 성적 표현의 특이성을 강조하면서 대다수 성 문제의 원인을 자위행위라고 규정했다. 또 네 가지 유형의 성적 일탈을 소개했는데, 이들은 피학성 변태성욕(masochism), 가학성 변태성욕(sadism), 동성애 및 물품음란증(fetishism)이었다(287). 두 번째 왜곡된 관점은 빅토리아왕조 시대의 인물답게 여성의 성을 남성과 다른 기준에서 이해했다. 또 그는 자녀 생산 목적과 무관한 성행위도 일종의 일탈로 규정했다. 그럼에도 불구하고 그는 성 연구의 개척자이며, 나중에 엘리스와 프로이트에게 직접 영향을 끼친 사람으로 평가되고 있다(22, 74).

2) 프로이트

심리학 연구 영역에 영향을 미친 정신의학자인 프로이트(Sigmund Freud, 1856~1939)는 히스테리 환자들에 대한 관심이 매우 높았다. 환자에게 자기 삶을 이야기하도록 요구한 프로이트는 환자가 보인 마비, 실명, 진전(tremor) 현상 등이 실제든 아니든 모두 아동기에 경험한 성과 관련된 정신적 상처(psychic trauma)에 기인한다고 주장했다. 또 아동의 행동, 감정, 사고 자체도 모두 성적인 것이라고 주장했으며, 이러한 주장에 대한 확신을 갖고자 스스로 안락한 의자(couch)에 드러누워 기억, 꿈, 회상, 실언 등 자신의 과거를 회고하기도 했다. 그의 이론에 대한 전반적 내용은 제5장에서 자세히 살펴보겠다.

3) 엘리스

엘리스(H. Havelock Ellis, 1859~1939)는 성적 억압이 극심했던 빅토리아왕조 시대에 심리학의 일부로 성 연구를 실시한 영국의 의사였다. 그는 아동 성교육, 피임, 이혼법의 변경, 여성해방, 실험적 혼전 성교 및 서로 동의하는 동성 성인끼리의 성행위 관련 형법 등에 관한 권위자였다. 그의 저서 『성의 심리학에 대한 연구(Studies in the psychology of sex)』는 1896~1928년에 7권으로 출간되었는데, 미국에서는 1935년까지 의료 전문가에게만 법적으로 이 저서에 접근할 수 있도록 허용했다. 프로이트의 용어와 사상을 다소 받아들일 정도로 그와 교신을 많이 했으며, 사랑의 과정에서 촉각이나 다른 감각의 중요성, 색정에 관한 꿈의 본질, 자위행위의 역할, 이상행동에 관하여 논의한 최초의 인물이다.

그는 저서 중 제1권 『동성애(Sexual inversion)』를 시몬드(John A. Symonds)와 함께 독일에서 1896년 출간했다. 첫 장에서 그동안 성을 수치스럽게 여긴 관점을 타파할 의도로 '수치심'을 다루었으나 영문판이 나올 무렵 시몬드는 작고했으며, 1898년 영국에서는 외설 서적으로 고발당했다. 그 이유는 동성애를 성행동의 정상 범주로 포함시키려 했기 때문이었다.

그들은 저서에서 동성애를 선천적인 성적 본능이 동성에게 향하는 것이므로 죄악이 아니며, 단순히 이성애의 변형이라고 주장했다. 법정 기록에 의하면, 33편의 동성애 사례 연구를 근간으로 발표했던 엘리스의 저서는 외설, 사악, 음란 출판물로 취급받았다. 곧 법원에서는 서적의 판매 금지와 동성애에 관한 내용을 삭제하도록 했다. 이에 엘리스는 미국으로 건너갔지만, 미국에서도 1915년 콤스톡이 죽기 전까지는 책의 판로가 순탄하지 못했다(122).

그의 두 번째 저서 『자위행위(Auto-eroticism)』에서는 자위행위와 정신이상을 연결하는 기존의 관계를 비난했다. 기존에는 자위행위를 죄나 유해한 행위로 여겼지만, 그는 유해하지 않으면서 거의 모든 사람이 시도하는 자연스러운 행위로 해석했다. 그는 수백 사례의 연구를 통해 관찰된 여러 가지 성행동에 대한 내용을 체계적으로 기술했는데, 이를테면 여성은 생리 기간 동안에도 성욕이 높다고 기술했다. 또한 여성이 성적으로 민감하지 못하다면 그에 대한 원인은 남성의 잘못이거나 그녀가 아동기에 경험했던 성적 억압의 결과라고 주장했다. 결국 대부분의 성적 일탈 형태가 선천적이고 정상적인 성생활의 일부라는 그의 관점은 빅토리아왕조 시대의 관점과 정면으로 위배되었다(74).

4) 디킨슨

디킨슨(Robert Dickenson, 1861~1950)은 인간의 성, 결혼과 성생활, 피임, 여성의 질병 등 산부인과 의학에 관한 미국의 권위자로, 200여 편의 논저가 있다. 그의 대표작은 1933년에 발간한 『성의 해부학(Human sex anatomy)』이다.

5) 허슈펠트

20세기 초반 영국을 비롯한 유럽 일부에서 개혁운동이 꿈틀대기 시작했다. 엘리스가 영국의 으뜸가는 개혁가라면 독일에서는 동성애자, 의사, 이성 복장 착용자인 허슈펠트(Magnus Hirschfeld, 1868~1935)가 그 역할을 했다. 그는 1897년 성학 연구를 증진하기 위해 동성애자 권리운동 조직인 한 위원회(Scientific Humanitarian Committee)를 결성한 후 남성의 동성애를 범죄로 취급하고 있던 동성애 금지법률 폐지를, 그리고 동성애자에 대한 인간적인 처우를 사망할 당시까지 주장했다. 그는 또한 성 연구에 대한 최초의 학술지(『Yearbook for Sexual Intermediate Stages』)를 발간해 편집인으로 여러 전문가(프로이트, 엘리스 등)의 논문을 실었다. 20세기에 들어와 그 위원회는 실험실과 장서 2만 권 이상의 도서 등을 갖춘 연구소(the

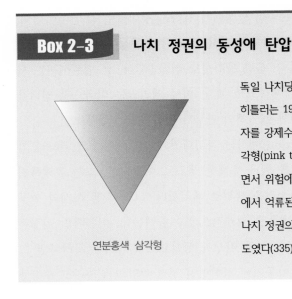

Box 2-3   나치 정권의 동성애 탄압

독일 나치당은 1928년 동성애자를 국가의 적으로 규정했고, 히틀러는 1933년 「동성애 금지법」에 의해 수천의 남성 동성애자를 강제수용소에 구금했다. 수용소에서 그들은 연분홍색 삼각형(pink triangle)이 표시된 옷을 입고 혹독한 처우를 받으면서 위험에 처한 생활을 했다. 범죄자 취급을 받으며 수용소에서 억류된 채 살다가 1944년 해방을 맞이했지만, 당시까지 나치 정권의 강제수용소에서 사망한 동성애자는 15,000명 정도였다(335).

연분홍색 삼각형

Institute for Sex Science)로 발전했다. 그는 1만여 명을 상대로 130개의 문항으로 면접을 실시하는 등 성과학 발전에 공헌했다.

그는 1921년 성학의 국제회의(the International Congress for Sexual Reform)를 조직했는데, 이는 나중에 러셀(Bertrand Russell), 자유연애를 주장하던 미국인 판사 린드제이(Ben Lindsey), 프로이트 등의 지지를 얻어 세계연합(the World League for Sexual Reform)으로 발전했다. 그러나 이 연구소는 1933년 나치 정권하에서 폐쇄되었으며, 동성애자들과 다른 성적 일탈자들이 모두 포로수용소에 수감되는 박해를 받았다(〈Box 2-3〉 참조). 그는 프랑스로 망명 도중 사망했으며, 1960년대 말 독일 동성애자들이 권리운동을 전개하면서 그의 업적이 빛나게 되었다(74, 485). 당시 허슈펠트와 함께 동성애를 연구했던 독일 의사 블로크(Iwan Bloch, 1872~1922)는 성매매 역사에 대한 연구를 주도했는데, 성과학(sexual science)이라는 용어는 허슈펠트와 블로크가 최초로 사용하기 시작했다(287).

6) 킨제이

킨제이(Alfred Kinsey, 1894~1956)는 인간의 성을 연구하기 전 400만 마리의 곤충(특히, 말벌) 견본을 수집했을 정도로 열성적인 미국 인디애나 대학교 동물학 교수였다. 그는 1938년 여학생회로부터 '사랑과 결혼'이라는 교양강좌를 맡아 달라는 요청을 받은 후 도서관에서 인간의 성과 관련된 자료가 너무 부족한 데 놀라 이를 연구하기로 결심했다. 그는 곧바로 젊은 교수들(C. Martin, P. Gebhard, W. Pomeroy)을 훈련시켜 연구팀을 만들고 대학 행정부의 격려와 한 위원회(National Research Council)에서 받은 기금으로 학생들을 상대로 연구하기 시작했다. 그들은 1938년 학생을 상대로 성 경험에 관한 심층면접을 위해 300~520개 정도의 질문 내용을 작성했으나 연구 시도는 매우 어려웠다. 개인의 성 경험에 관해 자료를 수집하자 특정 의학단체가 거세게 항의했으며, 이로 인해 경찰의 조사나 방해도 받았다. 일부는 그들의 연구를 중단시키고, 연구 결과가 발표되지 않게 하고, 또 해고시키라고 학교에 압력을 가했지만, 학교는 오히려 과학적 연구에 관한 그들의 권리를 옹호해 주었다.

록펠러재단의 지원을 받았던 그들의 연구 결과가 발표되기 전, 1938년 터만(Terman) 등이 성행동 연구 결과를 발표했다(496). 터만 등은 기혼자를 상대로 성교가 결혼 만족에 미치는 영향 등을 조사했는데, 성교 빈도나 시간, 오르가슴, 성교에 대한 배우자 열정, 성교 거부, 피임, 부인의 성욕 등을 상세하게 보고했다. 킨제이는 여러 연령층을 대상으로 그러한 연구를 시도했고, 연구 내용도 더 다양했다. 킨제이는 엘리스의 사례 연구법과 디킨슨의 면접법을 이용하여 다양한 성행동의 관점에서 350여 개 문항을 만들어 면접을 실시했다(〈Box 2-4〉 참조). 그들의 연구 방법은 갈수록 정교해지고 대담해졌다. 예를 들면, 뉴욕 홍등가를 찾아가 성매매 남성들에게 자신을 소개하면서 설문조사에 응해 달라고 설득하기도 했다. 면접마다 평균 2시간 정도 소요되었으며, 1948년 남성 성행동 및 1953년 여성 성행동 보고서가 출간되었다(298, 299). 두 보고서 모두 흑인의 반응이 배제되었으며, 미숙련공 노동자, 열성적인 유대인이나 가톨릭 신자, 소수 집단, 시골 거주자, 교육 수준이 낮은 계층, 미국 중서부나 서부 지역 주민의 반응이 상대적으로 빈약했다. 이러한 약점에도 킨제이의 보고서는 근래까지 미국인의 성행동에 관한 과학적 정보를 최초로 제공한 보고서로 평가된다.

킨제이는 1948년 남성 성행동 보고서를 출간하고서 『뉴욕 타임스(New York Times)』에 소개를 부탁했으나 처음에는 거절당했다. 그 당시에는 성 연구를 달갑게 여기지 않았기 때문이었다. 훗날 이 보고서가 소개되자 많은 이가 경악을 금치 못했다. 그 이유는 미국 남성의 37%가 당시까지 정신질환으로 여기던 동성과의 성 경험을, 또 대부분의 남성이 죄라고 규정하던 자위행위 경험을 보고했기 때문이었다. 1953년 여성 성행동 보고서가 출간되었을 때에는 세상이 더 시끄러워졌는데, 그 이유는 당시까지 성을 표현하지도 않는, 성욕이 거의 없는 존재로 여겼던 여성이 성적 존재로 언급되었기 때문이다.

7) 마스터스와 존슨

마스터스(William Masters, 1915~2001)와 존슨(Virginia Johnson, 1925~2013)은 킨제이의 뒤를 이어 1950~1960년대에 다른 사람들이 상상하기 어려운 방법을 이용해 성 연구를 시도했다. 킨제이 보고서가 발표되지 않았더라면 그들도 연구를 시도할 용기가 없었을 것이다(〈Box 2-4〉 참조). 미국 뉴욕의 로체스터 대학교 의대생 시절부터 마스터스는 인간 성기능의 생리학 연구가 미흡하다는 것을 느끼고 과학적인 임상연구를 결심했다. 그러나 그는 성 반응 연구를 시도하기 전부터 여러 동료나 선배들로부터 끊임없는 핀잔과 방해를 받았다. 전문의 과정에서 산부인과를 선택했던 그는 노화와 호르몬 문제를 연구했는데, 운 좋게도 그가 실시했던 호르몬 연구는 명성을 얻어 워싱턴 대학교에서 후원을 받게 되었다.

마스터스는 워싱턴 대학교에 성 연구를 할 수 있도록 수차례 요구하여 1953년 허락을 받아냈고, 1954년 7월 연구에 착수했다. 그러나 성 반응의 생리학적 자료를 얻기 위해서는 성 경험이 풍부한 성매매 여성을 상대해야 했는데, 실제로 대학으로부터 실험실 설치 허가가 떨어지자 마스터스는 당황하였다. 허가를 했던 대학당국은 물론 신문사 발행인, 경찰 간부, 성직자들로 구성된 위원회에서 그의 연구를 감독하도록 되어 있었기 때문이다. 그의 초창기 연구에 참여했던 사회학 박사학위 소지자였던 한 성매매 여성은 여성 성기능에 관한 주관적 견해를 제대로 이해하려면 여성 연구원이 함께 있어야 한다고 조언했다. 그는 여러 여성을 면접한 후 존슨을 동료로 선발하여 1957년부터 공동연구를 시작하였다(74).

그들은 학교에서 연구를 시작했지만 1960년대 초반 연구 기금의 고갈로 사설 클리닉에서 연구를 계속했다. 초창기 연구 형태는 어떤 특정한 치료기법을 개발한다기보다는 성적 자극에 대한 일반인의 생리적 반응을 측정하는 정도였다. 그와 같은 시도에서 당면했던 문제의 하나는 관찰과 측정에 필요한 실험 기구를 제작하는 것이었다. 그들은 실험실에서 인간의 성행동을 관찰함과 동시에 이를 필름으로 기록할 수 있는 장치를 갖춘 상태에서 생리학적인 성 반응을 얻고 싶었다. 그래서 그들은 전문가에게 사진기가 부착된 투명한 플라스틱의 인조 성기(artificial penis) 제작을 요청했다. 이는 가상적인 또는 실제 성교 도중에 나타나는 여성 생식기 내부에

『Time』에 소개된 마스터스와 존슨

서의 변화를 사진으로 찍기 위해서였다.

그들이 직면했던 또 다른 문제는 실험 대상자로 자원해 줄 적격자를 찾는 일이었다. 처음 일 년 동안은 거의 성매매 여성을 상대로 연구했는데, 그들은 쉽게 성적 흥분을 느끼지 못했기 때문에 다른 대상자를 찾아야 했다. 결국 18~89세 사이의 수백 명의 일반인 실험 대상자를 상대로 성 반응 시 호흡, 혈압, 심장박동, 체온, 혈액 흐름, 피부 반사 등을 측정·분석했다. 물론 연구 대상자들은 무작위로 뽑힌 사람들이 아니었지만 정서장애를 지니지 않으면서 생리적 및 심리적 자극으로부터 충분히 성적 흥분을 느낄 수 있었던 사람들이었다. 그들은 모두 자신의 성교나 자위행위가 관찰된다는 사실에 동의하고 있었다.

약 11년간의 연구 끝에 그들은 1966년 『인간 성 반응(Human sexual response)』이라는 책을 출간했고, 거기에 성행위 과정에서의 생리적 변화를 매우 상세하게 기록했다. 이는 실험실에서 자위행위나 성교를 하겠다고 동의한 남성 312명과 여성 382명으로부터 거의 1만 차례의 오르가슴을 분석한 자료인데, 그 자원자들이 없었더라면 성행동의 생리학적 반응을 구하지 못했을 것이다(122, 351). 그들의 연구는 신학자들이나 다른 과학자들로부터 사랑이나 정신적 기능에 대한 언급은 전혀 없이 성을 너무 기계론적으로만 분석했다는 비난을 받았지만, 마스터스와 존슨은 성을 객관적·과학적 및 임상적으로 연구한 것이라고 대응했다. 그

Box 2-4   킨제이 연구소 및 마스터스와 존슨 치료소

디킨슨은 킨제이 보고서를 최고 기념비적인 업적이라고 경탄했다. 인디애나 대학교에서는 그 업적을 기념하기 위해 킨제이 연구소를 설립했다. 초기에는 연구소 명칭이 'The Institute for Sex Research'이었지만, 지금은 'The Kinsey Institute for Research in Sex, Gender, and Reproduction'이다. 1956년 킨제이 사망 이후 겝하드(Gebhard)가 연구소를 이끌어 왔으며, 1982년에는 라이니슈(June M. Reinisch)가 제3대 소장이 되었다.

마스터스와 존슨은 1957년부터 함께 일하기 시작해 1970년대 초반 부부가 되었으나 20년 정도 지난 1992년 2월 전격적으로 이혼했는데, 당시 마스터스는 77세, 존슨은 69세였다. 대중매체에 보도된 이혼 사유는 너무 바쁜 생활로 서로에게 투자하는 시간이 충분하지 못했다, 연구 목표에 대한 이견을 좁히지 못했다는 것 등이었다. 40여 년 이상 운영했던 'Masters and Johnson Clinic'도 1994년 12월 문을 닫았으며, 마스터스는 2001년 2월 85세 그리고 존슨은 2013년 7월 88세로 작고했다.

저서는 지금까지 수십만 권이 팔렸으며, 그들은 1970년에 여러 가지 성적 부적응의 치료에 관한 문제를 다룬 『성적 부적응(Human sexual inadequacy)』이라는 책도 출간하였다(329).

8) 하이트

하이트 보고서

미국 심리학자인 하이트(Shere Hite)는 여성 잡지 구독자 및 각종 여성단체의 회원 10만여 명에게 질문지를 보내 3,019명의 응답을 얻었다. 응답자들은 14~78세 사이였으며, 생활양식이 모두 다르고, 응답자의 35%가 기혼이었다. 그들의 반응을 모아서 1976년 여성에 대한 보고서를 출간했다(266). 또 1981년에는 여성 잡지 구독자이거나 여성단체 등을 통하여 13~97세 사이의 남성 7,239명의 자료를 얻어 남성에 대한 보고서도 만들었다 (267). 하이트는 페미니즘의 시각에서 두 보고서를 작성했는데, 성의 다양한 분야에 걸친 개인의 논쟁, 의견, 이야기 등을 수록한 보고서가 발표될 당시 논란이 상당히 심했다. 일부는 그녀의 보고서를 쓰레기에 불과하다고 비난했지만, 일부는 매우 훌륭하다고 극찬했다. 어쨌든 이를 계기로 성에 대한 개인의 태도, 사고, 신념 등도 연구 대상이 되고 있다.

4. 성행동 연구의 방법론적 문제

인간의 성행동 연구는 최소한 네 가지 어려움을 안고 있다. 하나는 성 연구 자체 및 연구자에 대한 편견이며, 다른 세 가지는 응답 과정에서 생긴 오차다. 이들 모두 성에 대한 문화적 편견에 기인한 것들이다.

첫째, 연구자들에 대한 편견 때문에 성행동 연구가 일반인이나 다른 분야를 연구하는 학자들로부터 조롱을 받아 왔다. 타 분야 학자들은 성 연구에 대한 가치나 적합성에 의문을 제기하였고, 일반인은 성을 연구하는 학자들과 그들의 연구 영역 사이를 연관시키려는 그들 나름의 편견이 있었다. 즉, 일반인은 성을 연구하던 사람들을 성 문제의 소지자로 가정해 버리는 경향이 있다. 예를 들면, 사람들은 기억을 연구하는 심리학자가 자신의 기억을 증진시키기 위해 그 연구를 하고 있다고 생각하지 않는 반면, 동성애 연구를 한다면 틀림없이 동성애를 연구하게 된 계기가 있었을 것이라고 가정한다. 성 연구는 연구의 객체 자체가 타학문 분야와는 다른 방법론적 문제를 안고 있어서 불리한 여건에서 전개된다고 말할 수 있다. 구체적으로 설명하면, 개인들은 종교, 윤리, 도덕과 같은 사회적 인습에 입각한 가치관에 의하여 자신의 성 표현에 여러 제약을 받는다. 그들은 성생활에 대한 질문 자체를 사생활 침해로 해석할 수도 있다. 그렇다고 연구 결과를 얻기 위해 실험실에서 인간의 성생활을 관찰한다면, 이는 음란행위로 간주되기도 한다. 그렇지만 이러한 어려운 여건에서도 수많은 연구자는 전통·보수적인 금기를 깬다는 각오로 자신을 희생시켜 가며 끝까지 노력해 왔다(16).

둘째, 응답자들의 자발적인 반응에 관련된 문제가 있다. 생리적 반응을 측정하는 경우도 있지만, 성 연구의 상당수는 설문지나 면접 자료를 기초로 한다. 이러한 자료를 토대로 밝힌 여러 사실이 얼마나 정확한지를 알지 못해 결과의 일반화에 문제가 따를 수 있다. 다른 주제에 대한 연구도 마찬가지겠지만, 성 연구도 표본(sample)의 대상자들이 얼마나 자발적으로 조사에 응했는지가 연구 결과의 일반화에 큰 영향을 미친다. 일반적으로 자발적인 응답자들은 그렇지 않은 경우에 비해 성 관련 경험이 더 풍부하고, 성 파트너 수도 더 많고, 감각 추구 수준이 더 높으며, 포르노 노출 경험도 더 다양했다. 이러한 차이는 일부 성격 특성에서도 나타나는데, 자원자들이 그렇지 않는 자들보다 비행의 가능성이나 남성성이 훨씬 더 높게 나타났다(106). 사람들이 성 연구에 자발적으로 응하려고 하지 않는 이유에는 여러 가지가 있다. 이를 사생활 침해로 여겨서, 시간이 없어서 또는 연구에 별 관심이 없어서 참여하지 않는다. 이보다도 성에 대한 공공연한 표현을 금기로 여기고 있는 사람이 상당수다. 따라서 성에 대한 연구 결과는 어떤 사실에 대한 시대와 문화권에 한정된 일반인의 대략적인 생각이나 개념만을 추론할 뿐이다(16).

셋째, 응답 비율의 문제가 있다. 성을 금기시했던 문화권에서는 대부분 응답 비율이 낮은 편인데, 우리나라도 여기에 속한다. 이러한 경향은 사회적인 여건의 영향을 받는데, 그 예로 중국을 들 수 있다. 중국은 사회주의 체제를 유지하면서 성을 정치적으로 통치했지만 1980년대 이후 인구 정책 때문에 분위기가 빠르게 변했다. 인구 제한 정책 때문에 중국의 기혼자들은 가족계획 담당자에게 자신의 성생활에 관한 내용을 자주 보고한다. 또 대부분의 중등학교는 생물학 위주의 성교육을 실시하고 있다. 이러한 평소의 상황 때문에 중국인은 성에 관한 언급이 우리보다 더 자유로운 편이다. 그러한 이유로 성에 관한 조사를 해도 생각보다 거부 반응이 높지 않은 편인데, 예를 들면 조사 내용이 구강성교, 항문성교, 전희, 성교기법, 동성애 등이더라도 거의 항상 응답률은 2/3를 초과했다(389).

넷째, 조사에서 응답자들이 사회적으로 바람직한 방향으로 응답해 버리는 문제다. 그래서 응답자들의 태도와 행동이 일치하지 않는 경우가 흔하게 발생한다. 예를 들면, 청소년을 상대로 조사할 때 대부분 책임 있는 성행위에 대한 태도가 일관성을 보이더라도 그러한 태도가 자신의 개인적 행동과 일치하지 않는 경우가 많다. 즉, 실제로 성교를 경험한 청소년에게 "성교는 최소한 몇 살 정도에 해야 괜찮은가?"라고 물으면, 대부분 자기가 경험한 연령보다 더 높게 대답하며, "남녀 모두 피임법을 이용한 상태에서만 성교를 해야 하는가?"라는 물음에 그렇다고 답한 청소년의 상당수가 나중에 전혀 피임을 하지 않은 상태에서도 성교를 시도한다(84).

O3
성 문화

촛불, 음악, 꽃, 포도주 등은 연애, 사랑, 섹스 및 종교 의식에도 관련된다. 그러나 섹스는 기독교 문화권에서 죄, 불결, 외설, 음란 등과 연결되어 있다. 반면에 과거 동양문화권의 일부에서는 성을 죄, 불결, 외설 등과 전혀 연결시키지 않았다. 세계 도처에는 성기 모양의 다양한 주물(呪物)이 존재하며, 문화권마다 그 존재 이유가 유사하다. 아마도 대다수 문화권에서 성의 본질에 대한 신비감 때문에 성기를 오묘한 힘을 지닌 대상으로 보았던 것 같다. 문화인류학적으로 성 신앙은 풍요한 농경의 기원과 관계된다. 성 신앙의 형태를 보면 남녀 성기 신앙, 성교 모방 신앙 그리고 성교를 실제로 시도하는 신앙이 존재했다(176). 성기 신앙은 목제나 토제, 도제의 성기 모양을 만들어 신처럼 모시거나 성기 모양의 암석을 숭배하거나 암벽에 성기를 조각하여 숭배하는 형식 등 다양하다. 곧 성기 신앙은 인간의 성기 자체를 하나의 주물로 여기던 것에서 성기와 유사한 형태의 자연물에 주술적인 힘을 부여하는 단계로 진보했으며, 성기 상징의 인조물을 숭상하는 문화로도 발달했다(60). 그러한 성기 신앙은 단순히 성기 그 자체만의 신앙이 아니라 인간의 생명을 창조할 수 있는 신비의 힘인 성력(性力)에 대한 숭배다(7).

1. 여성 성기의 숭배

대지의 생식력을 상징하는 대지모신 신앙은 단성생식(parthenogenesis) 원리에 의해 성립되었고, 원시인들은 만물을 낳고 모든 생명을 계승시킨다는 대지모신을 숭배했다. 원시사회에서는 아이를 낳는 여성이 남성보다 더 우월한 존재로 인식되었기에 남성보다 여성의 성기 형태 신앙이 먼저 발달했는데, 구석기시대 이래로 여성은 풍요의 신, 대지모신 그리고 생산의 신비한 능력을 지닌 존재로 숭앙되었다(61). 유럽과 아시아 지역에 걸친 석기시대의 나부(裸婦) 비너스상, 토제 모신상, 고인돌 등이 성적 특징을 나타냄과 동시에 여성을 신으로 받들었다는 증거다. 지금까지는 1908년 다뉴브 강변에서 출토된 구석기시대 여인상이 여성 성기 신앙의 최고 유적이며, 여성의 성기나 자궁 형태를 띤 제단 등도 발견되었다. 여성의 생식기가 바로 재탄생이나 변형 등의 영적인 힘을 지녔다고 본 것이다(176).

청동기시대의 여성 신앙 유적들은 더 넓은 지역에 걸쳐 발굴되고 있는데, 생식에 대한 여성의 역할을 강조한 유적들이 세계 도처에 남아 있다. 물론 남성의 토제 인형들이 없었던

것은 아니지만, 여성의 성기나 유방 등을 명시한 출토품 수가 훨씬 더 많다. 최근까지도 트로브리안드(Trobriand) 섬 주민들은 여성의 역할을 강조하며 살아 왔다. 그들은 20세기 중반까지 남성의 정액이 수태와 출산에 직접 관련된다는 것을 알지 못하여 여성의 조상들 중 한 작은 영령이 어머니 몸에 침투해 아이로 태어난다고 믿었다. 구체적으로 말하면, 그들은 신체가 빗방울이나 동굴 속의 종유석에서 떨어진 물방울에 맞으면 정령의 자식이 여성의 자궁에 들어와 잉태한다고 믿었다(197).

나부상

2. 남성 성기의 숭배

생명 탄생이 여성 성기의 역할만이 아니라 음경도 관여한다는 개념이 대두하면서 성기 신앙은 남근숭배의 형태로 변하기 시작했다. 이는 모계에서 부계 중심으로 전환되고 있었음을 시사하는데, 청동기 및 철기시대 유적은 여성 성기보다도 남성 성기에 대한 것이 더 많은 편이다(60, 176). 선돌(menhir)을 비롯한 여러 변형체는 대부분의 문명권에서 음경 및 신력의

해신당 안의 남근. 굴비 두름처럼 줄줄이 엮여 있다.

생명의 탄생에서 남성의 역할을 인식하면서 모계 사회가 부계 사회로 전환하였다. 이와 동시에 사람들은 남근을 숭배하기 시작하였는데, 그 이유는 남근이 풍작이나 다산과 직접적인 관계가 있다고 생각했기 때문이다. 사진은 일본의 고마키 지방에서 남근을 숭배하는 의식의 행렬(호네마쓰리라고 부름)을 담은 것이다(출처: 『Playboy』, 1980년 2월호, p. 157).

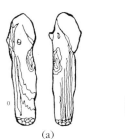

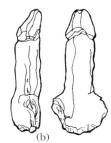

(a)   (b)

그림 (a)는 안압지에서 출토된 신라시대의 성기 신앙의 예가 되는 목제 남근이다. 이 목제는 남근을 실물처럼 잘 표현하고 있는데, 일본 오사카에서 1969년에 출토된 목제 남근[그림 (b)]과 아주 흡사하다(출처: 국립광주박물관, 1984, pp. 77, 82).

상징으로 숭배된 것들이다. 예를 들면, AD 79년 베수비우스산의 분화로 매몰된 이탈리아 나폴리 근처 폼페이 유적에서는 발기된 음경 조각품이 많이 발견되었다. 남성 숭배도 여성 숭배처럼 대지의 풍작과 관련된다. 남성의 노동 역시 성행위와 동일한 것으로 간주된다. 땅을 일구는 가래는 남성의 성기와 동일시되는데, 예를 들어 에스토니아 지방에서는 남성이 땅을 일굴 때 나체로 일을 한다. 또한 땅을 파기 전에 땅에 물을 뿌리는데, 물은 남성의 정액을 의미한다(61). 여러 문화권에서 남근은 단순히 풍작이나 다산에만 관련되지 않고 신력의 상징으로까지 숭배되었다. 즉, 남근이 남성에게는 힘을, 여성에게는 다산을 부여하는 주술적인 존재였다.

그래서 고대 유럽의 남성은 공적으로 어떤 서약을 할 때 손을 자신의 성기에 대고 했다. 요즈음 기독교 국가에서 신성한 맹세를 할 때 성경에 손을 얹듯이 예전에는 남성의 성기 부위에 손을 얹고 맹세했다(176). 여성도 악령을 막아 주고 축복을 가져다준다고 믿었기에 남근 모습이 새겨진 보석이나 부적을 지니고 다녔으며, 고대 로마의 여성은 결혼 전 남근 조각품 앞에서 신성한 서약을 했다. 서구인에게는 이러한 남근숭배가 태양숭배와 직접 관련된다고 보는데, 이는 태양이 춘분 무렵 황소자리에 들어오기 때문이다. 이러한 이유로 황소는 항상 성적인 힘의 상징으로 간주되며, 발기되었거나 성적 흥분이 고조된 상태를 영문으로 '호니(horny)'라고 표현하는 이유도 힘의 상징인 소뿔과 관계된다.

3. 성교행위의 숭배 의식

성 신앙 의식에는 보통 성행위의 상징적 동작이 수반되었는데, 여신에게는 남근을 봉헌하면서 성행위를 상징적으로 표현했다(7). 일본에서도 근래까지 남녀의 성기를 상징적으로 교합시키는 의식이 여러 마을에서 연중행사로 성행했다. 그러나 종교 의식이나 전통에 따라서 실제로 성교를 시도한 문화권도 많은데, 이러한 성행위 의식은 다양한 기능을 지닌다. 예를 들면, 뉴기니아의 한 종족(Marind Anim)은 사회적 지위 변화를 기념하여 한 여성이 여러 파트너와 성교를 했다. 흔히 출산, 결혼 또는 가족이나 부족의 동맹과 같은 행사 의식에서도 성교를 했다. 일본에서도 성행위를 실제로 거행하는 의식이 근래까지 존재했다. 예를 들면, 1920년대까지 한 부락(群馬縣吾妻郡六合村赤岩)에서는 매년 1월 14일 밤 도조신제(道祖神祭)의 풍작 기원 행사가 있었다. 농가의 부부는 공물을 바친 화롯가를 나체로 빙빙 도는데, 남편이 성기를 흔들며 노래하면 아내도 자기의 성기 부위를 손으로 때리며 남편을 따라 노래를 불렀다. 그 후 화로 뒤에서 실제 성행위를 했다. 이와 유사한 행사가 일본 각지에 존재했는데, 논 가운데에서 부부가 성교를 하던 사례도 있었다(60).

이러한 성교 의식은 현대적 의미에서 난교(orgy)로 해석되는데, 난교는 원래 고대 그리스에서 신을 달래거나 신에게 감사를 드리는 의식이었다(〈Box 3-1〉 참조). 그러한 난교 의식의 흔적이 바로 박카스 축제. 이러한 축제에서 성교 의식이 신성함을 잃게 되자 기독교에서는 이를 비도덕적으로 여기게 되었다(176). 이러한 의식은 미개인 사회에서 근래까지 지속되었다. 예를 들면, 파푸아뉴기니 남해안 키와이에서는 풍작 기원의 행사를 위해 모인 남녀들이 춤, 노래와 함께 난잡한 집단 성행위까지 시도했다. 이들은 성교에 의하여 흘러나온 분비액을 큰 그릇에 가득 찰 때까지 모았는데, 이러한 분비액은 작물 재배의 풍작을 의미했고, 창끝에 그 분비물을 묻혀 사냥이나 수렵에 나가면 수확이 풍성하리라고 믿었다(67).

난교 의식의 발달 배경

고대사회에서는 신에게 건강과 풍작을 기원하거나 신을 달래는 연회가 있었다. 종교나 관습에 의해 의식으로 거행된 연회들은 술을 진탕 마시고 춤과 노래로 떠들고, 집단 성행위가 실행되는 잔치였다. 고대 이집트 최고 여신 이시스(Isis)를 위한 연회, 그리스 아프로디테 사원 연회, 로마 보나디(Bona Dea) 연회, 박카스제(Baccanalia) 등은 모두 그러한 잔치였고, 고대 유대인에게 이교도로 여겨졌던 바알(Baal) 신을 위한 축제도 마찬가지였다. 이러한 연회를 '방탕제(orgie, 그리스어 orgeia)'라고 불렀으나, 근래에는 3인 이상이 모여 무분별한 성행위를 시도하는 것을 '난교(sexual orgie)'라고 부른다. 난교는 남미 과테말라 원주민들도 의식으로 시도했는데, 술 취한 남성들은 딸, 누이, 어머니, 첩 등을 가리지 않고 무분별하게 성행위를 했다. 고대 페루에서도 매년 12월 그러한 연회가 벌어졌는데, 연회가 시작되기 5일 전부터 소금 섭취나 성행위를 금했다. 연회가 시작되는 날에는 남녀 모두 나체로 모여 아주 먼 언덕까지 달리기 경주를 했다. 경주 도중 여성을 뒤따라 잡은 남성은 그녀와 즉석에서 성행위를 했는데, 그러한 축제가 6일간 지속되었다. 소위 카니발이라는 축제들은 억압된 성을 표출하는 향연인데, 남자는 여장을 하고 또 여자는 나체로 다니면서 공개적으로 성행위를 한다. 현존하는 브라질의 리우 축제도 별다른 제약 없이 성욕을 발산하는데, 이는 신을 위한 난교 흔적이라고 볼 수 있다. 인도에서도 근래까지 난교가 신의 명예를 위해 열렸으며, 오늘날에도 축제에서 몸짓으로든 실제로든 남녀의 성행위가 이루어진다. 호주 원주민들도 배우자를 선택하기 위한 난교 의식을 시도했다(287, 403).

4. 동양의 성 문화

1) 불교와 유교

동북아시아 지역 성 문화는 기독교 전래 이전 불교나 유교 및 도교 등의 영향을 받았다. 먼저 불교를 언급하면, BC 6세기 네팔의 힌두교에서 발달하여 인도, 중국, 한국 및 일본으로 퍼지면서 여러 종파로 나뉘었는데, 초창기 불교의 전통이나 우리나라 불교의 근본 원리는 금욕을 실시하는 것이었다. 성욕은 열반의 경지에 도달하는 데 방해가 되므로 자위행위를 비롯하여 여타의 성적 접촉을 억압했다(170). 유교는 초기에 성을 긍정적으로 여겼지만, 최소한 지난 10세기 동안에는 부정적으로 여겼다. 중국에서의 성에 대한 허용은 명조 시대로 끝났는데, 특히 17세기 중반부터 20세기 초반까지 만주의 청조 시대에서는 금욕주의 유교 전통에 따라 성을 제한했다. 그러한 이유로 기생을 제외하고는 혼전 성교를 금했으며, 기혼자의 성교도 원칙적으로 자녀 생산 목적으로만 제한했다. 그러나 전통적 성 역할에 따라 일부다처가 허용되었고, 사랑과 낭만을 토대로 한 결혼은 생각하기 어려웠고, 남성의 사정 행위가 건강을 해친다고 강조했다(199, 389, 492).

2) 도 교

우리 문화권에서는 종족 보존과 사회 질서를 강조하는 유교의 성 윤리에 따라 쾌락을 위한 성이나 혼외 관계를 금했다. 그러나 중국은 우리보다 도교의 영향을 더 많이 받았다. 유교보다 영향력은 덜했지만 도교는 음양의 균형, 개인의 건강, 장수에 초점을 맞추어 금욕을 주장한다. 정액을 생명력의 원천으로 여기므로 성교 시 정액의 사출을 피하도록 권했으며, 과다한 성행위와 자위행위를 남성의 질병의 근원으로 보았다(492). 정액 상실은 양기 및 남성의 강인함 감소와 함께 수명을 단축시킨다는 논리로 질병과 관련시켰다.

음양의 조화를 도(道)라고 가르친 도교 원리는 성을 단순히 억제했던 것이 아니라 어떻게 이를 이용할 것인가를 가르친다. 도교에서는 남성이 사정을 하면 에너지(氣)가 고갈되므로 장수와 불멸을 위해 성교 시 사정 억제를 훈련시켰다. 잘 훈련된 남성의 경우 사정하지 않고도 여러 여성을 오르가슴에 이르게 할 수 있다는 논리를 폈다. 또 도교는 초창기에 남녀 모두에게 성적 쾌락을 가져다주는 역할의 중요성을 강조했으나 쾌락을 위한 남녀 상호 간의 관심은 오랫동안 지속되지 못했다. 즉, BC 3세기 한조에 이르러 도교 훈련은 남성의 쾌락 위주로 실시되어 불로장생을 위해 숫처녀나 여러 여성과 성교를 해야 한다는 식으로 변했으며, 남성의 사정행위 조절에 중점을 두었다(199). 보다 현실적인 도교주의자들은 정액의 생동적 에너지를 유지하기 위해서는 남성이 10회의 성교에서 2~3차례 정도만 사정하라고 가르쳤다. 유사하게 여성에게도 난자의 에너지를 생성시키고 순환시키는 방법으로 적절한 호흡 운동이나 명상을 이용하라고 가르쳤다. 그러한 방법 중 남성이 사정을 하지 않고서 성교를 오랫동안 지속시키는 것을 '카레짜(karezza)'라고 부른다. 이는 성교에서 방출되는 성 에너지를 집중시켜 모으는 방법으로, 고대 페르시아에서 유래하여 인도를 통하여 동양에 전해졌다.

3) 힌두교와 회교

대부분의 힌두교도는 금욕을 하는 승려들까지도 성을 억압하거나 탐닉하지 않는 상태에서 적당히 즐겨야 한다고 생각한다. 힌두교의 성적 가치는 남성 신 시바(Shiva)와 그의 연인 샤크티(Shakti)와 관련된 의식으로 표현된다. 나무나 돌 모양의 남근(Lingam, 링검)은 시바 또는 금욕으로 성 에너지가 축적된 상태를 상징한다. 삼각형 돌 조각품(Yoni, 요니)은 샤크티 또는 여성 성기를 상징한다. 신비스러운 기하학적 형태 얀트라(Yantra)는 둥그런 모양 링검과 삼각형 요니를 조합한 것이다. 명상에도 이용되는 얀트라는 성교를 통해 남녀 몸의 에너지 균형을 유지한다는 믿음과 관계된다. 곧 힌두교는 샤크티와 시바 숭배, 또 이와 관련된 의식에 따라 어느 상황에서나 사정을 피하라고 가르쳤다(199).

남성 힌두교도는 불가피한 사정의 순간에 이르러서도 사정을 피해야 한다. 이를 위해 도교에서처럼 호흡 조절, 명상 그리고 손가락 압박 등을 배운다. 이러한 관습은 곧 인근 지역으로 퍼져 나가 20세기에는 서양까지 전달되었다. 남성의 정액 보존을 강조하여 여성의 질 속에서 사정을 삼가며, 성 에너지를 신체 상부로 순환시켜 파트너와 교환하되 사정하지 않고도 오르가슴을 수차례 즐기도록 하는 방법이다. 도교처럼 힌두교에서도 정액은 남성의 강인함이나 장수에 기본이 되므로 성행위를 즐기되 사정은 금하라고 가르쳤으며, 또 주기적 금욕과 자위행위 및 야간정루(nocturnal emission)를 회피하는 것이 건강에 중요하다고 믿었다. 그러나 도교와는 달리 힌두교에서는 여신의 숭배가 돋보인다. 여신의 상, 여성 성기에 관한 그림이나 조각품 등 10세기 이전의 유적들은 힌두교의 모신숭배사상을 반영한 것들이다(60).

회교(이슬람교)는 결혼생활의 일부로 성행위를 즐기도록 권장한다. 그러나 다른 종교들보다도 더 남성 중심적이어서 특히 남성의 성욕만을 인정하여 일부다처가 가능한 반면, 여성의 성욕은 무시해 버린다(349).

4) 탄트라 불교의 좌파

불교 전통에서 탄트라(Tantra)는 부처에 의해 인간에게 전해진 일련의 문헌을 통칭하며, 힌두교 시바파 중 샤크티를 숭배하는 집단의 문헌을 말한다. 이러한 문헌은 4~5세기까지 초심자들에게 비밀리에 전수되어 네팔, 티베트, 중국, 일본, 태국, 인도네시아 등으로 퍼졌다. 특히 티베트 지역 탄트라 불교의 좌파 추종자들(left-handed followers)은 일반 불교의 승러들이 행하는 금욕과 대조적인 생활을 했다. 그들은 부처가 되기 위해서는 관능적 쾌락의 절정에 달해야 한다고 믿는다. 곧 이러한 형태의 불교 미술은 힌두교 미술처럼 부처에 성적 이미지를 담고 있다(170, 275).

탄트라에서의 사랑의 의식(ritual)은 단순히 성적 쾌감을 고양하기 위한 것이 아니라 오히려 신과의 상호작용이나 형상화를 통해 신과 동일시하려는 기본적인 방법이다. 탄트라에서는 우주의 가장 중요한 에너지가 바로 성적인 것이고, 또 의식을 통한 성교에서의 오르가슴 도달을 초월적·우주적 경험으로 받아들인다. 탄트라 사랑의 의식은 꽃이나 향, 음악, 촛불 등의 환경에서 시작되며, 이어서 커플이 나와 목욕재계를 하고, 몸에 윤활제를 바르고 애무를 하게 된다. 곧이어 명상과 함께 자신이 시바와 샤크티의 합체가 되기를 바라면서 성행위를 시작한다. 보통 남성은 자신의 오른쪽에 있는 여성의 발끝에서 머리끝까지 전신에 키스와 애무를 한다. 그 후 여성도 남성의 온몸을 키스와 애무로 자극한다. 마침내 여성이 남성의 왼쪽으로 이동한 후 서로 사랑의 초월적인 힘을 경험할 때까지 다양한 성교 자세를 취한다. 남성은 정액 속의 생동적 에너지를 잃지 않기 위해 오르가슴을 자제한다. 탄트라에서는 남녀가 평등하게 오르가슴에 도달해야 한다고 가르친다. 이를 위해 남성이 성교 시 사정하지 않기 위해 돌진 운동을 최소화하고 발기된 음경을 여성의 질 속에 머무르게 해야 하는데, 이를 라틴어로 'coitus reservatus'라고 한다. 흔히 이러한 비밀스러운 성 의식에는 곡식, 포도주, 어류, 육류 및 성교라는 다섯 가지 요소가 포함된다. 탄트라에서는 정액의 생동적 에너지를 두뇌로 지향하기 위한 훈련으로 호흡 조절이나 명상을 강조한다(170).

5. 한국의 성 문화

『삼국지 위지 동이전』 고구려조에 "그 나라 백성들은 노래와 춤을 즐기며, 나라 안의 읍락에서는 남녀가 밤늦도록 함께 모여 노래하며 춤추며 논다."고 적혀 있으며, 『주서(周書)』 49권 열전 41에는 "남녀가 함께 시냇가에서 목욕하고…… 한방에서 잔다."고 적혀 있다(15). 우리 조상들의 참 모습이 드러난 대목이 아닐 수 없다. 아직까지 정확한 기록을 찾아볼 수는 없지만, 추수감사절의 일종인 고구려 동맹, 동예 무천, 부여 영고 등의 제천의식은 젊은 이들이 술 마시고, 노래하며, 춤추며, 다산을 기원하는 축제였던 것 같다.

삼국시대 이후의 성 문화에 대한 문헌도 점점 드러나고 있는데, 특히 신라시대의 문화는 20세기 후반보다도 더 진보적인 느낌이 들 정도다. 『삼국유사』 등의 역사 서적에는 신라인의 혼전이나 혼외 관계가 자주 언급되고 있다. 예를 들면, 『삼국유사』(제5권, 통감 7, 김현감호 편)에 신라 원성왕 시절 2월 초파일부터 보름날까지 남녀가 홍륜사(興輪寺) 탑을 도는 복회(福會: 복을 빌기 위한 모임) 풍습이 소개되고, 김현(金現)이라는 청년이 한 처녀를 만나 정을 통한 이야기가 나오는데, 그가 탑을 돌 때 여성이 그의 뒤를 따라 돌다가 눈빛을 주고받은 후 구석진 곳으로 가서 정을 통했다고 전해진다.

우리나라에는 불교 의식에서 전래된 민속놀이로 전탑을 도는 탑돌이 풍습도 있었다. 경상도 해안 지역에 근래까지 전해 온 택신제(宅神祭)가 바로 그러한 풍습의 흔적이다. 택신제에서는 심야에 부부가 나체로 집 주위를 짐승처럼 기어서 세 바퀴를 돈다. 이러한 풍습은 택신에게 주술적으로 성적 만족을 시켜 주지 않으면 해를 당한다고 믿었던 재래의 성 신앙과 복합된 것으로 보인다(39). 고려와 조선시대에도 아이를 낳지 못하는 여성이 탑을 돌면 아이를 잉태하고, 노처녀가 탑을 돌면 연인을 만난다고 믿었다(45).

남녀의 성기나 성행위와 관련된 문화도 찾아볼 수 있다. 현재 국립중앙박물관 등에는 5~6세기경 신라인이 흙으로 빚어 만든 인형(토우, 土偶)들 중 성교를 하는 남녀, 여성이나 남성의 생식기를 과장되게 표현한 작품들이 소장되어 있다. 특히 경주국립박물관에 소장된 토우장식항아리(국보 195호)는 웃음을 띤 여인이 엉덩이를 내민 채 엎드려 있고 그 뒤로 한 남성이 과장된 성기를 내밀며 다가서고 있다(10). 우리나라에서는 여성 성기와 모양이 비슷한 암석들도 주물로 보고 숭배하는 형태를 띠고 있다. 예를 들면, 공알바위, 처녀바위, 선돌할머니, 당상할머니 등의 형태가 전국적으로 퍼져 있다. 또 남근숭배의 흔적으로는 선돌을 비롯한 목제 남근, 숫탑, 자지바위, 좃바위, 소좃바위, 총각바위 등을 들 수 있는데, 이러한 형태가 전국적으로 산재되어 있다. 1976년 안압지에서 출토된 통일신라시대 목제 남근이 바로 그 증거다(2). 후자의 남근은 꼭 남근숭배 차원의 물건이기보다도 여성 숭배와 관련이 깊다. 우리나라 동해안 어촌 지역의 의식에서는 목제 남근을 바다의 신(여신)에게 봉헌하는데, 이는 풍부한 어획량과 안전을 기원했기 때문이다(7, 51).

우리나라 관동 및 관북지방 농촌에는 풍작을 비는 뜻에서 성 경험이 없는 마을 젊은이들의 우두머리인 수(首) 총각이 정월보름날 나체로 밭을 가는 풍속이 있었다. 마을에서 음경이 가장 큰 사나이가 수 총각으로 선택되는데, 그는 생식과 풍작의 주술적인 힘이 가장 센 사람이라고 여겨졌다. 나체로 경작하는 풍습이 존재했던 이유는 그 지방의 땅이 비옥하지 못하고 고산지대로 결실이 적은 데서 비롯된 반동적인 욕구 때문으로 보인다(39). 이와 반대로 남도에서는 젊은 여인들이 풍작을 위해 정월보름날 밭에 나가 방뇨하는 풍습이 있었으며, 씨앗을 뿌릴 때 다산한 혈통의 여자를 구하는 풍습도 있었다. 일반적으로 우리나라의 여성 성기 신앙은 풍작이나 마을의 평화를 기원하는 것으로, 다른 문화권과 목적이 유사하지만, 남성 성기 신앙은 주로 자녀나 아들을 기원하는 것들이다(7). 유교 문화권을 형성하기 시작하면서부터 우리나라의 성기숭배나 성의 표현은 타 문화권에 비해 극도로 억압되었다(16). 〈Box 3-2〉에 소개된 수로왕의 설화가 우리에게 잘 알려지지 않았던 것도 그 때문이다.

고대 문헌에 의하면, 결혼 풍습도 고려 중기까지는 혼인 당사자의 자유의지에 맺어지는 자유혼이 성행했을 정도로 조선시대 이후의 모습과 달랐다. 『북사(北史)』(당나라 이연수 편찬 역사서) 94권 열전 고구려조에 "고구려의 혼인은 남녀가 서로 좋아하는 과정에서 맺어지고 재물을 보내는 의례도 없다. 혹시 혼인에서 재물을 받은 사람이 있으면 사람들은 이를 수치로 여겼다."면서 연애결혼 풍습을 언급하고 있다. 또 『고려도경(高麗圖經)』[송나라 서긍(徐兢)이 1123년 개경에 1개월 정도 머문 후 1124년 완성한 고려견문록, 40권으로 구성] 19권에는 고려인

Box 3-2   김수로왕 남근 설화

하늘에서 내려온 신인(神人)으로 알려진 가락국 시조 김수로왕은 보통 사람에 비해 성기가 큰 것으로 유명하다. 왕은 물을 건너지 못한 백성들을 위해 선암진이라는 나루에 자신의 거대한 음경을 걸쳐 두고 다리 삼아 건너다니게 했다. 사람들은 왕의 음경으로 된 다리에 점점 익숙해져 본래 있었던 다리인지 왕의 육체의 일부인지 거의 분간하지 못하게 되었다. 어느 날 주책없는 한 영감이 무거운 짐을 등에 지고 선암진의 다리를 건너다가 다리 한가운데서 쉬어가고 싶은 생각이 났다. 짐을 내려놓고 다리 위에 걸터앉아 허리춤에서 담배쌈지를 꺼냈다. 그리고 곰방대를 입에 물고 부싯돌을 그어댔다. 담배 몇 모금을 빨고 난 그는 걸터앉은 다리에 곰방대를 탁탁 털었다. '앗 뜨거워!' 하는 소리가 나올 뻔했던 왕은 워낙 참을성이 강했기에 이를 악물고 참았다. 영감은 그런 사정을 아는지 모르는지 짐을 다시 지고 콧소리를 흥얼거리며 건너갔다. 영감의 담뱃불로 멀쩡하던 왕의 음경 위에 보기 흉한 흉터가 생기고 말았다. 지금까지도 왕의 후손인 김해 김씨 자손은 음경 위에 까만 점이 있다고 한다.

왕비 허씨의 옥문(玉門)도 왕의 음경 못지않게 크기로 유명했다. 어느 날 큰 잔치가 열렸는데, 바닥에 까는 자리가 마땅치 않았다. 생각 끝에 왕후는 거대한 음문을 자리 대신 깔았다. 뜻밖에 바닥에 깔 수 있는 커다란 자리가 생겨 잔치는 그런대로 순조롭게 진행되었다. 하객들 중 성급한 덜렁쇠가 하나 있었는데, 잔치가 한창 무르익을 무렵 그만 뜨거운 국물을 자리에 엎질렀다. '앗 뜨거워!' 하는 울음 섞인 비명이 왕후의 입에서 나올 뻔했으나, 왕후는 체면을 생각하여 꾹 참았다. 잔치는 왕후의 참을성 덕에 끝까지 아무런 지장 없이 진행되었으나, 왕후의 옥문 위에는 흉터가 생겼다. 지금도 김해 허씨 후예는 음문 위에 검은 점이 있다고 한다. [이 설화는 1968년 東京에서 출간된 孫晉泰의 『朝鮮の民話』에 수록되어 있다(59).]

이 쉽게 혼인하고 쉽게 이혼한다고 기록되었으며, 23권에는 고려 여성은 여름이면 시냇가에서 남녀 구별 없이 옷을 벗고 목욕했다는 내용이 나온다. 그러나 고려 후기에 와서 자유결혼이 점차 부모 의사에 따라 맺어지는 중매혼인으로 바뀌었다(6, 12).

O4
성별의 분화

원시사회에서는 성교와 임신의 관계를 정확하게 이해하지 못했다. 동물처럼 자연스럽게 교미를 했지만, 그 결과로 아기가 태어난다는 사실을 정확히 몰랐다. 오히려 그들은 아이의 출산을 성교 이외의 다른 사건의 결과로 해석하기도 했는데, 근래까지도 성교와 임신의 관계를 정확히 이해하지 못했던 문화권이 있었다. 예를 들면, 남태평양 파푸아뉴기니 일부인 키리와나 제도의 트로브리안드 섬 주민들은 임신 과정에서 남자의 역할을 전혀 무시하고, 여성의 조상 중 한 영령이 자궁을 점령한 것으로 믿었다(197). 요즈음은 성별 결정에 가장 주요한 인자는 성염색체라고 믿지만, 고대사회로부터 최근까지 성별 결정을 설명하는 이론은 부지기수였다. 성별 결정을 설명하는 이론들을 연대기적으로 살펴보자.

1. 고대의 이론

문명 발달과 함께 성을 인식하기 시작한 인간은 임신과 성별의 결정에 관심을 갖게 되었다. 예를 들면, 거의 40세기 전 이집트 문명 시대의 의사들은 이미 여성의 임신에 대한 이론을 피력했다. 그들은 2개의 주머니에 보리와 밀의 씨를 각각 담아 놓고, 여성에게 날마다 그 주머니에다 오줌을 누도록 한 후 밀을 담아 놓은 주머니에서 먼저 싹이 돋아나면 아들, 보리를 담아 놓은 주머니에서 먼저 싹이 돋아나면 딸을 임신했다고 판정했다. 아무런 싹이 돋아나지 않으면 아이를 잉태하지 않은 것으로 여겼다. 또 메소포타미아 지방의 의사들은 임신한 여성의 얼굴에 주근깨가 많이 끼어 있으면 아들을 잉태했다고 믿었다. 이처럼 고대인도 그들 나름대로 성별 결정의 이론을 정립했었다.

그리스 문명에서는 이들보다 약간 더 정교한 이론이 도출되었는데, 즉 남성 정액이 생식에 필수적이라는 사실을 이해하기 시작했다. 그 예로 아낙사고라스(Anaxagoras, BC 500~428)는 오른쪽 고환의 크기가 더 크고 우세해 보였기 때문에 오른쪽 고환의 생성물일 때 아들, 왼쪽일 때 딸을 출산한다고 주장했다. 히포크라테스(BC 460~375)는 남녀 모두 아들이나 딸을 만드는 씨를 생성한다고 했지만, 남성이 생성한 씨가 여성의 것보다 더 강하며, 남녀의 씨들의 결합에서 어느 쪽이 우세한가에 따라 태어날 아이의 성별이 결정된다고 했다. 그 씨들의 결합은 여섯 가지 중 하나로 결정되는데, 부모 모두 남성의 씨를 가지고 있었다면 태어난 아들은 영적으로 총명하고 신체적으로 강한 아들이 되고, 부모 모두 여성의 씨를 지녔다면 매우 여성적인 딸이 태어난다. 그 밖의 네 가지 경우는 〈표 4-1〉과 같다(506).

아리스토텔레스는 한 저서(『Generation of Animals』)에서 성별이 이미 정자세포로부터 결정된다는 아낙사고라스를 비롯한 다른 철학자들의 주장을 소개했다. 철학자들은 아버지가 씨를 생산하면 어머니는 태아 성장을 위한 공간을 제공할 뿐이며, 오른쪽 고환에는 남아의 씨 그리고 왼쪽 고환에는 여아의 씨가 들어 있으며, 또 남아는 자궁 오른쪽 부위, 여아는 왼쪽 부위에서 발달한다고 했다. 아리스토텔레스도 여성이 종족 보존에 중요한 역할을 할 수 없다고 하였다. 즉, 남성이 새로운 생명체에 대한 지적·감각적 능력을 지닌 씨를 제공한 반면, 여성은 단지 그 씨에 영양분만 제공한다고 했다. 또 그는 남아가 여성의 체형을 닮았고, 여아는 원래 남성이었지만 마지막 생장 과정에서 정자세포를 생성할 수 있는 능력이 결핍

표 4-1 히포크라테스의 성별 분화이론

父의 씨	우세한 방향	母의 씨	태어날 아이
남성	>	여성	용맹한 아들
남성	<	여성	남성처럼 강한 딸
여성	>	남성	용맹하고 우아한 딸
여성	<	남성	자웅동체형

된, 씨를 생산하지 못한 실패작이라고 정의했다(342).

아리스토텔레스는 여성이 월경 시 분비하는 액체를 남성처럼 정액을 만들지 못한 혈액의 찌꺼기라고 생각했다. 그에 의하면, 혈액에서 생성된 정액은 열을 충분히 받아서 색이 하얗지만, 여성은 그렇지 못하므로 생식 능력에 결정력이 없다고 했다. 남녀 모두 씨를 생성한다는 히포크라테스의 견해나 여성이 생산에 결정적이지 못하다는 아리스토텔레스의 견해는 수세기 동안 지속되었다. 즉, 기원전 2세기경 갈렌(Galen)도 히포크라테스처럼 남성이 되는 씨가 여성이 되는 씨보다 더 강하며 또 여자가 생산한 씨가 남자의 것보다 더 약하며, 아리스토텔레스처럼 여성의 생산력은 남성보다 더 열등하다고 했다(506).

고대 동양에는 성별결정이론이 많지 않았지만, 그중 하나로 도교에서는 아이의 성별이 여성의 월경 기간과 관계된다고 가르쳤다. 즉, 월경이 끝난 후 3일 이내에 남자와 성교를 하면 아들이 잉태될 것이고, 5일 이내에 관계를 가지면 딸이 잉태될 것이나 그 이후에 갖는 성관계는 임신이 되지 않는다고 가르쳤다.

2. 중세 및 근세의 이론

아리스토텔레스 철학을 최초로 기독교에 응용한 독일의 마그누스(A. Magnus, 1206~1280)도 여성이 씨를 만들지만 종족 보존에서는 이차적인 역할만 한다고 주장했다. 그러한 믿음은 최소한 16세기까지 수많은 과학자에 의해 반복되었는데, 이는 BC 2세기 갈렌의 해부학 저술에 대한 믿음 때문이다(506). 허준의 『동의보감』을 근거로 조선시대의 성별결정이론도 살펴볼 수 있는데, "부인이 아이를 가졌는데 손으로 어루만져 보아 술잔을 엎어 놓은 것 같으면 남아, 팔목을 만지는 것처럼 느껴지면 여아"라고 판정하는 대목도 있다(41).

고대나 중세에 유행했던 이론들은 모두 우습게 들리지만, 당시에는 이에 대한 확실한 결론을 내릴 만한 지식이 없었기에 통용된 것들이었다. 생물학자 코토(P. Couteau)도 1748년 고대의 관점과 유사한 결론을 내렸는데, 남성의 양쪽 고환 크기가 다른 이유를 설명하면서, 그중 하나는 남성 그리고 다른 하나는 여성을 결정하기 때문이라고 말했다. 그러나 다음 해 영국 생물학자 니드햄(J. Needham, 1713~1781)은 남녀의 씨가 되는 정액이 따로 존재한다고 언급했다. 제6장에서 언급되는 축소인간이론은 성별이 성세포에서 미리 결정된다고 보는 것인데, 이러한 생각은 17세기 후반까지 통용되었고, 약 1세기 후 애스트룩(J. Astruc, 1684~1766)에 의해 더 쉽게 설명되었다. 애스트룩은 난자세포 벽에서 아주 작은 구멍을 관찰했으며, 어떤 난자에 있는 구멍은 다른 것보다 크다고 주장하면서 수태 시 난자에 접근하는 정자세포 크기에 따라 성별이 결정된다고 추론했다. 이 이론은 1760년대 별다른 반론 없이 많은 사람의 지지를 받았다.

정자세포의 존재가 현미경으로 확인된 17세기경부터 성별 결정에 대한 수많은 이론이 끊임없이 쏟아졌다. 1700년경에는 약 250개, 1900년경까지는 약 500개의 이론이 등장한 것이다. 그 이론들 중 가장 인기를 끌었던 이론은 왼쪽 난소의 난자는 남성 그리고 오른쪽 난소의 난자는 여성이 된다는 도우슨(R. Dawson)의 이론이었는데, 정자의 역할은 단순히 난자를 사람으로 성장시키는 것이라고 했다. 이 이론은 상당한 인기를 끌어 성교 시 사정된 정액이 어느 한쪽으로 지향될 것이라고 믿고서 부부는 원하는 아이의 성별에 따라 성교 위치를 조정하기도 했다(196). 그러나 이 이론은 결과에 대해 실망하는 사람이 늘어나면서 저절로 소멸했다.

그 후 동양의 도교이론처럼 여성의 월경 시기에 따라 남녀가 되는 난자 생성이 결정된다는 이론도 생겨났으며, 1820년대부터는 부모의 나이에 따라 성별이 결정된다고도 믿었다. 그 예로 1829년 새들러(M. Sadler)와 호패커(J. Hofacker)는 아주 젊거나 고령인 부모는 딸을 낳고 중년층 부모는 아들을 낳는다고 주장했다. 또 남편의 나이가 아내보다 약간 많으면 아들이나 딸을 낳을 확률이 반반이고, 남편의 나이가 훨씬 많으면 아들, 부인이 훨씬 많으면 아들이나 딸을 낳는다고 주장했다. 그러나 성별 결정에 대한 수많은 초창기 이론들은 1900년대 체코의 멘델(G. Mendel, 1822~1884)의 실험 결과가 알려지면서 급속히 사라져 버렸다. 1866년 발표 당시 그의 업적을 이해한 사람은 아무도 없었다. 1884년 62세로 타계할 당시에도 그의 업적은 파묻혀 있었다. 다행히 1900년대에 학자들(Corren, Tschermak, deVries 등)에 의해 그의 업적이 확인되면서 성별의 결정 원리는 멘델의 법칙으로 설명될 수 있었다. 즉, 유전적인 요소들이 수태 시 전달된다는 것인데, 이 이론이 발전하여 훗날 성별 결정의 유전인자가 포유류의 경우 수컷에 의해 전달된다고 밝혀진 것이다.

3. 근대의 이론

사람의 염색체는 1879년 현미경 연구가 아놀드(Arnold)가 최초로 관찰하였다(196). 1890년대 몇몇 연구자는 염색체 수를 세어 20~30개 정도라고 추측했으며, 1912년까지 남성 47개, 여성 48개로 남녀가 각각 다른 수의 염색체를 지닌다고 믿었다. 또 1921년 세포학자 페인터

(T. Painter)는 남성의 Y염색체를 발견하고 남녀 모두 48개 염색체를 가진다고 발표했다가 나중에 그 수를 46개라고 정정했으나, 대중은 1950년대까지 48개의 염색체가 존재한다고 믿고 있었다. 그러나 1952년 중국계 미국인 생물학자(T. Hsu, 徐道覺)가 46개의 염색체 존재를 주장했고, 1956년 티조(J. Tijo)와 레반(A. Levan)이 46개라고 다시 확인하면서 성별을 결정하는 성염색체 논쟁은 일단락되었다(122).

그 후 어떤 성염색체를 가진 정자세포가 난자세포와 결합하는가에 따라 성별이 결정된다는 이론을 매우 단순하게 믿었다. 편의상 크기에 따라서 정자세포 내의 염색체를 Y나 X염색체로 부르고 있다. 난자세포의 성염색체는 크기가 일정하지만, 정자세포의 성염색체는 난자세포의 것보다 더 작거나 같다. 흔히 작은 것을 Y 그리고 같은 것을 X염색체라고 부른다. 그래서 같은 크기의 염색체끼리 만나는 경우 XX 결합으로 여아가 되고, 성염색체가 작은 정자세포가 난자세포와 만나면 XY 결합으로 남아가 된다고 설명한다. 다른 동물들도 사람과 염색체 수가 다르지만, 성염색체 결합에 의해 성별이 결정된다. 포유류, 연체동물, 불가사리 등은 사람과 동일한 방식을 따르는 반면, 파충류, 조류 및 많은 양서류는 동일한 염색체 쌍을 이루어야 수컷이 된다. 동물의 세계에서 수컷에 의해 성별이 결정될 때 2세의 성은 수태 시 결정되지만, 암컷에 의해 성별이 결정될 때는 그보다 더 복잡해진다.

염색체를 연구하는 학자들은 X염색체를 가진 정자세포가 Y염색체를 가진 것보다 자궁 내에서 더 천천히 이동하며 더 오랫동안 생존한다고 설명한다. 그래서 딸을 원하는 부부는 배란 현상이 나타나기 2~3일 전, 아들을 원하는 경우는 배란 현상이 시작되는 당일에 성관계를 가지면 다른 시기보다 확률이 더 높아진다(229, 509). 질 내부 환경이 정자세포의 생존을 좌우하며, 배란 시기에 맞춘 성교행위가 성별 결정에 영향을 주기도 한다. 즉, 질 내부의 액체 상태는 약 알칼리성을 유지하는 것이 보통이다. 산성 성분의 농도가 높을수록 정자세포의 활동이나 생존이 더 어려워지는데, 더 빠르게 활동하는 Y염색체를 지닌 정자세포가 X염색체를 지닌 정자세포보다 더 쉽게 손상된다. 그래서 아들을 원하는 여성은 배란의 시기가 가까워지면 중탄산소다(重曹, baking-soda)와 물로 질 내부를 세척하고 성교를 하는 것이 바람직하다. 이 경우 움직임이 빠른 Y염색체를 지닌 정자세포가 난자세포 주변에 먼저 도착하게 된다. 역시 딸을 원하는 여성은 배란 시기로부터 2~3일 전 식초로 질 내부를 세척한 후 성교를 가지면 확률이 높다. 물론 이러한 주장을 반박하는 사람이 없는 것은 아니지만, 대다수 학자들은 그 설명에 동의한다(229, 426, 456).

Box 4-1   젠더 초이스

여성의 질 내부 분비물의 화학적 성분은 정자세포들의 생존과 이동을 돕는 역할을 한다. 일반적으로 정자세포는 산성 성분에 매우 약하다. 한 남성이 성교 시 많은 수의 정자세포를 여성의 질 내부에 사정했더라도 질이나 자궁 내 체액의 산성 농도가 다른 여성에 비해 더 높다면 난자세포를 만날 때까지 살아남는 정자세포가 거의 없다. 여성의 질 내부에 알칼리성 분비물이 충분해야 정자세포의 생존 확률이 더 높아 진다. 알칼리성 물질은 정자세포들을 둘러싼 산성 물질의 침입으로부터 정자세포를 보호하면서 그것들이 자궁경부를 거쳐 난자세포가 있는 곳까지 무사히 도달하게 해 준다. 보통 체중의 2/3를 차지하는 체액 성분은 pH 7.44 정도의 약한 알칼리성 상태를 유지하는 것이 가장 바람직하다.

체액 성분을 인위적으로 조절하여 임신을 쉽게 하고 태아 성별까지도 결정해 준다는 약이 우리 문화권에 등장했는데, 1990년대 초반 '젠더 초이스(gender choice)'라는 약이었다. 그 약을 일정 기간 복용하면 체질이 알칼리성으로 바뀌어 아들을 낳을 수 있다는 광고 문구가 수많은 여성을 현혹했다. 남아선호사상이 팽배한 분위기에서 딸을 낳은 여성이 아들을 낳아 보려는 욕심으로 그 약을 복용하려고 했지만, 사실상 인위적으로 체질을 개선하는 것은 바람직하지 못하며, 장기간 복용에 따른 부작용이나 비용 등에서 성공을 거두기 어려웠다.

4. 성별 분화의 이상

앞서 성별 결정의 주요소를 성염색체라고 설명했다. 그러나 인간을 포함한 여러 동물에서 자웅 특질이 함께 나타나 성별 판단이 애매한 중성 상태가 존재한다. 정상적으로 결합했더라도 세포 분화 과정에서 이상이 생기는 경우도 있으며, 다른 동물들의 경우 외적 요인들에 의해 성별이 결정되기도 한다. 예를 들면, 두꺼비는 알이 부화될 당시의 온도에 따라 성별이 달라지는데, 섭씨 10도 정도에서는 암컷, 27도 정도가 되면 성숙하면서 수컷이 된다. 이러한 실험은 1930년 스위스의 피케(J. Piquet)가 보고했으며, 영양 상태에 따라 성별이 변하는 양서류도 있다(196). 어떤 어류들은 수시로 성별이 바뀌면서 스스로 번식을 하는데, 채찍꼬리도마뱀 일부도 단성생식을 한다(364).

현대과학은 이러한 성별 결정을 아직 정확하게 설명하지 못한다. 단지 수태 당시의 염색체 결합이 성별 결정의 최종 요인이 아니라는 사실만을 인정하고 있다. 인간의 경우 염색체 결합이 정상이더라도 성별 결정은 태아의 발달 과정에서 영향을 받게 된다. 그 과정을 예측할 수는 있지만, 어느 단계에서든지 오류가 생기면 성별이 애매해진다. 앞서 말했듯이 유전적 성별은 수태 시 성염색체 조합(XX나 XY)으로 결정된다. 그리고 태아 성별이 남성, 곧 XY 염색체 결합이었다면, Y염색체가 지닌 유전자의 활동에 따라 수태 후 약 6주경부터 난소가 아닌 고환을 발달시킨다. 그러면 고환에서는 테스토스테론을 분비하여 내부 및 외부에서 남성 생식기를 구체화시킨다(122).

고환은 역시 여성 생식기 발달을 억제시키는 물질(Mullerian-inhibiting substance)을 분비시켜야 한다. 동물 실험에서 성별 분화가 이루어지는 결정적 시기 이전에 태아 성선을 제거하면 염색체상의 암수에 상관없이 암컷으로 분화되었다. 이는 수컷이 되려면 뭔가 추가되어야 함을 의미한다. 곧 태아의 고환이 발달하기 시작하면서 그 물질을 분비시키지 못하면 암컷 생식기 구조가 발달한다. 만일 상기의 물질이나 테스토스테론이 결여되면 태아는 유전적인 성별에 상관없이 생식기 구조를 여성으로 발달시킨다. 이 결과는 인간의 기본 형태는 여성이며, 남성이 되려면 그러한 물질이 추가되어야 함을 뜻한다(74).

생물학적으로 자웅 형체가 동시에 존재하여 성별 구분이 애매한 상태를 헤르마프로디티즘(Hermaphroditism, 자웅동체, 양성체) 또는 간성(intersexuality)이라고 부른다. 그 빈도를 추정하기는 어렵지만, 머니(John Money)는 출생한 아이들의 약 4%에 이른다고 주장했다. 양성체에 관한 이야기는 매우 오래전부터 있었다. 용어에서도 짐작할 수 있듯이 그리스 신화의 헤르메스(Hermes)와 아프로디테(Aphrodite) 사이에 태어난 아들이 15세경 자신을 동경하던 요정의 몸과 혼합되어 남녀 반반이었다는 이야기가 있으며, 아담이 양성적 존재로 생활하다가 신의 은총을 잃은 후에 남녀로 분리되었다는 초창기 성경학자들의 이야기도 있다. 또 플라톤은 아리스토파네스의 이야기에 따라서 원래 남성, 여성, 양성의 세 성이 존재했는데, 시간이 지나면서 양성이 사라졌다고 했다(185).

외부 생식기 구조상 음핵과 음경은 상동기관(homologue)이다. 따라서 음핵이 과도하게 발달한 여아는 남자로, 음경이 매우 작고 고환이 분리된 채로 태어난 남아는 여아로 길러진다. 후자는 성염색체 쌍의 구조가 XY이고 정소(精巢)도 세포학적으로 남성이지만, 체형은 완전히 여성이다. 그들은 사춘기에 접어들면서 유방이 발달해서 여성으로 인식하고서 남성과 결혼하기도 한다(65). 외부 생식기상 남녀로 구분되지만, 내부 생식기의 일부나 전부가 실제 성과 불일치하게 태어나는 경우도 많다. 또 외부 생식기의 형태가 모호하여 남녀 반반인 경우도 있다. 그 경우 일생의 어느 시기에 생식선에 의한 성의 발달이 다르게 나타난다. 성별 판단이 애매할 때 성별 구별의 기준은 학자마다 다르지만, 모발의 성분, 피부나 피부 구조의 질, 골격의 구성 그리고 가슴이나 유방의 발달 등을 고려한다.

과거에는 출생 시 남녀로 구분되었지만, 이러한 구분이 정확하지 못했던 사례가 있었다
(〈Box 4-2〉 참조). 한 연구자는 양성을 고려하여 성별을 다섯 가지로 구분했는데, 남성, 여성
및 세 가지 형태의 양성을 말한다(185). 첫째 형태의 양성은 남녀의 특질이 혼합되어 정자세
포를 생성하는 고환 1개와 난자세포를 생성하는 난소 1개인 채로 태어난 자들이다. 이들은
이론상 아이의 부와 모가 될 수 있다. 그러나 실제로 그들이 생성하는 난자와 정자가 함께
만날 수 있는 체내의 관들이 형성되지 않았다. 둘째 형태는 외부는 여성 생식기이지만, 내부
는 난소가 없는 염색체상의 실질적 남성이다. 셋째 형태는 남성 생식기를 소유하지만, 고환
이 없는 염색체상의 실질적 여성이다. 곧 둘째와 셋째 형태의 양성은 외부 생식기 및 이차
성징이 자신의 염색체와 일치하지 않는다(185).

생물학적 차원과는 달리 후천적으로 남성성과 여성성이 합해진 상태를 안드로지니
(androgyny)라고 부른다. 이는 그리스어로 남성(andr)과 여성(gyne)의 단어가 합성된 것이다.

Box 4-2   성별 분화 이상 사례

여성에게 참정권이 주어지기 약 80년 전 미국에서 발생한 사건이다. 휘그(Whig)당은 1843년 코네티컷 주
솔즈베리라는 도시에 거주하던 청년당원 슈이댐(Levi Suydam, 23세)이 투표할 수 있도록 지방선거위원회에
요청했다. 당시 반대당에서는 여성 체형의 슈이댐은 남자보다 여자에 더 가깝기 때문에 참정권이 주어져서는
안 된다고 주장했다. 위원회는 한 의사(William Barry)에게 신체검사를 의뢰했고, 의사는 외부에 돌출된 생식
기 구조를 본 순간 남자라고 판정했다. 슈이댐을 투표에 참가시켰던 휘그당은 선거에서 한 표 차로 승리했다.
그러나 투표가 끝난 뒤 며칠 후 의사의 진단이 잘못되었다는 것이 드러났다. 슈이댐에게 월경이 규칙적으로 나
타났는데, 슈이댐이 나중에 투표권을 잃게 되었는지 또 선거 결과가 번복되었는지는 알 수 없다(185).

또 다른 예로 1980년 사망한 미국의 월시(Stella Walsh)는 1932년 올림픽 100m 여자 경기에서 11.9초로
금메달을 획득했으며, 1954년도에는 미국에서 열린 여자 5종 경기에서 우승했다. 그러나 사망 시 그녀는 기능
을 하지 않는 남성 성기를 지닌 것으로 알려졌는데, 유전적으로 그녀의 세포 일부는 XX 또 다른 일부는 XY 염
색체를 지니고 있었다. 그녀는 유전적으로 남성인 동시에 여성이었고, 해부학적으로 음경은 발달되지 않은 상
태였다. 그녀는 여성으로 살아가면서 몇 달간 한 남성과 결혼생활을 했는데, 어둠 속에서만 몇 차례 성행위를
했다고 한다(484). 근래에는 중성의 상태로 태어나더라도 인위적으로 남성이나 여성을 선택하여 살아가게 하
기보다는 원래 모습을 그대로 유지하면서 살아갈 수 있도록 하는 사회 분위기도 형성되고 있다. 그들의 인권을
지지하는 단체들에 관한 웹사이트도 등장했는데, 그 예로 북미 지역의 'www.isna.org'가 있다.

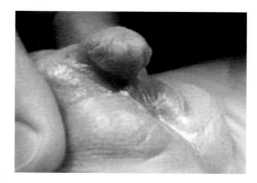

성별 분화의 이상

이처럼 정신적 영역에서 남녀의 적응성을 지닌 개인들은 전통적 성 역할에 의존하지 않는 진보한 자들이다. 남성적이고 여성적인 자기 개념을 통합시켜 사고, 판단, 행동하는 그들은 전통적인 성 역할에 얽매이지 않고 어느 상황에서나 적절한 행동을 한다(229).

05
성욕 발달과 프로이트 발달이론

1. 성욕이론

인간의 성행동을 설명하는 이론은 몇 가지 방향으로 구분된다. 발달심리학 관점에서 대부분의 행동은 선천적 요인이나 후천적 요인의 영향 또는 그들의 상호작용으로 설명되지만, 성행동은 간단히 설명할 수 있는 문제가 아니다. 그럼에도 다음 세 관점으로 성행동을 설명해 본다.

첫째, 생물학 원리를 신봉하는 생물주의(biologism)에서는 대부분의 성행동이나 성 역할이 모두 유전적으로 결정되어 있어서 문화나 학습 등 후천적 요인에 의해 바뀔 수 없다고 본다. 그 예로 사회생물학(sociobiology)에서는 성행동을 진화론 및 유전학에 의거하여 동물과 인간의 사회행동이 모두 진화된 유전요소에 의한다고 설명한다(531). 그 주창자들은 개체의 종족 번식 능력에 직접 영향을 주는 성행동에 초점을 맞춘다. 예를 들면, 동물들의 경우 수컷의 성기능은 어느 상황에서나 발휘되지만, 교미 시기는 암컷에 의해 조절된다고 설명한다. 또 암수가 일생 동안 상대하는 성 파트너의 수가 다른 이유는 가능한 많은 자식을 가져 자신의 적합성을 극대화시키려는 수컷의 노력과 소수의 최적의 파트너를 골라서 자신의 적합성을 극대화시키려는 암컷의 노력에 기인한다고 주장한다.

둘째, 구성주의(constructionism)는 성차를 포함하여 성행동이나 역할 등의 개인차가 생물주의에서의 주장과는 정반대로 사회, 문화, 학습 등에 의하여 발달했다고 본다.

셋째, 모든 성행동을 성욕이라는 에너지 중심으로 설명하는 범성주의(pansexualism)에서는 자연적이든 문화적이든 모든 현상이 성 충동 또는 적어도 성 에너지에 의해 좌우된다고 주장한다. 그 대표적인 예가 바로 정신분석학적으로 접근한 프로이트의 성욕발달이론이다. 그는 모든 행동을 공격적이고 성적인 본능의 에너지가 표출된 결과라고 주장했다. 오스트리아 정신의학자 라이히(Wilhelm Reich, 1897~1957)의 오르곤(orgone)이론도 범성주의에 해당한다. 라이히는 모든 생의 기능이 우주에 스며들고 있는 오르곤 에너지에 의해 결정되므로 성행동의 표출이 곧 오르곤 에너지의 활동이며, 정서적·신체적 질병도 그 에너지를 모으면 치유된다고 주장했다.

2. 프로이트의 성격발달이론

1) 성욕과 본능

행동주의이론이 발달하기 이전의 심리학자들은 행동을 본능으로 설명하려는 시도가 강했다. 맥두걸(William McDougall)은 1910년 『British Journal of Psychology』에 인간의 본능에는 18종류가 있다고 발표했는데, 그 뒤 다른 연구자들도 본능을 탐색한 결과 20년 후에는 그 종류가 거의 1만 개로 늘어났다. 프로이트(Sigmund Freud, 1856~1939)는 본능의 종류보다도 그 기능이나 목적에 관심을 가졌으며, 1914년 『On Narcissism』을 발표했을 당시 모든 행동의 원인이 본능과 관계되며, 또 모든 본능의 목적이나 기능은 삶(생존, life)과 관련된다고 주장했다. 그러나 몇 년 후 그 주장을 수정했는데, 1920년 『Beyond the pleasure principle』을 발표했을 때 일부 본능은 생존이 아니라 파멸이나 죽음과 관련된다는 것이었다. 이때부터 그는 본능을 삶과 관련된 본능(life instincts: Eros)과 죽음과 관련된 본능(death instincts: Thanatos)으로 이분했다. 또 그는 종족 보존이나 쾌락을 위한 성행위, 사랑, 평화, 협동, 이타행동, 상생 등 생존과 관련된 본능 중에서 가장 주요한 것은 성욕이며, 전쟁이나 살

프로이트

인, 절도, 증오, 도박 등 파멸이나 죽음과 관련된 본능의 공통적인 요소는 공격성(aggression)이라고 했다. 그러면서 인간이 타 동물과 구별되는 문명이나 문화를 창조하게 된 것은 바로 성욕과 공격성의 본능을 억제할 수 있는 능력이 있었기 때문이라고 주장했다.

2) 프로이트와 정신분석

프로이트는 오스트리아 제국에 속한 모라비아의 프라이버그(Freiberg, 현재 체코 영토)에서 3남 5녀 중 첫째로 태어나 1873년 17세에 비엔나 대학교에 들어가 1881년 의과대학을 졸업했다. 그의 이름은 원래 'Sigismund' 였지만, 1877년 'Sigmund' 로 줄였다. 당시 빅토리아 왕조 시대(1837~1901)의 영향으로 19세기 중·후반 구미 지역의 중산층 여성은 성욕을 제대로 발산시키지 못했다. 성적 욕구 불만으로 수많은 여성이 히스테리나 우울증, 대인관계 불안 등의 정서장애를 겪었던 것이다. 프로이트는 당시 등장한 신경학(neurology)을 공부하면서 그와 같은 정서장애를 신경계 기능과 접목시키려고 노력했다. 그러나 신경학이 정서장애들을 설명해 주지 못함에 실망한 그는 정서 문제의 원인이 신체가 아닌 마음에 있을 것이라고 추측하면서 자신의 생각을 구체화시켜 정신분석이론을 만들었다.

그는 1885년 파리에 가서 샤르코(Jean-Martin Charcot, 1825~1893) 밑에서 일 년 동안 최면으로 정서장애 환자들을 치료하는 기법을 배웠고, 1886년 비엔나로 돌아와서는 신경계 장애나 뇌 장애 치료를 위한 개업의로 활동했다. 그는 비엔나에서 히스테리 및 신경증 환자를 상대로 브로이어(Josef Breuer, 1842~1925)와 함께 최면요법으로 치료하다가 결국 그러한 시도를 포기했다. 최면을 통해서 환자들의 고통이 상당히 줄어들고 수많은 갈등도 잦아들었지만, 유감스럽게도 최면기법이 잘 통하지 않았다. 즉, 환자의 행동이 좋아지기는 했지만, 환자의 정신적 갈등의 근본 원인을 해결하지 못하거나 재발 가능성이 높았던 것이다. 또 어떤 환자는 최면에 걸리지 않으려고 의도적으로 노력했다.

이러한 이유로 프로이트는 최면기법의 사용을 포기하고, 그 대신 정서장애 환자들을 편안한 상태로 유도하여 과거사를 얘기하도록 하면서 평소에 환자도 잊고 지냈던 기억을 되살려 주는 방법을 선택했다. 우선 환자를 편안하게 드러누울 수 있는 의자(couch)에 눕히고 눈을 감을 때 떠오르는 생각을 무엇이든지 얘기하도록 요청했다. 그는 현재 머릿속에 떠오른 생각을 의식(consciousness)이라고 정의하고, 그 의식 내용에서 연상되는 또 다른 과거사를 회상하도록 유도했으며, 그로부터 더 오래된 또 다른 과거사를 끄집어내었다. 머릿속의 현재 생각인 의식의 내용은 시간 경과와 함께 새로운 의식으로 교체되면서 전의식(pre-consciousness)

으로 밀려나는데, 의식 속의 단서로 시간이 오래 경과된 전의식을 끄집어낼 수 있다.

그러나 사회적으로 바람직하게 여기지 않는 기억 내용, 즉 전의식은 단서를 제공하더라도 의식의 영역으로 떠오르지 않는데, 그 이유는 기억 내용이 없어서가 아니라 의식의 영역으로 떠오르지 않도록 개인이 억압시키기 때문이라고 설명했으며, 그와 같은 전의식을 무의식(unconsciousness)이라고 명명했다. 이런 방식으로 현재의 생각을 토대로 과거의 기억을 찾아내는 방법을 '자유연상(free association)'이라고 하며, 이러한 기법으로 개인의 성격이나 심리 구조를 살펴보는 것을 '정신분석'이라고 부른다.

연령이 증가하면서 경험이 쌓여 기억 속에 보관되어 있는 전의식 내용이 양적으로 늘어날 수 있지만, 기억 저장 능력의 한계 때문에 이들을 모두 보관하는 대신에 자신에게 의미가 있는 것만 남아 있게 된다. 프로이트는 정서적 갈등을 겪었던 19세기 후반의 유럽 여성을 상대로 자유연상 기법으로 어린 시절 자신에게 의미가 컸던 기억 내용을 찾아냈고, 이를 종합적으로 살펴보면서 두 가지 사실을 발견했다. 하나는 기억 내용이 대부분 성욕을 표출하고 싶었던 것과 관련이 있었고, 또 하나는 그것이 아동기 시절의 욕구 표출에서 의미가 있었던 것이라는 점이다. 여기에서 기억 속에 보관되어 있는 의미가 있었던 것들을 달리 표현하면, 정신적 상처(psychic trauma)를 경험한 후 치유되지 못했던 것들이다. 프로이트는 그 어린 시절의 상처가 나중에 정서적 갈등 문제의 씨앗이 되고, 그 상처를 찾아내서 달래 주는 것이 현재의 문제를 치유하는 방법이라고 믿었다. 그는 성욕 표출 과정에서 상처를 받는 시기 및 내용에 따라서 나중에 정서적 갈등을 비롯한 여러 문제가 나타난다는 점을 설명하기 위해 발달단계이론을 정립시켰는데, 이를 성욕발달이론(psychosexual developmental theory)이라고 부른다.

3) 성격의 구조

프로이트 이론은 '성격'이라는 용어가 적용된 발달단계이론이다. 그는 개인의 성격이 아동기 초기의 경험에서 형성되고 발달한다고 주장했다. 그는 환경과 상호작용을 하면서 행동을 지배하는 성격이 가상적인 세 요소로 구성되어 있다고 주장했다. 그 세 요소는 Id(원초아), Ego(자아), Superego(초자아)라는 것인데, 이들은 행동을 결정할 때 각기 영향력(에너지)을 발휘한다. 그 세 에너지 차원은 각각 외적 또는 내적인 자극에 의해 증가하려고 하는데, 이러한 증가는 다른 요소와의 관계에서 긴장을 초래하여 정신적 상처로 발전하게 된다.

치유되지 못한 상처는 기억 속에 보관되어 있다가 나중에 개인의 성격이나 행동에 영향을 미친다. 어린 시절의 상처는 대부분 성인기에 영향을 미치는데, 이는 나이에 걸맞지 않은 상태의, 즉 정상 범주에서 벗어난 성격이나 행동을 보인다는 뜻이다. 예를 들면, 5세에 받은 상처 때문에 20세 때 5세 정도의 성격이나 행동을 나타낼 수 있다. 프로이트는 이러한 경우를 '고착(fixation)'이라는 용어로 표현했다. 앞에서 언급한 세 가지 성격 요소 중에서 한 차원의 에너지가 증가하면, 다른 차원의 요소로부터 중재나 견제를 받는다. 일단 중재가 잘 되면 긴장이 없어지고 상처도 생기지 않으며 원만한 성격을 발달시킨 반면, 그렇지 못할 경우 상처로 발달하게 된다. 세 가지 요소의 특성을 보자.

(1) Id

Id란 글자 그대로 원래의 자기 모습, 즉 출생 시에 가지고 태어난 에너지 차원으로 무의식적 기제에 해당된다. 즉, Id는 유아적이고 충동적인 행동을 지배하는 에너지 차원으로 쾌락(pleasure)의 원리에 의해 작용한다. 이 차원의 특징이 유아적이므로 어린이에게서 보편적으로 나타날 수 있는데, 타인의 입장을 고려하지 않고 자신의 욕구만을 충족시키려는 것으로, 먹고 싶다, 갖고 싶다, 때리고 싶다 등이 모두 Id의 에너지에 의한 작용이다. 어린이가 자라면서 이 에너지는 다른 차원의 중재나 견제를 받으면서 억제되거나 감소된다. 연령이 증가하면서도 이 에너지가 줄어들지 못하고 비중이 큰 상태로 남아 있으면 문제가 된다.

(2) Superego

Id와는 정반대의 특성을 지닌 Superego는 행동과 사고에서 옳고 그름을 구별할 수 있도록 하는 에너지 차원으로 양심(마음씨가 좋다는 의미)에 해당된다. 곧 완벽을 추구하는 에너지로 자신보다도 남을 생각하는 차원인데, 예를 들면 먹고 싶어도 남을 위해서 양보하는 등 타인에게 해를 끼치지 않고 타인의 Id를 존중하는 것을 말한다. 이러한 에너지는 사회와 부모의 기대를 인식하는 시기인 5세 정도가 되어야 발달한다.

(3) Ego

이는 쾌락이 아니라 현실(reality)적인 원리에 입각해서 Id의 유아적인 충동을 억제시키는 에너지 차원으로 '자아'라고 한다. 이 에너지 차원이 커서 Id의 충동을 너무 심하게 억제하면 불만족스러운 결과가 나타난다. 프로이트는 환자들에게서 보이는 수많은 문제가 바로 Id와 Ego 사이의 갈등이라고 해석했다. 이와 같은 갈등은 유아기 때 많이 나타나는데, 예를 들면 이유식을 너무 일찍 시작하거나 갑자기 하면 아이는 젖을 빨고 싶은 충동(욕구)과 현실

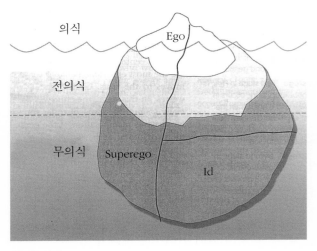

성격의 구조

간의 심한 갈등을 경험하게 된다.

프로이트 이론에서는 Ego가 Id와 Superego 사이의 갈등을 중재하는 역할을 한다. 다시 말하면, Ego는 Id의 원초적 충동과 도덕이나 규범과 같은 Superego 사이에 발생하는 갈등을 해결하려고 노력한다. 프로이트는 3요소 사이에 발생하는 갈등이 바로 거의 모든 행동의 근원이라고 믿었다. 그리고 사회는 Id적인(공격적인, 성적인) 행동을 자유롭게 표현하는 것을 배격하므로 그러한 충동을 직접 또는 즉시 표현할 수 없다. 그 충동의 통제 능력은 아동기 사회생활의 과정에서 습득하는데, 특히 출생 후 5년까지가 이와 같은 성격 요인이 급속도로 발달하면서 개인의 장래에 지대한 영향을 미친다.

프로이트는 발달 과정에서 Id적인, 특히 성적인 요소가 어떻게 통제되는가에 따라서 성격이 달라진다고 보았기에 그의 이론을 성격발달이론이라고도 부른다. 그 이론에서는 신체의 어느 부위에서 Id적인 만족을 가장 많이 얻는가에 초점을 맞추었는데, 나이가 들면서 그 부위가 변한다고 설명한다.

4) 성격발달단계

(1) 구순기(구강기, oral stage, 0~1세)

성욕발달이론의 첫 단계는 출생 순간부터 만 1세까지로 구순기라고 한다. 이 시기의 아이들에게 가장 감각적인 쾌락을 가져다줄 수 있는 신체 부위는 바로 입이나 입술, 혀 등이다. 유아가 그 부위에 우선적으로 관심을 쏟는 이유는 감각적 쾌락 때문이기도 하지만, 생존의 본능과도 관계가 깊다. 즉, 유아는 생존을 위해 본능적으로 젖을 찾고, 빨고, 삼키는 반응을 보이며, 그러한 반응들 자체가 아이에게 가장 만족스러운 행위다. 그래서 유아가 몸이 불편하거나, 배가 고프거나, 몸이 가렵거나, 기저귀가 젖어 있거나, 너무 덥거나, 시끄럽거나, 아프거나 등의 이유로 울 때 젖을 입에 물려주면 울음을 그치고 젖을 빤다. 그 정도로 입이나 입술은 유아에게 최대의 쾌락을 가져다주는 부위다. 또 이 시기의 유아들이 단순히 음식을 섭취하는 시간보다 우유병이나 엄마 젖을 물고 있는 상태를 즐기기도 하는데, 만약 부모가 젖을 빨고 있는 행위를 중단시키려고 하면 유아는 손가락이나 다른 대체물을 찾아 입에 넣으려고 한다.

생후 몇 개월이 지나 치아가 생기면 성적 본능 이외에 공격적 본능까지 나타난다. 곧 유아는 이빨로 물거나 씹는 행동을 통해 남에게 공격을 가하고서 쾌락을 얻고자 한다. 예를 들면, 젖을 빨던 아이가 엄마의 젖꼭지를 깨물었을 때 만약 엄마가 놀라는 표정을 지으면 아이는 깔깔대면서 재미있다는 표정을 짓는다. 이러한 행위처럼 상대방을 괴롭히면서 만족을 얻는 것도 인간의 본능에 해당된다. 프로이트는 어린이가 젖을 빨거나 삼키거나 무는 행위 등도 자신의 에너지를 배출하는 행위라고 했으며, 그 에너지 배출 행위의 과정이나 결과로부터 만족이나 불만족을 경험할 수도 있다고 했다. 또 그러한 만족이나 불만족이 본인의 기대에서 크게 벗어났을 경우 어린이에게는 정신적인 상처가 된다.

상처를 받더라도 그 시기에 곧바로 후유증이 생기지는 않는다. 그 대신 상처에 대한 치유가 전혀 없다면, 사춘기 이후에 그로 인한 후유증이 나타난다. 예를 들면, 사춘기 이후 연필이나 성냥개비 등을 자꾸 물어뜯는 사람이 있다면, 그의 행동은 구순기 무렵에 정신적인 상처가 될 수 있었던 불만족을 경험한 후 적절하게 치유되지 못했던 것으로 해석한다. 이 경우 전술한 바처럼 그 개인이 보여 준 성격이나 행동 유형을 구순기에 고착되었다고 표현한다. 자라서 과식이나 과음 등을 즐기는 행위, 끊이지 않는 욕설, 줄담배 등도 모두 구순기에 고착된 행동에 해당된다. 고착이라는 용어에는 정신적 상처를 받았던 시절의 연령층의 행동이나 성격을 보인다는 의미가 내포되어 있다.

(2) 항문기(anal stage, 1~3세)

둘째 단계는 1세에서 3세까지로, 항문기라고 한다. 막 1세를 지난 아이들은 대부분 대소변을 가려야 하는 것을 인지할 수 있지만, 아직 항문을 통제할 수 있는 근육들이 완전히 발달된 상태가 아니다. 그러나 18개월 정도가 되면 항문의 괄약근을 조절하여 배변을 통제시킬 정도로 근육이 발달하므로 이 시기를 전후로 배변 훈련을 실시하는 것이 바람직하다. 프로이트는 대변을 통제할 때 항문 괄약근의 움직임이 성인이 성적으로 흥분한 상태에서도 유사하게 나타난다고 보았으며, 그러한 이유로 여러 신체 부위 중 항문이 쾌감을 불러일으키는 가장 중요한 부위라고 생각하여 항문기라고 명명했다.

배변 훈련 시기의 어린이들은 자신의 의사를 언어로 표현하는 것이 충분할 정도로 성숙해 있으며, 배변의 충동이 생길 때 자신의 양육자(대부분 엄마)에게 그 느낌을 전달한다. 엄마는 곧바로 아동에게 "잠깐만!"이라고 주문하며, 아동은 엄마의 주문에 따라서 10~20초에 불과할지라도 일시적으로 항문의 근육에 힘을 주면서 배변 충동을 참아야 한다. 곧 엄마가 자신의 옆에 변기를 가져다주거나 자신을 변기에 앉힐 때까지 아이는 배변 충동을 강제로 조절해야 하는 경험(imposed control)을 한다. 그러고 난 후 준비가 되면 참고 있었던 배변을 보면서 후련한 기분을 얻는데, 괄약근 조절로 배변 충동을 통제한 후에 배변을 하면서 얻는 후련한 느낌을 만족(gratification)이라고 한다.

그 만족은 엄마가 잠깐이라고 주문했던 때로부터 막 배변을 시작한 순간까지 배변 충동을 억제(지연)시킨 것에 대한 보상이다. 아동은 배변 충동을 느낄 때 일정 기간 동안 만족을 지연시켜야 하는데, 이와 같은 만족지연(delay of gratification) 과정에서도 에너지를 투자해야 한다. 프로이트에 의하면, 이 시기에도 에너지 투자에 대한 결과, 즉 만족지연의 결과가 자신의 기대에서 벗어나게 되면 정신적인 상처가 된다. 예를 들면, 별로 힘들지 않게 만족을 지연시켰음에도 엄마가 자신의 행동을 극찬해 주었다면, 아동은 엄마가 시키는 대로만 하면 칭찬을 받는다고 생각하게 된다. 훗날 한 사람의 성격이 매우 의존적이고 강박적이거나 집착이 심하고 고집이 셀 경우 항문기에 고착되었다고 평가받게 된다. 배변 훈련 과정에서 기대를 벗어난 칭찬이 상처로 남아 작용했다는 뜻이다.

반대로 정말로 힘들게 배변 충동을 참으려고 노력했지만, 엄마가 변기를 가져다주기 전에 배변을 시작했다고 하자. 짧은 시간 동안이었지만 엄마가 원하는 만큼의 만족지연을 제대로 이루어 내지 못한 대가로 아동은 엄마로부터 핀잔이나 불평, 처벌을 기대하게 된다. 그러나 이 상황에서의 처벌이 아동의 기대수준에서 벗어났다면 나중에 상처로 작용한다. 사춘기 이후 항상 옷차림이 단정하지 못한 경우, 성격이 매우 인색하거나 잔인하고 비열한 경우, 낭비벽이 심한 경우, 또 반발심이 너무 센 경우를 모두 항문기에 고착되었다고 말한다.

항문기에 해당되는 아동들의 성적 쾌감은 항문의 기능에 집중되지만, 항문 자체가 아니라 항문에 결부된 기능(예: 배변행위, 배변 충동의 억제행위)에서 만족감을 얻는다. 이 무렵의 아동은 자신이나 다른 아동의 배변행위에도 관심을 보이면서 만져 보려고 하는데, 그러한 반응에 부모가 야단을 치면 격렬하게 저항하기도 한다. 아동의 배설물에 대한 관심을 부모가 청결이라는 명분 아래 다른 것으로 돌리려고 하지만, 이러한 부모의 태도는 오히려 아동에게 반발심을 불러일으켜 항문 기능에 더 집착하게 만든다. 아동의 경험이 부모의 청결 기준에 의해 부분적으로 왜곡될 수 있듯이 아동은 청결 훈육을 너무 엄하게 하는 부모와 충돌하면서 정신적 혼란을 겪을 수도 있다. 그렇지만 대부분의 경우 그러한 대립 과정에서 만족스러운 해결책을 찾아내어 아동은 다음 단계로 발달해 갈 만큼 성숙하게 된다. 이 단계의 아동에게 생물학적 차원의 성은 큰 의미가 없다. 예를 들면, 남녀 아동은 단지 의복이나 머리 모양 등의 외양에 의해서만 구분되고 있다. 단지 자신이 속한 사회의 사람들의 태도나 기대를 통해 자신을 남자 또는 여자로 경험하며, 다음 단계로 발달한 이후에야 비로소 생식기가 가지는 의미를 이해하기 시작한다.

(3) 남근기(phallic stage, 3~5 · 6세)

셋째 단계는 3세에서 5~6세 정도까지의 남근기다. 이 시기의 아동들은 자신이나 이성의 신체 특성에 관심을 가지면서 차이점을 발견한다. 곧 3세 정도가 되면 여러 과정을 통해, 예를 들면 여아가 남아처럼 서서 소변보기가 쉽지 않음을 배우면서 자신과 이성의 생식기 부위의 차이를 알아차린다. 남녀의 차이는 남성의 외부생식기의 존재 여부이며, 남아들은 이를 만지작거리면서 쾌감을 얻기도 한다.

이 시기는 생식기 부위(남아는 음경, 여아는 음핵)에 대한 관심이 커지면서 만족을 얻게 되는데, 프로이트가 생존했던 시기만 해도 남성 위주로 논리를 전개했던 탓에 남근기라고 했다. 다시 말하면, 여성도 남성처럼 원래 남근이 있었지만 남근이 거세 또는 절단된 채 태어났거나 그 상태로 살아간다는 당시의 관점 때문에 붙여진 명칭이다. 이와 비슷한 명칭이 다섯 번째 단계의 성기기다. 남근기(3단계)와 성기기(5단계)의 기본적인 차이는 남근기에는 주로 여러 신체 부위 중 생식기에만 관심을 집중하는 반면, 성기기에는 생식기 자체보다도 생식기를 통해 다른 사람과의 성행위로 만족을 얻는 등 성욕 발산에 관심을 집중하는 것이다.

남근기의 아동은 성적 관심이 생식기로 향함과 동시에 생식기 모양이 자신과 다른 사람, 즉 이성에 관심을 기울인다. 그러면서 여아는 왜 자신에게는 남근이 없는지, 남아는 왜 여아가 자신과 다른지, 이성의 생식기는 과연 어떻게 생겼는지 등의 호기심을 지닌다. 이러한 호기심은 유치원 생활 등의 사회적 교류가 넓어지면서 충족된다. 예를 들면, 병원놀이와 같은 소꿉장난을 통해 어른의 역할 놀이를 해 보면서 이성의 생식기도 관찰하거나 만져보는 기회를 가지는 것이다. 또 자신과 이성의 차이를 알아차리는 순간부터 자신에게 가장 가까운 이성, 즉 어머니나 아버지에 대한 성적 관심이 커진다.

정신분석에서는 대상관계(object relation)라는 개념으로 아동의 발달 과정을 설명한다. 이 개념은 자신과 주변 환경과의 관계를 구별할 수 있는 시기의 남근기 아동에게 가장 적절하게 응용된다. 대상이란 개인의 생활 영역에서 심리적으로 중요한 영향을 미치는 사람이나 물건을 의미하며, 대상관계란 그 대상에 대한 개인(즉, 아동)의 태도나 행동을 일컫는다. 남근기의 어린이에게는 부모가 그 대상으로 가장 쉽게 부각되며, 이성과 생식기가 다름을 인식한 어린이가 보이는 부모에 대한 태도나 행동은 바로 애착이나 사랑과 같은 근친상간의 욕망(incestuous desire)이다. 그러나 이 시기의 아동은 이미 아버지가 어머니와 생식기로 관련되어 있음을 어렴풋이 알고 있어서 그와 같은 욕망이 생길 때 죄의식을 느끼게 된다.

남아에게 어머니는 배고픔이나 안정의 욕구를 충족시켜 주는 근원이므로 어머니를 사랑하는 것이 당연하다. 그러나 남아는 남근기에 와서 어머니를 독점하여 유일한 애정의 대상이 되고 싶은 욕망 그리고 경쟁 상대인 아버지를 괴롭히고 싶다는 질투나 적개심, 경쟁심의 욕망이 나타난다. 그러한 욕망 때문에 남아는 아버지가 그 대가로 자신을 벌하지 않을까 하는 불안을 느낀다. 어머니에 대한 남아의 성적 감정은 사회 · 문화적으로 금기된 근친상간 욕망에 해당되며, 또 그러한 감정 때문에 아버지에게 처벌을 받을 것이라 생각하면서 복잡한 심정에 사로잡힌다. 그 처벌이 바로 거세불안(castration anxiety)이라고 믿고 있으며, 그러한 갈등적인 심정을 그리스신화를 빌어서 오이디푸스 콤플렉스(Oedipus complex)라고 표현했다.

남근기에 남아에게 형성된 거세불안은 이 시기 말에서 다음 단계로 넘어가는 시점 사이에 사라진다. 이 시기의 남아는 자신의 정체성의 상징인 남근의 손상을 두려워한다. 그 불안을 없애기 위해 아동은 이 시기를 벗어나면서 어머니에 대한 관심을 다른 여성에게 돌리는 원만한 이성애를 성숙시켜야 한다. 이렇게 남아의 관심 대상이 변하고 발달하기 위해서는 중재 역할을 해 주는 아버지의 존재가 필수적이다. 곧 남아는 어머니를 향한 관심이나 욕망을 억누르고 단념하는 대신 아버지에게 관심을 가져 그와 동일시하게 된다. 보통 5세 전후로 초자아가 발달하는 과정에서 오이디푸스 콤플렉스를 억압하고, 또 아버지와 동일시하면서 죄의식을 경험하는 능력이 발달하며, 어머니를 좋아하는 충동도 조절하고 정상적인 도덕성도 발달시킨다.

한편 노출 증상이 있는 성인 남성은 어떤 사람들인가? 일반적으로 남근기에 고착된 성격의 소유자라고 해석한다. 그들은 자신의 남근이 잘리지 않았을까 하는 불안이 생길 때마다 여성이 자신을 알아차릴 수 있는 곳에서 성기를 노출시키면서 이를 본 여성의 놀라는 반응을 확인할 때 '아직 잘리지 않았구나!' 하면서 안심한다. 다른 자극에 의해 불안을 느낄 때마다 그들은 반복적으로 노출행위를 시도한다. 곧 노출행위는 거세불안으로부터의 도피행위라고 할 수 있다(28).

여아는 남근기를 어떻게 보내는가? 남아처럼 처음에는 자신이 엄마를 독차지하려는 욕망을 갖지만, 곧바로 자신이나 엄마에게는 남근이 없음을 알아차리면서 엄마를 비난하고 엄마에 대한 집착이 약해진다. 남아에게 거세는 현실성이 있기 때문에 어머니에 대한 열망을 억누르거나 갈망을 단념하면서 살아갈 수 있지만, 여아는 남아처럼 열망이나 갈망도 크지 않다. 또 처벌에 의해 거세될 남근이 없기 때문에 불안이 크지 않지만, 주변에서 남아를 상대로 '고추를 잘라 버리겠다!'는 얘기를 접할 때마다 오히려 자신은 이미 다른 잘못을 저지른 탓에 잘린 것으로 이해하면서 열등감이나 수치심에 사로잡힐 수 있다.

아울러 그 남근이 잘리는 순간을 상상하면 피가 흐르면서 고통이 수반된다. 이러한 점에 착안하여 프로이트는 여성의 생리통을 설명하기도 했다. 결국 남근기의 여아는 다시 원상태로 복구되면 좋겠다는 부러움, 즉 남근선망(penis envy)을 보인다. 또 여아는 이성의 부모인 아버지에 대한 애착을 보이면서 어머니에게 처벌을 당할지 모른다는 불안이 남아처럼 크지 않다. 이러한 이유로 여아는 남근기에 그다지 복잡한 심정에 사로잡히지 않으며, 상처도 받지 않는 편이다. 이와 같은 남녀 차이로 나중에 이 시기에 고착된 성격의 소유자, 즉 성행동의 일탈자는 대부분 남성이다. 이 시기 여아들의 심리 상태를 오이디푸스 콤플렉스와 비교하기 위해 그리스 신화를 응용하여 엘렉트라 콤플렉스(Electra complex)라고 부른다.

프로이트 이론에서 남근기의 설명은 부모가 모두 생존한 경우 적절할 수 있지만, 부모 중 어느 한쪽이 없거나 둘 다 있더라도 정상적인 부모 역할을 제대로 하지 못하는 경우에는 적절하지 못하다. 예를 들면, 아버지가 없는 어린이의 자아 발달은 유년기 아동의 요구를 만족시켜 주는 엄마에 달려 있다. 감정적으로 복잡한 오이디푸스 콤플렉스를 순조롭게 벗어나기 위해서 남아는 환상이 아닌 현실적으로 양성의 부모로부터 자극을 받아야 하는데, 아버지가 없다면 어린이는 자신의 느낌을 표현할 수 있는 현실적인 상황을 경험하지 못하게 된다. 한쪽 부모 아래서 성장하는 어린이는 양쪽 부모가 있는 어린이와 달리 부모 간의 상호작용을 날마다 관찰하고 끊임없이 습득해 가는 일련의 경험을 놓칠 수밖에 없다.

(4) 잠재 기간(latent period, 5·6세~사춘기)

넷째 단계는 5~6세 이후부터 사춘기 이전까지로, 초등학교에 다니는 시기다. 프로이트는 이 시기에 성적 에너지가 직접적으로 표출되지 않고 잠재되어 있다고 생각했다. 아동들은 이 기간 동안 성적 에너지를 자신의 신체에 대한 관심보다도 간접적인 형태로 사회적 환경의 변화에 대처하는 데 필요한 지식이나 기술의 습득(학교 공부나 과외 활동)에 쏟는다고 했다. 이와 같은 에너지 표출을 승화(sublimation)라고 하며, 성적 에너지의 승화 때문에 이 단계의 명칭을 잠재기라고 표현하지 않고 잠재 기간이라고 했다. 즉, 잠재 기간은 자아가 성숙한 까닭에 성적 관심이 잠정적으로 휴지한 상태로, 교우 관계도 이성보다 동성을 더 선호하는 기간이다.

이와 같은 간접적 에너지 발산에서도 문제가 파생될 수 있는데, 내적 통제 발달의 부족은 기술 습득, 학습 능력, 관심 등의 저하를 그리고 내적 통제 발달의 과잉은 성격 발달의 조숙, 강박적 성격 특질 등을 보이게 된다. 물론 프로이트 이론의 추종자들은 나중에 이 시기에도 성적 에너지를 직접적으로 표현한다고 주장하면서 이 단계의 명칭을 '잠재기(latency stage)'로 정정했다. 예를 들면, 초등학생들도 성적 표현을 매우 적극적으로 하는데, 치마 들어올리기, 가슴 만지기, 화장실 들여다보기, 성인잡지 등에 관심 보이기, 이성 교제 등은 에너지를 성적으로 발산하고 있는 증거가 된다. 그러나 잠재라는 용어가 암시하듯이 다른 시기에 비해 이 시기 어린이들이 성적 에너지를 표출하면서 받는 상처가 심하지 않은 편이며, 실제로 다른 단계에 비하여 이 시기에 고착된 성격 또는 행동 유형이 매우 드물다.

(5) 성기기(genital stage, 사춘기~성인기)

마지막 단계는 사춘기 이후 성인에 이르기까지의 시기로, 성기기라고 부른다. 신체 성숙으로 종족 보존의 능력이 생긴 이후 감각적 쾌락의 주요 부위인 성기를 통해서 성적 자극이나 만족을 추구한다. 프로이트의 이성애적 틀에서 설명할 때 이 시기는 이성을 향하여 에너지를 발산하고자 하는 욕구가 강하다. 성적 자극이나 만족을 추구하는 행위는 사회문화적 여건상 어느 정도 제한되어 있지만, 극히 자연스럽고 정상적이다.

빅토리아왕조 시대의 여성은 특히 결혼 후에도 성욕 발산이 어려운 환경에서 살았다. 그와 같은 욕구 불만이 정신적인 상처가 되었고, 이 상처가 바로 정서적 갈등이나 여러 가지 문제의 원인이 되었다. 다른 예로 사춘기에 접어든 청소년이 이성에 관심을 가지는 것을 억압했을 때 그들은 다른 생활 장면에도 잘 적응하지 못하게 된다. 학교생활도 어려워지고 부모와의 관계도 질적으로 변한다. 간혹 그러한 청소년의 일부는 가출하거나 학교 성적이나 대학 입시 등의 사회제도를 비판하며 자살을 택한다. 그러나 자살의 원래 동기는 이성에 대한 관심을 이해해 주지 못한 가족이나 주변인들에게 받았던 상처 때문일 가능성이 높다. 또 나중에 독신으로 살아가며 타인과의 성적 상호작용을 전혀 하지 않을 수도 있다.

그렇다고 청소년들의 성적 에너지 표출에 너무 방임적인 태도를 취해도 그들에게 상처가 된다. 예를 들면, 너무 자유분방하게 이성 교제를 경험하면 결혼 후에도 자신의 의지와는 상관없이 성기기의 상처로 인하여 배우자가 아닌 다른 이성에게 자꾸 눈을 돌리는 바람둥이가 되거나 아예 (즐기기 위한) 독신 생활을 추구해 버리게 된다.

마지막 단계인 성기기는 구순기로부터 받은 상처의 후유증이 나타나는 시기이기도 하다.

다시 말하면, 구순기나 항문기, 남근기 등에서 상처를 받았어도 그 후유증은 잠재기까지 나타나지 않는다. 물론 성기기에 받은 상처도 이 시점에서 바로 나타난다(예: 카사노바, 바람둥이). 프로이트의 발달단계이론에서 남성이 가장 심하게 상처를 받을 수 있는 시기는 남근기와 성기기이며, 여성에게는 성기기다.

3. 프로이트 성격발달이론의 평가

프로이트는 모든 행동이 무의식적 욕구, 즉 Id에서 비롯되거나 Id와 Ego, Superego 사이의 갈등에서 비롯된다고 했다. 곧 아동기에 어떤 경험을 했느냐가 개인의 성격 발달을 크게 좌우한다고 할 수 있는데, 행동이나 경험의 결과로 보상이 기대 이상으로 너무 과다하게 주어지거나 이와 반대로 처벌이 너무 심할 경우 상처를 받게 되고 그로 인하여 성격 발달에 장애가 생긴다.

프로이트의 이론은 주로 정서적 장애가 있는 개인을 대상으로 관찰한 결과 정립된 것이다. 그러므로 정상적이고 건강한 자에게 적용하기가 어려울 수 있다. 또한 성에 대한 기준이 매우 엄격했던 빅토리아왕조 시대의 환자를 상대했기 때문에, 즉 성욕을 제대로 해소하지 못한 여성 환자가 대부분이었기 때문에 이 이론을 일반화하기는 어려울 수 있다. 네 번째 단계인 잠재 기간에는 성적인 활동이나 관심이 억압된다고 주장했으나 성적인 관심을 보인 아동이 적지 않아서 나중에 그를 추종하던 학자들에 의해 명칭이 기간에서 단계로 바뀌게 되었다. 그의 이론은 이론의 뼈대가 매우 모호하며, 과학적 이론으로서 의문의 여지가 많다.

그럼에도 그 이론이 시사하는 바는 건전한 성격 발달을 위해 어떤 요구나 행동의 결과가 상처와 연결되어서는 안 되며, 중용을 선택하는 것이 바람직하다는 것이다. 예를 들면, 수유 행위도 아동의 욕구를 적절히 조절하면서 하고, 배변 훈련도 실패할 경우 너무 심하게 야단을 치지 않아야 한다. 그의 이론은 성욕을 억압하던 시대의 환자들을 대상으로 설명하려던 것이지만, 시대나 대상이 달라도 폭넓게 적용되고 있다. 아울러 프로이트는 건강한 인생의 목표로 사랑과 일을 강조했는데, 이는 성욕을 적절히 발산할 수 있을 때 일을 통해서 자신의 역량을 충분히 발휘할 수 있음을 암시한다.

06
성차별주의

　전통사회에서는 아이의 장래가 출생 시 성별에 따라 크게 좌우되었다. 신체적 특성을 근거로 한 성 역할 구분은 남녀의 가치가 서로 다르다는 차별로까지 발달했다. 물론 성차별의 정도는 문화권마다 조금씩 다를 수 있지만, 대체로 남성이 여성보다 더 우월한 존재라는 인식이 근래까지 존속했다. 과거에는 남성이 신체 및 인지 능력 모두 여성보다 더 뛰어나다고 믿었다. 산업사회로 변모한 이후에는 과거에 비해서 남녀의 차이가 더 좁혀졌지만, 아직도 여러 문화권에서 남성의 우월성이 사라지지 않았다. 이와 같은 성차별은 인종이나 연령 등을 근거로 한 차별과 매우 유사하다(488). 성차별주의(sexism)는 성행동의 본질까지 왜곡하는데, 예를 들면 성차별주의를 당연하게 여기는 사회에서 강간의 가해자는 가해 사실을 자랑스럽게 이야기하지만 피해자는 피해 사실을 숨겨야 한다. 지난 수십 세기 동안 존속해 온 성차별주의는 사회문화적 편견 속에서 싹튼 것이지만, 과거 남성중심사회는 어떠한 관점에서 성차별주의를 당연시했는가를 조망해 본다.

1. 그리스 시대로부터 중세까지의 견해

헤시오드(Hesiod)나 플라톤 등은 여자가 남자보다 더 열등한 존재라고 기술했다. 그들은 원래 남자만의 세상에서 자신의 감정을 통제하지 못한 남자가 여자로 다시 태어났다고 주장했다. 또 여자를 자신의 육체적 욕망을 제대로 조절하지 못하고 욕정(passion)에 더 얽매여 살아가는 존재, 그러나 동물보다 좀 더 나은 존재라고 규정했다. 곧 남자는 남성과 동물의 중간에 해당되는 여성과 결혼하여 여자의 동물적 속성인 욕정을 조절하는 것이 자연의 질서라고 설명했다. 그들에 이어 아리스토텔레스는 여성이 남성보다 더 불완전한 존재임을 설명하는 이론까지 정립했다(506).

아리스토텔레스는 모든 물질이 각각 대조적인 특성을 지닌 네 가지 기본요소로 구성된다고 했다. 즉, 토(earth)는 건냉(dry & cold), 수(water)는 습냉(wet & cold), 공기(air)는 온습(hot & wet) 그리고 화(fire)는 온건(hot & dry)이며, 이 요소들의 조합 정도에 의해 물질의 형태가 달라진다는 것이다. 그에 의하면, 사람도 물질에 속하며 남녀가 서로 다른 조합을 이룬다. 남성은 그 네 요소의 특성을 제대로 갖추었기에 사람의 참 모습이지만, 발달 과정에서 결함이 생길 경우 여성이 된다는 이론을 전개하였다. 곧 열(heat)을 많이 발생시키는 동물일수록 발달이 더 잘되는데, 여성은 열의 발생이 남성보다 더 낮아서 불완전하다는 입장이었다(506).

그의 주장은 중세까지 영향을 미쳤다. 아리스토텔레스의 영향을 받은 연금술이론에 의하면, 남자는 변형 과정에서 여자보다 더 완전한 형태에 도달했기에 여자도 남자로 바뀌어야 완전한 형태가 된다고 했다. 연금술사들은 남성만이 종족 보존의 씨를 생성할 수 있으므로 종족 보존 과정에서 여성의 역할은 남성이 심어 준 씨를 키우는 것에 불과하다고 믿었다. 연금술에서 가장 중요한 단계의 하나는 남성적 원리와 여성적 원리의 결합이다. 이 두 가지 세력이 함께 나타나는 성교는 자녀 생산이라는 연금술의 최종 목표를 달성하는 필수 단계다. 이 단계에서 여성적 원리는 목표 달성에 꼭 필요하지만 남성적 원리에 비해 이차적이다. 연금술사는 남성의 씨는 전혀 흠이 없다고 믿었다. 만약 태어난 자식이 불완전하다면 필히 여성의 자궁 내의 결함에 의한, 예를 들면 적절한 영양을 섭취하지 못한 것으로 해석했다(506).

2. 중세의 전성설

그리스 시대 이래 거의 2천년 이상 과학자들은 종족 보존에서 여자보다 남자 역할이 더 중요하다고 믿었다. 아리스토텔레스로부터 근대생리학 개척자 하비(W. Harvey, 1578~1657)에 이르기까지 초기 발생학자들은 "새로운 생명은 무기질에서 점진적으로 발달하면서 생성된다."고 믿었다. 남성의 정액이 여성 자궁의 혈액에 활성화되면서부터 또는 남녀의 씨가 혼합하여 활성화되면서부터 진화한다는 설명이다. 그러나 17세기, 새 이론이 대두하면서 발생학에 커다란 영향을 미쳤다. 그것은 발달을 이미 형성되어 있는 구조가 시간이 흐르면서 성장 또는 전개되는 결과로 보는 전성설(preformation, 전생설)이었다(506).

태아기 발달이란 새싹이 작은 잎으로 커지는 것과 같다. 한 개체의 구조는 모두 처음부터 그곳에 있었고, 성장이란 단지 이미 존재하는 부분들이 양적으로 팽창할 뿐 더 복잡해지지 않는다. 이 이론은 초창기 달걀의 중앙에 있는 반점에 대한 관찰을 토대로 설명되었다. 그 반점 속에는 병아리의 모든 구조가 형성되어 있으며, 형체가 너무 작아 육안으로는 관찰하기 어려울 뿐이라고 했다. 해부학자 말피기(M. Malpighi, 1628~1694)는 현미경으로 그 반점을 확대시켜 관찰한 결과 병아리 구조가 들어 있다고 믿으면서 전성설을 지지했다(506). 이러한 주장은 1669년 매우 영향력 있는 학자들(N. Malebranche, C. Perrault, J. Swammerdam 등)에 의해 처음으로 이론화되었다(218). 전성설의 주요한 요지는 다음 세대로 이어지는 씨는 양쪽 부모가 아니라 한 부모의 것이라는 믿음이다. 즉, 자녀는 남녀의 씨가 혼합된 결과가 아니다. 그렇다면 문제는 "축소형 형태의 생명체가 난자에 있는가 아니면 정자에 있는가?"였다. 초기 전성설 이론가들은 여성에게 그 씨가 들어 있다고 믿었으며, 남성이 그 씨를 성장시킬 때 자극제 역할을 한다고 주장했다. 그러나 몇 년 후 1677년부터 남성이 씨의 근원이라는 주장이 나왔다. 바로 네덜란드의 레벤후크(A. van Leeuwenhoeck, 1632~1723)와 그의 조수의 관찰 결과에 기인한 주장이었다(506).

레벤후크는 직물 판매점 주인이자 자그마한 도시(Delft)의 시청 수위였는데, 취미로 당시 초보 수준의 현미경을 개량했다. 그는 렌즈를 이용해 여러 가지 생물 조직을 최초로 연구·기술했는데, 그의 연구는 당시 이론을 뒤집을 정도로 생식세포 비밀을 타파하는 데 일익을 담당했다. 나중에 그의 조수가 된 의학도 햄(L. Hamm)이 그에게 한 남성 환자가 수면 도중 사정한 정액이 담긴 병을 가져왔다. 햄은 정액을 현미경에 놓고 관찰한 결과 정액 속에 아주 작은 생명체들이 있다고 주장했다. 그는 또 환자의 정액을 놓고 살펴보니 보통 사람보다

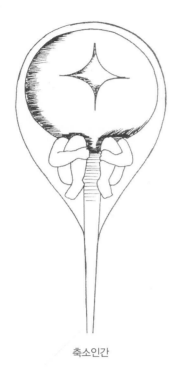

축소인간

5~6배 정도 꼬리가 긴 조그마한 생명체가 보였다고 했다. 그들은 건강한 남성의 정액에서도 동일한 결과를 얻고서 이를 정자(spermatozoa)라 불렀으며, 정자가 여성의 난자 부화에 중요한 역할을 한다고 결론지었다(122).

곧이어 하트쇠커(N. Hartsoeker, 1656~1725)는 정자세포 내에 담겨 있다는 태아의 모습을 그린 최초의 과학자가 되었다. 정자세포 내에 축소인간(homunculus)이 들어 있다고 주장했던 레벤후크나 하트쇠커 등은 난자를 정자세포의 일시적인 거주지로 보았다. 즉, 한 유기체의 전체 구조는 정자세포 속에 있으며, 여성의 난자는 양분, 온도, 주거지를 제공해 주는 환경의 역할을 할 뿐이며, 그 난자세포의 속을 뚫고 들어간 정자세포만이 성장 과정을 개시할 수 있다고 주장했다. 아리스토텔레스처럼 전성설 이론가들은 여성이 아이를 낳는 역할만 한다고 평가했다(506). 그러나 1759년 독일 태생의 러시아 해부생리학자 울프(K. Wolff, 1733~1794)에 이르러서는 전성설이론을 반박하기 시작했다.

3. 기독교의 입장

육신이 정신이나 영혼보다 더 열등하다는 개념은 고대 그리스나 로마 시대에도 존재했는데, 일부 스토아철학자들이 그렇게 주장했다. 인간의, 특히 여성의 육신이 타락했다는 기독교 개념은 고대 유대 사회로부터 정립되었고, 근대 기독교의 여성에 대한 평가는 사도 바울과 성 오거스틴이 부각시킨 유산이다. 기독교가 4세기 로마의 공식 종교로 인정받았을 당시에도 여성은 유감없이 남성의 유혹자로 평가되었다(74, 176).

그러한 이유로 중세에는 악마의 탈을 썼다는 마녀들의 박해가 유행했다. 여성은 모두 이브처럼 절제할 줄 모르는 유혹자일지도 모르며, 그런 여성의 생식기에는 이빨이 있어 남성의 생식기를 물어 상처를 내므로 경계하라는 믿음(vagina dentata 및 penis cativus)이 생겨났다. 그러한 믿음은 현대의 사진이나 영화, 소설, 농담 등에서도 묘사되고 있다. 여성이 성적인 존재로 판명되면 곧 마녀라는 탈을 씌워 버렸다(〈Box 6-1〉 참조). 그래서 여성의 성을 조절할

Box 6-1　악마들과 발기불능

　　1484년 교황 칙서를 보면, 자고 있는 여자 몸 위에 올라 성교를 한다는 남성 악마(incubus)나 자고 있는 남자 몸 아래로 파고들어 성교를 한다는 여성 악마(succubus)가 있다는 믿음을 엿볼 수 있다(275). 이교도를 심판하는 종교재판이 유행하던 중세는 여러 질병의 원인을 악마들의 소행으로 믿는 분위기였다. 심지어는 병적으로 악마와 성교를 하는 착각에 빠지거나 악마와의 성교를 원하는 사람도 생겨났다. 중세의 성직자들은 사춘기를 지난 청소년의 야간에 나타나는 몽정, 성인 남성의 발기불능이나 기억장애 등의 문제도 마녀의 농간 때문이라고 믿고, 마녀라고 여겨지는 여성을 박해했다. 곧 남성의 영적인 상태를 위협하는 유혹자가 바로 여성이며, 악마의 탈을 쓴 여성이 여러 문제의 씨앗이라고 믿었다. 여성의 성에 대한 부정적 태도가 극심했던 15~16세기에는 마녀로 판명된 여성을 불에 태워 죽였는데, 이러한 행위는 17세기 후반과 18세기 초반 악마의 존재를 의심하던 엘리트들이 등장하면서 중단되었다. 서구 사회에서의 마녀들에 대한 마지막 박해는 1782년 스위스에서 있었다.

필요성 때문에 15세기 이래로 정조대가 유행했다. 곧 중세의 남성에게는 여성에 대한 회피와 접근이라는 갈등이 동시에 나타났다(74). 또 19세기 빅토리아왕조 시대에는 여성을 중세보다 성적으로 더 억압했는데, 여성을 성욕이 없는 존재(asexual being)로 규정했다. 이로 인하여 여성은 정숙한 여성과 그렇지 못한 여성으로 이분되었으며, 여성이 성욕을 소유했을 경우 동물처럼 취급해 버렸다(74).

　20세기 초반만 해도 서구 기독교 문화권에서는 남자가 여자보다 더 성적으로 강하며 쉽게 자극을 받으며 더 즐긴다고 믿었던 반면, 여자는 성에 대하여 수동적이고 관심이 없다고 믿었다. 20세기 중반 이후 관점이 변하여 여자도 상황에 따라서 다소 성적인 존재라고 이해되기 시작했고, 드디어 여러 연구는 남녀의 성욕이 다르지 않음을 확인했다. 그러나 고대로부터 인식된 남녀의 차이는 "남성은 섹스를 위해 사랑을 바치고, 여성은 사랑을 얻기 위해 섹스를 바친다."라는 구절로 표현된다. 서구 문화에서의 여성에 대한 이러한 왜곡된 시각은 아담과 이브의 기독교적 가부장제에 기인한 유산이다(74).

4. 사회생물학적 견해

성적인 면에서 남성은 공격적이고 여성은 수동적인가? 사회생물학 이론들은 동물 연구를 근거로 그러한 믿음을 정당화했는데, 이는 성차별의 이론적 틀이 되고 있다. 한 조사에 의하면, 일반인은 70%가 남성의 성욕이 여성의 성욕보다 더 강하다고 응답했으며, 그렇게 응답한 자 중 60%의 남성과 50%의 여성은 그 이유가 선천적이라고 답했다. 반면 남녀의 성교 시기와 방법 등을 결정하는 영향력에 대한 질문에서는, 남성은 상당수가 여성의 결정력이 더 크거나 성차가 없다고 했으나, 여성은 남성의 결정력이 더 크다고 응답했다(282).

사회생물학자들은 남녀에게 다르게 적용되는 이중 기준을 두 가지로 설명하고 있다. 하나는 남성이 생산하는 정자세포는 많지만, 여성이 생산하는 난자세포의 수가 제한되어 있다는 점이다. 진화론적 의미로 남성은 수많은 여성에게 잉태를 시킬 수 있지만, 여성은 자신의 난자세포를 결합시키기 위한 상대를 신중히 택해야 한다. 둘째, 자녀에게 투자한 아버지와 어머니의 시간이나 에너지의 양과 관계된다. 여성은 아이를 탄생시키기 위해 9개월을 투자하고 또 상당한 시간을 양육해야 하므로 남성을 선택할 때 매우 신중할 수밖에 없다. 그러므로 여성은 그 기간 동안 자신에게 충분히 투자해 줄 수 있는 상대를 고른다. 이러한 이유로 남성들은 우연한 상대와 쉽게 성관계를 맺거나 바람피우는 전략을 사용하여 수많은 여성을 상대하지만, 여성은 자기가 상대하는 수를 제한하면서 종족 보존의 결정권을 행사한다(381, 530).

5. 정신분석학적 견해

프로이트는 사람이 태어날 때 성별에 관련된 특성이 전혀 결정되지 않은 상태라고 주장했다. 아동이 보이는 본능은 특별히 남성적이지도 여성적이지도 않다. 그 본능은 단순히 배고픈 상태를 만족시키려는 충동이나 신체적 안녕의 욕구, 또 성적 욕구 및 공격적 욕구다. 남성성이나 여성성은 성인이 그 욕구들에 대해서 어떻게 반응해 주었는가, 즉 만족이나 쾌를 얻었는가에 따라서 형성된다(173). 남아가 여아보다 성적인 관심이 더 많은 이유는 외부로 돌출된 남아의 생식기와 사회화 과정에서 남녀를 서로 다르게 대해 주는 것 때문이다. 남근과 상동기관인 음핵에 대한 여아의 관심은 남아의 남근에 대한 관심보다 더 약하다. 또 아동의 기본적인 양육자이자 주된 관심의 대상은 어머니다. 남근기 동안 여아는 성적 관심의 대상을 아버지로 바꿔야 하지만, 남아는 바꿀 필요가 없다. 곧 여아의 발달은 남아보다 더 복잡한데, 그 이유는 성적 관심의 차이와 사랑의 대상자가 바뀌기 때문이다(506).

프로이트는 여아의 심리적 발달의 복잡성 때문에 그녀의 초자아 발달이 방해를 받으며, 아울러 승화의 능력도 줄어든다고 주장했다. 남근기로 접어드는 과정에서 남아는 어머니를 소유하고 싶어서 아버지를 싫어하고 두려워하지만, 여아는 어머니를 싫어하지도 두려워하지도 않는다. 그녀의 소망은 아버지의 소유가 아니라, 오히려 어머니가 아버지 사랑을 받듯이 아버지에 의해 소유되는 것이다. 이러한 여아의 수동성 때문에 승화의 능력이 떨어지고, 자아의 발달도 완전하지 못하다고 해석한다. 곧 여성은 남근 결여라는 생물학적 특성 때문에 남성보다 더 열등하며, 이러한 열등감이나 질투심이 성격 발달에도 영향을 주어 평생 엘렉트라 콤플렉스가 남아 있다고 했다. 역시 이러한 결점 때문에 여성은 스스로 성욕을 통제하지 못하므로, 여아가 성적 호기심을 보일 때 부모는 그러한 행동이 비자연적이거나 잘못된 행동이라고 비난하면서 양육해야 한다고 말했다(506).

프로이트는 남자가 더 능동적·독단적·공격적일 뿐만 아니라 세계를 건설할 이상과 문명의 능력을 소유하고 있다는 등 전반적으로 남성을 더 우세하게 여겼다. 그는 여성성은 남성성의 실패한 형태이므로 여성의 심리적 상태가 아직 통합되거나 안정되지 않았다고 했다. 남자들은 자신의 열정을 조절하면서 밖을 내다볼 줄 알고, 자신의 에너지를 높은 곳으로 돌릴 줄도 안다고 했다. 남성은 미래지향적이므로 즉각적인 만족을 지연시킬 수도 있고, 경쟁의식도 강하다. 이처럼 남성성의 발달을 여성성보다 더 우월한 상태로 여긴 프로이트의 견해에 일부 학자들(Karen Horney, Helene Deutsch, Ernest Jones 등)은 반기를 들었다. 오히려 1960년대에 와서는 불완전하고 연약한 성별은 여성이 아니라 남성이라는 정신분석이론이 정립되기도 했다(173).

소위 남성의 발달에 관한 대상관계이론이 그것이다. 여기에서 대상이란 아동을 둘러싼 환경에서의 사람들이나 대상을 말하고, 그 환경과의 관계를 중요시하므로 대상관계이론이라고 한다. 그 대표적 이론가는 바로 그린슨(Ralph Greenson)이다. 그는 성전환 연구를 통해 프로이트의 견해가 모순임을 지적했다(236). 그 이유는 성전환자의 대부분이 남성이었고, 그들 모두가 남성의 정체성에 불만을 지녔기 때문이다. 이러한 분석가들은 남성이 여성보다 더 공격적이라는 면을 남성이 더 우세하기 때문이 아니라 여성성이 결여되었기 때문으로 해석한다. 남아는 태어나자마자 대부분 어머니로부터 보호와 양육을 받으므로 자연스럽게 여성성이 발달하기 시작한다. 그러나 남아는 성장하면서 어머니 등 여성이 아니라 아버지를 동일시해야 한다. 이것은 남아에게 큰 갈등이다. 반면 여아는 그러한 갈등 없이 정상적으로 여성성을 발달시켜 나간다. 여성성은 남성성보다 더 안정적이고, 더 단순한 심리적 과정을 거치므로 남성성보다 더 정상이라고 여겨진다(173, 236).

6. 사회문화 및 성 정치학적 입장

대부분의 문화권에서는 몇 가지 범주에서 남녀가 근본적으로 서로 다르다고 본다. 성차는 신체뿐만 아니라 심리적 속성이나 행동 양상에서도 존재한다. 이는 전통사회의 성 역할 구분에서 비롯된 고정관념에 기인한 것이다. 예를 들면, 여성이 더 정감 있고, 아이 같고, 명랑하고, 인정이 많고, 알랑거리며, 점잖고, 쉽게 속아 넘어가고, 아이들을 사랑하고, 타인의 욕구에 민감하며, 부끄러워하며, 따뜻하고, 양보적이고, 동정적인 반면, 남성이 더 공격적이고, 야망이 크고, 지배적이고, 독립적이며, 개인주의적이며, 성격이 강하며, 위험을 잘 무릅쓰는 편이며, 쉽게 결정하며, 경쟁적이며, 분석적이며, 자만에 차 있다는 것 등이다(327). 그러나 그 고정관념에 대한 근거는 별로 믿을 만하지 못하다. 성 정치학적 입장에서 보면, 이러한 고정관념은 사회문화적 영향에 의해 형성되었다.

핀란드에서 1971년과 1992년에 10대 후반에서 50대 초반의 남녀를 대상으로 실시한 조사를 비교한 결과, 1970년대에 비해 1990년의 응답자들이 성행위에서 만족도가 더 높은 것으로 드러났다. 특히 우연히 만난 상대보다 지속적인 관계에 있는 상대와의 성교에서 만족도가 더 높게 나타났다. 그러나 남성이 훨씬 더 어린 나이에 성교를 개시하는 등 성차는 여전히 존재했다. 이러한 차이는 여성의 성적 표현을 보수적으로 받아들이는 사회적 편견이 아직 남아 있어 여성 스스로의 능동성이 부족하기 때문이라고 해석되었다(248).

흔히 경제, 가정, 정당, 정부, 종교 조직 등의 주요한 사회 제도권 내에서 여성의 역할이 뛰어난 사회일수록 남녀의 이중 기준을 찾아보기 힘들다. 곧 경제적으로 양성이 평등할 때 이중 기준이 사라질 수 있다. 예를 들면, 스웨덴이나 미국의 경우 1960년대 이래 남녀 모두 혼전 성교의 비율이 높아지고 있는데, 특히 여성의 비율이 증가했다. 그러나 20~

Eve Ensler
엔슬러는 200명 이상의 여성에게 여성 성기를 주제로 면담한 후 그 결과를 1996년부터 '버자이너 모놀로그(Vagina Monologues)'란 연극으로 알리면서 여성의 성적 해방 및 여성에 대한 폭력근절 운동을 전개했다.

22세 사이의 남녀를 비교할 때 미국 남성의 성행동 경험 비율이 가장 높았으며, 두 나라 간 여성의 차이는 없었다. 이는 미국에서는 당시에도 이중 기준이 존재했음을 보여 준 것이다 (521).

성적으로 억압된 사회문화권에서의 남성은 대부분 욕정과 사랑을 분리시킨다. 또 그들은 여자를 욕정으로 가득 찬 성매매 여성과 사랑이 가득한 정숙한 모습의 어머니, 딸, 아내 등으로 이분시킨다. 이러한 상황에서 남성은 당연히 불법적 관계에서의 성관계를 즐기는 대신 아내와의 성관계는 형식적 차원에서만 이루어진다. 최소한 이러한 문화는 서구사회에서 20세기 중반까지 유지되었다. 일반적으로 여성을 성매매 여성과 정숙한 여성으로 이분시키는 현상에 집착하는 것을 '마돈나(Madonna) 증후군'이라고 부른다. 이는 바로 남성 위주의 문화에서 드러난 차별의 증거인데, 마돈나는 착한 여성을 의미한다.

7. 남성해방운동

1960년대 후반과 1970년대 초반 페미니스트들은 사회에서 남녀 관계를 급진적으로 조명하기 시작했다. 소위 성 정치학, 가부장제, 남성 계급의 억압이라는 목소리를 냈다. 사실 학계 내외에서 여성은 신비스럽고, 수수께끼처럼 이해하기 힘든 상대로 언급되었고, 여성의 특성은 연구가 더 필요한 미지의 영역으로 취급되었다. 어느 도서관을 가더라도 여성에 관한 글은 많은 반면, 남성의 활동이나 경험에 관한 저술은 상대적으로 부족하다. 페미니스트들의 도전 결과 1970년대 남성에 대한 관심을 불러일으켜 남성성에 대한 새로운 사고가 시작되었다. 결국 1980~1990년대에는 남성 및 남성성에 대한 학술 자료도 증가하기 시작하여 남녀 관계를 성 역할이나 문화의 차원 등에서 조명하고 있다(173).

남성이 지각하는 그들에 대한 편견, 차별, 불평등을 없애기 위해, 또 성적 및 가정의 개혁을 성취하기 위해 남성의 입장에서 전개한 운동을 '남성해방운동(men's liberation)'이라고 한다. 이는 이혼한 아버지가 자녀를 방문할 권리, 이혼 시 자녀의 양육권을 여성에게 자동적으로 부여하는 법원의 편견 제거, 이혼 시 아내에게 제공하는 부양 수당의 평등화, 이혼한 여성도 경제적 여건에 따라 전 남편에게 부양 수당을 지불해야 하는 문제, 특히 남성만을 성범죄자로 여기는 등의 남성에 대한 성적 편견의 제거, 결혼생활에서 남편이 아내를 부양해야 한다는 관습의 제거 등에 초점을 두고 있다. 또 피임에서 남녀가 동등한 책임을 져야 하며, 데이트 비용도 남녀가 동등하게 지불해야 하고, 남녀의 성교도 남성이 주도했을 것이라는 개념이 사라져야 한다고 주장한다. 후자는 데이트 강간을 남성의 유죄로 해석하는 관점에 제동을 거는 것이다. 이처럼 남성들이 불평등을 지적했음에도 이 운동은 여성해방운동에 비해 별다른 반응을 얻지 못하고 있다. 남성해방 주창자들은 여성에게 남성우월주의자, 즉 매우 위험한 존재로 인식되기 때문이다.

07
성적 성숙과 발달

1. 사춘기의 개시

아동기 말에는 호르몬 생성, 성징 발달, 신장이나 체중의 두드러진 증가 등 사춘기 개시 신호의 생리적 변화가 나타난다. 특히 생식 능력을 발달시켜 주는 호르몬 수준의 증가는 성적 긴장이나 욕구를 증가시키면서 이성을 향한 관심도 발달시킨다(71, 84). 성호르몬 분비량은 남아가 12~13세, 여아가 10~11세경부터 급증하며, 이로 인해 고환과 난소가 발달하여 정자세포와 난자세포를 생성하기 시작한다. 여아가 난자를 성숙시킨 이후 월경 현상이 처음 나타나는 것을 초경(menarche)이라 하는데, 이 용어는 19세기 말 키슈(E. Kisch)가 달(月)이라는 라틴어(mensis)와 시작한다는 그리스 단어(arche)를 합성시켜 고안했다(122). 또 남아가 정자세포의 방출을 시작하는 현상을 스퍼마크(spermache)라고 부른다(74).

사춘기 개시 시기는 개인차가 있는데, 이는 유전인자들의 발현이 서로 다른 환경의 영향을 받기 때문이다. 예를 들면, 마리화나를 복용하면 그렇지 않은 경우보다도 더 늦어지며, 영양 상태가 좋지 않은 제3세계 국가 아동은 선진국 아동보다 사춘기 개시가 늦은 편이다. 또 발레나 크로스컨트리 경주처럼 심한 신체운동을 하는 여아들은 체중 감소로 초경이 늦어지기도 한다(84). 시대에 따른 변화도 무시할 수 없는데, 현 선진국에서 사춘기에 접어드는 나이는 약 1세기 전과 비교하면 거의 3년 정도 어려졌다(84). 즉, 19세기 초반부터 여아의 초경 시기가 점점 낮아지고 있다(493). 서구의 예를 들면, 초경 시기 평균 나이가 1840년대 에는 17세였으나, 그 이후 계속 낮아져 근래에는 12~13세경이다. 그렇다고 사춘기 개시 연령이 계속 빨라질 것이라고 결론지을 수는 없으며, 사춘기 개시 연령이 낮아지는 현상을 세속적 저하(secular-decline)라고 한다(74). 필자가 조사한 우리나라 대학생의 초경을 경험하는 나이에 대한 자료는 〈표 7-1〉과 같다.

표 7-1 한국 대학생들의 초경 시기 평균연령

출생연도	조사 대상자 수	초경 시기 평균연령
1982	964	13년　1개월
1983	2,264	13년　1개월
1984	2,585	12년 11개월
1985	2,505	12년　9개월
1986	1,986	12년　9개월
1987	867	12년　8개월

Box 7-1　**5세 아이의 임신**

　　남미 페루에서 어느 날 아침 한 인디언 여성(Quechua)은 딸(Lina)이 귀신 들렸다면서 딸을 데리고 동네 병원을 찾았다. 당시 배가 불러 있던 딸을 검진한 의사는 그녀가 임신했음을 확인했다. 놀랍게도 당시 딸의 나이는 5세에 불과했다. 몇 주 후 그녀는 제왕절개수술로 아들을 분만했고, 세상에서 가장 어린 산모가 되었다. 경찰들이 아버지가 누구인지를 조사했지만, 학계에서는 5세 아동의 임신 능력에 놀랐다. 그녀는 생후 8개월이 지나면서 초경을 경험했고, 갑작스러운 사춘기 개시로 말미암아 아동기가 끝나 버렸다. 그녀는 나중에 아들과 함께 초등학교를 다녔다(427). 보통 여아가 8세 이전, 남아가 10세 이전에 생식 능력을 갖출 경우 조발성 사춘기 (precocious puberty)라고 부른다.

2. 성호르몬

젊은이보다 고령자 남성의 발기가 더 어렵다는 것을 연구하던 중 소르본 대학교의 한 의학자(C. Brown-Sequard, 1817~1894)는 내적으로 분비된 물질(현재의 호르몬)이 성기능에 영향을 미친다는 것을 발견했다(122). 보통 성적 성숙이나 성기능에 영향을 미치는 성호르몬을 분비하는 내분비선은 시상하부, 뇌하수체, 부신, 고환, 난소 그리고 임신 중에는 태반 등 모두 6곳이다. 그중 모든 호르몬의 분비를 통제하는 부위는 시상하부이며, 그곳에서 호르몬 분비와 그 양을 통제하는 방식은 송환(feedback)기제에 의한다. 곧 시상하부에 있는 일부 신경세포는 혈액 속에 존재하는 호르몬 종류와 양을 감지하면서 조절한다.

특정한 성호르몬 분비의 송환기제를 살펴보면 다음과 같다([그림 7-1] 참조). ① 시상하부가 뇌하수체를 자극하는 호르몬(성선 자극 방출 호르몬, gonadotropin-releasing hormone: GnRH)을 방출한다. ② GnRH의 자극을 받은 뇌하수체가 난포 자극 호르몬(follicle-stimulating hormone: FSH)과 황체 형성 호르몬(leuteinizing hormone: LH)을 방출한다. ③ FSH가 고환에 영향을 미치면 정자세포가 생성되고 난소에 영향을 미치면 에스트로겐(estrogen)을 분비시켜 난자세포

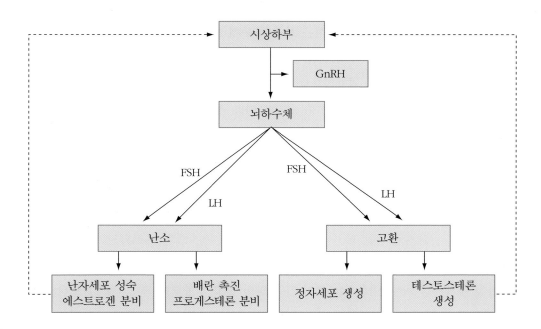

[그림 7-1] 호르몬 피드백 과정

가 성숙하고 LH가 고환의 간질세포(interstitial cell)를 자극하여 테스토스테론(testosterone)을 생성, 난소에 영향을 미쳐 배란(ovulation)이 촉진되면서 임신이 가능한 자궁 환경을 가꾸는 데 필요한 프로게스테론(progesterone)을 생성한다. ④ 이러한 과정에서 분비된 모든 호르몬에 관한 정보가 혈액을 통하여 시상하부에 있는 신경세포들에게 전달, ⑤ 시상하부에서는 임신이 되지 않았을 경우 다시 첫째 단계부터 과정을 반복한다. 이런 맥락에서 시상하부에서 분비된 GnRH는 고환이나 난소가 표적기관이며, 그와 같은 성호르몬 분비의 근본 목적은 종족 보존과 관련된다고 할 수 있다.

테스토스테론은 남성만 분비되는 호르몬이 아니며, 에스트로겐이나 프로게스테론도 여성만 분비하는 호르몬이 아니다. 또 이들이 고환이나 난소에서만 분비되는 것도 아니다. 흔히 호르몬 생성의 상대적 비율 때문에 에스트로겐과 프로게스테론을 여성 호르몬, 테스토스테론을 남성 호르몬이라고 부르지만, 남녀 모두 이들을 생성한다. 고환은 에스트로겐보다 테스토스테론, 난소는 테스토스테론보다 에스트로겐을 더 많이 생성할 뿐이다. 성호르몬 분비는 태내기 발달에도 매우 중요하다. 성별 분화가 이루어지는 수태 후 3~4개월째에 고환에서 분비된 호르몬의 영향으로 남성의 내부 생식기를 발달시키고, 또 여성의 내부 생식기를 발달시키려면 남성 호르몬의 분비를 억제시킨다(479).

남성 호르몬은 대부분 테스토스테론이지만, 안드로스테론(androsteron)도 있다. 또 남성 호르몬들을 안드로겐으로 통칭한다. 남성은 대부분의 안드로겐을 고환에서 생성하며, 전체의 약 5%는 부신에서 생성한다. 남성은 보통 하루에 6~8mg 정도, 여성은 난소와 부신에서 소량(하루 0.5mg 정도)의 안드로겐을 생성한다. 사람의 경우 성욕은 사회문화 및 심리적 환경의 영향을 받고 있지만, 일반적으로 안드로겐은 남녀 모두에게 성욕을 결정하는 주요한 인자로 작용한다. 즉, 안드로겐 수준 고저에 따라 성적 관심의 고저도 달라지는데, 남성의 경우 그 양이 너무 적으면 발기가 어려워진다. 또 폐경을 겪고 있는 여성에게 안드로겐을 주입하면 성적 환상이나 흥분을 증진시키는 효과가 나타난다. 그러나 남성 호르몬 수준 차이에 의해 성욕의 성차를 설명하려는 것은 옳지 않다. 그 이유는 여성의 시상하부나 생식기는 남성과 달리 낮은 수준의 테스토스테론에도 매우 민감하게 반응하기 때문이다(74, 126, 271, 539).

에스트로겐은 난소, 고환, 태반, 부신에서 분비된다. 사람에게서 분비되는 세 종류의 에스트로겐 중에서 에스트라디올(estradiol)이 가장 양이 많고 영향력이 크다. 에스트로겐의 역할로 여성은 출생 당시 약 40만 개의 난자세포가 들어 있는 난소에서 평생 400개 정도의 난자세포를 성숙시킨다. 또 에스트로겐은 여성의 질이나 피부의 탄력성과 윤활 작용 및 유방의 조직과 기능 유지에 중요한 역할을 한다. 대부분의 포유동물 암컷은 에스트로겐이 성적 매력이나 반응을 결정하지만, 사람의 경우 에스트로겐 수준이 정상이어도 그런 영향을 받지 않는다. 남성에게서 에스트로겐의 기능은 별로 알려지지 않았지만, 너무 과다한 에스트로겐 생성은 성욕 저하, 가슴 발달 및 발기부전을 초래할 수 있다(74, 80, 126).

또 프로게스틴(progestins)은 자궁 환경을 임신에 대비시키는 호르몬의 통칭이다. 프로게스틴의 대부분은 난소의 황체(corpus luteum)에서 생성되는 프로게스테론이다. 일반적으로 프로게스틴의 효과는 에스트로겐의 활동에 달려 있기 때문에 여성에게서 결정적이다. 프로게스테론은 배란 이후 경부점액(cervical mucus)을 감소시키며, 임신이 가능한 자궁 환경을 만들기 위해 자궁 내막을 두껍게 한다. 에스트로겐처럼 프로게스테론도 과다 분비되면 성욕이 억제된다(80). 그 외 성호르몬으로 뇌하수체에서 분비되는 프로락틴(prolactin)과 옥시토신(oxytocin)이 있다. 프로락틴은 기본적으로 유방에서의 젖 생산을 자극하지만, 그 수준이 너무 높으면 성기능을 저하시킨다. 생리 현상이 불규칙적이거나 불임 여성 또는 발기부전을 보이는 남성에게서 프로락틴 수준이 비정상적으로 높은 편이다. 또 옥시토신은 아이가 젖을 빨 때 유방에서 유두로 젖을 흐르게 하는 역할을 하며, 역시 출산 과정에서 자궁의 강한 수축 반응을 유도한다(74, 539).

성호르몬 분비량은 사춘기가 시작되면서부터 증가한다. 아동기 동안 몸속에서 분비되는 호르몬 양과 사춘기 이후 성인이 되어 분비되는 양은 차이가 심하다. 예를 들면, 남성의 혈액 중에 안드로겐 농도는 아동기보다도 사춘기 이후 성인기에는 약 20배 정도이며, 여성의 혈액 중 에스트로겐 농도는 사춘기 이후 생리 주기에 따라 매일 조금씩 다르지만 아동기의 거의 6배 정도다(84). 사춘기 이후 남성의 테스토스테론 비율은 여아보다 7~13배 정도 높은데(87), 성호르몬 분비의 성차는 주로 그 형태에 있다. 남성은 사춘기부터 남성 호르몬 양이 증가하기 시작하여 20대 초반에 절정에 이르며, 그 이후 점진적으로 줄어들지만 생성이 중단되지는 않는다. 이 호르몬을 남성의 공격성과 연결시켜 해석하기도 한다. 예를 들면, 인류가 진화하는 동안 남성이 다른 육식 동물들과 대적하면서 음식을 구하는 것, 또 가족을 외부 공격으로부터 방어하는 것, 근래 과격한 스포츠를 즐기는 것 등이 모두 테스토스테론과 연결된 해석이다(65, 196).

여성의 경우 호르몬 양은 사춘기 이후 증가하지만, 그 수준이 주기에 따라서 다르며 그 결과로 생리 주기가 나타난다. 또 분비의 형태는 단순한 선에 의하여 조절되지 않는다. 암컷의 뇌하수체를 수컷에게 이식해도 암컷의 호르몬 분비 주기는 영향을 받지 않는다. 그러므로 호르몬 분비량의 성차는 뇌하수체의 특정한 기능이 아니라 암수 뇌 구조의 전반적인 차

표 7-2   성적 성숙과 호르몬

특징	발달시기(세)	영향을 주는 호르몬
가슴의 성장	8~13	(여) PGH, E, P, T
고환 · 음낭의 성장	10~13.5	(남) PGH, T
음모의 발달	8~14	(여) A, An
	10~15	(남) T
신체 성장	9.5~14.5	(여) PGH, A, An, E
	10.5~16	(남) PGH, T
초경	10~16.5	(여) GnRH, FSH, LH, E, P
남근의 성장	11~14.5	(남) T
변성	11~14.5	(남) T
액모의 성장, 땀샘 증가	음모발달 2년 후	(여) A, An
수염과 액모, 땀샘	음모발달 2년 후	(남) T

참고: A(부신, adrenal), An(androgen), E(estrogens), FSH(follicle-stimulating hormone), GnRH(gonadotropin-releasing hormone), LH(leuteinizing hormone), P(progesterone), PGH(pituitary growth hormone), T(testosterone).

이에 기인한 것으로 해석된다(74). 성호르몬의 대부분은 폐경기를 맞이하면 생성이 중단된다. 남성도 에스트로겐과 프로게스테론을 연속적으로 받는다면 남성의 젖샘(유선)을 발달시킬 것이다(74). 또 사춘기에 접어들어 분비된 성호르몬에 따라서 이차 성징이 나타나는데, 그 특징이나 연령을 〈표 7-2〉처럼 제시할 수 있다(221).

3. 중추신경계의 기능

신경세포(neuron)는 일반세포와 달리 다른 신경세포나 골격근 등과 정보를 주고받을 수 있는 가지들을 가지고 있다. 중추신경계란 신경세포의 세포체가 집단을 이루고 있는 뇌와 척수를 의미한다. 반면 신경세포의 세포체 대신 가지들이 뻗어 있는 부위는 말초신경계라고 부른다. 정보 전달 방향에 따라 말초신경계에서 중추신경계로 전달되는 경우를 감각성 정보, 중추신경계에서 말초신경계로 전달된 경우를 운동성 정보라고 표현한다. 일반적으로 감각성 정보는 말초신경계로부터 뇌까지 전달되지만, 일부는 뇌까지 전달되지 않고 척수에서 곧바로 운동성 정보를 내보내게 된다. 후자처럼 척수 수준에서 반응이 통제될 경우 말초신경계 중에서도 자율신경계라고 부른다. 자율신경계도 교감 및 부교감신경계로 구분되는

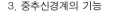

데, 전자는 에너지를 소모하는 작용이고, 후자는 에너지를 생산하거나 유지하는 작용이다.

남성의 성기를 자극하면 발기가 되며, 그 발기 현상은 어린 아동의 성기를 자극하거나 척수와 뇌의 연결 부위가 손상된 사람을 자극할 때에도 나타날 수 있다. 그렇다면 발기 현상은 척수 수준에서 통제되는 반응임을 짐작할 수 있다. 즉, 발기는 척수에 있는 신경세포의 영향을 강하게 받는데, 기본적으로 부교감신경계의 통제를 받는다. 교감신경계의 작용이 강하면 음경에 혈액이 잘 공급되지 않아서 발기가 어려워진다(539).

척수는 목 부위(경추, cervical), 몸통 부위(흉추, thoracic), 허리 부위(요추, lumbar) 및 바닥 부위(천추, sacral)로 구분해 부른다. 남성의 성 반응에는 성기로부터 척수 부위까지 전달되는 두 가지 신경이 중요하다. 하나는 외음부신경(pudendal nerve)으로, 성기 외부로부터의 감각을 천추의 둘째에서 넷째 신경 부위(S2~S4)까지 전달하는 신경이다. 다른 하나는 골반신경(pelvic nerve)으로, 성기 내부의 성적 긴장을 중계하는 부교감신경이다. 성기를 자극하면 S2에서 S4 부위로부터 부교감신경계에 의하여 전해진 반사 반응, 곧 발기가 나타난다. 발기는 역시 흉추의 첫째 신경(T1)에서 요추의 둘째 신경(L2)까지의 교감신경계의 영향을 받는다. 물론 척수 내에 존재하는 반사중추가 이러한 성 반응을 두뇌까지 중계하고 전달하므로 불수의적 반사는 특정한 경험이나 정서 상태에 의해 수정될 수 있다. 정액 사출에 수반되는 반응도 역시 척수의 두 곳에 있다. 사정의 첫 단계로 정소에서의 정액 방출(seminal emission)은 척수의 교감신경계 영역, 즉 T1부터 L2까지 영향을 받는다. 둘째 단계는 정소에서 이미 방출된 정액을 성기 밖으로 내보는 일(expulsion)인데, 이는 S2부터 S4까지의 영역에서 관장한다(74).

척수가 심하게 손상된 남성은 별다른 감각을 느끼지 못하더라도 성기를 자극하면 사정할 수 있다. 즉, 발기하더라도 사정하지 않을 수 있듯이 발기가 되지 않은 상태에서도 사정이 가능하다. 척수가 손상되었더라도 성기능 장애 여부는 보통 외상 정도나 심각성에 따라 결정된다. 척수 하단에 위치한 발기 및 사정반사의 중추가 손상되면 흔히 허리 하단 부위가 마비된 자나 목의 하단 부위가 마비된 자처럼 발기, 사정이나 오르가슴의 경험이 불가능해진다. 다행히 이러한 중추 부위가 손상되지 않았다면, 성기를 직접 자극할 때 성 반응이 가능하다. 여성은 척수 손상을 입어도 임신이나 출산이 가능하지만, 남성의 경우 뇌와 성 기관의 교신이 척수 손상으로 방해받는다면 흔히 사정 능력을 잃는다. 이와 같은 척수 손상은 남성의 자연적 종족 보존 능력을 상실시킨다. 그러나 최근에는 의술 발달로 척수가 손상된 남성도 파트너에게 수태시킬 수 있다. 예를 들면, 전기 자극으로 사정을 하도록 하면 인공수정이 가능하다(74).

척수도 성기능에 중요한 역할을 하지만, 뇌 구조의 대부분은 성기능에 일정 역할을 담당하고 있다. 척수와 가까운 수질(medulla)이라는 부위는 동물 실험에서 교미를 수용하는 반응과 관련된다. 암쥐는 수질에 프로게스테론을 주입하면 발정기에 수컷을 맞이하듯이 꼬리를 들고 웅크리는 반응을 보인다. 또 시상(thalamus)은 외부에서 들어온 모든 정보의 중계소 역할을 하는 뇌 부위이지만, 정액 방출에도 관계한다. 시상하부는 동기나 정서를 관장하는 중추로 성행동을 통괄하는 세포들이 밀집되어 있는데, 여성에게는 젖 분비와 생리 주기의 조절 중추다. 앞서 말했듯이 시상하부는 뇌하수체에 연결되어 있어 모든 호르몬의 생산 등을 총괄하는데, 발기 및 오르가슴 반응에서도 중요한 역할을 한다. 곧 시상하부를 다치면 성욕이나 성적 관심이 저하될 수 있다(74).

동물 실험에서 시상하부의 특정 부위를 전기로 자극하면 성행동에 커다란 변화가 생기기도 했다. 시상하부는 성 반응과 연결된 쾌락이나 고통의 중추이기도 하지만, 대뇌피질은 어느 영역이든지 성 반응과 부분적으로 관계가 있다. 성적 쾌락을 가져다준 환상이나 경험 등에 관한 기억이 대뇌피질 전 영역에 저장되어 있으므로 대뇌피질이 성 반응을 통제한다고 표현할 수 있다(74). 신경세포 내부에서 생성되는 신경전달물질 형태로도 성행동을 설명할 수 있다. 예를 들면, 세로토닌(serotonin) 수준이 높으면 성욕이 저하되고, 수준이 낮으면 성욕이 증가한다(539). 이와 반대로 도파민이나 노어아드레날린 계통의 신경전달물질 활동을 증가시키면 성행동이 증가한다(278).

척수는 정상이지만 사고로 대뇌가 손상되었거나 치매로 뇌 위축 현상을 보인 사람들의 일부는 성행동 문제를 지닌다. 그들은 공공장소에서 신체 일부를 노출시키거나 자신의 성기를 만지고 노는 등 대뇌 손상으로 인해 부적절한 성행동을 자주 보인다. 그들은 가끔 자신이 누구인지, 어떻게 옷을 입는지, 왜 옷을 입는지 등을 잊어버리는데, 소변을 보고 싶을 때 화장실이 어디인지 몰라서 아무 곳에서나 치마나 바지를 벗어 버릴 수도 있다. 또 잠을 자려고 할 때나 옷이 불편하다고 느낄 때에도 벗어 버리기도 하고, 가렵다거나 갑갑하다고 느낄 경우에도 성기 부위를 노출하기도 한다. 날씨가 더울 때 밖에서 옷을 벗고 있지만, 자신은 바깥에 있다고 생각하지 못하거나, 다른 사람들이 바라보고 있다고도 생각하지 못한다. 자신의 기분을 좋게 만든다고 생각하므로 자위행위를 공개적으로 시도한다. 상대가 누구인지를 분간하지도 못하여 아버지가 딸에게 성적으로 접근할 수도 있다. 이는 근친상간의 행동이 아니라 대뇌 손상으로 딸을 아내로 잘못 생각하기 때문일 수도 있다(35, 343).

Box 7-2   **사랑과 화학물질**

     스트레스를 받을 때 몸속에서 호르몬의 변화, 즉 화학적 이동이 나타나듯이 사랑이나 매력, 열정을 경험할 때도 마찬가지다. 서로 눈이 마주치거나 손목을 잡는 순간 가슴이 뛰거나 얼굴이 달아오르는 것 등은 바로 그러한 변화다. 과학자들은 왜 타인을 향한 사랑의 느낌이 생기는가를 진화, 유전, 심리적 경험 또는 냄새 등으로 설명하는데, 동물 연구에서는 미적 감각은 타고나며 매력을 경험한다고 밝혔다(500). 매력을 느낀다는 것은 상대방에게 주의집중을 하고 에너지를 증가시킨다는 말인데, 이는 뇌 속에서 페닐에틸아민(phenylethylamine) 활동이 증가한다는 뜻이다. 즉, 도파민(dopamine)이나 노르에피네프린(norepinephrine) 등 자연적 암페타민 (amphetamine)이 증가하고, 세로토닌(serotonin)이 감소하는 것이다. 이러한 화학물질들은 행복의 도취나 왕성한 원기 등을 생성하는데, 사랑의 과정에서 이러한 단계는 2~3년간 지속되며, 그 후로는 그 기능이 약해진다. 그다음 애착 단계에서는 뇌 속에서 엔도르핀의 양이 많아지는데, 이러한 화학물질들은 안정이나 평온한 느낌을 가져다준다. 다음으로 뇌하수체에서 옥시토신을 분비한다. 이는 성행위 시 감각을 자극하고 이완된 상태에서 만족과 애착의 감정을 유발한다. 이런 맥락에서 옥시토신(oxytocin)을 포옹과 애무의 화학물질(cuddling chemical)이라고 부른다. 학자들은 이 물질이 연인과의 애무를 촉진시키는 역할을 한다고 밝혔으며, 실제 오르가슴 시 남성은 정상 상태보다 옥시토신 수준이 3~5배 정도 높아지는데, 여성도 오르가슴 시 그 수준이 높아진다(192, 287, 500).

4. 성적 관심의 성차

     성적 자극에 반응하는 양식이 긍정이나 부정적으로 발달하는 것은 아동기나 청소년기의 경험에 따라 조건화(conditioning)된 결과다. 성적 태도가 긍정적으로 발달한 사람은 자위행위나 성행위 빈도, 성적 관심이나 만족도 등이 높은 편이며, 임신 중에도 성적 관심이 높다. 반면 부정적으로 발달한 사람은 부모의 간섭을 엄격히 받았을 가능성이 높고, 성을 불결하고 옳지 못한 것으로 이해한다. 일반적으로 남성보다 여성이 더 부정적인 방향으로 발달되었다(74). 개인차가 심하지만, 성차를 밝혀낸 수많은 연구에 의하면 남성은 물리적인 쾌락을 중요시하는 반면, 여성은 정서적 애착 관계가 수반되지 않는 성행위를 원하지 않는 편이다. 예를 들면, 성적 자극을 글로 제시한 후 그 내용에 관한 기억 검사를 실시할 때 남성은 성행위에 관련된 기사를 여성보다 더 잘 기억한 반면, 여성은 사랑이나 정서적 교감과 같은 관계 중심의 내용을 남성보다 더 잘 기억했다(336). 남성은 성교를 통하여 성적 긴장을 해소하는 반면, 여성은 정서적 친밀감을 높인다. 남아가 여아보다 성적 쾌락의 추구에 더 관심을 보이는 이유는 다음의 생물학적·사회적·복합적 요인을 들 수 있다(87).

먼저 생물학적 차원에서 외부로 돌출된 생식기 크기의 차이 때문이다. 여아의 음핵보다도 남아의 남근이 더 크다. 유아들은 손을 이용하여 신체의 여러 부분에 대한 탐색을 시도하는데, 남아들이 어린 시절부터 성기 부분을 만지면서 쾌락이라는 정적 강화를 더 많이 받는다. 남아는 일반적으로 6~7개월부터 성기를 만지는 놀이가 시작되는데, 이는 여아보다 4개월 정도 더 빠르다. 성기 자극으로부터 정적 강화를 발견한 남아는 자위행위를 여아보다 더 어린 나이에 시작한다. 자라서도 마찬가지인데, 보통 남아는 10~12세 사이, 여아는 약 2~3년 늦게 성적 자극이나 흥분을 경험하기 시작한다. 청소년기에도 그러한 차이가 있는 이유는 테스토스테론 수준이나 생식기 구조의 해부학적 차이로 설명될 수 있다. 남아와 달리 여아는 음핵 발기나 질의 윤활 작용이 눈에 두드러지지 않기 때문에 잘 알아차리지 못한다(87).

둘째, 사회적인 요인을 들 수 있다. 부모는 자녀의 성기 탐색 행동을 발견하고 이중 기준을 적용한다. 남아보다도 여아가 그런 행동을 했을 때 더 쉽게 처벌하는 경향이 있다. 남아는 해부학적 구조상 생식기를 잡고 소변을 본다. 그러한 이유로 부모는 남아가 성기를 만지고 노는 행위를 묵인하는 편이며, 그 결과 남아는 자극에 대한 성적 반응에 익숙해진다. 그러나 여아가 성기를 만질 경우 용납하지 않는다. 여아의 행위가 성적이라고 판단되면, 부모는 아이의 관심을 돌리려고 노력하기 때문에 결국 여아가 남아보다 성적 감각을 발달시키기가 더 어렵다. 그러한 이중 기준의 영향으로 여아는 사춘기에 접어들어서도 남아보다 성에 대한 관심을 보이지 않으려고 더 노력하게 된다. 결과적으로 초경을 맞이한 여아는 혐오감을 경험하기도 한다. 또 남성은 첫 성교에서 약간 당황하더라도 쾌를 경험하는 반면, 여성은 대부분 첫 성교에서 기대만큼 오르가슴을 얻지 못한다(87, 504).

08
성호르몬 수준과 생리 현상

1. 생리 주기와 발정기

동물원에 가면 원숭이 암컷의 엉덩이가 뻘겋게 부어오른 것을 목격할 수 있다. 이처럼 암컷의 생식기가 연분홍색으로 부어오르는 현상은 암컷이 배란기임을 알려 주면서 수컷의 교미 시도를 원하는 전형적인 신호다. 사회생물학자들은 사람도 여성이 건강과 종족 보존의 적합성을 안색으로 표현한다고 주장하지만, 수컷 원숭이는 암컷의 생식기 주변의 색깔 변화 때문에 교미 시기를 쉽게 알아차린다. 암컷이 에스트로겐의 영향으로 발정기(estrous cycle)가 되어 수컷이 찾아오면 수동적으로 교미를 받아들이는 상태를 수용성(receptivity)이라고 한다(224, 510).

하등동물은 암컷이 발정기일 경우에만 교미를 시도하는데, 에스트로겐과 같은 성호르몬 농도의 영향을 크게 받는다. 고등동물의 경우 성행동은 뇌에 의해 조절되므로 발정기와 상관없이 나타날 수 있다. 일부 영장류의 암컷은 발정기가 아닐 때에도 간혹 교미를 시도하며, 또 어떤 경우 암컷은 발정기에 교미로 임신을 했음에도 임신 초기에 여러 마리의 수컷들과 교미를 시도한다. 이러한 행위는 나중에 태어날 새끼를 보호하기 위한 암컷의 고의적인 전략으로 해석된다. 곧 그 암컷과 교미를 한 수컷들은 자신의 새끼일지도 모른다고 생각하여 태어난 새끼를 죽이지 않기 때문이다(356, 408).

　사람은 동물의 발정기 대신에 호르몬 변화에 의한 월경주기로 진화했기 때문에 여성이 남성을 수용하거나 거부하는 시기가 특별하게 정해져 있지 않다. 그러한 이유로 원시시대부터 여성은 상대자로부터 언제나 연모의 대상이 되었다. 인류학자들은 이러한 진화 결과는 짝으로 결합되는 가족 구조에 의해 발달한 것이라고 생각한다(378). 사람의 성적 관심이나 행동은 정서적이고 사회문화적 요인에 의해 좌우되지만, 호르몬 영향도 무시할 수 없다. 후자를 설명하는 진화심리학에 의하면, 여성은 월경주기에 따라 안색이나 걸음걸이가 달라지며, 그로 인해 매력도 달라진다고 설명한다. 예를 들면, 월경주기가 규칙적이며 피임약을 복용하지 않은 여성을 대상으로 배란기 당시와 배란기 이후의 얼굴 사진을 화장을 하지 않은 상태에서 촬영한 후 성인 남녀에게 비교하도록 했다. 그 결과 남녀 모두 배란기 당시의 얼굴 사진을 더 매력적이라고 평가했다(423). 또 다른 연구에서는 배란기 당시와 배란기 이후의 여성의 걸음걸이를 녹화한 후 남성에게 보여 주면서 걸음걸이의 매력을 평가하도록 한 결과, 배란기 당시 여성의 걸음걸이를 더 매력적으로 평가했다. 배란기 당시에 나타나는 여성의 안색이나 걸음걸이 등의 외적 변화는 남성에게 가임 시기임을 보여 주는, 다시 말하면 종족 보존에 성공하고 싶은 미묘한 신호체제로서의 무의식적 욕망이라고 해석될 수 있다(190).

　여성은 월경주기에 따라서 성적인 관심이나 실제 성행위 빈도가 다르게 나타나는 편이다(458). 예를 들면, 환상을 통한 성적 흥분 경험은 다른 시기에 비해 배란이 나타나기 바로 직전에 가장 높은 편이었다. 그렇지만 그 환상의 내용은 단순한 성행위보다도 대부분 사랑이나 애정과 같은 정서적 내용이었다(153). 물론 이와 반대로 여성의 성적 관심이 월경 직전이나 직후에 가장 높고, 배란일 전후로는 매우 낮다는 연구도 있다. 이와 같은 연구 결과를 일반화할 수는 없지만, 배란일 전후의 성적 관심의 저하는 규칙적인 피임 여부를 살펴보지 못한 상태에서 나온 결과일 수도 있다(553). 또 여성에게 자신의 파트너가 다른 여성과 정서적으로 깊은 애착 관계에 있다는 애기를 들려주면서 질투를 유발시켰을 때 월경주기의 시점에 따라 민감도가 달라졌다. 즉, 배란이 이루어지기 이전에 가장 질투심이 심했고, 배란 이후에 가장 낮았으며, 월경이 나타나는 시점은 그 중간이었다(303).

　에스트로겐이 아닌 남성 호르몬도 포유동물 암컷의 성행동 표현에 큰 영향을 미쳤다. 즉, 암쥐는 안드로겐이 주입되었을 때 교미를 위해 수컷을 적극적으로 찾아다니는 행동이 나타난다. 이는 수용성의 상태와 비교하여 'proceptivity'라고 한다(510). 동물연구 결과를 토대로 여성의 성행동도 남성 호르몬의 영향을 받을 것으로 가정할 수 있다. 그 간접적인 예를 들면, 폐경 증상은 안드로겐 주입으로 완화되며, 남성으로 전환하는 여성에게 테스토스테론을 주입시키면 성욕이 증가하며, 또 여성으로 전환하는 남성에게 에스트로겐을 주입하면 성욕이 감소한다는 것이다. 그러므로 여성은 체내의 테스토스테론 수준이 가장 높을 때 성교 빈도가 가장 높게 나타나기도 한다(510).

간혹 월경주기가 매우 불규칙하게 나타나는 여성도 있다. 특히 강한 훈련을 하는 운동선수나 심리적으로 갈등을 겪는 여성의 일부는 불규칙한 생리주기를 보이는데, 이러한 현상은 중추신경계의 기능과 관계가 있을 것이다. 종족 보존을 위한 기능보다도 현실 적응에 대한 문제를 더 중요하게 생각한다면, 시상하부에서는 성선자극방출호르몬을 뇌하수체로 보내는 작업을 유보하는지도 모른다.

2. 생리(월경) 전 증후군

대다수 여성은 달력을 보지 않고도 곧 월경이 있을 것임을 알아차린다. 거의 한 달마다 허리가 팽팽해지고, 안색이 창백해지고, 기분이 시무룩해지기 때문이다. 연구마다 빈도가 다르지만, 가임기 여성의 70%가 월경이 시작되기 1주일 전에 적어도 1회 이상 정서, 신체, 행동의 변화를 겪고 있다(269). 소수의 여성은 오히려 긍정적인 변화를 느낀다고 하지만, 월경 전 여성에게 나타나는 변화는 대부분 부정적인 것들이다. 젖가슴이 부풀어 만지면 아프고, 복부의 팽만감이나 편두통이 생기고, 얼굴에 여드름이 생기고, 달고 짠 음식이 먹고 싶고, 초조, 짜증, 우울증, 피로를 느끼는 것 등이다. 월경을 앞두고 수면 형태가 달라지기도 한다(256, 269).

이러한 신체, 심리, 행동의 변화는 배란 시점부터 점점 증가하여 월경이 나타나기 5일 전에 최고조에 이른다. 일단 월경이 나타나면 그러한 증상이 갑자기 사라지고, 그때부터 다음 배란일까지 별다른 증상이 나타나지 않는다. 경중의 차이는 있지만, 이러한 부정적 변화를 경험한 사람들 중 3~10%는 매월 1~2주일 동안 심한 변화 때문에 고통을 겪는다. 심한 경우는 젖가슴이 아파 옷을 걸치지 못하기도 하고, 천식이나 관절염 증상으로 병원을 찾기도 한다. 1930년대 영국의 의사 달톤(Katherine Dalton)은 이러한 현상을 생리(월경) 전 증후군(premenstrual syndrome: PMS)이라고 불렀는데, 그 현상을 이미 아리스토텔레스도 언급했다(269, 342).

PMS가 나타나는 여성의 연령을 살펴보면, 10대에서는 매우 드물고 나이가 증가하면서 나타나기 시작한다. 특히 분만 시기인 30~40대에서 심하게 나타나고 폐경 후에는 사라진다. 특이한 것은 자궁절제수술을 받은 여성도 이런 증상이 지속된다는 점이다. 연구자들은 이를 질병이나 증후군으로 여기는 것에 동의하지 않지만, 그 명칭에 상관없이 PMS는 30대 여성이나 임신이나 피임약 복용, 피임수술 등으로 인하여 자신의 원래 월경주기가 달라진 직후부터 나타나는 것이 보통이다. 만약 PMS를 경미한 기분의 변화까지 포함시킨다면, 거의 모든 여성이 PMS를 겪는다고 말할 수 있다.

많은 여성이 PMS를 경험하지만, 일부 여성은 배란기를 전후로 행복감, 에너지 수준 상승, 성적 흥분 고조, 시각이나 청각, 후각의 민감도 증가, 통증 지각의 민감도 감소를 경험한다. 또 PMS를 경험하더라도 대다수 여성이 이를 심하게 경험하지 않는다. 영국의 변호사들은 폭행이나 방화로 구속된 젊은 여성의 방어수단으로 PMS를 성공적으로 이용하는데, 이러한 법적 적용이 연구나 여성운동가들에게 논쟁을 불러일으킨다. 연구자들은 PMS 연구가 근래에 시작되었기 때문에 여성의 특정 행동의 원인을 PMS로 귀착시키기에는 너무 이르다는 견해를 밝히며, 여성운동가들은 반사회적 행동을 변명하는 수단으로 월경주기의 변화를 이용하는 것이 책임감 회피라고 혹평한다. 물론 어떤 여성에게는 호르몬 수준 변화가 기분 변화와 관련성이 크지만, 대부분의 여성이 심한 PMS를 경험하지 않는다(74).

PMS의 원인은 아직 분명하지 않다. 또 DSM에서도 이를 질환으로 분류하지 않는다. 물론 DSM-IV나 DSM-5에는 매우 심한 PMS 증상을 질환의 일종(premenstrual dysphoric disorder)이라고 언급하고 있다. 달톤은 PMS 원인을 단순히 프로게스테론의 결핍 때문이라고 주장했는데, 그녀의 주장에 따라서 PMS를 심하게 호소한 여성에게 프로게스테론을 주입시켜 치료했다. 그러나 실제로 프로게스테론을 주입하지 않아도 동일한 효과가 나타났으며, 동물실험에서 프로게스테론이 종양을 유발시킨다는 증거도 나왔다. 이에 연구자들은 1970년대부터 대안을 마련하기 시작했지만, 일치된 의견은 없다. PMS 치료를 원하는 여성 중에서 상당수가 증상이 뚜렷한 심리장애를 보이고 있다(269).

PMS 원인은 심리적 및 생리적이라고 생각된다. 아직도 프로게스테론의 저하 효과를 계속 연구하면서 프로락틴(prolactin) 결핍, 호르몬 불균형에 의한 액체 분비 방해, 비타민 B_6 부족, 혈당 저하 등의 문제도 영향을 주는지 확인하고 있다. 또 엔도르핀 과다로 인한 식욕 증가, 피로, 우울증, 변비, 유방이나 복부 팽만 등의 현상이나 엔도르핀 부족으로 인한 초조, 긴장, 공격성이 PMS로 이어진다는 설명도 있다. 혹자는 여성의 PMS가 평소에도 나타나는 증상이지만 월경이 시작되기 전에 그 증상이 더욱 심화되므로 월경 전에 그러한 증상이 심하게 나타난다는 뜻의 '월경 전 과대증(premenstrual magnification)'이라고 부르는 것이 더 타당하다고 주장한다(269).

여성마다 PMS를 경험하는 정도가 다르다. 그렇다면 PMS를 심하게 호소하는 여성과 그렇지 않는 여성 사이에 행동상의 차이가 있는지에 관심을 가질 수 있다. 한 연구는 성인기 초기 여성을 상대로 PMS를 심하게 호소하는 11명과 이를 전혀 호소하지 않는 여성 10명의 차이를 비교했다. 두 집단 모두 월경주기에서 안드로겐 수준이 가장 높은 시기에 성적 관심이 가장 크게 나타났다. 후자의 여성이 전자보다 내분비 지수, 즉 여성 호르몬(예: estradiol 및 estradiol-progesterone)의 비율이 더 높았다. 또 후자는 월경이 시작되기 전에 성적 관심이 가장 높았으며, 전자는 배란기에 관심이 가장 높았다. 즉, 전자는 월경이 가까워지면 PMS 현상 때문에 이 시기에는 관심이 낮은 편이었다. 전자는 후자보다 피로감이 훨씬 더 높은 반면, 분노와 우울증 같은 다른 기분에서는 별다른 차이가 없었다(510). 1990년대 초 PMS가 심한 여성과 그렇지 않는 여성의 월경주기에서 인지 능력이 다르다고 보고하는 연구도 있었지만, 이들은 대부분 연구 방법론에서 결함이 많은 것이었다.

3. 월경 현상의 적응기제

여성은 월경으로 인해 여러 가지 손해를 본다. 월경 때마다 평균 40cc 정도의 혈액과 그와 유사한 분량의 조직을 잃는다. 어떤 여성은 혈액의 손실과 함께 철분도 상당량 잃는다. 월경으로 소실된 자궁 내막의 벽을 다시 임신에 필요한 상태로 재생하려면 시간이 꽤 걸린다. 그러나 이러한 단점 때문에 월경의 다른 기능이 무시되었는지도 모른다. 곧 여성의 월경 현상을 적응이라는 기제로 언급하는 경우는 매우 드물다. 건강한 여성의 경우 생식기 및 자궁 내부의 액체에는 수많은 세균이 존재하는 것이 정상이다. 또 그 세균의 수는 월경주기에 따라 매일 조금씩 다른데, 보통 배란기를 전후하여 그 수준이 가장 낮은 편이다. 흔히 박테리아는 성행위 시 사정된 정자세포의 머리나 꼬리에 붙어 여성의 질이나 자궁까지 전달된다. 그렇지만 포유동물의 암컷들은 성교 과정에서 전달된 병원체들로부터 생식기관을 보호할 수 있는 적응력을 지니고 있다(408).

사람 이외의 대다수 포유동물의 경우 암컷의 생식기관은 교미 시 수컷의 성기로부터 병원체나 정자세포에 노출된다. 그렇지만 거의 모든 포유동물 암컷들은 질의 상피 부분이 각질로 변해 떨어져 나가므로 성교 과정에서 전달된 병원체들이 뿌리를 내리기 어렵다. 또 배란기 전후는 다른 시기에 비해 산성 농도가 높아지고, 수많은 백혈구가 질의 조직이나 분비액으로 이동하여 활동하므로 병원체들이 제 기능을 발휘하기가 어렵다. 질에서 자궁까지의 통로 역할을 하는 경부도 정자세포에 붙어 있는 병원체에 노출되는데, 기본적으로 경부 점액이 변하면서 병원체 침입을 방어해 준다. 이러한 방어 역할은 배란기에 최소화되므로 정자세포가 자궁에 쉽게 도달할 수 있으며, 배란기 이후에는 최대화되어 정자세포 및 병원체들이 자궁에 이르지 못하도록 막아 주는 역할을 한다. 월경 시기에 방출되는 액체는 두 가지 수단으로 자궁의 방어 능력을 증대시키고 있다. 하나는 감염되었을지도 모르는 자궁 조직의 두꺼운 벽을 떨어져 나가게 만드는 역할을 하는 것이고, 다른 하나는 그 조직 부위에 백혈구의 농도를 높여 병원체와 직접 싸워 잡아먹는 기능을 한다(408).

4. 월경과 금기 현상

흔히 운동경기나 사냥, 전쟁을 앞두고 있을 때 또는 곡식을 심거나 수확할 때 성에 관련된 여러 금기가 존재했다. 성에 관련된 다양한 금기 중에서 가장 보편적인 것이 근친상간이며, 두 번째가 바로 여성의 월경에 대한 금기(menstrual taboo)다. 여러 문화권에서 남성은 월경 중인 여성을 더럽고 위험한 존재라고 믿었으며, 그 예로 사냥감을 놓치거나 무기가 녹슬거나, 우유나 포도주를 시게 만든다고 믿었다. 고대 로마나 유대 문화권을 비롯하여 아시아, 아프리카, 유럽, 이슬람 문화권 등 동서를 막론하고 그러한 믿음 때문에 월경 중인 여성과 성교를 하면 음경이 위험해지거나 건강이나 힘이 약해진다고 생각했다.

오랫동안 유대교 및 기독교도는 이브의 원죄 때문에 여성에게 월경이라는 저주가 가해졌다고 믿었다. 모세의 율법에도 여성이 월경 시기를 알면 하루 전부터 미리 성교를 피하라고 되어 있었다. 당시 유대인들은 월경 중인 여성이 사용했던 물건도 만지지 않았다. 구약성서 레위기에는 월경 중인 여성이 깨끗하지 못하며(15장 24절), 월경 중인 여성과 함께 잔 남성도 깨끗하지 못하다(20장 18절)고 기록하였다. 1세기경 장로 플리니(Pliny, AD 23~79)는 월경의 피가 포도주를 시게 만들고, 과일의 씨앗을 마르게 하여 떨어뜨리며, 청동이나 쇠를 녹슬게 한다고 저서 『Natural History』에 기술했다. 근래에도 정통 유대교에서는 여성이 월경이 끝날 때까지 특별한 정화 과정을 거쳐야 한다고 할 정도다(122, 403).

힌두교에서도 아무리 욕정이 솟구치더라도 월경 중인 부인에게 접근하지 말라고 경고했는데, 이슬람교 코란 역시 남편이 부인의 허리에서 무릎까지의 옷을 만지지 못하게 적혀 있으며, 고대 페르시아에서도 이를 금했다. 근래에도 이슬람 문화권에서는 남편은 성관계에서 아내를 만족시켜 욕구를 해소시킬 의무가 있지만, 여성의 생식기에서 흘러나온 피가 성교에 유해하다고 믿기 때문에 아내가 월경 중일 경우 10여 일 정도 성교를 해서는 안 된다고 가르쳤다. 물론 그 기간에도 월경이 끝나 피를 흘리지 않는 경우는 성교가 가능하다(73).

성을 철저하게 부정했던 일본의 원시불교에서도 적부정(赤不淨)이라면서 여성의 월경이 더럽다고 금기시했으며(60), 브라질 중부 지역의 메히나쿠(Mehinaku) 종족은 여성이 월경 시 분비하는 액체나 질 분비액이 남아의 몸에 닿으면 성장이 중단된다고 믿었다. 그래서 여아가 초경을 할 때 마을의 남아에게 해를 입힌다고 믿었기 때문에 일정한 기간 동안 격리시켰다(237). 근래의 멕시코에서는 월경 중인 여성이 광석의 질을 떨어뜨린다면서 은광촌에서 추방했고, 극동 지방에서는 아편 재배에 종사하면 수확이 좋지 않다고 믿었으며, 유럽에서도 공장에서 정제된 설탕을 흑색으로 변질시키고, 맥주의 발효를 망친다고 믿었다. 심지어 남미 콜롬비아 인디언은 19세기경까지 생리를 막 시작한 여성을 위험한 존재로 규정하여 3~4년간 격리시켜 버렸다. 물론 월경에 대한 금기 현상이 모든 문화권에서 존재했던 것은 아니다. 일본 북해도의 아이누 족, 트로브리안드 섬의 종족, 아프리카의 구시 족에서는 이러한 금기가 관찰되지 않았다. 오히려 구시 족은 여성이 월경 중일 때 임신이 된다고 믿어 이 시기에 성행위를 했다(373).

피를 많이 흘려 혹시 죽지나 않을까 걱정하던 고대 여성으로부터 20세기 초반까지 여성은 자신의 생리 현상을 정확하게 이해하지 못했으며, 20세기 중반까지도 의학계에서 어쩔 수 없는 현상으로 여겨 언급을 꺼렸다. 근래에도 월경을 경험하는 여성에 대한 잘못된 인식이 사라지지 않았다. 특히 월경 중인 여성의 생식기는 더럽고, 냄새가 나며, 성적으로 매력이 없다는 믿음이 지속되고 있다. 제1차 세계대전이 끝나면서 코텍스(Kotex)와 같은 위생용 생리대가 개발되어 월경 중인 여성이 대처하기가 수월해졌지만, 그러한 상품이 개발되었을 당시 생리대를 가게의 진열장에 놓거나 인쇄물로 광고하는 것은 쉽지 않았다(122).

원시사회로부터 왜 그러한 금기가 존재했는가를 문화인류학적으로 고찰해 보면, 원시인들은 피와 생명과의 관계를 아주 엄숙하게 인식했다. 그들은 생명이 탄생하는 순간에도 피를 보았으며, 피를 많이 흘리면 사망하는 모습도 관찰했다. 그래서 제사와 같은 의식에서는 피를 등장시켰다. 월경 현상을 전혀 이해하지 못했던 원시인들은 여성이 그토록 많은 양의 피를 흘려도 병들거나 죽지 않음을 관찰하고서 의구심이 컸다. 원시인들을 더 당황하게 만든 것은 남자나 어린이에게서는 피가 흘러나오지 않았고, 젊고 성숙한 여성에게서만 그런 현상이 나타났던 점이다. 설명할 수 없었던 그러한 이유 때문에 원시인들은 성숙한 여인들에 대한 공포를 느끼게 되었다. 결과적으로 원시인들은 미지에 대한 안전수단으로 피를 흘리는 여성을 격리시키기 시작하였다(16).

세월이 흘러 고대인은 여성의 신체적 성숙과 피를 흘리는 것 사이의 관계를 알아차리기 시작했다. 그러나 남아는 성인으로 변한다는 그러한 신호 없이 성년기로 접어들었다. 남성에게는 여성처럼 성인과 아동 간의 확실한 경계가 없었으므로 성인으로서의 책임을 부여할 시점이 문제시되었다. 그 때문에 고대인은 여성의 초경처럼 남성도 피를 흘리게 하는 할례의식을 고안했다(제9장 참조). 여성이 피가 흐르는 동안에 격리되었듯이 그러한 의식을 치르는 동안 남성도 격리되기도 했다. 이와 같이 여성을 모방하려고 노력했던 고대 남성들은 왜 여성만이 아이를 낳는가에 대해서도 의문을 가졌고, 그 답을 얻지 못했던 그들은 결국 좌절과 실망 끝에 분노했다. 마침내 여성이 혼자서 잉태하는 것은 불가능하며, 남성의 정액이 임신에 결정적이라는 사실을 알게 되었다. 그 후로 성교 후에 임신이 되지 않았다는 사실을 알려 주는 여성의 피는 남성을 더욱 분노하게 만들었다. 그래서 두려움에서 피를 흘리는 여성을 격리시켜 오던 남성은 이제 분노의 형태로 여성을 격리시켜 버렸다(16).

월경 중인 여성을 격리시키는 현상은 정신분석학적으로 남성의 거세불안을 반영하고 있다. 월경 현상은 생식기에 상해를 입어 피를 흘리는 것을 상징한다(473). 그러한 상해를 두려워하는 남성들의 사회에서는 월경 중인 여성을 공동체로부터 격리시키거나 기간이 다 끝날 때까지 깨끗하지 못하다고 생각해 그들을 소외시켜 버렸다. 소외당한 여성은 오두막에서

네팔의 서부 지역에서는 월경 중인 여성은 비위생적이라는 믿음 때문에 일정한 기간 동안 격리된 생활을 하는데, 이러한 전통 의식을 'Chhaupadi Pratha'라고 부른다. 네팔 대법원은 2005년 근래까지 존속했던 이와 같은 의식에 대한 폐지를 명령한 바 있다.

고립 생활을 하는 동안에도 오염 방지를 위해 요리도 금했으며, 그런 여성과의 성행위는 남성에게 매우 위험하다고 믿었다. 과학의 발달로 최근에는 그와 같은 극단적인 금기 현상은 줄어들었지만, 아직도 생리 현상을 경험하는 여성을 제대로 이해하지 못하는 믿음이 사라지지는 않았다. 예를 들면, 구미의 벽촌에는 월경 중인 여성에게 "머리를 감지 말라." "얼음 사탕과자를 먹지 말라." "소금을 조심하라."는 등의 경고를 했다. 이러한 경고는 소금을 제외하고는 근거가 없다. 월경 중인 여성의 몸은 호르몬 불균형 상태이므로 체액의 염분 농도가 약간 높아지면서 두통이나 부종이 생긴다. 따라서 소금의 섭취를 피하라는 충고는 다소 일리가 있다.

09
할례 풍습

1. 남성의 할례 풍습

원시 및 고대사회에서의 할례(circumcision)는 어떠한 기능을 지녔는가? 혹자는 선사시대 농부들이 할례를 했던 이유는 대지의 신들에게 자신의 포피(foreskin)를 바쳐야 풍요와 다산을 얻는다고 믿었기 때문이라고 설명한다. 또 여러 학자는 할례 풍습이 BC 4,000년경 이집트문명에서 비롯되었다는 것에는 의견이 일치하지만, 왜 이집트인들이 할례를 했는지에 대한 해석은 다르다. 초기 이집트인은 사람이 남녀의 영혼을 함께 갖춘 상태로 태어난다고 믿었다. 남자의 포피에는 여성적 영혼, 여자의 음핵에는 남성적 영혼이 들어 있다고 믿었고, 사춘기 시절의 할례는 소년을 완벽한 남자, 소녀를 완벽한 여자로 만든다고 보았다(287, 313). 고대 이집트에서 실시된 할례 풍습이 근친상간의 금기에서 발달했다는 견해도 있지만 (63), 시대가 지나면서 그 기능이 조금씩 변했던 것 같다.

남성들의 할례 풍습이 일종의 성년식(initiation ritual)이었다는 점은 학자들의 공통된 견해이지만, 성년식의 기능은 다양하다. 예를 들면, 아프리카 케냐 구시 족은 여성에 대한 남성의 사회적 우월성 등을 강조하기 위해 성년식에서 할례 시술을 하며, 이러한 시술은 남아에게 여성(예: 어머니)의 보호로부터 독립, 고통에 대한 인내 및 남성다움 등을 시험하는 기능을 지닌다. 즉, 20세기 중반까지 실시되었던 구시 족의 할례는 남성에게 남아 있는 여성적 요소를 씻어 버리기 위한 시도로 해석된다(253). 이집트에서 비롯된 할례 풍습은 중남미, 폴리네시아, 메소포타미아 지역 등까지 파급되었고, 호주나 일본에서도 신석기시대 할례 실시의 흔적이 발견되었다. 일부는 이집트에서 전파되었다기보다 독립적으로 할례가 발달했다고 보기도 한다. 할례 풍습은 원래 부싯돌 칼을 사용했으나 나중에 금속 물질도 사용했고, 일본에서는 명치시대까지 억새풀의 띠로 소년의 음경 포피를 자르는 풍습이 있었다. 일본에서는 13세 소년을 가정에서 격리시켜 할례를 시켰던 것으로 추측되지만(63), 한반도에서는 할례 풍습의 흔적이 아직까지 나타나지 않았다.

　유대인의 할례 관습도 이집트에서 전수되었는데, 아들들에게 할례를 시킨 아브라함의 이야기가 구약성서 창세기 17장에 언급된다. 여호수아가 유대인과 신과의 계약 징표로 모든 남성에게 할례를 하도록 요구한 내용이다. 곧 유대교에서 성년식 대신 유아에게 이러한 관습을 의무화시켰던 것은 신과 유대인 사이의 서약의 징표일 뿐만 아니라 이웃나라 다신교 국가 아이들과 구별하기 위한 표시였다. 초기 기독교도들은 할례에 대한 거부감을 표시하기도 했지만(신약성서 사도행전 15장), 남아가 태어나면 8일째에 실시해 온 유대인의 할례 풍습은 아직도 유지되고 있다. 이처럼 종교의식이나 관습에 의한 할례 의식은 유대인 이외에도 여러 미개인들 사이에 근래까지 존재했다. 코란에는 그러한 언급이 없지만, 아랍인에게는 이슬람 문화가 형성되기 전에 할례가 실시되었다. 이슬람 문화권에서도 보통 8~9세에서 사춘기 이전의 남아에게 할례를 실시하는데, 아프리카나 아랍 국가들은 이집트에서 전래된 풍습을 남녀 모두에게 적용하기도 했다. 이러한 의식을 통해 할례를 한 남성은 유대인, 회교도인, 유색 호주인, 대다수의 아프리카인 등 전 세계 남성 인구의 20~30% 정도로 추정된다.

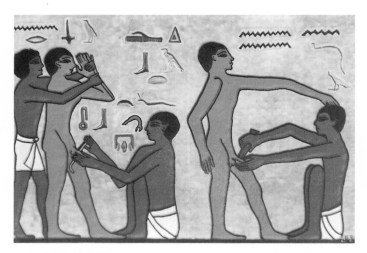

고대 남성의 할례 풍습

2. 할례 수술과 건강

수천 년 전 고대 그리스인은 자신은 할례를 하지 않으면
서 할례가 위생적이라고 믿었다. 종교나 관습의 이유가 아
닌 위생상의 이유로 실시된 할례(포경수술)는 1800년대 시작
되었다. 특히 빅토리아왕조 시대에는 할례가 천식, 간질, 매
독, 남성 생식기의 암 등을 예방하고, 모든 질병의 근원인
자위행위의 위험을 줄인다고 믿었기에 19세기 후반 영어권
나라에서는 할례를 자위행위 중단에 대한 만병통치약으로
받아들였다(313). 예를 들면, 미국의 한 의사(P. Remondino)
는 1891년 『할례의 역사(History of circumcision from the
earliest times to the present)』라는 저서에서 할례가 알코올중
독, 간질, 탈장 및 정신이상 등의 치료에 관계된다고 기술했
다. 건강상의 이유로 실시하던 할례는 영어권 나라에서는

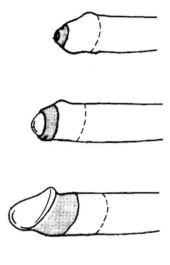

남성 포경수술 전후

적어도 20세기 중반까지 지속되었다. 예를 들면, 1940년대 이후 미국에서는 당연히 남아가
출생하면 곧바로 수술해야 한다고 생각했으며, 근래에도 80% 이상의 남성이 할례를 한 상
태다. 그러나 영국이나 뉴질랜드에서는 실질적으로 할례가 보편화되지 않았는데, 남성의 할
례 비율은 캐나다와 호주가 25~40%, 영국이나 독일, 스칸디나비아는 1~6% 정도이며, 범
세계적으로는 15%를 넘지 않는다(313, 335).

할례가 위생학적으로 필요한 것처럼 잘못 인식되어 왔지만 세계 인구의 80% 이상이 그런
시술을 받지 않았다. 또 수술을 할 경우 출혈이나 감염 위험이 높으며, 간혹 수술로 인한 상
처로 사망하기도 한다. 부모가 위생의 목적으로 어린이의 할례를 원할 때 아이의 입장에서
고려해야 할 것이 있다. 일반적으로 신생아 성기는 고통을 전달하는 신경계가 아직 발달하
지 않아서 할례 시술에서 고통을 느끼지 못할 것이라고 잘못 생각해 왔다. 신생아에게는 마
취가 위험하기 때문에 마취 없이 할례 시술을 한다. 그러나 수술을 받는 신생아는 구토하거
나 심하게 울며, 자고 있었다면 깜짝 놀라는 것이 일반적 반응이다(436). 이에 미국소아과의
사협회(American Academy of Pediatrics)는 1975년 신생아에게 꼭 할례를 실시해야 할 의학
적 필요성이 없다고 발표했고, 일부 의사는 신생아에 대한 할례가 아동학대라고 주장했다.
미국산부인과의사협회(American College of Obstetrics & Gynecologists)도 1978년 소아과 의

사들의 견해에 동의한다고 밝혔다. 이 두 단체는 1983년 보고서(Guidelines for Prenatal Care)를 발간하면서 이를 재확인했다. 두 단체의 노력으로 1980년대부터 미국에서도 할례의 대중화는 주춤하였지만(313), 일부 의사는 할례가 생식기 위생에 필수적이며, 개인의 성적 능력을 향상시킨다고 믿는다.

그렇다면 할례 수술이 질병 예방과 성적 능력 향상에 효과적인지를 알아볼 필요가 있다. 질병이나 위생 차원에서 할례를 주장하는 사람들은 음경의 포피 뒤 조그만 분비샘에서 나와 쌓이는 물질[smegma, 구지(垢脂), 치구(恥垢)]이 질병의 근원이라고 지적한다. 그러나 그러한 물질은 여성의 생식기에서도 발견되며, 포피를 뒤로 넘겨 자주 씻어 주면 질병 감염에 별다른 문제가 되지 않는다. 생식기 부위의 암은 통계적으로 할례 수술 여부에 상관없이 매우 드문 편이다. 다시 말하면, 포피의 제거 자체는 생식기에 병원체가 감염되는 것과 관계가 없다. 과거에는 잘못 인식된 질병에 대한 개념 때문에 포피제거수술이 여러 질병에 대한 만병 통치약처럼 유행했을 가능성이 크다(375).

또 할례 시술 여부에 따른 성기의 촉각적 민감도 차이는 실험실 연구에서 나타나지 않았다. 연구자들은 성교 과정에서 할례를 받지 않은 음경도 여성과의 접촉에서 포피가 귀두 뒤로 젖혀진 상태로 움직이므로 성행위 시 자극에 의해 조루가 유발될 것이라는 생각에 동의하지 않았다. 할례 시술을 받은 음경은 상피의 각질화 때문에 촉각 자극에 덜 민감해져 수술 받지 않는 음경보다 성기능을 더 잘 수행하리라는 믿음 역시 잘못된 것이다(436). 할례 수술 자체가 질병을 예방하고 성생활의 질을 향상시킨다는 과학적 증거가 없으므로 종교상의 이유가 아니라면 굳이 수술의 필요성이 없다. 오히려 자신의 포피를 잘라내는 것으로부터 자위행위에 대한 의욕이 좌절되거나 성 발달에 소중한 면을 잃을 수도 있다(379). 남아는 여아보다 더 자주, 의도적으로 자위행위를 하는데, 포경수술을 받은 남아가 자신의 수술 받은 성기 모습에 만족하지 못할 수도 있다. 그래서 성인기로 들어서면서 남성이 여성보다 자신의 신체에 대한 태도가 더 부정적일 수도 있다(209).

포경이란 의학적으로 포피가 귀두를 덮고 있는 음경의 상태를 이르는데, 성년기에 달하면 자연적으로 탈피하는 경향이 있다. 음경이 발기할 때 귀두 부위가 노출된다면 가성, 그렇지 않으면 진성 포경이라고 부른다. 진성 포경은 성교에 지장을 줄 수 있지만 가성 포경은 그렇지 않다(63). 진성 포경의 경우 성생활을 즐기려면 수술을 받는 편이 낫지만, 이는 그렇게 흔하지 않다.

3. 여성의 할례 풍습

언제 시작되었는지는 잘 모르지만, 여성에게 실시되는 할례 풍습도 있다. 근래까지 아프리카, 중동, 인도네시아, 말레이시아 등의 여러 종족이 실시하고 있는데, 특히 아프리카의 수단, 이집트, 소말리아, 케냐 등지에서 심했다. 1980년도 조사에서도 이집트 여성의 90%가 할례 시술을 받은 것으로 드러났으며, 이러한 관습을 없애려는 노력에서 문화적 충돌이 유발되기도 하였다(270). WHO는 현재 생존한 여성 중 1억에서 1억 4천만 명 정도가 할례를 받은 상태로 살아가고 있다고 발표했다(335).

대부분 의식(ritual)에 의한 여성의 할례 시술은 문화권에 따라 시술 부위와 정도가 약간씩 다르다. 의학적으로 설명할 때 여성의 할례 시술은, 첫째, 가장 경미한 상태의 수술로 음핵 상부인 포피만 제거하는 포피제거술(sunna circumcision), 둘째, 음핵, 소음순 및 대음순을 절제하는 음핵절제술(clitoridectomy), 셋째, 소변행위만 가능하도록 음핵과 소음순을 제거하고 대음순의 2/3 정도를 제거한 후에 양쪽 부위를 꿰매는 음부봉쇄술(infibulation) 또는 파라오(Pharaonic) 시술의 세 가지로 분류된다. 그중 세 번째 것은 아프리카 수단 등에서 주로 유행했으며, 여성에 대한 전체 할례 시술 중 음핵절제술이 약 80%를 차지한다(82, 270, 335).

아프리카에서는 여아가 사춘기에 이르거나 지역에 따라 7세나 그 이전에 할례를 실시했다. 할례는 마을에서 약간 떨어진 수풀 속으로 데려가 실시하는데, 이러한 시술은 여성 지도자들이 주도한다. 수술 후 상처를 아물게 하기 위해 약초 등에서 추출한 액체 등을 바르기도 한다. 보통 수술이 끝나면 상처를 아물게 하기 위해 거의 3주일 동안 다리를 묶어 두기도 하며, 수술 후 3일 정도는 소변의 양을 줄이기 위해 수분 섭취를 금지시킨다. 마취를 하지 않은 상태에서 수술이 이루어지므로 수술 도중이나 직후에 충격, 출혈, 패혈증, 파상풍, 탈수 등의 위험이 따르며, 질이나 요도, 직장 부위에 상처가 생기기도 한다. 수술을 받은 여아들은 곧바로 결혼하여 15~17세에 아이를 낳는다(334).

이슬람 문화권에서 실시된 음부봉쇄술은 종교와 무관하고 코란에도 언급되지 않았음에도 다른 지역보다 더 보편화되어 있었다. 이러한 수술을 받은 여성은 결혼하여 성행위를 할 때 고통, 회음부 열상, 감염, 출혈 등에 직면하게 되며, 만일 결혼 초야에 남편의 성기가 질을 통과할 수 없을 경우 손톱이나 칼 또는 날카로운 기구를 이용해 봉쇄된 부위를 잘라 버리기도 한다. 임신하여 출산할 때에도 질 통로를 확장시켜 주지 않으면 탄력성이 떨어진 산모의 질 근육으로 출산이 어려워 산모가 아이와 함께 사망하는 경우도 생긴다. 이러한 시술을 받은 여성은 심한 불안, 고통의 지속, 성교장애, 불감증 등을 경험하게 된다. 아랍 국가에 사는 유대인은 그 풍습을 따르지 않지만, 에디오피아에서 사는 기독교도들은 그 풍습을 따르기도 했다. 근래 에디오피아로부터 이스라엘로 이주한 유대인들이 에디오피아에 거주하는 동안 할례를 했던 사실이 확인되었다. 이스라엘로 이주한 이후 그 풍습에 따르는 비율은 줄었지만, 유대인들도 아프리카 지역에 살면서 그러한 풍습을 받아들였다(343).

이스라엘에 거주하는 베두인계 아랍 여성 22명을 상대로 한 1992년도 면접과 다른 종족 여성 37명의 신체검사 결과에 의하면, 그들은 초경이 나타난 이후 12~17세 사이에 할례 시술을 받았으며, 시술을 요구하고 결정하는 사람은 주로 어머니였다. 시술은 주로 전통 시술자로 알려진 나이 든 여성이 행하며, 2명의 여자가 수술을 받는 여성의 몸을 붙잡고 이루어진다. 한 여성은 두 손을 잡고 입을 막아서 울거나 소리치는 것을 방지하며, 다른 여성은 가

Box 9-1   20세기 후반의 여성 할례

아프리카 토고공화국의 17세 소녀(Fauziya Kassindja)가 1994년 미국 뉴어크 국제공항에 도착했다. 이슬람교도인 그녀는 위조 여권으로 여행 중이었고, 공항에서 이민국 직원에게 필사적으로 정치적 보호를 요청했다. 자신이 아프리카로 돌아가게 되면, 생식기에 의식적인 수술을 받아야 한다는 것이었다. 그녀는 이미 3명의 부인을 둔 남성과 강제로 결혼하게 되어 있어서 그 준비로 모욕과 상처를 주는 수술을 받아야만 했다. 그녀의 얘기가 시큰둥했던 이민국 직원은 그녀를 뉴저지 주의 한 구금소(Esmoor Detention Center)로 보냈으며, 그곳에서 그녀는 간수들의 엄하고 굴욕적인 학대를 견뎌야 했다. 이후 그녀는 펜실베이니아 주 소재 시설 기관에서 자신의 간청에 대한 이민국의 결단을 2년 동안 기다리고 있었다.

그녀의 호된 시련이 뉴스로 전해지면서 세계 도처의 수백만 사람이 할례를 받아야 하는 여성의 고통에 공감했고 대중매체에서도 수차례 여성 할례를 언급했다. 그녀의 정치적 보호에 관한 첫 공판은 경험과 준비가 부족했던 변호사가 판사(Donald Ferlise)를 설득하지 못해 실패했다. 다행스럽게 그녀의 사례는 국제인권클리닉(International Human Rights Clinic)을 이끌어 오던 변호사(Karen Musalo)의 관심을 끌었다. 이 변호사의 무료 법률상담 덕으로 1996년 6월 이민국은 그녀에게 여성 할례에 대한 두려움을 근거로 한 정치적 보호를 인정해 주었다(222).

여성 할례를 금지하는 우간다의 홍보물

랑이를 벌린 다리를 잡아 준다. 이 상태에서 시술자는 물과 비누로 생식기를 씻은 다음 마취도 하지 않은 상태에서 면도칼로 시술한다. 그들이 시술을 하는 가장 기본적 이유는 전통을 고수하려는 사회적 압력, 즉 종교 의무보다도 아랍인에게 널리 퍼져 있는 관습 때문이었다. 두 번째는 시술하지 않는 여성이 만든 음식이나 빵은 청결하지 못하다는 믿음 때문인데, 토호르(tohor)라고 부르는 그 시술은 아랍어로 정화의 의미를 지닌다. 또 다른 이유는 시술이 종족 보존의 능력을 증진시키고, 성욕을 감소시킨다는 믿음이다.

남자는 여자의 시술에 관여하지 않는데, 아버지도 딸의 시술 여부를 모를 정도로 여자들의 문제로 남아 있다. 신체검사 결과 베두인계 여성의 시술 내용은 음핵 포피 및 소음순이 약간 절단된 상태로 그렇게 심한 편은 아니었지만, 시술 과정에서 세균감염 위험이 높고, 시술 후에도 상처가 남아 있었다. 매스컴을 통하여 그러한 시술은 남성이 여성을 지배하고 굴복시키려는 욕망과 관련된다고 가르치고 있지만, 그들의 문화에서는 전통적으로 그러한 시술 동기가 강하게 남아 있다(82).

4. 여성에게 실시된 할례 기능

고대 의학에 의하면, 히스테리(hysteria)는 '자궁의 교란으로 인해 발생한 여성의 질병'이라는 뜻이다. 기원전 5세기 히포크라테스는 성교의 결핍이 자궁을 건조하고 차게 만들고, 남성의 정액은 자궁을 습하게 해 주므로 성교가 자궁의 질병 치료에 필요하다고 했다. 아리스토텔레스도 여성의 질병 치유책으로 적당한 성행위나 임신을 처방했으며, 플라톤도 자궁을 욕정과 감정을 지닌 동물로 비유하면서 그 동물이 아이를 만들고 싶어 한다고 했다. 오랫동안 아이를 생산하지 못하면 동물은 화를 내고 불만을 품고 신체의 여러 방향으로 방황하여 숨의 통로가 막히며, 땀을 흘리지 못하며, 결국 여러 가지 질병을 초래한다고 했다. 오랫동안 지속된 이러한 믿음 때문에 서구에서는 19세기 후반까지 히스테리 치료를 위해 음핵을 절개하여 욕정을 줄이려고 시도했다(506). 그러나 여성의 할례는 단순히 여성의 자궁 질병을 치료하는 수단 이외에도 여러 이유로 실시되었다. 이러한 시술은 구미 선진국에서도 근래까지 이루어졌으며, 그 기능은 다양했다. 연구자들은 문화적 배경에 따라서 여성에게 할례를 시술하는 이유를 다섯 가지로 분류하고 있다(454).

첫째, 경제적인 관점에서 음부봉쇄술을 시도했다. 음부봉쇄술은 부계사회나 농경사회에서 육체적으로 여성의 처녀성을 유지시키는 정조대 기능을 했다. 부계사회가 재산 상속이나 유산 등 재산상의 문제가 없는 상태로 존속하기 위해서는 부친의 재산인 여성의 처녀성이 보장되어야 했다. 즉, 결혼 계약에서 신부 아버지는 신랑에게 돈을 받고 여자의 노동 생산성과 성의 권리를 넘겨 주었기 때문이다. 이러한 계약에는 처녀성의 증명이 꼭 필요했는데, 처녀의 상태는 나중에 결혼 후 재산이 될 아이를 더 많이 낳을 수 있다는 증거가 된다. 할례를 받지 않은 여성은 처녀성 증명에 의심을 받아 결혼하기가 어려웠기에 딸의 부모는 그녀에게 할례를 시켰던 것이다.

둘째, 여성의 할례는 성욕을 통제하는 수단이었다. 음핵은 여아가 지니고 있는 남성적인 요소이며, 또 이 부위가 계속 자라나면 성에 대한 욕망이나 유혹에 빠질 가능성이 높아져 남편에 대한 불만족이 생길 것이라는 믿음에서 이를 절제시켰다. 일부다처제를 유지하는 남성의 경우 여러 아내를 동시에 감당하기 어렵기 때문에 부인들의 성욕을 적절히 감소시키는 것이 필수적이었다. 음핵절제술은 소위 여성의 정서 문제를 치료한다는 명목으로 1860~1920년대까지 영국이나 미국에서도 실시되었다(270). 오늘날은 음핵의 크기가 과대하거나 그 부위까지 암이 퍼져 있지 않은 이상 시술을 거의 하지 않는다.

셋째, 여성에게 할례를 실시하는 여러 나라는 타 지역보다 영아사망률이 높았다. 그러한 문화권에서는 출산 시 아이의 머리가 여성의 음핵과 접촉했기 때문에 아이가 죽었다고 믿는다. 그러한 믿음 때문에 여성의 음핵절제술을 시행한다. 또 다른 문화권에서는 수유 기간 동안 여성이 성욕을 이기지 못해 성행위를 했으며, 그때 정액이 모친의 젖을 오염시켜 아이가 죽게 된다고 믿었다. 이 경우 음핵 존재가 성욕과 관련된다고 믿고 아이가 다치지 않도록 하기 위해 성욕을 줄여야 하고, 그러기 위해서는 음핵을 제거해야 했다.

넷째, 어떤 문화권에서는 전통적으로 사춘기 여아의 할례를 실시한다. 물론 이 경우도 할례를 실시하는 이유가 존재한다. 예를 들면, 아프리카 여성의 시술은 결혼 후 출산을 방해하는 악령을 쫓아내기 위한 것이었다(334). 또 이슬람 문화권에서는 여성이 급박한 상황을 제외하고 남편 이외의 남성과 신체 접촉을 금해야 하는 관습 때문에 할례를 실시해 왔는데, 이는 여성의 생식기 내부로 침입하는 악령을 막는 원시적 노력이라고도 해석된다(454).

다섯째, 여러 문화권에서 음핵을 더럽고 성교에 방해가 되는 부위라고 믿었다. 예를 들면, 호주의 한 부족은 불감증 감소를 위해 음핵의 포피를 제거하기도 했다. 근래에도 가끔 여성의 할례는 오르가슴을 증진시킨다는 명목으로 미국에서 시술되었지만, 그 효과는 전혀 입증되지 못했다. 어떤 부족은 음핵이 남편을 해칠 수 있는 부위로 믿고 할례를 실시하기도 했다(454).

IO
자위행위

1. 해악을 강조한 유대교와 기독교

자위(自慰)행위는 글자 그대로 스스로를 위안하는 행위다. 그러나 영문의 마스터베이션 (maturbation)은 '손으로 더럽힌다.'는 라틴어 동사 마스터베어(masturbare)에서 유래했기에 최근까지도 부정적인 의미가 담긴 수음(手淫, 용두질)으로 번역했다. 그러한 이유로 대부분의 사람은 자위행위의 본 의미와는 달리 불안이나 죄의식, 수치감, 두려움 등의 반응을 보인다. 그러한 부정적 견해는 바로 수천 년 동안 지속되어 온 유대교 및 기독교적 사고방식에 기인한다.

고대 유대교에서는 종족 보존과 무관한 모든 성행위를 금했다. 유대인 지도자 아브라함에게 내린 신의 계시는 종족 번성이었고, 인간의 본질이 남성 정액에 담겼다는 암시를 받았기에 정액의 낭비는 신의 명령을 거역한 행위였다. 구약성서 창세기 38장에 유다의 둘째 아들 오난 이야기가 나온다. 그는 형이 죽자 형수 타마르(Tamar)와 결혼하지만 형수에게 잉태를 시키지 않았다. 종족 보존을 중요시했던 유대인들은 장자를 통한 부계상속제도를 이어 나가기 위해 아들 생산에 큰 가치를 두었고, 아들이 없는 상태에서 형이 죽으면 남동생은 형수와 결혼하는 풍습(levirate)이 있었다(229). 오난은 아들이 생겨도 형의 호적에 오르기에 형수와의 결혼생활에서 성교 거부, 성행위 시 질외사정, 아니면 자위행위로 성욕을 해소시켰다. 오난이 사망하자 신의 명령인 종족 보존과 관계없는 자위행위 때문에 죽었다고 해석하면서 오나니즘(onanism)이라는 용어가 자위행위에 대한 죄로 인식되었다.

이러한 관점을 그대로 전수받은 기독교에서는 자위행위를 부도덕한 행위로 여겼다. 중세의 아퀴나스는 모든 성행위를 자연에 따른 행위와 자연에 거역하는 행위로 이분했다. 성범죄라도 전자와 후자의 구분에 따라 차이를 두었다. 예를 들면, 간음, 간통, 근친상간, 강간 등은 번식 능력과 관계가 있어서 자연에 따르는 행위에 해당되지만, 자위행위, 동성애, 수간 등은 번식 능력과 무관하므로 자연을 거역하는 행위에 해당되었다. 곧 자위행위는 정액을 낭비하는 행위이므로 강간이나 간통보다도 더 무거운, 용서받기 어려운 죄에 해당되었다. 그렇지만 여성의 자위행위는 정액 낭비와는 무관하므로 별다른 제약을 받지 않았고, 또 여자들은 그런 행위를 하지 않을 것이라고 생각했다.

유대교의 영향으로 기독교 문화권에서는 모든 질병의 근원을 정액과 같은 생명에 필수적인 액체 상실로 보았는데, 중세에 유행했던 이러한 입장을 퇴화(degeneracy)이론이라고 한다(335). 당시에는 사람에게 고통을 주는 모든 질병이 귀신의 소행이거나 전염병도 기독교를 수용하지 않는 이교도들에 대한 신의 처벌이라고 믿었다. 귀신이 이교도들을 찾아다니며 성교를 하고 정액을 빼앗아 가거나, 자위행위나 수면 도중에 젊은 남성이 방출한 정액을 수집해 자신의 새로운 신체를 형성한다고 믿었다. 이러한 믿음(demon possession)은 17세기에 들어와서야 반박되기 시작했다.

19세기 유럽인들은 자위행위를 한 결과 여러 가지 신체 및 정신질환이 유발된다고 믿었다.

이 와중에 스위스 의사 티솟(S. Tissot, 1728~1797)은 1758년 자위행위에 관한 논문 「On Onanism」을 발표하면서 정액 상실이 질병 원인이라는 퇴화이론을 부활시켰다(335, 362). 그 논문은 곧바로 영어, 프랑스어, 라틴어 등으로 번역되어 서구 사회에 알려졌는데, 이로 인해 자위행위가 질병의 근원이라는 의학적 관심을 받았다. 그는 당시 성직자들보다 자위행위의 해악을 더 강조했는데, 미국에서도 그 논문을 접하기 전부터 러시(B. Rush, 1745~1813)에 의해 이미 자위행위가 정신이상의 한 원인이라고 가르치고 있었다(122, 518).

티솟은 오나니즘 논문을 발표하면서 "자위행위로 정액을 잃으면 쇠약해진다."고 주장했다. 그는 번식을 위해서는 정액을 잘 저장해 두어야 하고, 정액을 너무 많이 소실하면 신체 약화, 두통, 마비, 여드름, 물집, 무기력, 조루, 성병, 방광종양, 중풍, 장염, 실명, 천식, 간질, 기억상실 및 정신혼미, 정신착란 등을 일으키며, 심지어는 사망의 원인이 된다고 주장했다. 이러한 주장은 제한된 관찰에서 비롯되었는데, 예를 들면 정신병동에 수용된 많은 사람이 자위행위를 하는 것을 관찰하고서 자위행위가 정신병의 원인이라고 주장했다(118). 또 여성이 자위행위를 하면 남성에게 생길 수 있는 병 이외에도 히스테리, 황달, 위경련, 인후염, 자궁암 및 자궁의 이상 등이 발생한다고 했으며, 여성의 자위행위는 생각할 수 없는 비천한 동물적 행위로 규정했다. 그의 주장은 19세기 말 빅토리아왕조 시대의 성적인 사고에 지대한 영향을 미쳤는데, 자위행위나 동성애, 일주일에 1회 이상의 성행위 등은 정액 낭비라는 측면에서 심각한 죄악으로 여겼다(362).

생명의 신비를 추구하는 과학자들도 자위행위를 여러 가지 신체적 문제의 발생과 연관시켰는데, 19세기 말 크라프트에빙도 자위행위를 질병이나 성에 관련된 문제의 원인이라고 했다. 또 정신분석학이 유행하면서 자위행위를 신경증의 원인이나 미성숙의 징조로 보았다. 아동과 청소년의 성 발달에 대한 과학적 연구를 시도한 최초의 인물이었던 몰(A. Moll, 1862~1939)은 정상인보다 성 병리학이나 범죄에 관심을 가지면서 정액이 생명 유지에 필수적이라는 퇴화이론을 지지하였다. 이러한 분위기를 유지하던 19세기 구미 사회의 아동교육에서는 부모에게 자녀의 자위행위 방지를 위해 적절한 조치를 취하라고 충고했다(122). 부모에게는 자녀가 자위행위 습관에 물들지 않도록 항상 경계하고 감시하라고 권고했으며, 아동에게는 성기가 단지 배설기관에 불과하다고 가르치면서 만일 이를 만지면 심한 병에 걸리게 된다고 경고했다. 이러한 감시나 경고가 통하지 않으면 여러 가지 기괴하고 가학적인 치료나 예방법을 사용했다. 예를 들면, 손을 벽에 묶어 놓거나 성기를 뜨거운 다리미로 민감하지 못하게 지져 버리거나 아니면 발기가 되는 순간 종소리가 울리는 정조대와 비슷한 기구들이 고안되어 특허를 받기도 했다. 이러한 이유에서 1850~1870년대까지는 남아에게 할례 수술이나 강철 고리를 씌우는 수술이 유행했다. 아이가 잘 때 손을 이불 밖으로 내놓고 장갑을 낀 채로 잠을 자게 하기도 했다. 19세기 중반 이후 영국에서는 소녀들의 자위행위로 인한 건강 문제

19세기 유럽인은 소년들의 수면 도중 발기를 억제시키기 위해 강철 고리를 씌우기도 했다.

를 예방하려는 차원에서 음핵의 절제 수술도 유행하였다(122).

1930년대까지 종교계에서도 자위행위의 부정적 측면을 강조했는데, 그 예로 로마 가톨릭교 지침서에는 부모가 자녀에게 자위행위의 기회를 주어서는 안 된다고 기록되어 있다. 어린이들이 피곤하지 않거나 들떠 있어서 잠을 자지 않으면, 잠이 들 때까지 감시하도록 되어 있었다. 또 다른 예로 미국 해군에서는 1940년대까지 신체검사에서 자위행위 흔적이 발견되면 제대를 시켰으며, 보이스카우트 지침서에는 소년들이 자위행위를 하면 체력 약화로 병에 대한 저항력을 잃게 되므로 이러한 습관을 갖지 말라는 기록이 있었다.

2. 자위행위의 당위성

자위행위가 정신 및 신체질환의 주요한 원인이라고 여기던 견해는 20세기 초반부터 반박되기 시작하였다. 자위행위가 해롭지 않다는 증거를 객관적으로 검증한 최초의 인물은 엘리스다. 그는 1905년 "건강하게 태어난 아이가 단순히 자위행위를 한다고 해서 어떤 해를 입는다."는 결론에 대해 믿을 만한 증거가 없다고 주장하면서 자위행위에 대한 잘못된 관점을 반박했다. 그는 자위행위를 설명하기 위해 자기 자극(self-stimulation or autoerotic)행위라는 용어를 사용했는데, 이러한 행위가 인간뿐만 아니라 다른 동물에게서도, 또 거의 모든 문화권에서 나타나는 보편적인 현상이라고 언급했다(122).

한편 1910년대 정신분석학자들은 자위행위가 바람직하지 못한 행위라도 젊은이들이 시도할 경우 정상이라고 여겼다. 그러나 그들은 성인기 이후에도 자위행위 빈도가 너무 과다하면 성적 발달이 아동기에 고착되어 타인들과 정상적인 성관계를 유지할 수 없으며, 여성의 자위행위란 주로 음핵만을 자극하는 반응이기 때문에 질 내에서 얻을 수 있는 쾌감이 줄어든다고 했다. 당시는 자위행위가 무조건 해롭다는 견해에서 벗어난 시기였는데, 분석학자들은 자기 귓불을 잡아당기거나, 코를 비비거나, 머리카락을 꼬는 행위 등의 반복적 시도를 자위행위의 대체, 곧 상징적인 자위행위로 해석했다(362).

킨제이의 1940~1950년대 조사에서 남성 92%와 여성 62%가 자위행위를 한다고 반응했다. 그러한 사실은 세상을 떠들썩하게 했으며, 특히 전문가나 종교계 지도자들은 자신의 관점을 바꿔야 했다. 지난 수십 세기 동안 자위행위를 도덕적인 비행이나 신체적으로 위험한 행위로 여겼지만, 킨제이 보고서에 따라 자위행위에 대한 평가는 매우 관대해지기 시작했다. 나중에는 오히려 자위행위를 성적 긴장감 방출에 필요하다고 여기게 되었다. 킨제이는 이러한 방출이 없다면 사람들이 신경질적이고, 초조해지며, 주의집중이 어려워지고, 일상생활도 힘들다고 기술했다. 그러나 아직도 자위행위에 대한 죄의식이나 수치심 문제는 남아있는데, 이는 수천 년 동안 자위행위를 비정상으로 여겼던 사회화 과정의 유산이다.

이제는 자위행위를 어느 연령에서나 표현할 수 있는 행동으로 여긴다. 곧 어린 시절에 표현되더라도 정상적이고 건강한 성적 발달로 받아들이고 있다. 유아들도 매우 자연스러운 방식으로 자신의 신체를 탐색하는데, 이는 자신의 신체 특성을 알아차리고 무엇이 자신을 기쁘게 하는지를 아는 과정이다. 곧 유아도 자기 신체를 만지면서 생식기가 기쁨을 주는 기관임을 알아차린다. 사춘기 동안 자기 자극은 성적 긴장을 방출시키고, 성 정체성을 발달시키고, 성 기관을 비롯한 신체적 특성을 이해하는 데 도움이 된다(71). 이는 다양한 환상과 함께 표현되는 아주 자발적인 행위이며, 대부분의 사람이 자위행위를 통하여 오르가슴을 경험하기도 한다. 또 만족스러운 성생활이나 결혼생활에 상관없이 자위행위를 실시할 수 있는데, 교육 수준이나 사회적 지위가 높을수록 성에 대한 억압이 낮은 편이어서 자위행위 빈도가 높게 보고되고 있다(215).

그동안 자위행위를 하는 사람을 죄인으로 취급하던 시대를 거쳐 이를 정신이나 신체질환의 원인과 증상으로 여기었던 시기도 경험했다. 자위행위를 억압했던 관점에 대한 희생은 여전히 치르고 있는 중이다. 예를 들면, 성폭력 가해자들의 극히 일부는 아동기에 겪었던 자위행위에 대한 처벌이나 죄의식이 여성이나 어린이를 성적으로 지배하려는 욕구와 관계되기도 했다(229). 물론 자위행위를 정상으로 여기거나 지나치지만 않으면 괜찮다는 단계도 지나왔지만, 어느 정도가 적절한지를 규정하기가 어렵다. 분명한 것은 자위행위 이후 그에 따른 죄의식 때문에 생활이 방해를 받는다면 정상이라고 할 수 없다.

3. 자위행위의 특성

사춘기에 접어들기 바로 직전 신체가 급성장하기 시작할 무렵부터 아이들은 생식기를 자극하는 형태의 자위행위를 경험한다. 흥미롭게도 남녀가 서로 다른 방식으로 자위행위를 배운다. 전형적으로 남아들은 또래나 선배 남성이 직접 시범을 보여 주거나, 말해 주거나 또는 그들과 함께 자위행위에 대한 글을 읽으면서 배우는 반면, 여아들은 우연히 스스로 발견하는 경우가 더 허다하다(275). 여러 조사에 의하면, 성인이나 청소년 집단 모두 남성이 여성보다 자위행위 실시 빈도가 더 높은 것으로 나타난다. 대학생을 상대로 자위행위를 실시하기 시작한 최초의 시기, 빈도, 현재의 성 경험을 묻는 조사에 의하면, 13세 이전에 자위행위를 실시한 비율은 남성 30.3%와 여성 22.8%로 차이가 그렇게 심하지 않았지만 15세까지의 실시 비율은 남성 67.3%와 여성 29.8%로 차이가 심했다. 자위행위 빈도 역시 남성에게 훨씬 높게 나타났다. 그러나 사춘기 이전에 자위행위를 경험한 것은 청소년기 후기나 성인기 초기에 경험한 성교에서의 만족이나 문제점 등과 전혀 상관이 없었다. 어린 시기의 자위행위 실시 여부는 성인기 성적 적응과도 무관했던 것이다(316).

　자위행위는 청소년에게 자신의 성 반응을 학습하면서 성 심리를 발달시키는 중요한 기능을 한다. 성인에게는 질병, 임신, 성욕 저하로 파트너와의 성교가 불가능하거나 성행위 파트너가 없을 때 성적 긴장으로부터 위안을 주는 기능을 한다. 또 생리통을 경험하는 여성에게도 자위행위를 통한 쾌감은 매우 효과적이다. 곧 자위행위는 성적 만족을 얻거나 매우 안전한 성적 표현의 수단이다. 그러나 자위행위가 죄의식이나 불안을 초래한다면 개인에게 유해하다. 자위행위 빈도는 연령 증가와 함께 줄어들지만, 80대 이상의 노인에게서도 나타나는 자연스러운 행위다(126).

　자위행위가 어느 나이에서든지 일어날 수 있는 건강한 성적 표현이라면 연령과 성별에 따른 양상을 살펴보자. 남아들의 상당수는 사춘기 무렵 야간정루(몽정, wet dream, nocturnal emission)를 통해 정액 방출을 처음 경험하게 된다. 이러한 수면 도중의 정액 방출 현상의 원인은 성적인 꿈과 관련되기도 하지만, 단순히 낮 동안에 형성된 성적 긴장이 방출되는 것이기에 통제가 힘들다. 남아 자위행위의 초기 형태는 대부분 성기를 손으로 자극하는 신체 행동에 불과하지만, 젊은 시절에는 점진적으로 자위행위 시 환상의 역할이 증가한다. 환상 내용은 처음에는 가학적이나 나중에는 이성애적 환상이 증가하고, 청년기에 들어와서는 사정 조절의 기술과 성교 경험을 통합하는 환상으로 발달한다. 킨제이는 대부분의 남성이 자위행위를 시작한 지 1~2분 이내에 정점에 달하며 어떤 사람들은 불과 10~20초 이내에 그러한 경험을 한다고 밝혔다. 남성의 자위행위 빈도는 10대 후반에 가장 높고, 30대 이후에는 그 빈도가 줄어든다.

　수면 도중 꿈을 꾸는 동안 청소년은 성적 흥분을 경험하는데, 남아에게는 발기 현상 그리고 여아에게는 음핵의 발기나 질의 윤활 작용 및 충혈 현상이 나타난다. 남성의 몽정과 유사한 현상이 여성에게서도 나타나는 것이다. 킨제이 등은 거의 모든 남성과 70% 정도의 여성이 성적인 꿈을, 그리고 남성 90%와 여성 40%가 몽정과 같은 현상을 경험했다고 보고했다. 이와 같은 성차는 해부학적 차이에 기인하는 것 같다. 외부로 돌기된 남성의 생식기가 옷이나 이불 등을 통해 자극을 더 많이 받을 가능성이 있다. 킨제이 보고서에 따르면, 남성은 주로 10대 후반이나 20대 초반, 여성은 40대에 그러한 경험의 빈도가 가장 높게 나타났다. 그러나 근래에는 여성의 상당수가 20세경에 이르면서 이를 경험했다고 보고한다(526). 보다 더 자유로워진 성적 태도와 수면 도중의 성적 흥분에 대한 긍정적 감정 등이 수면 도중의 오르가슴 경험과 관련이 높았다(74, 87, 126).

남성은 여성이 자위행위를 할 때 어떤 기구를 사용할 것이라고 생각하지만, 여성의 자위행위 형태는 남성의 생각과 다르다. 또 여성은 남성처럼 자주 이를 행하지도 않으며, 방법 역시 남성의 것보다 더 미묘하고 무의식적이다. 보통 여성의 자위행위 형태는 허벅다리를 긴장시키고 항문 괄약근에 힘을 주어 꽉 쥐는 것인데, 이는 질과 골반 근육의 수축과 관계가 깊다. 여아들이 환상을 갖기 시작한다면 대부분 피학성 내용이 많다. 그러나 나중에 질의 윤활 작용이나 분비 작용, 오르가슴을 경험하면서 그들의 환상은 점차 이성애적인 경험을 기대하는 쪽으로 발전한다. 여성은 남자와 달리 연령이 증가해도 자위행위 빈도가 줄지 않고 오히려 20~50대까지 계속 평균 상태가 지속된다. 킨제이는 그 이유를 여성의 신체적인 성적 능력이 나이와 함께 다소 증가하기 때문이라고 설명했다. 즉, 성 경험이 풍부해지면서 자위행위도 실제 성교에서와 같은 결과를 얻을 수 있기 때문이다.

킨제이는 자위행위가 여성에게 있어서 성적 쾌감을 얻는 제일의 근원이라고 밝혔다. 그러므로 프로이트 등 정신분석학자들과 달리 킨제이는 여성의 경우 자위행위에서 얻은 경험이

Box 10-1 **여성의 자위행위 기구**

고대 여성이 인조 남근을 이용해 자위행위를 했다는 기록은 여러 문화권에서 발견된다. 예를 들면, 고대 그리스 여성은 소아시아에서 전해졌다고 알려진 올리스보스(olisbos), 인도네시아 발리 족은 바나나, 필리핀 바사야(Basayas) 족들은 인조 남근, 중세 일본 여성은 엔기(緣起)라는 인조 남근 그리고 상류층 기생들은 린노다마(りんの玉)라는 구슬을 이용했다(403). 근래에는 여성이 자위행위 시 고무나 부드러운 플라스틱으로 만든 딜도(dildo)라고 불리는 여러 형태의 인조 남근이나 진동기(vibrator)를 이용하는데, 딜도는 기쁨(delight)이라는 뜻의 이태리어 'diletto'에서 유래했다. 또 여러 문화권에서 일본의 린노다마처럼 조그마한 공 모양의 기구를 이용했는데, 나무나 금, 은, 철 등으로 만들어진 기구가 여성의 질 속에 삽입되어 움직일 때마다 자극을 준다. 이들은 지역에 따라 형태가 다양한데, Mien-Ling(중국), Ampallang(인도네시아), 린노다마 또는 게이샤 balls(일본), Burmese bells, Thai beads 등이 대표적이다.

성교 시 쾌감의 경험에 도움이 된다고 기술했다. 그는 교육 수준이 높고 상류층 여성일수록 자위행위가 더 보편화되었다고 지적했다. 마스터스와 존슨 역시 여성의 경우 자신이 유도한 쾌감 수준은 성교에서 얻은 것보다 높을 때도 있다고 설명했다(351). 킨제이 및 마스터스와 존슨은 대부분의 여성이 자위행위를 하는 동안 음핵을 주로 자극한다고 밝혔다. 사실상 음핵이 성적 흥분을 일으키는 부위라는 것은 히포크라테스가 처음 기술한 것이다(436). 이에 따라 여러 치료 전문가들은 성인 환자들의 성생활 향상을 위해 자위행위를 권유하는 편이다.

II
성교와 처녀성

1. 성교행위

　우리말로 교합이나 교미, 성교, 성관계 등으로 표현되는 성행위는 영어 단어도 다양하다. 코풀레이션(copulation)이라는 단어는 '꽉 연결한다'의 라틴어 'copulare'에서 유래했고, 코이터스(coitus)는 '함께 간다'의 라틴어 'coire'에서 유래했다. 사람의 성행위는 동물들의 행위와는 달리 종족 보존뿐만 아니라 쾌락 추구의 의미까지 함축되어 있는데, 이러한 맥락의 영문 단어는 단순히 'sex'라기보다도 'sexual intercourse' 또는 상호작용의 의미로 'sexual interaction'이라는 용어가 더 적절한 표현이다.

　직립보행 이전의 인류는 다른 영장류처럼 네발짐승이었다. 후각 능력이 뛰어난 네발짐승은 상대의 엉덩이 부위에 코를 대면서 자신과 성별이 다른지, 교접의 상대인지를 확인할 수 있다. 그러나 사람이 직립보행 상태로 진화하면서 후각 기능이 쇠퇴하고 그 대신 시각 기능이 발달했다. 멀리서 걸어오는 사람을 눈으로 보면서 성별을 구별하게 되었다. 또 여성의 골반 위치도 이동하면서 결국 성교 자세도 달라졌다. 즉, 네발짐승의 시절 여성의 둔부에서 남성이 성교를 시도하던 후미 성교(rear intercourse, 속어로 doggie position) 자세가 직립보행으로 남녀가 서로 마주보는 상태에서 성교를 하는 정면 성교(face-to-face intercourse) 자세로 탈바꿈하게 되었다(24, 378).

정면 성교도 남성이 여성의 몸 위에서 시도하는 방법을 비롯하여 여러 변형된 형태가 있다. 서양의 선교사들이 폴리네시아 지역에 들어가 선교 활동을 펼 때까지 폴리네시아 원주민들은 네발짐승처럼 후미 성교를 주로 시도했으며, 선교사들이 남성 상위의 정면 성교를 그들에게 가르쳐 줬다고 해서 선교사 체위(missionary position)라고 부른다. 그러나 인간의 성행위는 종족 보존보다 쾌락 추구의 차원에서 더 자주 이루어지고 있으므로 그 자세나 기법 등은 상상을 초월할 정도로 다양하며, 이러한 점에서 타 동물들과 구별된다.

현대인은 적당한 시간 간격을 두고 시도하는 성행위를 삶의 일부로 받아들이고 있다. 그러나 동거나 결혼 상태에서 남녀가 보고하는 성교의 실제 빈도는 기대 빈도와 다르게 나타난다. 남성이 여성보다 성욕이 더 강하다는 과거의 믿음 때문인지 남성은 여성의 기대 빈도를 과소평가하는 반면, 여성은 남성의 기대 빈도를 과대평가한다. 이러한 기대 빈도와는 상관없이 실제 빈도는 동거 초기에는 높았더라도 동거 기간이 길어질수록 줄어드는 경향이 있다(126). 그 이유는 성행위 자체가 남녀 모두에게 의무에 해당되는 삶의 일부로 여겨지기 때문이다. 그와 같이 진부한 상태에서 단순히 성기만을 접촉하는 남녀의 성교를 서구에서는 바닐라 섹스(vanilla sex)라고 꼬집는다.

성 태도가 개방적으로 바뀌고는 있지만, 전통적인 기독교 국가에서는 아직도 성을 보수적으로 바라본다. 특히 교회 참석 빈도가 높을수록 성 경험을 보고하는 청소년 비율이 낮은 편이다. 그러나 그러한 국가에서도 20세기 말부터 청소년은 성에 대한 보수적인 태도를 성교행위에만 국한시키고 있다. 예를 들면, 1990년대 초반 영국 청소년은 성교 자체만 피할 뿐 다른 성행동의 경험 비율은 매우 높았다. 이는 종교의 교훈에 따라서 성기 삽입의 성교

행위만을 금하고 다른 행동을 금하지 않는다는 뜻이다. 즉, 일부 젊은이는 애무나 구강성교만을 했을 경우에는 금욕을 실천하고 있다고 자신의 행위를 합리화시킨다(455, 127). 그들은 성교라는 의미의 단어 인터코스(intercourse)를 남성의 성기가 여성의 성기 내부에 삽입된 행위라고 일방적으로 해석하면서 남성 성기를 삽입하지 않은 상태의 성행위를 처녀성이 유지된다고 생각하여 아웃터코스(outercourse)라고 부른다. 물론 1980년대부터 사용된 이러한 표현은 남성 성기를 중심으로 표현한 것인데, 여성은 아웃터코스에 의해 기계적인 처녀(technical virgin) 상태를 유지하게 된다.

2. 구강성교 및 항문성교

성교의 대용이나 전희(foreplay)로 상대방의 성기를 입으로 자극하는 행위를 구강성교(oral sex)라고 한다. 이는 성교 시도 전에 성기를 매끄럽게 해 줌과 동시에 성적 쾌감을 얻는 방법이다. 남성 성기를 입으로 자극하는 펠라치오(fellatio or fellation)는 '빨다'라는 라틴어 'fellare'에서 유래했고, 여성 성기를 입으로 자극하는 커닐링거스(cunnilingus 혹은 cunnilinctus)는 여성 성기를 뜻하는 라틴어 'cunnus'와 '핥다'는 의미의 'lingere'의 합성어다. 또 남녀가 동시에 상대의 성기를 입으로 자극하는 행위를 두 남녀의 머리와 몸통의 자세를 빗대어 식스티나인(69)이라고 부른다(196). 비속한 표현이지만 여성 동성애자끼리 성기를 입으로 함께 자극하는 행위를 69의 절반인 34.5라고 한다. 아울러 입이나 혀로 항문을 자극하는 행위를 애닐링거스

(anilingus)라고 한다. 기독교 문화권에서는 종족 보존과 무관하게 정액이 낭비되는 행위를 근래에 이르기까지 법으로 제한했는데, 구강성교도 거기에 속했다. 예를 들면, 미국에서는 20세기 후반까지 대부분의 주에서 그 행위가 불법으로 규정되어 있었다. 그러나 킨제이 등이 조사할 당시 약 60%의 기혼자들이 입으로 성기를 접촉했다고 반응했으며, 대다수 근래의 조사에서는 그 비율이 90% 이상 나타난다(126).

이성애자 및 동성애자의 상당수가 손이나 입, 성기에 의한 항문 자극을 즐긴다. 어떤 사람은 항문이 대변과 관계되므로 그러한 행위를 변태, 일탈, 비자연적이거나 불결한 행위로 여긴다. 소위 항문성교(anal sex) 행위는 기독교 시각에서 종족 보존과 관계없이 정액을 없애버리기 때문에 구강성교보다 더 금기했다. 그러나 남성이 시도하는 항문성교 행위는 기록상으로 고대 그리스 시대부터 지금까지 유행하고 있다.

항문성교를 의미하는 단어도 다양하다. 먼저 기독교 문화에서 자연에 거역하는 행위로 규정한 소도미(sodomy, 남색)는 구약성서 창세기 18장 소돔(Sodom)이라는 마을의 이름에서 유래했는데, 이는 남성끼리의 항문성교만을 의미한다. 남성이 남성이나 여성의 항문에 시도하는 성행위를 버거리(buggery)라고 부르는데, 이는 중세 남부 프랑스에서 고대의 마니교(Manicheanism)를 부활시킨 이교도로부터 유래했기 때문에 기독교에서는 자연을 거역한 죄로 여긴다. 그 이교도들은 불가리아 출신이라고 알려졌는데, 그들은 고대의 마니교 주창자들처럼 독신 생활을 했다. 그들은 어둡고 숨겨진 성 관련 범죄를 저지르지 않기 위해 성욕을 억제하며 살아갔다. 불가리아 사람이라는 영어단어 'Bulgar'가 중세에 'bugger'로 잘못 사용되었고, 나중에 이교도를 심판하는 종교재판에서 마니교도를 축출한 뒤부터 종족 보존과 무관한 성행동을 버거리라고 부르게 되었다(122). 또 수간(bestiality)은 사람이 동물을 상대로 한 성행위를 의미하는 용어다. 이는 과거 유목민들의 생활과 관련이 깊은 악습으로 알려졌다. 그래서 고대 유대인들은 남녀 모두에게 동물과의 성행위를 금했다(구약성서 레위기 18장 23절).

예전부터 여성의 성기보다도 항문을 선호하는 남성이 있다. 피임법이 발달하지 않았던 시절에는 여성의 항문에 대한 성행위가 피임의 한 방법이기도 했다. 그러나 피임 기술이 발달한 요즈음에도 이를 즐기는 사람이 있다. 여성이 항문성교를 선호한다면 모르지만 그렇지 않을 경우 기독교 국가에서 불법으로 여기는 것과 관계없이 그러한 행위는 여성에게 매우 불편한 일이 된다. 원하지 않는 항문성교를 경험한 여성은 대다수가 고통이나 불편함을 느꼈지만, 그들 중 일부(약 28%)는 남성의 요구를 거절하지 못하고 주기적으로 항문성교를 경험하고 있었다. 신경증 증상을 호소해 온 기혼 여성의 일부는 남편의 항문성교 요구와 관계가 깊었다(486).

항문의 괄약근은 굳게 닫힌 상태로 있는데, 여성의 생식기와 달리 자극을 받으면 수축작용이 더욱 강해진다. 또 항문은 여성의 질처럼 분비액이 거의 없어 윤활 작용이 나타나지 않는다. 그러므로 항문 부위는 손상될 확률이 높으며, 콘돔을 사용해도 콘돔은 여성의 질보다 항문에서 파열될 확률이 더 높다(126). 결국 항문성교를 수동적으로 당하는 사람들은 반복되는 관통으로 항문이 늘 팽창되어 있고, 속옷도 자주 더럽히고, 항문 부위의 섬세한 피부조직이 굳기도 하고, 또 여러 병원균이 침입할 가능성도 높다.

3. 처녀성과 정조검사

처녀 상태의 유지, 즉 처녀성이라는 영문 버지니티(virginity)는 젊은 여성을 의미하는 라틴어 버고(virgo)에서 유래했다. 대다수 전통 문화권에서 여성의 순결을 고귀하게 여겼으며, 아직도 일부 근대 문화권에서 결혼할 때까지 지켜야 하는 신성한 것으로 여긴다.

여성의 처녀성을 중시한 배경을 살펴보면, 먼저 구약시대 유대인은 여성의 성을 엄격하게 규제하면서 법적으로 남녀를 지배와 피지배의 관계로 고착시켰다. 또 여성의 신체가 남성에게는 경제적 거래행위의 대상이었기 때문에 아버지는 딸을 팔 수 있었다. 아버지가 딸을 비싼 값에 팔려면 딸의 처녀성을 유지시켜야 했는데, 처녀가 아니면 흠집이 있는 물건처럼 헐값에 팔리기 때문이었다. 당시 가족의 명예를 더럽힌 여자를 돌로 쳐 죽였던 행위는 여자들에게 조심하라는 경고임과 동시에 실제로 가치가 없는 재산을 처분하는 것이기도 했다(176). 여성이 결혼할 때 처녀가 아니라고 판명되면 그녀나 그녀의 가족에게 수치의 근원이어서 아버지나 오빠 등이 처녀성을 잃은 딸이나 동생을 처벌할 수 있었다. 이러한 순결의 관점은 구약성서 신명기(22장)에 나타나 있는데, "여자의 부모는 그녀가 처녀임을 증명해야 한다. ……만약 그녀의 처녀성이 증명되지 않으면 그녀를 아버지의 집 앞에 끌어다 놓고 친정 동네의 사람들이 돌로 쳐 죽일 것이다."라고 적혀 있다.

고대 유대인 사회처럼 처벌을 심하게 받지는 않았더라도 여러 문화권에서 처녀성을 잃은 여성이 결혼을 했을 때 곧바로 이혼을 당하기도 했다. 예를 들면, 아프리카 종족 대부분은 혼전에 누구하고든 성행위를 해도 무방했으나, 일부 부족은 결혼 당시 처녀가 아니면 신부를 부모에게 되돌려 보내기도 했다(334). 우리나라도 이처럼 여성의 순결을 중시하던 문화권에 속했는데, 조선시대의 유교 논리에서는 결혼해서 신부의 처녀성이 증명되지 못하면 신랑은 신부를 쫓아낼 권리가 있었다(43).

구약 시대로부터 근래까지 여성의 순결이란 처음 성교를 경험하면서 지워지며, 여성의 순수성을 판단하는 근거는 거의 확실히 처녀막(하이멘, hymen)이라고 생각해 왔다. 하이멘이라는 단어는 그리스어로 봉합선(suture)이라는 뜻에서 유래한 '결혼의 신'이지만, 하이멘이 아폴로(Apollo)와 알려지지 않은 한 님프 사이에서 태어났다는 학설과 디오니소스와 아프로디테 사이에서 태어났다는 학설이 양립하듯이 처녀막과 처녀성의 관계도 불명료하다(272).

고대로부터 여러 문화권에서는 처녀성의 유일한 증거로 여기던 처녀막이 결혼 후 첫 경험에서 파열되는 것에 관심을 가졌으며, 처녀막 파열 시 피와 고통이 따를 것이라고 기대했다. 이처럼 여성의 처녀막에 대한 문화가 형성된 이유는 여성의 순결을 사회나 종교적 이유로 고결하게 여겼던 탓도 있었지만, 남성 문화권의 일방적인 산물로 여성에 대한 질투의 발현이라고도 볼 수 있다. 예를 들면, 고대 힌두교에서는 처녀성을 아주 고결하게 여겨 남성에게 이미 다른 남성이 소유했던 여성과는 결혼하지 못하도록 경고했으며, 아프리카 지방에서는 처녀성을 보존시키기 위하여 미혼여성에게 음부봉쇄술을 실시했다.

남성은 결혼 후에도 여성에게 일방적으로 정조를 요구했는데, 이러한 남성의 질투심 때문에 중세 유럽 십자군 전사들은 정조대(chastity belt or girdle)를 발명했다. 중세 남성들은 여성을 믿을 수 없고 음탕하다고 여겼고, 강간이 유행했던 시절 정조대의 발명은 그들에게 하늘이 내려준 선물이었다. 전쟁에 참가하는 기사들은 자기 아내의 정조를 신성불가침의 영역으로 여겨 아내에게 정조대를 차도록 했다. 정조대의 구조는 여성의 사타구니를 앞에서 뒤로 막아 둔부에다가 금속 틀의 열쇠를 채우도록 되어 있었다. 그리하여 정조대를 착용한 여성은 배설만이 가능했으며 성교는 불가능했다. 평소에도 부인을 의심하는 남편은 부인에게 정조대를 채우고 그 열쇠를 가지고 다닐 정도였다.

옛날부터 근래에 이르기까지 이슬람교도, 아시아인, 유럽인, 집시 등 여러 문화권에서 신혼 초야 신부의 처녀막 파열로 피가 흘러나왔는지를 확인하는 정조검사(chastity test)를 실시했다. 예를 들면, 이집트를 비롯한 아랍 문화권에서는 남편이 오른손 집게손가락에 하얀 헝겊을 씌운 다음 이를 질 깊숙이 집어넣어 처녀성을 검사했다. 만약

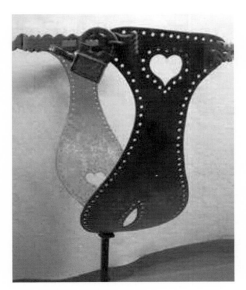
중세 유럽에서 사용되었던 여성용 정조대

그 천에 피가 묻으면 검사를 통과하는 데, 친척들도 이를 함께 확인했다. 이집트의 가톨릭교도 신혼부부는 처녀막 파열을 확인하려는 양가 모친들 앞에서 첫날밤 성교를 했으며, 에디오피아의 신혼부부도 2명의 증인 앞에서 성교를 했는데, 증인들은 신랑이 쉽게 성교를 치르도록 신부의 양발을 잡아 주었다. 페르시아 지방에서도 마찬가지였기 때문에 처녀성을 잃은 여성은 아예

중세 유럽 기독교 문화권에서 처녀성 확인을 위해 아들의 침실을 찾아간 모친

아주 가난하거나 나이가 어린 남자와 결혼해 버렸다. 러시아에서도 첫날밤 피가 얼룩진 하얀 침대보나 잠옷을 검사했는데, 검사에 합격하면 신랑이 옆에 있는 그릇들을 깨고 신부 어머니에게 큰절을 하며 잔치가 벌어지는 풍습이 있었다. 그러나 만약 피가 묻어나지 않으면 신랑은 큰절도 하지 않고, 구멍이 난 그릇을 신부의 부모에게 가져다주었다. 또 감시를 잘못한 탓을 물으면서 신부의 아버지나 오빠를 밧줄에 묶어 버리기도 했다. 남태평양 사모아 섬에서도 부족장은 아내가 될 여성 후보자의 처녀성 검사를 위해 공공장소에서 집게손가락으로 질 속을 만져 보는 것이 관례였다(403).

중국은 1950년 전통혼례에 관한 법을 폐지하기 전까지 결혼식 당일로부터 3일이 지나기 전 신부의 집에서 첫날밤을 보내는 의식이 있었다. 이날 동네 사람들이 초대되어 밖에서 기다리는 동안 부부는 침실로 들어간다. 성교가 끝나면 신부는 밖으로 곧바로 나가고, 나중에 신랑은 신부의 처녀막에서 나온 핏자국이 묻은 침대보를 밖에서 기다리는 신부에게 건네준다. 신부가 기다리고 있는 손님들에게 이를 흔들어 보여 주면 결혼이 성립되어 동네잔치를 열었다. 신부는 피 묻은 천을 세탁하여 죽을 때까지 간직한다. 반면에 피가 묻지 않았을 경우 신부는 친정으로 돌려보내지며, 동네 사람들도 그냥 집으로 돌아갔다. 당시 신부의 처녀성은 결혼계약의 한 조건이었으므로 이를 증명하지 못하면 신부의 아버지는 신랑에게 신부대금을 환불해 주고, 곧바로 이혼을 했다(183).

중국 광동 지방에서도 관례적으로 신혼부부가 침실로 들어가기 전에 돼지 한 마리를 준비해 두었다. 만약 순결의 증거가 보이지 않으면 돼지를 절단하여 주위 사람들에게 알렸다. 이러한 이유로 순결을 잃은 여성은 수치심 때문에 자살도 했고, 순결을 잃은 여성을 위해 처녀성 위장술도 발달했다. 예를 들면, 혼전에 처녀성을 잃은 예비 신부들은 토끼 피를 적신

부드러운 천을 질 속에 삽입한 후 성교 시 그 피가 흘러나올 때 파열의 고통을 이기지 못한 양 연기를 했다. 또 물고기의 방광을 질 속에 집어넣어 그 방광이 터지면서 피가 흐르는 것처럼 위장하는 기술도 유행했으며, 심지어는 깨진 유리 조각을 질 내에 넣어 피가 흐르게 하는 여성도 있었다. 식물의 즙을 넣어 질 근육 수축 효과를 함께 노리기도 했다.

시대가 변해 과학이 발달하면서 처녀막 존재에 대한 회의가 생기기 시작했다. 드디어 19세기 생리학이나 해부학자들은 여성의 질에서 처녀막 존재를 증명할 수 없다고 주장했다. 예를 들면, 1840년 파르(Ambroise Pare)는 "처녀막이라는 막을 전혀 찾을 수 없으며, 이를 찾았다면 오히려 정상이 아니다. 이를 절대 법칙으로 받아들여서는 안 된다."고 기술했다 (272). 그의 주장은 20세기 들어와 다시 입증되었다. 이러한 의학적인 의혹이 제기되었음에도 근래까지 처녀막을 순결한 처녀의 증거라고 논하기도 한다.

대부분의 여성에게는 태어날 당시 질 입구에 처녀막이라고 불리는 일종의 결합 조직이 있다. 이 부위는 여성마다 크기나 형태 그리고 질 입구를 막아 주는 범위가 다르지만, 일부 여성은 그런 막이 없는 상태에서 태어난다. 그러므로 처녀막의 존재 여부는 여성의 성 경험 여부의 지표가 될 수 없다. 처녀막은 자전거나 말을 타거나, 심한 운동을 하거나, 월경 시 탐폰을 착용하면서도 쉽게 파열된다. 반면 어떤 여성은 성생활을 활발하게 하더라도 출산 시 비로소 처녀막이 파열되기도 한다(74). 현재 의학에서는 처녀막을 맹장처럼 생리적 기능이 없는 곳으로 결론짓고 있다. 그 이유는 어린 여자도 하나 이상의 확장 가능한 구멍이 있으며, 가끔 생리용 탐폰이나 남성 성기에도 파열되지 않는 크기의 구멍을 지닌 여성이 있기 때문이다. 또 어떤 여성은 이러한 막이 없는 것처럼 보이기도 한다. 그렇다면 단순히 해부학적 구조 때문에 구약시대 일부 유대 여성은 불운하게 돌에 맞아 죽었을지도 모른다.

또 다른 일반적 믿음은 여성이 첫 성교 시 처녀막 파열로 고통을 느낀다는 것이다. 이러한 믿음은 처녀막이 두껍게 질 입구의 대부분을 막고 있는 여성에게는 일리가 있지만, 그렇지 않은 여성은 성교 시 처녀막이 파열되어도 고통스럽지 않다. 많은 남성이 처녀막이 있는 여성만을 진정한 처녀라고 여기기 때문에 일부 여성은 자신의 처녀막 존재를 증명하려고 노력했고, 처녀막 재생수술도 유행했다(74). 예를 들면, 미국에서는 1920~1950년대 일부 산부인과 의사들이 처녀가 아니었음을 남편이 알지 못하게 하는 수술을 여성에게 실시했으며 (287), 우리 문화권에서는 그러한 수술이 1990년대 초반까지 시술되었다.

물론 전통사회에서는 다른 방식으로 처녀성을 검사하기도 했다. 예를 들면, 13세기 영국의 한 주교(Robert Grosseteste)는 자신의 교구 내 수녀들의 젖을 짜면서 그들의 정절을 확인했는데, 만약 젖이 분비되면 그 주교는 처녀성을 잃었다고 판단했다. 중세 연금술사들은 순

근대의 처녀성 검사

조선 말 상궁이었던 김명길(金命吉)의 증언에 따르면, 궁녀를 선출할 때 13세 이상의 성숙한 여자 후보자의 처녀성을 의녀(醫女)라는 궁녀가 검사했다. 그들은 앵무새 생피를 후보자의 팔목에 묻혀 이것이 묻으면 처녀, 생피가 겉돌고 잘 묻지 않으면 처녀가 아니라고 식별했다. 궁궐에서 비과학적인 방법을 사용했음을 짐작할 수 있는 증언이다(6). 근래에도 일부 문화권에서 처녀성을 검사하는 풍토가 남아 있다. 터키에서는 구금 상태나 공무원을 지망하는 미혼 여성에 대한 처녀성 검사가 관행이었다. 뉴욕 소재 인권단체인 '인권감시'는 1994년 한 보고서에서 처녀성 검사가 경찰에 구금된 여성을 상대로 일반적으로 실시되고 있으며, 심지어는 입원환자, 공무원 지원자, 기숙사생 등에게 강요되고 있다고 비난했다. 보고서는 1992년 2명의 여고생이 학교에서 처녀성 검사 결과를 제출하라는 요구를 받고 자살하는 사건까지 발생했다면서, 터키에서는 혈흔을 통해 신부의 처녀성을 확인하기 위해 신혼 초야 양가 친척들이 신혼부부 침실 밖에서 밤을 샌다고 주장했다(47).

결성 확인을 위해 여성의 소변검사를 했는데, 그들은 순결한 소녀의 소변이 기혼 여성이나 부도덕한 여성의 소변보다 침전물이 덜 생기는 등 더 순수하다고 주장했다. 18세기 독일에 서는 여성의 목둘레 길이가 굵어지면 처녀성을 잃었다고 판정했다(403). 이밖에도 질에 주름이 없어졌는지, 소변을 제대로 참지 못하는지, 음모가 꼬여 있는지, 음성이 굵어졌는지, 가슴이 부풀고 젖이 나오는지 등으로 처녀성을 판단했다.

4. 처녀성 파열

순결한 처녀(virgo intacta)의 가치는 문화권마다 다르다. 앞서 처녀성 유지에 가치를 둔 문화권을 소개했지만, 처녀성을 파열시킨 후에 결혼을 하는 문화권도 있었다. 결혼 전 처녀성을 미리 파열(defloration)하는 이유는 처녀성 상실을 금기하는 상황보다 더 복잡하다. 일부 인류학자들은 난교의식에서 유래된 풍습으로 여기지만, 다른 사람들은 종교적 심성과 강자 (권력층, 남성)의 이기심이 교묘하게 숨겨진 결과로 여긴다. 역시 처녀성을 신에게 먼저 바쳐야 한다는 원초적 사고의 결과로도 보는데, 이것도 역시 강자의 이기심과 무관하지는 않다. 일부는 첫날밤 출혈의 공포를 없애기 위한 것이라고 주장한다(49).

고대사회의 여성은 결혼하면서 신성한 잉태를 위해 성직자와 첫날밤을 보내는 일이 있었다. 이러한 상황이 중세 일부 기독교 사회에서도 그대로 적용되기도 했다. 교회법은 이를 아예 초야권(the right of the lord; 라틴어 jus primae noctis)이라고 했으며, 중세 노르망 족이나 프랑크 족 또는 바이킹들은 신부의 처녀막 파열의 특권을 지주나 왕자에게 주었다(374). 반면 아프리카 및 아시아 문화권 일부에서는 신부와 신랑을 질병과 악령으로부터 보호한다는 차원에서 처녀막을 파열시켰다. 예를 들면, 홍해 근처 누비아(Nubia: 현재 수단공화국 일부)에서는 여아가 9세가 되어 약혼할 때 남편은 증인들 앞에서 손가락으로 처녀막을 파열시켰으며, 남아프리카 줄루(Zulu) 족들은 여아가 사춘기에 달하면 연로한 여성이 그녀의 처녀막을 인위적으로 파열시켰고, 아프리카 마다가스카르 섬의 사카라바(Sakalava) 족 처녀는 결혼 전 자신의 처녀막을 스스로 파열시켰다.

인도의 일부 지역에서는 어머니가 딸의 처녀막을 파열시키거나 음경 모양의 물건 위에 쪼그려 앉은 자세로 스스로 파열시키기도 했는데, 그 이유는 신부가 첫날밤 흘린 피는 맹독성이어서 신랑을 죽이고 피 속에 숨었던 악령이 신부를 차지하게 된다고 믿었기 때문이다. 그래서 그들은 신부를 덕망 있는 종교 지도자나 신부와 무관한 외지인과 첫날밤을 지내게 했다(49). 말라바르(Malabar) 남쪽 캘리컷[현 인도 남부 아라비아 해의 코지코드(Kozhikode)]의 왕은 자기 부인이 될 사람들의 처녀막을 제거하는 데 500크라운(crown)씩 지급했다. 이렇게 처녀막 제거를 위해 사람(보통 성직자)을 고용하는 것을 하이어로가미(hierogamy)라고 한다(272).

처녀성 파열 의식은 13세기 캄보디아에도 있었는데, 승려들은 친찬(Tchin-chan)이라는 의식에서 돈을 받고 약혼한 여성의 처녀막을 파열시켰다. 제복을 입은 승려들은 신의 화신이 되어 여신을 대표하는 처녀와 영적인 성교 의식을 장엄하게 거행한다. 관청에서는 결혼을 앞둔 처녀의 부모에게 큰 촛대를 주고, 그 초가 모두 타기 전에 처녀막을 제거하는 의식을 봄철 동안에 치러야 했다. 촛대를 받은 부모의 의무는 그 의식을 거행해 줄 승려를 찾는 일이었지만, 승려의 수는 제한되어 있었고, 또 승려들은 한 해에 한 명의 처녀만을 상대해야 하는 규정이 있었다. 부유한 부모들은 값비싼 물건을 싸들고 수도원을 방문하지만, 가난한 집에서는 승려를 상대하기 위해 몇 년을 기다려야 했다. 운 좋게도 일부 성직자들은 가난한 자들에게 자비를 베풀어 무료로 의식을 치러 주었다(272).

이탈리아의 마르코 폴로(Marco Polo)는 13세기 말 동양을 방문한 소감을 기술한 『동방견문록』에 라마교의 맹신을 다음과 같이 언급했다. 남자 경험이 없는 여자들은 별 가치가 없다고 여겨진 탓에 여자들이 숫색시로 혼인하기를 꺼리며, 오히려 많은 남성을 상대하고자 했다. 예를 들면, 대상(隊商)들이 마을을 지나다 휴식을 위해 천막을 치면 부모들은 딸을 데려와서 부디 자기 딸과 며칠이라도 지내달라고 간청했다. 며칠간 동숙한 뒤 딸들은 징표로 여러 장신구나 반지 등을 받아 목이나 팔에 끼고 다니면서 자랑했다. 이러한 징표가 많은 여성일수록 여러 남성에게서 사랑을 받았기 때문에 인기가 높았다. 그러한 라마교의 맹신에 의한 풍습은 16세기경 우리와 가까운 몽고를 비롯한 필리핀, 인도차이나 일대까지 보급되었다고 전한다(49).

한편 호주 피크(Peak) 강 주변의 한 부족(Arunta)은 매우 위험한 방법으로 여아의 처녀성을 파열시켰다. 그들은 여아의 가슴이 부풀고 음모가 자라기 시작하면 연로한 남성들이 조용한 곳으로 데려가 팔다리를 붙잡고 그녀의 질을 크게 벌리는 의식(vulva cutting ceremony)을 가졌다. 그녀는 심한 통증 때문에 며칠 동안이나 그 장소를 떠나지 못하며, 그곳을 떠나기 전 그 의식에 참여했던 모든 남성과 성행위를 해야 했다. 그녀의 약혼자는 그 의식에 참가할 수 없었으며, 그러한 절차가 끝나면 그녀를 약혼자에게 인계했다(403, 441).

5. 처녀 출산

처녀와 관련된 태도는 처녀를 숭배하는 문화권이나 배척하는 문화권 모두 존재했다. 예를 들면, 18세기 독일에서는 이른 아침에 처녀를 만나면 재수가 없다는 미신이 있었다. 로마 황제 티베리우스(Tiberius, 재위 14~37)는 처녀에 대한 매우 특이한 칙령을 내리기도 했는데, 처녀 상태로 사형당하는 것을 금지시켜 사형 집행 전에 처녀성을 빼앗도록 했다(403). 그러나 처녀 배척 문화권보다도 숭배 문화권이 더 우세했으며, 이러한 처녀 숭배 문화는 오늘날까지 지속되고 있다. 대표적인 예로 예수의 생모인 성모마리아를 들 수 있다. 역사적으로 처녀 숭배 문화는 성모마리아 숭배 이전부터 존재했으며, 성모마리아는 12세기 초반까지는 한 성자에 불과했다(60).

여러 종교에서 신에 의해 또는 성행위 없이 예언자나 신이 태어났다는 믿음이 존재한다. 예를 들면, 기원전 2천 년경 인도 신화의 크리슈나(Krishna; Vishnu의 제8화신), 이집트 신화의 호러스(Horus), 크레타 신화의 제우스 등은 모두 남성으로부터 순수했던 여성이 낳은 자식들이다(60). 고대 그리스와 로마 신화에서는 보통 신과 죽음을 면할 수 없는 여성과의 사이에 반신(demigod)이 태어났다. 이러한 믿음은 현실적인 인물에게도 적용된다. 예를 들면, 알렉산더 대왕의 모친은 남편에게 주피터 신에 의해 임신했다고 말했다. 우리나라도 위대한 인물들에 대한 설화가 이와 유사하다. 『삼국유사』에 백제 30대왕 무왕(600~641)의 아버지는

용, 후백제 견훤(?~936)의 아버지는 지네라고 기록되어 있다. 또 신라 말 도선(道詵, 827~898)의 아버지는 오이, 고려시대 삼별초 장군이었던 김통정(?~1273)의 아버지는 지렁이라고 전해진다. 이들은 모두 처녀 몸에서 태어난 자식들인데, 버림받은 여인들이 낳은 자식이 모친을 미화하거나 은폐시키려는 수단으로 그러한 설화가 만들어졌을 수도 있다(45).

기독교에서는 마리아가 성령으로 예수를 잉태했다고 믿는다. 일반적으로 기독교에서는 타종교에서 개종한 사람들을 받아들이기 위하여 처녀 출산의 개념을 도입했다고 생각된다. 그래서 초창기 성직자들이 직면했던 최대의 문제는 성서의 예언적인 맥락에서 그것을 설명하는 일이었다. 구약성서 이사야서 7장 14절에 "그런즉 주께서 몸소 징조를 보여 주시리니 처녀가 잉태하여 아들을 낳고 그 이름을 임마누엘이라 하리라."고 기록되어 있다. 그러나 성직자들은 히브리어로 된 성서가 아니고 그리스어로 번역된 성서(Septuagint)를 사용했었다. 여기에서 히브리어의 처녀라는 단어를 그리스어로 번역하면서 문제가 생겼다. 히브리어에서 베툴라(bethulah)는 성 경험이 전혀 없는 여자를 뜻하는 단어이지만, 알마(almah)는 젊고 미혼인 여성을 뜻한다. 그렇지만 그리스어에서는 처녀가 대한 단어가 오직 파르시노스(parthenos)밖에 없었으며, 이는 성 경험이 전혀 없는 순결한 여성을 의미한다. 즉, 원래 히브리어로 된 이사야서에서는 베툴라가 아닌 알마로 기록되어 있으나 그것이 그리스어의 파르시노스로 번역되면서 혼동이 생겨났다. 결국 그리스도가 무성생식에 의해 이 세상에 태어났다는 잘못된 개념이 나올 수밖에 없었다(272).

Box 11-3 남아의 임신(?)

남아가 임신했다는 기괴한 사실이 보고되었을 때 학계는 술렁거렸다. 1964년 3월 8일 홍콩의 퀸 메리(Queen Mary) 병원에서 남아가 태어났다. 그의 어머니는 10명의 정상적인 아이들을 분만했던 여성이었다. 그 아이는 생후 2개월이 되었을 때 다른 애들보다 배가 불룩하게 튀어나와 있었다. 가족들은 농담으로 애가 임신한 모양이라고 얘기했는데, 놀랍게도 그것은 사실이었다. 1964년 6월 12일자 런던의 「Medical News」라는 의료 신문에 이 사실이 보도되었다. 그 아이를 병원으로 데려가 검증한 결과 복부에서 크고 동그란 혹 모양의 물질이 발견되었다. 그 물질은 아이에게 그리 큰 고통을 줄 만한 것은 아니었지만, 이를 제거해 X선으로 검사한 결과 놀랍게도 그 물질 안에 태아의 골격이 자라고 있음이 밝혀졌다. 수술을 담당한 의사(Edmond Lee)는 세 개의 골격 구조가 있었다고 밝혔다(196).

12
성 반응 주기와 감각 자극

1. 성 반응 주기

성적 매력의 기본 형태는 성적 흥분(arousal)이며, 흥분은 타인의 신체를 보거나 만지고 싶은 본능적이고 자동적인 반응이다. 누구나 타인의 외모로부터 흥분되기는 하지만, 어떤 형태의 자극에 더 민감하게 반응하는지는 경험에 따라서 개인차가 존재한다. 흔히 성적 자극이나 만족을 경험하는 동안의 생리적·심리학적 변화 단계나 주기를 '성 반응 주기(sexual response cycle)'라고 말한다. 연구자마다 그 주기를 약간 다르게 설명하고 있는데, 엘리스는 20세기 초 남성적 관점에서 음경이 팽창되는 단계와 수그러지는 단계로 이분했다. 사실상 남성의 성 반응 주기를 설명하기는 쉽지만, 여성의 주기는 자극을 받는 신체 부위를 비롯하여 성 반응이 심리적 요인에 크게 좌우되므로 예측하기 어렵다(126, 143, 181).

오스트리아 정신분석학자 라이히(Wilhelm Reich)는 프로이트 등이 정신분석에서 성욕이론을 전개하면서 사회·경제적 요인을 무시했다고 지적했다. 심리적 평안을 유지하는 데 오르가슴의 중요성을 강조했던 그는 1942년 성 반응 주기를 기계적 긴장(mechanical tension), 생체전기 충전(bioeletric charge), 생체전기 방전(bioelectric discharge) 및 기계적 이완(mechanical relaxation)의 4단계로 구분했다. 마스터스와 존슨은 1960년대에 약 7,500명의 여성 및 2,500명의 남성의 성 반응에 대한 근육의 반응, 혈압, 발한, 호흡 및 기타 생리적 측정치를 연구하면서 라이히의 4단계에 대한 명칭을 다시 부여했다. 즉, 그들은 성 반응 주기가 연속적으로 나타나지만, 편의상 흥분(excitement), 고조(plateau), 오르가슴(orgasm, climax, 극치) 및 해소(resolution)의 뚜렷한 4단계로 구분했다(351, 462). 그들은 성 반응에서 남녀의 차이보다 유사성을 강조했는데, 이를 〈표 12-1〉에 요약했다. 남녀 모두 성 반응 주기에서 보인 신체 변화의 대부분은 생식기에서 나타난 혈관의 울혈 현상과 근육의 긴장이다. 그들은 성 반응에서 성차가 오직 두 가지라고 했는데, 첫째, 남성만 사정을 한다는 것, 둘째, 여성은 짧은 시간 내에 오르가슴을 여러 차례 연속적으로 경험할 수 있다는 것이다. 물론 그 차이도 절대적인 것이 아니라고 언급했다(351).

여러 학자는 마스터스와 존슨이 성욕 및 성적 흥분 과정의 두 가지 요인을 무시했다고 주장했다. 예를 들면, 질버랜드(Zilberland) 등은 마스터스와 존슨의 4단계 대신에, ① 성적 관심이나 욕망, ② 흥분, ③ 발기나 윤활 작용의 생리적 준비, ④ 오르가슴, ⑤ 만족의 5단계로 설명했으며(462), 정신분석학자이면서 성치료가인 캐플란(Helen Kaplan)은 주관적 경험을 토대로 성 반응 주기를, ① 성욕, ② 흥분, ③ 오르가슴의 3단계로 설명하였다. 캐플란은 마스터스와 존슨과 달리 성욕을 강조했지만, 성치료에서는 해소 단계를 언급하지 않았다. 마스터스와 존슨이 피력한 흥분과 고조의 단계는 구별하기 어렵지만, 캐플란의 성 반응 주기에서는 성욕이나 흥분, 오르가슴을 구별할 수 있다. 또 성 반응 주기에서 성욕을 단계로 분리시킨 점은 성기능장애를 이해하고 치료하는 데 중요한 의미를 던져 준다(284). 곧 DSM에서 언급되는 성기능장애의 구분은 마스터스와 존슨의 4단계 및 캐플란의 3단계 모델에 근거했

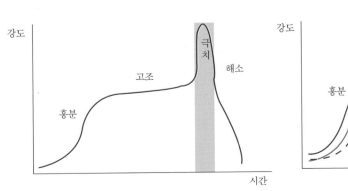

남성 성 반응 주기

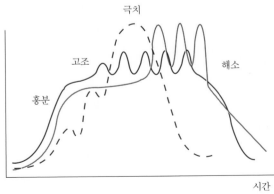

여성 성 반응 주기

표 12-1 성 반응 주기에 따른 신체 반응(351)

단계	남성	여성
흥분 (excitement)	• 음경 직경 및 길이 증가 • 고환이 올라감 • 유두가 똑바로 서기도 함 • 50~60% 남성 얼굴, 목 등 신체부위가 달아오르는 성적 홍조 현상 • 심장박동 수 및 혈압 상승 • 근육 긴장도 증가	• 질 윤활 작용 개시 • 질 내부 길이 및 폭 확장 • 혈액 증가로 질벽 충혈 현상 • 음핵의 몸체 직경 증가 • 음핵 귀두 부위가 부품 • 음순 내외에서의 변화 • 유두가 서면서 유방 크기 증가 • 근육 긴장도 증가
고조 (plateau)	• 음경 귀두의 면적 및 색깔 변화 • 요도선에서 몇 방울의 액체 분비 • 음낭에서의 고환이 계속 올라감 • 고환의 크기가 50%까지 증가 • 성적 홍조 현상의 확산 • 심장박동 및 혈압 계속 상승 • 근육 긴장 및 호흡 증가	• 질 외부와 음순 내부 충혈 지속 • 음핵 길이가 50% 감소할 때까지 축소 • 유두의 충혈 현상 증가 • 위장, 등, 허벅지까지 홍조 현상 • 심장박동, 호흡, 혈압 증가 • 근육 긴장 증가
극치 (orgasm)	• 고환 부위에서 시작된 수축 현상이 부고환, 정관, 정낭, 전립선, 요도, 음경까지 지속됨 • 0.8초 간격으로 3~4회 사정 수축 반응을 보이며, 항문 괄약근 수축 3~4회 이어짐 • 심장박동 및 호흡의 최고 상태	• 질 입구 쪽에서 강한 근육 수축을 시작하며, 최초 수축은 2~4초, 나중의 수축은 3~15초(수축은 남성처럼 0.8초 간격) • 질의 안쪽에도 미약한 팽창감 • 신체 여러 부위에 강한 근육 수축 • 심장박동 및 호흡의 최고 상태

다. 그렇다면 성 반응 주기란 성욕이 생기기 시작한 단계로부터 흥분을 얻는 단계, 오르가슴에서 성적 긴장이 방출되는 단계 그리고 성적 관심이 다소 누그러지는 휴지 상태로 복원되는 단계로 이동하고 있다(462).

　인지적이고 주관적인 관점을 토대로 성 반응 주기를 정리한 예도 있다. 이는 개인이 상황을 어떻게 지각·평가하는가에 따라 성 반응의 차이가 생긴다면서 성적 자극과 흥분과의 관계를 설명한 인지적 모델이다(514). 인지적 모델의 1단계는 자극을 성적으로 받아들이는가의 지각(perception) 단계다. 개인이 자극을 성적으로 지각하는지의 여부는 그 개인의 과거 경험, 현재 상황, 문화 등에 달려 있다. 예를 들면, 자신의 성 파트너를 개별적으로 상대하는 경우에는 성적 흥분을 불러일으킬 수 있지만, 그 파트너가 다른 사람들과 함께 있을 때에는 그와 같은 흥분을 지각하지 못한다. 인지적 모델의 2단계는 평가(evaluation) 단계다. 첫 단계에서 지각한 성적 자극에 대한 평가가 긍정적이라면 흥분 수준이 높아질 수 있지만, 부정적이었다면 더 이상 성 반응 주기가 지속되기는 어렵다. 모델의 3단계는 생리적 흥분 단계이며, 4단계는 남성의 발기나 여성의 윤활 작용을 개인이 인지하는지, 또 그러한 반응이 어느 정도라고 생각하는지의 생리적 흥분을 지각하는 단계다. 만약 개인이 4단계 기준을 너무 높게 설정해 놓았다면 성 문제를 경험할 수도 있는데, 어느 정도 윤활 작용이 나타나야 흥분이라고 지각하는지는 개인마다 다르기 때문이다. 모델의 5단계는 생리적 흥분을 지각한 후 이를 긍정적으로 평가하는 것으로 2단계와 유사하다. 6단계는 긍정적 평가 이후 실제로 성행동이 나타나는 단계다(514).

　근래에는 기존의 모델과 달리 여성의 관점에 초점을 맞춘 신 개념 모델이 등장했는데, 대표적인 것이 바로 티퍼(Tiefer)의 모델과 바순(Basson)의 모델이다. 티퍼의 모델은 성을 생리학적으로만 접근하는 것을 경계하는 여성주의 관점인데, 여성의 성 경험을 이해할 때 정서, 문화, 의사소통, 파트너와의 힘의 불균형 여부, 성 역할에 대한 기대 등을 고려해야 함을 강조하고 있다. 곧 성 문제를 이해할 때 남녀가 다르다는 점 그리고 여성끼리도 다를 수 있음을 고려해야 한다면서 여성의 성 문제 원인으로 최소한, ① 의학적 요인, ② 사회·문화, 정치 또는 경제적 요인, ③ 심리적 요인, ④ 파트너와의 관계 요인을 소개했다. 또 바순은 성 반응을 순서로 설명해 주는 기존의 선형(linear) 모델(예: 마스터스와 존슨 모델, 캐플란 모델)과 달리 여성의 성 반응의 구성요소나 그 요소의 순서가 고정되지 않았다면서 원형(circular) 모델을 주장했다. 바순에 의하면, 파트너와 장기적 관계를 유지하는 여성이 성행위를 하는 이유는 기존의 선형 모델보다 훨씬 더 복잡하고 다양하다. 즉, 바순의 모델은 친밀감과 같은 정서 및 성적 자극 이외에도 상대방과 만족스러운 관계 여부, 서로 마음에 들지 않은 상대방에 대한 관용 정도, 상호 존중이나 원만한 의사소통 여부, 부드러움이나 따뜻함의 지각 수준, 자신에 대한 성적 이미지, 신체 접촉에서 느낀 만족 정도, 성기 삽입에만 초점을 맞춘 성 경험 여부 등 수많은 심리사회적인 요건의 중요성을 전제로 하고 있다(38).

2. 감각 자극과 성적 흥분

　성적 관심이나 흥분을 유발하는 자극은 정서 및 물리적 자극으로 구분될 수 있다. 정서적 자극 중 부드러움이나 사랑의 감정, 서로를 받아들이는 신뢰감, 안정을 찾는 느낌은 성 경험의 질을 높여 준다. 불안이나 분노 등 부정적 정서 상태에서 경험하는 성행동은 그와 반대다. 정서적 자극과 성적 흥분이나 만족의 관계는 남성에게도 중요하지만 여성에게는 더 중요하다(89). 물리적 자극이란 오감을 통해서 전달된 자극을 말하는데, 사람의 성욕은 오감 중 특히 시각이나 청각, 촉각 자극에 의해 매우 큰 영향을 받는다(126).

이러한 자극은 모두 뇌와 척수에 전달되어 성적 흥분이나 성욕을 일으킨다. 그 예로 키스 행위가 어떻게 성적 흥분이나 기쁨을 가져다주는지를 보자. 키스를 통해 상대방과 주고받는 기쁨은 키스행위 동안 모든 감각기관이 자극을 받기 때문이다. 입술, 입, 혀는 신체 부위 중에서 밀착에 대한 민감도가 매우 뛰어난 부위다. 입술, 혀, 뺨, 코로부터 뇌에 이르는 신경의 전달 때문에 키스는 항상 체온, 맛, 냄새, 운동 등을 감지하게 되는데, 뇌기능에 영향을 미치는 12개의 뇌신경(cranial nerve) 중에서 5개가 키스에 관여한다. 키스 과정에는 역시 청각(빨거나 핥는 소리)과 시각(파트너의 얼굴 표정)으로부터의 감각이 포함되기도 한다(74).

안드로겐과 같은 호르몬은 여성의 성적 흥분에 영향을 미친다. 안드로겐 투여 치료를 받은 많은 여성은 성욕 증가를 보고하는데, 그 호르몬 효과 중 하나는 음핵의 민감성 상승이다. 그러나 여성의 성적 흥분은 단순히 안드로겐 생성의 양에 좌우되지는 않는다. 호르몬이 일정한 수준을 넘으면 성욕의 차이가 없다. 그러므로 남녀의 성적 흥분이나 욕구는 외형상 성적 자극에 대한 반응처럼 보이지만, 고등정신 과정에 의해 조절된다고 할 수 있다. 성적 흥분에 관한 주요한 성차 중 하나는 흥분 속도가 다르고, 서로 다른 자극에 흥분된다는 점이다. 파트너 선택에서도 여성은 남성의 성격 특성, 남성은 여성의 외모를 더 중요시하고 있다. 매력의 성차는 킨제이 보고서에서도 엿볼 수 있는데, 그 요지는 남성이 여성보다 보거나 읽는 자극으로부터 더 쉽게 흥분하며, 여성이 쉽게 흥분할 수 있는 주요인은 친밀감에 의한 접촉이라는 점이다. 그와 같은 성차는 교육 수준이 높은 젊은 세대에서는 별로 크지 않다. 곧 그 차이는 여성에 대한 성적 억압이 심했던 남성 위주의 문화적 요소에 기인한 것이다(143).

이제 감각 자극의 형태와 성적 흥분의 관계를 성별로 비교해 보자. 예로부터 남성의 성욕은 시각 자극에 의하여 가장 크게 영향을 받는다고 알려져 왔다(180, 543). 남성은 10대 후반이나 20대 때는 직접적인 시각 자극이 없어도 환상에 의해 성욕을 환기시킬 수 있지만, 30대를 지나면 대부분 선명한 시각 자극을 받아야 성욕이 환기된다. 기혼 남성에게는 아내가 가장 빈번한 시각 자극이므로 중요한 존재이지만, 동일한 시각 자극에 대한 노출이기에 남편의 시각적 감수성이 떨어져 버릴 수도 있다.

다시 말하면, 남편이 아내의 모습을 성욕 환기에 너무 진부한 시각 자극으로 느끼게 되면 결혼생활의 권태를 맛본다. 심리학에서는 이를 습관화(habituation) 현상이라고 하는데, 동일한 자극에 반복적으로 노출되어 반응 강도가 체계적으로 약해졌다는 뜻이다. 습관화가 이루어지면 성적 만족 수준이 낮아지므로 과거의 성적 만족 수준을 찾기 위해 강도가 더 센 자극을 추구하게 된다. 남성에게 동일한 포르노 사진을 반복적으로 보도록 하면 습관화로 인해 생리적이거나 심리적인 흥분이 감소한다. 그 결과 남성은 새로운 자극을 추구하는데, 이를 설명하는 현상이 바로 쿨리지(Coolidge) 효과다. 습관화로 인한 성욕의 저하 현상은 여성의 경우 남성보다 훨씬 더 약하거나 거의 나타나지 않는 편이다(307).

〈Box 12-1〉의 쿨리지 효과가 시각 자극과 관계된다면, 이제 여성의 성욕은 어떤 자극에 가장 민감한지를 생각해 보자. 여성은 일반적으로 시각보다도 촉각이나 청각과 같은 정서적 자극(예: 부드러움, 따뜻함)을 더 중요시한다. 이러한 성차 때문에 성교 직전에 남성은 방을 밝게 하려고 하는 반면, 여성은 어둡게 하려고 한다. 남성이 밝은 빛을 원하는 것은 시각 자극에서 흥분을 느끼기 때문이며, 여성이 어두운 빛을 원하는 것은 수치심 때문일지도 모르나 무엇보다도 촉각을 비롯한 정서적 자극을 기대하기 때문이다. 여성의 성적 관심이나 흥분은 남성에게 얻은 언어 및 비언어적 자극에 의해 결정되지만, 남성과는 달리 여성은 그러한 자극에 대한 습관화 현상을 보이지 않는다. 오히려 그러한 자극이 지속되지 않을 경우 성욕이나 성적 관심을 잃을 가능성이 높다. 또 청각 자극을 제시하더라도 어떠한 정서 상태인가에 따라 여성에게는 그 효과가 달라진다. 한 실험에서 신체적으로나 정신적으로 건강한 젊은

Box 12-1　쿨리지 효과

　　미국 30대 대통령 캘빈 쿨리지(Calvin Coolidge, 재임 기간 1923~1929)가 부인과 함께 워싱턴 근교의 정부시범농장을 방문했다. 한 양계장 옆을 지나다가 암탉과 수탉의 교미 장면을 목격한 영부인은 농장 안내인에게 수탉이 하루에 몇 번 정도 교미하는가를 물었다. 안내원은 "하루에도 수십 번입니다."라고 답하자, 부인은 그 사실을 대통령께 말씀드리라고 부탁했다. 안내원의 이야기를 들은 대통령은 "항상 같은 암탉하고만 하는가?"라고 물었다. 안내원이 "그렇지 않습니다. 교미 때마다 다른 암탉입니다."라고 답하자, 대통령은 이 사실을 부인에게 좀 전해 달라고 부탁했다.

　　원래 이 일화는 수탉이 아니라 황소에서 출발했다. 황소 한 마리가 여러 마리의 암소와 교미하는 장면을 목격하고 그 힘을 부러워한 영부인이 "남편도 저런 힘의 반만 있었으면!" 하고 말한 일화가 수탉 이야기로 바뀐 것이다. 수컷 동물들이 기존의 파트너보다 새로운 파트너를 만났을 때 성 반응이 더 빨라진다는 현상은 실제로 생쥐, 모르모트, 젖소, 물소, 고양이 등 여러 동물을 통해 증명되었다. 대통령 부부의 일화를 토대로 성적으로 신물이 난 수컷이 새로운 파트너를 찾는 현상 또는 성적으로 반응이 없던 남성이 새로운 성 파트너를 만나면 성적 반응이 복원된다는 현상을 쿨리지(Coolidge) 효과라고 부른다. 성 치료에서 대리 상대자를 이용할 경우 나타나는 효과가 바로 그 증거가 된다.

여성을 상대로 청각 자극을 주고 성적 흥분의 정도를 생리적으로 측정하였다. 편안한 상태를 유지한 조건에서 청각 자극은 여성에게 성적 흥분을 일으켰지만, 불안을 조작한 상황에서는 청각 자극을 제시해도 성적 흥분을 느끼지 못하였다(178).

물론 혹자는 남성이 시각 자극 그리고 여성이 무조건 청각 자극에 더 민감하다고 할 수 없다고 주장한다. 그 예로 포르노 영화를 볼 때 성적 흥분에 대한 성차를 보면, 남성은 청각 자극 여부에 상관없이 또 사랑과 같은 정서적 관계의 수반 여부에 상관없이 포르노를 보는 것 자체에서 흥분하지만, 여성은 청각 자극 여부보다도 정서적 관계 여부에 따라서 성적 흥분이 결정된다는 것이다(180). 시각 자극은 예전부터 남성에게 매우 중요한 자극이었지만, 여성의 경우 과거에 비해 근래에는 시각 자극의 중요성이 점차 커지고 있기에 그렇게 주장할 수 있다(126). 그럼에도 아직도 감각 자극에 대한 민감도의 성차가 존재한다는 것을 부인하지 못한다. 이러한 기본적인 성차를 이해할 때 부부 두 사람 모두의 노력으로 부부간의 조화로운 생활이 창조될 수 있다. 예를 들면, 나이가 듦에 따라 아내가 젊은 시절의 매력을 유지하기 어렵겠지만, 시각적 환기에 관심을 가져야 한다. 즉, 아내는 남편에게 시각적으로 새로움을 제공하기 위해 화장법이나 복장, 성생활 분위기, 장소, 체위 등을 변화시키는 노력을 해야 한다. 남편 역시 아내에게 애정이 식지 않도록 정서적 표현을 아끼지 않아야 한다. 언어나 글로 마음을 표현하는 것이 바람직하며, 눈짓이나 몸짓 등의 표현도 효과가 있다.

3. 페로몬

후각 자극은 사람보다 곤충이나 동물의 생존과 종족 보존에 더 결정적이다. 동물들은 냄새를 통해 교미 상대를 찾으며, 음식이나 적을 쉽게 분간하기도 한다. 예를 들면, 고양이나 개의 수컷은 발정기의 암컷이 생식기에서 분비하는 물질의 냄새를 맡고 성적으로 흥분한다. 수컷 개는 다른 개를 만나면 생식기에 코를 들이대 코풀린(copulin) 냄새 여부에 따라 암컷임을 확인하려고 한다(126). 소나 말, 돼지도 발정기의 암컷이 분비한 특유한 냄새가 수컷의 성적 관심을 유도한다. 대부분의 동물은 일반적으로 외분비선에서 그러한 물질을 발산하는데, 그 물질을 외호르몬(ectohormone) 또는 페로몬(pheromone)이라고 한다. 페로몬이라는 용어는 칼슨(P. Karlson) 등에 의해 1959년 문헌에 등장했는데, 그들은 이를 "동물이 자신의 신체 밖으로 분비하는 물질이며, 이 물질을 같은 종의 다른 동물이 받게 될 때 행동이나 발달상의 변화를 일으킨다."라고 정의했다(285).

   페로몬의 화학 성분은 공기를 통해 다른 동물의 감각수용세포에 전달될 때 효과를 발휘한다. 동물들은 그 화학적 성분을 감지해 원거리에 다른 동물이 있음을 알아차린다. 예를 들면, 누에나방 암컷에서 방출되는 밤비콜(bombykol)은 거의 3km 정도 떨어진 곳에 있는 수컷들에게까지 전달되는데, 밤비콜 1g은 거의 10억 마리의 수컷에게 그 화학적 성분을 전달하기에 충분하다(529). 포유동물들이 발산한 페로몬은 그들의 생활 영역을 구분하는 데 도움이 된다. 신기하게도 페로몬을 방출하는 구조가 종마다 다른데, 항문, 입, 요도, 유방, 겨드랑이 등의 샘에서 페로몬을 분비한다. 예를 들면, 염소는 뿔의 뒤, 낙타는 귀의 뒤, 고양이는 발에서 페로몬을 방출한다. 이는 체내에서 형성되어 혈액을 통해 전달되는 호르몬과는 대조적이다. 포유동물의 페로몬 감지 부위를 특수한 후각기관에 속하는 VNO(vomeronasal organ, 콧구멍 근처 코뼈 부위 기관)라고 부른다(149).

   사람이 아닌 동물들의 행동 규제에 페로몬의 역할은 매우 중요하다. 페로몬은 곤충류의 행동예언에 결정적이다. 동물에게 페로몬이 행동상의 변화를 일으킨다는 증거는 충분하다. 여왕벌이 배출한 페로몬에 노출된 다른 암벌들은 성 발달이 정지되고 일벌이 된다(137). 포유동물의 경우 페로몬은 짝을 확인하는 역할뿐만 아니라 성적 매력이나 성행동 또는 공격행동을 유도한다. 생쥐 실험에서 수컷이 분비한 페로몬은 암컷의 성행동이나 교미를 위해 짝을 받아들이는 행동을 즉각 초래하며, 발정기나 수태 자체에도 영향을 미친다(367). 즉, 수컷 쥐에게 나온 페로몬은 암컷의 시상하부에 자극을 주어 교미행위를 받아들이게 만들며, 뇌하수체에서 난포자극호르몬(FSH) 분비나 프로락틴 생성에도 영향을 미친다. 또 발정기의 암컷 생쥐가 발산한 페로몬은 수컷을 부르며, 수컷의 페로몬은 암컷에게 교미 자세를 취하게 한다. 그러나 교미를 했어도 그 수컷이 교미 후 1~2일 이내에 보금자리를 떠나 버리면 수태가 성립되지 않는다. 브루스(Bruce) 효과라고 하는 이 현상은 정상적인 수태를 위해 암컷은 수컷 페로몬의 영향을 며칠 동안 받아야 함을 의미한다(390).

   사람의 경우 몸에서 분비되는 물질과 후각 기능과의 관계는 어느 정도인가? 우선 냄새를 맡는다는 것은 생물학적으로 매우 중요한 기능을 한다. 그중 하나는 경고의 기능이다. 예를 들면, 연기 냄새는 화재, 썩은 냄새는 음식의 부패, 기름 냄새는 연료 유출을 예언해 준다. 사람은 겨드랑이, 머리카락, 머리 가죽, 피부, 발, 회음부 등에서 또는 호흡 시 입에서 약간의 냄새를 풍긴다. 소변이나 땀도 일정한 분비물이 들어 있어 냄새가 난다. 그러나 이러한 냄새들이 사람을 성적으로 자극하는 것보다 상대방 비위를 건드리는 경우가 더 흔하다(126). 냄새의 성적 자극 효과 여부에 상관없이 후각의 민감도는 보통 남성보다 여성이 더 높으며, 남녀 모두 노화로 인해 감소한다. 특히 성적 의미를 지닌 냄새에서는 성차가 더 심하며, 여성도 월경이 나타날 때보다 배란이 나타날 시기, 즉 임신 가능 시기에 후각 민감도가 더 높다. 그러한 이유로 불임수술을 받았거나 폐경을 경험한 여성은 후각 민감도가 낮아진다. 그러나 이 민감도는 에스트로겐 주입으로 다소 높아지기도 한다(446).

사람 몸에서 풍기는 냄새가 성적 자극이 되는지에 대한 직접적 증거는 아직 없다. 인간과 매우 가까운 원숭이(rhesus monkey) 수컷들은 암컷 생식기가 빨갛게 부어오른 것을 보고 발정기임을 판단하지만, 암컷의 생식기에서 방출된 코풀린도 그런 역할을 한다. 인간에 가까운 고등동물일수록 생물학적 요인의 영향이 줄어드는데, 코풀린은 원숭이에게 성적인 자극이 될지라도 절대적인 자극이라고 할 수 없다(368). 사람이 분비하는 물질이 성적 효과를 지니는지에 대한 연구는 많지 않지만, 1970년대 초반에 발표된 여성의 월경주기에 관련된 연구가 상당한 관심을 끌었다. 연구자는 함께 살고 있는 여성의 월경주기 일치 비율이 높음을 제시하면서 그 일치성이 페로몬에 기인한다는 가설을 제기했다. 가깝게 지내는 여성이 서로에게 페로몬을 전달하여 그로 인해 월경이 개시하는 날짜의 일치 비율이 비교집단보다 더 높았다는 연구였다(337). 1990년대에도 집에서 함께 살고 있는 모녀나 자매의 51%, 또 아주 절친하게 지내는 친구들의 약 30%가 서로에게 영향을 미치어 월경주기가 일치한다는 연구 보고가 있었다(525). 또 남성과 규칙적으로 성생활을 하는 여성은 그렇지 않는 여성에 비해 월경주기도 더 정확한 편이었고, 난자세포를 성숙시키는 기간에는 에스트로겐 양도 더 많았다. 이러한 점이 페로몬 영향인지도 모른다. 실제로 여성의 경우 남성이 분비한 페로몬에 노출시킨 집단과 그렇지 않는 집단을 비교하였을 때 성교 등의 성행동 비율이 더 높게 나타났다(149). 이런 점을 토대로 사람도 페로몬 감지세포가 있을 것이라고 추측하지만, 확증할 수 있는 것은 아니다(335).

그러나 화장품 회사들은 이러한 가설을 상업적으로 이용하고 있다(126). 남성이 향내가 나는 비누를 사용하거나 면도 후 화장수를 바르는 것은 중세부터 유행했으며, 여성이 향수를 사용하는 이유는 매력 증진, 냄새 제거 및 스스로 얻는 감각적인 쾌락이다. 양질의 향수는 대부분 동물들이 발산한 향료(예: musk, ambergris, civet 등)이며, 향수 이름도 주로 열정이나 성, 깨끗한 몸을 나타내는 단어들이다. 일부 향수에는 최음제의 특성도 가미되어 있다. 예를 들면, 머스크(musk)는 남성 고환의 의미를 담은 페르시아어이며, 라벤더(lavender)는 '씻는다'는 뜻의 라틴어(lavare)에서 유래했다(446).

13
사정과 오르가슴

1. 남성의 조루 현상

성 경험이 있는 남자 대학생의 조사에서 거의 98%가 자신의 기대보다 더 빨리 사정하는 것을 걱정했다(238). 대부분의 임상보고서도 남성의 가장 큰 고민거리를 사정(ejaculation)의 시기라고 지적한다. 소위 조루[PE(Premature Ejaculation) 혹은 EE(Early Ejaculation)][1]에 대한 정의는 연구자마다 다를 수 있겠지만, 성기능장애의 한 유형으로 DSM에 등재되어 있을 정도로 노소를 막론하고 남성의 최소 1/3 이상이 이를 고민이나 불안으로 여기고 있다.

혹자는 성적 상호작용에서 오르가슴에 이르는 시기가 개인마다 다르므로 극단적 사례를 제외하고 조루를 성기능장애로 볼 수 없다고 주장한다. 남성의 조루는 여성의 반응에 달려 있으므로 상대적이어야 한다는 주장이다. 예를 들면, 성적 상호작용이 진행되기 시작하여 5분이 지나서 사정을 했던 남성도 조루라고 판정될 수 있는 반면, 2분이 지나기 전에 사정을 했던 남성이 정상으로 여겨질 수도 있다. 문제는 여성이 언제 오르가슴에 도달하는가에

---

1) 과거에는 PE로 표현했으나, 2013년도에 출간된 DSM-5에는 PE와 EE를 병행해서 사용하고 있음.

달려 있다. 성 반응이 매우 느린 여성을 상대하는 남성은 간혹 그녀가 성적으로 전혀 민감하지 못한 이유가 바로 자신의 조루 증상 때문이라고 스스로 잘못 해석, 진단하면서 고민하게 된다. 그래서 남성은 조루를 여성이 평가하거나 지각하는 것보다 더 민감하게 여기므로 조루에 대한 걱정이나 스트레스가 여성보다 더 높은 편이다(274, 289).

그러나 1940년대의 킨제이 조사에 참여했던 미국 남성의 대다수가 성교 시작 후 2분 이내에 사정한다고 반응했다. 킨제이는 성교에서 남성이 여성을 기쁘게 해 주어야 한다는 사회·문화적 기대 때문에 조루가 문제시되었다고 주장하면서, 남성의 빠른 사정 현상을 신경증이나 병리적 문제로 보는 주장이 과학적으로 정당화될 수 없다면서 오히려 빠른 사정 능력이 생리적으로 훌륭한 성기능 증거라고 표현했다.

수컷 침팬지들은 교미 시 생식기를 암컷 생식기에 삽입한 후 5~20초 정도에 사정하며, 사정 시까지 골반의 돌진 운동도 평균 9차례에 불과하다(224). 하등 동물에게는 사회·문화적 요인이 결여되어 있어 조루라는 개념이 없다. 따라서 조루를 평가할 때 사회, 문화, 경제적 요인을 고려해야 한다. 보통 사회경제적 수준이 높은 사람일수록 상대방의 오르가슴에 더 많은 관심을 가지므로 남성의 조루가 문제시된다. 그 반면 성행위를 하나의 의무로 받아들이는 여성은 성교 시간이 짧을수록 고통스럽게 참아야 할 성가신 일이 줄어들기에 남성이 사정을 아무리 빨리 해도 전혀 문제시하지 않는다. 조루가 사회·문화적 기대에서 문제시 되었음에도 정신건강 전문가들은 이를 성기능장애로 인식하고 여기에 대한 정의나 치료기법을 제시하고 있다. 그러나 치료기법보다도 정의에 대한 의견이 더 분분하고, 더 애매하다. DSM의 진단 기준에도 조루증으로 인한 고민이나 대인관계의 어려움이 포함되어 있지만, 나이, 성 파트너, 상황, 성행위 빈도 등 여러 요인을 고려한다고 명시되어 있다. 이제 정신건강 전문가들의 조루에 대한 정의 방법을 살펴보자.

첫째, 조루에 대한 양적 정의다. 이는 음경이 질 속에 삽입되어 사정하기 전까지 돌진 운동의 횟수나 경과 시간에 의한 정의다. 마스터스와 존슨은 30초나 60초 등 초시계적 개념, 즉 기계적인 조루 정의는 성행위 수행에 심한 부담을 준다고 비판했지만, 2013년도의 DSM-5에는 여성의 성기에 음경이 삽입된 순간부터 1분이라는 기준이 정해져 있다. 물론 6개월 동안 시도했던 성교 행위의 3/4 이상에서 1분을 넘지 못하고 사정하는 경우로 제한하고 있다. 여성의 입장에서도 음경이 삽입되는 순간 성적 쾌감을 얻기 시작한다면 매우 바람직하게 들릴지 모르지만, 여성이 성행위에 관심을 일찍 잃게 되면서 남성도 성행위의 즐거움을 잃을 수 있다(352). 또 돌진 운동 횟수도 돌진 속도나 강도, 깊이, 윤활 작용 등의 조건에 따라 영향을 받는다. 그러므로 양적 차원의 조작적 정의는 매우 애매하다.

둘째, 여성 파트너를 어느 정도 만족시키는가에 따른 정의다. 예를 들면, 마스터스와 존슨은 성교 빈도의 50% 정도에서 여성을 만족시키지 못한다면 남성에게 조루 증상이 있다고 본다(352). 그러나 이러한 평가는 여성의 성 반응에 별다른 문제가 없을 경우에 제한되며, 또 무엇이 성적 만족인가의 문제도 등장한다. 여성이 오르가슴에 도달하지 않았어도 성적 상호작용에서 주관적인 만족을 얻었다고 할 때 어떻게 평가해야 하는지 애매하다.

셋째, 남성이 자신의 사정 현상을 자의로 통제할 수 있는가의 차원에서 정의하는 조루다. 남성이 자의로 사정 시기를 조절하고 싶더라도 반사적 현상에 해당되는 사정을 조절하기란 매우 어렵다. 또 사정 반응은 성적 자극을 받으면 교감신경계의 작용에 따라 나타나므로 이를 병리적으로 진단하는 것은 바람직하지 않다. 그러나 소변을 통제하는 복잡한 조건반사를 발달시키듯이 사정 반응도 어느 정도 통제할 수 있다고 믿고 이러한 기준을 선택하였다. 한마디로 조루중의 조작적 정의에는 일관성이나 합리성이 부족하다.

2. 조루의 원인과 치료

조루를 원어대로 해석하면 사정 반응을 통제하는 남성의 기술이 미숙했다(premature)는 뜻이다. 자율신경계 작용에 의한 반사행위를 제대로 통제하지 못한 것을 미숙하다고 표현한 것이다. 그래서 캐나다의 캘거리 대학교 정신과 교수 샌더(Gary Sander)는 '미숙한'이라는 단어보다도 사정을 급하게 했다는 의미로 '급사정(rapid ejaculation)'이라고 불렀으며, 2013년도의 DSM-5에 '이른사정(early ejaculation)'이라는 표현이 등장했다. 그렇다면 왜 남성은 자신이 기대한 시기보다 더 일찍 사정하는지 원인을 간단히 살펴보자.

먼저 생리적 요인으로 진화, 성호르몬 수준, 음경 민감성, 사정 반사 속도 등을 생각할 수 있다. 그러나 조루 증상은 거의 대부분 생리적이 아니라 심리적 원인으로 일어난다. 바로 여성에 대한 무의식적 증오나 적개심, 자신의 사정 현상을 잘 통제해야 한다는, 그리고 파트너를 성적으로 만족시켜야 한다는 부담과 불안, 성교 기술이나 경험 부족 등이 그것이다. 실제로 그 원인이라고 생각되는 요인과 조루 현상의 인과관계는 불분명하지만, 자신의 조루 현상을 의식하는 남성은 불안 때문에 성교를 회피하는 경향을 보이며, 이를 염려하지 않는 남성보다 성교 빈도가 더 낮은 편이다. 또 만성적으로 조루 현상을 보인 사람들은 대부분 조급증이나 자신감 결여 등의 성격 문제를 보이고 있다. 흥미로운 사실은 그들 대다수가 부인과의 관계에서는 조루 문제가 생기지만, 자위행위를 할 때에는 그렇지 않다는 점이다(196).

성격 문제의 원인은 무의식적 공포, 갈등적 사랑이나 증오다. 한 남성이 아내를 사랑하지만 다른 사람이나 자신을 더 사랑하는 경우가 갈등적 사랑의 예다. 그 경우 아내에게 진실한 사랑을 전달하기가 어려워 사랑과 미움의 감정이 공존하는 갈등에 빠진다. 그 대가로 부인에게 받게 될 상처나 처벌에 대한 무의식적 공포가 생기고, 이는 조루라는 장애로 나타난다. 일반적으로 교육 수준이 높은 남성일수록 조루 문제를 더 많이 보인다.

이제 조루의 고민을 어떻게 중재할 수 있는지를 살펴보자. 사실 조루는 대부분 심리적 요인에 의해 발생하지만, 심리적 기법만으로는 조루증 치료 효과를 얻지 못한다. 오히려 행동기법이나 약물이 더 효과적이며, 이들을 심리치료와 함께 이용하면 더욱 큰 효과를 기대할 수 있다. 기본적인 행동기법은 1956년 시먼즈(J. Semans)가 소개한 중지/개시(stop/start)기법이다(451). 이 기법은 오늘날 거의 사용되지 않지만, 그 원리는 남성의 사정 느낌이 있을 때까지 여성이 음경을 자극하다가 곧바로 사정의 충동이 사라질 때까지 음경의 자극을 중단하고, 다시 자극을 재개하고 중단하는 것을 반복하는 것이다. 발기를 유지시키고 사정 지연에 필요한 중단 횟수는 치료를 반복하면서 줄어나가며, 치료는 남성이 그러한 중단 없이도 오랫동안 자극을 경험하는 능력이 발달할 때까지 지속된다. 이 기법이 처음 소개되었을 당시 치료 시간은 평균 3시간이었으며, 치료 성공률이 100%라고 했다. 그러나 나중에 이 기법으로 조루증을 치료하는 것이 어렵다는 보고가 등장했다. 자극을 개시하다가 어느 순간에 중단해야 하는지 등 여러 어려움이 따랐기 때문이다(74).

마스터스와 존슨은 중지/개시기법을 변형시켜 압박(squeeze)기법을 고안했다. 이 방법도 역시 발기되어 사정의 감각을 느끼면 여러 손가락으로 발기가 사라질 때까지 음경 하부를 꽉 쥐고, 곧이어 다시 흥분시키기를 반복한다. 즉, 파트너가 남성의 두 다리 사이에 앉아 음경을 자극하여 발기시킨다. 남성이 오르가슴과 같은 불가피한 상태에 도달했다고 느낄 때, 파트너에게 자극을 중지하라는 신호를 보내면 파트너는 엄지손가락으로 음경의 주름띠(frenulum) 부위를 누르면서 다른 손가락들로 귀두(glans)를 압착한다. 파트너의 손가락으로 음경을 꼬집는 것처럼 보이므로 이를 꼬집기(pinch)기법이라고도 한다. 이러한 순간적이지만 참을 수 있을 정도의 고통을 가하면 오르가슴 충동이 줄어든다. 자극과 압박을 몇 차례 반복하는 동안 남성이 자극을 받아도 오르가슴에 쉽게 도달하지 않게 된다는 것이다.

앞서 제시한 두 행동기법은 모두 혼자서 자위행위를 통해 훈련할 수 있지만 파트너의 도움을 받으면 더 효과적이다. 마스터스와 존슨은 어떠한 문제가 생기면 누구 탓으로 단정할 것이 아니라 두 사람이 함께 풀어가야 한다는 자세를 취하라고 강조했다. 치료적인 관점에서 커플 간의 상호작용이 매우 중요하다는 지적이다(352). 약물을 이용하여 사정 시기를 늦추는 방법도 있다. 보통 약물들은 사정반사를 관장하는 교감신경계의 활동을 방해하거나 사정반사에 필요한 신경전달물질인 세로토닌의 수준을 증가시킨다. 그러나 약물 복용으로 발기가 늦어지거나 사정이 너무 지연되어 성교 과정에서 사정이 안 되는 부작용이 생길 수도 있다(238).

남성은 자신의 기대보다 더 일찍 사정하는 현상을 두려워하지만, 나름대로 조루를 극복하려고 노력한다. 성 경험이 있는 20세 전후의 남자 대학생들의 조사에서 99%가 자기 나름대로 사정을 지연시키기 위한 여러 가지 행동적 또는 인지적 기법을 사용하고 있었다. 가장 효과적인 기법은 잠시 동안 성기를 여성의 질에서 빼거나 성교 전에 미리 사정을 해 버리거나 성교 전에 약을 복용하는 것이라고 답한 반면, 가장 일반적으로 사용되고 있는 기법은 돌진 운동을 천천히 하거나 성에 관련되지 않은 자극을 머리에 떠올리거나 몇 차례의 돌진 운동 후 일시적으로 중단하는 것 등이었다(238).

3. 여성의 사출 현상

여성도 성적으로 흥분하면 질 부위에서 액체를 분비한다. 이로 인한 윤활 작용은 매우 자연스러운 현상인데, 이를 모르는 여성은 속옷 적시는 것을 두려워한다. 여러 연구자는 일부 여성이 성교 도중 남성의 사정 현상처럼 요도 부위의 선(gland)이나 관(duct)에서 어떤 액체를 분비한다고 믿는다. 이러한 주장은 17세기 네덜란드 발생학자 그라프(de Graaf)가 여성의 요도 주변의 작은 선들과 관들의 일부에서 여성을 정욕에 불타게 만드는 액체가 생성된다고 기술하면서 등장했다. 1930년대에도 오르가슴을 느낄 때 여성의 몸에서 어떤 액체가 분비된다고 기술한 바 있다(310).

독일의 산부인과 의사 그라펜베르크(Ernst Grafenberg)는 1944년 동료(R. Dickenson)와 함께 질 벽의 내부를 따라 그러한 선들과 주변 조직이 존재한다고 주장했고, 학계에서는 이

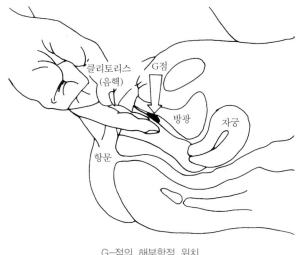

G-점의 해부학적 위치

부위를 재발견한 그라펜베르크의 이름 첫 철자를 따서 G-점(G-spot)이라고 부른다. 이 부위를 자극하면 처음에는 배뇨의 느낌이 들며, 강한 자극과 함께 오르가슴을 경험할 수 있다. 그 위치는 방광 바로 아래인데, 질 입구에서 1~2인치의 거리 정도로 치골(pubic bone) 뒤와 자궁경관의 앞 중간 지점이다(231). 그 구체적인 장소는 손가락을 1인치가량 집어넣으면 작은 덩어리와 같은 딱딱한 부분이 만져지는 곳이다. 평소에는 작은 콩알 정도 크기에 불과하지만, 성적으로 흥분할 경우 크기가 2배 정도로 커진다.

사실 지난 반세기 이상 G-점에 대한 논쟁은 뜨거웠다. 그 핵심은 G-점의 존재 여부, 존재한다면 어디인지, 또 그곳에서 방출된 액체가 무엇인지 등이었다. 이 부위를 연구하는 사람들은 대부분 성적 흥분의 최고조 상태에서 그곳이 액체를 생성·분비하는 선의 기능을 한다는 점에 동의한다. 그래서 이를 여성의 사출(female ejaculation)이라고 부르고 있지만, 그 사출의 본질은 아직 불분명하다. 킨제이는 사출과 관련된다는 선을 흔적 구조라고 주장했고, 마스터스와 존슨은 자신들이 연구한 100명의 여성 중 10%만이 그 부위를 자극할 때 흥분했다면서 G-점과 흥분과의 관계가 잘못 형성되었다고 일축했다. 이 부위를 아직 해부학적으로 정확하게 묘사할 수는 없으나 임상이나 실험실 연구에 의하면, 남성의 전립선에서 분비된 액체와 유사한 액체가 분비된다고 밝히고 있다. 그러한 이유로 대부분의 학술지에서는 남성의 전립선과 상동기관이라면서 이를 여성의 전립선이라고 부른다(310).

남성의 전립선은 기능을 하고 있으나 여성의 전립선은 남성의 젖꼭지처럼 진화하여 현재 기능이 없다고 간주되고 있다. 사출에 대한 개인차가 매우 심해 일반인은 이 부위의 기능을 쉽게 이해하지 못한다. 많은 여성이 오르가슴 경험 시 분비되는 액체를 소변의 일부로 여겼고, 과거에는 대다수 의학자도 이러한 액체의 분비를 요실금이라고 믿었다. 실제로 여러 연구자는 일부 여성으로부터 성행위 도중 요 성분 분비를 확인했다. 그러나 질 근육이 약한 여성은 흔히 성교 도중에 우연히 소변이 배출되어 침대를 적실 수 있다. 한편 그라펜베르크는 그 물질이 요 성분과 다르다고 주장했고, 이후 여러 학자도 남성의 전립선에서 분비되는 물질의 특성을 지녔다고 발표했다. 또 그 액체는 성행위 개시 시기가 아니라 성적 흥분이 고조되었을 때 분비되며, 남성의 정액보다 더 가늘고 하얀 초유나 물에 가라앉은 상태의 우유처럼 보인다(152).

그러나 모든 여성이 그런 물질을 분비하는 것은 아니다. 그 부위를 자극해도 분비를 알아차리지 못하는 여성도 있고, 직접 자극하지 않아도 분비한다고 답하는 여성도 있다. 다른 부위보다 그곳을 자극할 경우 액체를 더 많이 분비한다는 여성도 있고, 어떤 액체를 분비하고서도 양이 너무 적어서 느끼지 못하는 여성도 있듯이 개인차가 크다. 여러 연구를 종합하면,

오르가슴에 이르면서 액체의 분비를 알아차리는 여성은 연구에 따라 50%를 넘기도 하고, 10% 미만이기도 하다(152, 266, 396). 그 액체가 방출될 때에도 질이나 요도의 괄약근 강도에 따라서 느낌이나 양이 다르다. 줄줄 새는 것처럼 흐르는 경우도 있고, 해부학적 특이성 때문에 세차게 분출되어 1m 정도까지 날아가는 경우도 있다. 후자를 굳이 속도로 표현하면 시속 22.5km에 달하여 소변의 방출 속도보다 빠르다(66, 310).

4. 남녀의 오르가슴

남성의 성감은 음경에서의 접촉 감각과 사정의 순간에서 얻은 감각을 말한다. 특히 후자는 극히 짧은 순간에 해당되며, 성교 도중 거의 1회에 한정된다. 흔히 사람들은 남성이 사정을 할 때 쾌감이 최고조에 달했다고 생각하지만, 그렇지 않다. 남성이 사정하더라도 쾌감의 강약은 항상 다르다. 오르가슴 경험은 심리적 현상이지만 생리적 구조상 남성이 여성보다 오르가슴을 더 잘 느끼도록 되어 있다. 남성은 대부분 사정 후 쉽게 발기 상태가 사라진다. 성욕이 사정 후 급격히 감퇴하며, 연령 증가에 따라 사정이 끝난 후 성욕 회복에 걸리는 시간도 길어진다. 원래의 발기 상태에서 짧은 시간 간격을 두고 두 차례 이상 사정하는 경우가 거의 없다. 곧 남성은 전형적으로 두 번째 오르가슴을 경험하려면 일정한 휴식 기간이 필요하다. 마스터스와 존슨은 이를 불응기(refractory period)라고 표현했다(351). 그 기간은 10대 남성에게는 몇 분에 불과할 수도 있지만, 나이가 들수록 길어진다.

남성의 성기가 여성의 질 내에 어느 정도 머물러야 성적으로 여성을 만족시키는가에 관한 법칙은 없다. 동일한 파트너와 성교를 경험해도 쾌감의 정도는 항상 다르다. 성교 그 자체가 성적 기쁨을 주는 필수 사항도 아니며, 성교 때마다 오르가슴을 경험하는 것도 아니다. 오히려 아무런 쾌감을 얻지 못한 상태에서 성적 자극이 지속된다는 것은 남녀 모두에게 불편한 일이다. 예를 들면, 남성의 성기가 질의 윤활 작용이 중단될 때까지 너무 오랫동안 머물러 있으면 여성에게는 고통이 될 수 있다.

과거에는 남성이 여성의 오르가슴에 별다른 관심을 보이지 않았다. 그러나 여성도 성적 존재라고 인식된 20세기 중반 이후, 남성의 성적 수행이 완벽하지 못하다는 것이 여성의 가장 흔한 불평이 되었다. 따라서 요즈음 남성은 여성이 오르가슴에 도달했는지를 확인하려고 애를 쓴다. 이러한 상황에서 남성은 자신보다도 파트너가 먼저 오르가슴에 도달하는 것을 최고의 위안이나 만족으로 여기는데, 자신이 괜찮은 남성임을 증명했다고 생각하기 때문이다. 역설적으로 말하면, 남성은 여성을 성적으로 만족시키는 것처럼 어려운 일이 없다고 표현한다. 이는 여성이 남성보다 오르가슴에 도달하기가 더 어렵다는 뜻이다.

이러한 변화는 성을 정치적으로 통제하던 사회주의체제에서도 보인다. 예를 들면, 중국은 1966~1976년의 문화혁명 기간 동안 성 관련 문화를 모두 타파했다. 그러나 그 이후에는 변화를 보였는데, 1990년대 초반 성교 목적을 자녀 생산이라고 응답한 중국인의 비율이 11%에 불과했으며, 여성 응답자의 27%가 항상 오르가슴을 원하고 있으며, 41%는 가능하다면 성교 때마다 오르가슴을 원한다고 대답했다(389). 또, 20~40대 중국 기혼 여성의 조사에서 최소한 10%의 여성은 남편과의 성교가 매우 불만족스럽다고 불평했는데, 그 이유는 주로 오르가슴의 결핍 또는 이로 인한 성욕의 부재였다(551).

대부분의 남성은 자위행위에서 오르가슴을 느낄 때 성기의 자극을 중단하거나 줄이는 반면, 여성은 오르가슴에 달해도 성기 부위의 자극을 지속한다. 이러한 차이는 성교 시에도 관찰된다(351). 이러한 반응 차이로 남녀가 동시에 오르가슴을 경험하는 일은 매우 힘들다. 여성은 오르가슴을 전후하여 계속 자극을 받고 싶더라도 남성은 사정한 후 발기 강도가 줄어들기 때문에 커플이 모두 만족을 극대화하려면 이론적으로 남성보다도 여성이 먼저 오르가슴에 도달해야 한다(74).

성행위에서 누구나 오르가슴을 경험할 수 있다고 생각하지만, 남성보다 여성이 오르가슴에 도달하는 것이 더 어렵다는 점을 해석함에 있어서 성차가 존재한다. 남성은 여성이 너무 낭만적이고 반응이 느리고, 수동적이어서 성적 쾌감이 줄어든다고 불평하지만, 여성은 남성이 여자의 마음을 잘 모른다고 느낀다. 여성운동가들은 남녀의 성 역할이 서로 다르게 학습되었고, 여성의 성욕 표현에 대한 기준이 남성보다 보수적이어서 그런 차이가 생겼다고 주장한다. 남성에게 수동적으로 취급받아 온 전통적인 여성은 치료 전문가의 처방에 따라 성욕을 자의적으로 표현할 때보다 수동적으로 취급받을 때 흥분을 더 잘 느낀다는 점이 이를 증명해 준다(531).

성교의 목표를 오르가슴 도달이라고 믿는 남녀의 일부는 성행위 과정에서 오르가슴에 도달하지 않았음에도 마치 이를 경험하는 것처럼 위장한다. 이를 허위 오르가슴(faking orgasm)이라고 하는데, 『플레이보이(Playboy)』잡지 구독자들에 의하면, 남성의 28%와 여성의 2/3가 허위 오르가슴을 경험했다고 고백했다(398). 여성이 남성보다도 오르가슴을 위장하는 비율이 더 높다. 오르가슴을 느낀 척하는 사람들은 아마도 자신이 부적격하다고 판단되지 않을까, 상대방의 마음이 상하지 않을까, 또 오르가슴에 도달하지 않으면 지금까지의 노력이 헛되지 않을까 하는 두려움 등을 지니고 있다. 상대방으로부터의 자극이 고통스러울 때 이를 빨리 회피하기 위해 일부러 오르가슴을 느낀 척 연기하기도 한다. 근래에 보고된 연구에 의하면, 여성이 오르가슴을 위장하는 또 다른 이유는 상대가 성적으로 능력 있는 사람임을 보여 주기 위해서, 상대의 성적 만족을 높이기 위해서, 상대의 외도가 의심될 때 자신의 옆에 붙잡아 두기 위해서, 오르가슴을 느끼지 못하는 두려움에서 벗어나기 위해서 등이었다(145, 279).

남성도 자신이 너무 일찍 오르가슴에 도달했다고 생각하면 사정 후에도 일부러 몇 차례 돌진 운동을 더 하고 나서 상대방에게 자신이 적절한 시기에 오르가슴에 도달한 것처럼 인식시키기 위해 나중에 신음소리를 낸다. 그러나 이처럼 속임수를 쓰는 행위는 문제를 풀어 가는 것이 아니라 오히려 불만족스러운 관계로 남아 있기를 원하는 것이다.

성행위를 시작하고 사정에 이르는 시간이 길수록 남녀 모두 성교로부터 쾌감을 얻을 가능성이 커진다. 이를 위해서는 앞에서 언급한 몇 가지 기법을 응용하는 것도 필요하지만, 더 중요한 것은 커플이 서로 이해하려는 자세다. 이 경우 중추신경계를 진정시켜 주는 술이 도움이 되지만, 소량을 섭취해야 한다. 소량의 술은 공포나 불안, 죄의식 등 성적 금지를 어느 정도 해소시킨 상태에서 성적 상호작용에 임하게 해 준다. 쾌감의 주관적 강도는 줄지만, 남성의 사정 반응도 술 때문에 평소보다 약간 더 늦게 나타난다. 그러나 과음하면 오히려 성욕이 감소하고 성기능이 저하되는 약점이 있다(347).

어떤 여성은 성교 시 오르가슴 경험을 그렇게 대단하다고 생각하지 않는다. 그들은 오히려 상대방의 따뜻함과 친밀감을 더 원한다. 그러나 대부분의 남성은 성행위를 하나의 운동 경기처럼 여기고 경기를 잘 풀어나가야 여성을 실망시키지 않는다고 생각한다. 오르가슴의 해부학적 위치는 질이나 음핵이 아니라 눈과 귀, 피부 등으로부터 얻는 정보를 해석하는 두뇌에 달려 있다. 여성은 성적 상호작용에서의 분위기 등 정서적 느낌을 매우 중요하게 생각한다. 그래서 물리 기구를 이용하여 성적 능력이나 만족감을 향상시킨다는 단편적인 생각도 버려야 한다.

5. 오르가슴의 기능

여성이 남성처럼 오르가슴을 쉽게 느끼지 못하는 것이 여성운동가들의 주장처럼 남성의 우월성과 관련된다면, 다른 동물들의 모습을 관찰할 필요가 있다. 마스터스와 존슨의 실험실 연구처럼 동물들의 생리적 반응을 비교할 때 어떤 영장류의 암컷은 사람과 비슷한 성 반웅 주기를 보였지만, 오르가슴에 이르지는 못했다. 생물학자들은 이를 근거로 남녀의 오르가슴이 각각 따로 진화되었고, 여성의 오르가슴이 더 늦게 진화되었다고 주장했다(531).

사회생물학자들에 의하면, 여성은 다른 종의 암컷과 비교할 수 없을 정도로 성교에서 강한 오르가슴을 느낄 수 있다. 또 남성의 오르가슴과는 달리 여성의 오르가슴은 생물학적으로 두 가지 주요한 기능을 갖는다. 성교 도중 남성에게 계속 돌진 운동을 시키는 것이 아니라 언제 성교를 중단해야 하는가를 알려 주는 것과 성교를 일단 시작했다는 사실에 대한 보상을 가져다주는 것이다. 만일 여성이 남성보다 더 빨리, 더 분명하게 오르가슴을 경험해 버린다면 사정이 이루어지기 전에 성교가 끝날 확률이 50% 정도가 된다. 만약 이렇게 진화되었다면 수태의 기회를 줄여 인간의 종족 보존에 차질이 생겼을지도 모른다(531).

그들의 주장과는 달리 여성의 오르가슴이 임신 가능성을 높인다는 설명도 등장했다. 과거에는 여성의 오르가슴은 쾌락, 파트너와의 정서적 결속, 친교, 결혼의 행복 이외의 기능이 없는 것으로 이해되었다. 여성이 오르가슴과 흥분을 경험할 때 질의 윤활 작용은 더 원활해진다. 윤활 작용 자체가 질 내부 체액의 알칼리성 농도를 다소 높여 주므로 정자세포가 질 속에서 생존하거나 자궁까지 도달할 확률이 높다. 물론 오르가슴을 경험하지 않아도 임신이 가능하지만, 오르가슴은 임신 가능성을 높여 주는 역할을 한다. 또 오르가슴을 자주 경험한 여성은 그렇지 않은 여성보다 성욕이 더 강하다. 성욕이 강할수록 성교 빈도가 높아지고, 결국 피임하지 않은 상태의 임신 가능성도 높아진다(74). 그러나 반대로 남성이 사정하기 전에 여성이 오르가슴에 도달하거나 남녀 동시에 도달하는 것보다 사정한 후에 여성이 오르가슴에 도달하는 것이 여성의 질 속에 간직된 정자세포의 양이 많으며, 그러한 이유로 임신 가능성이 더 높다는 주장도 있다. 그 이유는 성교 과정에서 피로와 졸음을 유도하여 일정 시간 동안 여성이 바로 눕는 자세를 취하도록 해 주므로 정자세포가 질 내부나 자궁경부에 도달하기가 더 유리해지기 때문이다(461).

만약 여성이 성행위에서 오르가슴을 전혀 경험하지 못한다면, 여성을 유혹하기가 지금보다 훨씬 더 어려웠을 것이고, 여성 스스로도 성교에 대한 동기가 훨씬 더 낮았을 것이다. 조물주의 지혜에 따라 여성의 오르가슴은 남성이 사정하기 전에는 잘 나타나지 않도록 되어 있으며, 여기에는 보상이 따른다. 곧 여성이 오르가슴을 자주 느끼지 못한다고 해서 이것이 진화론적 불평등은 아니다. 스키너(B. Skinner) 이론에 의하면 여성의 오르가슴은 소거에 대한 저항(resistance to extinction)이 매우 큰 간헐적 보상에 의해 강화를 받고 있다. 여성은 오르가슴에 대한 기대 때문에 다음 성교에 임하게 되고, 아울러 성행위에서 남녀의 균형을 맞추기 위해 여성은 때때로 일회의 성교에서 복수의 오르가슴(multiple orgasm)을 경험할 수 있도록 진화되었다(531).

폴리네시아 문화권의 망가이아(Mangaia) 족에 대한 1960년대 조사에 따르면, 13~20세 정도의 소녀들은 보통 3~4명의 애인을 두고 있으며, 성교 시 여성은 복수의 오르가슴을 경험한다고 한다. 이러한 이야기를 들으면 양성평등이나 여성의 권리가 더 우세한 문화권 같지만, 실제로 이곳은 남성 문화권으로 남성이 혼전에 수많은 여성을 상대하다 보니 여성도 성적으로 발달하게 된 결과다(350). 킨제이 조사에서도 여성의 13%가 한 차례 성교에서 2회 이상의 오르가슴을 경험한다고 보고했다(126). 킨제이 보고서나 마스터스와 존슨의 연구에서 일부 여성이 복수의 오르가슴을 경험한다는 결과에 대다수 여성은 이를 부러워한다. 혹자는 남성도 오르가슴 도달 후에 사정을 하면 복수의 오르가슴을 경험할 수 있다고 주장한다. 이론적으로는 남성의 오르가슴과 사정은 두 개의 별개 과정이므로 각각 따로 나타날 수도 있다는 주장이다(199). 그것이 현실적으로 가능할지는 미지수다. 또 남녀 모두가 성교 때마다 오르가슴을 원하지만 남녀가 동시에 오르가슴에 도달하는 것은 매우 어려울 뿐만 아니라 혹자는 동시에 오르가슴에 도달한다면 다른 면을 잃을 가능성이 있다고 말한다. 즉, 오르가슴을 경험하고 나면 곧바로 의식 상실도 경험할 수 있는데 남녀가 동시에 그러한 경험을 한다면 서로의 쾌감을 완전히 이해하지 못한다는 주장이다.

6. 성적 환상

사고 기능의 발달로 사람들은 환상을 즐긴다. 여러 가지 환상 중 가장 흥미를 유발하는 것은 사랑과 성에 관한 환상이다. 성적 환상은 자신이 소망하는 파트너와의 성행위나 낭만적 관계를 이루는 긍정적 내용에서 그 파트너에게 거부당하는 부정적인 내용까지 다양하다. 현실적으로 불가능한 내용일지라도 성적 환상은 타인이나 사회적 제약을 받지 않고 가능하지만, 프로이트는 성적 환상이 소망이나 채워지지 않았던 욕구, 특히 성적으로 좌절된 욕구에 대한 보상이라고 믿었다. 라이히(Reich) 역시 오르가슴을 얻지 못하는 사람들에게 절망하지 말고 환상을 이용하라고 말했다(128, 317, 414).

그 두 사람 모두 성적 환상은 정서적 미성숙의 징조라고 생각했으며, 20세기 초반의 수많은 임상전문가나 정신분석학자들도 성적 불만족, 욕구 좌절, 억제, 피학성 변태성욕, 무의식적 성적 갈등에 의한 산물임을 지지했다. 그러나 최근에는 성적 상호작용에서, 하물며 비(非)성적인 행위에서도, 환상의 긍정성을 강조하면서 그러한 성적 환상이 전혀 없는 것 자체가 성욕장애에 해당될 수 있다고 여긴다. 그래서 오르가슴 경험이 어려운 여성을 치료할 때 자위행위나 성교 시 환상을 이용하도록 권유하고 있다(128, 317).

성적 환상은 성적인 목표에 대한 강도나 방향을 제시하거나 성적 정체성에도 영향을 미친다. 여러 학자는 청소년기가 성 태도 및 행동의 형성에 결정적인 시기라고 믿는다. 성적 활동에 대한 개념이 불분명한 사춘기 이전에는 성적 환상도 모호하지만, 사춘기 초기를 벗어나면서부터 생생한 내용의 성적 환상이 나타나기 시작한다. 청소년기 말기의 환상은 더 현실적인 내용을 담고 있다. 청소년기에서 중년기로 접어들면서 성적 환상이 줄어들지만, 사라지지는 않는다. 많은 사람이 실제로 파트너와 성관계를 가지는 도중에도 성적 친밀감을 유지하고 높이기 위해서 또는 쾌감을 증진시킬 목적으로 파트너 이외의 타인에 대한 성적 환상을 경험한다(74). 실제로 상당수의 여성이 파트너와의 성행위에서 환상을 즐기는데, 가끔 이러한 환상을 이용하여 성적 흥분을 돋우고 오르가슴에 도달하기도 한다. 이러한 목적으로 환상을 이용하더라도 그 환상을 이용하는 것 자체는 자신의 현재 성생활의 만족과 무관하다(393). 성적인 환상의 내용이나 빈도에서도 성차가 나타나는데, 남성은 주로 성적 수행에 관한 세부적인 내용이나 과거의 경험에 의존하지만 여성은 신체적인 면보다도 사회적·심리적인 면의 환상이 더 흔하다(126).

여러 연구를 종합할 때 자위행위 도중에도 환상을 즐기는데, 그 비율은 남성이 86%, 여성이 69% 정도였다. 성적 환상의 빈도 역시 남성이 여성보다 약간 더 높게 나타났다. 대학생들을 조사한 결과 남자는 하루 평균 외부 자극이나 내적 상태에서 이루어진 환상이 7.2회인 반면, 여자는 4.5회 정도였다. 대부분의 다른 연구도 일관성 있게 빈도의 성차를 보고한다. 그러나 실제 성교 도중의 환상 빈도는 남성이 다소 높지만, 모든 연구에서 그런 차이를 보이지는 않았다(317). 그러한 성차가 존재하는 이유를 사회문화이론은 성 파트너를 선택할 때나 사회적으로 인정하는 관계 이외에서 만족을 추구하는 성행위에 임할 때 여성이 남성보다 더 조심스럽기 때문이라고 설명한다. 또 사회생물학이론은 진화론적 관점에서 결정된 남성 호르몬 수준 차이로 인해 사춘기 이후로 남성의 환상이 더 높다고 설명한다(317).

의식적으로나 무의식적으로나 일생 동안 즐기는 성에 관한 사고, 상상, 환상, 꿈, 백일몽 등은 모두 정도에 상관없이 정상으로 간주된다. 그러나 환상이 정상이더라도 자신에게 용납될 수 없는 환상이 수차례 반복되면 그 대가로 죄의식이 생긴다. 특히 성교 도중에 나타나는 환상을 일탈이나 성적 부적응으로 믿는다면 죄의식은 더 커진다. 성적 환상에 대하여 죄의식을 크게 느끼는 사람들의 비율은 조사마다 다르지만, 상당수가 성교 도중 파트너 이외의 사람에 대한 환상을 가지면서 죄의식을 느낀다. 그러나 성교 도중의 환상에 대한 죄의식을 크게 느끼는 사람들은 성교 도중 환상에 의존하지 않으려고 하면서 성적인 불만족이나 문제가 생기기도 한다. 죄의식이 높은 사람일수록 성교 도중의 환상을 사회적으로 바람직하지 못한, 비정상적, 비도덕적인 속임수라고 믿고 있다(128).

누구나 강간이나 아동학대, 근친상간 등의 성적 환상을 즐길 수 있지만, 이러한 환상 자체가 그 행위를 실현시키는 것은 아니다. 사실상 용납될 수 없는 환상에 대하여 죄의식이 들 수 있지만, 그 죄의식 때문에 그러한 환상을 무조건 억압하는 것은 자신이나 타인에게 해가 될 수 있다. 스스로 '잘못된 것이었구나.'하고 생각하면 별 문제가 되지 않는다. 여기에서 두 가지 형태의 죄의식을 비교해 보면, 성숙한 죄의식(mature guilt)을 지닌 자는 스스로를 잘 통제하여 미래의 동일한 상황이나 유혹에도 이성적으로 잘 반응할 수 있는 반면, 미숙한 죄의식(immature guilt)을 지닌 자는 용납될 수 없는 성적 환상 때문에 자신을 너무 심하게 자책하거나 자신에 대한 적개심이 표출되어 우울 상태까지 빠지게 된다. 어떤 사람들은 어린이나 애완동물, 동물로부터 성적 자극을 받고 죄의식을 느낀다. 성숙한 죄의식의 소유자는 그러한 성적 흥분도 죄의식 없이 받아들여 소화시키기 때문에 심한 자책에 빠지지 않지만, 죄의식을 미숙하게 처리하는 사람은 용납될 수 없는 그런 상황만을 끊임없이 생각하면서 심하게 자책하므로 성기능장애로 발전할 수 있다.

7. 성감대와 두뇌의 역할

신체는 뇌의 명령과 상관없이 반사적으로 반응할 수 있다. 예를 들면, 척수를 다친 남성은 뇌로부터 충동이 전달되지 않아도 척수 하단의 성 중추만 손상되지 않았다면 성기나 허벅지 안쪽을 만지면 반사적으로 발기 반응이 가능하다. 또 무의식 상태에 접어든 남성도 성기를 자극하면 반사적으로 발기가 가능하다. 특히 프로이트는 촉각에 민감한 신체 부위를 성감대(erogenous zones)라고 정의했다. 이 부위는 사람마다 다르며, 입, 귀, 엉덩이, 손가락, 배, 허벅지, 발바닥 등 성기 이외의 부위도 성적으로 민감하게 반응한다(74, 126).

프로이트는 여성을 일생 동안 남성의 성기를 갈망하는 거세된 불완전한 남성으로 비하했다. 그는 여아의 몸에서 중요한 성감대는 음핵이지만 성숙하면서 질 내로 이동해야 한다고 주장했다. 그러한 이동이 이루어지지 않으면 여성은 불감증 상태로 발전하고 미숙한 사람이 된다고 했다. 여성의 오르가슴을 설명하면서 음핵의 자극에 따른 오르가슴과 질의 자극에 따른 오르가슴이 다르며, 가장 우수한 성감대는 질이기 때문에 남성의 능동적인 도움 없이는 성욕을 충족할 수 없다고 주장했다. 그러나 마스터스와 존슨은 실험을 통하여 프로이트의 주장이 틀리고 음핵과 질 두 가지 오르가슴의 생리학적 차이가 없다고 밝혔다(351). 여성이 성교를 하지 않고도 음핵의 자극에 의해서 성교 시와 다르지 않은 오르가슴을 얻을 수 있다는 것이다. 그러나 그들은 음핵이 성적 자극을 전달하는 데 매우 중요한 부위가 되더라도 성교 시 남성에게 이를 계속 자극하도록 하는 것은 잘못된 생각이라고 지적했다. 흥분이 지속되는 동안 음핵을 계속 자극하면 음핵이 수축되어 여성은 오히려 고통을 느낄 수 있는데, 그 상태에서의 오르가슴은 자위행위에 의한 것보다 못하다.

G-점을 보고한 그라펜베르크는 질과 G-점의 자극에 따른 오르가슴을 구분하기도 했다. 그는 질과 G-점을 통한 오르가슴을 자궁(uterine 혹은 A-frame) 오르가슴, 음핵의 자극에 의한 오르가슴을 텐트형(tenting) 오르가슴 그리고 그 두 가지가 합해질 때 조합형(blended) 오르가슴이라고 했다(231). 이처럼 연구자마다 신체 부위 중 성욕 유발이나 만족에 가장 결정적인 부위가 어디인지에 대한 관점이 다르다. 그러나 한 개인이 아무런 성욕이 없다면 자극을 계속 받더라도 반응을 보이기 힘들다. 여성의 오르가슴과 가장 관계가 깊은 곳이 질이나 음핵이라고 믿는 사람이 많다. 그러나 남녀 모두 성욕 통제에 가장 중요한 부위는 두뇌다. 촉감은 중추신경에 상관없이 반응할 수 있더라도 쾌감은 두뇌에서 지각한다. 곧 가장 훌륭한 성감대인 두뇌는 오감을 통제하므로 두뇌 활동에 의해서도 쾌감을 얻기에 충분하다. 특히 남성이 여성의 두뇌가 중요하다는 점을 모르면 여성은 성적 상호작용에서도 쾌감을 얻기 어렵다.

14
임신 과정과 수유행위

1. 임신 과정

정액성분의 약 10%는 정자세포다. 정자세포 크기는 사람의 세포 중 가장 작아서 육안으로는 거의 볼 수 없으며, 1회 사정에서 약 3억 마리의 정자세포를 배출할 수 있다. 정자세포는 여성의 질 속에서 능동적으로 움직이는 게 아니라 질 분비액의 화학성분에 따라 움직임이 달라진다. 여성이 성교 도중에 알칼리성의 질 분비액을 평소보다 더 많이 분비했다면 정자세포들의 운동을 더 빠르게 촉진시킬 가능성이 높다. 보통 정자세포들은 분당 1~3mm 정도 이동하여 사정의 순간으로부터 자궁 경부 입구는 90초 그리고 나팔관에는 1~2시간 이내에 도달할 수 있다(287, 335).

일반적으로 정자세포들은 자궁 경부 점막이 두꺼워서 쉽게 침입할 수 없지만, 배란기에는 그 점막이 얇아져 쉽게 통과한다. 질 분비액의 산성성분은 정자세포들의 움직임을 둔화시킬 뿐만 아니라 이들을 죽이기도 한다. 그러나 자궁 경부 점막 부위는 알칼리성 농도가 높은 편으로 산성인 질 속의 환경으로부터 건강한 정자세포를 보호하는 역할을 한다. 또 결함이 있는 정자세포는 알칼리성 성분의 보호를 받지 못하므로 산성성분에 쉽게 노출되어 제거된다. 자궁경관(cervical canal)에 도달할 때까지 생존한 정자세포들은 알칼리성 물질의 보호를 받는 세포들인데, 1회에 사정된 정자세포 중 자궁의 상부까지 도달한 수는 불과 4~5만 정도다. 만약 난소에서 배출된 난자세포가 아직 나팔관에 도달하지 않았다면 정자세포들은 양쪽 나팔관으로 이동해야 하는데, 그곳까지 가서 생존하는 정자세포의 수는 4천 정도에 불과하다. 배란 이전이라면 정자세포들은 난소 근처에서 2~3일 정도 생존하면서 난자세포를 기다리는데, 그 후 수가 급격히 감소한다. 물론 젊은 남성의 정자세포는 1주일 정도까지 생존할 수 있지만, 난자세포의 수명은 24시간을 넘지 않는다. 곧 성교 시기에 따라 임신 가능성이 달라지는데, 배란일 바로 전날 성행위를 할 경우 임신 확률은 30%, 배란이 되었던 날의 성행위는 15% 정도다(206, 485).

가임기 여성은 양쪽 난소에서 번갈아가며 거의 매달 하나의 난자세포를 성숙시켜 배출한다. 모든 동물에서 수컷의 정자세포보다 암컷의 난자세포 생성 과정이 더 어려운데, 포유동물의 경우 그 차이가 더 심하다(206). 정자세포의 세포막에는 난자세포에 다가가는 데 도움이 되는 화학물질(fertilin)이 들어 있으며, 난자세포에 다가갔더라도 난자세포막에는 이를 보호하는 물질이 있어 침투하기 어렵다. 그렇지만 정자세포들은 서로 협동하여 이러한 보호세포들을 제거하고 막을 뚫어야 한다. 정자세포들은 머리 부분을 막에 부딪치면서 강한 효소(hyaluronidase)를 방출하며, 이로 인해 보호세포들이 분산되면서 보호막이 약해진다. 이러한 과정에서 난자세포를 둘러싸고 있는 어느 한 부분이라도 뚫리면 주변에 있던 한 정자세포가 난자세포 안으로 들어가게 된다(287).

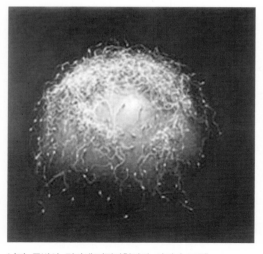
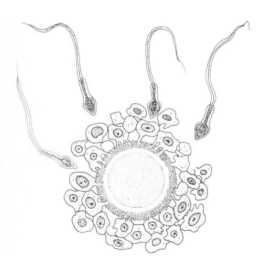

난자 주변의 정자세포(전자현미경 사진과 그림)

난자세포는 외부에서 정자세포 하나가 들어오자마자 다른 정자세포들이 들어올 수 없도록 안쪽에 벽을 만든다. 그렇다면 어떤 정자세포가 난자세포 속으로 들어가는가? 가장 먼저 난자세포 주변에 도착한 정자세포가 아니라 난자세포 주변에 도착한 정자세포들 중 보호막이 뚫린 상태에서 가장 먼저 들어간 정자세포다. 정자세포를 받아들인 난자세포를 수정란(zygote or fertilized egg)이라고 부른다. 만약 난자세포가 어떤 정자세포와도 결합하지 못하면 나중에 자궁으로 내려와 파괴되며 월경 현상으로 이어진다. 수정란이 자궁으로 이동하여 자리를 잡으면서 뿌리를 뻗기 시작하는 것을 착상(conception, 수태)이라고 한다.

정자와 난자가 성공적으로 결합한 수정란이 반드시 생명체로 발달하는 것은 아니다. 수정란이 자궁에서 뿌리를 내리지 못해 착상에 실패하는 경우도 있고, 결함이 있는 정자나 난자세포가 결합되었거나 결합 이후에 결함이 발생해 모체 내에서 거부 당하는 경우도 흔하다. 거부된 수정란의 흔적은 임신 초기에 체외로 배출되지만, 여성이 이를 알아차리는 경우는 흔치 않다. 이는 생각보다 임신이 쉽게 이루어지지 않는다는 것을 의미한다. 사실 피임법을 전혀 사용하지 않는 부부가 성관계를 가지더라도 여성의 생리주기 중 어느 시기에 성교를 했느냐에 따라서 임신 확률은 20~30% 정도에 불과하다(375).

여성이 피임을 하지 않으면서 일 년 동안 성관계를 지속적으로 가진다면 임신 확률이 80~90% 정도다. 만약 부부가 주 2~3회씩 성관계를 가질 경우 평균 4~6개월 정도 지나야 임신에 성공한다는 계산이다. 피임을 하지 않은 상태에서 정상 커플이 성관계를 가질 때 임신 확률은 이론적으로 3% 정도라는 주장도 있다. 이는 곧 성관계를 33회 가져야 임신이 된다는

Box 14-1 남성의 임신

일부 문화권에서 남성이 임신하여 아이를 낳을 수 있다는 믿음이 존재해 왔다. 젊은 남성이 나이 든 남성과 항문성교를 하거나 여성이 남성의 몸 위로 올라가 성교를 하게 되면 남성도 임신한다고 믿었던 현상을 말한다. 시험관 수정 및 태아이식기법과 같은 기술에 의해 만약 포배(blastocyst)를 복부 안쪽으로 이식할 수 있다면, 또 임신을 유지시키는 태반의 내분비 기능을 이어받을 수만 있다면 언젠가는 남성도 임신하게 될지도 모른다. 그 경우 제왕절개수술에 의해 출산해야 한다. 2002년도에 대만의 한 남성(Lee Mingwei)의 몸에 태아가 자라게 하는 실험이 성공했다는 보도로 인해 매체에서 진실공방이 이루어지기도 했지만, 아직은 현실적으로 가능한 일이 아니다. 그러나 해마(seashore)는 수정된 난자가 수컷 몸속으로 이전되며, 부화된 이후에도 수컷이 새끼를 돌본다(http://www.scienceinafrica.co.za/ 2003/february/shorse.htm).

논리다(122, 485). 암컷 포유동물은 2세를 출산하기 위해 수태 순간부터 커다란 양수막을 만들어야 하고 모체로부터 영양분을 흡수하도록 해 주어야 하듯이 임신 과정은 매우 복잡하다(206). 임신의 어려움을 더 구체적인 수치로 표현하면, 일단 정자와 난자가 만나도 정상적인 생명으로 태어날 확률은 30% 정도에 불과하다. 산술적으로 100개의 난자세포가 정자세포를 만났다고 가정하고 그 난자의 수로 생존율을 따져볼 수 있다. 우선 100개의 난자세포 중 84개만이 정자세포를 받아들여 수정란을 형성하며, 착상까지 성공한 경우는 69개, 착상 후 1주일 정도까지 생존한 경우는 42개, 7주일까지 생존한 난자는 37개 그리고 출생 시까지 생존한 경우는 31개에 불과하다(150).

2. 임신과 성욕

브라질 중부 메히나쿠(Mehinaku) 족은 여러 남성이 한 여성의 질 속에 사정을 해야 임신이 된다고 믿었다. 곧 임신은 1회의 성교로는 불충분하며, 남편의 정액은 아이의 일부만을 형성한다고 믿었다. 그들은 아이를 낳기 위해 결혼 후에도 여러 남성을 상대하며, 임신이 되었어도 실제로 육안으로 임신이 확인될 때까지 계속해서 성관계를 가진다. 그러나 태어난 아이가 보통보다 너무 크거나 쌍생아이면 여자가 너무 많은 남성을 접촉했다고 판단해 아이를 산 채로 매장해 버렸다(237). 또 아프리카 아잔드(Azande) 족도 성행위가 태아의 성장에 필수적이라고 믿고 있다(74). 이처럼 임신 원리를 정확하게 이해하지 못한 미개종족은 여성의 성욕에 상관없이 아이를 낳기 위해 임신이라는 사실이 확인될 때까지 또는 그 이후까지 성관계를 가졌다.

임신을 한 여성의 성욕은 경우에 따라서 증가하거나 감소할 수 있다. 남편도 마찬가지다. 특히 여성은 생리적 변화로 인해 욕구도 변하며, 남성은 여성의 상태에 따라서 심리적으로 변한다. 보통 여성은 임신 초기에 생리적 변화로 메스꺼움이나 구토 등을 경험한다. 소위 입덧(morning sickness) 증상은 50%의 여성에게서 나타난다. 이러한 증상은 주로 오전에 시작되어 몇 시간 정도 지속되지만, 경우에 따라 더 오랫동안 지속되며, 오후에도 나타난다. 드물지만 입덧이 심해 탈수나 무기질 불균형을 초래하여 병원 치료를 받는 경우도 생긴다. 이러한 증상은 보통 임신 전 마지막 월경 시작일부터 6주경에 시작되어 12주가 지나면 사라진다. 입덧의 원인을 분명하게 정리할 수는 없지만, 임신으로 인한 호르몬 수준 변화에 기인한 것으로 보인다(126). 임신 초기 증상의 하나인 실신발작(fainting attacks)은 임신으로 인한 혈액순환 변화에 따른 체위성(postural) 저혈압이나 식사시간 사이에 나타나는 저혈당과 관계된다. 이 증상은 앉아 있다가 일어나는 자세를 취할 때 서두르지 않거나 하루에 3차례 이상 식사를 하면 피할 수 있다. 저혈압 및 저혈당 역시 임신 중 피로를 느끼게 하므로 임신 초기 최소 3개월은 휴식이 매우 중요하다. 임신 초기에는 과다한 타액 분비 현상도 나타나는데, 이로 인해 수면장애나 구역질이 생긴다. 타액을 삼켜야 수분 결핍이나 중요한 화학물질의 결핍을 예방할 수 있다.

이러한 생리적 변화가 나타날 경우 여성은 물론 이를 지켜본 남편도 일반적으로 성욕이 감소된다. 임신 초기에 부인은 남편이 헌신하는 모습에서 정서적으로 안정을 얻기도 하지만 시간이 지남에 따라 점차 몸이 불편해지면서 성적 욕구나 성적 친밀감이 줄어들게 된다(438). 그러한 이유로 임신 기간 동안 성교 빈도가 임신 전보다 줄어드는 커플이 대부분이다. 일부는 임신 말기로 갈수록 성교 빈도가 줄어들고, 일부는 임신 중기로 갈수록 성교 빈도가 높아지다가 말기에 줄어든다. 물론 두 경우 모두 임신 말기에는 성교를 거의 중단하든지 아니면 빈도가 급격히 줄어든다. 빈도가 줄어드는 이유는 여성마다 다르지만, 주요인은 신체적인 불편함을 비롯하여 태아에게 상해를 입힐지도 모른다는 두려움, 관심의 부족, 매력의 상실, 의사의 권유 등이다(74).

이슬람 문화권에서는 부부의 성생활을 건강한 삶의 일부로 이해하고 있으므로 임신 기간에도 성교를 한다. 임신 기간 동안의 성행위는 문화권이나 개인마다 다르지만(73), 성행위 시 유의해야 할 점이 있다. 월경은 병원체에 대한 감염을 예방하지만, 월경이 일시적으로 정지된 임신 기간에는 여성의 생식기관 내부에서 병원체 감염에 대한 적응력이 떨어진다. 그러므로 특히 임신 말기 2개월 동안 아무런 보호장치가 없는 상태의 성교는 태반의 막이나 양수에 병원체를 감염시킬 가능성이 있다. 병원체에 감염되면 태반이 저절로 파열되어 조산의 가능성이 매우 높으므로, 임신 기간 동안의 성행위 시 태반 감염이나 조산을 방지하는 수단으로 콘돔을 사용하는 것이 매우 중요하다(408).

3. 난 임

아이를 원하는 부부는 피임을 중단하고 최소한 임신이 가능하다고 여겨지는 시기에 성관계를 갖고서 다음 달에 월경이 나타나는가를 기다린다. 몇 개월이 지나도 월경이 중단되지 않으면 부부는 자신들의 임신 능력에 대한 불안을 느끼게 된다. 그러나 임신의 성공 확률이 그렇게 높지 않으므로 임신을 원하는 부부들은 전문가의 도움을 받기 전에 최소한 일 년 정도는 임신을 위해 노력해야 한다. 부부들은 자신들이 아이를 가질 수 없다고 판명될 때 그러한 사실에 놀라면서도 이를 부정하거나 강박관념에 사로잡혀 분노, 고립감, 죄의식, 비애감 등을 경험하게 된다. 또 임신에 성공하지 못하면 부부가 서로를 의심하는 등 부부생활의 긴장이 생겨난다. 아이를 가질 수 없는 이유가 자신들의 복합적 문제였음을 인정한 후에도 역시 성생활의 기쁨을 얻기가 쉽지 않다. 특히 우리 문화권에서는 난임의 원인이 남성에게 있다고 여길 경우 그를 성기능장애자로 바라보는 경향이 강하다. 이러한 이유로 대인관계에서 여러 문제가 파생된다. 그래서 일반적으로 우리의 전통사회에서는 난임의 원인을 거의 대부분 여성에게 돌려 칠거지악의 하나로 규정했다.

난임 원인의 통계를 보면, 난임의 원인은 40%는 남성, 40%는 여성 그리고 나머지 20%는 남녀의 복합적인 문제였다(375). 여자가 원인이 되는 예로는 주로 난자세포를 제대로 성숙시키지 못하거나, 성숙시킨 난자세포가 불량하거나, 나팔관에 이상이 있거나, 임질 감염이나 낙태 수술 때문에 골반에 염증이 생겼거나, 자궁 환경이 약하거나, 식이요법에서 옥소(iodine)나 엽산(folic acid)이 결핍된 경우 등이다. 과거에 사용한 피임법이 난임에 영향을 미친 경우도 있다. 예를 들면, 생리주기가 불규칙한 여성이 피임약을 복용하다가 임신을 위해 복용을 중단하면 배란 현상이 상당한 기간 동안 재개되지 않기도 한다. 여성의 난임 원인 중 가장 흔한 것이 전체의 40%를 차지하는 나팔관 폐쇄다. 외상이나 염증, 자궁 내막증 등으로 나팔관이 막혀 임신이 어려울 경우 막힌 나팔관을 뚫어 주는 나팔관 성형수술을 시행하게 된다. 그러나 수술 전 나팔관 내부에 바다 속 해초처럼 생긴 섬모의 이상 유무를 내시경으로 살펴보아야 한다. 섬모는 정자나 난자, 수정란 등을 목적지까지 이동시키는 역할을 하는데, 이상이 없으면 성형수술이 가능하지만 이상이 있으면 수술을 해도 그 상태에서는 임신이 어렵다. 또 앞서 말했듯이 정상적인 체액 성분보다 산성 농도가 약간이라도 더 높은 여성은 정자세포를 맞이할 준비 태세가 부족할 뿐만 아니라 생리주기가 불규칙할 가능성도 높다. 결국 이 상태에서는 배란도 잘 되지 않아서 난임 확률이 높다.

남성의 난임 원인으로는 정액의 양이 불충분하거나 양질의 정액이 아닌 경우가 대부분이다. 정액의 문제는 성인기에 이하선염, 심한 감염, 열병, 전립선염, 생식기에 감염된 질병, 약물, 술, 영양 부족, 내분비선 이상, 환경 문제 등에서 연유한다. 이하선염은 뇌하수체에 영향을 미쳐 성호르몬 분비 과정이 제대로 이루어지지 않는다. 이 중에서 가장 흔한 남성 난임의 원인은 고환의 온도와 관계가 깊다. 남성의 신체 부위 중 온도를 가장 낮게 유지해야 하는 곳은 고환이다. 고환 부위에 땀샘이 가장 많이 존재하는 이유는 고환 온도를 낮추기 위함이다. 고환에서의 정자세포 생성은 정상 체온보다 낮아야 가능하다. 그렇다면 냉수욕 실시는 고환 부위의 온도를 낮추므로 건강한 정자세포 형성에 바람직하다. 반면에 사우나 등에서 너무 오래 머물면 고환 기능이 약해질 수 있으며, 고환이 의복에 의해 신체와 매우 밀착되어 있을수록 정자세포가 원만히 생성되지 못한다. 고환 부위가 차갑지 않으면 음낭의 정맥들이 확장되어 복부의 혈류가 음낭에 모여들어 정자세포를 생성하는 부위의 온도가 너무 높게 유지되는 정맥혈류(varicoceles) 현상이 나타난다. 이러한 이유로 남성에게는 느슨한 바지나 속옷을 권장한다(74).

　문명 발달로 인한 환경 변화 또한 정자세포를 제대로 생성시키지 못하게 한다. 실험실 관찰에 의하면, 보통 남성의 정액에서 20% 정도의 정자세포가 구조적으로 기형이거나 움직임이 약하다. 또 정자세포 수가 충분해야 정상적으로 수정이 가능한데, 미국 남성의 정자세포 수는 지난 수십 년 동안 유해물질의 영향으로 감소했다(169). 일본에서도 20대 남성의 정자세포 평균 수가 40대의 절반 정도라는 연구 결과가 나왔다. 일본국립의약품연구소는 그러한 현상이 아마도 컵라면이나 1회용 식기에 사용하고 있는 폴리스틸렌 용기에 생식 기능 교란 물질(환경호르몬)이 들어 있는 것과 관계될 것이라고 주장하였다(9).

　흔히 난임이라고 생각되는 사람의 50~70%가 이후 임신에 성공한다. 그들은 임신에 필요한 정자세포의 특성이나 질 내의 화학적 환경을 잘 이해하지 못했기 때문에 임신의 능력이 없다고 생각한 것이다. 또 그들의 대부분은 정자세포를 질 속으로 깊이 이동시키지 못했던 성교 체위에서의 문제로 임신이 불가능했다(351). 최근에는 시험관 아기 시술 등 난임을 치

Box 14-2　7년 터울의 쌍둥이

　같은 시기에 성숙시킨 수정란이 7년 반이 지나 태어난 일이 미국에서 실제로 발생했다. 한 부부가 1989년 체외수정으로 여러 개의 수정란을 얻은 뒤 하나는 엄마의 몸에 착상시킨 뒤 아이로 태어났지만, 다른 하나의 수정란은 임신 실패를 대비해 냉동 상태로 보관했다. 세월이 흘러 냉동 상태로 보관된 수정란을 잊고 지내던 그 부부에게 병원이 이사하면서 수정란도 이전한다는 편지를 보내 왔다. 곧 둘째아이를 갖고 싶었던 그 부부는 체외수정에 드는 비용이 막대하여 포기하려고 했지만, 냉동수정란으로 아이를 낳을 수 있다는 의사의 얘기를 듣고 다시 임신에 성공하여 출산했다. 수정란은 거의 동시에 생성되었기에 쌍둥이가 될 수도 있었지만 한 아이는 몇 년 후에 태어난 것이다. UCLA 산부인과 과장은 1984년부터 냉동 보관했던 수정란을 이용해 아이를 가질 수 있게 되었으며, 냉동수정란은 현재 의학기술상 200년 정도까지 변질되지 않는다고 설명했다(8).

료하는 여러 기법이 개발되고 있다. 단, 기술의 개발에는 항상 윤리적이고 법적인 문제가 뒤따른다.

4. 출산 후 수유행위

출산 후 일정 기간 동안 성교를 금하는 문화권도 있다. 예를 들면, 이슬람 사회는 부부의 성생활을 건강한 삶의 일부로 이해하므로 임신 기간에도 성교를 하지만, 아내가 출산하면 남성은 의무적으로 6주일 정도 금욕한다(73). 이러한 금욕은 의학적으로 위험하다는 경험적 자료가 아니라 생리 기간이나 출산 직후의 여성이 청결하지 못하다는 믿음에 관련된 사회·종교적 금기에서 비롯되었다(74). 출산 후 2~3년 수유를 하면서 성교를 금하던 문화권도 있었다. 근래까지 아프리카 여성은 아이를 임신하거나 수유하는 동안에는 특정한 음식물 섭취를 금했으며, 거의 2년의 수유 기간 동안 남편과 동침하지도 않았다(334). 에릭슨의 관찰에 의하면, 미국 수(Sioux) 족 인디언은 거의 3년 정도 젖을 먹이며, 그동안 남편에게 성교를 시도하지 못하게 한다. 만약 아이가 설사를 하면, 이를 산모의 성교로 인해 젖 분비에 문제가 생겼기 때문이라고 해석했다.

수유로 인해 월경이 중단된 기간에는 에스트로겐 결핍 때문에 질의 윤활 작용이나 신축성이 감소하면서 성교에서 남편의 만족감도 줄어들 수 있다. 그렇지만 수유 기간 동안 금욕생활을 하는 현대인은 드물다. 반면 문화권에 따라서 유방을 성적 상징물로 여기는 정도가 다르기 때문에 수유행위도 다르게 지각한다. 곧 유방이 어느 정도 성적으로 중요한 부위인가에 따라서 수유 시 유방의 노출이나 수유 자체를 다르게 이해한다. 일반적으로 일부 남성은 여성의 성적 특질, 생산 능력, 수유 능력 등을 자랑스럽게 여기면서도 여성처럼 수유를 통해 아이를 만족시킬 방법이 없기 때문에 질투심에서 여성의 가치를 무시해 버린다. 곧 그런 남성에게 수유행위는 아이와 아버지의 관계를 방해할 수 있는 기본 요인이다. 이로 인해 첫아이를 맞이한 남성에게 가장 보편적으로 나타나는 부정적 반응은 아내의 애정과 관심이 아이에게만 쏟아지는 것에 대한 질투 감정이다.

또 남편들은 임신 기간 동안 성생활의 변화나 출산 전후의 금욕생활로 성적 욕구 불만을 경험한다. 남편의 질투 정도는 부인과 유아의 신체 및 정서적 밀착성에 따라 달라지는데, 부분적으로는 부인이 유아에게 얼마나 자주, 얼마나 즐겁게 수유하는가에 달려 있다. 어떤 남성은 여성처럼 젖을 먹이면서 아이를 만족시켜 줄 만한 대등한 방법이 없기 때문에 이를 질투하기도 한다. 정신분석학에서는 이를 남성의 유방선망(breast envy)이라고 부르기도 하며 (515), 호나이(Karen Horney)는 남성이 여성의 출산 능력을 질투한다고 해서 자궁선망(womb envy)이라고도 불렀다.

과거 서구 사회에서는 수유행위를 미개인의 품위 없는 행위로 해석했다. 우리나라도 1980년 대와 1990년 초반 그러한 분위기였다. 지금은 서구나 우리나라 모두 달라졌다. 개인적으로 남편이 출산 전후로 어느 정도 잘 적응하고 있는가에 따라서도 수유를 다르게 바라보기도 한다. 오늘날 95% 이상의 여성이 신체적으로 모유를 생성할 수 있지만, 유아에게 모유보다 우유를 먹이는 경우가 더 흔하다. 아기에게 모유보다 우유를 먹이는 이유는 여러 가지인데, 이들은 ① 상업용 우유가 쉽게 생산되고 있어서 힘들여 모유를 먹이려고 하지 않으며, ② 의료진들이 모유의 우수성에 대해 별다른 지지를 보내지 않으며, ③ 유방이 모유의 생성 기능 이외에도 성적인 상징이어서 수유를 위한 유방 노출행위를 당혹스럽게 여기며, ④ 직장생활을 하는 여성이 늘어나면서 출산 후 직장으로 복귀, ⑤ 수유로 인한 유방의 모양이 변해 성적 매력이 상실되는 것을 두려워하기 때문 등이다(83, 375).

그럼에도 어떤 여성은 지속적으로 우유보다도 모유로 아이를 키운다. 우리나라에서는 1990년대 초반 분유 회사들이 분유가 모유보다도 뛰어나다는 광고를 자제하기로 결정했다. 이와 같은 결정은 세계보건기구(WHO)가 1992년부터 매년 8월 첫 번째 주를 세계모유수유 주간(World Breast-feeding Week)으로 정하여 홍보한 영향 때문이며, 우리나라는 2006년부터 10월 10일을 임산과 출산에 대한 긍정적인 인식을 제고하고 저출산 문제를 극복하기 위해 '임산부의 날'로 지정하고 있다.

모유의 우수성은 수없이 많지만, 몇 가지만 살펴보자. 첫째, 유아가 젖을 빠는 행위는 산모 자궁에 직접적인 자극이 되어 출산 시 확장된 자궁을 원위치로 수축시키는 역할을 한다. 이는 질 근육의 반응을 증가시켜 원 상태로 회복하는 데 매우 중요한 역할을 한다(196). 유아의 자극은 이처럼 긍정적이므로 수유로 유방의 성적 매력이 상실된다는 개념은 잘못이다. 뇌하수체에서 분비되는 옥시토신은 유아가 젖을 빠는 동안 방출되어 자궁 수축에 밀접한 영향을 주며, 역시 유두 뒤 중앙 부위의 관을 수축시켜 젖을 뿜어내는 작용도 한다(351). 둘째, 피임법이 발달하기 전 수유는 완벽하지는 않지만, 일종의 피임 기능을 수행했다. 수유 기간 동안은 배란이 억제되어 일반적으로 월경 현상이 나타나지 않는다. 셋째, 수유를 하는 동안 아이와 어머니의 신체적 접촉은 아이의 정서 및 인지발달에 도움이 된다(196). 넷째, 여러 가지 세균성 감염에 대한 어머니의 항체가 아이에게 전달된다. 모유 속의 면역 글로블린 (immunoglobin)은 아이의 호흡기 및 위장 감염을 보호한다. 모유는 우유와는 달리 박테리아나 세균이 들어 있지 않다. 저개발국가의 연구 결과, 우유를 먹고 자란 아이는 모유를 먹고 자란 아이보다 영아사망률이 3배나 높았다(196). 다섯째, 영양학적으로 모유는 우유보다 비타민 D 성분이 낮지만, 다른 성분은 더 높다. 비타민 D는 태양열에 의해 아이 피부를 통해 간접적으로 생성되므로 문제가 되지 않는다. 여섯째, 3개월 이상 수유를 한 여성이 그렇지 않은 여성에 비하여 유방암 빈도가 더 낮으며, 다리에 혈괴(blood clots)가 생기는 빈도도 더 낮다(254). 일곱째, 아이에게는 우유병보다 젖을 빠는 행위가 더 어려운 일이어서 젖을 빠는 것이 턱 부위의 근육 발달에 더 좋은 편이다(254). 여덟째, 임신 4개월부터 유선에서는 젖을 분비할 준비와 함께 항체와 단백질이 풍부한 물질이 생성된다. 이러한 물질은 아이가 젖을 빨기 시작하면 프로락틴의 생성을 자극해 출산 후 3~4일 정도 지나면 모유가 생성되면서 교체된다. 곧 모유가 생성되기 전 출산 후 분비되는 노란색 초유(colostrum)는 아이에게 완화제 역할을 한다. 초유를 먹은 아이는 변이 부드럽고 변비가 잘 생기지 않는다(254). 그밖에도 모유가 우유보다 실용적이거나 경제적인 면에서 이로운 점이 더 많다. 그래서 모유를 권하지만, 여성의 상태에 따라 모유를 먹이는 것이 매우 어려운 일이 될 수 있다. 모유 생성이 부족하여 아이에게 충분하지 못하거나 아이가 먹는 양이 작아서 젖을 짜내야 하는 번거로움도 있다. 수유 기간 동안 약물을 복용해야 하는 경우 그 영향이 아이에게 미칠 수도 있다.

15
피 임

1. 근세 이전의 피임법

　정액이 임신에 꼭 필요하다는 것을 알아차린 고대인들은 다양한 방법으로 피임을 시도했다. 성행위 도중에 사정을 피하거나 이미 사정된 정액이 여자 생식기 내에서 기능을 하지 못하게 하는 방법을 고안했다. 예를 들면, 고대 이집트 여성은 악어나 코끼리 분비물, 꿀이나 아카시아 수지(樹脂) 등을 섞은 스펀지나 천 등을 질 속에 집어넣어 자궁에 도달하려는 정액을 흡수하도록 했다. 꿀은 정자세포의 기동성을 줄이고 아카시아 수지는 정자세포를 죽이는 젖산을 생산하므로 다소나마 피임 효과가 있었다. 그들은 음주로 피임을 기대하기도 했는데, 이는 매우 비과학적이다(118). 나무열매를 먹거나 질 속에 소금을 넣어서 피임하려고 노력했지만, 나중에 그 방법들이 별로 신통하지 못함을 깨달았다. 성교 회피가 최선의 임신 예방책이라고 믿었던 그리스 시대 성매매 여성은 성교 거부나 회피로 남성의 성욕을 달래기가 어려워서 피임법의 하나로 고객들에게 항문성교를 유도하기도 했다. 반면 로마 시대 상류층 여성은 하류층 여성보다 더 일찍 결혼해 출산 가능 기간이 길어 피임에 관심을 가졌지만, 별 뾰족한 수를 찾지 못했다(342).

　　로마 시대 이후 기독교 성직자들은 자연을 거역하는 남성의 행위를 비난했지만, 아내에게
는 심한 언급을 회피했다. 여성이 임신 조절을 주도해야 한다고 믿었기에 『고해규정서』에는
낙태와 임신에 대한 책임이 오직 여성에게만 있다고 적혀 있다. 결국 여성이 주로 임신 조
절을 시도했는데, 아이를 많이 낳지 않기 위해 여성이 시도할 수 있었던 가장 쉬운 방법은
성교 회피였다. 『고해규정서』에는 주기적인 금욕 강조는 물론 여성의 생리 기간이나 임신,
출산, 수유 기간, 사순절, 오순절, 부활절, 대림절, 성탄 기간, 일요일, 수요일, 금요일 등에
성교를 절제하라고 적혀 있다. 그처럼 금욕을 권장한 교회의 의도는 임신 조절이 아니라 부
도덕성 예방에 있었다. 중세 남성들은 다른 이유로 임신을 회피하기도 했는데, 바로 경제적
인 문제였다. 그들은 자신이 아이를 더 이상 부양할 수 없다고 생각할 경우 성행위 도중 성
교를 멈추면서까지 임신을 피했다. 반면 당시 여성은 경제력보다도 건강을 더 중요하게 여
기면서 임신을 조절했는데, 임신에서 출산까지의 과정을 모두 생명 위협 행위로 인식했기
때문이었다. 이를 반영하듯 10세기 이전 유럽의 인구 성장은 매우 더디었다(342).

　　『고해규정서』에 언급된 출산 후 금욕 기간은 여아를 출산했을 때 더 길었다. 교회는 부부
가 금욕을 실천하기 바랐지만, 강제로 제한하지는 않았다. 어떤 커플은 수유 기간까지도 철
저하게 금욕했고, 일부 여성은 자신의 건강을 위해 『고해규정서』의 내용을 빌미로 수유 기
간을 고의로 늘려 임신을 피했다. 부유층 여성은 아이를 낳으면 곧바로 유모에게 맡겼기에
금욕 기간이 더 짧았으며, 가난한 여성보다 출산을 더 많이 했다. 여성이 다양한 이유로 성
교를 피해도 남성들은 별 불만이 없었다. 성매매를 통해 성욕을 해소할 수 있었기 때문이었
다. 기독교는 이중 기준을 용납하듯 『고해규정서』에는 성매매를 금지하는 언급이 없었다
(342). 중세 이후 서구에서는 생물학적으로 가능한 만큼 아이를 최대한 출산하는 커플이 거
의 없었다. 16~19세기의 출산율은 비교적 안정된 상태를 보이다가 1800년대 중반 이후 갑
자기 감소했다. 예를 들면, 영국은 결혼한 커플의 평균 자녀수가 1860년대 6.16명에서
1890년대 4.13명, 1920년대 2.31명으로 줄었고, 독일에서도 1870~1920년 사이 기혼자들
의 출산율이 65% 정도 감소했다. 전통사회에서는 출산율과 사망률이 모두 높았지만, 산업사
회로 바뀌면서 사망률은 감소했으나 출산율은 높게 유지되었다. 그 결과 1750년대부터 1세
기 동안 유럽의 인구가 급격히 증가했다. 그러나 1800년대 후반부터 유럽 지역에서 피임법
이 확산되면서 출산율이 감소했다(342).

　　19세기 후반 유럽에서는 피임이 논의되고 있었으나 미국에서는 콤스톡의 위력 때문에 그
렇지 못했다. 예를 들면, 오하이오의 개혁 성향 의사 푸트(Edward Foote, 1829~1906)는 피
임 관련 인쇄물을 제작하여 콤스톡에 의해 고발당했고, 1876년 거액의 벌금형(3,500달러)을

받았다. 20세기에는 생거(Margaret Sanger, 1883~1966)가 그러한 노력을 했는데, 그녀는 뉴욕의 간호사로 이후 성교육 및 개혁가로 유명해졌다. 그녀는 모든 임신이 우연이나 강제로 이루어지는 것이 아니라 여성이 원하는 것이어야 한다고 주장했다. 19세기 말을 전후하여 뉴욕 빈민 지역에서 영아와 임산부의 높은 사망률을 알아차린 그녀는 공공연하게 피임을 홍보했다. 그러나 경찰 및 종교지도자들과 함께 검열관을 자칭한 콤스톡은 그녀가 빈민에게 금지된 피임에 관한 정보와 기구를 제공하는 것을 반대하였다(122).

마거릿 생거

그녀는 1914년 출산조절운동단체(National Birth Control League)를 창립하여 운동을 전개했으며, 『Women Rebel』이라는 잡지도 발간했다. 잡지는 피임에 관한 정보를 싣지 않았음에도 콤스톡에게 아홉 가지 조항을 근거로 고발당했는데, 이는 45년형에 해당된 것이었다. 그녀는 공판이 있기 전날 유럽으로 출국해서, 네덜란드에서 최초로 개소한 출산 조절 진료소를 방문했다. 생거는 출산 조절(birth control)이라는 용어를 소개하면서 이를 모든 여성의 권리라고 생각하였다. 그녀의 반대자들은 출산 조절에 관한 정보가 보급되면 미혼이나 기혼자들의 부도덕한 행동이 늘어날 것이라고 주장했다. 그녀는 출산 조절을 홍보하다가 콤스톡이 1915년 사망하자 1916년 귀국하여 뉴욕에서 빈민층 여성을 위한 출산 조절 진료소를 열었다. 빈민층 여성에게 원하지 않는 임신을 질병처럼 인식시켜 예방하자는 차원이었지만, 생거의 진료소는 개소 후 9일째에 경찰에 의해 폐쇄되었다. 30일 동안 감금에서 풀려난 생거는 곧바로 진료소 허가를 받아 본격적인 출산 조절 운동을 전개했는데, 이는 여성권익운동의 일환이었다. 가족계획(Planned Parenthood)은 바로 그러한 운동에 의하여 조직된 여러 단체 중 하나다. 생거는 1927년 제네바에서 개최된 세계 최초의 인구 대회를 조직하기도 했으며, 1936년에는 콤스톡에 의해 제정된 법을 고쳐 모든 의사가 피임을 처방할 수 있게 했다(122, 296).

2. 현대의 피임법

20세기 초반 생거가 뉴욕에서 진행했던 출산 조절을 위한 노력은 현대 피임법 개발에 막대한 영향을 주었다. 현재 개발된 피임 방법의 선택은 개인의 취향, 생활양식, 과거 경험 등에

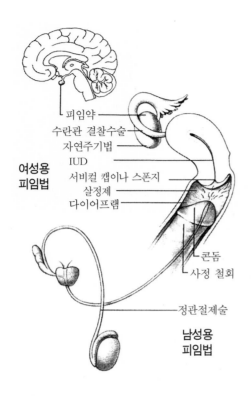

피임약
수란관 결찰수술
자연주기법
IUD
서비컬 캡이나 스폰지
살정제
다이어프램

**여성용
피임법**

콘돔
사정 철회

정관절제술

**남성용
피임법**

달려 있다. 모든 방법이 나름의 이점도 있지만, 피임 실패나 부작용의 위험 요소를 안고 있다. 그러나 피임을 했는데도 임신 예방에 실패한 경우는 대부분 피임 방법 자체의 특성이기도 하지만, 때로는 부적절한 사용에 기인한다. 현재 세계 각국에서 사용하고 있는 피임법의 유형은 다음과 같이 분류할 수 있다.

첫째, 여성이 정자세포를 죽이는 물질(spermicide: 살정제)을 이용하는 방법이다. 현재 다양한 물질(foams, jellies, gels 및 suppositories)이 개발·이용되고 있는데, 이들의 기능은 정자세포 침투에 대한 물리·화학적 장벽을 형성하는 것이다. 그 물질을 보통 성교 1시간 전에 질 속에 삽입해야 효과가 나타난다(220).

둘째, 정자세포들이 자궁에 도달하지 못하게 장벽을 쌓는 방법이다. 남성용으로는 콘돔, 여성용으로는 콘돔, 스펀지(sponge), 다이어프램(diaphragm) 및 서비컬 캡(cervical cap)이 있다. 이들 중 스펀지는 하얀 폴리우레탄 거품(polyurethane foam)으로 만들어진 1회용 기구로 미국에서는 1983년 식품의약국(FDA)의 승인을 얻었는데, 성교 전에 삽입하지만 성교 후 하루 정도까지는 그대로 두어도 괜찮다. 다이어프램은 직경이 2~4인치 정도로 성교 도중이나 이후에 정자세포가 자궁에 도달하지 못하도록 자궁 경부를 덮어 주며, 서비컬 캡은 미국에서는 1988년 사용 승인을 받았다. 흔히 다이어프램과 서비컬 캡은 살정제와 함께 사용한다(220).

남성용 콘돔 중 인조의 라텍스(latex) 콘돔은 질병 감염 예방이 가장 뛰어난 반면, 양의 피부(lambskin)로 불리지만 실제로는 양의 내장으로 만들어진 자연막 콘돔은 질병 감염 예방이나 피임 효과가 떨어진다(220). 보통 얇은 고무나 가공된 막으로 만든 라텍스 콘돔을 고무, 예방제(prophylactic), 또는 프렌치레터스(French letters)라고 부른다(229). 라텍스 콘돔의 다른 이점은 조루 현상이 있는 남성이 사용할 때 음경이 자극을 덜 받아 발기 현상을 더 오래 지속시키고 사정도 지연시키므로 치료에 도움이 된다. 또 월경 중이거나 정액에 대한 알레르기 반응이 있는 여성을 위해 효과적이다. 페미돔(Femidom)이라는 여성용 콘돔은 질병 감염을 예방해 주지만, 그 효과는 남성용 라텍스 콘돔보다 더 낮다. 이를 사용한 여성은 성행

Box 15-1   콘돔의 유래

콘돔의 명칭은 영국 찰스 2세(Charles II: 재위 기간 1660~1685)의 주치의 이름(Condom)에서 유래되었다고 하지만 분명하지 않다. 의사는 왕에게 왕비 이외의 여성과의 관계에서 사생아를 출산하고 질병에 감염되는 것을 예방하기 위해 동물의 조직으로 만든 덮개를 주었다. 그러나 콘돔이라는 명칭은 1665년 로체스터의 백작이며 난봉꾼이었던 윌모트(John Wilmot, 1647~1680)가 '콘돔의 찬사(A panegyric upon cundum)'라는 기고문에서 처음 사용되었다. 콘돔은 라틴어로 여성의 '외음부(cunnus)'와 기능을 발휘하지 못한다는 'dum'의 합성어다. 콘돔이라는 이름은 17세기에 생겼지만 이미 기원전 1350년경 고대 이집트 남성들이 감염이나 손상, 벌레 물림을 방지하기 위해 성기에 장식용으로 덮개를 씌우고 다녔다는 기록도 있다 (www.nzgirl.co.nz/articles/2810).

근대적 피임기구로 이용된 콘돔은 16세기 여성의 나팔관을 최초로 기술한 이탈리아 파두아 대학교 해부학 교수 팔로피우스(G. Fallopius, 1523~1592)가 1564년 리넨(linen)으로 콘돔을 만들면 질병을 예방할 수 있다고 기술했다. 천연고무의 열처리 기술이 발달하면서 천연고무로 만든 콘돔은 19세기 중엽 최초로 생산되었다. 당시에 콘돔을 판매하는 상품 포장에는 성을 억압하던 빅토리아 여왕의 초상화가 그려져 있었다. 초창기에는 콘돔을 사용하면 성적 기쁨이 감소하고, 또 두께가 너무 얇아서 위험을 제대로 막지 못한다고 생각했다. 그러나 남성에게는 질병을 예방해 주고 여성에게는 피임을 가능하게 하면서 곧 대중화되었다. 19세기에 고무로 된 콘돔도 발명되었고, 1920년대 라텍스 콘돔이 제작·사용되면서부터 임신 예방도 가능해졌다(122, 296).

위 후 자리에서 일어나기 전에 제거해야 안전하다. 남성용 콘돔에 비해 크기가 매우 커서 거부감을 지닌 사람도 있다(220, 356). 우리나라에서는 페미돔을 가족계획협회나 보건소, 통신 판매를 통해 1995년 보급하려고 했지만, 그 계획을 백지화시켰다.

셋째, 호르몬을 이용하는 피임 방법이 있다. 여기에는 여성이 복용하는 피임약(pills, oral contraceptives, 경구피임약), 1990년 미국 FDA가 승인한 노어플랜트(Norplant), 1992년 미국 FDA가 승인한 디포-프로베라(Depo-Provera) 등이 있다. 후자의 두 가지는 99%의 피임 효과가 있지만, 초창기 임상실험에서 합성 프로게스테론(프로게스틴)이 함유된 피임기구를 다량으로 사용한 개들에게서 유방암 확률이 높았기 때문에 안정성이 확인된 후 1990년대에 들어와 사용이 승인되었다(122, 287). 2002년부터는 호르몬을 이용하는 패치형(patch) 피임법도 보급되고 있다.

이제 피임약의 특성을 살펴보자. 만약 사춘기 이후 여성에게 매월 나타나는 배란 현상을 억제시킬 수 있다면 성행위에서도 수정란은 존재할 수 없다. 소위 피임약이라고 말하는 경구피임법은 이러한 배란 현상의 억제를 응용한 것이다. 역사적으로 1940년대 초반 연구자들은 수유 기간 동안 배란이 억제되는 점에 착안하여 호르몬 조절에 의해 배란 현상을 금지시킬 수 있다고 생각했다. 지속적인 관심 끝에 1950년대 중반을 지나서야 호르몬 개발에 성공했고, 1960년대부터 미국에서 'Enovid'라는 상표명으로 판매·보급되었지만 초기에는 부작용이 많았다. 피임약 성분은 여성의 몸속에서 생성되는 에스트로겐과 프로게스테론 수준을 인위적으로 조작하므로 두뇌가 체내에서 이미 수태가 이루어졌다고 판단하게 된다. 시판되는 경구피임약의 주된 유형은 합성 에스트로겐과 프로게스틴이 혼합된 환약이다. 합성 에스트로겐은 난소에서 에스트로겐을 분비할 필요가 없게 하므로 난자세포를 성숙시키지 않는다. 뇌는 난자세포를 이미 성숙시켰다고 믿으므로 배란 현상이 나타나지 않는다. 또 프로게스틴은 경부 점막을 두껍게 유지시켜 정자세포가 진입하기 어렵게 만든다. 만약 정자세포가 경부에 진입했더라도 수태가 성립되지 못하도록 방해하는 역할을 한다. 피임약을 복용하는 여성은 배란 현상이 생기지 않으므로 그들의 월경은 진정한 것이 아니다.

피임약도 성분 배합에 따라서 기능이 약간 다르다. 첫째 형태는 합성 피임약인데, 합성 에스트로겐과 프로게스틴이 배합된 것이다. 여성의 생리주기가 28일인 경우 그중 20~21일 정도만 복용하면 피임 효과가 나타난다. 월경 시작 5일째부터 3주간 계속 복용해도 피임 효과가 있지만, 습관을 유지하기 위해 나머지 기간은 비타민이 들어 있는 동일한 모양의 약을 매일 복용할 뿐이다(375). 둘째 형태는 순차(sequential) 피임약인데, 이는 월경 시작 5일째부터 15일간 합성 에스트로겐 성분으로만 구성된 약을 복용하다가 그 후 5일간은 합성피임약을 복용한다. 그 이유는 처음부터 합성피임약을 복용하는 것보다 부작용이 적을 것으로 생각되기 때문이다. 그러나 순차 피임약이 합성 피임약보다 임신 가능성이 약간 더 높다는 단점이 있다. 보통 경구피임약은 피임 효과가 매우 높고, 난소종양이나 골반의 염증을 예방하고, 난소나 자궁 내막에서의 암 발생 가능성을 줄이는 이점이 있다. 그러나 합성 에스트로겐의 영향으로 고혈압, 두통, 부종, 콘택트렌즈 부착 문제 등의 부작용과 프로게스틴의 영향으로 모발 감소, 체중 증가, 우울증, 성욕 감소 등의 부작용이 생길 수 있다. 약 복용이 정확하게 이루어지지 않으면 피임에 실패하는 약점도 있다.

경구피임약과 달리 외부에서 호르몬을 주입시키는 피임법도 디포-프로베라와 노어플랜트 두 가지가 있는데, 이들 모두 프로게스틴 주입으로 장기간의 피임 효과를 발휘한다. 디포-프로베라는 1회 주사로 3개월 정도의 피임 효과를 나타낸다(126). 노어플랜트는 1990년 미국 FDA에서 승인받을 당시 1960년대 이래 피임기구의 최대 혁신이라고 여겨졌다. 미국은 이미 개발된 노어플랜트 사용을 놓고 오랫동안 임상 결과를 살펴보았다. 그들은 46개국에서 50만 명 이상의 여성을 대상으로 20년 동안의 임상연구를 통해 1991년 2월부터 사용을 승인했다. 이는 일종의 프로게스틴(levonorgestrel) 35mg을 함유한 2.4mm 넓이에 34mm 길이의 캡슐 6개로 구성되어 있다. 여성의 팔 위쪽 피부 아래에 그 캡슐들을 부채꼴 모양으로 삽입하면 호르몬이 하루에 약 $150\mu g$씩 여성의 몸속에 일정한 시간 간격으로 방출되면서 5년까지 피임 효과가 지속된다.

기존의 경구피임약과 달리 노어플랜트는 프로게스테론만 함유하고 있다. 에스트로겐 성분으로 인한 부작용이 없고, 자궁 주변의 환경을 임신이 된 상황처럼 조성하므로 임신이 불가능하며 생리통도 거의 사라진다. 이는 삽입 후 24시간 이내에 효과가 발휘되는데, 첫해 임신할 수 있는 확률은 0.2%에 불과하다. 다음 해에는 임신의 가능성이 약간 높아지나 경구피임약에 비해 효능이 더 뛰어나다. 특히 체중이 70kg이 넘은 여성의 경우 임신 확률이 더 높지만, 체중이 많이 나가는 여성도 5년 동안 임신 확률이 1.7%에 불과하다. 이를 사용하는 데 연령 제한은 없지만, 출산 후 수유를 하는 여성은 분만 6주째부터 사용을 권한다. 가장 일반적인 부작용은 혈류의 변화, 무월경 등 생리의 불규칙성이지만, 이도 3~6개월 이내에 사라진다. 임상 실험 도중 이러한 불규칙성 때문에 10%의 여성이 이를 일 년 이내에 제거했지만, 이를 사용한 여성의 50%는 전혀 생리의 불규칙성을 보이지 않았다. 상관이 그렇게 높지는 않지만, 여드름이나 체중 감소, 증가의 부작용도 있었다. 노어플랜트는 최소한의 호르몬 주입으로 최대의 피임 효과를 얻는 방법이다. 임신을 원할 때는 이를 제거하면 48시간 이내에 피임 효과가 사라진다(122, 126, 404). 근래에는 노어플랜트의 삽입이나 제거가 불편하여 거의 사용되지 않고 노어플랜트와 유사한 성분을 지닌 관을 피하에 이식하여 피임 효과를 3년 정도 유지시키는 임플라논(implanon)이 등장하여 우리나라에서도 시술되고 있다. 2006년 미국에서 시판 승인된 임플라논은 2012년 이후에는 더 이상 유행하지 않고, 그 대신 넥스플라논(nexplanon)이 이용되고 있다(533).

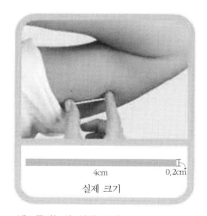
넥스플라논의 실제 크기

패치형 피임법은 상처에 붙이는 헝겊 모양의 기구를 신체에 붙이는 것인데, 1회 부착으로 1주일 효과가 나타난다. 경구피임약처럼 28일의 생리주기에서 월경이 진행되는 1주일을 빼고 생리주기 매주 하나씩 3주일 동안 붙이면 된다. 보통 의복으로 가려진 신체 부위에 붙이며, 매번 다른 부위에 붙여도 된다. 패치형 피임기구(현재 상표명 OrthoEvra)에는 경구피임약처럼 에스트로겐과 프로게스테론이 함유되어 있어 부작용도 경구피임약과 유사하다(287).

네 번째 피임 방법은 여성용 자궁 내 장치(intrauterine devices: IUD)다. 1960년대 이후에 유행한 혁신적인 기법으로 생리적 변화를 전혀 초래하지 않는 방법이지만, 삽입이나 제거는 전문의사가 해야 하는 번거로움이 있다(220). 이 방법도 여러 종류가 개발되었는데, 가장 대표적인 것은 유럽에서 고안되어 특허를 받은 페사리(pessary)다(122).

다섯 번째 피임 방법은 자연 주기, 즉 월경주기를 이용한 방법으로 리듬(rhythm)법이라고 한다. 월경주기에서 배란기를 예측하여 그 시기를 피하여 안전한 기간에만 성교를 하는 방법인데, 피임 효과는 매우 저조하다. 그래서 이 기법을 도박에 비유하여 바티칸 룰렛(Vatican roulette)이라고 부른다. 배란기를 측정하는 방법으로는 기초체온측정법과 빌링스(Billings)법이 있다. 기초체온측정법은 여성이 배란 전 체온이 정상보다 약간 더 낮아지고, 배란 후 체온이 정상으로 되돌아오는 현상을 이용하는데, 매일 아침 자리에서 일어나기 전에 측정해야 한다. 빌링스법은 기계를 이용하여 배란이 진행되는 과정, 즉 경부 점액의 변화를 측정하므로 경부 점액법이라고도 부른다(220).

여섯째 방법은 불임수술이다. 남성이나 여성이 불임수술을 받으면, 피임 효과는 99% 이상이다(220). 남성의 불임수술에는 거세술(castration)과 정관절제술(vasectomy)이 가장 대표적이다. 거세술은 양쪽 고환을 모두 제거하므로 발기부전을 비롯한 다른 부작용이 따른다. 고환이나 전립선에서 생명에 지장을 주는 심각한 질환이 있을 경우에만 사용한다. 반면 정관절제술은 생리학적 성기능을 유지한 상태에서 피임 효과가 나타난다. 정관절제술은 30분도 걸리지 않는 간단한 수술로 피임 효과가 매우 높으며, 1960년대 피임약이 보급되기 전까지 상당한 인기를 얻었다. 수술 후에도 호르몬 생성이나 발기 능력, 성적 쾌감의 경험에는 전혀 지장이 없다.

여성의 불임수술에도 나팔관 결찰술(tubal ligation)과 자궁절제술(hysterectomy) 두 가지가 있다. 전자는 수술 이후에도 폐경까지 월경주기가 지속되는 반면, 후자는 자궁과 경부, 때로는 난소까지 제거하기 때문에 수술 후 곧 월경이 사라진다. 월경의 중단은 어떤 여성에게는 심리적으로 심각한 영향을 미치기도 하며 많은 여성이 자궁을 미, 젊음, 여성성의 상징으로 여기므로 특별한 문제가 없다면 자궁을 제거하지 않는 편이 좋다. 자궁이 절제된 여성에게는 심리적 문제 이외에도 생리적 변화가 나타난다. 즉, 자궁절제술 이후에는 성적 쾌감의 기본이 되는 자궁 수축의 감각을 제대로 얻을 수 없다. 또 난소가 제거되면 에스트로겐 수준이 낮아져 합성 에스트로겐을 주입하지 않으면 질이 쉽게 노화된다.

1970년대 여성권익운동가들이 피임의 책임을 남녀가 함께 지자고 주장했을 때 한때 남성의 불임수술 비율이 높아졌다. 아직도 대부분의 피임 방법은 여성이 사용하는 방법 위주로 개발되고 있지만, 중국은 1970년대 남성용 피임법으로 가시폴(gossypol)을 개발했다. 지금 연구 단계에 있는 남성용 피임법은 대부분 테스토스테론 수준과 성욕을 낮추는 것에 초점을 맞추지만, 목화씨에서 추출한 액체로 만든 가시폴은 테스토스테론 수준을 낮추지 않으면서 99% 이상의 피임 효과를 지닌다. 가시폴은 정자세포 생성을 감소시키고 운동성을 변형시키는 피임 효과가 있다. 매일 2개월 정도 복용해야 효과가 나타나기 시작하며, 사용을 중단하면 곧바로 정자세포 수가 늘어난다. 부작용으로는 칼륨이 고갈되어 부정맥이나 피로감이 나타나기도 하며, 영구 불임 가능성도 낮지 않다(126). 지금은 가시폴의 부작용이 너무 커서 중국에서는 1986년부터 연구를 중단했으며, WHO도 1998년 연구 중단을 권고했다(http://en. wikipedia.org/wiki/Gossypol).

3. 피임과 성행동

옛 소련에서는 성 또는 관능적 이미지가 사회주의 해방에 방해가 되고 불필요하다고 여겼다. 1930년대 이래 성에 관한 연구나 교육의 흔적을 찾아보기 어려운데, 그 때문인지 신혼부부를 상대로 한 1987년도 조사에서 남성 60%와 여성 70%가 효과적 피임 방법을 전혀 모르고 있었다(205). 보통 성에 대한 태도는 피임행동과 연관성이 매우 높다. 어려서부터 가정에서 성에 대하여 엄격한 제한을 받고 자란 사람들은 성인기에도 배우자와 성에 관련된 이야기를 제대로 나누지 못하며, 피임법 사용에도 일관성이 높지 못한 편이다(74). 반면 일관성 있게 피임법을 이용한 남녀는 성에 대한 전반적인 태도가 매우 긍정적이며, 특히 자신의 성행동에 대해서도 마찬가지다. 성에 대한 태도가 보수적인 여성일수록 피임에 대한 의사결정을 회피하며, 결국 임신으로 이어지는 경우가 많다. 또 성에 관한 죄의식은 피임에 관한 태도와 행동에도 영향을 미친다. 성에 관한 죄의식은 미혼 커플의 성교행위를 억제하기보다는 피임을 방해한다. 죄의식이 높을수록 피임을 실천하지 않거나 피임을 하더라도 실패 가능성이 더 높다(483).

대학생을 조사한 바에 의하면, 콘돔 사용을 원하는 파트너를 설득하여 사용하지 못하게 하는 경우도 있었다. 여대생의 약 14%는 콘돔을 사용하려는 남성 파트너에게 사용하지 않도록 요구했으며, 남학생의 약 17%는 콘돔을 사용하라고 요구하는 여성 파트너의 요청을 무시하고 사용하지 않았다. 그들이 콘돔을 사용하지 않았던 주된 이유는 콘돔이 없어야 성적 감각이 더 높다고 믿는 것, 임신이나 질병 감염과 무관하다고 믿는 것 등이었다. 상당수의 남성은 여성보다 피임에 대한 책임의식이 더 낮았으며, 콘돔 사용을 어색하거나 번거롭게 여기고 있었다(383). 콘돔 사용에 대한 우리나라 대학생들의 태도 조사에 의하면, 남녀 모두 임신의 위험성이 높기 때문에 콘돔을 사용해야 한다는 반응도 많았지만, 임신이 되지 않을 것이라고 상대방을 설득하면서 콘돔을 사용하지 않았다는 반응 역시 많았다(58).

사람마다 콘돔을 다르게 인식할 수 있다. 어떤 사람은 이를 성적 자극의 한 수단으로 이해하는가 하면, 어떤 사람은 성적 자극의 중단으로 이해하기도 한다(74). 한 연구에서는 미혼 커플을 대상으로 콘돔 사용을 성적 자극으로 받아들이는지, 또 콘돔 사용에 대한 태도가 변하는지를 살펴보았다. 우선 콘돔에 대한 태도를 묻고 난 다음, 그들을 세 집단으로 나누었다. 콘돔을 나누어 주면서 콘돔 사용 시 꼭 여자 파트너가 관여하도록 지시한 집단, 콘돔을 주고 아무런 지시를 하지 않은 집단 그리고 콘돔도 주지 않고 아무런 지시도 없는 집단이었다. 약 2주일 후 그들에게 다시 콘돔에 대한 태도를 측정한 결과, 첫째 집단이 다른 두 집단에 비해 콘돔에 대한 태도가 매우 긍정적으로 변했으며, 성교에 대한 만족도 또한 매우 높게 나타났다. 이를 토대로 연구자들은 콘돔이 성 반응에 미치는 효과는 다소나마 커플이 어떠한 방식으로 접근하는가에 달려 있다고 결론지었다(494).

여성이 피임약을 선택하는 경우도 그들의 성행동이나 태도와 관계가 높았다. 여대생의 조사에서 경구피임약을 사용하는 학생이 그렇지 않은 학생보다 성 경험 비율이나 빈도가 더 높고, 더 어린 나이에 첫 성교를 경험했으며, 성적 파트너와의 관계가 더 좋으며, 성에 관한 환상 빈도도 더 높은 것으로 드러났다. 피임약도 복용하는 성분비에 따라 행동의 차이가 나타났다. 21일 복용 기간의 약 성분이 모두 동일한 합성 피임약과 성분이 서로 다른 순차적 피임약 사용자 간의 차이가 있었다. 순차적 피임약을 사용한 사람이 합성 피임약을 사용한 사람보다 성적 환상이나 관심의 정도가 더 높았고, 성행동을 더 즐기고 있었다. 피임약을 사용한 여성이 그렇지 않는 여성보다 질 윤활 작용이 더 좋지 않다는 연구 결과는 단지 합성 피임약을 복용한 사람들에게만 나타났다(339).

Box 15-2   여성의 우울 증상과 콘돔 사용의 상관

여성의 우울 증상은 태아의 사망, 유산, 폐경 등 생식 과정의 결과와 관련이 높다. 1980년대 남성의 정액이 여성의 기분에 영향을 미친다는 가설이 제기되었다. 정액에는 테스토스테론, 에스트로겐, 난포자극호르몬, 황체형성호르몬, 프로락틴, 다양한 프로스타글란딘(prostagladin) 등이 함유되어 있는데, 이들은 질 상피를 통해 여성의 몸속에 흡수되며, 그 결과 여성의 몸에서 다른 호르몬 분비를 더 활성화시켜 기분에 영향을 준다는 가설이다. 여대생을 상대로 한 성생활과 콘돔 사용에 관한 상관연구는 그러한 가설을 뒷받침해 준다. 특히 콘돔을 항상 사용하는 여성에게서 우울 증상이나 자살 시도 비율이 가장 높았다. 콘돔을 사용하지 않는 여성 중에서도 최근 성행위 이후의 기간이 길수록 우울 증상이 더 심한 편이었다. 그래서 일부 학자는 콘돔을 사용하지 않는 상태의 성교행위가 우울감이나 자살 시도 가능성을 낮추는 등 정신건강에 도움이 되고 면역력을 높여 줄 것이라는 주장도 한다(211, 146).

16
원하지 않은 임신과 낙태

1. 유발적 낙태

　연구자마다 약간 다른 비율을 보고하고 있지만, 임신한 여성의 30% 이상이 출산에 실패하며, 그들의 22%는 임신 사실을 모르는 상태에서 자연유산(miscarriage)을 경험한다. 자연유산의 약 80%는 대부분 수태 후 3주 이내에 발생하며, 이들 중 70% 이상이 태아의 결함에서 비롯된다. 그 결함은 세포분열이나 염색체의 유전적 이상에 기인할 수도 있다. 두 차례 연속 유산하거나 생애 통산 3회 이상 유산한 여성은 임신해도 다시 유산할 가능성이 높다. 임신 13~20주 사이에 발생한 유산은 태아보다도 자궁 내부나 경부 이상에 기인하며, 임신 20주가 지나 태아가 죽어 버리는 경우는 유산이 아니라 사산(stillbirth)이라고 한다. 유산 가능성은 여성의 나이(고령), 흡연이나 음주 등과 상관이 매우 높다. 자전거를 타거나 성행위를 하거나 따뜻한 물에 목욕해서 유산되었다는 이야기는 잘못된 내용이다(74, 439).

　낙태(abortion)란 태아의 생존이 가능한 발육 과정에서 임신을 끝내는 것을 뜻한다. 낙태는 보통 부지불식간에 나타나는 자연적(spontaneous) 낙태(자연유산), 모체나 태아 건강을 목적으로 이루어지는 치료적(therapeutic) 낙태, 기타 이유에 의한 유발적(induced) 낙태로 구분된다. 치료적 낙태는 대부분 합법적 임신 중단에 해당되는데, 본인이나 배우자의 우생학적 또는 정신적 장애, 강간이나 근친상간에 의한 임신, 태아에 이상이 발생하여 실시하는 낙태 등이다. 유발적인 낙태는 모체나 태아의 건강상의 이유가 아닌 다른 이유로 낙태를 실시하는 것으로, 본문에서의 낙태란 주로 이 경우를 칭한다.

고대사회에서도 낙태가 시행되었다. BC 1550년경 이집트 파피루스에 다양한 약초를 배합하여 질 속에 넣으면 낙태가 된다는 기록이 있었다. 플라톤은 가족마다 토지 상속인을 1명으로 제한해야 지역사회가 안정된다고 강조하면서, 인구 조절을 위해 40세 이상의 여성이 임신하면 낙태를 권했다. 아리스토텔레스도 플라톤처럼 상속 문제를 원만하게 해결하려면 낙태로 인구를 조절해야 한다고 주장했다. 이를 위해 그들은 결혼 연령이나 가족의 수를 정해 두고, 그 수를 넘어 임신하면 태아의 감각 능력이 발달하기 전에 낙태하도록 권장했다(122, 342). 2세기경 그리스의 소라누스(Soranus)는 여러 약초(wallflower, Queen Anne's lace, silphium, rue, myrtle 등)를 이용하여 낙태나 피임에 관해 처방했다. 이러한 약초들의 일부는 근래의 임상실험에서 효과가 증명되었거나 최근까지 민간요법에서 사용되기도 한다. 여러 문화권에서 이용된 낙태 방법은 대체로 다섯 가지 정도로 요약되는데, 이들은 ① 약초 먹이기, ② 질이나 자궁에 물건 집어 넣기, ③ 질 속에 자극성 물질 넣기, ④ 신체에 강한 충격이나 심한 마사지하기, ⑤ 주술하기 등이다. 이 방법들은 효과가 클수록 위험도가 높으며, 질 속에 물건이나 물질을 넣는 것은 염증이나 상처의 위험이 높다(122).

그렇다면 낙태를 하는 이유는 무엇인가? 이는 원하지 않는 임신 종결, 임신의 터울 조정, 가족 수 제한, 결혼생활의 적응력 향상, 임신한 여성의 건강 보호, 유전적 질병 예방, 여성의 독립성 부여, 경제 능력의 부족 등 매우 다양하다(126). 우리나라에서는 특히 1980~1990년대에 낙태가 성행했는데, 1980년대에는 낙태 경험자 중 기혼자가 절반을 넘었다. 이러한 비율은 기혼자들이 일생 동안 평균 1.9회의 낙태를 경험한 수치였다(57). 또 14~19세 여학생 600여 명에게 "본인과 가장 가까운 친구 5명 중 낙태를 경험한 친구는 몇 명 정도인가?"라고 질문했을 때 아무도 없다는 답변은 전체의 75%였으나, 최소 1명이라는 답이 19%, 2명 이상이라는 답이 6% 정도로 10대도 낙태를 쉽게 경험하고 있었다(33). 우리나라 기혼자의 상당수가 1980~1990년대 남아선호사상 때문에 낙태를 택했던 반면, 청소년은 대부분 원하지 않는 임신 때문에 낙태를 해 왔다.

Box 16-1   **성교 후 복용하는 낙태 약품(RU-486)**

프랑스에서는 피임을 하지 않고서 성행위를 한 후 임신이 되지 않도록 하는 사후피임약(morning-after pills, 응급피임약)을 개발해 1985년부터 시판 중이다. 볼리유(E. Baulieu) 등이 개발해 17,000여 명의 여성을 상대로 6년간 임상실험을 거친 이 약은 프랑스 제약회사 Roussel-Uchaf의 이름을 딴 RU-486(Mifepristone)이다(독일의 모회사 Hoechst AG도 생산함). RU-486은 임신 예방이 아니라 성교 후 수태 방해 및 임신 상태를 제거시키는 작용을 하는데, 이는 임신이 가능한 배란일로부터 1주일이 지나기 전에 복용해야 효과가 나타난다. 약물의 성분은 항프로게스틴으로 프로게스테론의 활동을 방해한다. 수정란이 형성된 상태에서는 착상을 방해하거나 수정란이 자궁벽에 착상한 상태를 깨뜨리는 것이다. 약물을 복용하고 나서 이틀 후 강제로 자궁 수축을 일으키는 호르몬제를 복용하면 배아(embryo)가 자궁벽에서 떨어져 나간다. 그러므로 RU-486의 복용은 프로게스테론 활동을 방해하여 임신되지 않는 몸처럼 조작해 버린다. 약물 복용의 과정에서 과다 출혈의 위험이 있으므로 복용 후 수 시간 동안은 전문의의 진찰을 받아야 하며, 태아가 완전히 중절되었는지 의사의 확인을 받아야 한다. 완전 유산이 되지 않았을 경우 RU-486이 태아의 기형을 초래했을 가능성이 높으므로 결국 낙태 수술을 받아야 한다. RU-486은 레이건 및 부시의 공화당 정부의 낙태 반대 정책 때문에 미국에 진출할 수 없었지만, 클린턴의 민주당 정부는 낙태를 긍정적으로 받아들였다. 결국 1993년 4월 프랑스에서 제약회사와 미국의 FDA와의 협상으로 비영리기관에서 임상실험을 하게 되었으며, 미국은 1994년부터 FDA 검증 과정을 거친 후 여성이 원하지 않는 임신을 했을 경우 곧바로 유산시킬 수 있는 이 약의 시판을 1996년부터 허용했다(122, 126, 464). 그 후 우리나라에서도 곧바로 수입되어 시판되었지만, 2002년부터는 약물 부작용이 심하기 때문에 의사의 처방을 받아 구입할 수 있는 전문의약품으로 분류되어 있다.

2. 낙태의 법제화 및 찬반 논쟁

유발적 낙태는 동서양을 막론하고 수천 년 전부터 실시되고 있다. 그러나 낙태에 대한 태도는 문화권이나 사회경제적 지위, 종교 등에 따라서 다르다. 예를 들면, 유대교나 가톨릭계에서는 종족 보존을 신의 절대명령이라고 믿으므로 낙태와 피임 모두 반대하고 있다. 그들은 낙태를 모세의 십계명에서 '살인하지 말라.'는 계율의 위반으로 여기므로 비도덕적인 행위나 살인으로 간주한다(74, 126).

낙태에 대한 찬반논쟁은 생명이 언제 시작된다고 보는가의 입장에서 출발한다. 가톨릭에서는 근래 낙태를 전적으로 반대하고 있지만, 그러한 태도를 지니게 된 지는 불과 1세기 정

백악관 앞의 낙태 반대 사진

도밖에 되지 않았다. 물론 17세기 전성설의 축소인간이론이 등장할 때 인간의 형태가 미리 형성되었기 때문에 신학자들은 영혼도 역시 수태의 순간부터 존재한다고 주장했었다. 그러나 전성설의 입장이 몰락하자 19세기 중반까지 가톨릭 지도자들도 임신 후 40일경까지의 태아에는 영혼이 발달하지 않았다고 믿어 낙태를 허용했다(74).

낙태를 반대하는 입장에서는 태아가 임신 10~12주경 사람 모습으로 발달하기 때문에 그때부터 생명이 시작된다고 보기도 하고, 수태의 순간이 생명의 출발이라고 보기도 한다. 반면 찬성하는 사람들은 태아가 모체 밖에서 생존할 수 있는 출생의 순간부터 생명이 시작된다고 본다. 그들은 태아가 살아 있는 조직으로 구성되어 있지만 그 자체는 스스로 생존할 수 없다고 생각하므로 낙태를 찬성한다. 흔히 낙태를 반대하는 입장은 생명체인 태아를 옹호한다는 의미에서 프로라이프(pro-life), 찬성하는 입장은 여성의 신체 내부에서 발생한 임신의 종결 여부에 대해 여성에게 자율적인 선택 권리를 우선적으로 부여한다는 의미에서 프로초이스(pro-choice)라고 부른다(25).

물론 낙태를 반대하는 사람들이 모두 생명체를 옹호하는 입장을 취하지는 않는다. 소수는 피임이나 낙태로 인한 공동체 인구 감소를 걱정하기 때문에, 또는 여성의 건강 때문에 반대한다(126). 그러나 낙태를 찬성하는 사람들은 대부분 여성의 권익을 주장하는 자들이다. 그들은 낙태 선택의 권리가 입법자나 성직자, 남편이 아니라 여성에게, 즉 여성의 신체를 통제할 권리가 여성 자신에게 주어져야 한다고 주장한다(25). 낙태의 찬반 입장에 민감하지 않은 사람들도 성에 대한 죄의식을 더 심하게 느낄수록 여성의 낙태에 대하여 부정적인 반면, 교육 수준이 높을수록 낙태를 더 쉽게 받아들인다(74).

이제 문화권에 따른 낙태에 대한 입장 차이를 개략적으로 살펴보자. 먼저, 우리나라는 낙태를 비교적 엄하게 법으로 규제했으나 1962년 가족계획사업 실시와 범세계적인 낙태 자유화 추세에 따라 낙태 규제의 형법 조항은 실효성을 잃어 갔고, 1973년 「모자보건법」 제정으로 치료적 낙태의 경우 법으로 허용하고 있다. 또 유발적 낙태는 「형법」 제270조에 의한 낙태죄에 해당되지만, 그동안 법적 규제를 제대로 하지 못했다. 그 결과 낙태를 경험한 기혼자 비율이 1967년 16%, 1975년 39%, 1984년 53%, 1987년 52%, 1990년 47%일 정도로 낙태가 보편화되었다(57).

　아시아에서 인구조절정책으로 낙태를 법제화시킨 최초의 나라는 1948년 일본이었다. 중국은 1949년 공산혁명 당시 피임을 반대한 결과 인구 팽창의 문제에 직면했다. 그래서 1980년대부터 결혼 후 한 아이만 낳도록 제한했으며, 1993년에는 가족계획을 더욱 강화해 간염이나 성병 환자, 정신질환자의 혼인금지 법안을 통과시켰다(122). 또 이미 1명의 자녀를 둔 부부가 임신하면 강제로 낙태시켰는데, 그렇지 않을 경우 사회보장 혜택 등에서 불이익이 수반되는 정책이 20세기 후반까지 지속되었다(234). 중국에서는 또한 혼외 성교를 방지하기 위해 사생아의 부모를 처벌했으나, 근래에는 피임법 보급이나 낙태 성행으로 법적 제재를 받는 경우가 매우 드물다. 또 노동 장면에서는 인구제한정책 때문에 기혼자들은 가족계획 담당자에게 피임기구나 방법 및 성교 시기 등을 보고해야 했다(389).

　20세기에 들어와 낙태를 법으로 허용했던 최초의 나라는 옛 소련인데, 1920년부터 산아제한의 주요한 방법으로 낙태가 이용되었다. 그러나 스탈린의 등극으로 1936~1953년 동안에는 낙태가 금지되었다가 1955년부터 낙태를 법으로 허용했으나, 피임기구가 제대로 보급되지 않았기 때문에 소련인은 낙태를 피임법으로 이용하고 있었다. 그 결과 옛 소련의 여성은 평생 평균 7차례 임신하여 낙태를 3~5차례 정도 경험한 것으로 드러났다. 1988년 옛 소련 공산당기관지 「프라우다지」에 의하면, 한해 650만 건의 낙태가 이루어지고 신고가 되지 않았던 낙태 건수가 3백만 건 정도, 또 낙태를 한 여성의 20%가 10대라고 했다(205).

　옛 소련을 제외하고 낙태법을 통과시킨 최초의 나라는 1934년 아이슬란드다. 그 후 스웨덴과 덴마크는 각각 1938년과 1939년에 낙태법을 통과시켰다. 벨기에에서는 임산부의 생명이 위태로울 경우에만 낙태 수술을 법적으로 허용한 결과 수많은 여성이 수술을 위해 이웃인 네덜란드로 여행했는데, 네덜란드에서는 법적으로 자국인의 낙태는 규제하더라도 외국인에게는 관용의 자세를 취했다. 영국에서는 1969년부터 모친의 생명이 위독하거나, 정신이나 신체장애가 있을 경우에 한해서 법으로 낙태 수술을 인정하고 있다(251).

　중남미는 쿠바를 제외한 대부분의 나라에서 낙태가 불법이다. 부유층 여성은 법으로 낙태가 허용되는 나라로 여행하거나 거금을 주고 불법으로 의사에게 낙태 수술을 받는다. 낙태가 불법인 어느 곳에서나 무자격자에 의해 서투른 시술이 성행하기 때문에 수천 명의 빈곤층 여성이 사망했다(229). 예를 들면, 1979년 12월 2일자 『뉴욕 타임스(New York Time)』에 의하면, 멕시코에서는 낙태에 이용되는 식물이 시장에서 판매되고 있으며, 여성 입원 환자 80% 정도가 불법 낙태의 후유증으로 입원해 있었다. 즉, 멕시코에서는 1970년대에 매년 120만 건의 불법 낙태가 성행했으며, 이로 인해 그들 중 약 4만 명의 여성이 사망했다.

불법 낙태는 대부분 비효과적일 뿐 아니라 여성에게 매우 위험하다. 미국에서는 1950년대 킨제이 등의 조사에 참여했던 여성의 30% 정도가 불법 낙태를 했다고 보고했다(122). 기독교 국가로 낙태를 반대하던 미국에서는 1960년대부터 낙태의 찬반 논쟁이 시작되었는데, 단지 여성의 생명이 위독한 경우에만 낙태를 허용하다가 1973년 임신 3개월 이내의 낙태를 법제화했다(〈Box 16-2〉 참조). 이로 인해 불법 낙태가 사라지고 낙태로 인한 여성의 치사율이 낮아졌지만, 이러한 결정은 종교계와 낙태 반대파들의 강한 반발을 초래했다. 즉, 미 하원은 끊임없이 낙태를 위한 연방정부의 모든 기금을 동결하자고 주장한 반면, 진보 성향의 상원의원들은 낙태를 위한 자금에는 상한선이 없다고 맞섰다.

결국 미국은 1977년 낙태 반대 운동가들의 노력으로 낙태에 대한 연방정부의 의료기금을 동결시키는 법안을 통과시켰다. 미국 정부는 단지 여성의 생명이 위험하거나, 강간이나 근친상간의 피해자이거나 장기적으로 신체적인 해가 있을 수 있다는 의사의 증명이 첨부될 경우에만 낙태를 법적으로 보상받도록 했다. 그렇지만 그들은 1983년 낙태법을 더욱 완화시켰으며, 낙태 문제는 대통령 선거전의 한 쟁점이 되기도 했다. 미국은 민주당 정부에서는 낙태를 찬성하지만, 공화당 정부에는 반대하는 입장을 취해 왔다. 일반적으로 세계 도처에서의 낙태행위는 여러 관습, 전통, 법률 등에 영향을 받는다. 낙태를 처벌하거나 방관하기 전에 낙태가 과연 의학, 위생, 사회경제 그리고 윤리적으로 타당한지 그 여부를 먼저 논의해야 한다.

Box 16-2 로우 대 웨이드 판례

20세기 들어와 전 세계적으로 낙태 찬반 논쟁의 실마리를 제공한 사건은 1973년도 미국 텍사스 주 대법원의 '로우 대 웨이드(Roe vs. Wade)' 판례다. 사건의 요지는 다음과 같다. 1969년 텍사스 주 달라스에 거주할 때 임신한 로우는 "강간에 의한 임신이므로 낙태하고 싶다. 그러나 텍사스에서는 낙태가 불법이며, 낙태가 허용되는 캘리포니아로 여행할 경비도 없다. 텍사스에서 낙태를 허용해 달라."고 법적으로 요구했다. 이 재판이 대법원에 가서 끝나기까지 3년 이상 걸렸다. 재판이 진행되는 동안 낙태를 해 버리면 사건이 종결되므로 그녀는 출산할 수밖에 없었다. 그리고 마침내 대법원에서 임신 6개월 이내의 여성은 낙태를 할 권리를 지닌다는 판정을 7대 2로 받아냈다. 그런데 그녀는 18년 후 침묵을 깨고 1987년 "강간당했다는 말은 어쩔 수 없는 거짓말이었다."고 실토했다. 어찌되었든 1973년 이래로 미국에서는 낙태가 급증하기 시작했고, 이러한 경향은 곧이어 낙태를 반대하는 사람들과의 거센 충돌로 이어졌다(25).

3. 원하지 않는 임신

원하지 않는 임신(unwanted pregnancy)은 무지의 결과, 종교적 이유로 인한 피임 거부, 또는 피임을 못했을 경우 등에서 발생한다. 보통 원하지 않는 임신으로 인한 낙태 가능성은 기혼자보다 미혼자가 더 높다. 낙태 수술을 받은 미혼 여성은 심리적으로 위안을 받고 싶어 하지만, 낙태가 발생하는 사회적 맥락이나 정서적 지지 여부에 따라 낙태를 경험한 여성의 느낌은 다르다. 낙태를 인정하지 않는 문화권에 거주하는 여성은 고독이나 고립감, 죄의식, 슬픔, 후회를 경험한다. 부모나 친구의 지지를 받지 못하거나 의료진의 태도가 비우호적이었다면 낙태를 경험한 여성은 정서적으로 힘들어질 수 있다. 낙태 후의 고독감과 의미 있는 사람에게 받은 위안의 관계를 밝힌 연구에 의하면, 낙태 수술을 전후로 남자친구에게서 지속적으로 위안을 받았던 여성은 고독감을 심하게 경험하지 않았다. 그러나 부모에게 받은 위안은 낙태 이후 여성의 고독감 경험과 밀접한 관계가 없었는데, 단지 여성이 어머니와의 관계가 가까울 경우 고독을 덜 느끼는 것으로 나타났다(421).

미혼여성을 임신시킨 남성은 어떤 심리 상태인가? 그러한 경험이 있는 140명의 남성을 광고로 모집했는데, 그들이 여성을 임신시킨 사례는 모두 176건이었다. 조사 결과, 그 사례 중 71%는 지식이 충분하지 않았거나 부주의, 15%는 실수였다고 표현했다. 임신에 연루된 남성은 부모로부터 듣는 비난이나 잔소리, 경제적 지원 중단, 학교생활의 일시적 중단 등 타인이나 가족들로부터 부정적인 반응을 예상했다. 그들의 절반 정도가 가족에게 임신 사실을 숨겼으며, 임신 사실을 가족에게 알린 남성은 예상과 달리 그런 부정적 반응이 오래 가지 않았다고 답했다. 대다수는 임신한 파트너에게 걱정이나 관심을 보였으며, 낙태나 출산에 필요한 경비 전부나 일부를 부담하겠다고 했다. 단지 5% 정도의 남성은 여성이 임신하자 곧 헤어졌다고 답했으며, 일부 남성은 사귀던 여성이 자신하고 결혼이나 관계를 개선하기 위해 고의로 임신했다고 믿었다(400).

건강상 이상이 없는 커플이 피임을 하지 않고 성생활을 지속한다면 대부분 임신을 하게 된다. 지난 1960년대 피임약 보급으로 미국 사회에서는 젊은이들이 임신 걱정 없이 성관계를 가질 수 있었지만, 피임 실패로 인한 원하지 않는 임신 비율이 높아지는 결과를 초래했다. 미국의 10대는 서구의 다른 나라들보다 피임에 대한 양가감정이 더 큰 편이다. 과거에는 원하지 않는 임신을 하면 결혼했지만, 20세기 후반 이래로 결혼에 대한 부담이 줄어들어 낙태나 결혼 관계 이외에서 출생한 아이들의 수가 증가하고 있다(338).

지난 반세기 동안 거의 완벽에 가까운 피임법이 개발되었다. 그럼에도 어떤 사람들은 피임에 실패한다. 지적 수준이 높은 커플도 간혹 피임 실패에 의한 원하지 않는 임신으로 자녀를 출산하는 경우를 경험한다. 그렇다면 원하지 않은 아이를 임신한 부부는 어떤 심리 상태인가? 피임 실패의 정신분석학적인 기제를 살펴보면, 부적절한 피임은 자기처벌의 충동이나 심지어는 공격적인 충동이 무의식적으로 반영된 결과이며, 피임하지 않고 행운에 맡기는 식의 태도는 피학성이나 도박 충동의 표현이다(314). 프로이트의 관점에서, 피임하지 않고 성관계를 함으로써 임신 가능성에 노출되는 것은 무의식적으로 임신에 대한 욕망을 드러내는 일이므로 피임 실패는 우발적이 아니라 고의적인 행위다.

만일 부부가 임신에 대한 양가감정을 지닌다면 피임법 사용이나 임신 모두 갈등을 일으킨다. 그들이 피임법을 사용하는 것은 적절한 가족계획의 수단이 아니라 태어날 수 있는 아이를 적개심으로 거부하는 행위이며, 그들은 자신의 무의식적 적개심에 대해서 죄의식도 느낀다. 이러한 양가감정을 지닌 부부는 성에 대한 죄의식과 그 처벌의 대가가 임신이라는 의식이 잠재적으로 존재하기 때문에 피임에 실패한다(314). 역시 여성이 고의로 피임하지 않고 임신하는 행위는 배우자, 부모, 연인 등을 처벌하려는 무기로 사용하거나 악화된 관계를 구제하려는 시도로 해석되기도 한다(229).

과거 체코에서는 낙태를 금지했다. 낙태가 금지되던 시절 일부 아이들은 원하지 않은 임신의 결과로 태어났는데, 약 25년의 추적으로 그들이 사회생활에 적응하지 못한다는 것을 확인했다. 즉, 1961~1963년 사이 낙태를 거부당하고 태어난 남녀 110명씩을 9세부터 조사했는데, 당시에는 일반 아동과 차이가 없었다. 그러나 그들의 98%를 14~16세경에 추적했을 때에는 일반 아동에 비해 심리 문제로 임상 치료를 받은 비율이 더 높았다. 또 그들이 21~23세경에 약 70%를 추적했을 때에는 일반 아동보다 더 심각한 문제가 드러났다. 직업에 대한 불만으로 이직하거나, 결혼 후 이혼하거나, 문란한 성생활이나 약물중독 등에 빠져드는 경우가 그 예다. 결국 체코 정부는 1987년 1월 여성의 요구에 의한 낙태가 가능하도록 정책을 변경했다.

4. 10대의 성행동

왜 10대의 성 문제가 과거보다 더 많이 발생하는가? 그 이유는 바로 피임의 실패인데, 이로 인하여 혼전 임신이나 질병 감염 빈도가 높다(84). 10대 임신 비율의 증가는 10대들이 성적으로 활발하다는 의미인데, 그 비율 증가는 우리나라도 마찬가지다(33, 348). 10대의 성행동 비율은 유럽 몇 나라가 세계에서 가장 높지만, 10대 임신 비율이 가장 높은 나라는 미국이다. 미국의 10대 임신 비율은 스웨덴, 프랑스, 캐나다, 영국, 네덜란드 등보다 거의 2배에 가깝다. 10대 출산도 마찬가지인데, 미국의 경우 1,000명당 52명, 영국에서는 32명이 10대 미혼모가 된다(225). 2013년도 UN 보고서에 의하면, 세계적으로 15~19세 사이의 여성이 1년 동안 출산한 아이가 1,310만 명인데, 그중 선진국의 경우가 680,000건이며, 그중 절반 정도가 미국의 경우였다. OECD 회원국 중 전체 임신 건수에서 15~19세 여자의 임신 비율이 가장 높은 나라는 멕시코이며, 우리나라는 상당히 낮은 편인데, 1980년에 비해서 2008년에는 거의 대부분의 회원국에서 그 비율이 낮아졌다(UNFPA, 2013). 선진국에서의 10대 임신은 알코올이나 약물 사용 등의 청소년 문제와 관계가 높으며, 임신한 10대 여성은 대다수 취약한 가정 출신이다(138).

그렇다면 10대가 왜 피임을 하지 못하고 임신을 하게 되는가? 일반적으로 인종이나 사회계층의 차이에 상관없이 그들이 피임을 하지 못하는 이유는 다양하다(84, 114, 348). 첫째, 어떤 피임법을 사용해야 하는지, 어디서 이를 구해야 하는지를 잘 모른다. 특히 남아가 여아보다 피임에 대한 지식이 더 부족하다. 상당수의 성인도 피임 지식이 부족하다는 점을 감안하면, 청소년이 피임을 잘하지 못하는 것은 이해할 수 있다. 둘째, 피임법 이용에 대한 공포나 불안 때문에 실패한다. 셋째, 임신 시기에 대한 지식이 부족하다. 원하지 않는 임신을 한 여자 청소년의 상당수가 자신의 임신 사실에 놀란다. 그들은 월경주기상 안전한 시기라고 잘못 판단했거나, 오르가슴을 느끼지 않았거나 남성이 몸 밖에서 사정했기 때문에 임신할 만큼 섹스를 하지 않았다고 생각한다. 넷째, 성 역할의 문화 규범이 10대의 임신에 영향을 준다. 예를 들면, 남자가 여자에게 강요하는 성행위가 정당하다거나 임신에 대한 책임이 여성에게 있다는 믿음 때문에 남자는 임신 예방에 대한 인식이나 관심이 별로 없다. 그러한 믿음이 강할수록 10대들은 피임행위나 성교 이외의 다른 성행동 추구를 하나의 규정 위반이라고 본다. 즉, 10대들은 성교가 아닌 다른 방식의 성적인 표현을 오히려 성 도착이나 별난 행위로 여기며, 이러한 점이 부분적으로 여성에게도 성관계에서 피임법 사용을 어렵게 만든다. 다섯째, 10대의 성관계는 보통 기대하지 않는 상황에서 발생한다. 피임 준비를 거의 하지 못한 상태에서 우연히 성교가 이루어진다. 그 밖의 이유로는 위험한 줄 알면서도 설마 임신될까 하는 경우도 있으며, 콘돔 사용 시기가 너무 늦었거나 피임기구 사용을 아예 잊어버린 경우도 있다. 또 너무 어리기 때문에, 또는 잦은 성관계가 아니라서 임신되지 않을 것이라고 생각한다. 이러한 이유에서의 피임 실패는 넓은 의미에서 그들의 인지 및 정서발달과 관계가 깊다. 대부분 성교의 과정이나 결과에 대한 책임감이 부족하거나 이를 판단할 능력이 부족한 상태라는 뜻이다. 곧 자신의 행동에 대한 책임을 인식하지 못한 상태에서 피임기구 이용 방법을 가르치는 일은 필수 요소일 뿐 충분 요소는 아니다(84, 114, 348).

10대가 원하지 않는 임신을 했다면 여러 차원에서 위기가 발생한다. 임신했다는 사실은 자신의 비밀스러운 사생활 폭로를 의미한다. 만약 그녀가 10대 임신이나 출산이 드문 사회적 배경에서 자랐다면, 사람들이 10대 임신이나 출산을 사회적 문젯거리로 여기기 때문에 임신 사실의 노출은 그녀에게 매우 큰 상처를 주게 된다(348). 보통 정서적으로나 경제적으로 부모에게 의존하는 10대는 임신 사실을 부모에게 알리기를 두려워한다. 그러나 대부분의 미성년자는 낙태 문제를 부모와 의논하는데, 나이가 어릴수록 부모와 의논하는 비율이 더 높다(322). 낙태를 원하는 여성은 아이를 가지고 싶은 욕망과 그 반대의 욕망을 함께 지닌다. 일반적으로 낙태를 원하는 여성이 원하지 않는 여성보다 성격검사에서 불안이나 우울 증상을 더 심하게 보인 것으로 해석된다. 낙태는 법적·종교적·사회적으로 용납되는 범위가 다르므로 낙태에 대한 심리학적 관점을 이해하기 위해서는 어느 상황에서 낙태가 발생했는가를 고려해야 한다(251).

낙태를 하지 않고 출산한 10대는 낙태를 한 10대와 다르다. 그들은 대부분 임신 전에 학교를 포기해 버렸거나 학교를 다녀도 성적이 좋지 않다. 그들의 남자친구도 역시 10대이며, 부양을 위해서 학업을 중단하거나 임신 문제를 일으키기 훨씬 이전부터 다른 문제로 대부분 학교를 그만두었던 자다. 여성을 임신시킨 10대 남성에 대한 연구는 많지 않지만, 그들은 임신한 여자들보다 2~3세 정도 나이가 더 많다. 10대의 어머니들처럼 그들도 대부분 교육 수준이나 사회경제적 지위가 낮은 가정의 출신이다. 혼전 임신으로 어린 나이에 결혼하는 것은 성행위나 임신을 합법화하려는 욕망으로 볼 수 있다. 그들은 대부분 부부가 되어도 정서적으로나 사회경제적으로 독립하지 못하고 살아간다. 그들이 다른 사람에게 의존하는 부부가 되면 다른 문제를 일으킬 확률이 더 높다. 아버지 역할을 하려고 남보다 일하는 시간이 더 많다 보니 학업을 포기할 가능성이 높으며, 사회경제적 수준이 낮은 악순환의 고리에 빠져든다(138). 일반적으로 어려서 결혼생활을 시작하면 정신 성적 정체성(gender identity)이 제대로 성숙하기 어려워진다. 임신한 10대의 대부분은 정서적으로나 사회적으로 부모가 될 준비가 부족한 상태인데, 이는 부적절한 성교육이나 가정교육을 암시해 준다. 결국 출산이란 부모가 되고 싶은 희망과 함께 부모 역할과 책임감을 지닌 상태에서 결정되어야 할 문제다.

Box 16-3   미국의 10대 출산 감소 현상

　미국의 혼외 출산 사례의 약 75%가 10대 임신에서 비롯되었다. 미국 국립보건통계국 자료에 의하면, 1991~1996년 사이에 10대 출산율이 약 10% 감소했다. 미혼모를 포함한 극빈자들에 대한 사회보장 혜택 범위가 크게 축소되면서 10대들이 이전보다 절제된 생활을 하게 되었고, 10대의 피임 비율이 증가한 것이 그 이유였다. 역시 피임으로 인해 임신 및 낙태 비율도 감소했는데, 그들이 성인이 되더라도 10대에 터득한 성에 대한 책임감이나 피임 지식이 평생 지속될 것으로 전문가들은 기대하고 있다(53). 원하지 않는 임신 문제의 가장 현명한 해결은 예방이며, 그 노력은 10대에게 단순히 피임 지식이나 기구를 제공하는 데 그치지 않고 책임감을 심어 주는 일이다(348). 예를 들면, 네덜란드는 어려서부터 성교육을 시키고, 청소년의 성행동도 허용한다. 그들의 성교 개시 연령은 평균 18세이며, 10대 후반 청소년의 대다수가 성행위 시 피임에 대한 책임 의식을 잊지 않고 있다. 그 결과 10대 임신이나 낙태 비율이 세계에서 가장 낮은 편이다(335).

17
사랑과 혼전 성교

1. 사랑의 형태

사랑에 수반되는 요소들은 매우 복잡해 사랑을 정의하거나 체계적으로 정리하기가 쉽지 않다. 흔히 청소년의 사랑을 우정으로 해석하거나 기혼자들의 우정을 사랑으로 오해하면서 인간관계의 역동성이 왜곡되기도 한다. 우정과 사랑에는 공통 요소가 내포되었더라도 그 개념이 서로 다르다. 미국 심리학자 스턴버그(Robert Sternberg)는 사랑을 세 가지 요소로 정리하면서, 그들의 강약에 따라 사랑의 형태를 구분했다.

사랑의 첫째 요소는 친밀감(intimacy)인데, 이는 상대방하고 자신의 경험을 나누고, 정서적 지지를 주고받고, 상대방을 통해 자신의 가치를 찾고, 상대방의 행복이나 복지에 대한 관심이나 상대방과 결합하고 싶은 감정 등을 말한다(476). 일반적으로 친밀감은 관계 형성 초기부터 시간이 지날수록 꾸준히 증가하지만 나중에는 그 상태를 지속시킨다. 이는 가족이나 친구와의 관계에서도 매우 중요하다. 이런 차원에서 친밀감을 사랑의 정서적(emotional) 요소라고 한다.

사랑의 둘째 요소는 열정(passion)인데, 이는 사랑의 관계에서 낭만이나 성행위 등으로 이끌어 주는 강한 신체적 매력이나 욕구에 해당된다. 사랑하는 사람과 결합하기 위해서는 생리적 차원의 욕구나 흥분 수준이 높아야 한다. 그러한 이유로 열정을 보통 사랑의 동기적(motivational) 요소라고 말한다. 열정은 관계 형성 초기에 매우 빠르게 발달하여 그 절정에 달하지만, 관계가 지속되더라도 초기에 형성된 수준의 열정이 그대로 유지되거나 그보다 더 낮아지는 것이 전형적이다. 첫눈에 반한 사랑이란 열정의 요소가 매우 높았음을 의미한다.

사랑의 셋째 요소는 결정(decision) 및 언약(commitment, 의무)이다. 단기적으로는 개인이 어느 대상을 선택한 후 사랑하리라고 결정하는 행위, 자신이 사랑에 빠져 있음을 인지하는 것, 또 그 사랑을 오랫동안 유지할 것이라고 약속하는 행위 등을 말한다. 언약의 요소는 관계 초기부터 빠르게 발달하지만, 시간이 지날수록 비중이 더 커진다. 자녀를 향한 부모 사랑은 수준이 매우 높은 언약이나 의무행위다(474, 475). 언약이란 두 사람 관계에서 어려움이 생기더라도 관계를 지속하겠다는 결정을 말하는데, 이러한 결정은 순간적인 감정이 아니라 의식적인 판단에 의해 이루어진다(485). 이러한 차원에서 이를 사랑의 인지적(cognitive) 요소라고 표현한다.

어떠한 사랑이든 이러한 3요소 중 최소 하나라도 강해야 지속된다. 사랑의 형태는 대부분 시간이 지나면서 변하는데, 이는 사랑의 3요소의 비중이나 강도가 달라짐을 뜻한다. 스턴버그는 3요소의 강도에 따라 사랑을 여러 가지 형태로 구분했는데, 그 요소의 강약에 따른 여덟 가지 형태를 〈표 17-1〉에 정리했다(474, 475).

〈표 17-1〉을 보면, 3요소가 모두 약한 상태는 사랑이 아니다(①). 그리고 단지 친밀감 요소만 강한 형태는 우정(②)인데, 이는 흔히 정신적 사랑, 플라토닉 사랑(Platonic love, philia)에 해당된다. 열정 요소만 강한 사랑도 있는데(③), 그 예로 첫눈에 반한 사랑을 들 수 있다. 보통 청소년기의 사랑은 상대방에 대한 열정에서 시작되는 경우가 흔하지만, 상대방은 자기에 대한 관심을 보이지 않기 때문에 짝사랑이 될 가능성이 높다. 짝사랑은 사랑의 정서 및 인지적 요소가 결여되어 있지만, 두 사람 간의 친밀감이 형성된다면 다른 형태의 사랑으로 발전한다. 공허한 사랑(④)이란 단지 사랑의 인지적 요소만을 갖추고 있다. 오직 의무감으로 사랑의 관계를 유지하는 경우로 조부모 세대가 과거에 얼굴도 몰랐던 사람과 중매결혼으로 살아갔던 모습이 적절한 예다. 낭만적 사랑(⑤)은 첫눈에 반한 두 사람이 서로 가까워지는 관계를 유지하는 것으로 흔히 에로스(eros)라고 알려져 있다. 사춘기 청소년이나 성인기 초기의 사랑은 대부분 에로스에 속한다. 사랑의 요소 중 친밀감이 매우 약한 사랑도 존재한다(⑥). 소위 어리석거나 얼빠진(fatuous) 사랑이다. 만난 지 1주일 만에 약혼하고 4주일째에 결혼하는 경우가 그 예다. 이 사랑은 열정이나 언약 등이 매우 빠르게 발달하지만, 친밀감의

표 17-1   사랑의 3요소와 사랑의 형태

사랑의 형태	사랑의 요소		
	정서	동기	인지
	친밀감	열정	결정·언약
① 비(非) 사랑(nonlove)	약	약	약
② 우정(friendship)	강	약	약
③ 열정적 사랑(infatuation)	약	강	약
④ 공허한 사랑(empty love)	약	약	강
⑤ 낭만적 사랑(romantic love)	강	강	약
⑥ 어리석은 사랑(fatuous love)	약	강	강
⑦ 우애적 사랑(companionate love)	강	약	강
⑧ 완성된 사랑(consummate love)	강	강	강

안정성이 결여되어 있어서 장기적인 관계를 유지하기 힘들다. 우애적 사랑(⑦)이란 흔히 부부가 장기적 친구 관계를 유지하는 것을 말한다. 신혼기가 아닌 부부 관계는 열정이 부족한 상태에서도 유지된다. 마지막으로 완성된 사랑(⑧)은 사랑의 3요소가 모두 충분한 경우로 불가능하지는 않지만, 여기에 도달하기는 쉽지 않다. 완성된 사랑이라는 목표가 일단 달성되더라도 그 상태를 지속시키는 것 또한 어렵다. 완성된 사랑의 형태에서 결혼이 이루어지더라도 결혼 기간이 길어질수록 열정이 약간씩 식으면서 우애적 사랑의 관계로 바뀐다(474, 475). 역시 과거 조부모 세대의 중매결혼에 의한 사랑의 형태는 결혼 기간이 길어질수록 공허한 사랑에서 우애적 사랑의 관계로 탈바꿈하게 된다.

2. 청소년기 데이트

파트너와의 친밀감은 대부분 데이트 과정을 거쳐서 형성된다. 개별적이든지 집단으로든지 상대방과 특정한 시간과 장소에서 만나는 데이트를 통해 친밀감 형성에 필요한 시간과 에너지를 투자한다. 그러나 데이트가 만족스럽지 못했을 경우 투자했던 시간과 에너지의 비효율성 및 기대의 상실감에서 자존심이 저하된다. 또 청소년은 데이트 경험을 통해 또래집단에 대한 소속감을 얻는데, 데이트 경험을 하지 못할 경우 열등감이 생긴다.

청소년은 여러 경로로 데이트를 경험하는데, 그들의 데이트 기능은 다음과 같다. 첫째, 여가 활동을 즐기는 기회를 얻는다. 예를 들면, 혼자서는 음악회에 잘 가지 않지만 데이트 상대와 함께 가는 기회는 더 자주 생긴다. 둘째, 데이트를 통해서 이성과의 인간관계를 형성시키는 요령이나 원하지 않는 관계를 끝내는 기술을 익히게 된다. 셋째, 데이트 기회가 쌓일수록 상호 만족스러운 관계로 발전시키고, 그 관계를 유지하게 된다. 넷째, 데이트 기회가 누적되면서 친밀감 형성의 일부로 상호 용납되는 범위 내의 성적인 상호작용도 나타난다. 이는 일련의 예상된 단계를 거치는데, 대화를 통해 조금씩 서로 알게 되는 단계에서 첫 키스, 가벼운 신체 접촉, 또 마지막은 애무와 성교 단계다. 과거에는 이와 같은 단계가 수년에 걸쳐 나타났고, 마지막 단계는 보통 결혼할 때까지 지연되었다. 다섯째, 데이트는 나중에 배우자를 선택할 때 안목을 넓혀 주는 귀중한 경험이 된다(84, 338).

우리 문화권에서 데이트를 통해 결혼 상대자를 만나는 현상은 20세기 후반 유행하기 시작했지만, 서구는 1920년대부터 유행했다. 데이트 과정에서는 사랑을 고백하고, 다양한 성행동을 경험하거나 이를 기대하는 경향이 있다. 예를 들면, 우리 문화권에서도 청소년은 사귄 지 며칠째 서로 키스를 기대한다. 그러나 그러한 기대나 실제 성행동은 데이트 관계의 발달 단계 및 성 역할 고정관념에 달려 있으며, 이는 시대에 따라 양상이 다르다. 즉, 과거에는 두 사람의 관계가 무르익을 때까지 성행동 경험을 지연시켰으나, 근래에는 구애 과정도 짧아졌을 뿐만 아니라 친밀감 형성이나 유지 및 관계의 종식이 더 쉽게 이루어진다. 또 근래의 젊은이들은 성을 개방적으로 바라보면서 서로 상처를 주지 않는다면 성적 요구를 수용하는 태도를 보인다(338).

한 연구자는 데이트 진행을 5단계로 개념화시켰는데, 이는 ① 애착이나 사랑이 발달하지 않는 단계, ② 애착이나 사랑이 싹트기 시작한 단계, ③ 서로 사랑에 빠지는 단계, ④ 오직 상대방하고만 만나는 단계, ⑤ 결혼을 약속하는 단계다(425). 그 5단계 중 어느 단계에서든지 성행동이 다양하게 나타날 수 있는데, 그 가능성은 개인마다 다르다. 즉, 젊은이들에게 5단계 동안 신체 접촉이 없는 상태에서 성교에 이르기까지 어떠한 성행동이 적절한가를 기술하도록 요청한 결과, 1~3단계에 대한 평가에서 남성은 애무 이상의 단계까지 가능하다고 답했으나 여성은 그렇지 않았다. 반면 4~5단계에서는 성차가 거의 사라졌다. 남녀 모두 4~5단계에서의 애무와 성교가 적절하다면서 자신도 경험했다고 보고했는데, 여기에서 보인 유일한 성차는 구강성교였다. 남성의 86%가 4단계에서의 구강성교도 무방하다고 답했지만, 여성의 비율은 훨씬 낮았다. 또 여성의 20%는 구강성교를 결혼 후에나 가능하다면서 적극적으로 부인했다. 남녀 모두 각 단계에서 적절한 행동이라고 평가했던 비율보다도 실제로 그 행동을 경험한 비율이 더 높게 나타났다(425).

　　데이트의 진행을 5단계로 나누었더라도 데이트 진행 속도는 개인마다 다르다. 미국 보스턴 지역 대학생들을 상대로 데이트와 혼전 성교에 대한 관계를 살핀 연구에 의하면, 연구 대상자의 40% 이상이 데이트가 시작된 지 1개월 이내에 성교를 했다고 답했다. 그들의 일부는 사랑이나 친밀감 형성과 무관한 상태에서도 성교가 가능하다고 생각했다. 이는 성행위가 깊은 사랑의 표시라는 전통적인 개념에 도전하는 관점이다. 이와는 반대로 연구 대상자의 18%는 데이트 관계가 지속되어도 결혼 약속이 있기 전에는 절대로 성교를 하지 않는다는 입장을 고수했다. 개인의 종교성도 혼전 성교에 영향을 미쳤는데, 여기에는 성차가 나타났다. 남학생은 금욕과 종교가 거의 상관없었지만, 가톨릭교도 여성의 27%는 혼전 성교를 적극적으로 반대하는 입장이었다(395).

3. 혼전 성교

　　아프리카 우간다 북동 지역의 쏘(So) 족은 혼전 임신을 전혀 비난하지 않았다. 오히려 혼전에 아이를 낳은 여성일수록 신부로서의 가치가 더 높아 부친은 시아버지가 될 사람과의 협상에서 소나 염소를 더 많이 요구할 수 있었다. 혼전의 성행위나 결혼이 경제적 가치와 연결되어 있기 때문에 쏘 족 미혼여성은 성교 도중에도 "아이를 낳기 위해 성교를 하는 거야. 소를 얻으려면 애를 낳아야 해."하며 고통을 이겨냈다고 전해진다(74). 혼전 임신에 대한 태도는 달랐지만, 폴리네시아 군도의 망가이아(Mangaia) 족이나 트로브리안드 섬의 부족들도 아무런 제약을 받지 않고 사춘기에 이르러 남녀 모두 성교를 시작하였다(181). 오히려 망가이아 족 소녀들은 혼전 성교에서 성적 만족을 기대하며, 소년들은 나이 든 여성과의 관계에서 여성을 만족시키는 기술을 배웠다(〈Box 17-1〉 참조). 그렇기 때문에 그들은 남녀 모두 혼전에 성적 파트너를 수없이 상대했다(485).

　　쏘 족이나 폴리네시아 군도 등 미개사회의 혼전 성교 기준을 다른 문화권에 그대로 적용할 수는 없지만, 혼전 성교를 금하는 대부분의 문화권에서도 여러 가지 요인에 따라 이에 대한 태도가 다르다. 우선 우리 문화권의 입장을 보자. 『삼국유사』제1권(기이 제1)에 의하면, 신라 29대왕 태종 김춘추는 젊은 시절 김유신의 여동생 문희를 임신시킨 후 결혼했다. 단편적인 사례이지만, 이를 토대로 당시 혼전 성교를 심하게 제한하지 않았다고 추측된다. 또 1427년 『세종실록』에 "남자는 16~30세, 여자는 14~20세에 본인이나 혼인 주선자가 일 년 이상의 상(喪)이 없으면 성혼을 해야 한다. 만일 사연이 있어서 그 나이를 넘게 되면

Box 17-1   **망가이아 성교육**

　남태평양에 위치한 망가이아 섬의 원주민에게 성행위는 쾌락 추구와 종족 보존 두 가지 면에서 모두 중요하다. 남아는 7세에 자위행위를 배우고, 8~9세에 자위행위를 시작하며, 13세에 음경의 귀두에 상처를 내는 할례 의식을 치른다. 이러한 의식을 거치면 남성은 할례를 실시해 준 전문가에게 구강성교 기술과 여성 파트너를 성적으로 만족시키는 방법 등을 배운다. 시술 후 2주일 정도 후 상처가 아물면 성 경험이 많은 여성으로부터 성행위를 배우는데, 그녀는 소년에게 여러 가지 행위와 체위를 가르쳐 주면서 여자가 오르가슴을 얻을 수 있을 때까지 훈련시킨다. 그 후 소년은 적극적으로 여자를 찾아 나서거나 여자가 자신을 찾도록 하면서 매일 밤 성교를 한다.

　여아도 나이 든 여성에게 어떻게 엉덩이와 질을 움직여야 수차례 오르가슴을 느낄 수 있는지 등을 배우는데, 여아는 성행위에서 남아가 자기에게 관심이 있다는 증거로 남성의 능력을 기대한다. 그 능력이란 여자가 세탁기처럼 엉덩이를 움직이는 동안 수없이 피스톤 운동을 지속하는 것을 말한다. 훌륭한 남자가 되려면 적어도 그런 행위를 15~30분 정도 지속해야 한다. 만약 남자가 여자를 만족시키지 못했다면, 그녀는 다른 여자들에게 그의 능력 부족을 비난한다. 여아는 13~20세 동안 3~4명의 남자친구를, 남아는 10명 이상의 여자친구를 가진다. 부모는 딸에게 여러 남성과 성 경험을 하도록 격려하면서 마음에 드는 남자와 결혼하기를 바란다. 18세가 되면 매일 성교를 하며, 밤마다 약 세 차례의 오르가슴을 경험한다. 40대 후반에도 주 2~3회 성교를 하며, 성교 시 한 차례 오르가슴을 경험한다. 모든 여성이 오르가슴에 도달하는 것을 배우며, 남성에게는 여성을 오르가슴에 도달하게 하는 것이 성적 쾌락의 주요한 근원이다(350).

관에 신고해야 한다. 그 사연이 아닐 경우 혼인을 주선해야 할 사람은 처벌하리라.”는 내용이 적혀 있다. 미혼 상태에서 정조를 잃어버리는, 즉 혼전 성교를 하는 이유가 바로 혼기를 놓쳤기 때문으로 여겨 혼인 연령을 설정한 사례다(12).

　전통적인 가족제도가 우리와 유사한 중국에서는 1950년 혼인 관련 법률이 바뀌기 전까지 젊은 남성은 술이나 도박, 성교와 같은 성인의 생활을 혼전에 배웠다. 그들의 첫 성교 상대는 전형적으로 하녀나 창부였는데, 부유층 남성과 하녀 사이의 성교는 정서를 교감하지 않은 채로 이루어졌다. 만약 그들 사이에 정서 관계가 이루어진다면 부모가 가족체제의 안정에 위협을 느껴 해결책으로 아들을 서둘러 혼인시켜 버렸다. 그 이유는 사랑과 결혼을 서로 다른 영역으로 간주했기 때문이었다(183). 우리나라의 경우도 중국과 유사했다고 볼 수 있다.

여아가 남아보다 약 1~2년 더 일찍 사춘기를 맞이하지만, 동서양 모두 과거 남성중심문화를 형성했던 사회에서는 대부분 10대에 남아가 여아보다 더 먼저 성 경험을 하는 편이다. 그들의 성행동 개시 시기는 또래들의 규준을 어떻게 지각하는가에 따라 달라진다. 성행동 개시는 부모와의 관계에서도 크게 영향을 받는다. 그 시기는 부모와 친밀한 관계를 유지하면서 부모의 지지를 받을 경우 비교적 늦은 반면, 부모와 소통이 잘되지 않는다고 지각할 경우 매우 이르다. 대부분의 10대는 의도적으로 성교를 시도할 계획을 세우고 다니지 않기 때문에 그들이 언제 첫 성교를 경험할 것인가를 예측하기란 쉽지 않다(114).

혼전 성교를 바라보는 눈은 교육 수준에 따라서도 다르다. 킨제이 등의 1940~1950년대의 자료를 보면, 교육 수준에 따라 성행동의 양상이 다소 다르다. 예를 들면, 교육 수준이 낮은 남성일수록 성 파트너 수도 많고 성교 개시 연령도 낮은 편이었다. 반면 교육 수준이 높은 여성은 낮은 여성에 비해 결혼 연령이 높았던 탓인지 성교 개시 시기가 더 늦었지만, 자위행위나 구강성교 등의 빈도는 더 높은 편이었다. 전반적으로 교육 수준이 높은 사람들이 성 태도가 더 진보적인데, 1970년대는 물론 1990년대의 조사에서도 남녀 모두 교육 수준이 높을수록 자위행위나 구강성교를 더 많이 즐기는 경향을 보였다. 그러나 부모의 사회적 신분에 따라서 대학생들의 성에 관한 태도나 반응을 살폈을 때에는 별 차이가 없었다. 예전에 비하여 사회 구조가 전문화되면서 계층 간 격차가 줄고, 여성의 사회활동도 증가했고, 대중매체에서 전달되는 성에 관한 정보가 늘었고, 피임법 발달 등으로 성에 관한 허용도가 증가했기 때문이다(520).

청소년 성행동 관련 연구에 의하면, 성에 대한 태도가 매우 빠르게 변하고 있다. 대다수 문화권에서 최소한 20세기 후반의 청소년은 전통적 사고 등에 구애받지 않고 혼전의 성행위를 이해하고 있다. 예를 들면, 중국에서도 여성은 자녀 생산을 위해서만 성교를 해야 하며, 쾌락을 위한 성교행위를 위험으로 간주하던 전통사회의 고정관념이 1980년대 중반 이후부터 도시의 젊은 여성을 중심으로 깨졌다. 1989년 중국 남부의 한 도시에 거주하는 기혼 여성을 상대로 성행동에 관해 조사했던 어느 산부인과 의사는 처녀성을 유지한 채 결혼하는 여성이 절반을 넘지 못한다는 혼전 성교 실태를 보고했으며, 남성은 여성 파트너가 자신의 성적 수행에 불만을 가지고 있다고 보고했다(389).

서독에서는 1960년대 후반 성 개방 풍조가 나타났는데, 이로 인해 청소년도 금기를 깨고 성행동에 더 적극적이었다. 그리하여 1970년 16~17세 청소년을 상대로 한 조사에서 남성 37%와 여성 36%가 성교 경험이 있다고 반응할 정도였다. 이러한 상황에서 많은 사람은 시간이 흐를수록 청소년의 성 경험 비율이 높아져 거의 모든 청소년이 성교를 경험할 것으로 생각했다. 그러나 1990년도 조사는 20년 전과 비교하여 성교 경험 빈도가 거의 변하지 않았다. 오히려 남자 청소년은 예전보다 성적 충동이 더 낮게, 사랑과 성교의 연관성이 더 높게 나타났다. 여자 청소년의 경우 20년 전보다 남성에게 먼저 데이트를 신청하는 비율이 높아졌으며, 남성과의 관계를 여자가 주도하는 비율이 더 높아졌을 뿐이었다(444).

　　혼전 성교를 허용하는 태도는 상대방과의 형성된 관계의 질이나 단계에도 달려 있다. 교제 기간이 길었거나 약혼한 관계에서는 혼전 성교를 허용하는 편이었지만, 교제 초기나 우연히 만난 상대와의 성교는 그렇지 않았다. 문화권 비교 자료에 의하면, 미국 대학생은 러시아나 일본 대학생보다 혼전 성교를 더 수용하는 편이었는데, 특히 약혼을 했거나 교제 기간이 길었던 관계에서는 문화권 차이가 심했다. 즉, 러시아나 일본 대학생은 약혼이나 교제 기간 장단에 상관없이 허용도의 편차가 심하지 않았다. 또 미국과 러시아 남학생은 여학생보다 더 허용하는 태도를 보였지만, 일본은 성차가 그리 심하지 않았다(469).

　　미혼 대학생들을 상대로 우연한 기회에 이루어지는 성행위와 성적 흥분의 관계를 살펴보았다. 우연한 상대와의 성교 경험의 빈도가 높은 학생일수록 자신은 친구과 좀 다르다고 지각하며, 종교에도 관심이 없고, 음주행위나 약물복용 빈도가 높고, 우연한 상대와의 성행위에 대한 죄의식이 낮고, 성관계에 대한 만족도가 높았다. 특히 남학생이 그러한 성향을 보였다. 반면 우연한 상대와의 성 경험이 없고 오직 서로를 잘 아는 상대와의 성교만을 경험한 학생들은 우연한 상대와의 성관계가 공허감, 죄의식, 후회를 불러일으킬 것이라고 답했다. 우연한 상대와의 성교 빈도에 따른 성적 흥분의 차이는 없었지만, 남학생이 여학생보다 빈도가 높고 쉽게 흥분되는 편이었다(293).

　　서구에서 노르웨이는 다른 나라들보다 성욕 표출을 더 수용하는 편이다. 1990년대 노르웨이 청소년 대부분이 18세 이전에 성교를 경험했을 정도다. 혹자는 노르웨이가 다른 나라보다 기독교가 더 늦게 전래되어 덜 보수적이기 때문에 성을 더 관대하게 여긴다고 해석한다(504). 그렇지만 그 주장은 기독교가 더 늦게 전래된 동양 문화권이 서양보다 더 보수적이라는 사실과 배치된다. 예를 들면, 캐나다 거주 대학생들을 대상으로 아시안계와 비아시안계 사이의 성행동 차이를 조사하였다(⟨표 17-2⟩ 참조). 아시안계 학생들이 비아시안계 학생들보다 대부분의 성행동 측면에서 남녀 모두 보수적이었다. 즉, 키스, 애무, 성교, 자위행위 등의 경험 비율이나 빈도가 더 낮았으며, 첫 성교 경험 연령도 더 높았고, 성교 상대자의 수도 더 적었다(358). 서구보다 더 늦게 바뀌기 시작했지만, 20세기 후반 이후 우리나라도 젊은이의 혼전순결 관념이 빠르게 바뀌고 있다. 여러 연구 결과를 토대로 볼 때 학력이 높을수록, 젊을수록 혼전 성교에 대하여 더 개방적인 태도를 취하고 있다.

표 17-1 문화권 및 시기에 따른 청소년의 성교 비율

문화권	조사 대상자	조사 시기	비율	출처
홍콩	대학생 남	1980년대 후반	6.3%	Tang 등(1997)
	대학생 여	1980년대 후반	3.5%	Tang 등(1997)
	대학생 남	1990년대 중반	11.0%	Tang 등(1997)
한국	대학생 남	1990년대 초반	22.9%	Youn(1996)
	대학생 여	1990년대 초반	9.8%	Youn(1996)
	대학생 남	2011년	50.8%	신경림 등(2011)
	대학생 여	2011년	19.0%	신경림 등(2011)
독일(서독)	16~17세 남	1970년	37%	Schmidt 등(1994)
	16~17세 여	1970년	31%	Schmidt 등(1994)
	16~17세 남	1990년	40%	Schmidt 등(1994)
	16~17세 여	1990년	34%	Schmidt 등(1994)
영국	대학생 남	1965년	65%	Taris & Semin(1997)
	대학생 여	1965년	29%	Taris & Semin(1997)
	대학생 남	1980년	77%	Taris & Semin(1997)
	대학생 여	1980년	64%	Taris & Semin(1997)
미국	19세 여	1950년대 후반	46%	Coley & Chase-Lansdale(1998)
	19세 여	1970년대 초중반	54%	Coley & Chase-Lansdale(1998)
	19세 여	1980년대	66%	Coley & Chase-Lansdale(1998)
	18세 남	1980년대 중반	64%	Coley & Chase-Lansdale(1998)
	19세 여	1995년	76%	Coley & Chase-Lansdale(1998)
캐나다	아시안계 남대	1990년대 초반	35%	Meston 등(1996)
	비아시안계 남대	1990년대 초반	63%	Meston 등(1996)
	아시안계 여대	1990년대 초반	36%	Meston 등(1996)
	비아시안계 여대	1990년대 초반	69%	Meston 등(1996)

18
성 파트너 선택 기준의 진화

1. 신체적 특성과 매력

누구나 데이트 상대를 선택할 때나 또 그 상대에게 두 번째 데이트를 신청할 때 나름의 기준을 적용한다. 성교나 결혼 상대자를 선택할 때도 마찬가지다. 상대방에게서 매력을 느낄 때 대부분 그 사람을 자신의 파트너로 택하고 싶은 욕구도 생긴다. 파트너 선택 기준이나 전략은 개인마다 다른데, 결혼 상대를 고를 때만 기준을 까다롭게 적용하는 사람이 있는 반면, 데이트 상대를 고를 때부터 엄격한 기준을 적용하는 사람도 있다. 또 전통사회에서는 파트너 선택은 남성에 의해 이루어졌기 때문에 근래에 여성이 데이트를 신청하는 상황을 왜곡하기도 한다. 예를 들면, 여자가 데이트를 신청했을 때 특히 남성은 여성보다 그녀의 성교 의도를 더 높게 해석해 버린다(542). 또 다른 예로 어떤 사람이 이성에게 저녁 식사나 드라이브, 또는 술을 같이 마시자고 제안했다고 가정하자. 그러한 제안에 성교 의도가 어느 정도 내포되었는지를 평가하도록 했을 때, 한국 대학생들은 저녁 식사, 드라이브, 음주 제안 순으로 성교 의도를 높게 평가했는데, 특히 여성이 그러한 제안을 했을 때 남성은 여성보다 그녀의 성교 의도를 더 높게 해석했다(295).

이제 파트너를 고를 때 개인마다 기준이나 전략 차이가 왜, 어떻게 다른가를 진화론적으로 살펴보자. 사람들은 상대방의 매력을 평가할 때 기본적으로 시각 정보를 토대로 한다. 프로이트는 진화 과정에서 인간이 직립보행의 순간부터 시각 정보가 중요한 기능을 지니기 시작했다고 주장했다. 직립보행 이전에는 사람들이 만나면 서로 상대의 둔부에 코를 들이대고 상대가 자신의 짝이 될 수 있는가를 확인할 필요가 있었기 때문에 후각 기능이 발달했지만, 직립보행과 함께 여성의 골반 위치가 이동하게 되면서 더 이상 코를 상대방 둔부에 들이댈 필요 없이 눈으로도 상대의 성별을 구별할 수 있었다. 이에 후각 기능이 자연적으로 쇠퇴하면서 시각 기능이 발달하게 되었다(340).

매력을 결정하는 데 신체의 어떤 부위가 가장 중요한지는 시대나 문화권마다 다르다. 얼굴을 중요하게 여기는 문화권, 가슴이나 다리 또는 성기를 중요하게 여기는 문화권 등 다양하다. 1940년대에 190여 개 문화권을 돌아본 연구자들은 신체 부위에 따른 매력의 결정 요소가 너무 다양하여 특정한 기준이 없다고 했다(197). 그럼에도 대부분의 현대 문화권에서는 얼굴, 성기, 또 허리나 가슴 등을 매력을 결정하는 부위로 여기며, 이러한 경향은 여자보다 남자가 더 강한 편이다. 다시 말하면, 남성이 여성보다 상대의 신체 특성에 대한 관심이 더 높다. 여성의 신체 특성 중에서도 남성은 어느 상황에서나 얼굴을 가장 중요한 신체적 매력 부위로 여기고 있었다(105). 곧 얼굴은 옷으로 가려진 다른 부위들보다 더 많은 관심을 갖는 부위다. 얼굴에 대한 관심은 특히 성적으로 성숙하기 시작하는 사춘기 무렵에 큰 편이어서 얼굴에 여드름 하나만 생겨도 매력이 떨어질까 거울을 자주 들여다보면서 고민한다. 아직도 우리나라는 과거의 남성 위주 문화권에서처럼 여성의 얼굴이 명예와 부를 얻는 자산처럼 여겨지고 있다. 그러한 이유로 성형수술이 유행하고 있는데, 여성의 외모를 중시한 남성 위주 문화권에서는 기혼 여성도 끊임없이 얼굴을 비롯한 외모에 신경을 쓰면서 살아가야 한다. 그렇지만 여성은 남성의 외모를 그렇게 중요하게 여기지 않는다.

남성 역시 자신의 성기가 여성을 성적으로 흥분시키는 매력의 부위라고 생각한다. 수많은 남성이 그 크기가 클수록 더 매력적이라고 생각해 자신의 성기가 여성을 성적으로 흥분시킬 정도인가에 대해 고민한다. 이러한 고민은 특히 청소년기에 심하다. 대중목욕탕이나 탈의실에서 남성이 수줍어하는 태도는 자신의 성기 크기나 모양에 대한 고민과 관련되며, 그러한 고민에서 벗어나기 위해 남성은 다른 남성의 성기 크기가 자신의 것보다 더 작은지를 확인하려는 경향이 있다. 자기 자신의 상을 성기 크기에서 찾으려는 남성일수록 열등감이나 부적응 증상을 보일 가능성이 높다(466). 발기 상태에서의 성기 크기는 발기되지 않았을 때와 비교할 때 개인차가 심하다는 점을 고려해야 한다.

지금까지 발굴된 구석기시대 여인상은 거의 모두 풍만하고 축 늘어진 유방, 둥글고 주름진 허리를 중점적으로 묘사한 것들이다. 당시에는 추운 날씨에 적응하기 위해 지방질이 풍부한 몸매의 여인들이 더 매력적으로 여겨졌을 것이다. 동물의 세계에서도 지방질을 더 많이 비축할수록 생존에 더 유리하다. 철새들은 장기 여행을 위해 몸속에 미리 지방을 충분히 비축해야 하며, 겨울잠을 자는 동물들도 장기간 먹지 않고 살아가려면 지방 비축이 절대적이다. 바다표범 또한 교미 시기 이전에 지방을 비축해 수태를 대비한다. 우리나라에서도 20세기 초반까지만 해도 몸매가 날씬하면 아들을 낳지 못한다고 평가되었던 반면, 뚱뚱한 몸매를 부의 상징으로 여겼다. 서구 사회도 어머니 역할에 비중을 두었던 1400~1700년대에는 뚱뚱한 몸매가 유행했으며, 날씬한 몸매를 선호한 시기는 1920년대 이후다(202).

최근 대다수 문화권에서는 젊음과 건강을 지향하기 때문에 날씬한 몸매에 큰 비중을 두는데, 특히 남성은 성교나 결혼 상대자를 선택할 때 여성의 얼굴 이외에도 허리 등의 신체 특성에 비중을 크게 둔다. 여성의 가슴 크기와 허리둘레를 체계적으로 변화시킨 사진을 남성에게 제시하고 시선 추적기를 이용하여 어떤 사진을 더 많이 응시하는지를 평가한 연구에 의하면, 남성은 적당한 크기의 가슴과 가느다란 허리 사진을 가장 많이 응시했다(163, 487). 여성의 신체적 속성을 주관적으로 평가하더라도 남성의 일치도가 꽤 높게 나타날 정도로 현대 남성의 기준은 매우 유사하다(502). 일반적으로 남성은 허리와 엉덩이의 곡선미를 지닌 여성, 풍만하지만 너무 크지 않은 가슴을 지닌 여성을 가장 매력적으로 평가한다.

그렇다면 왜 남성은 여성의 몸매를 매력의 기준으로 삼고 있는가? 사회생물학적 설명에 따르면 남성이 매력적인 체격의 여성을 추구하는 이유는 씨앗을 뿌리는 비옥한 근거의 지표이기 때문이다. 우선 젊고 건강한 여성은 난자도 건강해 다산 가능성이 높으며, 맑은 눈과 밝은 안색을 지녀야 건강하고 매력적인 여성으로 평가된다. 균형 잡힌 큰 가슴과 엉덩이를 지닌 여성은 아이를 낳기에 좋으므로 그렇지 못한 여성보다 더 바람직하며, 허리가 가느다란 여성은 임신한 흔적이 없다는 표시이므로 더욱 매력적이다(531).

그러한 이유로 남성보다는 여성이 몸매의 균형을 갖추기 위한 시간과 에너지를 더 많이 투자한다. 그 예로 중세 여성은 훨씬 더 매력적으로 보이기 위해 벨라돈나(belladonna: 이태리어로 '아름다운 여성'이라는 의미)라는 식물을 복용해 동공을 확장시켰는데, 갈색보다도 파란 눈동자의 소유자가 동공 확장과 수축 효과를 알릴 때 더 유리했다(143). 현대사회에서는 몸매 가꾸는 사업이나 성형수술이 유행하고, 심지어는 성적 매력과 전혀 상관이 없는 상품들도 이를 은근히 이용하고 있다. 자신의 신체상은 성생활 만족도와 관련이 높았는데, 신체상에 관한 고민이나 걱정은 동성애 관계 내에서는 수동적인 역할을 하는 남성이 더 높고, 이성애 관계 내에서 여성이 남성보다 더 높은 편이다(394). 또 가슴의 크기나 모양을 성적 매력의 핵심 요소로 이해한 사춘기 초기 여아들은 또래에 비해 너무 빠르거나 늦게 가슴이 발달하면 고민에 빠지며, 그 고민은 다른 사람에 비해 너무 크거나 작을지 모른다는 우려에서 비롯된다.

여성의 성을 억압했던 유교 문화권에서는 가슴이 큰 여성을 성적 호기심이 크고 두뇌도 명석하지 못해 매력이 없다고 평가했다. 그래서 큰 유방을 지닌 여성은 일반적으로 작은 여성보다 타인 앞에 나서기를 꺼려했다. 그러나 20세기 중반 이후 서구에서는 유방이 큰 여성이 작은 여성보다 성적으로 더 매력적이라고 여기기 시작했다. 그래서 실리콘을 주입한 유방확대성형수술이 1950년대 이후 성행했다. 물론 1980년 후반부터 실리콘 유방성형수술의 부작용이 보고되면서 유행은 주춤했지만, 상당수 여성은 작은 가슴보다 풍만한 가슴을 원하고 있다. 여성의 심리에서 유방은 남성의 음경과 같은 중요한 기능을 가진다. 그러므로 툭 튀어나온 가슴을 원하는 심리는 남근 선망에 대한 보상이다(466). 역시 남성에게 심리적으로 종속된 여성일수록 남성의 기대를 충족시키려고 노력한다.

2. 여성의 선택 전략

부모가 되기 위한 노력에 있어서는 성차가 심하다. 남성은 단 1회의 성교에 필요한 에너지만 제공해도 아버지가 될 수 있지만, 여성은 남성과 비교할 수 없을 정도의 에너지를 투자해야 어머니가 된다. 남성은 수많은 여성을 임신시킬 수 있지만, 여성은 한정된 수의 남성의 아이만 낳을 수 있다(151). 여성은 일생 동안 몇 차례의 번식 기회밖에 갖지 못하며, 태어날 아이의 양육에도 관심을 가진다. 그러므로 육아에 관심을 둔 여성은 자신과 성관계를 가지는 남성의 질적 특성을 고려하는 경향이 있다(531). 곧 여성 역시 진화론적 전략을 구사하면서 남성 중에서도 더 우세한 자를 찾으려고 한다.

과거에는 여성이 방어나 보호, 양식 공급을 잘할 수 있는 강인한 체력과 뛰어난 기술을 소유한 남성을 찾았다. 그러나 진화 과정에서 여성의 선택 기준은 강인한 야수성보다도 지성이나 사회경제적 지위를 더 우선시하게 되었다. 그렇다고 해서 강인한 체력 등의 조건이 여성에게 전혀 중요하지 않다는 게 아니다. 지성을 우선적인 조건으로 강한 체력을 갖춘 남성이라면 여성에게는 금상첨화의 대상이 된다. 예를 들면, 건장한 체격을 갖춘 남성이 성실하여 자녀를 잘 돌봐 준다면 여성에게는 최적의 상대가 된다. 근래의 연구에서도 이러한 점이 증명되고 있다. 성 역할과 체형의 관계를 살핀 연구에 따르면, 전통적 성 역할 태도를 지닌 남성은 여성적인 여자를, 진보적 성 역할 태도를 지닌 남성은 양성의 특질을 보이는 여성을 더 매력적으로 평가했다. 그러나 여성은 전통적인 성 역할 태도를 지녔든지 그렇지 않든지 양성적인 특성을 갖춘 남성을 더 매력적인 남자로 평가했다. 또 여성은 남성의 체형에서 근육형 남성을 가장 선호하고 있었는데, 이는 진화론적으로 건강한 체격의 남성이 훌륭한 보호자가 될 수 있다고 믿기 때문일지도 모른다(54, 327).

여성은 성교나 결혼 상대자를 고를 때 파트너의 사회경제적 지위에 대한 비중이 적지 않다. 이러한 경향은 사회적 신분이 높은 여성에게서도 나타나는 중요한 요인이다. 즉, 남성의 출신 배경, 성격, 자신에게 투자해 줄 의향 등의 요인도 중요하지만, 사회경제적 지위가 비교적 높은 여성은 자기보다 사회경제적 지위가 더 높은 남성을 선호한다. 젊은이들은 대부분 운동선수나 연예인처럼 사회적 명성을 지닌 자를 매우 부러워한다. 그렇기 때문에 남성은 자신의 사회경제적 지위가 다른 남성에 비해 높다는 것을 고의로 알리고자 한다. 그 예로 대학생 미식축구 선수는 경기 도중 운동장을 나설 때마다 헬멧을 벗고 자신의 얼굴을 알리며, 교정에서는 자신이 운동선수임을 알리기 위한 옷을 입고 다닌다(502).

물론 젊은 여성이 단순히 소득 수준이나 신분이 높은 남성을 선호하는 게 아니다. 사회적으로 바람직한 성격 특성을 지닌 남성이라면, 그중에서도 소득이 높은 남성을 바라고 있었다(157). 그러나 바람직한 성격 특성은 구애 기간 동안 위장될 가능성도 높아 현실적으로는 사회경제적 지위가 더 결정적이다. 이러한 이유로 남성은 여성에게 자신의 권력, 지위, 재원 등을 직·간접적으로 과시하는데, 이는 다른 척추동물들도 사용하는 전략이다. 남성이 그러

Box 18-1   **종족 보존에 투자한 에너지의 차이**

법적으로 자녀 수가 가장 많은 남성은 899명의 아버지다. 아마 실제로 이보다 더 많은 자녀를 둔 남성도 있었을 것이다. 생물학적으로 여성은 아무리 많은 남성을 상대한다고 해도 24차례 정도밖에 아이를 낳을 수 없다(151). 여성이 15~45세 사이에 2년마다 임신하여 1명씩 낳는다면 15명의 아이를 낳을 수 있다. 지금까지 아이를 가장 많이 낳은 여성은 모스크바에서 동쪽으로 약 240km 지점에 있는 슈야(Shuya)라는 마을의 농부 바실예프(Feodor Vassilyev, 1702~1782)의 부인이었다. 그녀는 1725~1765년까지 27회의 출산 과정에서 세 쌍둥이, 네 쌍둥이 등 쌍생아를 16번 낳는 등 모두 69명의 아이를 출산했다. 20세기의 최다 출산은 아르헨티나의 여성(Leontina J. A. Espinoza, 1925~1998)으로, 58명을 낳았다. 그녀는 세 쌍둥이를 5번이나 출산했는데, 1994년까지 그녀가 출산한 자녀 중 40명이 생존하고 있었다(122).

한 전략을 구사할 때 남성의 보호 능력을 중요시하는 여성은 지위가 높은 남성의 특성에 긍정적으로 반응한다. 그렇지만 여성은 남성이 그러한 전략을 이용해 구애할 때 직접적으로 반응하지 않는다. 그 대신에 고의로 무시하면서 상호작용이 이루어지기를 조절하는데, 그 조절 과정에서 여성은 여러 가지 비언어적 신호를 이용한다(354).

3. 성교 동기의 차이

폴리네시아 문화권의 망가이아 족은 적어도 1960년대까지만 해도 여러 여자를 성적으로 상대한 남성을 훌륭하고 능력 있는 자로 추앙했다. 그래서 사춘기 남성은 서로 자신의 마을 여자를 차지하고, 다른 마을의 여자를 애인으로 만들기 위해 싸웠다. 남자는 여자를 유혹하기 위해 선물이나 음식을 주거나, 노래를 부르거나 또는 자신이 최강임을 과시했다. 예를 들면, 허벅지에는 음경을, 음경에는 여자 생식기를 문신하고 다녔다. 그들은 여러 여성을 정복했다는 여성 편력의 공적을 기록하기도 한다. 또래들과 자신의 무용담, 성에 관한 지식이나 기술을 얘기하고, 상대했던 여성의 특성을 비교하기도 했다. 그들은 많은 여성을 상대한 남성을 황소처럼 강한 자로 취급했지만, 여성은 그렇지 않았다. 만약 여성이 남성보다 더 많은 애인을 상대했다고 자랑하면 핀잔을 들었다(345).

미개사회가 아닌 대부분의 현대 문화권에서도 여러 여성을 성적으로 상대한 남성일수록 부러움의 대상이 되었고, 여러 남성을 상대한 여성일수록 비난을 더 많이 받았다. 아직도 이러한 사고방식의 잔재로 남성은 혼전에 성교 기회를 한 번이라도 더 갖고 싶어 한다.

결국 남성은 결혼 가능성이나 정서적 관계를 고려하지 않고서 구애하며, 그 구애 과정에서 다른 경쟁자가 있을 때 심한 갈등을 느끼게 된다. 남성은 다른 경쟁자가 그에게서 멀어지도록 다양한 전략을 이용하며, 여성은 자신에게 접근하는 남성이 위협적인 대상인지 아니면 안정적인 대상인지를 판단하면서 남성의 구애행위에 반응해야 한다(354).

이러한 이유로 남성은 성관계를 위해 속임수 전략까지 구사한다. 길을 건너거나 계단을 오를 때 손을 잡아 주는 등의 친절이나 관심 표현도 속임수일 때가 적지 않다. 남자 대학생 조사에 따르면, 성관계를 위해 여성을 협박한 비율이 24~48% 정도였다. 또 성교를 원하지 않는 여성에게 사랑한다는 거짓말이나 위협적인 요소가 가미된 상태로 장래에 대한 거짓 약속을 하는 경우도 흔했다. 이러한 사실을 인정한 남학생은 4명 중 1명꼴이었으며, 그들의 70% 이상은 술을 마신 상태에서 그런 거짓말을 했다고 토로했다. 거짓말은 전형적으로 사랑한다거나 미래를 약속하는 말을 하거나 하룻밤의 관계가 아니라는 식이었다. 거짓말을 했다는 응답자 중 실제로 협박이나 폭력을 이용하여 성관계를 가졌다고 인정한 비율은 0.2%로 매우 낮았다(191).

구애 과정에서 가장 결정적인 순간은 상대방에게 좋은 인상을 주려는 의도적 노력(예: 웃어 보임, 동의함)과 함께 시도하는 신체적 접촉이며, 이는 두 사람의 관계가 사회적 관계에서 성적 관계로 이행되는 계기가 된다. 어떤 사람과 신체적으로 접촉하거나 가까워지는 사회행동은 초기 단계가 어떠했는가 그리고 그 결과의 관찰에 따라 자신이 원하는 목표행동에 가까워지는 차원에서 다음 단계의 행동을 설정할 수 있다. 예를 들면, 한 남성의 목표가 최근 알게 된 여자와의 성행위라면, 그녀를 설득하는 행동을 한다. 만약 그녀가 성교 결과에 대한 두려움 때문에 내키지 않는 것 같으면, 그녀에게 피임을 하자며 설득한다. 그러나 그 뒤 그녀가 나쁜 평판을 두려워하면서 성교 의사를 보이지 않으면, 다른 사람에게 말하지 않을 것이라면서 다시 접근한다. 그럼에도 여성이 응하지 않을 것 같으면 자신의 목표를 단념하든지 아니면 다른 전략(예: 사랑한다고 말하면서 결혼하고 싶다는 의사를 전달한다. 만약 응하지 않으면 그녀의 명성에 먹칠하겠다고 협박한다)을 이용한다(141).

킨제이 보고서가 발간된 이래로 성행동이나 태도에서 성차가 줄어들고 있지만, 아직도 성교 동기, 정서 관계와 성교를 분리시키는 경향 등에서는 성차가 심하다(501). 예를 들면, 여성은 남성보다 사랑이나 장래의 약속에 대한 동기를 더 중요시하는데, 특히 지속적 관계를 유지한 여성일수록 자기 파트너와 결혼을 계획한 상태라고 답한 경우가 많았다. 반면 남성은 사랑이나 약속 등을 주요한 동기로 여기지만, 쾌락이나 재미 역시 중요한 동기로 드러났다. 대다수 여성은 정서적 관계 유지를 성교의 필수 조건으로 여기지만, 남성은 그렇지 않다. 실제로 15~18세 영국 청소년을 대상으로 한 조사에 따르면, 여성이 성교의 전제 조건으로 정서적 관계나 약속의 중요성을 더 높게 평가했다. 또 사랑의 동기는 남성에게는 구애 전략에서 매우 민감한 요소였지만, 여성에게는 성 경험에 직접 영향을 주는 요소였다(495).

흔히 여성은 사랑이 수반되는 성교만을 용납하려는 경향이 남성보다 더 강하다. 그래서 여성은 남녀 관계에서 최소한 성교 시기까지 서로 사랑하는 사이인지를 확인하려고 노력한다. 여대생들에게 사랑이 수반되지 않는 성교에 대해 어떻게 평가하는가를 물어보았을 때 실제로 사랑하지도 않는 남성과 성교를 경험한 여성은 성교 후 자신의 행위를 정당화시키고 죄의식을 느끼지 않기 위해 태도를 바꾸는 경향이 있었다. 즉, 성교 후에는 자신이 그 상대자를 사랑하고 있다는 태도를 취해 버린다. 그러한 이유로 실제로 성교 파트너의 수가 많은 미혼 여성은 불안감이 높은 편이며, 결혼하게 될지도 모르는 상대가 있을 때에는 성적으로 교제하는 폭을 훨씬 줄이게 된다(501).

4. 사회교환이론

동물의 경우 구애행동이 생물학적으로 종족 보존을 위한 최선의 기능이지만, 종족 보존을 위한 노력은 암수가 서로 다르다. 우선 부모투자(parental investment)이론에 따르면, 에너지 대부분을 종족 보존에 투자하는 여성은 최적의 남성으로 자기에게 시간과 노력을 절대적으로 투자해 주는 자를 선택하는 식으로 진화되었다. 그 반면에 종족 보존에 별다른 투자를 하지 않는 남성은 기존의 여성을 버리고 다른 상대를 찾아다닐 가능성이 높지만, 여성에게 시간과 노력을 많이 투자한 남성일수록 현재의 여성을 버리고 다른 여성을 찾아다닐 가능성이 더 낮다. 또 남성이 성 파트너를 더 열심히 추구하고 성적 요구도 더 분명히 하는 이유는 여성에게 자신을 확실한 상대로 인식시켜야 종족 보존의 가능성이 생기기 때문이다. 그러나 장기 관계를 유지한 경우 남성도 여성만큼 선택적이다(505).

남녀의 친밀감 형성이나 유지에는 어떤 결정적인 시기가 존재한다. 서로 진실을 기반으로 하는 대화가 이루어질 때가 바로 그 시기다. 흔히 이 시점에서는 정직성 자체가 친밀한 관계를 지속시키는 조건이라고 여겨지기도 한다. 그러나 불행하게도 많은 사람이 과거사를 정직하게 털어놓았던 것을 후회하는데, 그 이유는 상대방이 이를 받아들일 준비가 되지 않아서 그 사실을 적대적인 행위로 받아들였기 때문이다. 또 상대방이 현재는 그 사실을 받아들이더라도 성관계를 가진 후 또는 결혼생활에서 권태를 느낄 때 이 문제가 두 사람의 관계에서 바람직하지 못한 요소로 작용하기도 한다.

나중에 두 사람의 관계에서 갈등이 생겼을 때 솔직하게 얘기했던 일이 그 갈등과 연관되어 큰 문제로 확대된 경우가 많다. 대다수 사람은 상대방이 과거에 경험했던 타인과의 사랑이나 성관계 등을 모두 알고 싶어 하는 질투 욕망을 지닌다. 이러한 욕망의 강도에는 개인차가 있는데, 특히 문화권의 차이나 성차가 심하다. 파트너에게 자신의 과거사를 솔직하게 모두 알려 주는 것은 나중에 "그녀가(그이가) 아직도 은연중에 다른 사람을 사랑하지는 않을까?" 하는 불안을 유발하여 서로를 갈등으로 이끄는 경우가 적지 않다. 과거의 파트너와 구체적인 성행위가 없었더라도 아직도 불씨가 남아 있지 않을까 생각하면서 그 흔적을 찾으려는 게 보통 사람의 심리다. 특히 한국인은 그러한 경향이 강한 편이다. 곧 가까운 연인 관계라도 정직하게 자신의 과거사를 알려 주거나 상대방의 과거사를 알려고 노력하는 것은 두 사람의 관계를 악화시키는 길이다.

　이와 같은 상황은 사회교환이론으로도 설명된다. 사회교환이론은 친밀감이나 연애 관계의 형성과 발달, 지속성 여부가 모두 보상(rewards)과 손실(costs) 정도에 따라 결정된다고 설명한다. 인간관계에서 각 파트너는 한 면에서는 보상이나 기쁨을 얻지만, 다른 면에서는 불쾌감을 얻기도 한다. 보상이 손실보다 더 클 경우에는 득을 보는 셈이므로 그 관계를 유지하려는 방향으로 노력한다. 손실이 보상보다 더 클 경우에는 그 반대다. 예를 들면, 데이트에 돈이나 시간, 정신적 에너지를 많이 투자한 남성일수록 여성에게 성교 요구를 당연하게 생각하는데, 만약 그녀가 요구에 응하지 않으면 손해를 본 느낌이 드는 것이다(27). 교환이론의 원리는 관계 발전의 여러 단계에서 작용한다. 매력적인 파트너를 찾는 상황, 두 번째 데이트를 신청하는 상황, 관계를 지속시키려는 상황 또는 결혼하는 상황 등에 작용한다. 보상과 손실의 교환은 시간 경과에 따라서도 변할 수 있다. 한때 보상이 크게 따랐던 관계가 나중에 손실을 초래하는 관계로 변하여 결국 관계가 와해되기도 한다.

　그러나 일부 연구자들은 연애 관계를 교환이론으로 설명하는 것이 적절한가에 의문을 제기하면서 대인관계에서의 매력을 공동(communal) 관계로 해석할 수 있다고 주장한다(136). 사회 교환 관계에서는 상대방에게 뭔가를 줄 때 그만큼 돌아올 것을 기대하기 때문에 남에게 뭔가 받았을 때도 그만큼의 빚을 갚아야 한다고 생각한다. 그러나 공동 관계에서는 상대방으로부터 뭔가를 어느 정도 받았으며, 또 갚아야 하는가에 관심을 두는 게 아니라 서로에 대한 복지나 안녕에 관심을 가지므로 서로에게 빚이나 의무사항 없이 각각 상대방의 욕구에 따라 반응하는 것이다. 그래서 연구자들은 연애 관계가 교환 관계가 아니라 공동 관계로 유지되고 있다고 본다(136).

　신문이나 잡지를 보면, 독신자가 데이트나 결혼 파트너를 구하는 광고가 있다. 광고를 하는 독신자의 연령과 그 독신자가 원하는 파트너의 연령을 조사하자, 여성은 그들이 20대든 60대든 자신과 연령차가 크지 않은 남성을 찾고 있는 경우가 대부분이었다. 그러나 남성은 약간 다른 반응을 보였다. 20대 남성은 자신이 찾는 여성의 연령이 자기와 별 차이가 없었지만, 남성의 나이가 많을수록 자신보다 더 젊은 여성을 원하고 있었다(290). 남성이 나이가 들어갈수록 젊은 상대를 원하는 경향은 바로 종족 보존에서 최적의 상대를 원하기 때문이지만, 여성이 나이 든 남성을 원하지 않는 것은 보상보다도 손실이 더 크기 때문일 것이다.

　그와 같은 양상은 동성애자나 이성애자 모두 비슷하게 나타났다. 남성의 파트너 연령 선호도는 이성애자나 동성애자 모두 비슷했다. 동성애 관계 내에서 전통적인 남성 역할을 추구하는 사람은 자신보다 열 살 이상 젊은 상대를 선호하였다(125). 또 이성애자 남성은 남성에게는 전혀 매력을 느끼지 못한 반면, 여성에게는 젊은 상대일수록 매력적이라고 평가했다. 동성애자 남성은 여성에게는 전혀 매력을 느끼지 못한 반면, 젊은 남성일수록 더 매력적이라고 평가했다(132). 한편 이성애자 여성은 여성에게는 전혀 매력을 느끼지 못한 반면, 남성에게는 10대 후반보다 20대, 20대보다 30대를 더 매력적이라고 평가해 30대를 가장 매력적인 연령으로 평가했으나, 40대 이후 남성에게는 나이가 많을수록 매력 정도를 더 낮게 평가했다. 동성애자 여성은 남성에게는 전혀 매력을 느끼지 못한 반면, 여성에게는 10대 후반보다 20대, 20대보다 30대, 30대보다 40대 이상을 더 매력적이라고 평가했다(459).

파트너를 선택할 때 용납할 수 있는 최소 지능을 조사한 연구가 있다. 남녀 모두 결혼 상대자의 지능 수준이 최소 자신의 70% 수준, 데이트를 지속하는 상대라면 자신의 60% 수준까지는 괜찮다고 답했다. 반면 데이트나 결혼 상대자가 아닌 단순한 성교 상대자에 대한 지능 수준을 물었을 때에는 성차가 나타났다. 여성은 성관계를 가질 수 있는 남성의 지능이 최소한 자신의 55% 수준이어야 한다고 답했으나, 남성은 40% 수준까지 괜찮다고 답했다. 또 남성은 하루만 즐기는 상대라면 자신 지능의 35% 수준의 여성도 좋다고 답했다(270). 이러한 성차도 손실과 보상의 차이로 설명된다. 남성은 하루만 즐기는 상대에 대하여 거의 책임질 필요가 없지만, 여성은 성적으로 하루만 즐기는 상대이더라도 임신 가능성이 있기 때문에 상대방의 특성을 고려하게 된다.

그러한 맥락에서 대다수 사람은 배우자를 선택할 때 자신과 나이나 지능, 교육 수준 등에서 차이가 크지 않은 사람을 원한다. 실제로 여러 연구에서 부부의 나이나 교육 수준의 상관이 매우 높게 나타나고 있다. 지능의 경우 특정한 영역의 인지 능력보다 일반 지능에서 부부의 일치도가 더 높은 편이다. 지능의 일치도보다는 낮지만 성격 특질의 부부간 일치도 역시 꽤 중요한 조건으로 나타난다. 여러 특질이나 능력에서 부부 사이의 상관이 높은 이유도 사회교환이론으로 설명할 수 있는데, 결혼 당시 서로 다른 특성을 지닌 남녀가 만난다면 보상보다도 손실의 위험이 더 높기 때문에 결혼 가능성이 낮은 것이다.

19
결혼 제도

1. 다양한 결혼 제도

　배우자의 수나 선택 과정, 신분 등에 따라 다양한 결혼 제도가 존재한다. 대부분의 현대 문화권은 배우자를 1명으로 제한하는 일부일처제만을 인정한다. 그러나 2명 이상의 배우자와 결혼생활을 하는 일부다처제나 일처다부제도 최근까지 존속했다. 그 경우 일부일처제와 일처다부제가 공존하는 문화권은 매우 드물었고, 일처다부제보다 일부다처제를 유지한 문화권이 훨씬 더 흔했다. 일처다부제를 인정한 문화권의 대표적인 예는 인도의 토다(Toda) 족이다. 토다 족 여성은 남편의 남동생을 둘째 남편으로 맞아들였으며, 남편의 형제가 없을 때에는 다른 남성과도 결혼할 수 있었다(197).

　아프리카 지역은 19세기 말까지 약 80%가 일부다처제, 20%가 일부일처제였는데, 아직도 아프리카 일부 지역 및 이슬람 문화권에서는 일부다처제가 유지되고 있다(334, 335). 그러나 일부다처제하에서 모든 남성이 여러 명의 아내를 두고 사는 것이 아니라 절대 다수의 남성은 부인이 1명이었다. 그것은 성비나 경제력의 영향을 받기 때문이다(181). 일부다처제를 유지한 아프리카 남성은 돈이나 음식, 가축 등으로 여러 신부를 사들이고, 아내마다 거처 공간을 따로 마련해 주었다. 그 공간은 남편과 결혼생활을 지속하는 동안 아내의 소유가 되었다. 부인들은 남편과 자신의 아이들을 위해 집, 가축, 농토 등 재산을 관리했지만, 이혼하면 별다른 생계수단 없이 재산과 자녀들을 모두 빼앗겼다. 남편이 죽어도 마찬가지였다. 일부다처제에서는 아내의 역할이 서로 다르기도 했다. 보통 우두머리 역할을 하는 첫째 부인은 자신에게 할당되는 노동량을 줄이기 위해 남편에게 둘째 부인을 권유하며, 둘째 이하의 부인들은 첫째 부인에게 순종하면서 보조적인 부인 역할을 했다. 간혹 첫 아들을 낳은 부인이 우두머리 역할을 하는 경우도 있었다(334).

배우자의 결정 과정에 따른 결혼 형태는 연애와 중매 혼인, 그 중간의 형태로 나뉜다. 우리 문화권에서 전통적 결혼 형태인 중매혼 비율은 산업화 이후, 최소한 1970년대 초반 이후 그 비율이 감소해 1990년대 초반에는 24.2%에 불과했다. 그러나 이후 다시 증가하여 1994~1997년 사이의 중매혼 비율은 40%를 넘기도 했다. 정식 부부가 아닌 상태에서 동거생활을 하는 시행 결혼(trial marriage)이 있는데, 이는 1920~1930년대 서구에서 유행했다. 서구 지역, 특히 프랑스는 동거 비율이 다른 문화권보다 더 높으며, 그로 인하여 이혼율이 매우 낮다(335).

시행 결혼은 출산 계획 없이 순전히 성적인 이유로 동거하는 경우를 말한다. 이러한 사고 방식은 사회적으로 바람직하지 않지만, 성매매 근절의 한 수단으로도 평가되었다. 시행 결혼의 커플은 피임을 하면서 성생활을 하지만 만일 아이가 생기면 시행 결혼 관계는 종식되고 법적 부모가 되는 관계로 바뀐다(181). 그 대표적인 예는 미국 콜로라도 덴버의 린드제이(Benjamin Lindsey) 판사가 1927년 주장했던 우애 결혼(companionate marriage)이다. 우애 결혼은 정식 부부가 되기 전 상호 동의에 의해 결별할 경우 재산권을 단념하기로 약속한 상태에서 출발하므로 분쟁의 소지가 없다. 린드제이의 주장은 나중에 엘리스, 러셀(Bertland Russell), 미드(Margaret Mead) 등의 지지를 받았다. 또 일정한 기간만 결혼생활을 할 경우 계약 결혼이지만, 그 기간을 연장할 경우 갱신(renewable) 결혼이라고 한다. 시행 결혼도 일정한 기간 동안만 이루어질 수 있으며, 그 기간을 연장할 수도 있다.

배우자 신분에 따라 결혼 형태를 구분할 수도 있다. 일부 문화권에서는 신분 차이가 큰 결혼에 불이익이 주어졌다. 그 예로 하와이 원주민은 누구와도 성관계가 가능했지만, 계급 차이가 심한 남녀의 결합은 예외였다. 사회적 신분이 낮은 남성이 자기보다 신분이 더 높은 여성과 성교를 했다면 그녀 가족은 그 남성의 추방이나 죽음을 요구할 수 있었다. 만약 그들 사이에서 아이가 태어나도 곧바로 죽일 수 있었다. 반면 신분이 높은 남성이 더 낮은 여성과 성교를 하는 경우는 크게 제한하지 않았다. 그러한 결혼에서 여성의 신분은 약간 상승했지만, 신분 차이가 큰 남녀 사이에서 태어난 아이는 죽이든지 추방시켰다(159).

우리 문화권에서도 과거에 양반과 상민 사이의 결혼은 거의 불가능했다. 계급의 구별이 없어진 근래에도 사회경제적 지위에 따라 신분 차이가 있는 결혼은 흔하지 않다. 일반적으로 경제, 교육, 직업 등 사회적 신분이 유사한 자와 결혼하는 것을 생물학적으로 크기가 동일한 암수의 결합 형태를 빌려 아이소가미(isogamy)라고 부른다. 또 자기보다 신분이 더 낮은 배우자와 결혼하면 하이포가미(hypogamy, marrying down), 자기보다 신분이 더 높은 배우자와 결혼하면 하이퍼가미(hypergamy, marrying up)라고 부른다. 만약 남성이 자신보다 지능, 권위, 지위 등이 더 낮은 여성을 아내로 맞아들이거나 여성이 지위나 직업, 경제력 등이 더 뛰어난 남성과 결혼한다면, 남성의 입장에서는 하이포가미, 여성의 입장에서는 하이퍼가미가 된다. 하이포가미나 하이퍼가미의 결혼 형태는 모두 경제적으로 매우 부유하거나 매우 가난한 계층에서는 잘 성립되지 않는다.

2. 조 혼

현대 한국인은 대부분 20~30대에 결혼하지만, 시대나 문화권에 따라 성적으로 미숙한 상태의 결혼, 즉 조혼이 이루어졌다. 그 배경은 다양한데, 호주 북쪽 해안 멜빌(Melville) 섬의 티위(Tiwi) 족은 사춘기 이전의 여아를 성인이 된 미래의 남편에게로 데려간다. 그러면 일 년 이내에 그녀는 남편과 성교를 하면서 사춘기를 맞는다. 성 경험이 없으면 음모나 엉덩이 발달, 월경도 생기지 않는다고 믿어서 조혼을 시켰다(223). 그 반면 브라질 중부 지역 메히나쿠(Mehinaku) 족은 어린이들의 성적 자극을 매우 위험하다고 믿었다. 어린 남녀의 성적 장난은 묵인하지만, 사춘기에 가까운 남아에게는 성적 절제를 요구했다. 아버지는 아들이 11~12세가 되면 3년 정도 혼자 살도록 움막을 지어 주며 음식 섭취도 엄격한 규칙에 따르게 했다. 그 이유는 소년들이 이미 성숙한 여성과 성교를 할 경우 매우 위험하다고 생각했기 때문이다(237).

성인 남성이 여아와 결혼하는 풍습은 고대 그리스나 로마 시대부터 유행했다. 그리스 도시국가 남성은 30세 정도에 결혼한 반면, 신부들은 보통 10대 초반이었다. 그러나 아리스토텔레스는 너무 어린 여성이 성교를 경험하면 음탕한 여자가 되고, 남성도 정자세포를 충분히 성숙시키기 전에 성교를 시도하면 신체 발달이 제대로 이루어지지 않는다면서 조혼을 반대했다(342). 고대 로마에서의 법적 결혼 연령은 남자 14세, 여자 12세였는데, 결혼을 경제 및 정치적 관계를 강화시키는 차원으로 이해했기 때문에 부모는 아주 어린 자녀를 약혼시키기도 했다(374). 그렇지만 대부분의 로마 남성은 20대, 여성은 10대 초·중반에 결혼했다. 연령이나 성 경험에서 성차가 심해서 결혼 초기 로마의 신부들은 거의 강간에 가까운 성교를 당했다고 한다(342).

중세 초기 서구 기독교 사회에서는 억제할 수 없는 청소년기의 성욕을 해소시키는 방법이 바로 결혼이라고 했다. 당시 교회에서는 질병 없이 제대로 성숙한다면 남아는 13.5세, 여아는 11.5세에 결혼할 수 있다고 정했다. 10세의 남아도 임신을 시킬 수 있거나 여아가 남성을 성적으로 받아들일 수 있다면 법적으로 그 나이에도 결혼이 가능했다. 그러나 13세기 이후 성이나 결혼에 대한 교회의 입장이 바뀌면서 결혼을 더 이상 욕정에 대한 치료제로 여기지 않았다. 루터와 캘빈이 16세기 신교를 형성할 때 성과 결혼에 대한 태도가 다시 바뀌었다. 루터는 성직자의 결혼이 욕정의 해결책이자 처녀 보호에 도움이 된다고 주장했으며, 캘빈도 성직자의 겸손과 절제 차원의 결혼을 주장했다. 그들은 결혼 관계에서 사랑과 섹스를 연결시켰지만, 동시에 쾌락의 유혹을 피해야 한다고 했다. 17~18세기를 거치면서 혼인을 하는

Box 19-1   **조선시대 혼인 연령**

우리나라에도 조혼 풍습이 있었다. 조선의 『세종실록』에 조혼의 배경과 함께 조혼을 금지하는 왕명이 기록되어 있다. 즉, 1426년 4월 기록에 "가례에 의하면, 여자는 14~20세 사이에 혼인할 수 있다고 했는데, 지금 우리나라는 10세가 되는 여아가 모두 혼인을 하니 이는 원나라에서 10세의 처녀를 바칠 것을 강요했기 때문이다. 금후에는 빨라야 14세에 혼인할 수 있다."고 했다. 『세조실록』에는 혼인 연령이 남자 14세, 여자 13세이지만 부모가 50세 이상이거나 병자가 있어 자녀의 조혼을 요구하면 남녀 모두 10세 혼인을 허락한다고 되어 있다. 조혼 제한 정책을 다시 폐지한 셈이다. 『경국대전』에도 남자 15세, 여자 14세에 결혼할 수 있지만, 양가 부모 중 한 사람이라도 병이 있거나 부모 연령이 50세 이상이면 그 자녀는 12세라도 결혼할 수 있다고 적혀 있다. 또 숙종 때의 『사례편람』(이재 편찬)에 의하면, 여아를 키워 15~20세에 남성의 관례에 해당되는 '계례'라는 성년식을 치르게 했다. 이를 토대로 최소한 18세기경의 혼인 연령은 10대 후반에서 20대 초반 사이였다고 짐작된다. 1894년 갑오개혁 당시 혼인 연령을 남자 20세, 여자 16세로 규정하여 조혼을 금지하려 했지만 갑오개혁은 실패했다. 1907년 8월에는 남녀 모두 15세가 되어야 혼인할 수 있다고 규정했는데, 이는 조선의 혼인 연령에 대한 마지막 규정이었다(12, 45). 이러한 규정과 상관없이 1940년대 초 남녀 모두 일본 군대에 끌려가지 않기 위한 조혼 풍습이 일시적으로 나타났다.

평균연령이 높아졌으며, 그 결과 젊은이들에게 성적으로 성숙한 뒤 거의 10년 동안 성적 감정을 억압해야 한다고 기대하고 있다. 이러한 10년 정도의 기간은 우리 문화권을 비롯하여 대부분의 현대 문화권에 아직까지 지속되고 있다(201, 374).

3. 이혼 제도

이혼이란 부부의 생존 중에 법적인 혼인 관계의 해소를 말한다. 이혼의 개념이나 인식은 시대나 문화권에 따라 변하고 있다. 원시사회에서는 결혼이 생존과 종족 번식에 필요한 형식에 불과했으므로 이혼의 개념이 존재하지 않았다. 또 고대 부계사회에서는 보통 남성의 의사에 의한 이혼만 가능했고, 여성의 의사는 전혀 고려되지 않았다. 예를 들면, 고대 로마인의 결혼 목적은 자녀나 아들의 생산이었기에 아이를 낳지 못하는 로마 여성은 일방적으로 이혼을 당하기도 했다(342). 기독교 문명의 영향으로 남성에 의한 이혼만 가능했던 입장에 변화가 나타나기 시작했다. 로마제국에서도 이혼 형태가 달라졌는데, 이는 당사자들의 합의에 의하거나 당사자 일방의 의사 표시에 의하기도 했다. 그렇지만 중세의 기독교 사상은 이혼을 배우자와 신에 대해 죄를 짓는 행위로 여기고 금했다. 예를 들면, 로마교회 세력이 커지면서 10세기경 유럽에서는 법으로 이혼이 금지되었다. 결국 중세 유럽 기독교 국가의 국왕들은 로마교황의 허가 없이 결혼이나 이혼이 불가능했다. 배우자의 부정이나 불임의 경우를 제외하고 이혼은 인정되지 않았다.

이러한 시기에 영국의 헨리 8세(Henry VIII, 1491~1547)가 반기를 들었다. 형의 미망인을 왕비로 맞이했던 그는 미모의 여성과 다시 결혼하기 위해 로마교황에게 이혼 허가를 요청하였다. 정당한 이유가 아니어서 교황이 이혼을 승낙하지 않자, 그는 교회법을 멋대로 바꾸어 이혼을 했다. 이에 로마교황은 그를 파문시켰고, 왕은 로마교황과 결별했다. 그는 나중에도 여러 명의 왕비와 이혼하고 여섯 번째 왕비와 살다가 뇌졸중으로 사망했다. 그러나 16세기 종교개혁자들은 이혼을 절대적으로 금지하는 조항에 반대했으며, 그로부터 현재까지 당사자들의 협의에 의한 이혼이 허용되고 있다.

대다수 근대 문화권에서는 누구나 결혼생활이 불만족스러울 때 이혼을 신청할 수 있다. 사회가 발달하면서 이혼 사유도 변하는데, 그 사유는 크게 경제적인 것과 개인적인 것으로 구별된다. 먼저 경제적인 사유를 생각해 보면, 한 가정이 경제적인 여유가 있으면 부부간의 불안을 느끼지 않는 반면, 가정경제가 빈곤하면 부부간에 불신, 불안, 좌절, 불화 등이 촉진되어 이혼율이 높아진다. 또 국가 경제가 침체하면 이혼율이 낮지만 경제가 성장할수록 이혼율이 증가한다. 이는 문화 수준이 높아질수록 여성의 사회적 지위도 향상되면서 갈등이 생길 때 경제적으로 독립할 수 있는 여성이 종속적 결혼 관계를 벗어나려고 할 가능성이 커지기 때문이다. 개인적 사유로는 부부의 성격 차이나 이에 따른 성생활 불만족에서 이혼이 발생한다. 즉, 부부간의 성격 차이가 심하면 결혼생활을 유지하더라도 성관계 빈도가 점점 줄어들고 서로 다른 세상처럼 살아간다. 부부간에 이러한 갈등이 생기면 남녀 모두 가정불화의 배출구를 외도에서 찾으며, 이러한 사실을 배우자에게 감추기도 한다. 물론 이러한 개인적 원인도 사회 발달에 따른 경제적 원인과 복합적으로 나타날 수 있다.

이혼은 관습이나 법률의 변화, 종교 등에 의해 영향을 크게 받는데, 이혼율은 가정과 사회의 안정성 지표로 이해되기도 한다. 세계에서 이혼율이 가장 높은 나라는 미국이며, 19세기 말부터 이혼율이 계속 증가했는데, 특히 제2차 세계대전 이후 빠르게 증가하는 추세였다. 그 결과 1980년대 이혼율은 1900년대와 비교하면 무려 7배나 증가했다. 평균수명 증가를 고려해도 실제로 약 3배 정도 증가한 것이다. 그 증가율을 토대로 분석할 때 1980년대에 3쌍의 미국인 부부 가운데 1쌍이 이혼했던 것으로 해석된다. 이러한 추세를 따른다면 1980년대에 처음으로 결혼한 부부들의 50%가 이혼할 것으로 전망된다(375).

성인의 초혼 연령, 처음 별거한 사람들의 연령, 처음 이혼한 사람들의 인구통계 정보를 분석한 바에 따르면 결혼 후 2~3년째가 장기 결혼 관계의 유지에 결정적인 시기다(284). 즉, 결혼 후 첫해는 낭만적 사랑의 강도나 행복감이 증진되고, 성적 활동도 왕성하여 두 사람이 혼합되는 단계다. 2~3년째는 가정을 꾸미는 보금자리 단계이지만, 낭만의 강도가 줄고 결혼 관계에서 매력과 혐오가 동시에 존재하는 양가감정의 단계다. 그 단계에서의 고려사항은 두 사람 간의 관계의 질이다. 이 시기에는 상호 이해나 존중 그리고 의사소통의 진실성이 예전보다 약해지므로 결혼 관계에서 갈등이 생길 수 있다. 이러한 시기에 서로 노력하지 않으면 환멸이 생기며, 결혼 관계도 해체될 수 있다(305).

이혼은 결혼 초기에만 이루어지는 것이 아니다. 20세기 후반 이래 생의 후반기에 이르러 처음으로 이혼하는 사례가 늘어나고 있다. 예를 들면, 1990년 현재 40세 이상의 미국 여성 8명 중 1명은 처음으로 이혼할 정도다. 우리 문화권에서도 1990년대 초반 무렵부터 20년 이상 결혼생활을 하던 커플이 이혼하는 황혼 이혼(twilight divorce)이 늘어나면서 사회 이슈가 되고 있다(544). 그렇다면 생의 후반기에 접어든 사람들은 왜 이혼을 하는가? 결혼한 지 평균 30년 정도에 이혼한 집단과 11년 정도에 이혼한 집단을 비교했더니 차이가 두드러졌다. 고령에 이혼한 집단의 경우 서로 소원해지고 잘 맞지 않는다는 등의 성격차가 이혼의 가장 주된 이유였고, 그다음으로 제3자의 존재, 의사소통의 어려움 등의 순서였다. 젊은 집단의 경우 가장 빈번한 이유는 배우자에 대한 책임감 부족이었으며, 그다음은 제3자의 존재, 성격 차이, 음주 등 약물 문제의 순서였다(212).

우리 문화권은 어떠한가? 고대사회에서는 남녀의 혼인이 자유로웠고 구속력도 그렇게 크지 않았지만, 혈족의 유지와 재산 상속상 일부일처제의 의미가 중요해지면서 방종했던 성개념이 바뀌기 시작했다(39). 삼국시대부터 유교 영향으로 남녀의 지위가 조금씩 구별되기는 했지만, 고려시대까지만 해도 결혼이나 이혼은 쉬운 편이었다. 그러나 조선시대에 들어오면서 유교 윤리의 기본인 남존여비사상이 강조되기 시작했다. 우암 송시열의 『계녀서』에는 "여자가 부군을 섬기는 데 투기하지 않는 것이 으뜸가는 행실이며, 부군이 일백의 첩을 둘지라도, 또 그가 아무리 첩을 사랑할지라도 성난 기색을 해서는 안 된다."고 적혀 있다. 부계사회에서 가계 계승과 재산 상속 과정에서 혈통의 순수성을 유지하기 위해 여성의 간통은 용인되지 못한 반면, 축첩은 남성의 특권이었다. 중국이나 우리나라와 같은 전통적 동양사회에서는 자식이 없거나 경제적으로 여유가 있는 남성은 축첩이 가능했다(4, 183).

여성의 지위나 역할이 남성에 비해 매우 약했던 조선의 사회제도하에서 여성의 이혼 청구는 상상할 수도 없었다. 남성의 전권 이혼은 가능했지만 조강지처를 버리지 않는 전통윤리 때문에 이혼이 매우 드물었다. 한마디로 유교 윤리하의 여성은 남편에게 절대 복종해야 했고, 불만이 있어도 아무 말 없이 너그럽게 이해하는 것을 미덕으로 여겼다. 그러한 윤리관 때문에 우리 민족의 이혼율은 당연히 낮았다. 우리나라에서 여성의 이혼 청구를 인정한 시기는 일제강점기였다. 초창기 이혼에 관한 법은 법제상 남녀의 불평등이 내포되어 있었지만, 현행법은 상대적 이혼원인주의를 도입하여 불평등이 다소 사라졌다. 예를 들면, 협의 이혼은 물론 재판상의 이혼에서도 배우자가 부정한 행위를 했을 때 부부 일방이 이혼을 청구할 수 있도록「민법」제840조에 규정하고 있다. 이러한 사회제도의 변화에 따라 우리나라 이혼율도 1980년대 이후 빠르게 증가하는 추세를 보였다. 그러나 2008년 6월에 협의이혼을 신청했을 때 이혼숙려제도를 도입한 이후부터 이혼율 증가가 약간 둔화되기도 했다.

우리 문화권의 최근 이혼율 증가는 서구 문화의 유입이나 여권신장 등으로 인해 남녀가 법적 평등을 찾고 있다는 점과 여성의 사회적 지위가 상대적으로 향상된다는 점에 기인한다. 우리나라도 외국의 경우처럼 결혼 5년째 전후의 이혼율이 가장 높다. 즉, 20대 후반에서 30대 초반의 부부들이 이혼하는 경향이 가장 높다. 이혼의 주원인은 배우자 부정, 폭행이나 학대, 성격 차이, 경제 파탄 등이다. 그러나 실제로 남편이 저지른 부정이 더 잦았지만, 부정을 이유로 남편이 제기한 이혼 사례 건수는 부인이 제기한 것보다 훨씬 높았다. 이러한 현상

Box 19-2 아일랜드의 이혼 찬성에 대한 국민투표

가톨릭 전통을 고수하는 아일랜드에서는 이혼이 금지되어 있었다. 1986년 이혼 제도의 도입 여부에 대한 국민투표 결과 63%가 반대했다. 그러나 1995년 9월에 실시된 이혼 허용에 관한 여론조사에서는 2/3가 찬성해 같은 해 11월 24일 이혼 제도 도입에 관한 국민투표를 다시 실시했다. 당시 투표용지에 실린 문구는 "과거 5년 동안 최소 4년을 별거해 온 부부가 그들의 결혼생활이 돌이킬 수 없을 정도로 파괴되었다고 입증할 때 이혼을 허용해야 하는가?"였다(49). 투표 이후 1997년 2월 27일부터 그러한 조건과 화해의 가능성이 없는 경우에 한해 이혼을 허용하고 있다. 그 후 이혼이 점차 증가하고 있는데, 2009년에는 2008년에 비해 이혼이 무려 27.5% 증가했다. 그럼에도 아일랜드의 이혼율은 유럽에서 매우 낮은 편이다.

은 전통적 사고방식에 따라서 여성은 남성의 부정을 묵인할 수 있지만 남성은 여성의 부정을 용서하지 못하고 있다는 점에서 비롯된다. 남성에게 묵인된 그러한 외도행위는 신라시대 풍류낭도가 외입(外入)장을 의미한다는 기록에서부터 찾아볼 수 있다(40).

4. 재 혼

구약성서 창세기 38장에도 형이 죽자 형수인 타마르와 결혼한 오난의 이야기가 기록되어 있다. 신명기 25장에도 그와 같은 유대인의 풍습이 적혀 있는데, 모세가 이끌던 초창기 유대인들은 죽은 형 대신 가문을 잇기 위해 남동생이 형수와 결혼하는 풍습이 있었다. 이를 형사취수(levirate)라고 하는데, 여성의 입장에서는 시동생과 의무적으로 재혼한다는 뜻이다. 이와 반대로 결혼한 언니가 죽으면 형부와 결혼하는 풍습(sororate)도 있었지만, 이는 형사취수제도보다 더 드물었다. 형사취수는 고대 유대인만의 제도가 아니었다. 아프리카 우간다 북동지역 쏘 족도 남편과 사별한 여성은 대를 잇기 위해 시동생 한 명과 재혼했다. 그러나 이미 폐경을 맞은 여성은 사별해도 더 이상 아이를 낳을 수 없으므로 그럴 필요가 없었다(74). 우리 문화권도 예외가 아니었다. 중국 『삼국지』(위지 동이전 부여조)에 부여에서는 형이 죽으면 남동생이 형수를 처로 삼는다는 재혼 풍습이 기록되어 있다. 『삼국사기』[권 16, 고구려 본기 4, 산상왕(고구려 10대 왕, 재위 196~227) 즉위 조]에도 형사취수 기록이 있다. 그 내용은 고구

려 9대 고국천왕(재위 179~196)이 죽자 왕비 우씨는 왕의 둘째 동생 연우에게 왕에 오르도록 하고 자기는 다시 왕비가 되었다는 기록이다(12).

　유대인의 형사취수 풍습은 종족 보존의 열망에서 생겨났는데, 인구가 증가하자 사라졌다. 그 후 남성 중심 문화권에서는 혈통의 순수성 유지 차원에서 여성의 재혼이나 간음을 무척 경계했다. 예를 들면, 로마제국 초기 아우구스투스 황제는 간통으로 이혼한 여성의 재혼을 금지했다. 로마 시대 남성은 자녀와 아내를 지배하는 특권을 누렸는데, 자녀들은 결혼 후에도 아버지의 뜻에 따라서 살아갔다. 곧 아버지가 생존하는 한 아들은 연령에 상관없이 상속을 받거나 독립적인 생활을 하지 못했다. 기독교 문화권에서는 아예 재혼이나 이혼을 부정적으로 바라보았다. 신약성서 누가복음(16장 18절)에도 이혼 후 다른 여자와 결혼한 남자는 간음행위를 저지른 것이며, 버림받은 여자와 결혼하는 남자도 마찬가지라고 언급하고 있다. 그러나 로마에서는 탐욕 생활로 인해 인구 감소 현상이 심각해졌다. 이에 따라 법규는 모든 미망인에게 남편이 죽은 날로부터 2년 이내, 이혼녀에게는 이혼 당일로부터 18개월 이내에 의무적으로 재혼하도록 바뀌었다. 납중독과 같은 이유로 인구가 감소했기 때문에 독신으로 살거나 기혼자들이 아이를 낳지 않고 살면 처벌을 받았다. 결혼을 의무적으로 법제화시켰을 뿐만 아니라 사별하더라도 재혼을 의무화시키기도 했다. 그러한 인구 성장 정책에도 불구하고 로마는 곧 멸망했다(342).

　우리 문화권의 경우 삼국시대의 재혼 기록은 많지 않다. 신라 문무왕 시절 광덕이 죽자 친구 엄장이 광덕의 부인과 함께 지냈다는 『삼국유사』(제5권 감통 제7, 광덕과 엄장 편)의 기록이 있을 뿐이다. 고구려의 경우는 전술했던 형사취수 제도가 그 예가 된다. 고려시대 재혼의 예는 『고려사』에서 찾아볼 수 있는데, 4대왕 광종(재위 949~975)의 딸 문덕왕후는 홍덕원군에게 출가했다가 나중에 고려 6대왕 성종(재위 982~997)에게 재가했으며, 고려 26대왕 충선왕비 허씨는 3남 4녀를 낳은 상태에서 남편이 죽자 재가하여 왕비가 되었다고 한다(12).

　삼국시대부터 고려시대까지 남성과 대등한 지위를 누렸던 여성의 당당한 권리는 조선 세종 때까지만 해도 흔들림이 없었다. 그러나 호색을 인지상정이라 하며 자신도 호색가였던 성종은 남성의 방종을 크게 탓하지 않았던 반면, 열녀는 두 남편을 섬기지 않는다는 논리로 반대 여론에도 여성의 재혼을 실행(失行)으로 간주해 재가를 금지했다. 『성종실록』(권 82)에 의하면, 성종 8년(1477년) 7월 중신들을 소집하여 부녀자 재가 문제에 관한 입법을 논할 때 다수가 주장한 재가의 허용을 무시하고 소수(4명)의 의견에 따라서 재가를 반대했다. 성종의 주장은 『경국대전』(1485년 완성)에 편입되어 법적으로 재가가 금지되었다. 그 후 몇 차례 재가금지조항 개정 움직임이 있었으나 실효를 거두지 못했다. 재가 금지 이후 사회적 체면과

가문의 명예를 지키기 위해 규범에 어긋나는 과부 약탈이나 과부 업어가기 풍속이 성행하였다. 예를 들면, 양민 가정의 과부가 천민에게 약탈되었는데, 이 경우 일단 부부가 되면 친척들도 공인했다. 과부 재가를 천하게 여겼지만 약탈혼은 재가 금지에 대해 일종의 사회적으로 묵인된 대책이었던 셈이다(12, 45). 드물었지만, 귀한 집 딸이 남편을 둘 이상 섬기게 될 팔자였을 때 팔자땜을 하려고 혼인을 시키기 전에 그 수효대로 밤에 넌지시 남의 남자를 보자(褓子, 보자기)에 싸서 잡아다가 상관(相關)을 시키고 죽이던 보쌈도 존재했다. 과부들의 개가에 대한 어려움 때문에 조선시대 부유층 과부가 총각을 약탈했다는 기록도 존재한다. 예를 들면, 유몽인(1559~1623)의 『어우야담(於于野談)』에 과거를 치르기 위해 한양에 머물던 한 유생이 장정 4명에 의해 납치되어 돈 많은 과부와 하룻밤을 지내고 나서 다시 납치되었던 장소로 되돌아왔다는 일화가 있다(39).

여성의 재혼이 윤리나 도덕, 법으로 허용되지 않았던 조선시대 여성은 설령 재혼을 하더라도 그 소생이 법적 제재를 받으므로 재혼을 포기했다(44). 조선시대 후기 이러한 불평등을 해소하려는 노력이 있었으나 실패했다. 예를 들면, 개화파 박영효는 1885년에 국왕에게 상소문을 올릴 때 과부의 재혼 허가를 요구했으며, 1894년 갑오개혁 때에도 이 문제가 제기되었다. 법제상으로 여성의 재혼은 일제강점기에 와서 허용되었다. 재혼 규정은 근래에도 불평등 관계로 남아 있었다. 즉, 1990년대 초까지도 「민법」 제811조에 이혼한 여성은 혼인 관계가 종료되는 날로부터 6개월이 경과하지 아니하면 재혼하지 못한다고 규정되어 있었다.

Box 19-3 인도의 써티(Suttee) 풍습

고대사회에서는 한 집단의 지도자가 죽으면 그를 따르는 자들을 함께 묻는 순장(殉葬)제도가 보편화되었다. 우리나라도 삼국시대 초기까지는 순장제가 존속했으며, 대다수 문화권에서는 이를 이미 오래전에 폐지했다. 그럼에도 근래까지 이를 존속시킨 사례가 바로 인도의 써티(suttee)라는 풍습이다.

2세기경 인도 마누 법전에는 미망인의 재혼이 금지되어 있다. 또 인도 힌두교에는 미망인, 특히 젊은 미망인을 매우 위험한 존재로 여겨서 남편이 죽으면 부인 혼자서 살지 못하도록 아내를 불에 태워 죽이는 써티 풍습이 있었다. 이는 부인의 나이에 상관없이 남편이 사망하면 남편의 시신과 함께 화장용 장작더미 위에서 희생되어야 한다는, 강제적인 힌두교의 관행이었다. 중세까지 유행한 이 관습은 식민지를 통치하던 영국인들에 의해 1829년 폐지되었으나, 20세기까지 풍습이 잔존했다. 현대 인도에서는 이 풍습을 살인으로 규정하고 있으며, 시행을 조장한 자에게도 교수형을 언도했다.

여성에게만 적용하는 재혼 금지 기간은 다른 문화권에도 있다. 예를 들면, 이슬람교 관습에서는 남편이 죽으면 아내는 130일이 지나야 재혼이 가능하며, 이혼한 경우 세 차례의 월경을 경험해야 재혼할 수 있도록 했다. 이러한 제도는 자녀의 적출을 추정하는 데 어려움을 방지하기 위한 합리적 차별이라고 보는 견해도 있으나, 출산 능력이 없는 여성의 경우에는 명백한 남녀차별이다(4). 다행히 우리나라는 1990년대 말 이후 유전자 감식 기술 발달로 자녀의 적출 추정이 쉽게 이루어지므로 그러한 제한조항의 효력은 상실되었다.

5. 독신 생활

이유 여하를 막론하고 배우자가 없는 생활은 모두 독신 생활이다. 먼저 종교적 독신 생활을 언급하면, 초기 기독교 문화에서 성행동 기준을 최초로 언급한 사도 바울(St. Paul)은 독신 생활을 결혼생활보다 더 고귀하다고 믿었다. 그는 성욕을 참을 수 없다면 결혼하고, 미혼자들의 성행위보다 부부의 성생활이 더 낫다고 했지만, 독신으로 성욕을 억제하는 것이 가장 고귀하다고 했다. 원래 기독교 사제도 평신도처럼 결혼생활을 했지만, 성직자는 평신도보다 더 순결해야 한다고 느낀 교황청에서는 AD 386년 기혼 성직자들에게 아내와의 성행위를 금하는 칙령을 내렸다. 그 이유는 독신 생활을 평신도에 대한 권위의 상징으로 여겼기 때문이다. 그 시도가 실효를 거두지 못하자 교황청에서는 예비 성직자에게 부인과 성행위를 즐기지 않겠다는 서약을 받고 성직자로 임명하는 제도를 마련했는데, 그것도 별다른 효과가 없었다. 교황청은 11세기 후반 더 강경한 입장을 취했는데, 158대 교황 그레고리 7세(Gregory VII, 재위 1073~1085)는 성직자가 결혼하지 않고 독신으로 살아야 한다는 칙령을 내렸다. 이와 같은 칙령에 대한 반발은 상당히 심했지만, 결국 교황청의 승리로 성직자는 독신 생활을 하게 되었다(126, 275).

원시불교에서는 인간의 욕망 중 갈애(渴愛: 범부가 몹시 오욕에 애착하는 일)를 가장 기본적인 욕망이라고 여긴다. 불교 수행자는 갈애를 없애는 훈련을 통해 독신의 금욕 생활을 실천해야 했다. 그러나 동양 종교에서는 원죄의 개념이 없으므로 동양 종교 신봉자들은 성에 대한 공포를 서양 종교 신봉자보다 덜 느끼며, 독신 생활의 의미도 크지 않은 편이다. 이슬람교에서는 성행위, 특히 결혼생활에서의 성행위가 삶에서 최고의 쾌락을 얻을 수 있으므로 독신을 반대했다. 물론 구약시대 유대인도 인구를 늘리는 수단으로 결혼을 장려했으므로 독신 생활을 일종의 범죄로 취급했다(275).

　　종교적 이유가 아닌 다른 이유로 의도적으로 결혼하지 않고 독신으로 사는 사람들은 어떻게 생활하는가? 그들의 일부는 정서적으로는 성숙했지만 생활양식에 따라 자율성과 독립성을 유지하면서 성적 충동을 억제하고 있다. 일부는 성적 쾌락을 자유롭게 즐기기 위해 독신 생활을 하면서 오히려 여러 사람과 성적으로 관계를 한다. 그러나 일반적으로 독신 생활을 하면서 규칙적인 성 파트너를 갖는 경우는 드물다. 그러므로 일단 그들은 성교 기회가 생기면 결혼생활을 하는 사람보다 한 차례 기회에서 갖는 성교 빈도 수가 더 높다. 실제로 그렇게 지내는 남성의 생활양식은 일반 남성의 부러움을 사는 반면, 그렇게 살아가는 여성의 생활양식은 일반 사람에게 위협적으로 보인다(401).

　　이혼 후 배우자 없이 살아가는 사람들의 성생활에 대한 연구는 드물다. 그들에 대한 연구를 시도해도 연구 참여에 대한 거부 반응이 높은 편이다. 한 연구에 의하면, 이혼한 사람들은 대부분 멋있는 이성이 나타나기를 기대하지만, 그들의 기대를 충족시킨 경우는 드물다. 또 그들의 이혼 후 성행동을 결정하는 인자는 성별과 연령이 가장 중요하게 드러났으며, 그 다음이 종교성이었다. 즉, 이혼한 남성이 이혼한 여성보다 성적으로 더 활발했으며, 연령이 젊거나 종교성이 낮을수록 다른 사람들과 성관계를 맺고 있을 확률이 더 높았다(470). 일반적으로 이혼은 사회적으로 바람직한 결과로 인정받지 못하기 때문에 이혼 이후 적응이 쉽지 않다. 사별하거나 이혼으로 발생하는 결혼생활의 붕괴는 인생에서 상처를 가장 심하게 받는 사건 중 하나다. 그러나 배우자를 잃은 사람도 나이가 많을수록 재혼 가능성은 낮아진다. 자녀들이나 손자들로부터 부정적 반응을 얻기 때문에 나이가 들수록 재혼 결정은 더욱 어려워진다. 이러한 상처를 받은 사람들이나 별거 생활을 하는 사람들은 질병에 대한 감염이나 암 발병률이 더 높다는 주장도 있다(292).

6. 결혼과 성생활

　　성생활의 결핍이나 불만족은 개인의 욕구 불만이나 우울증, 불안, 불면증, 자살, 학업 성취 등 여러 측면에 영향을 미친다(470). 곧 부부의 성생활 만족은 결혼생활의 만족과 직결되는데, 부부의 성생활 부재는 별거나 이혼 가능성과 관계가 깊다(167, 349). 부부의 결혼만족 평가의 절대적 지표는 없지만, 여러 지표 중 하나는 부부의 성교 빈도다. 예를 들면, 20~40대의 중국 기혼 여성의 조사에서 성교 횟수로 1주일 1회 응답이 45.4%, 2주일 1회가 20.5%, 1주일 2~3회가 17.8%, 일 년에 1~2회라는 응답도 7.4%였는데, 성교 빈도가 높을수록 부부의 만족도가 더 높게 나타났다(551). 전반적으로 결혼 만족은 부부의 성교 빈도와 정적 상관을 보이는데, 성교를 인생에서 중요하다고 여긴 응답자일수록 그 빈도가 더 높았다(248). 여러 이유로 성교 빈도가 줄어들거나 성생활에서의 만족감이 저하되는 등 부부의 성생활이 원만하지 못할 수 있다. 그렇다면 어떠한 요인이 부부의 성생활과 결혼 만족에 영향을 미치는가를 살펴보자.

첫째, 남편의 연령이다. 일반적으로 남편이 아내보다 연상이지만, 아내와의 연령 차가 심할 경우 결혼 중반기를 넘어서면서 생리적 요구의 차이도 심해진다. 예를 들면, 고대 그리스 도시국가의 남성은 30세가 되어야 결혼했지만, 신부들은 10대 초반이었다. 아리스토텔레스는 나이 든 남성이 어린 아내를 쉽게 통제할 수는 있지만, 젊은 아내가 성적으로 너무 심한 요구를 할까 두려워한다고 지적했다. 즉, 나이 차가 너무 큰 상태에서 결혼할 때 남편은 나중에 아내를 두려워하게 된다는 뜻이다. 플루타르크(Plutarch, AD 45~125)에 의하면, 나이 차가 너무 심하지 않은 결혼을 유도하기 위해 아테네 법률에서는 아내가 남편에게 한 달에 적어도 3회 정도 성교를 요구할 법적 권리를 부여했다고 한다(342).

둘째, 부부의 연령 차가 크지 않더라도 결혼 기간이 성생활에 영향을 미친다. 예를 들면, 남성 중에서도 결혼한 지 오래된 사람일수록 성적으로 소원한 경향을 보인다(167). 결혼생활에서 배우자가 자기에게 성적 흥분을 계속 느끼도록 노력해도 장애 요인이 많다. 시간이 지날수록 체중이 늘거나 달라진 외모 탓에 예전보다 성적 매력이 더 낮다고 느낀다. 또 신혼여행 이후부터 부부는 배우자에게 타인들이 싫어할지도 모르거나 자기가 가장 싫어하는 특징을 발견하고서 실망한다. 급하게 서두른 결혼의 경우 더 큰 실망을 안겨 준다. 새로운 관계를 형성하는 신혼기에는 매력의 정도는 높지만, 애착의 정도는 낮은 편이다. 시간이 지나면서 새로운 느낌이나 매력의 정도는 낮아지는 반면, 애착은 증가하게 된다. 결혼생활의 만족을 매력으로 측정한다면 불가피하게 만족도는 줄어들지만, 애착이나 안정감, 충실도 등으로 측정한다면 커플의 결혼 행복은 증가한 셈이다. 대부분 연애 관계 초기는 열정과 성적 친근감을 보인다. 성인기 초기까지는 그러한 열정이나 성적 친근감이 매우 중요한 요인이지만, 인생 후반기에 접어들수록 충실성이나 부드러움 등이 사랑의 관계 평가에 더 중요한 요인이 된다(74).

셋째, 자녀가 있으면 사생활이나 자발성에도 장애를 받아 부부의 성교 빈도가 줄어들 가능성이 높다. 임신한 경우에도 역시 이러한 어려움을 맞게 된다. 아이가 없을 때에는 수시로 성교를 했던 부부라도 일단 아이가 생기면 아이와 함께 지내는 동안 생활양식도 변하면서 성욕이 줄어든다. 아이를 키우면서 밤낮이 바뀌고 신체 리듬도 변해 성관계를 제대로 갖기 어려워 '오늘 밤보다는 내일'이라는 식으로 성교 시기를 미룬다. 또 부부는 성교 도중 아이가 울거나 깨어나는 등의 상황을 예상하므로 성교를 절실하게 원하지 않는다. 부부 대상 연구에 의하면, 자녀 수가 많은 부부일수록 성교 빈도가 더 낮은 편이었는데, 특히 성의 목적을 자녀 생산이라고 믿는 부부일수록 그 경향이 강하다(74). 물론 예외로 아이가 많은 부부일수록 성생활이 활발하다는 결과도 있었다(167).

프로이트는 아동이 시각이나 청각적으로 부모의 성행위 장면에 우연히 노출된 상황을 원시적 장(primal scene)이라고 했다. 프로이트 등 일부 치료 전문가들은 그러한 경험이 아동의 성 심리 발달에 상처를 준다고 믿는데, 정신분석학자 500명을 대상으로 질문한 결과 약 48%가 그렇게 답했다. 이러한 믿음은 부분적으로 부모의 성교 장면을 목격한 것이 충격이었다고 고백하는 환자들의 진술에서, 즉 심리치료를 받는 환자가 자신의 현재 문제를 그러한 목격 사실에 연결시키는 점에서 비롯되었다. 그러나 그 믿음은 우연히 관찰했어도 전혀 충격을 받지 않고 치료 전문가를 찾을 필요가 없는 사람들이 무시된 상태에서 얻은 결론이다(388). 원시적 장을 경험한 아동이 10대 후반으로 성장했을 때 조사한 결과도 해가 없다고 드러났다(380). 대학생들을 대상으로 한 연구 역시 성적 적응이 아동기 당시 원시적 장에 노출된 것과 상관이 없었다. 오히려 노출 효과는 부모의 관점에 달려 있다고 해석해야 한다. 예를 들면, 부부가 사랑을 추구하는 행위를 사생활이라고 고집하면서 아이들 앞에서는 키스나 포옹도 자제하거나, 자녀들이 자신의 신체에 관심을 갖고 탐색하는 것을 수용하지 않고 처벌하거나, 성행위를 하고 있는 동안 자녀가 부모 방을 들어올 때 아이에게 야단을 치면서 쫓아낸다면 부모의 성행위를 목격한 자체가 아이에게 부정적으로 작용할 가능성이 높다(74).

넷째, 현대의 거의 모든 부부는 성교에서 오르가슴 경험을 중요시한다. 그러나 성교와 사랑의 관계를 이해하는 성차로 인해 성생활의 만족이 달라질 수 있다. 『Psychology Today』라는 잡지에서 1969년 독자를 대상으로 사랑과 성생활에 대해 설문조사를 한 결과, 남성 17%와 여성 29%가 사랑이 결여된 성생활은 이해할 수 없는 행위라고 여겼는데, 1983년 조사에서는 남성 29%와 여성 44%가 그렇게 대답하였다. 이러한 비율 증가는 시대가 변하면서 사랑의 요소가 성생활에서 더 중요시되고 있음을 의미한다. 여성의 반응 비율이 남성보다 더 높다는 점은 여성이 낭만이나 사랑, 친밀감 같은 정서를 더 중시하므로 남성보다 결혼생활에 더 쉽게 실망하며, 결혼이라는 현실에 대해 더 부정적으로 반응할 수 있음을 의미한다.

다섯째, 부부의 성생활이 남편의 의무와 아내의 권리 차원에서 이루어지면 결혼생활의 만족이 달라진다. 구약성서 신명기(24장 5절)를 보면, 고대 유대인들은 신부를 맞은 신랑에게

특혜를 주었다. 전쟁터 참가를 비롯하여 무슨 일이든지 일 년 동안 면제해 주었다. 그 이유는 고대 유대인 신랑에게는 집에 머물면서 아내를 행복하게 해 주는 것이 하나의 의무였기 때문이다. 이슬람 문화권에서도 분파에 따라 남녀 모두 성기를 보거나 만지거나 키스하는 것을 인정하지 않고 성을 존엄하게 여기기도 하지만, 남편은 성교에서 아내를 만족시켜 욕구를 해소시켜 줄 의무가 있으며, 부인은 남편과의 성교에서 만족할 권리가 있었다. 그래서 그들은 성생활의 만족을 성공적인 결혼이라고 여긴다. 그들에게는 엄격하게 금지된 항문성교를 제외하고는 성을 즐길 권리가 허용된다(73).

  상호 이해와 관심을 기초로 결합된 부부라도 성생활에서 실망이나 불만을 느낄 수 있다. 그러한 실망과 불만은 성생활에서 오르가슴 경험을 부부의 성적 행복의 유일한 기준이라고 너무 강조해 왔기 때문에 생겨난다. 대부분의 문화권에서 남편이 성교 시 아내를 만족시키는 것을 의무처럼 여긴다. 그러한 이유로 성교는 아내보다도 남편이 개시하는 경향이 크다. 예를 들면, 20~40대 중국 기혼 여성 1,800여 명을 조사한 결과 성교 개시는 남편이 하는 경우가 72.2%이고, 아내가 하는 경우는 0.5%였으며, 나머지 27.3%는 동시에 개시한다고 답했다(551). 성행위를 부부 사이의 권리와 의무라고 여길수록 성행위 결과에 만족하지 못하는 것은 당연하다.

  부부 성생활의 불만은 흔히 신혼여행 결과에서도 비롯된다. 많은 사람이 첫 성교의 경험을 그렇게 대단하지 않았다고 표현한다. 너무 기대가 크면 그렇게 느낀다. 사실상 신혼 초의 남성은 자신의 기대보다 너무 빨리 사정하는 경우가 흔하다. 이러한 생활이 지속되면 성기 능장애를 의심할 수도 있지만, 중요한 사실은 이러한 경험을 근거로 자신을 진단하지 않아야 한다는 점이다. 결혼생활에 대한 책임감도 성적 관심을 줄이는 요인이 된다. 즉, 온종일 업무나 집안일에 시달리다 보면 그렇게 될 수 있다. 바쁜 일상생활에 지친 부부는 성교 시기도 특정한 시간대에 결정된다. 그 예로 불임 수술을 받은 직장여성은 직장생활 때문에 주중보다도 주말이나 휴일에 성교를 하는 비율이 높았으며, 성적 관심도 주말에 이르러 더 높았다. 또 현재 폐경에 이르기 전 여성의 조사에서는 성적 관심과 성교 빈도가 월경이 끝난 직후부터 배란일 전후까지 높게 나타났으며, 불임 수술을 받은 여성처럼 주중보다 주말에 더 높게 나타났다(458).

7. 부부 관계의 향상

가족심리학자들(J. Mancini & D. Orthner)이 부부에게 여가 생활을 질문했다(453). 미국 남동부 지역 거주 중산층 부부를 대상으로 한 연구에서 재미있는 현상이 발견되었다. 가장 즐기는 오락 생활을 물었더니 남성의 45%가 성교라고 답했으며, 둘째가 운동, 그다음이 독서라고 응답했다. 아내들의 응답은 독서가 37%로 가장 높았으며, 성교는 26%, 바느질이 25%였다. 또 그들은 결혼생활을 오랫동안 했던 사람일수록 성교보다 야영이나 친구들과의 교제라고 대답하였다. 연구자들은 이러한 성차는 문화적 편견 때문에 생겼다고 설명했다. 즉, 문화적으로 학습된 태도 때문에 남성은 성교를 하나의 오락으로 보는 반면, 여성은 성교를 종족 보존을 위한 행위라고 보는 경향이 있었다.

혹자는 이러한 성차를 이용하여 여성에게 섹시한 결혼생활을 하라고 제안한다. 예를 들면, 낮 시간에 짧더라도 남편과 낭만적인 전화로 사랑의 메시지를 전달하기, 부부가 함께 목욕하기, 옛 추억을 떠올릴 수 있는 곳을 산보하기, 스스로 성적인 면에서도 장난꾸러기가 되거나 남편을 놀라게 하기, 섹스의 환상을 즐기기, 성생활의 새로운 기법을 시도하기, 자발성을 유지하면서 능동적 및 수동적 역할을 서로 바꾸기, 성교 시 서두르지 않기, 성교 시 눈을 뜨고 서로 응시하기 등이다. 또 성교가 최후의 목표가 아니라 키스나 애무도 성교만큼 중요하다고 여기며, 자신의 약점을 걱정하지 않으며, 서로에게 귀를 기울이며, 상대방이 자신의 마음을 알아 주기만을 기대하지 않는 자세가 필요하다. 역시 쾌를 위하여 자신의 몸을 스스로 어루만지며, 바쁜 생활 속에서도 섹스에 대한 우선순위를 배정하며, 과감하게 실험하는 자세를 취하는 것도 매우 중요하다(255).

성교 그 자체는 사랑의 검사도 아니고 증거도 아니다. 성교는 대인관계에서 발생하는 하나의 행위로 부부생활의 한 측면일 뿐이지 절대적으로 중요한 부분은 아니다. 하이트 보고서에서 상당수 여성이 성교 그 자체보다도 부드럽게 껴안아 주는 것 등 신체적인 접촉을 더 즐거운 순간이라고 대답하였다(266). 일반적으로 부부는 사랑의 상호작용에서 항상 같은 느낌을 얻지 못한다. 어떤 때에는 서로 사랑스럽게 느끼고 돌봐 주기도 하지만, 어떤 때에는 서로 짜증을 내고 기분이 언짢아지기도 한다. 부부간의 친밀감은 그리움이나 사랑만을 통해서 유지되고 형성되지 않는다. 친밀감을 형성하고 유지하는 데에는 논쟁, 불화 등에 대해서 서로 인내하며 상대방의 마음을 상하게 하지 않고 상대방이 약점을 보였을 때에도 공격의 충동을 느끼지 않는 여유가 필요하다.

프롬(E. Fromm)은 연인들의 관계에서 그 질을 향상시킬 수 있는 가장 훌륭한 재능이란 상대방에게 귀를 기울이는 것이라고 하였다. 그는 또 대인관계에서의 중요한 측면이 정직한 의사소통, 서로를 보살피기, 집안일에 관심 갖기, 상대방의 정체감 인정하기, 유머감각 갖기, 친구되어주기, 성적 의무감 지니기 등이라고 지적했다(207). 많은 사람이 복잡하고 바쁜 세상에서 남에게 귀를 기울이는 관심이나 시간 여유가 없다고 느낀다. 그러나 타인에게 귀를 기울인다는 것은 부부가 서로 이해하고 받아들이는 과정에서 본인에게도 생각을 가다듬는 여유나 관심을 갖게 만드는 수단이다. 부부 사이의 친밀감은 배우자가 표현하는 관심이나 요구 사항이 자신의 것과 다르더라도 이를 수용하거나 원만하게 반응해 줄 때 발달하게 된다(229).

미국 미시간 대학교 사회연구소의 1976년도 연구에 따르면, 대다수 아내가 남편이 사랑이나 관심을 조금만 더 잘 표현해 주기를 원하고 있었다. 일반적으로 그렇지 못하거나 또는 그렇지 못하다고 지각하므로 부인은 남편에게 불만을 느끼게 된다. 결혼생활에서 남편으로부터 정서 반응을 원하는 대부분의 여성은 다른 부인의 남편이 표현했던 것들을 전해 들으면서 자신도 남편에게 언어적이고 정감적인 표현을 더 많이 기대한다. 그렇지만 여성은 다른 여성에게 자기 남편의 반응을 과장하여 소개할 가능성이 높으며, 그럼에도 남성은 자신의 감정 표현에 대체로 과묵한 편이다(433). 이렇듯 부부의 갈등은 흔히 친밀감에 대한 서로 다른 요구의 결과에서 생길 수 있다.

또 아무리 대화 기술이 뛰어나도 파트너와 언쟁해야 할 상황에 직면한다. 언쟁은 관계에서 자연스럽게 발생하는데, 이것이 꼭 나쁜 것만은 아니다. 관계에서 언쟁이 필요하다면 파트너와 함께 '부부싸움의 규칙'을 세워 이를 준수하며 살아가는 게 바람직하다(85). 그중 하나로 부부가 함께 알아 두어야 할 중요한 사항은 바로 자신의 성생활을 비난하거나 타인과 비교하지 않아야 한다는 점이다. 만약 비난이나 비교를 했을 때 배우자는 이를 아주 다른 각도에서 바라보게 되며, 이는 곧 불행한 결과를 초래하게 된다. 예를 들면, 남편이 부인에게 매력을 잃었다는 식으로 용모에 대하여 비난하거나 부인이 남편에게 다른 부부는 성교 빈도가 높고 성교의 지속 기간도 길며, 만족감도 높다는 비난을 한다면 부부 관계는 곧 악화되어 버린다. 따라서 문제 발생을 예방하기 위해서는 신혼여행에서 앞으로 부부간의 갈등을 해소하는 방법에 대한 토의가 반드시 필요하다.

20
혼외 성관계

1. 혼외 성교의 보편성

뉴기니아 동부 트로브리안드 섬 주민들은 20세기 초반까지도 임신이나 출산이 성행위와 무관하다고 생각해서 결혼 후에도 배우자가 아닌 사람과도 성관계를 가졌으며, 이를 비난하지도 않았다. 모계사회를 이루던 그들은 성 파트너나 어린이를 소유하고, 경제적인 이득 때문에 결혼했다(181). 인도 남부지방 토다 족 여성도 결혼 후에도 자유롭게 남성들을 성적으로 상대했다. 그들은 오히려 자기 아내가 다른 남자와 성관계를 갖지 못하게 방해하는 남편을 부도덕한 사람으로 취급했다. 일처다부제 풍습을 이루던 그들은 아내들을 다른 남성에게 양보하지 않으면 죽어서 재앙을 당한다고 믿었기 때문이다(375).

반면 대부분의 고대나 근대 문화권에서는 결혼 이후 성 파트너를 배우자로 국한시키며, 이를 어기면 부정(infidelity, 외도)으로 간주한다. 문화권마다 부정의 범위나 정의가 조금씩 다른데, 여성에게만 결혼 전후의 순결을 강조하는 문화권, 결혼 후의 순결만을 강조하는 문화권, 또 남녀 모두의 순결을 강조하는 문화권도 있다. 예를 들면, 대다수 아프리카 종족들은 남녀 모두 혼전에는 누구하고든 성관계를 가질 수 있지만, 기혼 여성은 성관계 대상이 남편으로 제한되었다(334). 고대 로마인들도 혼외 성교를 여성에게만 금지했는데, 로마의 남편은 아내의 간통 현장을 목격할 경우 그녀를 현장에서 죽일 권리를 지녔다. 그럼에도 로마 여성이 혼외 성교에 연루되자 황제 아우구스투스(Augustus, BC 63~AD 14)는 부정을 방지하기 위해 간통한 여성을 이혼시켜 섬으로 유배시키는 법을 만들었으며, 남편이 이혼하지 않을 경우 남편까지 처벌할 수 있었다.

구약성서 신명기(22장 22~27절)나 레위기(18장 20절)에 의하면, 고대 유대인들은 기혼 남녀끼리의 혼외 성교를 엄격히 규제했다. 혼외 성교 사실이 발각되면 유대인은 당사자 모두를 돌로 쳐 죽이라고 가르쳤다. 청교도가 영향을 미치던 시절의 미국에서도 간통을 사형에 처할 수 있을 정도로 금했다. 그러나 실제로 간통으로 처벌된 사람은 3명뿐이었고, 보통 매를 때리거나, 벌금을 물리거나 또는 목에 줄을 메고 교수대에 1시간 동안 서 있도록 하는 상징적 처벌만이 이루어졌다. 때로는 낙인을 찍거나 간통(Adultery)의 첫 철자 A가 새겨진 옷을 입고 다니게 했다. 청교도적 성의 통제는 오래 가지 못하고, 17세기 말에는 유럽의 영향으로 성에 대한 진보적 관점이 유행하기 시작했다. 결국 혼전 성교를 금지하는 법률을 집행하는 것도 중단되었는데, 1750년경에는 출생한 아이들의 30%가 혼전 임신에 의할 정도였다(484).

중동 지방에서는 근래에도 여성의 순결을 무척 강조한다. 그들은 결혼 관계 이외의 모든 성관계를 심하게 견책·처벌하지만, 고대 로마처럼 여성만 처벌한다. 그들은 여성의 순결이 가정의 명예와 직접적으로 관계가 있다고 믿어 혼외 성교에 연루된 여성은 오빠나 아버지에 의해서 살해되기도 한다. 이처럼 가정의 명예를 위해 부정을 저지른 여성을 살해하는(honor killing) 행위는 불법이지만, 아랍 문화권에서는 성에 대한 금기를 위반하는 것을 최고의 치욕행위로 여겨서 재판에 이르는 사례는 아주 드물다(367). 21세기 초반까지도 가족의 명예라는 이유로 희생된 여성의 수가 세계적으로 매년 수천 명에 이른다.

우리 문화권에서는 어떠했는가? 혼외 성교의 기록을 찾아보기는 어렵지만, 『삼국유사』에 신라 21대 비처왕 시절의 얘기로 궁궐에서 분향 수도하던 중이 궁주(宮主)와 간통하다 발각되어 사형을 당한 내용이 나온다. 또 신라 33대 성덕왕 시절의 가사 해가사(海歌詞)를 보면, 순정공의 아내 수로 부인은 정조가 헤프기로 유명했다고 짐작되며(45), 신라 49대 헌강왕 때 얘기로 『삼국유사』에 혼외 성교를 언급하는 '처용가'를 통해 신라의 생활상을 엿볼 수 있다. 성에 관한 규제가 그렇게 심하지 않았던 고려시대에도 요즈음과 다를 바 없었으리라고 짐작되지만 혼외 성교에 관한 기록이 드물며, 남존여비사상을 고취하며 성을 억압했던 조선시대의 기록도 별로 없다.

Box 20-1 **조선시대 양반 부녀자의 외도(?)**

『조선왕조실록』 세종 13년(1431) 7월 17일 기록을 보면, "무당은 본시 성 안에서 살지 못하게 되어 있다. 그런데 요즈음 성 내에서 살기 때문에 양반집 부녀자들이 자주 왕래하고 때로는 환자들을 불러 모아 병을 전염시키기도 한다. ······ (중략) ······ 양반집 부녀자가 우연히 병이 나기만 하면 피병한다는 핑계로 무당집에 묵어 부녀자의 도를 저버린다. 이제부터 이를 위반하는 경우 그 집안 어른과 무당을 벌줄 것이며, 이를 고발하지 않을 때에는 관령(管領)과 담당자들도 벌을 받게 될 것이다."라는 왕명이 적혀 있다. 곧 조선시대 양반 부녀자들은 굿을 핑계로 무당집에 여러 날 묵기도 했는데, 무당 중에 여장 남자가 있어 더욱 부녀자들의 발길이 잦았고, 바깥 남성을 함부로 만나지 못한 부녀자들에게 무당집은 은밀한 장소로 적격이었다고 한다(45).

---

2. 혼외 성교의 개방성

대다수 기혼자는 배우자의 외도행위를 용납하지 않지만, 많은 사람이 외도행위를 시도한다. 배우자 몰래 시도한 외도행위가 노출되었을 경우, 이는 법이나 관습 등으로 유지해 온 일부일처제 계약과 부부간 믿음의 약속을 위반한 것이기에 결혼생활에 큰 영향을 미친다. 만일 이를 배우자가 사전에 동의했거나 사후에 묵인하면 모르지만, 그렇지 않으면 부정적 결과가 초래된다. 그러나 혼외 성교를 배우자와 논의하고 동의하는 사람도 있다. 보통 배우자와 혼외 성교를 합의하는 경우도 몇 가지 유형으로 나뉘며, 그 유형마다 조건이 약간씩 다르다. 물론 솔로몬제도와 같은 미개사회의 남성은 관습에 의해 아내를 이웃 섬 주민들의 아내와 일정 기간 교환하고 살아가기도 했다(403). 그러나 근대사회에서는 배우자 이외의 상대와 성교를 허용한다고 동의하면서 결혼하는 경우를 개방 결혼(open marriage)이라고 하는데, 1960년대 서구사회에서 유행했다. 이러한 개방 결혼에서 배우자와 타인의 성관계를 인정하는 결혼 형태를 공동 결혼(comarital) 관계라고 한다(375).

여기에는 부부가 각자 다른 사람과 친밀한 관계를 유지하면서 성적으로 상대해도 좋다고 합의하는 배우자 교환(mate swapping) 및 낯선 사람과 성관계를 즐기고 정서 관계를 유지해서는 안 된다고 합의하는 스윙잉(swinging)으로 이분된다(용어 유래는 〈Box 20-2〉 참조). 타인과 성적으로나 정서적 관계를 유지하는 전자는 1970년대 서구에서 유행했으며, 배우자를 서로 일정한 기간 동안 바꾸어 살아가기도 한다. 한편 후자는 타인과 정서 관계를 유지하지

Box 20-2   **배우자 교환의 용어 배경**

아내 교환(wife swapping)의 기사가 1950년대 대중매체에 처음 소개되었을 때 세인들은 이를 혹평했다. 아내 교환의 의미는 남편이 아내를 바꾸어 산다는 것이지만, 여성의 인권 문제가 제기된 1960년대 이후 그 용어는 여성 차별이라는 주장 때문에 사용하는 데 제동이 걸렸다. 아내 입장에서는 남편 교환에 해당되었기 때문이다. 결국 아내와 남편의 입장을 서로 차별하지 않는 차원에서 배우자 교환(mate swapping)이라고 바꿔 부르게 되었다. 그러나 한 기독교 목회자가 설교 도중 일부 커플이 다른 커플과 파트너를 바꾸어 성적 쾌락을 즐기는 모습을 원숭이에 비유해 '스윙잉'이라고 비꼬았다. 스윙(swing)은 그네처럼 이리 저리 움직임을 반복한다는 의미인데, 원숭이들이 이 나뭇가지에서 저 가지로 날아다니듯이 이 침대에서 저 침대로 돌아다니는 별난 사람들을 야유하는 비유였다(36).

않는 조건에서 이루어지므로 배우자가 바뀔 가능성은 별로 없으며, 이를 시도하는 사람을 스윙어(swinger)라고 한다. 일부 서구인들은 후자를 더 즐기는데, 서양의 성인 중 2% 이상이 배우자를 바꾸어 성행위를 시도한 경험이 있다고 한다(276).

이제 배우자를 바꾸어 성행위를 하는 사람의 특성을 살펴보자(36, 217, 276). 그들의 대다수는 중산층이며, 교육 수준도 보통 이상, 직업도 전문직이나 관리직에 종사하는 사람이 많은 반면, 실업자나 매우 바쁘게 사는 사람도 별로 없다. 종교적 배경도 일반인과 별 차이가 없는데, 배우자를 교환해 성행위를 즐기면서 종교 행사도 규칙적으로 참석하는 자들이 상당수다. 그러나 어린 시절에는 신앙심이 깊었더라도 성인이 되는 과정에서 종교를 포기하거나 신앙심이 약해진 경우가 많았다. 그들의 연령은 30대 말에서 40대가 대다수다. 자녀양육의 부담이 거의 사라지고, 직업도 안정적이고, 삶의 보금자리를 찾은 30대 말에 자신의 생활양식을 바라볼 수 있게 된다. 이때가 바로 자신의 관심을 다양화시키는 거의 최초의 시기다. 이 시기에 남성은 성적 쾌락을 추구할 때 파트너를 만족시키지 못할까 불안해하며, 권태 등으로 배우자에게서 성적 매력이나 열정을 예전처럼 느끼지 못한다. 그동안 부부의 성생활도 애 낳고 키우느라, 자신의 경력을 안정시키느라 큰 관심을 두지 못했지만, 이제는 좀 즐겨도 되지 않겠는가 하고 생각하거나 즐기면서 보상받고 싶어 한다.

그럼 그들은 왜 사회 규준을 깨면서까지 배우자 교환을 시도하는가? 가장 빈도가 높은 응답은 다양한 성 파트너와의 성 경험을 통해 흥분이나 만족을 얻기 위함이었다. 성적 다양성 추구는 인간의 본성이고, 이를 숨기지 않고 죄의식 없이 탐색, 표현할 수 있어서 성적으로나 정서적으로 만족한다는 뜻이다. 사회적 금기를 깨고 싶은 충동이라는 답도 적지 않았으며, 배우자 이외의 사람들에게 자신의 성적 매력을 알리면서 자긍심을 높이기 위해, 또 자신의 관음증 욕구를 충족시키기 위해서라는 답도 나온다(276).

이제 배우자 교환을 시도하는 자들의 특성과 그 시도 과정을 다섯 가지 조건이나 단계로 살펴보자.

첫째, 어려서부터 또는 평소에 성에 대한 관심이 매우 컸으며, 남보다 어린 나이에 이성을 사귀었거나 성행위를 경험했거나, 혼전 성행위 파트너 수가 더 많을수록 그 가능성이 높다. 근래 청소년의 혼전 성교 비율이 과거보다 더 높지만, 최근의 사회 규준도 혼전 성교를 일탈행위로 본다. 또 2000년대 40대가 10대였던 1970년대에는 10대의 성행위를 지금보다 덜 허용했다. 그렇기 때문에 당시 사회 규준을 깨뜨린 용기나 경험이 있었다면 성인기, 특히 결혼 후 3~7년 정도가 지나 성적 습관화로 인해 결혼생활이 무미건조해지고, 스트레스가 생기고, 바람을 피우고 싶고, 이혼하고 싶고, 변화를 추구하고자 하는 욕망이 커져 규준을 깰 가능성이 크다.

둘째, 그들은 성을 자유분방하게 바라보거나 질투심이 별로 없는 성격 유형이다. 배우자 교환 성행위에 관한 행동이나 태도 자체는 규준에 얽매이지 않고 자유분방하고 진보적이지만, 그들의 진보 성향은 오직 성적인 것에만 관련된다. 즉, 그들은 일반인보다 동성애 결혼, 10대 성행위, 변태 성욕, 이혼, 포르노, 낙태 등에 더 우호적인 반면, 정치적 성향은 훨씬 더 보수적이다. 질투심 성향도 보통 사람보다 높아 배우자 교환을 시도하는 과정에서 일단 질투심이 생기면 배우자를 용납하지 못해 부부 관계가 와해될 가능성이 매우 높다.

셋째, 배우자 교환을 시도할 때에는 수동적 단계를 거친다. 초기에는 직접 시도하는 것이 아니라 그게 무엇인가를 배우고, 얘기하고, 상상해 보는 등 수동적으로 참여한다. 서양인을 조사한 결과에 의하면, 70%는 남편, 10%는 아내가 먼저 제안을 했고, 20%는 부부가 동시에 제안했다. 또 시도에 대한 마지막 결정은 주로 남편이 내렸다.

넷째, 이제 더 구체적인 실천을 위해 다른 경험자를 직접 만나 어떤 사람인가를 확인해 보는 단계인데, 이때 본인의 기대와 다르다고 느끼면 그 계획을 취소해 버린다.

다섯째, 배우자 교환을 실천하는 단계다. 일단 실천하면 여기에 참여하게 된 타당한 이유를 찾으면서 다른 경험자들과 사회적 교류를 지속한다(36, 276).

스윙어가 된 이후 그들의 모습을 살펴보자. 낯선 자를 상대하므로 질병 감염의 두려움도 크고, 실제로 마음에 드는 상대를 쉽게 만나지도 못한다. 또 자신의 취향이나 행동이 남에게 노출될지 모른다는 두려움이나 여러 커플이 한 장소에서 성행위 시 남자는 다른 사람보다 더 잘해야 한다는 부담으로 발기 실패도 경험하며, 자신이 남보다 성기나 유방을 비롯한 외모의 매력이 부족하다고 느껴 열등감이 생기는 경우도 있다. 아울러 상당수는 결혼생활에도 위협을 느낀다. 물론 결혼생활에 긍정적 효과가 있다고 말한 사람은 그런 행위를 지속하지만, 위협을 느꼈을 경우 곧바로 중단한다. 실제로 그런 행위를 중단한 가장 주요한 이유는 질투나 죄의식, 결혼생활의 위협, 배우자가 아닌 사람과의 정서 관계 발전, 스윙에 대한 실망, 발각의 두려움 등이다. 또 질투가 없어야 하는데, 자기 배우자가 상대방에게 매력적으로 부각되거나 배우자가 상대방에게 너무 매혹될 때 배우자에 대한 질투가 생긴다. 아내를 스윙으로 이끌면서 질투를 하지 않겠다던 남편도 나중에 아내가 더 즐기는 것 같으면 그녀를 문란하고 더러운 여자로 취급할 가능성이 크다. 아내보다 남편이 이를 더 먼저 제의하지만, 나중에 후회하는 경우도 남편 쪽일 가능성이 더 크다(36).

개방 결혼 이외에 또 다른 합의적 혼외 성교 형태는 집단 결혼(group marriage)이다. 여러 커플이 동시에 여러 명의 파트너와 함께 주거 공간, 소득, 양육, 가사 책임 등을 공유하면서

Box 20-3   오네이다 공동체의 집단 결혼

예일 대학교에서 신학을 전공했던 노이즈(John Noyes, 1811~1886)는 미국 역사상 가장 영향력 있는 성 관련 종교단체인 오네이다 공동체(Oneida community)를 창건했다. 기독교 감리교파의 완벽주의자였던 그는 유토피아 건설을 꿈꾸며 기독교도들이 지상에서 완벽한 삶으로 인도받기 위해서는 사랑의 공동체가 필요하다고 믿었다. 그는 1840년대에 부인(Harriet)과 몇몇 친구와 함께 버몬트(Vermont) 주 퓨터니(Putany)에 조그마한 공동체를 만들었다. 곧바로 그 공동체를 뉴욕의 오네이다로 옮겼으며, 1870년대에는 뉴욕 브룩클린 및 뉴저지 뉴워크(Newark)에 지부를 두어 회원 수가 350여 명으로 늘어날 정도로 공동체의 전성기를 맞았다. 공동체 회원들은 발명이나 수공으로 명성을 날렸는데, 그들은 일부일처제를 성적으로 가장 배타적이고, 위험하고, 또 이기적이라고 비판했다. 그들의 결혼 형태는 모든 이성이 자신의 배우자가 되는 집단 결혼(complex marriage)이었다. 회원끼리는 누구든지 성관계를 가질 수 있지만, 종족 번식만은 신중하게 제한했다. 자녀 생산을 위한 성관계는 종교 의식에 의해 거행되었으며, 우생학 관점에서 선별적으로 부모가 될 수 있었다. 즉, 공동체에서는 우량종 육성(stirpiculture) 정책에 의해 장로들이 남녀를 선정해 임신하게 만든다. 아이가 태어나면 모두가 차례로 양육 책임을 맡는데, 어떤 사람은 아이의 양부모 역할을 전담하기도 했다(Noyes, 1970). 그들은 성행위에서 사정을 절제하면서 피임했는데, 이를 사랑의(amative) 성교라고 부른다. 회원들은 그러한 성관계가 상호 우정과 사랑의 표시라고 이해했다.

살아간다. 그렇지만 그들도 집단 결혼 구성원이 아닌 사람들과의 성관계를 제한하는 것이 보통이며, 현대 문화권에서는 매우 드물게 나타난다(〈Box 20-3〉 참조).

3. 혼외 성교에 대한 태도

혼외 성교 실태 조사는 1940~1950년대 킨제이 보고서가 거의 최초의 것이다. 그 보고서에 의하면, 남성 51%와 여성 26%가 40세에 이를 때까지 최소 1회 이상 혼외 성교를 경험했다(74). 『플레이보이(Playboy)』 구독자를 대상으로 한 1982년도 설문조사에서도 남성 50%와 여성 38%가 그렇게 대답했다. 응답자의 연령별로 분류했을 때 젊은 여성일수록 혼외성교 경험을 보고한 비율이 더 높았다. 몇 년 후에 12,000명의 독자를 대상으로 했던 설문조사에서도 1/3 이상의 남녀 기혼자가 적어도 1회 이상의 혼외 성교를 경험했다고 답했는데, 그 비율은 30세 미만 20%, 30대 33% 그리고 40대 50%로 연령 증가와 정비례했다(433). 2000년대 초반의 노르웨이 연구에서도 남성 29%와 여성 23%가 동거나 결혼생활 도중 혼외 성교를 경험했고, 남성 16%와 여성 11%는 조사 시기에도 외도를 하고 있는 중이라고 대답했다. 외도 대상에 대한 정서적 애착 여부를 묻는 질문에서는 여성이 남성보다 그렇다는 응답 비율이 더 높았다(503).

여러 조사 결과를 종합할 때 20세기 중반 이후 혼외 성교 비율이 점점 증가하고 있다. 특히 여성의 혼외 성교 비율이 예전보다 훨씬 더 높아지고 있으며, 경험자들의 나이도 젊어지고 있다. 혼외 성교가 증가하는 요인은 여러 각도에서 살펴볼 수 있는데, 우선 대중매체에서의 혼외 성교 관련 정보 범람, 생활의 기계화로 인한 여가 시간 증대, 직장여성 및 여성의 교육 수준 증가 등이 주요한 요인으로 꼽힌다. 사실상 직장이 있는 여성의 혼외 성교 비율이 직장이 없는 여성보다 더 높으며, 교육 수준이 높은 사람이 낮은 사람보다 더 높다. 이는 직장을 가진 여성이 남편 이외의 남성을 만날 기회도 많고, 경제적으로 남편과 대등한 위치에 설 수 있는 사회적 여건 때문인지도 모른다. 그러나 아직도 이중 기준에 의해 남성보다도 여성의 혼외 성교를 더 심하게 비난한다(65, 74).

그러한 이유로 배우자의 혼외 성교에 대한 질투나 의심에서도 성차를 보인다. 성인 남녀를 대상으로 배우자가 다른 이성과 정서적 또는 성적 외도를 하는 상황을 상상하도록 한 후에 어느 정도 질투를 느끼는지를 질문했다. 그 결과 남성은 배우자의 정서적 외도보다 성적 외도 그리고 여성은 배우자의 성적 외도보다 정서적 외도에 더 심한 질투를 느낀다고 보고

했다(1). 또 여성이 남성의 외도를 더 많이 의심하지만, 일단 의심했을 경우 남성이 여성보다 더 극단적인 반응을 보인다. 흔히 남편이 아내의 부정을 병적으로 의심하는 편집증적 질투를 셰익스피어 작품에서 심한 질투 때문에 부인을 살해하는 주인공의 이름을 따서 '오델로 증후군(Othello syndrome)'이라고 하는데, 의처증에 의한 질투와 분노 감정이 아내에 대한 폭력으로 이어진다(498).

사회생물학에서는 남녀가 종족 보존에 투자한 에너지나 시간이 다르다는 점에서 남성의 외도행위를 설명한다. 여성은 임신 순간부터 자녀양육 시기까지 남성보다 에너지와 시간을 더 많이 투자할 뿐만 아니라 임신 여부를 결정하는 영향력도 더 크다. 곧 여성은 자신의 유전인자를 전달할 남성을 선택하기가 쉽지만, 남성은 자신의 유전인자를 전달할 여성을 선택하려면 다른 남성의 접근을 확실히 막아야 한다. 그러한 이유로 남성을 짝으로 두려는 여성의 싸움보다 여성을 짝으로 두려는 남성의 싸움이 더 허다하다. 또 남성은 자신의 유전인자를 전달하는 종족 보존 성공률이 여성보다 불리하기 때문에 외도를 이용하여 성공률을 높이려 한다(530).

이성의 꽁무니를 쫓아다니는 엽색행위(philandering)는 전통적으로 남성의 행위로 알려져 있다. 이를 즐기는 남성은 남성의 우월성을 비롯하여 성차별 의식이 강하며, 취미생활로 외도를 즐긴다. 그들은 여성이 남자다운 남자를 더 좋아할 것이라고 믿으며, 자신의 남성성을 알아 주는 여성에게 적극적으로 다가간다. 그러나 그들은 여성을 좋아하지도 않으며, 스스로를 열등하다고 여기므로 여성과의 평등하고 친밀한 관계도 원하지 않으며, 또 남성의 가치를 평가하는 여성을 위험한 존재라고 생각한다. 그들 중 일부는 성행위를 좋아하지 않지만, 자신의 남성성을 확인하기 위한 수단, 자신의 동성애 공포증이나 여성에 대한 두려움을 해소하기 위한 수단으로 성행위를 시도한다(402).

남성보다 수는 적지만 남성의 꽁무니를 쫓아다니는 여성도 있다. 그들은 대부분 아버지나 전 남편이 여성을 쫓아다니는 바람둥이였을 가능성이 매우 높다. 그들은 남성들이 모두 자기 아버지나 전 남편처럼 살았을 것으로 생각해 남성에게 분노한다. 그들은 결혼생활을 오랫동안 유지하지 못하며, 남성에 대한 분노 감정을 기혼자에게 돌린다. 그러한 여성은 자신도 강한 존재임을 보여 주기 위해 타인을 희생시킨다. 즉, 자신을 위해 희생해 줄 남성에게 매력을 느끼며, 특히 아내에게 충실하고 행복한 결혼생활을 하는 남성에게 접근하여 사랑에 빠지게 만든다. 이는 자신이 배반당했던 고통으로부터 위안을 얻으려는 행위다(402).

대다수 사람은 혼전 성교 경험에 대한 행동과 태도가 일치한다. 즉, 혼전 성교를 허용하는 태도를 지닌 사람일수록 혼전 성교를 경험했을 가능성이 높다. 그러나 혼외 성교의 경우 자신의 실제 행동과 태도의 관계는 그렇게 높지 않다. 즉, 혼외 성교를 경험했더라도 이를 지지하지는 않는다. 그러한 불일치가 나타난 부분적 이유는 혼전 성교보다도 혼외 성교를 더 규제하는 문화적 규준 때문이다. 그렇다면 혼외 성교의 동기는 무엇인가? 많은 남성이 중년기에 접어들면서 자신의 성적 능력이나 매력이 상실되고 있다는 불안감에 사로잡힌다. 그러한 불안 때문에 자신이 아직 성적 매력이 충분하고 정력적임을 스스로 증명하고자 한다. 그러나 이러한 욕구는 비단 남성만의 동기가 아니다. 30대 후반이나 40대 초반의 여성도 자신이 성적으로 매력을 지니고 있음을 증명하고자 한다(415). 그러나 이러한 동기는 배우자와의 관계가 원만하다면 전혀 타당하지 않은 것이다.

정신분석학에서는 중년 남성이 자기 능력을 증명하려는 욕구에서 비롯된 외도를 아동기 반항의 표출로 해석한다. 어려서 권위적이었던 어머니 밑에서 자란 남성이 그녀에게 보복하지 못한 분노를 부인에게 전가하기 때문에 혼외 성교를 추구한다고 해석한다. 곧 잃어버린 청춘을 되찾을 목적으로 저지르는 중년 남성의 외도는 어머니에 대한 갈등을 어린이처럼 해결하려는 방법이다. 그 밖의 동기도 거의 대부분 결혼생활의 맥락과 연결된다. 일반적으로 결혼 관계에서 성생활이 불만족스럽고 흥미가 없어서 혼외 성교를 추구한다는 생각이 외도에 대한 가장 일반화된 믿음이며, 혼외 성교를 통해 성적 만족이나 흥분을 추구하거나 보상받을 것으로 생각한다. 유감스럽게도 일반인이 기혼자의 외도행위를 잘못 이해하고 있는데, 외도에 대한 대표적인 잘못된 믿음은 "외도는 불행하거나 단조로운 결혼생활의 신호다." "결혼생활이 힘들 때에만 외도가 발생한다." "배우자가 아닌 자와의 성행위가 더 환상적이다." "외도를 하면 이혼이 불가피하다." "종교적 신념이 두터운 사람은 그렇지 않은 사람보다 외도 가능성이 더 낮다." 등이다(353, 402).

남성의 외도행위 대부분은 타인과 어울리면서 의도하지 않는 상태에서 우연히 이루어진다. 외도 후 그 행위가 노출될 경우 남성들은 여러 가지 반응을 보인다. 그 행위가 어리석었다고 판단해 부인에게 고백하면서 다시는 그러한 행동을 하지 않을 것을 약속하고 방지책을 마련하는 남성, 배우자가 심하게 비난하지 않는 한 스스로 중단할 것을 다짐하는 남성, 심한 파장이 일지 않는 한 괜찮다고 생각하는 남성, 또는 좋은 사람과 결혼했더라면 그런 일이 없었을 것이라고 후회하면서 아예 다른 사람과 사랑에 빠지겠다고 선언하는 남성 등이다.

외도 중에서도 아예 외도 대상자와 서로 사랑에 빠져 들어가는 경우가 가장 파괴적이다. 이러한 외도는 이상적인 상대보다도 자신이 어떤 위기 상황을 경험하면서 우연한 상대와 이루어진다. 예를 들면, 부모가 죽거나, 자녀가 성장해서 품속을 떠나거나, 건강상 위기를 맞거나, 약물 등 중독생활을 벗어나라는 압력을 받거나, 기대하지 않았던 성공이나 실패를 맞보거나, 첫 아이를 낳거나 등 인생사의 위기에 해당된다. 자신에게 부적절한 상대를 만나 사랑에 빠지는 경우는 약물처럼 인간을 흥분시키기 때문에 사랑에 빠진 여성은 자신이 무엇을 하고 있는지, 어떤 위험이 도사리고 있는지를 알아차리지 못하고, 사랑에 빠진 남성은 이혼이나 재혼, 살인, 자살 등을 시도할 정도로 극단적으로 무모하다(402).

사람은 누구나 배우자 이외의 다른 이성에게서도 매력을 느낀다. 이는 매우 자연스러운 현상이지만, 그렇다고 그러한 감정이 쉽사리 외도로 발전하지는 않는다. 그러나 부부가 잘 맞지 않는다면, 그러한 감정이 부정으로 발달할 가능성이 높아진다. 그러한 부정의 경우 사랑의 감정이 수반되지 않을 때가 많다. 단지 새로운 성 파트너와 사회적 금기를 깨는 행위

Box 20-4   **우리나라의 간통죄 존폐 시비**

우리나라는 결혼 관계에서 부부의 정조 의무를 법으로 규제하고 있었는데, 이를 간통죄라고 부른다. 우리나라에 근대법이 도입된 일제강점기의 「형법」에 명시되어 있는 간통죄는 아내가 간통을 행할 경우에만 남편의 고소로 아내와 그 상대 남성이 처벌될 수 있었다. 그러다가 1953년 9월 18일에 제정된 「형법」 241조의 간통죄는 배우자가 있는 자가 간통한 때에는 2년 이하의 징역에 처하며 그와 상간(相姦)한 자도 같은 처벌을 받지만, 배우자의 고소가 있을 때 그 죄를 논할 수 있다고 규정하여 쌍방을 처벌할 수 있었다. 그러나 배우자의 고소는 이혼을 전제로만 가능한 것이었으며, 고소를 제기한 후 이혼 소송을 취하하면 고소가 취소된 것으로 간주하였다.

헌법재판소에서의 간통죄 위헌 여부는 모두 네 차례의 시비를 거쳐서 일단락되었다. 「헌법」 제17조 '사생활의 비밀과 자유' 조항을 들어 간통죄의 위헌을 제기한 제소 사건에 대해 1990년 9월 "간통죄의 규정은 헌법 규정에 의하여 국가에서 부과된 개인의 존엄과 양성의 평등을 기초한 혼인과 가정생활의 유지·보장 의무 이행에 부합하는 법률이다."라는 결정을 내린 것이 첫 번째였다. 두 번째는 2001년 10월 25일 "개인의 성적 자기결정권보다 가정을 보호하는 법적 장치가 필요하다."는 합헌 결정을 내렸다. 세 번째는 2008년 10월 30일 "간통죄는 과잉 금지 원칙에 위배하여 성적 자기결정권, 사생활의 비밀과 자유를 침해하지 아니하고, 또한 그 법정형이 책임과 형벌 간 비례 원칙 등에 위배하여 과중한 것으로 볼 수 없다."며 합헌 결정을 내렸다. 그러다가 2015년 2월 26일 "간통죄는 국민의 성적 자기결정권과 사생활의 비밀 자유를 침해하는 것으로 헌법에 위반된다."고 판시하며 위헌 결정을 내렸다. 이로써 간통죄는 1953년에 제정된 후 62년 만에 폐지되었다. 물론 간통죄 폐지로 간통행위에 관해 형사 처분을 받지 않는다고 해서 그 행위가 정당화되는 것은 아니다. 민사적으로 간통을 저지른 배우자를 상대로 이혼 청구 소송이나 배우자와 상간한 자에 대한 위자료 청구 등이 가능하다.

에서 아슬아슬한 순간을 경험하며, 여기에서 개인이 지니고 있던 욕구 불만이나 성욕이 일시적으로나마 해소된다. 결혼 문제 전문가들은 외도가, 특히 여성의 외도가 대부분 만족스러운 성생활보다도 정서적 애착을 원해서 발생한다고 지적한다. 그렇지만 그러한 외도를 저지르는 행위는 오히려 자신이나 배우자에게 정서적으로 큰 부담이 된다. 아마도 가장 벗어나기 힘든 대가는 죄의식일 것이다. 그렇기 때문에 보통 부정행위란 결혼생활 갈등의 원인이 아니라 증상이라고 보는 게 더 타당하다.

4. 성적 환대의 풍습

구약성서 창세기 19장에는 소돔의 멸망 얘기가 나온다. 타락한 소돔 시민들은 롯의 집에 몰려와 그 집을 방문한 손님(천사)들과 항문성교를 요구했다. 이때 롯은 시민들에게 그 손님들 대신에 두 딸을 내어 주겠다고 제안했는데, 이를 토대로 남성이 다른 남성에게 성적 환대(sex hospitality)의 일종으로 자신의 딸이나 아내를 제공하는 풍습이 존재함을 엿볼 수 있다. 당시 여성은 남성의 소유물이었기에 이처럼 마음대로 했던 것이다. 부인이 낯선 여행객인 남성과 성관계를 가지는 사회적 관습은 남태평양이나 아프리카에서도 나타났다. 고대사회로부터 아프리카의 대부분 지역은 남성 중심의 확대가족을 이루고 있었으며, 이러한 상황에서 여성의 지위는 하인과 유사했다. 남성은 신부 아버지에게 돈이나 음식, 가축 등을 주면서 신부를 사 오기 때문에 여성의 소유주가 되므로 아프리카 서부 해안 지역에서는 손님에게 아내나 딸을 제공하기도 했다. 만약 손님이 그녀를 거절하면 그로부터 모욕을 당한 것으로 해석했다(334).

성적 환대는 시베리아, 알류산 열도, 알래스카 및 캐나다 북부 에스키모 족에게서 가장 관찰하기 쉬운 관습이었다. 전통적인 해석에 따르면, 주인이 남성 여행객을 환영하기 위해 아내나 딸과 하룻밤을 지내도록 허용하는 관습이다. 그러나 근래의 문화인류학적 해석에 따르면, 에스키모 족은 남녀가 평등하며, 누구든 구애나 결혼을 청할 수 있다. 거친 기후와 유목생활에서 그들이 생존하려면 협동과 동족 관계가 필수적이다. 그들에게 낯선 사람은 동족 관계가 형성된 자가 아니므로 위협적인 대상이다. 에스키모 족은 자신의 거주 지역에 들어온 낯선 자를 생존을 위해 죽여야 하지만, 결혼으로 동족 관계가 유지된다면 낯선 자는 살아날 수 있다. 그들에게 결혼은 다른 문화권처럼 의식으로 거행하지 않고 단순히 하룻밤이라도 지내며 성관계를 맺는 것을 의미한다(230).

우리나라에도 이러한 관습의 흔적을 찾아볼 수 있는데, 『한서지리지』에 귀인이 지나가면 반드시 아내와 동침시킨다는 낙랑의 풍습이 적혀 있다(39). 또 『삼국유사』[문호왕(신라 30대왕 문무왕) 법민 편]에 보면, 신라에도 그런 풍습이 있었던 것 같다. 문호왕의 이복동생이던 차득공이 승복 차림으로 민심을 살피러 다니면서 명주, 충주를 거쳐 무진주에 이르렀는데, 무진주의 한 관리 안길(安吉)이 그를 비범한 인물로 알고서 집으로 모셔 극진히 대접한다. 안길은 곧 세 명의 아내를 불러와 손님과 동침하도록 하여 그중 한 부인이 남편의 청을 따른다. 이러한 일화는 성적 환대를 통하여 대가를 기대하는 성매매의 성격을 띠고 있다.

21
성기능장애

1. 성기능장애의 분류 및 요인

제1장의 〈표 1-1〉처럼 DSM에서는 성기능장애(sexual dysfunction: SD)를 성적 욕구나 관심, 흥분, 오르가슴의 문제, 또 통증과 같은 성행위 과정의 문제에 따라서 분류했다. 이러한 분류는 기본적으로 성 반응 주기를 설명했던 마스터스와 존슨이나 캐플란의 모델을 따랐다. 먼저 성욕과 관련된 장애는 성욕이 지속적으로 억압된다는 정의와 함께 DSM-III에 처음 성욕억제장애(inhibited sexual desire disorder)라는 용어로 소개되었으나 그 특성이 매우 주관적이어서 성욕이 매우 낮은 상태와 정상 상태의 구분이 애매했다. 이후 DSM-IV 및 DSM-IV-R에서는 성욕이 지속적으로 매우 낮은 상태, 특히 다른 정신장애에 기인하지 않으면서도 성행위에 대한 관심이나 성적 환상이 결여된 상태라면서 성욕감퇴장애(hypoactive sexual desire disorder: HSDD)라는 명칭으로 소개되었다(94, 126). 그러나 2013년도의 DSM-5에서는 성욕 장애로 인해 성행위가 어려운 자를 남성으로 국한시켜 아예 남성 성욕감퇴장애(male HSDD)라는 명칭을 사용하고 있다.

성기능장애는 장애의 개시 시기에 따라서 생애 최초의 성 경험부터 장애를 보이는 경우

(lifelong SD)와 최초 성 경험 이후 일정한 기간 동안 장애가 없다가 나중에 생기는 경우(acquired SD) 두 가지로 나눌 수 있다. 또 어떤 특정한 상황에서만 성기능 장애를 보이는 경우(situational SD)와 일반적인 상황에서 장애를 보이는 경우(generalized SD)로 이분할 수도 있다. 혹자는 성욕이 강해도 성적 자극에 생리적으로 별다른 반응을 보이지 못한다. 정상적 성기능을 방해하는 요인은 생리적이거나 심리적인 것들인데, 그중 심리적 요인은 크게 다음 네 부류로 나뉜다(74, 275, 429).

첫째, 불안하다. 성행위를 '잘해야 한다는 부담'에 따른 불안(〈Box 21-1〉 참조), 성적으로 흥분하지 않는 것에 대한 불안 등은 성적 반응이나 흥분을 방해하여 성행위를 실패로 이끈다.

둘째, 인지적 방해다. 성적 흥분을 불러일으킬 수 있는 상황에 주의집중을 하지 못하게 되는 것이 성기능장애로 이끈다. 예를 들면, 내가 과연 상대방을 흥분시킬 수 있을 정도로 매력적인지, 상대방을 기쁘게 해 줄 수 있는지, 어떻게 해야 잘하는 것인지 등의 생각이 뇌리에 가득할 때 주의집중을 하지 못해 성기능을 발휘하지 못한다.

셋째, 의사소통의 실패다. 파트너와의 친밀감이나 신뢰감 결여, 의사소통의 어려움, 주도권 다툼에 의한 갈등 등으로 성기능을 발휘하지 못하는데, 이들은 대부분 과거 경험과 관련된다. 과거 경험 중에서도 아동기의 경험은 대부분 가족 관계에 관련된 것인데, 그 경험의 질은 그 가족을 둘러싼 사회문화적 맥락에 달려 있다. 어떤 문화권은 아동이나 청소년의 성을 극히 제한하는가 하면, 어떤 문화권은 비교적 허용하는 편이다. 혼전이나 혼외 성관계 등에 제한을 더 심하게 둔 사회일수록 발기부전을 호소한 사례가 더 많다.

넷째, 효과적인 성적 자극행동 유도의 실패다. 자신의 파트너나 이성의 신체적 특성 등을 잘 몰라서 상대방에게 자극을 제대로 전달하지 못하면 성기능을 발휘하지 못하게 된다.

〈Box 21-1〉에서는 수행불안이 성기능장애의 가장 결정적 요인임을 언급했다. 성교를 원만하게 수행해야 한다는 불안과 자기의 수행 능력을 스스로 평가하는 불안이 실패에 대한 두려움을 수반한다. 성적 흥분은 기본적으로 부교감신경계와 연결되는데, 교감신경계는 부교감신경계를 억제한다. 그래서 불안, 공포, 죄의식, 당황함, 적개심 등과 같은 부정적 정서 반응은 성적 흥분을 억제하거나 감소시킨다. 자기 파트너가 성적 상호작용을 하는 시기 이외에는 자신에게 전혀 애정을 보이지 않는다고 지각하는 여성은 흥분이나 오르가슴을 느끼지 않는 식으로 자신의 분노 감정을 표출해 버린다(74).

Box 21-1 수행불안과 성기능장애

성적 욕구나 흥분의 저해 요인들로 심리학이나 정신분석학에서는 거세불안, 경쟁심, 근친상간의 공포 등 일반적 불안을 거론하는데(80), 개인의 경험에 의한 가장 보편적인 불안은 수행불안(performance anxiety)이다. 이는 상대방을 성적으로 만족시키기가 어렵다고 지각하거나, 자신감 결여로 성적 흥분이나 발기가 되지 않을 것 같다는 등 자신이 적절한 성행위를 수행하지 못할 것이라는 공포를 뜻한다. 이로 인해 성적 상호작용에서 가끔 무반응을 보이며, 피로나 스트레스, 파트너와의 소원한 관계 등에서도 성반응이 원만하지 못하다. 일시적인 무반응에서도 장차 성적으로 반응하지 못하게 될지도 모른다는 우려가 커지면 실제로 문제가 될 수 있다. 실패에 대한 두려움이 성적 수행에 대한 불안을 야기하며, 그 불안이 나중에 무반응으로 연결된다. 예를 들면, 과음 후 성행위에서 발기 실패를 경험했다면, 다음 성행위를 시도할 때 혹시 발기가 되지 않으면 어쩔까 하는 걱정이나 불안이 심해 실제로 발기가 잘 되지 않는다(74, 275). 이러한 불안이나 공포는 남녀 모두에게 나타날 수 있으며, 특히 청소년기나 두 사람이 관계를 형성하는 초기에 나타난다. 청소년 남성은 자신의 성기가 타인의 것보다 더 작다고 느끼는 불안(small penis anxiety)이 성인보다 더 심한 편이다. 포르노 영화나 문학, 민담, 만화 등에서 거대한 성기를 지닌 남성을 주인공으로 부각시키는 현상이 이러한 불안을 초래한다. 위에서 아래로 내려다보는 성기보다도 옆에서 보는 성기가 더 굵고 크게 지각됨을 모르기 때문에 불안이 커진다.

2. 성욕장애

남성의 HSDD는 생물학적, 대인관계, 정신분석 이론 등으로 설명하지만, 학술적 근거가 충분하지는 않다(95). 이를 DSM에서도 다루고 있지만, 평가나 치료에 대한 표준화된 지침이 없어서 임상전문가들도 매우 다루기 힘든 분야로 여긴다. 보통 HSDD 진단은 약물이나 의학적인 이유에 의하지 않고 성교 욕망이나 환상이 지속적으로 매우 낮은 상태를 기준으로 하지만, 이러한 진단 기준은 다소 모호하다. 객관적 빈도에 따른 성욕의 정의는 바람직하지 않은데, 그 이유는 성욕이 느껴지지 않는 상태에서도 성교에 임하는 사람도 있으며, 성교 빈도는 성욕 이외의 다른 요인에 의해 좌우되기 때문이다(94).

지금까지의 HSDD에 대한 설명은 심리적·생물학적 차원의 해석이다. 심리학적 설명은 1970년대 후반 캐플란에 의해 최초로 시도되었는데, 성적 쾌락에 대한 죄의식, 친밀감에 대한 공포, 상처에 대한 무의식적 공포나 불안 등 정서적 상태의 강도 및 정도가 성욕을 억압한다는 설명이다. 곧 캐플란 모델은 성욕이 정서나 동기 등의 요소로 이루어졌다는 설명이다. 실제 HSDD를 호소하는 환자들을 상대로 증명된 것은 아니지만, 일반인을 대상으로 불안이나 분노를 실험적으로 조작할 때 음경의 팽창이나 성욕 저하가 나타난다는 연구도 있다. 남성의 성욕 저하가 수행불안에 의한 것처럼 보이더라도 파트너와의 정서적 의사소통의 불균형 결과로 해석하는 사람도 있다(94).

여러 연구에 의하면, HSDD를 호소한 남녀 모두는 그렇지 않은 자들에 비해 불안, 우울증, 의존성 등이 매우 높고, 성교 빈도가 매우 낮은 편이다. 자위행위의 경우 여성은 비교집단과 차이가 없었으나, 남성은 비교집단보다 자위행위 빈도가 더 높았다(94). 또 성욕장애나 성 혐오장애를 지닌 사람들은 파트너로부터 불안이나 적개심을 경험하기 때문에 가능하면 불안을 피하기 위해 아예 성적 자극을 받지 않으려고 노력한다. 그러나 성적 상호작용을 할 때에는 불안이나 적개심이 상호작용 초기에는 억제되어 있다가 곧바로 나타나 버려서 남성의 경우 발기가 사라져 버린다. 성욕 저하는 종교적 정통성, 우울증, 성적 충동의 통제 실패에 대한 두려움, 임신의 두려움, 약물 부작용, 결혼생활 갈등, 친교의 두려움, 상호 간 매력 부재 등의 요인에 기인한다(331).

HSDD를 설명하는 생물학적 모델에서는 성욕이 시상하부, 뇌하수체, 부신 등에 의해 조절된다고 설명한다. 남성을 대상으로 한 연구에서 안드로겐이 정상적인 성욕을 결정하는 요소라는 점이 증명되었다. 반면 여성의 경우 이러한 관계를 증명하려는 연구 결과들은 모순적이다. HSDD 설명의 다른 모델은 두 가지 차원의 상호작용으로 설명하는 통합이론인데, 생물학적으로 성호르몬, 또 심리학적으로 성욕 표현에 관련된 내적 및 환경의 동기를 중요시한다. 성욕의 표현에서 사회·환경의 영향을 무시할 수 없는데, 일상생활에서 스트레스를 유발하는 요인들이 바로 성기능에 직접적 영향을 준다는 것이다. 수행불안을 감소하기 위해 고안된 치료 방법은 중재기법, 의사소통 훈련, 성교육 등 다양하다(94).

3. 여성의 성기능장애

생물학적 구조상 성관계에서 여성은 남성의 성적 흥분 상태를 쉽게 감지할 수 있는 반면, 남성은 여성의 흥분 상태를 쉽게 알아차리지 못한다. 일반적으로 여성이 성적 자극에 대하여 전혀 반응을 보이지 않을 때 '불감증(frigidity)'이라고 표현하지만, 이는 오르가슴을 경험하지 못하는 여성을 경멸하는 용어다. 크라프트에빙은 라틴어로 'anaethesia sexualis' 또 일본에서는 '저감증(低感症)'으로 표현했다(65). DSM-5에서는 여성의 성기능장애를 흥분, 오르가슴, 성교통중장애의 세 유형으로 구분하는데, 여성의 성기능장애 중에서 가장 보편적인 것은 오르가슴을 제대로 얻지 못하는 장애(female orgasmic disorder)다. 그 빈도는 연구자마다 조금씩 차이는 있지만 여성의 30% 정도가 해당되며, 파트너와 함께 사는 여성보다도 그렇지 않은 여성의 비율이 더 높게 나타난다. 이는 인종, 교육 수준, 종교, 사회경제적 지위 등과 관계없이 흔한 장애다(387, 429).

여성은 남성보다 자신의 성적 무감각에 대해 더 다양하게 반응한다. 남성은 발기 문제를 지닐 때 이를 심각한 상황으로 받아들이지만, 여성은 자신의 성기능장애에 대해서 불안하게 생각하면서도 간혹 이를 수용하기도 한다. 대부분의 문화권에서 남성의 성적 수행을 중요하게 여기기 때문에 여성은 그러한 심리적 부담이 더 적은 편이다. 또 외부 생식기의 해부학적 차이 때문에 남성이 여성보다 더 민감하게 반응하기도 한다. 곧 남성의 발기부전은 눈에 드러나지만, 여성의 문제는 외형상으로 알기 어렵다(74). 성기능장애를 보인 여성은 생식기의 반응 가능성이나 환경 자극에 대한 자율신경계(기본적으로 교감신경계)의 반응성이 모두 낮다. 그러므로 흥분을 유발할 수 있는 물리적 자극에 대한 관심이 크지 않은 편이다. 그렇지만 치료 과정에서 그런 여성에게 자신의 생리적 반응에 대한 정보를 알려 주면 어느 정도 인지 변화를 일으킬 수 있다(387). 남성에게는 매우 드물지만, 여성에게는 성행위에서 심한 통증이 수반되는 장애도 있다(성교 시 통증 수반은 dyspareunia, 질 근육에 경련이 생기면 vaginismus라고 함). 골반 주위의 염증이나 생식기 내의 상처가 있는 경우, 이외에도 성적 학대의 경험이 있었거나 파트너와의 갈등 관계에서 비롯되기도 한다(429).

여성이 후천적으로 흥분이나 오르가슴을 얻지 못하는 경우의 대부분은 파트너와의 관계에서 파생된 갈등에 기인한다(387, 429). 많은 여성은 성적 상호작용에서 남성이 성적 능력이 있어야 한다고 믿으며, 오르가슴에 이를 때까지 남성에게 의존한다. 그러나 남성이 한 여성을 상대로 성적으로 거의 항상 무능했다면, 그는 그녀를 비롯한 여성에 대한 적개심, 불안 등을 느끼게 된다. 반면 그녀는 그의 행동을 이기적으로 여기거나 자신이 성적으로 부적합하다고 자책하기도 한다. 남성이 느끼는 여성에 대한 적개심, 불안은 신체 학대 등으로 교묘하게 전이되어 나타난 반면, 여성은 이에 대해 분노, 슬픔, 공포, 무기력 등으로 반응한다. 이처럼 여성이 성적으로 흥분이나 오르가슴을 느끼지 못하는 것은 흔히 남성과의 상호작용에 의한다. 이를 간접적으로 설명해 주는 한 연구를 보면, 여성의 성욕 문제는 신체적 요인이 아니라 사회문화적 억압의 결과로 볼 수 있다. 즉, 스스로 성욕이 낮다고 보고한 여성과 그렇지 않은 여성에게 색정적 영상을 보여 주고 생식기 흥분과 주관적 흥분을 측정했을 때

두 집단 모두 생식기 흥분이 증가했지만, 성욕이 낮은 여성은 주관적 흥분을 더 낮게 평가했으며, 영상에 대한 거부감도 더 높았다(115).

기혼 여성이 성기능장애를 경험할 경우 일부는 남편의 책임이다. 예를 들면, 신혼 초기를 벗어나면서 여성은 남편에게 매력을 잃지 않기 위해 체중 조절 등 외모에 신경을 쓰더라도 남편의 성향에 따라 그녀의 노력이 물거품이 될 수 있다. 곧 남편이 대중매체에서 강조하는 매력과 부인으로부터 얻는 현실적 자극이 다르다고 느끼는 사람이라면 아내에 대한 관심이 전보다 더 줄어든다. 현실과 이상적 매력의 간극을 힘들게 느끼는 남편은 주말이 되면 혼자 야구장을 찾아가거나 친구들과 어울려 버린다. 집에 있어도 남편은 잠자리에서 부인과 의무적인 성행위 후 곧바로 잠들어 버린다. 부인 입장에서 자기가 남편의 관심 대상이 아니라고 느끼면, 친밀감 결여, 이용만 당하는 쓸모없는 존재, 단순한 성 파트너라는 사실에 불만을 갖게 된다. 결과적으로 부인은 더 이상 성적으로 반응하지 않으며, 분노, 후회, 자존감 저하 등 때문에 신체적으로 움츠러들게 된다. 그러므로 외모를 강조하는 남편의 평가에 동조하고 살아가는 여성 중에서 자신의 신체상을 부정적으로 지각하는 여성은 성적 자극에 대한 흥분을 잘 느끼지 못하는 편이다(448).

정신분석학에서는 어린 시절 부녀 관계로부터의 경험을 중요시한다. 여성이 정상적으로 성숙하는 데에는 아버지의 따뜻한 사랑과 관심이 필수적이다(68). 어린 딸이 자신에게 가장 중요한 대상인 어머니보다도 아버지를 더 좋아하게 될 경우, 아버지의 태도와 행동이 딸에게 결정적 영향을 준다는 설명이다. 딸에게 애정과 관심을 보여 주는 성숙한 부모 역할을 하는 아버지는 딸에게 건강한 여성상을 발달시키지만, 그렇지 못한 아버지는 아내와 관계도 만족스럽지 못하고 딸에게도 무관심하여 장차 딸에게 문제의 씨앗이 된다. 여성은 자기 주변의 남성에게 사랑과 친절을 기대하며 그들로부터 굴욕, 무시, 천대를 바라지 않는다. 부모에게 천대받은 여성은 자라서 사랑과 이해를 보상해 줄 수 있는 남성이나 그녀가 복수할 수 있는 남성을 찾게 된다. 그들과의 성생활에서 무반응은 당연한 귀착이다.

4. 남성의 성적 흥분장애: 발기부전

남성이 성교나 자위행위를 하지 못할 정도로 발기가 되지 않는 경우를 과거에는 발기불능(impotence)으로 표현했으나, DSM에서는 이를 성적 흥분의 억제 현상이라면서 발기부전(erectile dysfunction)으로 명명했다(311). 즉, 성행위가 끝날 때까지 발기가 되지 않거나 발기 후 곧바로 사라진 경우가 허다하여 개인적인 스트레스로 인해 대인관계에 어려움을 겪는 상황을 포괄적으로 칭한다. 발기부전 경험 비율은 조사마다 다르지만, 성인 남성의 4~9%, 또 치료자를 찾는 남성의 36~53%에 해당된다. 어느 연령층에서나 발기부전이 나타나지만 그 비율은 연령 증가와 함께 높아지는데, 고령화 추세에 따라 2025년경에는 세계적으로 발기부전을 경험할 남성이 3억 2천만 명을 넘을 것으로 추산한다(131, 489).

발기는 성기 부위에 혈액 흐름이 충분해야 이루어진다. 발기부전의 원인은 크게 생물학적(기관성, organic)·심리적(심인성, psychogenic)으로 이분된다. 사회문화적 요인을 후자의 심리적 요인에 포함시킬 경우 그러한 이분이 가능하다. 생물학적 수준에서는 혈관 및 신경학적 병리에 의한 발기부전이 일반적이다. 어떤 남성은 순수하게 기관성이나 심인성 요인에 의해서만 발기부전을 보이지만, 상당수가 복합적인 요인으로 발기부전을 보인다(70). 일차적 발기부전은 성행위를 처음 시도할 때부터 기관성 요인 때문에 성교가 불가능한 상태를 이르며, 이차적 발기부전은 과거에는 성행위가 가능했으나 현재 또는 상황에 따라서 불가능한 상태를 이른다. 대부분의 발기부전은 이차적인 이유에 의한 것으로 심리적이고 문화적인 요인에 의해 발달한다(126).

발기부전의 심인성 요인으로는 치유되지 못한 심리적 상처, 우울증, 성적 죄의식, 불안, 스트레스, 실패, 임신이나 질병에 대한 공포 등이 있다. 원인이 심리적이라면 성교행위는 어려워도 자위행위에 의한 발기는 가능하다. 기관성 요인으로는 테스토스테론 수준 저하, 고밀도단백(HDL) 저하, 당뇨, 우울증, 심장질환, 전립선 비대, 다발성 경화증, 척수 부상, 골반 수술, 자율신경계에 영향을 주는 약물, 혈압을 강하시키는 이뇨제 등이 있다. 노화로 성기 부위의 혈액순환이 잘되지 않는 것도 한 요인이다(352, 489). 여러 연구에 의하면, 성기능장애를 보이는 남성 상당수가 성격도 다르다고 한다. 예를 들면, 완벽주의, 결혼 만족 및 남성의 성기능 간의 관계를 살핀 연구 결과에 따르면, 심인성 요인의 정도가 클수록 완벽주의 성향이 높았지만, 기관성 장애의 경우 그러한 관계가 없었다. 또 남성의 발기부전 원인이 기관성일수록 결혼 만족도가 낮은 편이었다. 성기능장애를 지닌 남성 중에서도 완벽주의 성향은 고령자보다도 젊은층에서 더 심했다(160).

심리적으로 스트레스를 받으면 그 효과가 생리적으로도 나타나듯이 심리적·생리적 변화와도 관계가 깊다. 스트레스를 주는 여러 요인이 성기능에 관련되었는데, 그 예로 남성의 실직은 발기부전과 관계가 매우 깊었다. 실직한 남성이 그렇지 않은 남성에 비해 음주 문제나 발기부전 가능성이 더 높았다. 그러나 여성의 실직은 그들이 오르가슴 빈도가 낮아지는 것과 관계가 없다. 직장을 가지는 것 자체가 남성의 전통적 성 역할이기 때문에 실직은 발기부전을 일으키는 스트레스 근원이 된다(349).

발기부전을 보이는 남성은 파트너와의 부조화 때문에 우울증이나 불안, 자존심 저하 등 여러 심리적 문제를 지닌다. 남성의 발기부전 치료에서 그 효과를 평가할 때 여성 파트너의 견해가 매우 중요하지만 여성 파트너에 대한 연구는 매우 드물다. 한 연구는 발기부전 원인에 따라 여성 파트너를 두 집단으로 나누어 비교했다. 즉, 집단 1은 평균 2.9년 동안 심인성 발기부전을 보인 남성의 파트너 34명(평균 44세), 집단 2는 평균 5.1년 동안 기관성 발기부전을 보인 남성의 파트너 71명(평균 47세)이었다. 연구 결과 집단 1이 집단 2보다 남자와 헤어질 생각을 더 많이 하고 있었으며, 다른 남자와의 성교를 더 많이 생각하는 등 결혼생활에서의 문제가 더 심각했다(468).

남성의 발기부전 원인을 정확히 평가하기 위해서는 파트너나 부인과 함께 진단이나 치료를 받는 것이 현명하다. 심인성 원인이라면 개인이나 부부가 함께 치료를 받아야 하고, 기관성 원인이라면 여러 적절한 기법을 적용하게 된다(227). 그렇다면 치료에 앞서 발기부전 원

Box 21-2   **REM 수면과 발기 현상**

남성은 아침에 발기 상태에서 깨어날 때 소변 충동을 느끼고, 또 소변을 마친 후 발기가 사라지므로 새벽의 발기 현상을 방광이 차 있기 때문이라고 잘못 생각했다. 그러나 새벽의 발기는 수면에 의해 건강한 남성 대부분에서 보이는 자연스러운 현상이다(366). 수면 연구에 의하면, 꿈을 가장 많이 꾸는 시기에 안구의 움직임이 활발히 나타난다. 소위 REM(rapid eye movement, 급속안구운동) 수면은 성인의 경우 전체 수면의 약 25%를 차지하며, 이는 1회 수면에서도 주기를 지니고 몇 차례 나타난다. 일반적으로 REM 수면 도중 거의 항상(80~90%) 최소한 부분적으로 발기가 유지되며, 이런 현상은 유년기에 시작되어 25세경 남성은 매일 밤 4회에 걸쳐 60~90분 정도씩 발기 현상이 나타난다. 수면 주기 후반인 새벽잠은 REM 수면이 증가하므로 발기 현상이 보다 오랫동안 그리고 자주 나타나며, 이때 깨어나면 발기 상태를 확인하게 된다. 이러한 현상은 연령의 증가와 함께 감소하는데, 75세경의 남자는 매일 밤 거의 30분씩 발기 상태를 평균 2.6회 경험한다(366). 물론 꿈의 내용에 따라 REM 수면 도중에도 발기 현상이 유지되지 않을 수도 있다. 예를 들면, 불안하게 쫓기는 꿈을 꾸는 경우에는 발기가 사라지는 것이 보통이다. 여성도 REM 수면 시 음경처럼 음핵이 발기되는 것이 관찰된다(235). 평소에는 발기가 되지 않는 사람도 의식이 억압되어 있는 수면 도중에는 발기 현상이 나타난다. 이는 생리적으로 별다른 문제가 없음을 의미한다. 그렇지만 REM 수면 도중에도 발기가 전혀 관찰되지 않는다면 심인성이 아니라 기관성 발기부전으로 해석한다.

인이 심인성, 기관성 혹은 복합적인가를 진단해야 한다. 심인성 여부를 밝히는 가장 기본적인 방법은 수면 도중의 발기 현상 여부의 확인이다. 만약 수면 도중 발기 현상이 전혀 나타나지 않는다면 기관성 장애로 진단하며, 반대로 발기 현상이 만족스럽게 나타나면 발기부전의 원인을 최소한 심인성으로 진단할 수 있다(〈Box 21-2〉 참조).

발기부전과 REM 수면의 관계가 밝혀진 후 발기부전 측정 기법이 등장했다. 지난 1980년대까지 가장 많이 사용된 기법이 수면 도중 성기가 어느 정도 팽창되었는가를 측정하는 NPT(nocturnal penile tumescence) 기법이었다. NPT 평가는 환자가 2~3일 정도 병원에서 잠을 잘 때 뇌파나 심전도, 안구의 전기 반응 등과 함께 측정되므로 매우 비싸다. 또 측정 첫날은 환경에 익숙하지 못해 수면이 비정상적이고 NPT가 제대로 나타나지 않을 가능성도 있다. NPT 현상은 개인차가 심하지는 않지만, 사춘기 이후 연령 증가와 함께 점진적으로 변한다. 즉, 연령 증가로 NPT 기간이나 횟수가 감소할 수도 있다(227).

심인성 발기부전 여부를 확인하기 위한 수단으로 NPT 측정이 자주 이용되고 있지만, 이 방법으로는 발기된 음경이 얼마나 강직한가를 알 수 없다. 왜냐하면 음경이 팽창해도 강직도가 충분하지 않으면 성교가 불가능하기 때문이다. 발기부전을 호소하는 남성은 흔히 강직도가 충분하지 못하다고 불평하는데, 강직도는 성기능에서 결정적인 요소로 여겨진다. 강직도 측정 방법도 여러 가지 있는데, 한 예가 리지스캔(RigiScan) 진단이다. 이는 수면 도중 발기된 남근

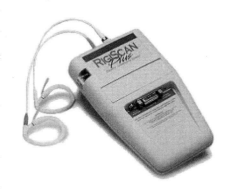

리지스캔

의 강직도, 팽창도, 발기 기간 등을 동시에 측정할 수 있으며, 임상 장면이나 가정에서도 사용할 수 있다. 강직도 지표는 0~100%로 표시한다(70). 또 일부 연구자는 발기부전과 흡연의 관련성을 보고하고 있다. 실제 통계상으로 발기부전 비율은 비흡연자보다 흡연자가 더 높은데, 특히 과다한 흡연은 음경 내부의 혈관까지 영향을 미쳐 음경 팽창을 감소시킨다. 수면 도중 남성의 발기를 연구한 결과에서도 흡연자의 음경이 덜 팽창되고, 강직도가 더 낮으며, 또 발기 후 더 빨리 원 상태로 돌아갔다(70).

Box 21-3 **지속발기장애**

　　발기장애에 속하지만 발기부전과 반대로 성적 사고나 성행위와 상관없이 지속적으로 발기 상태가 유지되어 있는 경우(priapism, 지속발기)가 있다. 그리스신화에 사랑의 신 아프로디테의 아들은 남성의 생식력을 상징하는 프리아포스(Priapus)인데, 지속 발기의 어원은 그 신의 이름에서 유래했다. 발기 후 발기를 감퇴시키는 기제에 장애가 생긴 것으로, 이는 여러 연령층에서 관찰되고 있는데, 자신이 원하지 않는 발기가 몇 시간에서 심지어는 며칠까지 지속될 경우 통증이 유발된다. 지속발기를 유발하는 가장 흔한 조건은 적혈구성 빈혈이나 백혈병이지만, 요도염이나 순환기장애 또는 코카인과 같은 약물남용 때문일 수도 있다(287).

5. 최음제와 약물의 기능

　　고대부터 사람들은 성적 흥분이나 쾌락, 성기능을 증진시켜 주는 식품이나 약초가 있다고 믿었다. 그러한 효과를 지녔다는 최음제(aphrodisiacs, 미약) 명칭은 그리스신화의 아프로디테와 관련되며, 그 반대 효과를 보인다는 약을 성욕억제제(anaphrodisiacs)라고 한다. 인간은 수십 세기를 거쳐 동물의 생식기관이나 이를 닮은 물건을 사랑의 미약으로 믿고 이용했다. 우리나라 사람들은 장어, 개, 뱀 등이 남성의 성기능을 향상시킨다고 믿었고, 서구인도 여러 식품이 성기능이나 성적 흥분을 상승시켜 준다고 믿었다. 유럽에 초콜릿, 토마토, 감자 등이 첫 선을 보였을 때 이것들을 성욕 증진 식품으로 믿었으나 나중에는 단순한 식품으로 평가되었다. 성욕 증진에 대한 믿음은 식품의 모양이나 속성 등을 보고 판단한 것이 대부분이었다. 대황(rhubarb), 문어, 켈프(kelp, 해초 일종)는 육질이 좋아서, 마노(agate)나 하이에나 뼈는 단단해서, 고무는 탄력성 때문에, 마늘이나 고추는 강한 맛과 냄새 때문에, 뱀장어나 무소 뿔은 모양이 음경과 닮아서, 굴이나 섭조개는 미끈거려서, 양조장 누룩, 달걀, 염소 고환 등은 다산과 관계가 높아서 최음제 속성이 있다고 믿었다(34).

　　그러한 물질들이 오랫동안 사용되었음에도 실질적으로 성기능 효과에 대한 과학적 증거는 거의 없다. 이러한 효과를 정확하게 측정하려면 실험 참가자나 연구자 모두 연구 내용을 모르도록 실험 설계(예: double-blind design)를 해야 하며, 그러한 실험 조건에서는 상기 식품의 효과도 다소 나타나지만 위약(placebo) 효과도 매우 높게 나타난다(74, 539). 최근 남성을 대상으로 녹용이 성기능을 증진시키는지를 알아보는 실험에 따르면, 녹용을 복용한 집단이나 위약집단 모두 실험 전과 비교할 때 호르몬 변화가 나타나지 않았을 뿐만 아니라 두 집단의 차이도 없었다(140).

한때 구미 지역에서 칸타리딘(cantharidin)이 젊은 남성에게 최음제처럼 우상화되기도 했다. 이는 스패니시 플라이(Spanish fly)라고도 알려져 있는데, 근래에도 호기심이 많은 사람들을 현혹시키는 상업용 광고에 등장한다. 이는 지중해나 극동 지역에서 살고 있는 투구풍뎅이를 말려서 빻은 가루인데, 이를 소량만 복용해도 요도가 화끈거리며 성기 부위의 혈관을 팽창시켜 준다. 곧 음경이나 음핵이 부풀어 오르기 때문에 성기능을 향상시켜 주는 것으로 착각한다. 그러나 이는 '가학-피학성 변태성욕' 편에서도 언급하겠지만 요도의 염증을 일으키는 위험한 물질이며, 소량만 사용해도 신장 기능이 마비되며, 간혹 사망하기도 한다(226, 539). 요힘빈(yohimbine)도 최음제나 발기부전 치료제로 이용되고 있는데, 효과는 그다지 크지 않다. 이는 아프리카 지역의 요힘브(yohimbe)라는 나무 껍질에서 추출된 알칼리성 물질로 뇌 속의 노어아드레날린성 신경전달물질의 활동을 증진시키는 효과가 있다. 요힘빈을 수컷 쥐에게 주입하면 교미나 사정행위 등이 증가한다. 발기는 기본적으로 부교감신경계의 통제를 받는데, 요힘빈은 부교감신경계 활동을 증진시키고, 교감신경계 활동을 억제시키므로 최음제 효과가 있다고 믿고 상업용 광고에서 이용되고 있다(74, 539).

사람을 대상으로 약물이 성욕에 미치는 효과를 밝히는 실험실 자료는 많지 않다. 그 이유는 약물이 뇌의 특정한 부위에만 효과를 미치도록 하는 방법이 부족하며, 약물의 부작용 때문이다(278). 요힘빈은 성기의 감각을 강화시키며 발기를 지속시키는 효과를 지닌다고 알려졌지만, 한 연구는 실제로 이를 사용한 남성의 20~33% 정도만이 발기가 향상되었다고 보고했다(440). 그렇기 때문에 요힘빈은 최음제가 아니지만, 이를 발기부전 치료에 이용하고 있다. 요힘빈은 성기능이 정상인 남성에게는 성욕의 증가나 발기 능력에 별다른 효과가 없었던 반면, 발기부전을 보인 남성에게는 약간의 효과가 있었다(432). 그 이유는 요힘빈의 발기부전 치료 효과가 장기적으로 나타났지만, 위약 효과도 이에 못지않게 다소 지속적으로 보이기 때문이다. 결국 요힘빈을 이용한 발기부전 치료가 긍정적이라는 연구 결과가 많지만, 쉽게 결론을 내리기는 어렵다(131).

앞서 소개된 식품이나 약물 이외에 성기능에 영향을 미치는 약물도 있다. 예를 들면, 알코올이다. 평소에 성적 쾌락이나 욕망을 억제하는 사람들도 소량의 알코올을 섭취하면 그러한 억제 성향이 감소되므로 쾌락을 더 자연스럽게 추구하게 된다. 반면 다량의 알코올을 섭취하면 성적 반사 등 모든 반사 기능을 방해하므로 성 반응도 감소되며, 장기간에 걸친 알코올 섭취는 남성의 발기부전이나 여성의 질 윤활 작용을 감소시키는 원인이 된다. 간 질환이 있는 남성 알코올중독자도 혈액 속으로 에스트로겐 재흡수가 증가하여 발기 실패는 물론 고환 위축과 가슴 확대 등 여성화 증상을 보인다(450). 곧 알코올은 남녀 모두에게 성 반응을 감소시키는데, 혈중 알코올 농도가 높을수록 오르가슴에 도달하는 시간이 길어지고, 오르가슴 강도, 쾌락, 흥분성을 감소시킨다(347).

바르비투르(barbiturates)나 마리화나 등 안정제는 알코올처럼 억제 성향을 감소시켜 성 반응을 증가시켜 주지만, 다량을 복용하면 성욕이나 성적 수행 능력이 저하된다. 예를 들면, 최음제로 소문난 안정제 메타퀄린(Methaqualine)은 수면을 촉진시키므로 성적 흥분을 직접 유도하지는 않더라도, 불안을 감소시키므로 사회적 억제 요소를 극복시키는 효과가 있다. 이러한 면에서 알코올이나 기타 중추신경 안정제와 매우 유사하다. 그러나 과량 복용하면 발기나 오르가슴 도달에 실패한다. 또 불안을 치료하는 약물들은 알코올처럼 소량을 복용하면 억제 성향을 감소시켜 성적 흥분이나 오르가슴 빈도를 증진시키지만, 근육을 이완시키는 효과 때문에 가끔 성적 흥분이나 오르가슴을 억제시키기도 한다(428).

흥분제는 도파민성 신경전달물질에 영향을 미쳐 피로 회복과 행복감 유발로 최음제 효과를 발휘한다. 그 예로 암페타민은 소량 복용 시 성욕을 증진시키는데, 남성에게는 사정을 지연하는 효과도 있다. 그러나 암페타민의 장기 복용은 중독에 이어서 성기능장애를 일으킨다. 또 코카인은 소량 복용할 경우 성적 동기와 수행을 증가시키지만 알코올처럼 다량을 복용하거나 장기간 지속적으로 복용하면 성적 관심이 저하되고, 성적 수행 능력이 감소하며 질 윤활 작용도 감소하는 결과를 초래한다(450, 539).

일부 고혈압 치료제(예: guanethidine, propanolol)는 발기 능력 저하나 성욕 감소, 사정 능력의 저하 등과 같은 성기능장애와 관계된다. 그러나 성기능장애의 빈도나 범위 등은 약물의 종류, 복용 양, 치료 기간이나 연구 설계 등에 따라 변하므로 약물 자체가 성기능에 장애가 된다고 할 수는 없다. 즉, 일부 고혈압 치료제(예: atenolol, nifedipine)는 성욕, 성교, 발기 등의 빈도에서 위약 효과가 컸으며, 단지 니페디핀을 복용할 경우 자위행위를 할 때 다른 조건에 비해 음경 발기 강도(firmness)가 크게 줄었다(369).

근육강화제인 애너볼릭 스테로이드(anabolic steroid: AS)가 성기능에 미치는 영향을 살펴본 한 연구에서는 남성 보디빌딩 선수 중에서 현재 AS 사용자 15명, 과거에 사용 경험자 15명 그리고 AS를 전혀 사용한 경험이 없는 15명을 상대로 지난 4주일간의 성행동 차이를 비교했다. 성행위에서의 주관적인 만족은 집단 간 차이가 없었으나, 현재 AS 사용자 집단이 다른 두 집단보다 성교 빈도가 높았으며, 성교나 자위행위에서의 오르가슴도 더 자주 경험한 편이었다. 그러나 후자의 두 집단 간 차이는 없었다. 그렇지만 현재 및 과거의 AS 사용자 모두 AS가 성기능을 향상시킨다고 믿고 있었다(371).

　신경계나 혈압에 영향을 주는 모든 약물이 성행동에 영향을 미치나 그 효과는 상이하다. 즉, 일부 항우울제는 세로토닌이나 프로락틴 수준을 높이므로 성기능을 저하시키는 반면, 다른 항우울성 약물(예: bupropion, trazodone, fluoxetine)은 성욕을 증진시키는 효과가 있다. 그러나 이 약물들은 우울증과 이와 관련된 성기능장애가 있는 사람에게 다소 효과가 나타날 뿐 일반인에게는 그 효과를 예측하기 어렵다(428, 539). 역시 성선의 기능에 장애가 있는 사람에게 테스토스테론을 주입할 경우 성욕이 증진되며 REM 수면 도중 발기 현상이 회복되는 효과가 있지만, 그러한 약물이나 호르몬 등이 개인의 기분이나 정서 등까지 변화시키지는 못했다(443).

22
성기능장애의 치료

　성기능장애의 비율은 조사하는 대상에 따라 달라진다. 예를 들면, 고령이거나 치료소를 찾는 사람들을 조사할 경우 실제보다 비율이 더 높다. 연구 방법론을 엄격히 통제한 후 1990년대에 시도된 성기능장애 빈도에 관한 52편의 연구를 면밀히 검토한 결과, 남성의 경우 오르가슴장애 0~3%, 발기부전 0~5%, 성욕감퇴장애 0~3%, 조루 증상 4~5%로 나타났던 반면, 여성의 경우 오르가슴장애가 7~10% 정도였다(460).

1. 정신분석 및 행동치료

　성기능장애 문제는 20세기 초반까지만 해도 거의 인식되거나 논의되지도 않았다. 빅토리아왕조 시대가 끝날 때까지 성을 억압했던 서구 사회는 성 문제를 전면적으로 거론하지 못했으나 20세기 초반 이후 이를 호소하는 사람들이 늘어났다. 당시로부터 1960년대까지 성기능장애 치료법으로 가장 일반화된 기법은 정신분석이었다. 정신분석학자들은 현재의 성 문제가 아동기에 경험했던 정서적 갈등에 기인하는 증상이므로 그 갈등을 해결하지 않으면,

또 그 개인의 성격을 다시 구조화시키지 않으면 성 문제가 지속된다고 주장했다.

그러나 정신분석으로 고객이 자신의 갈등을 제대로 이해한 후에도 성 문제가 지속되는 경우가 허다했고, 또 시간이 너무 오래 걸리는 비싼 치료 방법이라서 20세기 중반 이후 정신분석에 의존하는 사람들이 감소했다. 그 후 1950년대부터는 행동치료 전문가들이 성 문제 치료에 적극적으로 나섰는데, 성기능장애를 학습된 현상으로 보고 재학습으로 해결할 수 있다는 논리가 부각되었다. 적어도 1960~1970년대까지 성욕이나 성기능장애는 거의 항상 불안과 같은 정서적 문제에 기인하므로 쉽게 치료된다고 믿었다(539). 곧 행동치료는 불안을 극복하고 불안 유발 자극에 대한 민감도를 줄이기 위해 조건 형성을 이용하는 문제해결 방법이다. 이러한 행동치료는 마스터스와 존슨에 의해 응용되면서 인기를 얻었는데, 그들이 개발한 치료 프로그램은 2주일 정도 소요된다. 또, 치료 전문가는 남녀 각각 1명씩인데, 그 중 1명은 의사였다. 치료를 원하는 커플은 먼저 의학적 진단검사 후 동성의 치료 전문가와 면담하며, 그다음 이성의 치료 전문가와 면담하며, 마지막으로 네 사람이 모여서 치료 목표를 토의한다. 그들은 치료하려는 문제를 광범위한 심리치료가 아니라 현재 보이는 특정한 문제에만 국한시켰다. 물론 그들의 발표 자료를 믿지 않는 사람도 많지만, 마스터스와 존슨은 2주일 정도의 심도 있는 치료를 통해 고객의 80% 정도가 성 문제를 해결했으며, 5년 후 단 7%만이 치료 전의 성기능장애가 재발했다고 주장했다(352).

마스터스와 존슨의 기법을 비롯하여 대부분의 행동치료 접근 방법에는 세 가지 공통 요소가 포함되어 있다. 첫째, 교육의 요소다. 고객과 파트너는 대화, 성행위 기술, 성기능에 관한 해부 및 생리학적 지식을 얻는다. 특히 발기부전 치료의 경우 인지 및 심리교육의 중재 효과가 매우 중요하다. 만성적 발기부전을 보이는 남성은 대부분 성적 흥분이나 기술, 만족에 관한 파트너의 기대 등에 왜곡된 인지 구조를 지닌다. 인지적, 대인관계의 치료기법의 통합 모델은 인지 재구조화(cognitive restructuring), 수행불안 감소, 성 개념(script) 수정, 파트너와의 의사소통 기법 훈련, 재발방지 계획 등을 포함하고 있다. 여성의 문제 역시 인지적 변화를 요구하는 교육이 필요하다. 예를 들면, 여성의 억압된 오르가슴은 죄의식을 유발하는 사고에 기인하는 경우가 허다하다. 오르가슴 경험에 어려움이 있는 여성은 없는 여성에 비하여 상대적으로 자위행위에 대해서 더 부정적이었고, 성적 죄의식도 더 컸으며, 성에 관한 잘못된 견해를 더 지지했으며, 파트너와 성 관련 얘기를 더 불편하게 여기고 있었다. 곧 교육을 통해 남녀 모두에게 무지나 부적절한 정보에서 비롯된 부정적 태도와 비현실적 기대 등을 수정해 준다(288, 335, 429). 둘째, 성행동의 초점을 자신에서 파트너 쪽으로 옮기는 일이다. 곧 고객의 관심을 자기 위주에서 파트너에게 쾌를 가져다주는 쪽으로 방향을 전환시킨다. 셋째, 문제가 되는 성적 장면에 점진적으로 노출시키는 일이다. 치료 과정에서 불안을 유발하는 상황에 점점 노출시키면서 성적 수행에 대한 불안을 경감시키는데, 이완 운동을 통해서 노출이 이루어질 수도 있고, 파트너와 함께 훈련을 할 수도 있다(129).

캐플란은 대다수 성 문제가 피상적 원인에서 비롯된다면서 정신분석과 행동치료기법을 통합시킨 성 치료법을 고안했다(283). 그 접근 방법은 표면(surface)이라는 행동 수준에서 시작해 점점 필요에 따라 정서적 갈등으로 파고 들어간다. 만일 성기능의 문제가 성 지식의 부족에 기인했다면, 정보를 제공하면서 문제를 치료해 나갈 수 있다. 문제가 최근의 상황에 기인했다면, 성적 반응 형태를 조금씩 변화시킨다. 또 성 문제가 깊은 갈등과 관련되었다면 치료 전문가는 분석적인 기법을 동원해 고객이 알아차리지 못한 성격 문제 등을 찾아낸다. 후자의 방법은 단순한 성 치료가 아니라 심리적 성 치료라고 불렀다. 캐플란은 2명의 치료 전문가를 사용하는 마스터스와 존슨의 기법에 의문을 제기했는데, 치료 효과가 전문가 1인만 있어도 나타난다면서 2명의 치료는 가격을 2배나 올릴 뿐이라고 지적했다(332).

2. 행동치료 사례 및 기대 효과

성 문제 치료에 가장 쉽게 응용되는 기법은 행동주의 심리학자들이 고안한 체계적 둔감화 (systematic desensitization)다. 이는 근육을 이완시키는 일련의 운동 요법이다. 우선 고객과 치료자는 불안 유발 장면을 찾아내어 그 장면마다 불안 강도의 위계를 정한다. 치료 목적은 각 장면이 초래하는 불안 반응을 근육 이완 반응으로 바꿔 주는 것이다. 치료의 첫 단계로 고객에게 불안을 가장 약하게 일으키는 장면을 상상하도록 한다. 만일 고객이 이 상황에서 불안을 심하게 느끼면 치료자는 즉시 상상 중단을 요구하고서 바로 근육 이완을 시행한다. 나중에 다시 이 장면을 상상으로 유도했을 때 불안을 느끼지 않으면 두 번째로 강도가 약한 장면을 상상하도록 한다. 이러한 방식으로 불안 강도가 가장 높은 장면까지 불안을 느끼지 않으면 치료가 끝나는데, 보통 치료 과정은 여러 장면으로 나누어 실시된다(499).

마스터스와 존슨은 체계적 둔감화 기법보다 더 정교한 치료법을 개발하여 좋은 반응을 얻었으며, 1970년 그들의 저서 『성적 부적응(human sexual inadequacy)』이 발표된 후 성기능장애 치료에서 큰 변화가 나타났다. 그들의 성기능장애 치료 모델은 세 가지 전제를 기초로 했다. 첫째, 성 반응에는 네 가지 생리적·주관적 단계가 있다. 둘째, 성기능장애의 유지와 발생은 기본적으로 학습결핍이나 수행불안과 같은 심인성 요인에 의한다. 셋째, 대부분의 성기능장애는 단기간의 문제 중심 접근 방법으로 호전된다는 점이다(429). 그 접근 방법은 성행위보다 감각에 집중하도록 되어 있어서 '감각집중훈련(nondemand pleasuring & sensate focus exercise)'이라고 부른다. 감각에 집중하는 이유는 자신이 얻은 감각을 의사소통을 통해 상대방에게 전하면서 수행불안을 감소시키고 편안함을 유도하기 위함이다. 이 방법에서는 커플이 치료에 함께 참여하는데, 보통 수주일의 치료 기간 동안 치료자의 허락이 있을 때까지 성행위가 금지된다. 치료 초기에는 키스나 포옹, 신체 마사지 정도만 허락받는다. 치료가 진행되는 동안 치료자는 커플들이 사적으로 실시할 수 있는 훈련 단계에 따라 과제를 주는데, 시간이 지나가면서 그들의 숙제, 즉 성행동의 범위가 점점 확대된다.

감각집중훈련 과정에서 애무를 받는 사람은 파트너가 만져 주는 신체 부위에서 유발되는 감각에만 집중한다. 이러한 훈련에서 신체를 애무하는 자의 책임은 상대방에게 성적 자극을 제공하는 것이며, 애무를 받는 자의 역할은 파트너에게 그 자극에 대한 자신의 감정을 전달하면서 불편하게 느껴지는 자극을 제거하는 것이다. 이 과정에서 파트너의 느낌을 말로 하거나 자신의 신체를 만져 주는 파트너 손을 잡으면서 반응하도록 한다. 파트너와 교대로 상대방의 신체를 애무하는 역할과 애무를 받는 역할을 하게 한다. 이 치료법은 특별한 경우를 제외하고 치료자와 함께 있을 필요가 없으며, 훈련의 목표는 남성의 발기나 여성의 성적 흥분이 아니라 커플이 서로 성적 자극에 편해지도록 하는 것이다. 이 훈련은 발기나 성교를 목표로 하지 않기 때문에 수행불안을 제거시켜 성적 혐오나 불안, 발기부전 또는 흥분이나 오르가슴을 얻지 못하는 문제를 극복하게 하므로 발기부전 남성에게 도움이 된다. 다음 단계로는 오르가슴을 지향하는 자극만을 회피한 채 성기 등을 애무한다. 다른 성행동도 하나씩 고객에게 과제로 부여한다(352).

마스터스와 존슨이 이용한 감각집중훈련기법은 여성의 문제에도 곧바로 응용된다. 성적으로 흥분하기 어려운 여성은 이 기법으로 성적 관심을 받으면서 과거에 죄의식을 느꼈던 경험을 조금씩 해소시킬 수 있다. 여기에 추가될 수 있는 과제로는 성기 이외의 신체 마사지, 가슴이나 성기를 만지는 것, 서로 동시에 실시하는 자위행위, 음경을 삽입한 상태로 움직이지 않기, 오르가슴을 위한 상호 성기의 자극 그리고 마지막으로 성교행위다. 흥분이나 오르가슴에 문제가 있는 여성도 이 기법을 통해서 흥분이 어느 정도 수준에 달하면 성교를 시도해도 좋다. 특히 여성이 오르가슴을 전혀 얻지 못한다면 자위행위 훈련을 시켜서 오르가슴에 대한 억압을 해소시킬 수 있다. 자위행위 기법은 오르가슴을 경험할 수 있도록 신체를 이완시키면서 자신의 신체에 대한 감각을 알게 해 준다. 마스터스와 존슨의 감각집중기법을 파트너와 함께 실시하면서 자위행위 기법을 도입하면 더욱 효과적이다(74).

사실상 성 문제가 결혼 갈등이나 개인적 장애에 기인한 것이라면 행동치료기법의 효과를 기대하기 어렵다. 그 이유는 두 파트너 모두의 적극적 협조가 필요하기 때문이다. 결혼 갈등이나 개인적 장애는 결혼 상담이나 개인적 심리치료, 대화기법 훈련 등을 통해서 극복해야 한다. 이외에도 경제적인 부담이 적은 집단치료도 있고, 이완 훈련을 통해 두려움을 해소시키는 최면기법도 있다. 또 마스터스와 존슨도 1960년대까지 사용했던 성 대리자(surrogate) 사용기법은 윤리나 법적인 문제에 연루된다. 기타 방법으로 수술이나 호르몬 투여, 약물 복용 등이 성기능장애의 치료에 이용되고 있다. 마스터스와 존슨은 그들이 개발한 기법의 성공 비율을 높게 발표했지만, 그 비율에 의문을 제기한 사람이 많다. 예를 들면, 한 연구에서는 마스터스와 존슨의 연구 방법론이 매우 애매했고, 성공의 판단기준도 너무 느슨했고, 치료를 받지 않는 비교집단이 없었으며, 또 치료 효과의 지속 비율이 54%에 불과했다고 비판했다(552). 즉, 다른 성 치료 전문가들이 보고하는 비율보다도 마스터스와 존슨이 보고했던 성공률이 너무 높았던 것이다.

다른 행동치료기법으로 플리씻(PLISSIT) 모델이 있다(81). 이는 치료가 P(permission: 허용), LI(limited information: 정보 제한), SS(specific suggestions: 특정한 제안) 및 IT(intensive therapy: 집중치료)의 4단계로 구성되었음을 의미하는데, 개인의 성 문제는 각 단계에서 치료될 수 있다. 어떤 사람의 문제는 1단계에서 치료가 가능하며, 어떤 사람의 문제는 2단계에서, 또 다른 문제는 4단계까지 거쳐야 치료가 된다고 설명된다.

1단계인 허용 단계에서는 문제를 지닌 개인에게 자신의 성 문제를 호소하도록 허용한다. 어떠한 문제를 얘기하더라도 치료자는 놀라거나 비판하지 않는다. 즉, 어떤 얘기라도 허용해 준다. 자신의 문제에 대해서 편하게 얘기하게 되면, 문제를 지닌 사람들의 일부는 자신의 문제가 해소됨을 느끼게 된다. 2단계인 정보 제한 단계에서는 문제가 되는 부분에 대한 충분한 정보를 얻게 한다. 이 단계에서 많은 사람은 자신의 문제가 여러 사람이 가질 수 있는 전형적인 것임을 깨닫고는 더 이상 문제가 아니라고 지각하게 된다. 3단계인 특정한 제안 단계에서는 문제를 해결하기 위해 특정한 행동이나 태도 변화가 필요함을 제안한다. 그리고 4단계인 집중치료 단계에서는 훈련받고 자격을 갖춘 성 치료자와 함께 집중치료를 받게 되는데, 문제를 가진 사람들의 일부만 마지막 단계까지 치료가 필요할 뿐이다. 처음 세 단계는 몇 번의 방문으로 치료가 이루어질 정도로 단순하고 간단하다. 대학에서 성교육 교과과목 이수는 처음 두 단계까지의 치료 과정을 마친 수준이라고 할 수 있다(81).

성기능장애의 원인은 단순하지 않고 대인관계에서 뿌리 깊고 복잡하게 얽힌 갈등에 기인한 경우가 적지 않다. 이 경우 성 문제를 치료하기란 매우 어렵다. 성공률도 낮고, 성공해도 재발률이 높다. 그 이유는 성 문제를 지닌 사람들이 성 이외의 다른 문제를 지니고 있기 때문이다. 예를 들면, 남성 고객의 1/3 및 여성 고객의 절반 정도가 심각한 정신과적 증상을 보여 주었고, 정상집단에 비해 심리적 스트레스도 더 높았고, 성에 관한 지식도 더 부족했고, 더 부정적인 정서 상태에 처해 있었다(74, 156).

3. 물리적 치료

행동치료나 정신분석이 성기능장애 치료에 적절한 기법이지만, 생리학적 원인에 의한 장애를 치료하는 데는 한계가 있다. 성치료 분야에서 오르가슴과 생의학적 요인의 역할에 대한 관심이 증가한 시기는 1980년대 초반이지만, 대부분의 성치료 영역에서 최소한 두 가지 결점을 보이고 있다. 하나는 생의학적 치료기법과 심리기법을 비교한 연구가 부족한 점이고, 다른 하나는 성기능장애와 정서적 및 대인관계 기능 간의 잠정적 관계에 대한 이론적 배경을 무시한다는 점이다(429). 다시 말하면, 생의학적 치료기법을 제아무리 발전시키더라도 심리적 기법이 적용되지 못하면 효과가 낮아질 수 있다는 뜻이다.

남성이 성 클리닉을 찾는 가장 주된 이유는 발기 문제다. 클리닉 방문 빈도는 연령과 관계가 높다. 발기부전의 생의학적 원인이 밝혀지면서 의학적 치료기법도 최근 다양하게 선보이고 있다. 성기 내부에 기구를 삽입하거나 외부에 부착시키는 음경보철기술, 성기 부위에 약물을 투입하거나 약물을 복용하여 발기를 유도하는 방법이다. 그러나 이러한 기법들의 장기적 효과와 안전성에 관한 연구는 미흡한 편이다. 심리적 및 대인관계의 치료에 대한 관심 또한 부족하며, 치료가 배우자와의 관계에 미치는 영향도 제대로 파악되지 못하고 있다. 곧 의학적·심리적 접근 방법의 통합치료에 대한 관심이 부족하다는 것이다(429).

음경보철기술의 이용은 1930년대 갈비뼈 일부를 이식한 경우가 최초의 사례였다. 1980년대 이후 최소한 여섯 종류 이상의 수술기법이 개발되었는데, 그 주된 방법은 실리콘 형태의 물질을 이용하여 발기된 음경과 비슷한 상태까지 단단하게 팽창시킬 수 있는 기술이다. 음경을 팽창시키고 단단하게 유지시킬 수 있는 기법은 그렇지 못한 기법들보다 값이 더 비싸다. 혈관에 약물을 주입해 발기를 유도하는 방법도 있는데, 대표적 약물은 파파베린(papaverine), 펜토라민(phentolamine), 폐녹시벤자민(phenoxybenzamine) 등(예: prostaglandin E1)이다. 그 약물들은 단독으로 또는 다른 약물과 함께 사용되지만, 부작용도 나타난다(429). 약물 주입으로 성기능이 일시적으로 복원되더라도 심리적 만족까지 높여 주는 것은 아니다. 특히 성선에는 아무런 이상이 없으면서 발기부전을 보인 남성에게 테스토스테론을 주입했더니 성교나 사정의 빈도가 증가했으나 그들은 위약 효과를 측정하는 집단과 비교하여 음경의 발기 정도나 성적 만족에는 영향을 미치지 못했다. 또 안드로겐은 그들의 정서적 상태 및 심리적 증상에도 중요한 영향을 미치지 못했다(443).

최근에는 발기부전을 보이는 사람들이 성교 전에 간편하게 복용할 수 있는 다양한 약물(예: viagra)이 개발·보급되고 있다. 그러나 그 약물들이 정작 발기부전을 보이는 남성에게는 효과가 있을지라도 그렇지 않은 사람들이 복용할 경우 오히려 문제가 생길 수 있다. 다

Box 22-1 성기능장애 치료제

남성용 발기부전치료제 비아그라(Viagra)의 주성분인 실데나필(sildenafil)의 한국 내 물질 특허가 2012년 5월 17일 만료됨에 따라 비아그라 성분과 거의 동일한 복제약의 생산 및 판매가 가능해졌다. 만료 시기에 맞추어 국내 제약사 15곳이 28개 비아그라 복제약 제품들에 대한 식품의약안전청의 시판 허가를 받아 출시했는데, 발기부전 치료제 시장은 복제약 전성 시대를 맞이하여 2013년 10월경에는 국내 제약사 38곳이 41개, 2014년 2월경에는 49종이 복제약 시판 허가를 받았다. 여기에다 다른 성분으로 생산된 발기부전 치료제인 시알리스(Cialis)의 주성분 타다라필(tadalafil)의 물질 특허도 2015년 9월 3일 만료되었으며, 이미 만료되기 이전부터 20여 개 제약사에서 개발한 복제약 45개 제품이 시판 허가를 받았다.

발기부전 치료제 시장이 활성화되면서 여러 제약회사가 여성용 성기능장애 치료제 개발에도 심혈을 기울였으나, 여성이 성적 흥분을 일으키는 기제는 남성과 다르다보니 별다른 성과를 얻지 못했다. 그럼에도 미국 FDA가 2015년 8월 18일 여성 전용 성기능 촉진제로 알려진 플리반세린(flibanserin, 상품명 Addyi)에 대한 판매 승인을 결정했다. 남성용 발기부전 치료제는 보통 생식기에 혈액을 공급하는 작용에 의해 효과가 나타나지만, 분홍색 알약 모양이어서 '핑크 비아그라'라는 별칭이 붙은 플리반세린은 뇌를 통해 성욕을 개선시키는 작용을 한다고 알려졌다. 그렇기 때문에 성기능장애를 보이는 모든 여성에게 효과가 있는 것이 아니라 성적 욕구나 관심이 매우 낮거나 성적 흥분을 얻지 못하는 일부 여성에게만 효과가 있다고 알려져 있다.

미국에서는 폐경 전 여성의 약 40%가 성욕 저하를 호소하지만 지금까지 승인된 치료약이 없었다. '핑크 비아그라'는 2010년부터 FDA에 시판을 요청했지만 특별한 효능이 없을 뿐만 아니라 현기증, 졸음, 메스꺼움 등의 부작용 때문에 승인이 거부됐다. 그러나 제약사 측은 1만 명이 넘는 임상실험에서 약효가 입증됐다고 주장했고, 영국과 네덜란드 제약업체들도 비슷한 여성 성기능 촉진제를 개발 중에 있어 치열한 '핑크 비아그라' 판촉전이 예상된다. 그렇지만 여성의 성 반응이 화학적 성분의 작용에 의한 결과인지, 아니면 정서에 의한 심리적 반응의 결과인지를 놓고 학계에서 논란은 계속되고 있다.

시 말하면, 발기부전이 나타나지 않는 사람이 약을 자주 복용하면 심리적으로나 생리적으로 그 약에 대한 의존성이 높아지며, 약 때문에 환자로 전락할 가능성도 낮지 않다.

4. 치료 전문가의 자세

치료 전문가는 성에 관한 면담을 위해 찾아온 고객(내담자)으로부터 과거 성생활의 경험을 알아볼 필요가 있다. 치료에 결정적인 도움이 될 수 있는 경험을 고객에게 알아내기 위해서는 몇 가지 원칙을 준수해야 한다(324). 첫째, 가장 중요한 사항은 면접자가 고객에게 편안한 모습을 보여 주면서 신뢰나 확신성을 갖게 해 주는 일이다. 그렇지 못하면 고객에게 치료에 도움이 되는 정보를 얻어 내기 어렵다. 둘째, 면접 시 면접자가 자기 가치기준을 고객에게 적용시키지 않아야 하는데, 자기 생각과 다르더라도 항상 중립적 태도를 취하면서 고객의 문제를 바라보아야 한다. 셋째, 고객의 문제를 정확하게 파악하는 면접 기술, 즉 성에 관련된 충분한 지식이나 정보를 갖추고 있어야 한다. 넷째, 고객에게 질문을 할 때 가능하면 간결하고 정확해야 하며, 질문 내용도 대답하기 쉬운 것부터 정도에 따라서 체계적으로 차근차근히 해야 한다. 예를 들면, 초경 시기의 질문부터 데이트, 키스, 애무, 성교 등의 순서를 취하는 것이 좋다. 다섯째, 자위행위나 동성애처럼 고객이 논하기 어려워할지도 모르는 특정한 성행동의 내용은 언제, 어떻게 알게 되었는지, 그 행동에 대한 태도는 어떠한지, 그리고 실제로 그 행동을 취하는지 등의 순서로 묻는다. 그러한 정보를 구하고자 할 때에는 고객의 태도나 실제 경험 여부를 묻기 전에, 고객이 당혹감을 경험할 수 있으므로 그 특정한 성행동이 매우 보편적임을 확신시켜 준다(324).

성 관련 면접 시 상기의 원칙을 준수하더라도 고객이나 면접자의 특성에 따라서 면접 상황은 영향을 받는다. 그 요인들로 먼저 고객의 나이를 들 수 있는데, 일반적으로 면접 과정에서 청소년층은 성인보다 치료 전문가에 대한 불신이 더 큰 편이다. 고객과 전문가의 성별에 따라 고객의 반응이 달라지기도 한다. 산부인과를 방문할 때 꼭 여자 의사만을 찾는 여성도 있지만, 남자 의사를 찾는 여성도 있다. 고객의 연령이 인생의 어느 단계에 해당되는가에 따라 의사소통이 더 어려워질 수도 있다. 고객의 결혼 여부에 따라서도 면담의 자세가 달라지며, 특히 노인들은 면담 시 노인에 대한 사회적 편견 때문에 성에 관한 이야기를 솔직하게 표현하지 못한다. 어느 연령층의 고객이든지 위기 가능성은 항상 존재한다. 즉, 연령에 따라 학교 문제, 임신, 직장이나 파트너의 변화, 은퇴, 질병, 가족 사망 등 인생의 전환기를 경험할 수 있으므로 모든 고객에게 편견을 가져서는 안 된다.

물론 현재 직면하는 문제에 따라 면담 내용도 달라진다. 곧 성적인 불만으로 인해 발기부전을 경험하는지, 아니면 문제가 두통이나 요통 등으로 왜곡되어 나타나는지에 따라 면담의 본질이 다르다. 고객의 사회적 신분에 따라서도 면담은 달라지는데, 치료 전문가와 고객의 신분 차이가 클수록 속어나 은어를 이해하는 정도가 달라서 의사소통이 질적으로 충분하게 이루어지지 못할 수 있다. 역시 고객의 기대 수준에 따라 면담 효과도 다른데, 면접 과정에서 고객의 기대가 무엇인지를 분명히 밝히도록 유도하는 것이 치료에 더 효과적이다. 이러한 상황에서는 누가 치료 전문가인가에 따라 고객의 기대가 다를 수 있다. 의사인가 심리학자인가 아니면 다른 전문가인가, 또 의사일 경우 비뇨기과, 산부인과, 정신과 등 전문 영역에 따라서 고객의 기대 내용이나 면담에 임하는 태도가 다르다(324).

치료 전문가가 고객에게 성적 매력을 느끼는 일도 흔하다. 심리학자들을 조사한 바에 의하면, 95% 남성 및 76% 여성 응답자들이 고객에게 성적 매력을 느꼈다고 보고할 정도로 이는 일반적인 현상이다. 그러나 성적 매력을 느꼈다고 답한 심리학자 중 단 9%만이 그러한 상황에 적절하게 대처하는 훈련을 받았다고 답했다. 또 12%의 남성과 3%의 여성이 치료 과정에서 만난 고객과 실제로 성적 접촉을 가졌다고 보고했다.

치료 전문가와 고객 간의 성적 접촉은 다음과 같은 이유로 금지된다(406). 첫째, 치료의 목적은 성기능에 문제가 있는 사람을 돕는 것이다. 고객은 자신이 해결할 수 없다고 판단된 문제 때문에 치료 전문가에게 도움을 받고자 한다. 치료 전문가와 고객은 이러한 입장에서 동등한 관계가 아니다. 치료 전문가는 경험 때문에 고객보다 권위가 더 높고, 고객은 약자의 입장에 있다. 고객과 치료 전문가의 성행위는 결국 고객을 돕는 것이 아니라 고객이 이용당한 셈이다. 서로 동의한 상태에서 발생한 행위이더라도 고객과 전문가라는 사회적 지위가 다른 입장으로 해석된다. 둘째, 고객이 치료 전문가를 찾는 이유는 자신의 갈등 해결에 도움을 받기 위함이다. 만약 고객의 문제가 성적 상호작용을 위한 적절한 파트너를 찾지 못했다고 판단된 경우에도 치료 전문가 자신이 그 파트너 역할을 한다면 나중에 치료 전문가와 고객 간의 갈등이 생기게 된다. 셋째, 성적으로 어려움을 느끼는 것들은 보통 단순한 기교의 문제가 아니라 성에 관한 불안이나 파트너와의 관계에서 파생된 갈등이 대부분이다. 그러므로 치료를 받고자 하는 사람들이 지닌 전형적인 성 문제는 치료 전문가와 성교를 통해서 해결되는 게 아니라 오히려 악화될 수 있다(406).

23
노화와 성기능

1. 폐 경

여성의 성호르몬 분비량은 20대에 정점에 달하며, 그 이후 40대 이전까지는 거의 변하지 않는다. 그렇지만 40대에 들어서면 10대 후반과 비슷한 수준의 분비량을 유지하다가 40대 후반에서 50대 중반 사이에 성호르몬이 거의 분비되지 않는다. 성호르몬 생성이 양적으로 갑자기 줄어들어 월경이 더 이상 나타나지 않는 현상을 1875년 문헌에 처음으로 '폐경(閉經, menopause)'이라는 용어로 표현했는데(122), 근래 일부 학자는 월경이 완성되었다는, 또 더 성숙한 여성으로서의 삶이 시작되었다는 의미로 '완경(完經)'이라고 표현하기도 한다. 월경과 배란 현상이 항상 동시에 중단되는 게 아니므로 월경이 나타나지 않는 순간부터 1~2년이 지날 때까지는 폐경이라고 부르지 않기도 한다. 중년 여성은 보통 4~8년 정도 불규칙한 생리주기를 경험한 후 월경이 중단되는데, 평균수명 연장으로 현대여성은 거의 생의 1/3 이상을 폐경 상태로 살아간다.

폐경에 접어든 여성은 신체 및 심리적으로 다양한 변화를 경험한다. 에스트로겐 생성 감소로 인한 변화는 생식기에서부터 나타난다. 즉, 질 벽이 얇아지고, 질이 위축되며, 질 부위는 윤활 작용 감소로 건조해진다(352). 야간의 발한이나 주야간의 홍조를 비롯하여 초조, 피로, 불면증, 결단력 저하, 기억이나 주의집중 능력이 감소한다(517). 특히 심리적 변화는 자녀 양육에 심혈을 기울였던 여성이 그렇지 않았던 여성보다 더 심하다. 노화의 두려움, 자식을 낳을 수 있는 능력 상실, 신체 변화 등은 그들의 사회적이고 성적인 존재 의미에 상당한 영향을 준다.

폐경을 경험한 여성은 호르몬 수준 변화로 성생활을 제대로 할 수 없다는 두려움 등 정서 불안도 경험한다. 물론 생식기의 생리적 변화로 성기능이 제대로 발휘되지 못하지만 폐경 이후에도 성생활을 규칙적으로 할 경우 생리적 변화가 더 느리게 나타나거나 성적 쾌감을 얻는 능력도 유지된다. 한동안 여성의 그러한 불안을 치료하기 위해 호르몬을 투입하는 방법이 유행했다. 예를 들면, 폐경 이후 여성에게 소량의 에스트로겐을 투입하여 폐경기 증상을 다소 줄일 수 있었다. 이러한 에스트로겐과 같은 호르몬대체요법(hormone replacement therapy: HRT)은 홍조나 야간의 발한 등을 감소시키고, 질의 두께, 탄력성, 윤활 작용을 증가시키며, 심장질환이나 골다공증 위험을 감소시켜 준다. 그러므로 성생활을 중요시하는 여성은 호르몬 치료를 통해 성적 안녕을 다소 되찾을 수 있다. 그러나 HRT에 장기적으로 의존할 때 그 부작용으로 자궁 내막에서 암 위험이 높아지며, 유방암 환자에게는 권하지 않는다 (309, 377).

여성이 폐경 전후로 성욕 저하를 경험한다는 연구가 있었지만, 이는 순전히 심리적 문제일 가능성이 크다. 여성의 에스트로겐은 난소, 테스토스테론은 부신에서 생성되는데, 성욕은 주로 테스토스테론의 영향을 받는다. 폐경 후 난소는 에스트로겐 생성을 중단하지만, 대다수 여성은 성적 관심을 유지할 만큼의 테스토스테론을 생성하고 있다. 폐경 이후 여성에게 테스토스테론을 주입하면, 목소리가 쉬거나 안면에 털이 증가하는 부작용이 있지만, 성욕이 다소 증가했다(148). 성욕 감소는 테스토스테론 수준이 아니라 여성의 체형에 의해 결정된다는 연구도 있는데, 지방질이 많고 체중이 많이 나가는 여성일수록 폐경 이후 성욕 저하 정도가 컸다(300). 폐경 이후 성적 관심에 영향을 미치는 요인은 질 부위 건조보다 개인의 성격이라는 지적도 있다. 즉, 30대 후반의 영국 여성을 대상으로 한 연구에서 연령 증가로 인한 성교 및 오르가슴 빈도가 뚜렷이 감소했지만, 그 빈도는 파트너의 나이가 젊을수록, 신경증 증상이 심할수록, 결혼 적응도가 낮을수록 더 낮았다(259).

폐경은 노화 과정의 일부로 나타나지만, 자궁절제술의 결과로도 나타난다. 한 연구에서 아직 폐경을 경험하지 않은 집단, 자궁절제술을 받은 집단 그리고 폐경을 경험한 집단을 상대로 질의 윤활 작용, 성욕 및 성적 만족의 정도를 비교했다. 연구 대상자들의 나이를 통제하지 않았을 경우 질의 윤활 작용 및 성욕에서 세 집단은 차이를 보였으나, 나이를 통제하였을 경우 차이가 없어졌다. 세 집단 모두 연령의 증가와 함께 성욕이나 성적 만족, 질의 윤활 작용 등이 감소했다. 질의 윤활 작용과 성욕의 정도는 폐경이나 자궁절제술의 경험에 따라 감소했지만, 성욕과 성적 만족은 특히 연령에 따라 민감한 차이를 보였다(410). 그렇다면 자궁절제술 이후의 성욕 저하 경험은 생리적 변화보다 심리적 변화에 더 크게 좌우된다고 할 수 있다. 또 수술 후의 성행동은 수술 전의 성행동 정도에 의해 좌우된다. 혹자는 월경 현상이 여성의 생식기관에 감염되는 병원체에 저항하는 기능을 지니므로 월경이 더 이상 나타나지 않는 폐경 이후에는 그러한 적응 능력이 부족하다고 주장한다. 대부분의 병원체는 정자 세포의 몸에 붙어 자궁까지 전달될 가능성이 높기 때문이다. 그러므로 월경이 중단된 시기에도 콘돔 사용으로 질병 감염 등을 예방할 필요가 있다(408).

일부 학자는 거의 모든 종 중 사람에서만 나타나는 폐경 현상의 이유를 진화론적으로 설명한다. 여성은 임신할 때 생물학적인 위험에 직면한다. 남성도 음식을 구하고 가족의 안전을 보전해야 하는 위험에 직면하지만 여성이 출산 시 직면하는 위험과는 비교가 되지 않는다. 그 위험은 연령 증가로 더 높아진다. 폐경은 연로한 여성에게 출산에 따른 생물학적 위험을 면제하는 대가로 인간 공동체에 다른 역할을 부여한다. 원시사회에서는 평균수명이 짧아 폐경을 맞이하기 전 거의 모든 여성이 죽었다. 그러나 한 여성이 폐경을 경험할 때까지 생존한다면 그녀의 인생관은 달라질 것이다. 즉, 진화론적 관점에서 폐경의 이유는 공동체의 지도자나 교육자로 공헌하는 것과 관계가 깊다. 후세에게 전해 준 기술이나 교육과 같은 지적 정보의 전수는 폐경기까지 생존한 여성의 몫이었을 것이다(196).

과거에는 폐경 여성을 여성으로서의 가치가 없다고 생각하는 사람이 많았다. 진화론적으로 폐경이 중요한 의미를 지니고 있었듯이, 현대 여성에게도 폐경은 역시 중요한 의미를 지닌다. 생물학적으로 폐경 이전의 여성은 성욕이 있을 때마다 임신 가능성을 고려해야 하는 부담이 있다. 그러나 폐경 이후의 여성은 성욕이 있어도 임신을 걱정할 필요가 없다. 이런 의미에서 폐경은 여성에게 짐을 덜어 주고 속박 없는 성욕을 표현하게 해 준다. 장년기 및 노년기 초기의 커플을 대상으로 한 연구에 의하면, 남성은 결혼 기간에 관계없이 성적 만족에 큰 변화가 없었으나, 여성은 결혼 기간이 길어지면 길어질수록 성적 만족이 더 높아졌다. 이는 양육이라는 책임과 원하지 않는 임신에 대한 두려움에서 벗어나 더 자연스럽게 성욕을 표현한 결과로 해석된다(261). 그렇다면 폐경은 인생의 종말이 아니라 고통 없는 여성다움의 시작이라고 할 수 있다. 역시 의술의 발달로 폐경 이후의 여성도 임신과 출산이 가능한 시대가 되었다.

1970년대 후반 세계 최초의 시험관아이가 탄생했다. 그 후 기증받은 난자로 폐경 이후의 여성도 건강이 허락하는 한 임신이 가능해졌다. 1997년 초 63세의 영국 여성(Rossanna Corte)이 임신 3개월째라는 기사가 『타임(Time)』에 소개되었다.

그녀는 1990년 초 외아들이 사망한 후 로마에서 한 불임시술 전문의사(Severino Antinori)를 찾았다. 그 의사는 그 전에도 유사 시술로 59세 여성이 제왕절개수술로 쌍생아를 분만하게 했는데, 그녀는 쌍생아를 낳은

2008년 70세에 최고령 어머니가 된 인도의 Rojo Devi Lohan이 5세가 된 아들 Naveen과 함께 찍은 사진

최고령자로 기록되었다. 여러 의사는 나이 때문에 그녀와 아이의 건강이 모두 위험하다는 이유에서 63세 여성의 임신을 달갑게 여기지 않았다. 과학적 위력을 이용해 폐경 이후 여성에게 그런 짓을 한다며 의사를 비난하는 사람들도 있었다(497). 몇 개월 후 최고령 산모의 기록이 바뀌었다. 미국 캘리포니아 남부에 거주하는 필리핀계 여성(Arceli Keh)이 1997년 5월 아이를 출산했는데, 그녀의 실제 나이가 알려지면서 화제가 되었다. 그녀가 63세였던 로산나보다 몇 개월 더 고령이었기 때문이다(376). 그러한 기록이 계속 갱신되어 2003년까지는 인도 여성이 65세에 아이를 출산했고, 2005년 1월 루마니아 여성(Adriana Iliescu)이 67세, 그리고 2008년 인도 여성(Rojo Devi Lohan)이 70세의 나이에 출산했다.

2. 노년기의 독신 생활

고대 그리스 시대의 평균수명은 30세에 불과했으며, 동시대 한국인의 평균수명도 이와 비슷했다고 추측된다. 문명의 혜택으로 20세기 중반 이후 평균수명은 획기적으로 연장되었는데, 그 예로 한국인의 평균수명은 1960년대에 들어 겨우 50세 정도였으나 2010년대 초반에는 80세를 넘었다. 수명 연장을 계기로 노인 인구 비율도 증가하고 있으며, 사람들은 생의 후반기 삶의 질에도 관심이 높아졌다. 그중 하나가 바로 성욕에 대한 관심이다. 만약 청·장년기에 성적 활동이 자신의 삶의 질에 큰 의미를 부여했다면, 노년기에도 성에 대한 관심이

나 활동은 삶의 질에 큰 영향을 미친다. 다행스럽게도 노년기의 성을 과거보다 더 중요하게 여기고 있지만, 생의 주기에서 몇 가지 이유로 여성은 남성보다 성을 표현하기가 더 어렵다. 우선 노년기에는 여성이 남성보다 홀로 될 확률이 더 높은데, 그 이유는 여성의 평균수명이 남성보다 약간 더 높고, 여성이 남성보다 연령이 더 낮은 상태에서 결혼하기 때문이다. 또 이혼을 해도 독신으로 살아가는 남성보다 여성이 더 많다. 독신 생활을 하는 노인은 젊은이만큼 이성 교제가 현실적으로 쉽지 않기 때문에 성적 만족감을 제대로 얻지 못한다. 특히 사회의 관습이나 제도 등이 남성보다 여성의 성행동을 제한해 왔기 때문에 성적 파트너가 없는 여성일수록 생의 중반기 이후 성적 상호작용을 유지하기가 어렵다(74, 148).

산업사회에서 60대 고령자의 남녀 비율은 거의 3 : 2이며, 70~80대의 비율은 2 : 1 수준이다. 일반적으로 65세 이상 고령자 중 배우자가 없는 남성은 25%이지만, 여성은 72%이다. 곧 홀로 된 여성 고령자는 홀로 된 또래 남성을 만나기가 쉽지 않다. 그들은 레즈비언 관계나 기혼 남성 또는 젊은 남성을 상대하여 성욕을 표출할 수 있지만, 그러한 방식으로 성욕을 표출하는 비율은 높지 않았다. 독일에서 50~91세의 여성 노인 91명을 면접한 결과, 레즈비언 관계를 유지하는 여성은 3명에 불과했다. 또 홀로 살면서 기혼 남성과 관계를 가진 여성 노인의 비율은 21%였으며, 젊은 남성과 관계를 경험한 여성은 17%였다. 이러한 반응도 주로 이혼이나 별거로 인해 홀로 된 여성에게서 나타났을 뿐 사별하여 홀로 된 여성은 성욕을 거의 표출하지 못하고 있었다(490).

사람들이 다양한 방법으로 자신의 성욕을 해소하지만, 가장 직접적인 방법은 성교다. 그렇지 못할 경우 성적 긴장이나 욕구 또는 욕구 불만을 혼자서 자위행위로 해소하거나, 이를 사회활동의 참여나 취미생활, TV 프로그램 시청, 여행 등으로 해소·발산시킬 수 있다. 자녀들과 동거하는 경우 가사를 돕거나 손자녀를 돌보면서 성욕을 해소하는 것도 가능하다. 그러나 파트너가 없는 노인들이 친밀한 이성 교제를 더 원하거나 성욕을 직접적으로 표출시키고 싶다면 노혼을 추진할 수도 있다(65).

그렇지만 노혼은 여러 이유로 어렵다. 우리나라는 서구에 비하여 노혼이 더 드문 편인데, 남성 중심 문화 탓으로 특히 여성은 홀로 되더라도 혼자 살아가야 미덕으로 여겨져 재혼이 어려웠다. 노혼이 어려운 또 다른 이유는 노인이 재혼하거나 다른 사람과 가깝게 지내는 것에 대한 자손들의 실망 때문이다(375). 일단 노혼이 이루어져도 성적으로 개인이 적응하기는 쉽지 않다. 특히 배우자와 사별한 후 새로운 파트너와 성관계를 가진다는 것은 고인이 된 배우자에게 죄의식을 불러일으키는 등 심리적으로 적응하기 어렵다.

생리적 적응 시간도 오래 걸린다. 예를 들면, 부인이 투병생활 끝에 죽고 나서 노혼을 한

1980년대 후반 생물학 전공 학부생이 고령자와의 면담 과제물을 제출했다. 그 학생은 3년 전 아내와 사별한 75세 남성을 공원에서 만났는데, 그분이 사별 후 성욕을 달래기 위해 성매매 여성을 상대했다는 내용이었다. 면담 시 할아버지는 그 공원에서 만나는 여인들과 밀애를 즐기고 있었는데, 매달 서너 차례 정도 여관을 방문하다 보니 자식들에게 받은 용돈이 금방 바닥이 난다고 불평했다. 그래서 할머니가 돌아가실 때 세 아들에게 재산을 나누어 준 것을 후회하고 계셨다. 학생은 고령에도 그 정도 성욕이 존재한다는 사실에 놀랐다고 말했다. 나이가 들어 성욕을 감출 수는 있지만 성욕이 사라지는 건 아니다.

남성은 죄의식 이외에도 장기간 부인과 성관계를 가질 수 없었기 때문에 새로운 부인을 맞이해도 발기부전을 경험할 가능성이 높다. 남성은 보통 이혼이나 사별 후 일 년이 지나지 않아서 재혼해도 발기가 되지 않을 수 있다. 노인이 규칙적으로 성생활을 했다면 불응기가 그렇게 길지 않지만, 특히 음경은 사용하지 않으면 그 기능이 쉽게 상실된다(이를 disuse atrophy라고 부름). 남성이 장기간 금욕할 때 발기부전을 경험할 수 있듯이 여성도 폐경 이후에도 성생활을 지속해야 질의 탄력성이나 윤활 작용이 유지된다(148). 또 배우자가 있는 여성도 나이가 들면서 성적 능력이 줄어드는 남편의 영향을 많이 받는다. 즉, 남편이 생존해 있어도 질병 등으로 성적 능력이나 관심이 결여되었거나 남성이 건강하더라도 성욕을 별로 느끼지 못하면 여성은 자신의 성적 관심이나 욕구에 상관없이 성적 표현이 어려워진다(74).

3. 노년기 남성의 성기능

남성의 생리적 성기능이 절정에 이르는 나이를 살펴보면, 정자세포의 생산량이나 발기 능력, 최대 발기 상태에 이르는 시기는 20세 전후로 가장 왕성하며 성호르몬 분비량은 30세 전후로 극치에 달한다. 즉, 남성은 30대에 접어들면 성호르몬 생산량이 조금씩 줄기 시작해 발기에 필요한 시간이 더 길어지며, 사정의 양도 감소하며, 급속안구운동(REM) 수면에 의한 새벽의 발기 현상도 약해진다. 그래서 나이가 들수록 음경은 자극을 받더라도 곧바로 발기되지 않으며, 완전히 발기하더라도 그 강직성이나 팽창 정도가 전보다 더 약하다. 개인차가 있지만 그러한 변화 때문에 음경의 자극이 충분해야 성교도 가능해진다(70). 남성의 성기능 중 음경 삽입에서 사정까지의 시간은 연령 증가와 함께 길어지며 50대에 이르러 정점에 이른다. 이처럼 지속 기간이 점점 길어지는 원인으로는 성행위나 성적 자극에 익숙해지면서 수반되는 심리적 여유, 음경의 감수성 둔화, 성욕 저하 등을 꼽을 수 있다. 이러한 지속 시간 증가는 남성의 생리적 만족감과 관련되지는 않지만, 심리적 만족감은 커진다(65).

생의 후반기에서 성기능 상실에 대한 두려움은 여성보다 남성이 더 심하다. 대다수 남성은 30대부터 성기능의 약화를 걱정하기 시작하며, 그 걱정은 40~50대에서 가속화되어 60대에는 정점에 달한다. 많은 남성이 젊어서부터 성교를 곧바로 할 수 있도록 발기가 쉽게 이루어지는 것을 남성다움(virility)의 상징으로 이해한다. 그들은 나이가 들면서 예전보다 발기가 제대로 되지 않으면 남성다움이 상실되었다고 해석하지만, 사실상 고령자의 발기부전은 대부분 동맥경화에 기인한다. 이러한 상태에서는 심장질환, 고혈압, 뇌졸중을 일으킬 때와 마찬가지로 음경에 공급되는 혈액이 충분하지 못하다. 테스토스테론 결핍으로 발기부전을 보이는 남성은 3%에 불과하다(311).

남성이 50대가 되면 혈청 테스토스테론 수준이 보통 이하로 낮아져 발기가 어려워지는데, 일부 남성은 이 시기에 여성의 폐경처럼 홍조, 발한, 피로, 우유부단, 우울증 등도 나타나서 남성 폐경(male menopause)이라고 부른다. 이 시기 남성의 심리적 변화가 폐경 여성의 경험과 유사하여 남성 폐경을 의학적으로 남성 갱년기(male climacteric)라고도 한다. 남성 갱년기 증상은 폐경을 맞은 아내의 감정, 성격, 기분 변화에 큰 영향을 받는데, 아내의 성적 관심이 크게 줄지 않았다고 지각할 경우 더 심하게 위축된다. 과거에는 여성이 폐경을 경험할 무렵을 남녀 모두 성생활 종말의 신호로 받아들였지만, 생리학 및 성에 관한 지식의 증가 등으로 태도가 바뀌었다. 일반적인 고정관념과 달리 노인이 되어도 성욕 표현의 욕구는 줄어들지 않는다(467).

노년기에는 일단 사정을 하면 곧 발기가 사라지며, 그다음 발기까지의 불응기가 길어진다(351). 불응기가 길어지는 정확한 이유는 알 수 없으며, 남성 호르몬을 보충해도 비슷한 양상이어서 이를 자연적 현상이라고만 이해한다(229). 또 성관계에서도 쾌감에 얻기 전에 발기가 사라지거나 사정을 해도 쾌감이 전보다 더 약하게 느껴진다. 그래서 남성은 성행위에서 생리적 만족보다 심리적 만족을 찾는 쪽으로 태도가 변한다. 예를 들면, 나이가 들면 '성교 시 사정을 하지 않아도 괜찮다.' 는 태도가 형성되기 시작한다. 그러나 성생활을 전혀 하지 않으면 나중에 성적 반응을 젊었을 때보다 더 쉽게 상실하는데, 일단 발기부전 상태에 도달하면 성기능을 회복하는 것은 더 어려워진다.

남성의 발기부전은 대부분 그 원인이 유사하며, 연령이 증가할수록 빈도가 높아진다. 그러나 연령이 증가한다고 누구에게나 나타나는 것이 아니다. 고혈압이나 당뇨병, 비만증, 알코올중독, 우울증, 약물의 오용, 전립선 비대 등이 발기부전의 주원인이다. 킨제이 등은 발기부전 비율이 30대 남성에서는 단 4% 정도에 불과하지만, 80대 남성에게는 거의 80%라고 밝혔다(298). 성기능장애는 부분적으로 잘못된 정보나 믿음, 태도, 지식의 부족 등과 같은 인지적 요인에 의해서 발생하기도 한다. 곧 그들에게 정확하고 충분한 지식을 전달해 주면서 성기능장애를 극복하도록 할 수 있다는 것이다(72).

마스터스와 존슨은 남성 노인들의 임상 관찰을 토대로 성기능 약화 요인을 여섯 가지로 요약했다. 첫째, 파트너와 반복된 성관계로 단조로움을 경험하는 것이다. 배우자에게 지나치게 익숙해졌거나 배우자가 성적 관심이나 매력을 잃었을 경우 등이 여기에 해당되는데, 킨제이 등은 이를 심리적 피로(psychologic fatigue)라고 했다. 둘째, 직무나 경제활동에 대한 집착이다. 이로 인해 남성이 과음·과식을 하면서 성기능이 쇠퇴하는데, 40대 후반 이후 남성의 이차적인 발기부전은 흔히 과음에 기인한다. 셋째, 심리적인 허약성이다. 만약 성적 수행에서 실패하면 걱정이 되고, 또 의사를 찾아가 이야기하면서 걱정이 몇 배로 커지며, 이로 인해 다시 도전할 의사를 잃는다. 넷째, 과음이나 과식, 다섯째, 배우자의 신체나 정신적 허약성, 여섯째, 앞의 문제들과 복합적으로 나타난 수행공포다(352).

4. 노년기 성욕의 이해 방향

과거에는 노인을 성적 존재가 아니라고(asexual being) 규정했으며, 아직도 그와 같은 고정관념이 남아 있다. 예를 들면, 젊은 세대는 자기 부모가 더 이상 성생활을 하지 않을 것이라고 기대하거나 대부분의 노인은 성행위 능력을 상실했다고 생각한다. 또한 노인의 성행위는 건강을 해치는 행위라는 편견도 있으며, 늙어서 성에 대한 관심을 가지면 젊어서 틀림없이 호색가였다고 단정하는 경우도 있다(229, 467). 이러한 편견이나 잘못된 생각은 단순히 성교 빈도가 성적인 활동의 측정 기준이라고 보기 때문에 생겨났다(139). 그러한 편견이 노인에게 성욕 표현을 억누르게 하는 주요인이다.

왜 이러한 잘못된 생각이나 노인의 성생활에 대한 차별이 존재하는가? 그 기본적인 이유는 종족 보존이라는 성행동의 전통적인 목적에 집착하는 것과 관계가 있다. 종족 보존의 관점에서 이미 그들의 역할이 끝났다고 생각하기 때문에 노인의 성 표현이 무시되었다는 뜻이다(65). 근래 젊음을 지향하는 문화를 강조하는 예들은 성형수술, 화장품 산업, 의류 산업, 광고 등에서 나타난다. 특히 의류나 화장품 광고에서는 소비자에게 성적 매력을 노골적으로 표현하여 젊음과 성적 매력을 동등한 것으로 과장한다. 이처럼 '젊음은 아름답고 늙음은 단지 존경의 대상'이라는 단순한 사고방식이 우리 모두에게 노화와 함께 성적 능력도 사라질 것이라는 두려움을 느끼게 만드는 하나의 이유가 된다.

성욕은 노년기에도 사라지지 않는다. 다만, 생리적 기능의 저하로 인하여 젊은 시절과는 다르게 노년기 특유의 성생활이 이루어진다. 개인차가 있지만, 성행위에 대한 관심이 조금씩 줄어드는 경향도 보일 수 있다. 즉, 성적 활동을 70~80대 이상까지 지속하는 사람이 있는가 하면, 40~50대까지도 유지하지 못하는 사람도 있다. 예를 들면, 1960년대 마스터스와 존슨의 연구에 참여한 사람 중 60세 이상의 경우 생리적 반응에서 여성은 나이가 들어도 큰 변화가 없었던 반면, 남성은 쇠퇴가 심했다. 또 그 연구에 참여한 80세 이상의 노인 202명 중 여성 40%와 남성 72%가 자위행위를 경험하고 있다고 반응했다. 성생활을 통해서 여성도 80대에서 성적 쾌감을 보고하기도 한다(351).

성적인 수행 능력은 생리적 노화 이외에 과거의 성행동 빈도와도 관련된다. 중년기까지 성생활을 지속한 노인은 그렇지 않은 노인에 비해 생의 후반기에도 성생활이 더 왕성한 편이다. 부부 관계가 좋은 커플일수록 노년기에도 성관계 빈도 및 성적 만족도가 더 높은 편이었다(147). 많은 사람이 퇴직을 자신의 정체성에 대한 위협으로 지각한다. 만일 그들의 성을 그 정체성의 연장으로 본다면, 퇴직이 바로 성적 능력이나 권리의 상실로 받아들여질 것이다. 그러나 퇴직 이후를 자유롭게 생활할 수 있는 시기로 지각한다면, 성적 상호작용의 자발성이 더 커진다(74). 개인의 일생에 걸친 성 경험은 생리적 요인 이외에 심리사회적 요인에 크게 좌우되는데, 이들은 남성보다 여성의 성에 더 결정적인 영향을 미친다(491).

사회적·심리적 요인들은 노화에 긍정적이거나 부정적으로 영향을 미친다. 물론 생리적 노화로 인해 성적 흥분이나 반응성이 줄어드는 경향을 보이지만, 장기 종단적 연구 결과를 보면 중년기 이후의 성생활은 더 안정된 편이다. 우리 문화권에서는 전통적으로 중년 이후 성생활은 그다지 활발하지 않다는 고정관념이 존재하는데, 이 때문에 나이가 들수록 성욕을 표현하면서 죄의식이나 걱정이 생기게 된다. 노인들의 성적 표현에 대한 혐오 반응은 부분적으로 자신의 부모를 늙었다고 보는 상황에서 비롯된다. 대다수 청소년은 자신의 부모가 행복한 결혼생활을 하며 아직도 사랑하는 사이라고 답하지만, 행복한 결혼생활 중 성생활이 차지하는 비중은 별로 크지 않다고 믿는다. 그러나 부모와 성에 관한 대화를 많이 했던 학생들은 부모의 성교 빈도를 더 높게 평가했다(74).

남녀노소 모두 건강이나 기능 상태에 상관없이 성적 환상을 즐긴다. 어떤 노인은 성적 환상을 부인하고 있지만, 태어나서 사망의 순간에 이르기까지 성적 환상, 사고, 꿈, 욕망 등은 사라지지 않는다. 그러나 사회적 억압이나 무지 때문에 자연스러운 성욕이나 성적 환상이 생기면 수치심, 죄의식 등 불편함을 느낀다. 사회화 및 양육 과정을 통하여 자신의 성 감정을 의도적으로 통제하도록 학습되었기 때문이다. 상당수 노인의 성 문제는 남녀 모두 우울증, 스트레스, 정서적 불안에 기인한다. 어느 나이에서든지 사랑과 성행위는 완전한 조합이 이루어져야 한다. 나이가 들수록 성행위 자체에 대한 중요성보다도 신체의 접촉, 느낌의 공유, 대화 등 성행위를 둘러싼 다른 요소들이 중요하다(311).

인간의 신체 기능이 생리적으로 노화되는 것은 사실이지만, 그 자체가 성욕이나 성기능의 상실을 뜻하는 것은 아니다. 오히려 노인의 성욕을 부당하게 억압하면 여러 증상이나 문제가 나타난다. 예를 들면, 가정에서나 그 밖의 장소에서 대인관계가 원만하지 못하거나, 불면증 · 초조감 · 두통 등의 불편을 느낄 수 있으며, 다른 신체적이거나 정신적인 증상이 나타나는 경우가 있으므로 노년기의 성욕은 적절한 방법으로 해소해야 한다(65). 나이에 상관없이 성생활에 의한 기쁨을 얻으려면 건강을 유지해야 한다. 건강이 좋지 않다고 성생활을 전혀 할 수 없지는 않지만 건강하지 못하면 성생활에 많은 제약이 생긴다(375). 실제로 의사들은 노인 환자에게도 성생활을 어느 정도 유지하라고 권하고 있다. 이는 성행위 시도 자체도 하나의 근육 운동이며 신체기관의 정상적인 활동을 위해 도움이 되기 때문이다. 예를 들면, 관절염을 앓고 있는 사람이 성행위를 하게 되면 부신피질에서 코르티손(cortisone)을 혈관 속으로 방출시켜 일시적으로 고통을 잊게 해 준다(229). 그렇지만 무엇보다도 나이와 상관없이 삶의 질을 유지시키려면 성생활을 규칙적으로 영위해 나가면서 정신 및 신체적 건강을 유지하는 것이 가장 바람직하다. 즉, 개인이 독신이 아니라 배우자와 함께 산다면 평생에 걸친 규칙적인 성생활은 개인의 정신건강에 도움이 된다.

24
동성애

1. 동성애의 문화적 비교

성적 정체성을 구분할 때 성적 관심이나 대상이 이성이면 이성애(heterosexuality), 동성이면 동성애(homosexuality), 남녀 모두이면 양성애(bisexuality), 또 아무런 대상이 없으면 무성애(asexuality)라고 한다. 어떤 사회에서 이성애만을 정상으로 여긴다면 나머지는 모두 일탈(편차)로 간주된다. 그러므로 개인의 성적 정체성 구분은 한 사회의 규범을 나타내는 도덕적이고 정치적인 것이다(364).

동성끼리의 성적 접촉은 동서고금을 막론하고 존재했지만, 동성애의 억압이나 허용은 시대나 지역에 따라 차이가 컸다. 이를 시대적으로 개괄하면, 우선 고대 유대 문화권에서는 인구를 늘려야 할 필요성에서 동성애를 전적으로 반대했다. 즉, 자녀 생산 의무를 무시한 남성의 동성애 행위는 처벌의 대상이었다. 그러나 여성끼리의 성행위나 정서적 관계는 관심의 대상이 아니었다(119, 229).

유대 문화권과는 대조적으로 고대 그리스에서는 적어도 BC 650년부터 거의 5세기 동안 남성끼리의 사랑을 최고의 사랑으로 여겼다. 당시 남성들은 여성을 종족 보존에 필요하지만 남성보다 열등한 동반자 정도로 인식했다. 그래서 사회경제적 지위가 높은 남성은 종족 보존에 필요한 부인 이외에 가난한 집 출신의 미소년을 연인으로 두고서 지적·정서적·성적 관계를 통해 스승(mentor)의 역할도 했다. 상당수의 남성은 짧은 기간이지만 어린 시절 동성애 관계에서 수동적 역할을 하는데, 성년이 되면 수동적 역할을 버리고 미소년을 성적으로 상대하고 자녀 생산을 위해 결혼도 하였다. 결혼하여 자녀 생산 의무를 이행하는 한 남성의 동성애는 용납되었지만, 남성이 동성애 생활만 하는 것을 가족제도의 위협으로 여기기도 했다(119, 335).

로마제국주의 시대 초기에는 남성 동성애가 유행했지만, 그리스인들처럼 이를 고상하게 여기지는 않았다. 그리스에서는 남성 동성애가 찬미와 이상향의 모델이었지만, 로마에서는 원하지 않는 남성도 대인관계에서 이를 어쩔 수 없이 택해야 하는 불가피한 상황으로 받아들였다. 그러한 이유로 황제를 비롯한 유명인들은 동성애자나 양성애자처럼 행세해야 했고, 이러한 상황을 집단적으로 대처하기 위해 동성애 행위가 난교로 표현되기도 했다. 로마 시대 후기에는 기독교 전래로 동성애를 인정하지 않고 처벌하는 상황으로 변했다. 성인이 아동과의 동성애를 통해 교육자 역할을 한 그리스인과는 달리 로마인은 아동교육에 대한 책임을 어머니가 맡았다. 전문교사가 관여했을 때에는 그 교사 역할은 아동의 연인이 아니라 아버지 같은 것이었다(119).

동로마제국 유스티니아누스(Justinian, 483~565) 황제는 533년 동성애를 말살시키려고 했지만, 동성애 행위가 사라지지 않았다. 그 시기부터 13세기 후반 성 아퀴나스가 그들에 대한 불리한 처우를 할 때까지 동성애자들은 기독교에서 도덕적 이단자로 여겨지지 않았다. 아퀴나스는 남성끼리의 성행위를 식인행위처럼 혹평했는데, 그의 권위와 강경한 자세로 서구 문화권에서의 동성애자들은 더 이상 순탄한 생활을 하지 못했다. 예를 들면, 영국의 헨리 8세(Henry VIII, 재위 1509~1547)는 1533년 교회법을 민법으로 흡수할 때 남성의 항문성교 행위를 사형에 처할 수 있는 중죄로 규정했다. 스페인에서도 남성의 동성애를 사형에 처했는데, 그러한 법률은 중남미 식민지 문화에까지 파급되어 페루의 잉카 및 멕시코의 아즈텍 문화권에서는 남성 동성애자를 불에 태워 죽였다.

기독교 문화권에서는 동성애를 배척해 왔지만, 기독교 영향 밖의 일부 문화권에서는 제도적으로 동성애 생활을 오히려 발달시켰다. 그 예로 멜라네시아 지역의 한 종족은 남아가 사춘기에 들어서면 일시적으로 여성과 분리되어 남성끼리만 살아가면서 동년배나 연장자와 동성애 관계를 가진다. 또 호주 남부티(Nambutji) 족도 모든 청소년이 할례 시술을 해 준 연장자 남성과의 동성애 관계에서 부인 역할을 하다가 성인이 되면 그 연장자의 딸과 결혼했다(200). 또 북아프리카 시와(Siwa) 계곡 종족 남성은 결혼 후에도 다른 남성과의 항문성교를 당연하게 생각하는데, 그렇지 않는 사람을 오히려 별난 사람으로 여겼다(375).

뉴기니아 동부 고원 지방의 삼비아(Sambia) 족 남성도 제도적으로 동성애 생활을 한다. 그들은 남아가 9세가 되면 가족과 헤어져 마을 중앙에 남자들만 사는 큰집에서 살아야 한다. 구체적으로 남아는 어머니와 누이의 그늘에서 벗어나 남성성의 상징인 일등 사냥꾼이 되기 위해 비밀 사회에 들어간다. 그곳에서 남아는 이미 성숙한 미혼 남성의 정액을 먹어야 하는데, 젊은 남성의 의무는 남아의 성숙을 위해 정액을 먹이는 일이다. 그러나 이미 성숙하여 정액을 배출할 수 있는 남자에게 정액을 먹이는 것은 금지되어 있다. 그들은 그곳에서 동성애 생활을 하다가 19세가 되면 가족들의 주선으로 여자와 결혼한다. 그 후 그의 인생은 이성애 생활로 바뀌는데, 그들은 일등 사냥꾼과 같은 완전한 남성의 판단기준을 동성애 경험을 어느 정도 쌓았는가에 따라 평가했다(364).

여성끼리의 성행위는 옛 타일랜드(Siam)에서는 강하게 처벌하기도 했지만, 일반적으로 남성 동성애와는 달리 규제나 비난이 심하지 않았다. 그래서 여성 동성애는 고대 그리스, 로마, 이집트 등에서 유행했을 것으로 짐작되며, 특히 아랍인에게는 근래에도 유행했다. 또한 음핵이 잘 발달한 발리 족 여성에게도 유행했다. 우리 문화권에서의 동성애 기록은 매우 드물지만 『삼국사기』나 『삼국유사』를 통해 동성애의 존재를 유추할 수 있으며, 『고려사』나 『조선왕조실록』에도 동성애 관계를 언급한 내용이 여러 곳 있다. 물론 그러한 기록은 대부분 왕실이나 상류층의 이야기이지만, 서민층의 동성애도 존재했다고 추측된다(32). 예를 들면, 평안도나 함경도 지방에서는 성년식 '바구리'가 거행되었는데, 이는 남아들이 선임자들로부터 동성애 행위를 당하는 풍습이었다(39).

2. 근대 문화권의 관점

앞서 말했듯이 19세기 후반까지 동성애는 사회적으로 심한 탄압을 받아 온 범죄행위였다. 예를 들면, 영국에서는 1861년에야 남성끼리의 성행위가 사형에서 종신형으로 감형되었고, 독일에서도 형법(제175조)에 남성 동성애를 금지하고 있었다. 유대교와 기독교의 영향으로 여성 동성애에 대한 규제는 별로 없었다. 이러한 분위기에서도 독일의 허슈펠트(Hirschfeld)는 동성애자가 법적으로 보호받아야 한다고 주장했지만, 많은 사람이 그의 생각에 반대했다. 독일의 울릭스(Karl Ulrichs, 1825~1895)도 자신이 동성애자임을 밝히면서 기독교 입장에

도전했다. 그는 자신의 본명과 익명을 사용하면서 1864~1870년 사이에 여러 소책자를 통해 동성애를 옹호하는 글을 게재했다. 그는 몸이 남자여도 정신이 여자여서 여성으로부터 배척당하고 오히려 남성에게 성적 매력이 있는 남자라는 뜻의 용어 우라니즘(uranism)을 고안해 그 입장을 전개했다(122, 200). 그러나 '호모섹슈얼리티(homosexuality)'라는 용어는 남성이 다른 남성에게서 매력을 느껴, 특히 항문성교를 수용함을 기술하면서 1869년 커르트비니(Kertbeny)가 익명(Karl Maria Benkert)으로 처음 사용했다. 그는 호모섹슈얼리티 개념을 남녀 동성애 모두에 적용했지만, 이를 정의할 때 발기 실패를 기준으로 했다(335, 364).

19세기 말까지는 성 파트너를 선택할 때 이성이 아니면 동성일 것으로 믿었다. 또 프로이트는 인간이 태어날 때 이성이나 동성 누구든 상대할 수 있는 능력을 지닌 상태라고 주장했다. 그러나 킨제이는 1940~1950년대에 걸친 연구를 토대로 이것 또는 저것이라는 개념을 깨뜨렸다. 킨제이 보고서 발표 이전에는 동성애 빈도가 거의 알려지지 않았다. 그런데 그가 수집한 자료는 미국인을 매우 놀라게 했는데, 남성 37%와 여성 13%가 사춘기 이래로 가끔 동성애 행위로 오르가슴을 경험했다고 답했기 때문이다. 킨제이는 사람들의 성적 정체성을 동성애나 이성애로 구분해 부르기 어려우며, 이는 오히려 2개의 선호도를 연결하는 한 연속선상의 어느 부분에 해당된다고 결론지었다. 즉, 〈표 24-1〉과 같이 척도의 한 끝은 동성의 구성원, 또 다른 끝은 이성의 구성원과의 성적 활동을 어느 정도 선호하는가를 나타낸다(229).

〈표 24-1〉에서 0은 전적으로 이성과의 성행위만을 선호하는 완전한 이성애인 반면, 6은 전적으로 동성과의 성행위만을 선호하는 완전한 동성애를 나타낸다. 킨제이 보고서에 따르

표 24-1 **킨제이의 동성애-이성애의 척도**

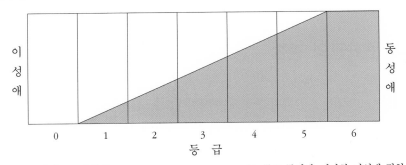

이성애   동성애

등 급 0 1 2 3 4 5 6

0 : 전적으로 이성애
1 : 주로 이성애, 약간의 동성애 경험
2 : 주로 이성애, 상당한 동성애 경험
3 : 동성애 · 이성애의 경험이나 경향이 거의 동일

4 : 주로 동성애, 상당한 이성애 경험
5 : 주로 동성애, 약간의 이성애 경험
6 : 전적으로 동성애

출처: Kinsey 등 (1948).

Box 24-1   킨제이

1948년 및 1953년도에 발간된 남성 및 여성 성행동 보고서는 당시 핵폭탄에 가까운 폭로였다. 이를 토대로 미국인들의 성 의식이 빠르게 달라졌기 때문에 킨제이는 개혁자로 평가되었다. 그러나 그 성과를 불만족스럽게 여기는 반대파들은 그를 비하한다. 예를 들면, 1997년 미국 휴스턴 대학교 사학과 존스(J. Jones) 교수는 킨제이의 업적과 사생활에 관한 서적을 출간하면서 그를 비난했다. 우선 킨제이 보고서에서 가장 문제시되었던 분야는 자위행위와 동성애였다. 존스는 킨제이 자신이 동성애와 자위행위에 대한 깊은 죄의식에 사로잡혀 있어서 이들을 연구 주제로 다루었다고 분석했다. 즉, 그는 킨제이가 자신을 포함한 일반인이 더 이상 빅토리아왕조 시대의 엄격한 성 윤리에 사로잡혀 고통을 당하지 않고자 성해방을 주장했다고 해석했다. 물론 킨제이가 성 연구를 위해 개인의 사생활을 침해하는 질문을 해야 했고, 또 그가 양성애자라는 사실이 존스에게는 매우 만족스럽지 않았을 것이다. 그렇지만 킨제이의 연구는 인간 성행동이 과학적으로 연구되어야 하고, 또 연구될 수 있는 분야임을 보여 주었다는 점에서 오늘날의 과학자들도 동감을 표시하고 있다(55).

면, 사춘기 이래 동성애 생활을 지속한, 즉 6에 해당된 사람들은 남성의 4%와 여성의 2%, 그리고 사춘기 이래 적어도 3년 이상 동성애 생활을 했던 사람들은 남성의 10%와 여성의 3%였다. 그 척도에서 1~5는 이성애나 동성애에 가까운 양성애 정도를 나타내고 있다. 만약 한 개인이 아무에게도 성적으로 반응하지 않으면 X(무성애)라고 표시하는데, 이는 단순히 성행위에 대한 관심이 없거나 혐오감이 매우 심한 경우를 말한다. 그러나 킨제이는 1~5의 반응을 고려하여 동성애자를 동성과의 성행위를 여섯 차례 이상 가진 사람이라고 정의했다. 동성애 비율은 조사마다 차이가 있지만, 미국인 상대 조사에서의 비율은 〈표 24-2〉과 같다.

미국정신의학회(American Psychiatric Association: APA)에서는 DSM-I을 출간하면서 동성애를 '사회병질적(sociopathic) 성격장애' 범주에서 성적 일탈의 일부로 분류했다. 그러나 서구 사회가 성행동의 정상 여부를 논할 때 기독교 성경을 참고하지 않았다면, 당시까지 동성애 행위가 잘못이라고 말할 수 있는 근거가 전혀 없었을 것이다(32). 이러한 시기에 영국 국회는 1954년 울펀든(J. Wolfenden)을 위원장으로 하는 동성애 및 성매매 조사 소위원회를 구성했으며, 1957년 위원회 보고서에는 성인 남성이 서로 동의한 상태에서 사적으로 행해지는 성행위나 공공연하게 해가 되지 않은 상태의 성매매는 범죄가 아니라고 지적했다. 신의 명령에 거역하는 범죄행위라는 입장에 도전하는 내용이었다.

표 24-2 미국인을 상대로 한 조사에서의 동성애 비율(%)

	남성			여성		
	이성애	동성애	양성애	이성애	동성애	양성애
Kinsey 등(1948)	50.0	4.0	46.0	-	-	-
Kinsey 등(1953)	-	-	-	72.0	2.0	26.0
Hite(1976)	79.0	8.0	13.0	-	-	-
Hite(1981)	-	-	-	85.0	11.0	4.0
Janus & Janus(1993)	91.0	4.0	5.0	95.0	2.0	3.0
Laumann 등(1994)	93.8	2.4	3.9	95.6	0.3	4.1

　　DSM-II(1965)에서는 DSM-I보다 훨씬 더 분명하게 동성애를 성적 일탈의 하나로 보고 성격장애에 포함시켰다. 즉, DSM-II에서는 동성애를 아홉 가지 성격장애 범주 중 하나에 포함시켰다. DSM-II에서는 성교가 발생하지 않은 상황에서 성적 쾌감을 얻거나 이성이 아닌 다른 객체에 성적 관심을 가진 경우를 모두 비정상이라고 명시했다. 이처럼 APA에서 동성애를 비정상으로 규정했기에 일반인은 동성애를 배척했으며, 동성애자들은 일반인의 눈초리를 두려워했다. 이러한 사회 분위기에서 동성애자들은 혹시라도 자신의 정체성이 밝혀지면 어떤 불이익이 생길 것 같은 두려움에서 벗어나지 못했다. 술이라도 한 잔 마시려고 해도 아무 곳이나 가지 못하고 그들만 모이는 게이바를 찾을 수밖에 없었다. 미국 경찰들은 게이바를 일상적으로 단속하여 인상이 좋지 않거나 마음에 들지 않는 손님들의 몸 수색을 하는 등 동성애자들이 모여 있는 장소들을 급습하여 불안감을 조성했다. 경찰의 급습에 항상 당하고만 있던 동성애자들이 불만을 터뜨린 사건이 1969년 6월 27일 발생했다. 뉴욕 경찰들이 스톤월 인(Stonewall Inn)이라는 모텔의 게이바를 찾아가 단속하던 중 손님과 몸싸움이 난 것이다. 이는 나중에 남성 동성애자뿐만 아니라 소수집단(남성 성매매 종사자, 이성 복장 착용자, 드래그 퀸 등)이 합세하여 3일간의 시위로 변한 스톤월 항쟁(rebellion)으로 이어졌다.

스톤월 인의 게이바

　　그동안 핍박과 설움 속에 살아온 동성애자들은 그 항쟁 이후 억눌린 불만을 터뜨리고 싶어서 차별의 부당성을 부르짖으면서 본격적으로 권리 운동을 전개하기로 결심하게 되었다. 1950~1960년대 수면 위로 부각된 동성애자 단체나 게이바는 극히 일부였지만, 그 항쟁 이후 지하 조직의 단체들이 거의 대부분 수면 위로 나타나 자신의 권리를 찾기 위해 누구와 어떻게 싸울 것인가를 토의했고, 그 결과 동성애를 DSM에 수록한 APA와 먼저 맞서기로 했다(23, 335). 그들은 1970~1973년까지 계속된 대결에서 드디어 APA 대표자들과 전국의 동성애자들 및 동성애 찬성자들의 대표들 사이에 동성애 진단에 관한 논의가 이루어졌다. 즉, 1973년 2월 8일 APA 전문용어위원회 앞에서 공청회가 열렸는데, 동성애 대표들은 정신과의사들을 설득하고자 열변을 토하였다. 그 논쟁에서 APA 이사회는 동성애가 비정상으로 진단될 수 있는지를 회원들의 투표로 결정하겠다고 약속했다. 그렇지만 다수의 APA 회원들은 그 약속에 대하여 불만을 표시했다. 이는 임상 조건에 관한 사항을 회원 투표에 붙여 결정하는 최초 사례가 되었다.

투표에 앞서 APA 회원 및 전국 동성애 단체들은 매우 적극적인 운동을 전개했다. 동성애 지지자들의 선거운동 덕에 투표에 참가했던 APA 회원들의 58%가 동성애를 비정상으로 보지 않겠다는 입장을 지지하게 되었다. 일부 회원들은 신중하게 검토하지도 않고 정치적 논쟁에 말려들어갔다면서 APA의 투표 결정에 불만을 제기했지만, 약속대로 이사회는 1973년 12월 DSM-II에 명기된 동성애의 분류를 수정했다. APA 이사회에서는 동성애의 일반분류를 없애는 대신 '성적 지향(sexual orientation) 장애'로 바꾸기로 가결했다. 이는 동성애 자체가 개인에게 주관적으로 방해가 되는 경우, 즉 자신의 성적 지향 때문에 장애를 보이면서 동성애에서 탈피하기를 원하는 경우에만 한정해서 정신질환으로 간주한다는 말이다.

APA에서는 1974년 공식적으로 DSM-II의 수정 사항을 발표했다. 당시 발표된 주요 내용은 수많은 동성애자가 자신의 성적 지향에 잘 적응하고 있으며, 그들에게서 정신 병리학적 흔적을 찾을 수 없다는 입장이었다. 그러므로 공적이든 사적이든 동성애에 대한 차별이 모두 사라져야 한다고 촉구했다. 예를 들면, 성인들의 동의로 이루어진 동성애 행위를 처벌하는 법도 폐지되어야 한다고 촉구했다. 물론 APA의 입장에 불만을 지닌 사람도 상당수였지만, 이러한 추세에 따라 미국심리학회도 1976년 9월 성적 정체성이나 지향을 근거로 한 차별 금지를 결정했다.

1980년 DSM-III 출간 시에도 역시 동성애 조항 분류에 대한 논의가 계속되었다. 그러나 1973년의 결정과는 달리 1976~1978년 사이의 논의는 거의 APA 내부, 즉 새로운 편람을 개정하는 위원회나 분과위원회에서만 이루어졌다. 어떤 위원은 이러한 논의를 회원들이나 동성애 대표들까지 확대시키자는 의견을 개진했으나, 1973년의 분위기가 고조될 수 있어 대다

남성 동성애자
출처: Time(1993. 6. 7.)

수가 그 의견에 동의하지 않았다. 그래서 DSM-III에 '자아 이긴장성(ego-dystonic) 동성애'라는 새로운 조항만 수록했다. 이러한 조항의 수록은 동성애를 병리학적으로 보던 기존의 관점에서 단지 "이성애 관계를 바라지만 그 관계의 형성이나 유지에 장애를 받으며, 이성에 의해서 흥분을 느끼지 못하며, 또한 동성애 관계를 원하지 않으면서도 이를 유지하기 때문에 근심의 원인이 되며, 그런 관계가 끊임없이 지속되는 것 등"만을 이상으로 진단한다는 차원으로의 변화였다(229).

이러한 변화에 따라 정신건강전문가들도 APA에서 설정한 기준을 택하든지 아니면 최소한 중립적 견해를 보이려고 노력했다. 그러나 1987년 DSM-III의 일부를 수정·보완한 개정판(DSM-III-R)에서는 미국심리학회의 요청으로 자아 이긴장성 동성애 조항도 삭제했다. 그럼에도 일부 정신의학자들은 동성애자가 이성애자보다 정신질환자가 될 확률이 높다고 주장했다. 동성애자가 환자가 될 가능성이 높다는 주장은 동성애 자체의 문제가 아니라 사회에서 동성애를 차별한 결과로 해석될 수 있다. 하여간 동성애 조항이 삭제되고 그 대신 아동기 분야에서 정신 성적 정체성 장애(gender identity disorder) 조항만 수록되어 있다. 1994년 DSM-IV, 2000년 DSM-IV-TR 및 2013년 DSM-5에서도 역시 동성끼리의 성행위에 대한 단어가 아예 존재하지 않는다.

3. 동성애의 원인

누가, 왜 동성애자가 되는가? 그 질문에는 원인을 밝혀내면 동성애로 발달하는 것을 예방할 수 있고, 이미 동성애자로 발달한 사람을 치료할 수 있다는 의미가 내포되어 있다. 동성애의 원인을 설명하는 이론은 크게 후천성 및 선천성 이론으로 이분하지만, 각각의 영향을 묶어 설명하는 이론도 있다. 즉, 그 원인을 아직 정확하게 규명하지 못했지만, 그 원인을 연구하는 학자들은 동성애 지향이 출생을 전후하여 생의 초기, 아동기까지 발달·결정되지만, 그 성향의 발달 여부는 사회문화적 환경에서의 학습이 결정한다고 본다(335). 그래서 1980년대부터는 생물학적 요인을 무시한 후천적 영향의 연구는 거의 하지 않는 대신 대다수 연구는 생물학적 기저를 찾는 데 초점을 맞추고 있다. 이에 그 원인을 생물학적으로 이해하는 일반인이 점점 늘고 있는데, 미국인을 상대로 조사한 바에 의하면, 동성애의 생물학적 결정론을 믿는 비율이 1983년 16%에서 2000년에는 35%로 증가했다(97).

1) 후천성

프로이트는 모든 인간이 적극성이나 남성다움 그리고 수동성이나 여성다움에 대한 성향을 유전적으로 함께 물려받지만 아동기까지 이러한 소질이 분명하게 형성되지 않는다고 주장했다. 어린이의 본능적 성욕은 이성애나 동성애로 결정된 상태가 아니라 성인으로 발달해 가는 과정에서 복잡 다양한 행동 규범을 배운 결과 이성애 경향으로 성숙된다는 주장이다(173). 즉, 정신분석학에서는 동성애가 진화론적으로 비정상적인 학습의 결과이며, 아동기의 발달장애인 유치증(psychosexual infantism) 때문에 성인이 동성애자가 되었다고 본다(196).

프로이트 학파들은 유치증 경험을 흔히 구순기나 남근기의 고착으로 설명한다. 구순기에 고착된 남성 동성애자가 다른 남성에게 끌리는 이유는 그의 남근이 여성의 유방을 상징하기 때문이며, 이성과의 성적 접촉을 두려워하는 이유는 근친상간의 갈등 때문이다. 그러한 갈등은 어머니로부터 유혹행동이 보이거나 부모의 결혼생활이 행복하지 못한 경우에 더 커진다. 어머니는 아들이 다른 여자들과 가까워지는 것을 방해하면서 남성 기질의 표현을 좌절시키고 자신에게만 밀착하도록 키웠으며, 이러한 양육방식 때문에 아들은 이성에 대한 공포가 생기기 시작한다. 게다가 아버지가 모자에게 소원한 존재라면 그는 아들이 동일시할 수 있는 훌륭한 모델이 되지 못한다. 아들은 어머니에 대한 욕망을 억압시키지 못해서 또 아버지와 동일시하지 못해서 갈등이 생기게 된다.

아버지 대신 어머니와 동일시한 아들은 상징적으로 남근을 상실한 사람이 되며, 이러한 상태의 자신에게는 다른 사람의 몸과 남근을 보는 것이 아직 거세되지 않은 자신의 남근을 구체화시켜 줄 수 있다. 그 반면 남근이 없는 여성 생식기를 볼 때마다 거세불안이 심해진다. 그러므로 그는 거세불안을 생각나지 않게 하는 다른 남성과 성관계를 가져야만 한다. 그는 자신의 남근이 여성의 성기로 들어가면 해를 입게 된다는 환상을 경험하는데, 여자와의 성적 접촉을 회피하려는 노력은 거세불안 갈등으로부터의 도피를 뜻한다. 물론 갈등이 크지 않은 남성은 자신의 어머니와 확실히 구별될 수 있는 성매매 여성하고의 접촉은 가능하지만, 만약 그녀가 자신의 어머니를 연상시키면 성적으로 무기력해진다.

　　1962년 정신과적 도움을 얻으려는 동성애자들의 연구를 통해서 동성애가 성장 과정에서 아동과 부모의 비정상적인 상호작용의 결과라는 주장이 있었다. 즉, 아버지와 정상적인 관계를 갖지 못했던 남성 동성애자 106명 중 73%가 어머니의 유혹 행동 때문에 전통적인 남성성을 발달시키지 못했다는 주장이다. 아버지들은 전형적으로 약하고 아들에게 무관심하며 적대적이었던 반면에 어머니는 아버지에 비해 매우 강했는데, 연구자들은 이러한 환경이 아이를 동성애자로 발달시켰을 가능성이 크다고 주장했다(100). 또 동성애 발달을 학습이론으로 설명하는 연구자도 있었는데, 그들은 동성애를 자기 부모나 가족 환경으로부터 영향을 받은 조건 형성이나 각인 현상으로 설명했다. 즉, 동성과의 만족스러웠던 경험이나 이성과의 불만족스러웠던 경험이 어느 결정적 시기에 강화와 연결되었다는 설명이다. 근래에는 동성애 정체성 원인을 생물학적 결정론으로 설명하려고 하지만, 생물학적 원인을 믿지 못하는 사람들 중 일부는 아직도 아동기 때 경험했던 상처, 예를 들면 성적 학대, 양육자의 알코올 중독이나 정신질환 등이 동성애 정체성 형성에 영향을 주었다고 설명하려고 한다(422).

　　발달 과정에서 동성과의 신체적 접촉을 경험한다고 해서 모두 동성애자가 되거나 동성애 성향을 지닌 것은 아니다. 예를 들면, 성적 성숙이 시작되는 아동기 후반에서 사춘기에 접어들 무렵에는 이성보다도 동성과의 사회적 관계를 더 자연스럽게 유지한다. 그들이 타인과 성적 놀이를 할 기회를 가질 경우 거의 대다수가 이성이 아니라 동성의 상대와 그런 경험을 하며, 그 내용도 거의 대부분 타인의 생식기를 만지는 것에 불과하다. 아울러 성인이 되어서도 이성과 규칙적으로 접촉할 수 있는 기회가 전혀 없어 동성과 성행위를 하기도 하는데, 그 예로 교도소에 수감된 죄수의 성적 접촉을 들 수 있다. 후자의 경우는 상황적 동성애(situational or deprivation homosexuality)라고 한다(275).

2) 선천성

　　동성애가 선천적으로 결정되는지를 살피는 연구는 과거보다 더 정교하게 이루어지고 있다. 최근까지 동성애의 생물학적 요인을 밝히려는 접근 방법은 세포유전학, 내분비계 및 신경해부학적 연구, 뇌의 차이, 출생순위 등을 다루는 것들이다. 먼저 유전적 요인이 동성애 지향을 결정하는지를 밝히는 고전적 방법으로 일란성 쌍생아의 행동을 비교하는 연구가 있다. 즉, 칼만(Kallmann)은 1952년 일란성 쌍생아 37쌍의 동성애 일치가 100%라고 주장했다. 그러나 그의 연구는 교도소 및 정신병동 수감자들을 대상으로 이루어졌다는 점에서 그 결과를 일반화할 수 없으며, 보다 최근에는 일란성 쌍생아들의 동성애 일치 정도가 50%를 넘지 못한다는 보고도 있다(32).

또 다른 접근 방법은 동성애의 호르몬 영향을 확인하는 것이다. 일부 남성 동성애자들이 보여 주는 여성스러운 감정 표현이나 행동의 이유를 호르몬 불균형이라고 가정한 접근법이다. 남성 동성애자 소변에 테스토스테론 수준이 이성애 남성보다 더 낮게, 여성 동성애자는 이성애 여성보다 더 높게 나타나기도 했다(333, 352). 또한 이성애 남성보다 동성애 남성의 혈액에서도 테스토스테론 수준이 더 낮고, 정액의 양도 더 적으며, 정액에서도 비정상의 형체가 더 많았다(301). 그러나 동성애 집단의 테스토스테론 수준이 더 높다는 발견도 있었다(112). 그래서 동성애자와 이성애자의 호르몬 수준 비교는 방법론상으로 믿을 만한 것이 아니며, 오히려 호르몬 수준 차이는 성행동 양상이 다르기 때문에 나타난다고 할 수도 있다.

뇌의 차이를 밝히려는 생물학적 접근법도 있지만, 그 결과는 아직 초보 수준이다. 예를 들면, 한 연구자는 1991년 성행동과 관계된다고 알려진 시상하부 크기가 이성애자와 동성애자가 서로 다르다고 주장했으며(320), 다른 연구자는 대뇌의 청각피질에서 두 집단의 반응이 다르다고 보고했다(416). 그러나 그 연구 결과도 변인의 설정이나 연구 대상의 선택 등에 따라 달라지며, 일관성을 보이지 않는다.

동성애 원인을 밝히려는 연구자들은 동성애자들의 출생순위에도 관심을 보였는데, 이러한 연구는 1950년대에 시작되었다. 예를 들면, 킨제이 연구소에서는 1938~1963년 사이에 면담했던 남성들로부터 사춘기 이후 입양한 사실이나 범죄 기록이 전혀 없고, 평범한 가정에서 살고 있었던 4,948명의 자료를 검토했다. 그들 중 844명은 동성애자였는데, 이들은 이성애자에 비해 출생순위가 더 늦고, 사춘기 개시 시기도 더 늦으며, 체중도 더 가벼운 편이었다. 그러나 개인의 키, 부모의 나이, 형제·자매의 비율, 오른손잡이나 양손잡이의 비율 등에서는 차이가 없었다. 출생순위가 더 늦은 상태를 분석했더니 동성애자들은 이성애자들보다 형이 더 많았으나, 누이의 수에는 차이가 없었다(102, 549).

일반적으로 남성 동성애자들은 이성애자 남성에 비해 형님 수가 더 많으며, 남동생의 수는 더 적은 편이었다. 즉, 남성 동성애자들은 출생순위가 더 늦은 편이었는데, 이러한 현상은 최소한 구미 지역의 백인들에게서 확인되었다. 예를 들면, 형이 4명인 남자는 형이 없는 남자보다 동성애자일 가능성이 3배나 된다. 그러나 누나의 수는 남성이 동성애자인 것과 관련이 없었다. 또 여자 동성애자는 오빠나 여동생의 수와 전혀 관련이 없었다. 이러한 이유로 남성 동성애자들의 경향은 남자 형제의 수와 관련이 있다는 가설(fraternal birth order effect)이 등장했다. 이와 관련된 연구 결과를 종합적으로 살펴볼 때 7명의 남성 동성애자 중 최소 1명은 남자형제가설에 의해 설명된다(102, 101, 130). 왜 남성 동성애와 형의 수가 관계가 높

은지에 대해서는 잘 알려지지 않았지만, 이를 설명하는 모델은 최소한 세 가지 이상이다
(130).

첫째, 형의 수가 많음은 부모가 고령이라는 점과 관련된다는 설명이다. 아버지가 고령일
수록 정자세포 생성에서 돌연변이 비율이 높다는 주장은 이를 뒷받침한다.

둘째, 출생 후 양육 환경이 동성애자로 만들 수 있다는 것이다. 형들과의 성적 상호작용
이 남동생에게 동성애 정체성을 발달시킬 가능성이 높아진다는 것이다. 역으로 표현하면,
성적 상호작용에 관여할 기회가 형이 많을수록 높아진다는 것이다.

셋째, 모체의 면역 계통에 관한 설명이다. 남아 태아는 발달의 초기 단계에서 조직적합 항
원(histocompatibility antigens)을 형성하기 시작한다. 어머니의 면역 계통은 이전에 임신했던
남아 태아의 수를 기억할 수 있는데, 나중에 임신되는 남아 태아는 그 기억의 영향으로 뇌의
성 분화에서 항 조직적합 항원 항체의 영향을 높여 준다. 그 결과 나중의 남아 태아는 발육
이 정상에서 벗어날 가능성이 커지면서 동성애자가 될 확률이 높아진다. 이전 남아의 수에
따라서 다음 남아 태아에게 미치는 영향은 누진적으로 나타난다. 곧 형의 수가 많을수록 동
성애 가능성이 커진다. 그러나 태아가 여아인 경우 이전 남아 태아의 수와 관계가 없다(130).

최근에는 태어나기 전 발달 과정에서의 호르몬(prenatal hormone) 생성과 관련된 설명도
등장하고 있다. 수태 당시 남아인 아이가 태아기 발달에서 형성된 안드로겐 수준이 낮은 것
과 남성 동성애와 관련된다는 주장도 있다(233). 또 호르몬 수준과 관련해서 손잡이나 손가
락 길이를 비교해 동성애 가능성을 설명한다. 우선 동성애 정체성은 왼손잡이와 관계가 높
은 편이다(330). 이를 설명하는 주요한 이론도 역시 태아기 호르몬수준이론이다. 태아 초기
발달 과정에서 높은 안드로겐 수준에 노출된 것 때문에 왼손잡이 가능성이 커진다는 것인
데, 동성애자 중 남성이건 여성이건 왼손잡이가 더 남성적인 특성을 보인다. 즉, 앞에서 소
개한 모체의 면역 계통에 관한 설명에 해당된다.

손가락 길이와 동성애 정체성에 관한 연구는 주로 남성 동성애를 설명해 주는데, 남성 동
성애자들의 둘째손가락 길이는 넷째손가락과 비교할 때 이성애자보다 더 긴 편이다. 여성은
동성애 정체성과 무관하게 둘째와 넷째손가락 길이 비율이 남성 동성애자와 유사하다. 곧
남성 이성애자는 특히 오른손의 넷째손가락이 둘째손가락보다 더 길어서 둘째와 넷째손가
락 길이 비율(2D:4D)이 1보다 낮다. 이는 임신 초기 남성 호르몬 수준과 관계된다. 또 이성
애 여성은 그 비율이 1에 가까운데, 이것은 에스트로겐 수준이 높은 것과 관계된다(210,
219). 또 최근 둘째손가락과 넷째손가락 비율의 차이와 문란한 성생활과의 관련성을 설명하
려는 연구도 있지만, 여성을 상대로 한 설명은 잘 맞지 않는다(155).

4. 동성애자의 생활양식

동성애자들이 어디에서 살고, 어떻게 성 상대자를 구하는지 등의 생활양식에 대한 연구에 의하면, 동성애에 대한 사회적 편견이 심했던 시절, 그들은 이성애자들에게 자신의 동성애 정체성을 들키지 않기 위해 정교한 신호 체계를 발달시켰다. 그들이 상대를 고를 때 사용했던 여러 방법 중에서 상대의 눈을 오랫동안 응시하는 행위는 남성끼리의 성적 관심의 표현이었다. 그들이 거리에서 만나면 보통 사람들보다 더 오랫동안 상대를 쳐다보며, 지나치더라도 서로 뒤돌아보면서 강한 신호를 보낸다. 또 다른 방법으로는 일부 남성 동성애자들은 열쇠고리를 허리띠에 묶거나 귀고리를 한쪽에만 착용하면서 그들이 동성애자임을 밝혔다. 그들의 신호에 따르면, 열쇠고리나 귀고리를 오른쪽에 차면 스스로가 수동적, 왼쪽에 차면 능동적 성 역할 선호를 나타낸다. 그러나 근래에는 동성애자가 아닌 남성도 열쇠고리나 귀고리를 차고 다니므로 이제는 그들만의 신호기법이 아니다.

나중에는 바지 뒷주머니에 손수건을 넣고 다니는 방법도 이용했다. 오른쪽이나 왼쪽 호주머니 선택은 역시 성 역할의 차이를 의미하며, 손수건 색깔에 따라 성행위의 기호를 나타냈다. 여성 동성애자는 남성처럼 정교한 신호기법을 사용하지 않는데, 보통 여성은 남성보다 사람들의 얼굴 표정이나 행동 변화를 더 정확하게 감지하는 경향이 있다. 과거에는 동성애자들은 사회 규준에 의해 많은 제약을 받으며 생활했다. 사회적 규제가 관대해진 최근에는 여러 문화권에서 인쇄물이나 인터넷 등의 매체를 통해 상대방을 찾으며 그들과 성행동을 추구한다. 또한 그들은 술집이나 영화관, 해변, 고속도로 휴게실, 화장실 등 어느 곳에서든지 만나서 성적 접촉을 타협한다. 그러한 타협을 할 때는 이야기를 하는 대신에 적절한 신호를 사용하기도 한다.

킨제이 보고서에 의하면, 거의 모든 남성 동성애자가 무분별하게 여러 사람을 성적으로 상대하는 반면, 여성 동성애자들의 71%는 단지 1~2명의 상대하고만 교제했다. 이러한 경향은 1980년대 초반 에이즈가 사회 문제로 부각되면서 확인되기도 했다. 예를 들면, 1982년 미국의 질병통제센터(Center for Disease Control)에서 에이즈 환자인 남성 동성애자 50명을 대상으로 분석한 결과를 발표했는데, 그들이 성적으로 접촉한 상대의 수는 평균 1,100명이었으며, 그들 중 몇 명은 2만여 명까지 상대했던 것으로 나타났다. 환자가 아닌 120명의 동성애 비교집단의 경우는 평균 550명의 상대자뿐이었다(355). 남성 이성애자와 비교하면 동성애 남성은 상대자가 거의 10~100배나 많은 셈이다. 이러한 차이가 생기는 부분적인 이유는 동성애 남성이 사랑에 빠져 가정을 이루는 것을 기대하지 않기 때문이다(531). 또 정신분석학에서는 그들의 자아 구조가 약할수록 오이디푸스 콤플렉스에 쉽게 고착되므로 불안을 낮추기 위해 더 많은 상대를 찾는다고 해석한다.

동성애의 발상지로 여겨지는 미국 샌프란시스코 거주지를 카스트로 구역(Castro District)이라고 부른다. 에이즈가 사회 문제로 대두하기 이전에는 이 지역에서 하루 밤이나 1시간, 심지어는 5분만 즐길 수 있는 상대를 만날 수 있었다. 그렇지만 에이즈 공포로 인해 그들도 자신들의 생활양식을 재검토하게 되었다. 사실 에이즈 위협을 느끼기 전에는 1대 1 관계만을 원했던 동성애자들은 다른 동성애자들에게 전통적인 보수주의자라고 매도당했다. 역시 남성 동성애자들이 양성애자 남성보다 성적으로 상대하는 남성의 수가 더 많을 것으로 기대할 수 있다. 시카고 지역에 거주하는 동성애 및 양성애 남성 중 이미 남성과 성관계를 경험한 자들을 비교하였다. 양성애 남성이 동성애 남성보다 일시적인 파트너와의 성교 비율이 더 높았지만, 지속적 관계를 유지한 연인과의 성관계 비율은 더 낮았다. 또 동성애 남성은 양성애자들보다 항문성교와 구강성교를 수동적으로 받아들이는 비율이 훨씬 더 높았다. 곧 동성애 남성은 안전하지 않은 상태에서도 성행위를 하므로 에이즈나 다른 질병의 감염에 더 취약한 편이었다(480).

동성애 남성이 모두 성적으로 무분별한 생활을 하지는 않는다. 파트너와 1대 1 관계를 수십 년간 유지하면서 이성애 부부보다 더 오랫동안 친교 관계를 유지하는 남성 동성애자도 많다. 아울러 남성과 달리 여성 동성애자들은 일반적으로 친밀감이나 정서 관계를 매우 중요시하므로 우연히 만난 상대와 성관계를 쉽게 시도하지 않는다. 그러한 이유로 여성의 관계가 남성의 관계보다 더 오래 지속되고 있다. 우리나라를 비롯한 대부분의 문화권에서 남성이 여성보다 성적으로 더 적극성을 보여야 한다고 믿고 있다. 그러한 사회화 과정에서 남성은 여성에 비하여 성적 실험에 대하여 사회적 지지를 더 많이 받으며, 우연히 만난 상대와도 쉽게 성적으로 접촉한다. 동성애자 중에서 파트너와 장기적인 관계를 맺고 있는 사람보다도 그렇지 않은 사람이 성행위 시 약물을 더 자주 사용하며, 심리적으로 불안정하고 성적으로 더 건강하지 못한 편이다(391). 나이가 들어갈수록 동성애자는 이성애자보다 외로움을 더 심하게 느끼는데, 그 이유는 동성애 관계 내 사회적 연결망을 가지고 있는 사람이라도 나이가 들수록 이성애자에 비해서 잠재적 파트너 수가 더 쉽게 줄어들기 때문이다(306).

동성애자가 이성과 결혼한다는 것은 이율배반적으로 들릴지 모르지만, 상당수의 동성애자가 여러 가지 이유로 이성과 결혼한다. 가정을 원해서, 장기적 관계를 원해서, 아기를 원해서, 또는 자신의 동성애 정체성을 숨기기 위해 결혼한다. 네덜란드와 같은 일부 문화권에

서는 동성끼리의 결혼을 법적으로 인
정하지만(335), 법적으로 인정을 받지
못한 대다수 문화권에서도 동성끼리
결혼하여 부부처럼 가정을 꾸려 나가
기도 한다. 후자와 같은 동성애자 커플
관계는 법적 구속이나 제재를 받지 않
기 때문에 결혼이 아니라 언약의 관계
라는 표현이 더 적절하다.

최근 동성 결혼을 인정한 문화권에서 갓 결혼한 남성 커플

  어떤 동성애 커플은 아이를 키우면서 살아간다. 파트너와 함께 자신의 생물학적 자녀를
키우는 커플도 있지만, 두 사람과 생물학적 관계가 아닌 아이를 입양해 키우는 커플도 있다.

Box 24-2   동성 결혼

  2015년 6월 26일 미국 연방대법원이 동성 결혼 합헌 결정을 내리고 미국 전역에 동성 결혼을 허용했다. 이에 따라
전 세계에서 동성 결혼을 허용하는 국가는 21개로 늘었다. 세계 최초로 동성 결혼을 법적으로 허용한 국가는 2001년 네
덜란드이며, 이후 2003년 벨기에, 2005년 스페인과 캐나다, 2006년 남아프리카 공화국, 2009년 노르웨이와 스웨덴,
2010년 포르투갈, 아이슬란드, 아르헨티나, 2012년 덴마크, 2013년 브라질, 프랑스, 우루과이, 뉴질랜드, 2014년 영국(북
아일랜드 제외), 2015년 룩셈부르크, 아일랜드, 멕시코(일부 지역), 슬로베니아, 미국이다. 또한 핀란드는 2017년 3월에
동성 결혼 법을 적용할 예정이다. 이 밖에도 동성 결혼을 법적으로 인정하지는 않지만, 동성과의 동반자 관계를 혼인 관
계와 유사하게 보고 배우자로서의 권리와 상속, 세제, 보험, 의료, 입양, 양육 등의 법적 이익을 일부 혹은 온전히 보장하
는 시민결합(civil union) 제도를 시행하고 있는 국가도 상당수 존재한다.

  아시아에서는 아직 동성 결혼이 법제화된 나라가 없다. 일본은 2015년 3월 31일 도쿄 시부야 구(區)에서
'동성 파트너십 조례: 시부야 구 남녀평등 및 다양성을 존중하는 사회를 추진하기 위한 조례'를 만들어 동성
커플에게 '파트너십 증명서'를 구청장이 발행할 수 있도록 했다. 그러나 파트너십 증명서가 혼인과 같은 법적
효과를 발휘하는 것은 아니다. 특히 상속이나 세금과 관련해서는 효과가 없다. 또 시부야 구 안에서만 효력이
발휘되는데, 파트너십 증명서를 받은 커플은 구립 주택에 입주할 수 있고 시부야 구 내 기업, 병원 등에서도 파
트너로서의 권리를 인정받는다. 우리나라는 2013년 공개 결혼식을 올렸던 동성애자 커플이 서울시 서대문구
청에 혼인신고를 하려고 했지만, 처리되지 않아서 소송 중에 있다[국내 첫 동성혼 소송 심문기일(2015. 7. 6.)].
우리나라에서는 「헌법」 36조 1항 "혼인과 가족생활은 개인의 존엄과 양성 평등을 기초로 성립되고 유지되어야
하며, 국가는 이를 보장한다."의 내용을 통상적으로 남녀만 결혼할 수 있다고 해석하는 상황이다.

이성애자들은 동성애 커플의 가정에서 자란 아이가 나중에 동성애자가 되거나 문제를 일으킬 가능성이 더 높을 것으로 믿고 있다. 그러나 그러한 믿음을 뒷받침하는 연구 결과는 없으며, 오히려 이성애 부모일지라도 환경이 좋지 않은 상태에서 자라는 아동보다 따뜻하게 보호하는 동성애 부모 밑에서 자라나는 아동이 더 행복할 수 있다는 주장은 매우 설득력이 높다(32).

이성애자들과 달리 동성애자들은 자신의 정체성 때문에 직장 선택이 쉽지 않다. 우리 문화권은 자신의 정체성을 밝힌 동성애자들이 많지 않아서 이러한 문제가 외적으로 심하게 드러나지 않지만, 외국의 경우 직장생활과 관련된 동성애 차별 문제가 자주 발생한다. 그래서 남성 동성애자들은 남성적 분위기를 느낄 수 있는 직업을 택하면 불안을 느끼므로 그들의 이미지를 여성처럼 미화시킬 수 있거나 자기도취적인 직업을 많이 선택한다. 남성 동성애자들은 주로 무용과 같은 예술계, 미용이나 디자인 같은 패션업계, 실내장식업계 등에, 여성 동성애자들은 직업 군인이나 프로 운동선수로 일할 것이라고 생각한다.

실제로 무용가인 동성애자 남성 48명, 이성애자 남성 42명, 이성애자 여성 45명에게 남성 무용가들 중에서 동성애자 비율을 어느 정도로 생각하는지 물어보았다. 동성애자 남성은 남성 무용가의 58% 정도라고 답했으며, 이성애자 남성은 52% 정도 그리고 이성애자 여성은 64% 정도라고 답했다. 반면 여성 무용가 중에서 동성애자는 어느 정도일 것인가를 물었다. 세 집단의 평균은 3% 정도에 불과했다. 곧 무용가라는 직업은 여성의 이미지를 담고 있어서 남자 무용가의 상당수가 동성애자라고 믿고 있으며, 여성 무용가 중에는 동성애자가 별로 없다고 믿고 있다(86). 그러나 그와 같은 믿음은 사회적 차별에 의해 파생된 고정관념이다.

5. 이성애적 차별주의와 동성애 혐오증

대다수 문화권에서는 이성애가 동성애보다 더 자연스럽고 우월하다고 믿는 가치체계를 고수한다. 특히 가부장제 특성이 강한 문화권일수록 인간관계의 틀이 대부분 이성애적 관점에서 형성되었다. 이성애적 틀에서 성장한 사람은 동성끼리의 성행위를 상상하지 못하며, 이성과의 성행위만이 당연하고 정상적인 것이라고 믿는다. 그러한 믿음이 의식적으로나 무의식적으로 뇌리에 박혀 있기 때문에 동성끼리의 성행위는 종족 보존이라는 일반인의 가치체계에서 벗어난 부도덕한 처사로 평가된다. 그래서 동성애를 못마땅하게 여기는 사람은 동성애자가 고의로 이성애 가치를 저하시키는 사회적 반항행위를 한다고 본다. 이와 같은 이성애 중심의 사고방식에 의한 동성애에 대한 차별을 이성애적 차별주의(heterosexism)라고 부른다(263).

동성애자의 생활이나 사고방식에 부정적으로 반응하는 현상을 동성애 혐오증 또는 공포증(homophobia)이라고 하는데, 심리치료 전문가 와인버그(Weinberg)가 1967년에 처음 사용했던 이 용어는 이성애 입장에서 표현된 것이다(263, 519). 동성애 혐오증 내용은 동성애자로부터 오염되지 않을까 하는 공포, 동성애자에 대한 강박적인 혐오나 공포, 동성애자로 진단되는 것에 대한 공포, 남성이 여자답게 보이는 것에 대한 혐오 등이다. 일반적으로 공포증을 지닌 사람은 공포 대상이 보이거나 상상만 해도 두려움을 느끼듯이 동성애 공포증도 강박적이고 비합리적이다. 특히 동성애 공포증은 권위주의적이고, 독단적이며, 성적으로나 지적으로 엄격하며, 모호성을 싫어하며, 지위를 의식하며, 자신의 성에 대해 죄의식을 느끼며, 타인에 대한 관용이 부족한 사람들이 더 강한 편이다.

경미한 동성애 공포증 소유자는 단지 동성애자들을 피하려고 하면서 그들이 사회에서 익명으로 살아가 주기를 바란다. 그러한 사람은 동성애자들이 적절한 사회행동을 하더라도 이에 상관하지 않는다. 그러나 심한 동성애 공포증 소유자들은 동성애자들이 사회에서 사라지기를 강박적으로 바라고 있다. 그러한 사람은 "나에게 그런 힘이 있다면 지구에서 동성애자들을 모두 없애 버리겠다."는 식으로 행동한다. 프로이트는 동성애자에 대한 격렬한 분노와 부정적 태도는 자신이 지니고 있는 동성애 충동이나 인식에 대한 방어이며, 또 자신의 동성애 정체성을 억압하다 보면 편집증 환자가 된다고 주장했다(519).

동성애 공포증 소유자들은 동성애 남성이 남성다움을, 또 동성애 여성이 여성다움을 상실했다고 여긴다. 그들은 여성 동성애자보다 남성 동성애자를 더 많이 괴롭히는데, 남성다움의 의미가 명성, 힘, 정복 등을 함축하고 있기 때문에 남자처럼 행동하는 여자보다도 여자처럼 행동하는 남자를 훨씬 더 충격적으로 받아들이고 있다(229, 519). 예를 들면, 여성은 바지를 입을 수 있지만 남성은 치마를 입지 못하는 것이다. 이들은 종교상의 근본주의자가 아니더라도 동성애가 사회 파멸을 초래할 것이라고 믿는다. 즉, 그들이 종교적 차원에서 최후 심판을 믿지 않더라도 동성애 행위가 지속된다면 여기저기 사회가 붕괴되지 않을까 두려워한다. 그러한 부정적 태도는 일부 상담이나 치료 전문가들에게서도 나타나는데, 그 이유는 그들이 상대하는 동성애자들이 병리적인 문제를 지녔기 때문일 것이다.

남성 동성애에 대한 혐오는 여성보다 남성이 더 심하다. 남성 동성애자들에게 물리적 폭력을 행사하는 경우는 특히 남성끼리의 애정 표현을 목격했을 때다. 사람들은 전통적 성 역할을 혼동하는 자에게 감정이 상하는 경향이 있다. 즉, 자신의 학습된 성 역할 기대에 맞지 않는 행동을 하는 사람을 참지 못한다는 것이다. 이러한 태도는 사람들이 가지고 있는 보편적인 신념 구조에 동성애 자체가 논리적으로 맞지 않기 때문에 생긴다. 이성과 결혼하여 전통적인 가정을 유지하는 것이 일반인의 신념 구조이기 때문에 동성애 생활은 옳지 않다고 정의해 버린다. 특히 교회에 자주 나가는 자, 종교 근본주의자, 권위주의자 등은 동성애에 대한 부정적인 입장을 지니는데, 이들은 자손 번식에 중점을 두었던 고대 유대교의 생활양식에 영향을 받아 지금도 동성애를 비도덕적으로 규정한다.

일제강점기 한 일본학자는 준정과 남모가 이끈 신라의 원화제도가 동성애 단체라고 매도한 논문을 발표했고, 근래 우리나라 한 사학자는 동성애 단체로 묘사한 그 논문을 반박하기도 했다. 동성애를 혐오하는 태도에서 비롯된 논쟁이다. 젊은 여성의 단체에서 당연히 동성끼리의 성 접촉이 존재할 수 있는 상황이었는데, 일본학자는 한민족의 순수성을 매도하기 위하여 이를 동성애 단체처럼 묘사해 버렸다. 또 동성애 행위가 없었다면서 이를 애써 증명하려는 노력에서 민족의 자존심이 찾아지는 상황도 아닐 것이다(24).

일부 동성애자들은 자신이 동성애자라는 사실 때문에 스스로를 증오한다. 동성애자들은 동성애에 대한 사회적 오명에 대응하는 방안으로 자신이 이성애자인 것처럼 가장하고 다니는데, 이를 '패싱(passing)'이라고 부른다. 그들은 자신이 사회의 조롱거리가 되고 공공 도덕성의 문제를 일으키기 때문에 타인과 동등한 대우를 받을 가치가 없다고 느낀다. 이처럼 동성애자들이 사회적 편견 때문에 자신의 동성애 정체성을 부정하거나 거부하는 현상을 내재화된(internalized) 동성애 혐오증이라고 표현한다(32).

양성애 공포증도 동성애 공포증과 동일할 것으로 가정한다. 이성애자 대학생들을 상대로 한 조사에서 양성애 공포증과 동성애 공포증의 상관이 매우 높게 나타났지만, 특히 남학생들은 동성애자인 남성이나 여성에 대한 태도보다도 양성애 남성을 더 부정적으로 인식하고 있었다. 대학생 중에서 남성 동성애자를 용납할 수 없다고 반응한 비율은 43%, 레즈비언을 용납할 수 없다고 반응한 비율은 38%, 양성애 여성을 용납할 수 없다고 하는 비율은 50% 그리고 양성애 남성을 용납할 수 없다는 비율은 61%이었다(177). 그러한 이유로 양성애자 남성이 남성 동성애자보다 내재화된 동성애 혐오증이 더 심했고, 동성애 행동의 노출도 더 꺼리고 있었다(480).

어느 시대나 문화권을 보더라도 전체 인구에서 동성애자 비율이 갑자기 높아지거나 줄어들지는 않았다. 단지 스스로 동성애자라고 밝히는 사람들의 비율은 증가하거나 감소했을 가능성이 크다. 또 동성애자 빈도가 높아진다고 생각하면서 기존의 사회적 습속이나 도덕, 법규 등이 변할 것이라고 걱정하는 사람도 많다. 동성애자를 받아들이는 사회 분위기에서는

동성애자 입국 거부

1952년 미국 국회는 정신병적 성격 소유자의 입국을 제한하는 법률을 통과시켰다. 그로부터 약 27년이 지난 시점의 사건 하나를 소개한다. 32세의 한 독일 남성(Karl Kinder)은 프랑크푸르트에서 LA로 가는 도중에 미니애폴리스 공항에 도착해 입국 심사를 받고 있었다. 그의 가방에서 독일어로 발간되는 동성애 잡지가 발견되어 이민국 직원은 그에게 "동성애자인가?" 하고 묻자, 그는 "아닙니다. 양성애자입니다."라고 답했다. 이민국 직원은 그에게 정신병적 성격의 소유자나 동성애자는 입국할 수 없다고 설명해 주면서 그에게 다음과 같은 제안을 했다. 보건 당국의 심사를 받고서 이민국 판사의 결정을 기다리든지, 아니면 곧바로 독일로 돌아가라는 것이었다. 그는 후자를 택하여 다음 날 공항 경찰의 안내를 받아 독일로 돌아갔다. 그때까지 그는 이미 20여 차례나 미국을 방문한 적이 있었고, 또 대부분의 동성애자가 미국을 드나들면서도 그런 조항이 있는지를 잘 모르고 있다(74).

그러한 우려가 더 높다. 그들은 동성애자 인권을 존중하고 권리를 보장하는 것이 인간의 본성에 어긋나는 일이라고 주장하면서 그것이 기존의 가치관을 깨뜨려 사회 혼란과 문제를 야기할 것이라고 본다. 우리 사회는 아직까지 동성애자에 대한 혐오감이나 사회가 황폐화되고 있다는 피상적인 생각을 가지고 있지만, 동성애에 대한 공포와 불안이 서구 사회에 비해 현실적인 문제로는 떠오르지 않고 있다(24).

6. 양성애

동성애자로 알려진 사람의 일부는 동성만이 아니라 남녀 모두를 상대한다. 그들은 동성을 상대하므로 이성애자와 다르며, 이성을 상대하므로 동성애자와도 다르다. 양성을 상대하는 사람들에 대한 연구가 미흡하다 보니 연구자들은 그들의 특성을 무시하고 동성애자로 포함시켜 버리기도 했다. 양성애에 대한 연구는 1970년대 중반 이후 진행되고 있지만, 양성애의 정의는 단순하지 않다. 우선 양성애란 양성에게 동일한 매력을 느낀다는 뜻이 아니라 단순히 남녀 모두에게 매력을 느끼고 성적으로 접촉함을 의미한다. 그러므로 양성애의 표현에서 바이섹슈얼(bisexual)은 남녀를 50:50으로 상대한다는 의미를 지니므로 그 대신 앰비섹슈얼

(ambisexual)이라는 용어가 더 적격이다.

양성애의 특성도 여러 가지로 나타날 수 있다. 일시적으로 양성을, 그리고 결국에는 한쪽 성의 구성원만을 상대하는 사람, 한때 이성애자였으나 여러 이유로 동성애자로 정체성이 변한 사람, 동성애자이면서도 동성애에 대한 오명을 피하기 위해 이성도 상대하는 사람, 양성애를 계속 유지하면서 모두에게 변함없는 관심을 갖는 사람 그리고 양성애자이면서도 어느 성의 구성원들과 성적 접촉을 경험하지 않는 사람도 있다.

양성애 연구 자료는 아주 제한되어 있지만, 1980년대 초 「플레이보이(Playboy)」에 발표된 내용을 보자. 남성 양성애자 2,786명(평균 31세)과 여성 양성애자 984명(평균 26세)을 조사한 바에 의하면, 성적 생활양식의 성차가 나타났다. 기본적으로 양성애자 여성은 윤택한 생활을 하는 반면에 남성은 힘들게 살아가고 있었다. 여성 양성애자들은 70%가 자신의 삶이 행복하다고 표현했으며, 40%가 기혼 상태였으며, 또 성생활의 질적이고 양적인 면에서 모두 만족한다고 하였다. 예를 들면, 그들의 69%는 매주 2~3회 성교를 즐기며, 자위행위도 이성애자나 동성애 여성보다 더 자주 실시하고, 성적 만족을 위해 여러 기구를 사용한다고 표현하였다. 전반적으로 그들의 성적 활동은 왕성했다(142).

양성애자 남성은 그런 양상이 보이지 않았다. 그들은 대부분 성적으로 양성애라기보다 이성애적인 접촉을 주로 갖는데, 그들의 반 이상이 성생활에 불만을 표시하고 있었다. 그 이유는 그들이 동성애 단체에도 적절한 접촉을 시도하지만, 이러한 시도에는 큰 어려움이 따르기 때문이다. 즉, 동성애 남성은 양성애 남성의 중립적인 자세를 불신하는 경향이 있기 때문이다. 또 다른 특징으로는 이성애나 동성애 남성과 비교할 때 성매매 업소를 보다 더 자주 방문한 것으로 나타났다(142).

역시 결혼생활을 하는 양성애 남성은 부인과 자식들에게 헌신적이면서도 주기적으로 죄의식을 없애기 위해 다른 남성과 동성애 행위를 추구한다(229). 이전에는 동성애자나 이성애자였던 사람이 양성애자로 전환하면 동성애자나 이성애자로부터 그리고 남성 및 여성으로부터 많은 비난을 받았다. 대부분의 여성 동성애자는 양성애 여성이 진실한 성을 계속 유지할 수 없을 것이라고 지각하였다. 그들은 남성을 적으로 여기기 때문에 양성애 여성이 아직도 남성과 잠을 자며 공생하는 것을 신뢰하지 않는다. 양성애 행동을 하는 남성은 남녀 모두로부터 이보다 더 심한 비난을 받는다.

25
성전환

1. 성전환의 일화

성전환(transsexualism)이란 유전적으로 암수 성이 결정 · 발현된 후 반대 성으로 바뀌는 현상을 말한다. 동물은 성전환이 자연적으로 나타날 수 있지만, 사람은 인위적인 수술을 통해서만 가능하다. 즉, 출생 당시 생물학적으로 결정된 성별을 수술에 의해 반대의 성별로 바꾸는 현상을 뜻한다. 벤자민(Harry Benjamin)은 1953년 뉴욕의학협회 강연에서 〈Box 25-1〉에 언급한 조르겐슨 사례를 묘사하면서 자신이 성전환이라는 용어를 처음 고안 · 사용했다고 믿었다. 그러나 1949년 콜드웰(David O. Cauldwell)이 남자가 되고자 했던 여성의 사례를 기술할 때 'Psychopathia Transsexualis'라는 용어를 사용해 병리학적 진단을 했었다. 성전환 용어는 1921년 허슈펠트가 처음으로 사용했으며, 조르겐슨이 성전환 수술의 최초 사례도 아니다. 1920년대 덴마크의 한 남성 화가(Einar Wegener)가 여성(Lili Elbe)으로 성전환했으나 수술 후 심장 문제로 곧 사망하여 공식 기록이 발표되지 않았을 뿐이다(196).

Box 25-1 **성전환과 트랜스젠더: 조지에서 크리스틴으로**

조지 조르겐슨(George Jorgensen)은 미국인 중 성전환 수술을 받았다고 공인된 최초의 인물이다. 19세에 징집될 당시 체중은 44.5Kg, 외부생식기 발달도 미숙했고 수염도 나지 않은 상태였다. 그는 여러 남성에게 매력을 느끼면서 스스로 여자라고 생각했지만, 이를 동성애 감정으로 여기지 않았다. 여자로 살고 싶었던 그의 고민을 들은 의사는 덴마크에 가면 성전환 수술을 할 수 있다고 알려 주었다. 당시 미국에서는 성전환 수술이 가능하지 않았기에 그는 1950년 덴마크 코펜하겐으로 이주해 3회의 수술을 받은 뒤 1952년 여성이 되었다. 2개월 후 26세의 크리스틴(Christine)으로 변신해 미국에 돌아왔는데, 부모는 성전환 사실을 사전에 알지 못해서 처음에는 분노했지만 그 상태를 받아들였다. 본인은 생의 후반기에도 자신의 결정에 후회하지 않는다고 말했다. 그녀는 결혼은 하지 않았지만, 2번 약혼했고, 여러 남성과 연애를 했으며, 1989년 사망했다(74).

생물학적 성별을 반대의 성으로 전환한 자를 트랜스섹슈얼(transsexual)이라 하는데, 이는 트랜스젠더(transgender)라는 용어와 구별된다. 트랜스젠더는 미국에서 이성 복장을 착용하는 자들의 단체를 창건한 프린스(Virginia Prince)가 만든 용어로, 사회에서 기대하고 있는 생물학적 성별에 반대되는 역할을 수행하면서 살아가는 사람들을 의미한다. 트랜스섹슈얼과 트랜스젠더의 차이는 후자가 자신의 생물학적 성별을 전환할 의사가 전혀 없다는 점에 있다. 그렇다면 동성을 사랑하는 행위는 사회적 역할 수행에 맞지 않는 것이므로 동성애자는 자신을 트랜스젠더라고 표현할 수 있지만, 성전환 수술을 받은 자가 트랜스젠더라고 표현하는 것은 맞지 않다(485).

2. 스포츠와 성전환

조르겐슨 사례의 발표 이전부터 유럽에서는 성전환이 물의를 일으켰다. 한 예로 1934년 런던의 한 경기장(White City Stadium)에서 최초의 세계 여자 경기가 개최되었을 때다. 육상 800m 경주에 출전한 기골이 장대했던 체코의 선수(Zdena Koubkova)가 쉽게 우승했다. 이에 대해 다른 팀들로부터 거센 항의가 들어 왔으며, 원래 남자였다는 소문 때문에 그 선수는 실격 처리되었다. 그녀는 체코로 돌아가 치료를 받기 위해 병원에 입원했고, 수술 후 다시 남자(Zdenek Koubkova)가 되어 여생을 마쳤다. 그로부터 4년 후 히틀러가 독일인의 우수성을 보여 주려고 했을 때에도 유사한 일화가 있었다. 비엔나에서 열린 유럽선수권대회에서 한 여성(Dora Ratjen)이 170cm를 뛰어넘어 높이뛰기 기록을 갱신했는데, 이는 당시 관중을 흥분시키는 놀라운 기록이었다. 그러나 그 경우도 선수 자격을 박탈당했는데, 그녀는 독일로 돌아가 체육계에서 은퇴하고 수술 후 남자(Hermann Ratien)로 살았다(196).

　남성 체격의 이점 때문에 여자 선수의 성별 확인은 스포츠 행사 개최 시 논쟁거리가 될 수 있었다. 그럼에도 불구하고 1964년 이전까지 여자 선수들은 의사의 확인이나 동의만 받으면 경기에 출전할 수 있었다. 예를 들면, 1964년 동경 올림픽에서는 여자 선수들이 원래 여성임을 증명하도록 했지만, 몇 나라에서는 가짜 증명서를 제출하기도 했다. 결과적으로 1964년 동경에서 열린 국제아마추어경기협회에서는 모든 국제대회에 출전하는 여성은 3명의 여자 산부인과 의사로 구성된 위원회의 검진을 받도록 했다. 드디어 1966년 부다페스트에서 열린 제8회 유럽선수권대회에서는 엄격한 성별 심사가 도입되었다. 이 대회에서는 영국, 소련, 네덜란드, 독일 등의 여자 선수들 일부가 완전한 여성이 아니라고 판명되었다. 이 대회에 참가한 우람한 체격의 소련 선수들은 성별 검사를 거부했는데, 그 이유가 검진을 받으면 남녀의 경계에 해당되었기 때문이었다. 당시 소련 체육계에서 여성에게 남성 호르몬을 주입해 남성 근육으로 만들고 있다는 소문이 나돌았다. 결국 1968년 올림픽부터는 올림픽위원회 의료진들이 여자 선수들의 신체검사를 했다. 그러나 성전환 수술을 받고 여성 호르몬을 주입시킨 남성이 메달을 따더라도 당시에 적용된 신체검사를 통해 그들의 성전환 사실을 제대로 적발하지 못했다. 그 후 1972년 올림픽부터 성염색체 검사로 성별을 구별했다(173).

　사실 성전환이 가능하기 때문에 생물학적 차원에서 음경 소유는 남성이라는 절대적인 검증이 될 수 없다. 그렇지만 수조 개의 세포를 지닌 인간은 신비하게도 모든 세포 속 동일한 형태의 46개 염색체들이 들어 있다. 이들 중 성염색체 구조가 개인의 성별을 결정해 주는데, 성별 구별 방법은 스포츠 경기에서 말썽이 일어나기 훨씬 전에 확인되었다. 즉, 1949년 바르(Murray L. Barr)와 버트램(E. G. Bertram)은 염색질(chromatin) 검사법을 개발하여 남녀를 쉽게 확인시켰다. 그들은 포유동물 암컷의 세포 내에만 존재하는 염색질을 찾아냈다. 이러한 기법이 공식적으로 올림픽 경기에 응용되었으나, 남자는 검사에 응할 필요가 없었기 때문에 여성에 대한 차별이라면서 이를 거부하는 여성도 있었다(122, 291). 그 이후에도 체육계에서 성전환이 문제가 되기도 했다. 공개적으로 성전환을 했더라도 남성으로 전환한 여성보다도 여성으로 전환한 남성의 경기 출전에 대한 거부 반응이 더 심하다. 예를 들면, 리처드(Richard Raskind)라는 남성 테니스 선수는 수술 후 르네(Renee Richards)라는 여자 선수로 활약했다. 장기간 호르몬 치료에 의하여 성전환 수술을 받은 대표적인 예다. 그녀는 여성이기 때문에 1970년대 윔블던 선수권대회에 출전하겠다고 요청했으나, 많은 테니스 선수들가 남성적인 이점이 있다면서 반대했다.

국제올림픽위원회(IOC)는 1999년까지 여성 선수의 성별검사를 실시했으나 윤리적 문제가 제기되자 2000년 시드니 올림픽부터 '합리적 의심(reasonable suspicion) 대상의 여성 선수'에 게만 성별검사를 요구하는 정책으로 바뀌었다. 2004년 그리스 올림픽에서는 남성이 여성으로 전환했더라도 법적 신분이 여성이며, 신체 조건을 완전히 여성으로 바꾸어 남성 호르몬 기능의 이점이 거의 나타나지 않을 정도로 2년 이상 경과한 자는 경기에 참여할 수 있도록 했다. 최근에는 생물학적으로 양성의 특성을 모두 지니고 있는 간성(intersexuality)의 여성이 여성 스포츠 종목에 참가했을 때 공정한 경쟁이 이루어질 것인가의 문제가 대두되었는데, 간성의 여성은 안드로겐 수치가 높기 때문이었다. 이에 따라 2012년 런던 올림픽에서는 '남성 호르몬 과다증 여성(female hyperandrogenism)'을 규제했는데, 이는 여성 종목에 참가하는 선수의 남성 호르몬(안드로겐) 상한선을 정했다는 뜻이다. 그렇지만 남성 호르몬 수치가 높다고 해서 무조건 규제를 했던 것이 아니라 남성 호르몬이 이점으로 기능한다는 증거를 가지고 문제를 제기했을 경우 심의를 통해서 규제할 수 있었다(246).

3. 성전환 수술의 문화적 이해

1949년 콜드웰이 최초로 성전환을 병리학적으로 진단했지만, 19세기 이후 서구에서는 이미 이성의 행동양식을 띠는 경우를 변태행위로 여기기 시작했다. 비로소 1953년에 성전환에 관한 최초의 공식적 보고가 있었지만, 정신의학계에서는 매우 드문 사례였기에 이를 무시해 버렸다. 그래서 DSM-II에도 성전환을 전혀 언급하지 않았다. 그러나 1960년대 초부터 성전환을 원하는 사람이 늘어나자 정신의학계에서는 이를 문제로 인식하기 시작했다. 조르겐슨 사례 발표 이후 성전환 수술은 초기에는 거의 대부분 여성으로 전환하는 남성의 사례였지만, 나중에는 남성으로 전환하려는 여성도 늘어났으며, 아직까지 여성이 되고자 하는 남성이 더 많은 편이다(122).

성전환을 원하는 사람들이 늘자 DSM-III(1980)에서는 이를 정신 성적 정체성 장애(gender identity disorder)의 일부로 규정하고, 성전환 수술에 필요한 진단 기준을, ① 개인의 해부학적 성별에 대한 부적절감, ② 자신의 성기를 제거하고 이성의 구성원으로 살고 싶은 욕망, ③ 최소 2년 이상 정신적 불안의 지속, ④ 신체 및 유전적 이상 없음, ⑤ 정신분열증과 같은 다른 장애에 기인되지 않는 것 등의 다섯 가지로 제시했다. 이러한 진단 기준에 의거하여 정신과 의사의 추천서를 받아야 성전환 수술이 가능했다. 1980년대에 들어와 여러 문화권에서 성전환을 법으로 허용하기 때문에 DSM-IV(1994)부터 성전환(transsexualism) 용어를 사용하지도 않고 있다. 그 대신 생물학적으로 나타난 자신의 1차 및 2차적 성적 특질에 대한 불만을 가지는 경우를 정신 성적 정체성 장애에 포함시키고 있으며, 그 진단 기준은 DSM-III의 ①과 ②에 해당되는 내용과 유사하다. 거의 대부분의 문화권에서 성전환 수술이 이루어지고 있으며, 일부 문화권은 법적으로 허용하고 있는데, 이는 수술 후 성별 변경을 인정한다는 뜻이다.

성전환을 허용하는 문화권을 살펴보면, 구체적인 내용은 나라마다 조금씩 다르지만 스웨덴 1972년, 독일 1981년, 이탈리아 1982년, 네덜란드 1985년, 터키 1988년, 대만 1988년에 성전환을 법적으로 허용하고 있다. 예를 들면, 스웨덴과 독일에서는 자국인에 대한 성전환의 최소 연령을 18세로 규정하고 있지만, 이탈리아나 터키, 네덜란드에서는 그러한 규제가 없다. 또 스웨덴과 네덜란드에서는 성전환을 하려면 배우자가 없는 상태여야 하지만, 터키에서는 기혼자가 성전환 수술을 받으면 결혼 상태가 자동적으로 해소된다. 스웨덴, 독일, 네덜란드에서는 성전환 수술의 필수 조건으로 불임 상태를 증명해야 하지만, 터키와 이탈리아에서는 그러한 조항이 없다. 1981~1990년의 10년간 독일인 중 성전환 수술을 신청한 비율은 성인 10만 명당 2.1~2.4명 수준이었다. 남성에서 여성으로 전환하는 경우가 여성에서 남성으로 전환하는 경우보다 2.3배나 높았다(524).

네덜란드에서는 1985년 성전환을 법제화했는데, 이를 의료보험에 적용시킬 정도로 다른 문화권보다 성전환에 대해서 더 우호적이다. 1975~1992년 사이에 수술을 받은 네덜란드인 중 남성이 여성의 약 3배였으며, 주 연령층은 남성이 25~30세, 그리고 여성이 20~25세 사이였다(511). 유고슬라비아에는 1989년 4월 성전환 수술 사례가 처음 보고된 이후 동성애자이면서 성전환을 원하는 사람들의 수술을 사회적으로 용납해 주는 상황이다. 1989~1993년 사이에 성전환 수술을 받은 사람들 중 동성애를 이유로 수술했던 32명을 대상으로 수술 후 6개월에서 4년 정도 지났을 무렵 삶의 질을 조사한 결과, 대부분의 성전환자는 다른 사람들과 관계에서의 만족도, 성교 시 오르가슴 경험 등 삶의 질이 향상되었다고 보고했다(412). 1965년부터 시행 중인 미국의 메디케이드(Medicaid)라는 의료보험제는 성전환 수술에 대한 의료보호기금을 대부분의 주에서 동결시키고 있는데, 그 이유는 꼭 필요한 수술이 아니라 일종의 성형수술로 보고 있기 때문이다(228).

성전환 수술 빈도는 문화권마다 다르지만, 서구 지역에서는 흔히 15세 이상 인구 5만여 명 중 1명이 성전환자로 추정된다(392). 세계적으로 성전환은 남성에서 여성으로의 전환 비율이 훨씬 높았지만, 1980년대 후반 이후 여성이 되려는 남성보다도 남성이 되려는 여성의 증가가

> ### Box 25-2 우리나라에서의 성별 정정
>
> 성전환 수술로 여성이 된 김 모 씨(31세)는 1990년 3월 22일 수원지법 여주지원에 호적상 성별 정정을 허가해 달라고 신청했다. 법원은 외형상 완벽한 여성이었지만 법적으로 여성이 될 수 없다고 판결했다. 그 이유는 남녀를 구분하는 성염색체 구조상 남성이었고, 난소가 없어 임신이 불가능했기 때문이었다. 최초의 호적상 성별 정정 허가 신청이 기각된 셈이다. 그러나 1990년 3월 22일 세브란스병원에서 성전환 수술을 받은 김 모 씨(32세)는 1990년 4월 19일 대전지법 천안지원에 호적상 성별 정정 허가를 신청했는데 법원은 호적에서 남성을 여성으로 정정하도록 허가했다. 김씨는 사춘기 때부터 정신적 · 신체적으로 여성과 닮은 특징이 나타나 수술 후 법률적으로 이를 허가받고 싶어 했다. 두 사례를 비교할 때 우리나라에서는 법적으로 인정하는 성별은 생물학적 성별, 즉 성염색체 구조를 따르고 있었다.
>
> 그러나 2000년대 들어와서는 법원에서도 성염색체 구조를 원칙으로 하는 판결만을 하지 않고 있다. 2006년 9월에는 대법원에서 성전환자의 성별 정정 허가 신청 등에 관한 사무처리지침을 마련하여 실시했는데, 그 핵심 내용은 성기를 완전히 반대의 성으로 바꾼 상태일 것, 20세 이상일 것, 혼인 중이 아닐 것, 자녀가 없을 것 등이었다. 그러나 2013년에는 성전환 수술을 완전히 마치지 않는 사례에 대해서도 성별 정정을 허용하기도 했다.

더 두드러졌다(208). 스웨덴에서 1970년대 초반부터 30년 동안 법적으로 허용했던 성전환 사례의 통계에 의하면, 1980년대 중반 이후 성전환이 증가하고 있으며, 남성에서 여성으로 전환한 사례를 여성에서 남성으로 전환한 사례와 비교할 때 1970년대 초반에는 거의 1:1이었는데, 30년 후에는 2:1 정도로 달라졌다(382). 또 대다수 문화권에서 남성에서 여성으로의 성전환이 여성에서 남성으로의 성전환보다 더 흔하지만, 폴란드를 비롯한 과거의 공산국가 일부에서는 그렇지 않다(264). 전체 인구에서 성전환 수술을 받은 인구 비율은 네덜란드가 거의 세계 최고를 차지하고 있으며, 싱가포르도 이에 버금갈 정도로 높은 편이다(511).

4. 성전환 수술의 동기

성전환은 임상적으로 20세기 중반부터 연구되고 있다. 왜 사람들이 자신의 생물학적 성별에 불만을 갖고 성전환을 원하며, 왜 성전환을 원하는 사람이 여성보다 남성에게서 더 많은지에 대한 연구도 진행되고 있다. 최근 연구자들은 생물학적 요인으로 태아기 발달 과정에서 안드로겐 수준과 관련된다는 가설도 제기하고 있다(232). 그렇지만 아직 생물학적 차원에 대한 구체적인 연구 결과는 거의 없다. 그 대신 후천적인 요인에 대한 연구가 더 흔하다. 예를 들면, 1988년 성전환을 법적으로 인정한 터키에서 수술을 위해 치료 전문가를 찾아온 남성 5명과 여성 16명에 대한 면접을 실시했다. 그들 대부분은 자신의 신체에 대한 혐오감과 불만이 심했고 동시에 타인 앞에서 옷 벗기, 타인이 자신의 성기를 만지는 것, 수영장이나 공중 화장실을 이용하기 등이 매우 어렵다고 했으며, 목욕할 때도 문을 잠그는 등 회피행동을 심하게 보였다. 여성은 자신이 남성이라는 환상을 가지고 살아 왔는데, 그 내용은 수염이 자라거나 음경이 달린 모습, 다른 여성을 사랑하는 모습 등이었다. 남성들은 자신의 병역 의무를 원하지 않는 대신, 여성들은 수술 후 병역 의무를 마치고 싶다고 응답했다(548).

성전환을 원하거나 자신의 성별에 불만을 지닌 남성 318명과 여성 117명을 상대로 정신 병리학적 주요 증상을 살펴보았다. 정신질환, 물질남용, 자살시도 및 호르몬이나 수술 치료 등에 관한 과거사를 물었더니, 그들 중 정신 병력을 가진 사람은 약 9%, 자살시도를 생각한 자는 15% 그리고 실제로 외과수술을 받은 사람이 남성 28%와 여성 49%였다. 조사 대상자 중 137명에게 다면적 인성검사(MMPI)를 실시했는데, 그 결과 일반인과 전혀 차이가 없는 반응이었다. 그러나 남성에서 여성으로 전환한 사람들은 남성성-여성성 하위척도만 정상 범주에서 약간 벗어났다(137).

성전환을 원하는 자들의 체형은 어떠한가? 남성으로 전환하고자 상담소를 찾은 여성을 상대로 체형과 호르몬 상태를 조사하여 일반 여성과 일반 남성과 비교했다. 그들은 일반 여성과 체형에서 차이가 있었는데, 특히 지방질 분포 및 뼈의 비율 등에서 남성적 체형을 보였다. 또 월경주기에서 난소가 성숙되는 시기에 맞추어 혈액의 호르몬 성분을 검사했을 때 여성 호르몬 성분은 일반 여성보다 약간 더 낮았던 반면, 테스토스테론 비율은 약간 더 높았다. 곧 성전환 수술을 원하는 여성의 체형은 일반 여성과 일반 남성의 중간에 해당되었다(108).

그렇다면 그들의 체형은 왜 다른가? 연구자들은 그 이유를 세 가지로 설명한다. 첫째, 그들이 여성의 체형을 싫어하기 때문에 영양분 섭취 과다, 운동 등으로 남성 체형을 유지하려고 할 것이라는 설명이다. 그러나 이는 지방질 분포나 뼈의 비율을 제대로 설명하지 못하고 있다. 둘째, 그들의 체형이 여성적이지 않아서 남성으로부터 여성 정체성에 대한 긍정적 강화를 받지 못했다는 설명이다. 그 결과 그들이 남성으로 전환하려고 한다는 추론이다. 셋째, 그들의 남성적 체형은 호르몬 불균형의 결과라는 설명이다. 그들의 대다수는 최소한 한 종류 이상의 남성 호르몬이 측정치에서 높은 수치를 보였기 때문이다(108). 이상의 설명은 완벽하지는 않지만 성전환의 부분적인 동기라고 유추된다.

　　이제 남성이 되고자 하는 여성의 한 사례를 보자. 이들은 해부학적으로는 여성이지만 유년기부터 남성처럼 행동하면서 여성다움을 표현해 보지 못했다. 대다수 동성애자는 성전환에 관심이 없지만, 남자가 되고 싶은 여성이 동성애자였을 경우 흔히 남성 역할을 택한다. 이들은 생물학적으로 여성임을 인정하면서도 끊임없이 남성이 되기를 바란다. 이들의 부모는 출생 당시부터 자신의 딸을 건강하다고만 여겼을 뿐 전혀 예쁘다고 여기거나 귀여워하지 않았다. 또 그녀의 어머니는 심한 질병이나 여러 심리적 이유(특히 우울증)로 엄마의 역할을 제대로 하지 못했는데, 그녀에게는 엄마가 없는 상태나 마찬가지였다. 오히려 엄마는 타인보다도 더 냉담하게 아이를 대했다. 그러한 환경에서는 아버지도 집에 잘 들어오지 않는 등 가정에 충실하지 못한 사람이다. 이 경우 어린 딸은 엄마 역할을 대신하려고 노력한다. 그렇게 해야 그녀는 아버지로부터 지지를 얻기 때문이다. 그리고 아버지와 가깝고 행복한 관계를 유지하며, 아버지는 그녀를 자신의 대리자로 만든다. 즉, 아버지는 딸의 남성적 행동을 격려한다. 결과적으로 아버지와 딸이 많은 시간을 함께 보내므로 그녀는 남아처럼 학습된다. 이러한 학습 과정은 출생 당시의 예쁘지 않았던 외모에서 시작된다. 여성이 남성으로 성전환하는 동기는 흔히 그러한 정신적인 상처나 욕구 좌절, 갈등 및 방어기제들의 복합 과정에서 연유한다. 보통 그들은 어린 시절부터 자기가 여자라는 사실을 거부한다. 스스로 남자 이름을 붙이고, 남자 옷을 입고, 남자들과 함께 논다. 여러 가지 운동 경기에서도 남자들처럼 똑같이 경주하며, 훌륭한 운동선수가 되기도 한다. 가능한 한 빨리, 특히 사춘기에 남자가 된다.

　　반대로 여성으로 전환하려는 남성의 한 사례를 보자. 이들은 해부학적으로는 스스로 남자라고 생각하며, 이를 부정하지도 않는다. 그러나 그들 중 일부는 어려서부터 여성적 성 역할이나 행동만을 표현해 왔기 때문에 자기의 해부학적 성별을 부적절하고 불편하게 느껴 여자가 되고자 한다. 주요한 원인은 어린 시절 부모의 태도나 양육 방법 그리고 부모와의 부정적 관계 등인데, 특히 모자의 공생(symbiosis) 기간이 너무 길거나 밀착된 경험 때문이다. 이런 상태에서 대부분의 아버지는 미약하고 수동적이다. 가정에서 아버지의 기능은 항상 어리석은 남성으로밖에 여겨지지 않는다. 아버지는 아이가 깨어나기 전 아침 일찍 일터로 나가버리고 아이가 잠든 후에 귀가한다. 주말에는 아버지 혼자서 TV 시청이나 취미생활에만 몰두하므로 아이는 그의 안중에 없다. 이러한 환경에서는 엄마 역할이 자동적으로 아이에게 강화된다. 그리하여 성 역할이나 행동에서 여성다운 표현을 하게 된다. 즉, 어머니와의 공생으로 인해, 특히 아버지 없이 엄마하고만 살다보니 아이가 학교에 다니게 될 때까지 남성성을 전혀 키우지 못한다. 그러나 한 번 고착된 여성성이 다시 남성성으로 바뀌기는 쉽지 않다.

해가 거듭될수록 그는 여자가 되는 길을 찾는데, 결국 수술로 자신이 원하는 길을 찾는다 (196). 전문가들은 이러한 여성적인 행동 정도는 호르몬이나 유전, 중추신경계 요인들의 결과일지도 모른다고 추측하지만, 앞서 말했듯이 이러한 추측을 지지해 줄 증거는 아직 없다.

또 다른 남성은 앞서 소개한 남성과는 달리 여성적 성 역할이나 행동이 아동기 이후부터 나타나기 시작한다. 이들도 생물학적으로는 남자임을 인지하지만 여자로 전환되기를 원한다. 그들이 살아 왔던 과정을 들어 보면, 그들은 그동안 남성적인 면을 나타내서 전형적인 남성으로 살아 왔다. 그리고 그들은 아직도 어떤 면에서 자신의 남성성에 대한 애착을 지니고 있다. 예를 들면, 결혼하거나, 주로 남성이 다니는 직장을 택하거나, 또는 남성의 생식기로부터 만족을 경험하는 것들이다. 수년 동안 여성적 요소를 나타냈던 그들도 자신이 남성이라는 사실을 받아들이고 완전히 남성성을 포기하는 것을 거부한다. 다른 말로 표현하면, 성전환의 욕망과 남성성을 함께 지닌 혼합형이다. 사람마다 이러한 증상이 시작된 시기가 다르기 때문에 공통성을 찾기가 무척 힘들지만, 정신분석이론에서는 아동기 때의 격리불안이 해소되지 않아서 생긴 장애라고 여긴다.

일반적으로 성전환을 원하는 사람은 동성을 좋아하더라도 자신의 정체성을 이성애로 여긴다. 그러나 성전환 수술을 받기 이전에는 동성애자라는 오인을 받는 것을 부담스럽게 생각하여 성전환 수술을 더 절실히 원하기도 한다. 그들의 일부는 동성애 혐오증을 지니고 있다. 그래서 성전환을 원하지만 수술을 받기 전에 동성과 성 경험이 있었거나 또는 동성하고의 성 경험을 하는 환상을 가졌던 자들은 수술을 받기 전의 자신의 행위는 동성애가 아니라고 여긴다. 즉, 여성으로 성전환을 원하는 남성은 남성이 아니라 여성으로서 남성의 사랑을 받고 싶어 한다. 여성도 마찬가지다. 성전환은 통계적인 맥락에서 동성애보다 사회적으로 더 심하게 일탈된 형태이지만, 대부분의 대학생은 동성애를 성전환보다 사회적으로 더 비난받아야 마땅할 이탈된 형태라고 생각한다. 그 이유는 성행동의 판단기준을 사회적 관심사보다 도덕성에 두기 때문이며, 동성애가 성전환보다 도덕성에 더 직접적으로 관계가 있다고 보기 때문이다(318). 그러한 이유에서인지 성전환 수술을 받기 전 이성애자였던 자들이 동성애자였던 자들보다 후회하는 비율이 더 높았다(104).

여러 연구는 성전환자의 사회적 기능이 수술 전보다 수술 이후 향상되었다고 밝히고 있다. 또 수술 후 오르가슴 경험에 관한 연구에 의하면, 남성에서 여성으로 전환한 자들은 오르가슴의 정도가 줄었지만, 여성에서 남성으로 전환한 자들은 늘었다. 남성에서 여성으로 전환한 자들은 오르가슴 능력이 줄었다고 해도 성행동의 질적인 측면의 만족은 높았다(325). 남성으로 전환한 두 여성의 사례 연구에 의하면, 그들은 수술 전 지속적으로 남자가 되고자

했고, 평소에도 연약한 남성에게 매력을 느꼈고, 남성과 성교 시에도 남성끼리 성행위를 하고 있다는 환상에 빠졌다고 말했다. 그러나 여성으로 전환한 남성이 아동기 시절 여성의 특질을 나타낸 것들과 달리 그들은 어렸을 때 남성의 특질을 보이지 않았다(161).

5. 성전환 수술의 절차

성전환을 원하더라도 심리적 욕구가 그리 대단하지 않으면 꼭 수술할 필요가 없다. 그들에게는 정신분석치료나 행동수정절차를 거쳐 적절한 남성성이나 여성성을 찾아줄 수 있다. 그들의 욕망의 부정적 측면을 정확히 찾아내기 위해 시술 시기를 늦추기도 하지만, 성전환 욕구가 강할 때는 정신분석이나 행동치료는 효과가 거의 없다. 그런 증상을 지닌 자들은 성전환 수술 이외에는 아무것에도 응하지 않기 때문이다. 그들은 오히려 성전환 수술을 했을 때 더 만족스러워하므로 적절한 시기에 수술 절차를 밟게 해 준다. 수술에 대한 만족은 수술 전과 비교하여 개인의 적응 수준, 사회적 지지 정도, 수술의 효과 등에 달려 있다(335).

수술 절차로는 수술하기 전 1~2년 동안 반대 성의 호르몬을 처치해 준다. 여성이 되려는 남성에게는 먼저 에스트로겐을 주입시켜 가슴을 비롯한 여성의 몸매를 키워 주고, 근육 조직을 감소시키고, 체지방을 재분배하여 피부를 부드럽게 해 준다. 또한 남성의 모발 분포를 없애 주기 위해 전기 분해를 실시하며, 고환의 제거, 음경의 절단 그리고 인조의 여성 생식기를 만드는 수술을 한다. 수술을 통해서 남성은 여성의 기능을 발휘할 수 있는 생식기는 물론 때로는 성적 쾌감을 얻는 능력까지도 제공받을 수 있다(335).

여성으로 전환하는 수술을 더 구체적으로 설명하면, 첫째, 전문적인 상담과 정신과적인 평가, 둘째, 호르몬 치료, 셋째, 수술 절차를 밟는다. 여성이 되고자 하는 남성에 대한 성호르몬 처치는 유방 발달 및 남성 생식기관의 위축을 위해 6~12개월 정도 에스트로겐 및 프로게스테론을 주입하는 것이다. 성호르몬 투여로 혈압, 혈관, 심장, 신장, 호르몬 조절 등 전반적인 건강 문제를 초래하는 부작용도 적지 않다. 수술 전 1개월 정도는 혈전 형성의 속성이나 수술 후 조직의 부종을 최소화하기 위해 에스트로겐 치료를 중단한

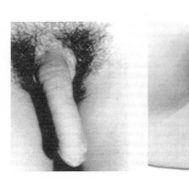

성전환 수술 후의 성기 모습

다. 그 후 남성 생식기관을 제거하고, 여성의 질을 만들며, 남성의 음경 귀두를 축소시켜 음핵을 만들며, 6개월 후에는 여성의 생식기 외형을 갖추기 위해 음순을 만든다. 수술을 받은 자 중 일부는 질의 협착이나 축소를 보이며, 가장 일반적인 합병증은 질의 신축성 결여 때문에 성행위에서 통증이 수반되는 증상이다. 그들 대다수가 수술 후 3~6개월 정도에 성교를 개시하며, 성교를 통해 오르가슴을 얻을 수 있었다. 또 성교 시 어느 정도의 통증을 보고했는데, 통증 완화를 위해 윤활제를 사용하기도 하지만 일부는 통증 때문에 남자를 상대하지 않고 여자만 상대한다. 또 일부는 수술 후 적응이 어려워 자살을 생각하기도 했지만, 전반적으로 삶의 질이 향상되었다고 보고한다(208, 413).

또 남성이 되려는 여성에게는 테스토스테론을 주입시켜 신체나 얼굴 등에 모발을 성장시키고, 목소리를 굵게 해 주고, 월경도 중단시켜 준다. 성기는 자신의 팔뚝이나 음부 조직을 이용해 만드는데, 성적 흥분에 대한 발기 반응이 불가능하지만 보철술에 의해 발기를 유지시킬 수 있다(287). 즉, 남성으로 전환하는 여성에게 남성의 고환이나 성기의 기능을 할 수 있도록 하는 것은 아직 불가능하다. 그러나 테스토스테론과 같은 남성 호르몬의 투여, 유방절제술 그리고 자궁절제술을 통해 남성으로 인정받을 수 있다(335).

26
성 전파성 질환

1. 질병 감염

성적 상호작용에 의해 파생되는 문제는 매우 다양하다. 성욕 표현에 의해 질병 감염 문제가 생길 수 있는데, 성욕을 자유롭게 표현하는 상황일수록 그 문제가 더 심해질 수 있다. 성교행위에 의해 감염되는 질환을 성병(venereal disease: VD)이라고 하는데, 비니리얼(venereal)은 사랑의 여신인 비너스를 추구한다는, 즉 성교를 한다는 뜻이다(122). 그러나 VD는 성교에 의해 전염되는 질병만을 칭하므로 성교 이외의 수단(예: 키스나 포옹, 애무 등)에 의해 감염된 질환은 여기에 해당된다고 보기 어렵다. 근래는 성교뿐만 아니라 성적 상호작용에 의해 전염된 모든 질병을 성 전파성 질환(sexually transmitted diseases: STD)이라는 용어로 부른다. STD는 과거 우리 조상들이 성적 상호작용의 결과로 초래된 질병을 완곡하게 표현했던 화류병(花柳病)이나 사교병(社交病)의 의미와 매우 유사하다(16).

대부분의 STD는 세균이나 병원체에 의한 감염으로 일어난다. 흔히 성행위 도중에 상대에게 전달할 수 있는 병원균은 적어도 20여 가지라고 한다. 그러나 다른 전염병들처럼 STD도 예방 차원에서 개인의 위생 관리가 매우 중요하다. 누구나 건강 유지 차원에서 성행위 전후로 생식기와 항문 부위를 잘 씻어 주면 서로 교환된 분비물이나 세균을 감소시킬 수 있다. 특히 비뇨기 점막은 병원균 감염에 매우 취약해 남성의 요도염이나 여성의 질염을 일으키는 부위가 된다. 일반적으로 매독과 임질을 일으키는 병원균은 물이나 비누에 매우 취약하므로 성행위 전후로 위생 차원으로 생식기 등을 씻는 것은 STD 감염 가능성을 감소시킨다.

물론 STD가 성행위에 의해서만 감염되는 것이 아니므로 다른 측면에서도 병원균 감염 예방에 노력해야 한다. 특히 사람의 배설물에 들어 있는 병원균은 간염이나 장염의 원인이 되기도 한다. 이처럼 내장이나 요도를 통해 병원균이 전달되는 위험을 줄이기 위해서는 음식물 취급 시 위생 관념에 철저해야 한다. 또 위생 관념 습관을 들일 때 여성은 생식기 구조상 배설물에서 나오는 병원균 침입을 예방하려면 화장실에서 대변 후 생식기에서 직장 쪽으로 닦아내는 것이 더 바람직하다. 일부 여성은 위생을 위해 질 속을 세척하는데, 과다한 세척은 질 속의 세균들의 정상적 균형을 깨뜨려 오히려 병원균 감염이 더 쉬울 수 있으니 조심해야 한다. 일반적으로 STD 감염원은 점막을 좋아하지만 피부의 상처도 공격하므로 몸에 상처가 있을 때 특히 병원균 감염에 유의해야 한다(229).

근래 STD 발생 빈도는 특히 1960년대 후반부터 꾸준히 상승하고 있다. 이러한 현상은 현대과학의 진보와 함께 여가 시간 증대나 피임법 발달 그리고 성의 자유화 물결 등으로 사람들이 성적으로 접촉할 기회가 많아졌기 때문이다(65). STD 감염 비율의 증가 추세는 효과적인 치료법 개발로 인해 상대적으로 예방에 너무 소홀한 탓도 있다. 이에 이 책에서는 1950년대 이후 다시 주의를 요하고 있는 박테리아에 의한 임질과 매독 그리고 1980년대 이후 세인들을 곤혹스럽게 하고 있는 바이러스에 의한 포진(Herpes)과 후천성면역결핍증후군(AIDS)에 초점을 맞추어 STD를 설명한다.

2. 임 질

임질은 현존하는 STD 중 역사가 가장 길다고 추정된다. 기록상 고대 중국 은나라의 한 황제(BC 2647년)는 임질을 여성 성기에서 유출된 독특한 물질이 남성의 성기에 묻어 요도에 염증이 생긴 질병이라고 정의하기도 했다(195). 임질은 고대 유대 사회에서도 번졌는데, 이러한 사실은 구약성서 여러 곳에 언급된다(예: 레위기 21장, 민수기 31장, 신명기 28장 등). 예를 들면, BC 1500년경에 기술된 레위기 15장에는 임질과 비슷한 증상의 질병을 통제하기 위해 공중보건수칙을 제정했다는 내용이 언급되어 있으며, BC 460년 히포크라테스도 고대 이집트, 그리스, 로마 문화권에 이미 임질이 존재했음을 언급했다(126).

로마 시대 갈렌(Galen)은 서기 130년 고름의 배출을 정액 유출의 의미로 고노리아 (gonorrhea)라고 불렀는데, 그리스어로 고노스(gonos)는 씨, 리어(rhea)는 흐른다는 뜻이다 (122). 우리나라에도 임질 관련 기록이 이미 『고려사』에 적혀 있다. 『고려사』 36권, 『동절요』 25권을 보면, 충숙왕 8년(1339) 5월 15일 밤 홍융의 계실(繼室) 황씨는 전왕인 충혜왕을 맞이해 그 집에서 잔치를 베풀었는데, 충혜왕은 의승(醫僧) 복산에게 황씨의 임질을 치료하게 했다고 한다. 전왕과 관계를 가진 상당수의 여성이 임질에 걸렸다고 되어 있다. 또한 『조선왕조실록』을 보아도 연산군이 20세에 임질에 걸렸다는 추측이 가능하다(56).

임질의 기록은 수천 년 전으로 거슬러 올라가지만, 임질균은 1879년 독일 세균학자 나이서(Neisser)에 의해 밝혀지기 시작했다. 그동안 임질과 매독을 제대로 구분하지 못했지만, 나이서가 그 원인이 되는 유기체를 임질균(gonococcus)으로 명명하면서 매독과 다르게 인식했다(126). 그로부터 5년 후 덴마크 세균학자 그램(Hans Gram)이 착색법을 이용해 그 균의 정체를 쉽게 찾아냈으며, 1885년 에른스트 폰 붐(Ernst von Bumm)은 그 균을 인공적으로 배양한 후 남성 요도에 주입시켰을 때 그 임질이 발병함을 증명했다.

보통 임질균은 습하고 따뜻한 곳에서 생존하며 인체 밖에서는 곧 죽는다. 따라서 화장실 변기에서 옮았다는 말은 사실과 다르며, 균의 잠복 기간은 2~9일 정도다. 균의 감염은 배양 검사를 통해 진단되는데, 몸 전체가 감염될 수 있으나 생식기나 목, 직장 등이 가장 감염되기 쉬운 부위다. 또한 균이 눈에 직접 접촉되면 실명되므로 신생아에게는 균의 침입 가능성에 대한 예방으로 질산은(silver nitrate) 성분의 안약을 넣기도 한다. 만일 균이 혈관으로 침입했다면 실명, 관절염, 심내막염, 뇌막염, 불임, 심장병, 전립선염, 부고환염 등의 결과를 초래할 수 있을 정도다. 그럼에도 임질은 현재 범세계적으로 퍼져 있다. 그 이유는 치료제의 효능으로 예방에 별 관심이 없기 때문이다. 임질은 면역이 생기지 않으므로 치료해도 다시 감염될 수 있다.

3. 매 독

매독은 1494~1495년 사이 겨울철에 최초로 발생했다고 추측되고 있다. 이탈리아 나폴리 주둔 프랑스 병사들의 생식기에 생긴 종양을 효시로 입, 발 등 다른 신체 부위에도 궤양, 종기 등이 생겼다. 프랑스 병사들에게서 처음 나타났기 때문에 불가피하게 프랑스 병(French sickness)이라 했던 매독은 곧바로 유럽, 또 전 세계로 확산되었다. 전염병 유행의 역사에서 매독처럼 빨리 전파된 예도 없었다. 유럽에서는 매독에 따른 용모 훼손을 최소화하기 위해 귀족이나 법원 판사들은 가발을 쓰기 시작했고, 또 비데라는 침실용 국부세척장치가 등장했는데, 이러한 문화적 산물은 아직도 여러 나라에 남아 있다. 매독의 명칭은 이탈리아 의사이자 시인인 프라카스토로(Gilorama Fracastoro, 1478~1553)가 1530년에 발표한 시에 언급된 목동의 이름 시필러스(syphilus)에서 유래했다(122).

매독과 관련된 질환의 조선시대 명칭은 천포창(天疱瘡)이나 양매창(楊梅瘡)이었다. 천포창은 1614년 이수광의 『지봉유설』의 질병 조항에 15세기 말이나 16세기 초 이후에 중국에서 들어온 병으로 기록되었으며, 양매창은 남녀 교접으로 전염되는 질병으로 외국에서 전래되었다고 허준의 『동의보감』에 기록되어 있다. 그러나 매독이 우리나라에 전국적으로 퍼지게 된 것은 임진왜란과 정유재란 때이며, 당시 일본인을 통해 우리나라에 처음 들어왔거나 아니면 다시 전파되었을 가능성이 크다. 한때 이 악병을 치료하기 위해 어린이의 간담(肝膽)을 약용으로 사용하려는 해괴한 풍습이 나돌아 애들이 마음 놓고 마을을 돌아다닐 수 없었다는 기록이 『선조실록』에 나온다. 즉, 1607년 5월 사람을 죽여 쓸개를 뺐거나 쓸개를 빼 중국에 팔아 이득을 취했다는 등의 기록이 있다(56).

매독은 스피로키트(spirochete)라는 미생물에 의해 감염되는데, 이 균의 존재는 1905년에야 밝혀졌으며, 1940년대 초 치료제 페니실린이 개발되었다. 그동안 매독은 수세기에 걸쳐 악마의 병으로 여겨 왔는데, 세인들은 페니실린 개발로 매독의 공포에서 벗어날 수 있었다. 페니실린 덕분에 매독 감염이 급감하자, 질병에 대한 두려움이 잦아들어 안전하지 못한 성행위를 자주 시도하게 되고 그로 인한 임신과 낙태 등의 사회 문제가 늘어나게 되었다(198). 매독균은 따뜻하고 습한 곳에서 생존하며 인체 밖에서는 곧 죽기 때문에 화장실 변기나 수건, 컵에서 감염되었다는 추측은 옳지 않다. 매독은 보통 감염된 자의 피를 수혈하거나 매독성 하감(chancre)을 지닌 사람과의 신체나 성적 접촉, 또 침이나 정액, 질 분비액과 같은 체액에 의해서도 감염된다. 일단 감염이 되면 10~90일 정도의 잠복기를 거치며 다음 단계 증상이 나타난다.

초기 증상으로는 하감이 나타난다. 즉, 초기에는 구진(papule)이 생겨 곧 붉은색의 궤양으로 변한다. 나중에는 그곳에서 황색의 액체가 흐른다. 하감은 3~6주 정도 사이에 상처를 남기고 저절로 치유된다. 2기에는 초기보다 더 다양한 증상이 나타나는데, 즉 초기와 마찬가지로 구진을 비롯하여 두통, 발열, 체중 감소, 일시적 탈모, 임파선 비대 등도 생긴다. 이러한 증상은 수주에서 수개월간 지속된다. 그다음 잠복기에는 모든 증상이 거의 사라진다. 그러나 이 시기에 혈액검사를 하면 매독균이 나타난다. 감염의 마지막 시기에는 서서히 피부, 심장혈관계, 중추신경계, 시력 등에 영향을 미치며, 이로 인해 정신병, 감각상실이나 동맥에 이상이 생기기도 한다. 이러한 과정은 20~40년에 걸쳐 나타나기도 한다.

매독은 초기나 2기에 전염성이 강하지만, 페니실린이 개발된 이후 거의 모두 초기에 치료가 된다. 매독의 진단은 증상이나 혈액검사로 이루어진다. 매독균 감염 후 혈액검사에서 양성 반응이 나타나려면 2~12주 정도가 걸린다. 그러므로 매독균에 감염되었어도 곧바로 혈액검사를 했을 경우 음성 반응이 나타날 수도 있다. 다른 목적으로 항생제를 복용하는 것은 그 항생제가 매독균을 퇴치시킬 수 있을 정도로 강력하지 않다면 증상을 은폐시켜 버린다. 매독은 한 번 걸렸다고 해서 면역이 생기지 않으며, 만약 감염된 여성이 이를 치료하지 않은 상태에서 임신한다면 유산이나 사산, 또는 태어난 후 곧 죽든지 아니면 기형아 출산의 가능성이 높다. 생존하더라도 태어날 때 매독에 감염되기 쉽다. 때문에 최소한 임신 16주가 넘기 전에 치료하는 것이 바람직하다.

4. 음부포진

포진(herpes)이란 피부 표면에 작은 수포들이 돋아나는 염증성 질환이다. 이러한 질환은 근래에 나타난 새로운 증상도 아니며 생명을 위협하지도 않는다. 이것은 단순히 '뻗어나간다'는 의미의 그리스어를 따서 지은 하나의 병원체 명이다. 이러한 포진 현상은 로마 황제 티베리우스(Tiberius, 재위 기간 AD 17~37)가 공공연히 키스하는 행위를 금지하던 시대부터 거의 2천 년 이상 존속하고 있다. 일반적으로 포진은 피부 접촉으로 나타나는 두 가지 유형, 즉 입술 주위에 수포가 생기는 제1형 포진(herpes Type I) 그리고 성기 부위에 수포가 생기는 음부포진 또는 제2형 포진(genital herpes, herpes Type II)이 있다. 아울러 포진은 피부 접촉과 무관하게 나타나는 유형도 다양한데, 그 대표적인 경우가 바로 소아기에 수두를 일으킨 뒤 몸속에 잠복해 있다가 다시 활성화되면서 발생하는 대상포진(herpes zoster)이다. 그와 같이 다양한 포진 중에서 1970년대 이후에 급속히 성행한 음부포진만을 STD로 취급한다.

음부포진은 상류층이나 젊은층에서 흔하게 나타나는데, 1980년대에는 약 2천만 명 이상의 미국인이 이를 겪고 있으며, 우리나라에서도 환자가 발생하고 있다. 병원체 감염은 감염된 사람과의 직접적인 신체 접촉에 의해 이루어진다. 접촉으로부터 증상이 나타나는 잠복 기간은 3~7일이며, 보통 피부에서 가려움증이나 따끔거림 증상에서 시작된다. 일시적으로 나타나는 증상으로는 성적 욕구나 관심 저하, 걱정, 죄의식, 무가치감 등 심리적 불안을 심하게 느낀다. 최초의 감염 증상은 2~4주 지속되다가 사라지지만, 긴장이나 피로가 심하거나, 정서적으로 불안정하거나, 살갗을 너무 강한 햇빛에 노출시키거나, 여성의 경우에는 월경이 나타날 시기에 그와 같은 증상이 재발될 수 있다. 재발 기간은 최초의 감염 때보다 짧고 증상 정도가 약하지만 완벽한 치료법이 아직 없다. 음부포진에 걸린 여성이 임신했을 경우 걸리지 않은 여성보다 자연유산의 확률이 3~5배나 높으며, 분만 시 아이에게 이를 감염시킬 확률도 40% 정도다(174). 신생아에게는 음부포진은 매우 치명적이다. 많은 여성은 자신이 음부포진에 걸렸는지를 확실히 모르기 때문에 임신 중에 포진의 감염 여부를 확인하는 것이 바람직하다. 만일 병원체가 발견되면 제왕절개수술로 출산하는 것이 더 바람직하다.

5. 에이즈의 발병 현황

1979~1981년 사이 미국 캘리포니아와 뉴욕 거주 젊은 남성 몇 명이 갑자기 죽었다. 유래 없는 증상으로 사망한 그들은 사망 이전에는 매우 건강했기 때문에 의학적 관심을 끌었다. 의학계에서는 신속하게 그 증상들의 세부사항을 수집·비교한 후 당시까지 나타나지 않았던 새로운 증후군임을 확인했는데, 1981년부터 그런 환자들이 늘어나기 시작했다. 게다가 유행병처럼 사망자 수도 계속 늘어나면서 일반인에게 공포의 대상이 되었다. 곧 의학계에서는 그 증후군을 가리켜 후천성면역결핍증후군(acquired immune deficiency syndrome: AIDS)이라고 명명했다. 이 새로운 질병의 여러 특성 중 하나는 보통 젊은 사람에게 나타나며 일단 발병하면 거의 죽음이 확실했다는 것이다. 그 명칭에서 후천성의 개념은 유전이 아니라는 뜻이며, 면역 결핍은 환자에게는 보통 사람들이 지니고 있는 면역 기능이 극도로 약해져 고갈된 상태를 말하며, 증후군이란 그러한 환자들에게 나타나는 증상을 총칭한다. 면역 기능이란 외부로부터 인체 내로 세균 등이 침입하면 이에 대한 항체를 생산하여 이들을 몸 밖으로 몰아내는 역할을 한다. 몸속에 있는 T임파구라는 백혈구는 그렇게 침입한 세균을 무력하게 만드는 결정적 역할을 하지만, 침입한 세균들이 그 T임파구를 선택적으로 파괴시켜 버리면 에이즈 환자가 된다.

불행하게도 1980년대 초까지는 에이즈를 잘 인식하지 못하다가 1981년 면역체계를 파괴하는 질병임이 처음 확인되었고, 1982년 말에는 성적 접촉이나 혈액에 의하여 감염된다고 알려졌고, 1983년 에이즈를 유발하는 바이러스(retrovirus)가 프랑스에서 처음으로 관찰되었고, 1984년 미국에서 바이러스의 검사기법이 개발되었다. 에이즈 원인으로 알려진 병원체를 HIV(human inmmuno-deficiency virus, 인간면역결핍바이러스)라고 부르는데, HIV 명칭은 국제 바이러스분류위원회(International Committee for the Taxonomy of Viruses)에서 채택되었다. 사실 HIV 발견은 경쟁과 비협조로 인해 몇 년 정도 지연되었다(74, 257). HIV는 인체의 여러 곳, 특히 혈액, 정액, 척수액, 질 분비액 등에서 많이 발견되는데, 감염된 사람과 성적으로 접촉하거나, 혈액을 수혈하거나, 오염된 주사 바늘을 함께 사용하는 것 등이 주 감염 원인 이다.

미국에서 몇 명의 환자가 발생한 1970년대 후반 이후 세계적으로 에이즈 희생자 수가 기하급수적으로 늘고 있다. 미국의 환자 발생 건수는 아프리카 지역을 제외한 지역 중에서 가장 높다. 특히 미국 거주 흑인집단의 에이즈 감염 비율은 백인집단의 3배 이상이다. 여성의 경우 그러한 차이가 더욱 심각하다. 흑인 여성의 에이즈 감염 위험성은 백인 여성보다 10~15배 정도 높다. 가난하고, 소수인종 집단에 속하며, 여성이 특히 STD 감염에 더 취약하다. 그 이유는 사회문화적 요인에 기인한 것인데, 공공교육이나 예방, 치료 등도 이러한 요인을 고려해야 한다(537). 멕시칸계 미국인도 에이즈 환자가 많은 편이다. 1986년도 통계에서는 전체 에이즈 감염자의 거의 40%가 흑인 및 멕시칸계 미국인들이었다. 전체 인구 비율에 의하면 그들의 감염 비율은 백인보다 최소한 2~3배나 높으며, 동성애자가 아닌 경우 백인보다 20배 이상이나 높다. 이처럼 비백인계의 이성애자들의 감염 비율이 높은 이유는 문화적인 차이로 해석되고 있다. 예를 들면, 멕시칸계 남성은 남성다움을 증명하기 위해 혼외 성교를 백인보다 훨씬 자주 추구한다. 또한 성매매 여성도 비백인계가 백인보다 에이즈 항체에 대한 양성 반응 비율이 2배나 높은데, 그러한 이유는 비백인계 남성이 이성애적 혼외 성교를 더 많이 추구하기 때문이다(399).

범세계적으로 HIV 감염자가 많은 나라는 미국을 비롯하여 프랑스, 브라질, 독일, 우간다, 탄자니아, 캐나다, 영국, 이탈리아 등이다. 보통 HIV에 감염된 자들은 1/3 정도가 감염된 지 1년 이내, 50%가 1년 반 이내, 그리고 80% 이상이 3년 이내에 사망했다. 다행스럽게 2000년대 이후로 HIV 감염자 수가 조금씩 줄어드는 추세다. 2011년도 말 자료에 의하면(507), 세계적으로 HIV 감염 상태로 생존한 자들은 3,400만(3,140~3,590만) 명이며, 15~49세 사이 인구의 약 0.8%가 HIV 감염자다. 특히 아프리카 사하라사막 남쪽 지역은 감염자 비율이 가장 높은데, 성인의 약 4.9%가 감염자로 이는 전 세계의 약 69%를 차지한다. 그 지역의 HIV 감염 빈도는 아시아 지역의 25배 정도에 해당된다. 아프리카 사하라사막 남쪽 지역 다음으로 빈도가 높은 지역은 카리브해, 동유럽, 중앙아시아 지역으로 성인의 1.0% 정도가 HIV 감염자다. 아시아 지역은 동부, 동남, 남부 지역을 모두 합해서 감염자가 5백만 명 정도다.

우리나라에서도 1987년에 처음으로 HIV 감염자가 발생했는데, 그 후 감염자 수가 점점 늘고 있다. 질병관리본부에 의하면, 신규감염자 수가 2004년 610명에서 2010년 773명, 2013년 1,013명 등으로 증가하는 추세이며, 누적된 감염자 수도 2006년 4,580명, 2011년 8,544명 등으로 증가하고 있다.

6. 에이즈의 공포와 치료

누구든지 HIV에 감염된 사실을 알게 되면 절망하기 마련이다. 감염자들의 우울증은 HIV 감염 증상인 피로감 지속, 발한, 근육통 증상과 상관이 높다. 환자들을 분석한 결과 우울증을 측정하는 척도에서 슬픔이나 비관, 실패나 불만족, 죄의식, 자살 기도 등의 인지적이고 정감적인 내용은 HIV 감염 초기와 관련이 높으며, 식욕 상실이나 피로감, 불면증 등의 신체적 내용은 HIV 감염 이후 일정 기간이 지나 증상이 발달한 경우와 관련이 높았다(281).

초기 에이즈 환자들이 나타났던 탓에 미국인은 1980년대 후반까지만 해도 에이즈에 대한 공포가 매우 심했다. 의료진도 환자들에게 접근하는 것을 두려워했고, 환자들은 직장에서 해고당하기도 했다. 그러한 근거 없는 공포의 예를 들면, 1986년 10월 미국의 뉴잉글랜드 소재 벨(Bell) 회사 직원 30여 명은 동료 한 명이 에이즈에 걸렸다는 사실을 알고는 집단으로 퇴사해 버렸다(409). 또 다른 예로, 플로리다 알카디아(Arcadia)에 사는 삼형제가 모두 HIV 검사에서 양성으로 판명되었다는 소문이 나자 이발사는 그들의 머리 자르기를 거부했으며, 교회 목사도 일요일 예배 참석을 금지했다. 결국 그들이 사는 집은 불에 타 버렸다(262). 거의 모든 유행병은 항상 비합리적이고 미신적인 면을 내포하는데, 불행하게도 에이즈도 예외가 아니었다.

초창기에는 환자의 대다수가 남성 동성애자였기 때문에 에이즈를 게이댄서(gay dancer)나 게이역병(gay plague)이라고 불렀다. 그러나 나중에 여성, 어린이, 이성애 남성 환자들이 생기면서부터 이를 다른 각도에서 보기 시작했다. 남성 동성애자에게 에이즈가 많이 발생하는 근본 이유는 항문성교 시 연약한 세포들로 구성된 직장 벽에 상처가 쉽게 생기고, 그 상처의 모세혈관을 통하여 정액 속의 HIV가 침입하기 때문이다. 그들이 파퍼(popper)라는 각성제를 많이 사용한다는 사실도 HIV 감염 이유 중 하나다. 질산 흡입제(nitrate inhalants)에 속하는 이러한 각성제는 흥분을 조장하는 동시에 인체의 면역체계를 약화시키는 기능을 한다. 이성애자인 남성도 약물에 취한 상태에서는 콘돔을 사용하지 않은 채 동성을 상대로 성행동을 하게 되고, 이로 인해 상당수가 HIV에 감염된다(252). 약물 사용자들은 오염된 주사 바늘을 서로 나누어 쓰면서 HIV에 감염되며, 혈우병을 앓고 있는 사람들은 혈우병 치료에 이용된 혈액 제재가 원인이었다. 그들은 남의 피를 수혈해야 하는데 오염된 피나 주사 바늘을 통해 역시 감염될 수 있었다. HIV 감염은 성별에 따라 차이가 나는데, 보통 여성의 발병률은 남성보다 훨씬 더 낮다. 그 이유는 여성의 질 벽은 비교적 튼튼한 세포로 덮여 있어 감염된 남성과 성관계를 갖더라도 HIV가 들어 있는 정액이 질 벽을 뚫고 침입하기가 어렵기 때문이다. 그러나 만약 여성이 감염자라면 태어난 아이가 모친에 의해 감염될 확률은 매우 높다.

HIV에 노출된 사람이 모두 감염되는 것은 아니다. 또한 HIV 감염자가 모두 에이즈 환자가 되는 것도 아니다. 어떤 사람은 감기 증상처럼 나타났다가 증상이 사라지기도 한다. 에이즈 환자 진단 시 주요 증상은 평소보다 10% 이상의 체중 감소, 1개월 이상 만성적인 설사 현상 그리고 1개월 이상 간헐적인 고열 상태라고 WHO에서 규정하고 있다. 2차 증상으로 1개월 이상 지속되는 기침, 온몸이 가려운 피부병, 계속되는 수포진, 임파선 종창, 카포시육종(Kaposi's sarcoma, 피부에 나타나는 자주색 결절), 뉴모시스티스 카리니 폐렴(pneumocystis carinii) 등이다. 유감스럽게도 아직도 에이즈를 완치할 수 있는 약품은 개발되지 못한 실정이다. 현재 미국 FDA의 승인을 얻고 판매되고 있는 치료제들은 단지 투병 기간을 연장시킬 뿐이다. 이러한 이유로 많은 사람은 에이즈 출현이 성을 너무 왜곡시킨 인간에 대한 신의 경종일 것이라고 말한다(65).

7. 성행동의 안전성

성행동과 질병 감염의 관계를 살피는 연구에 따르면, 개인의 여러 특성에 따라 질병 감염 위험성이 다르다. 우선 남성이 여성보다 성적으로 접촉하는 빈도가 높아서인지 질병에 감염될 위험도 더 높다. 또 성인에 비해 청소년의 성행동은 질병을 예방하는 차원과 거리가 멀다. 특히 남자 청소년은 우연히 만난 상대와 성교가 이루어질 가능성이 높은 까닭에 STD 감염 확률이 매우 높은 반면, 여자는 지속적 관계를 유지한 상대와 성적으로 접촉하므로 남성보다 위험성이 더 낮은 편이다(495). 또 술이나 약물을 오용하는 경우 의사결정이나 판단 능력이 떨어져 안전하지 못한 성행동 발생 확률이 높다. 물론 조사 대상의 특성에 따라 일관된 결과를 보이지는 않지만, 술이나 약물 오용은 위험성이 높은 성행동 지표가 된다. 그렇다면 에이즈와 같은 STD의 예방 정책에서 약물 사용이나 오용과 관련된 특성을 중요시해야 할 것이다(315).

또 성매매업계의 종사자들이 비종사자들보다 STD 감염 위험이 더 높다. 성매매 종사자들 중에서도 콘돔을 거의 사용하지 않는 여성은 에이즈를 비롯한 STD에 대한 심각성을 잘 인지하지 못하고 있다. 그들의 상당수는 경제적인 궁핍으로 혼자서 거리에 나서서 성매매를 하고 있는 경우였으며, 아동기나 성인기에 폭력이나 학대를 받은 비율이 상당히 높았으며, 정신·신체질환 정도도 심한 편이다(512). 역시 성매매 종사자 중 이성의 복장을 착용하고 고객을 유치하는 자들은 그렇지 않은 종사자에 비해 에이즈나 매독 등 STD 감염 비율이나 약물 등의 남용 비율이 매우 높은 편이었다(107).

사회경제적 수준에 따라서도 STD에 대한 인식이 다르다. 도시 거주자들을 대상으로 에이즈, 범죄, 아동 보호, 취업, 주택, 교통, 약물 오용 등의 심각성을 비교한 결과, 일반적으로 저소득 계층은 에이즈 문제를 주택이나 취업 등 생존에 관련된 문제에 비하여 심각하게 생각하지 않았다. 또 에이즈가 아닌 STD에 감염되어 치료받고 있는 중산층 도시 거주자들을 조사한 결과, 남성 환자들은 에이즈를 범죄, 약물 오용, 10대 임신, 사회적 차별 등과 유사할 정도로 심각한 사회 문제라고 답한 반면, 여성 환자들은 알코올중독이나 아동보호 등과 유사한 수준이라고 했다(280).

실제로 감염자들을 연구한 바에 의하면, 비감염자들과 여러 면에서 차이를 보였다. 스웨덴에서 HPV(human papilloma virus, 유두종 바이러스)에 감염된 여성 66명과 그렇지 않은 여성의 성행동 특성을 비교한 결과, 감염자가 후자보다 첫 성교를 경험한 연령이 더 어렸고, 성 파트너 수가 더 많았고, 해외여행 시 우연한 상대와의 성교 경험 비율이 더 높고, 파트너가 아닌 다른 남성과의 성교를 가진 비율도 더 높았다. 또한 과거에 성적으로 학대받았던 비율도 더 높은 편이었다(457).

에이즈 등 STD 감염 위험성을 줄이기 위한 연구는 남성 동성애자 및 이성애자들의 콘돔 사용에 대한 태도를 매우 중요한 요인으로 여기고 있다. 대학생들을 상대로 한 콘돔에 대한 태도 검사를 보면, 성 역할에 따른 차이가 있다. 여성은 자신이 콘돔을 구입, 소지 또는 집에 보관하는 행위를 부정적으로 여겼지만, 질병과 임신의 예방 수단이 되는 콘돔 사용에는 매우 호의적이었다. 그래서 남성이 여성보다 콘돔을 소지·구입하는 경향이 더 높은 편이었다. 반면 콘돔의 소지 행동에 대해서는 여성보다 남성이 성적으로 더 문란한 것으로 이해하고 있었다. 동성과 성행위를 하는 남성의 경우, 항문성교를 경험하기 시작했던 나이가 어릴수록, 상대가 자신보다 나이가 많을수록 콘돔 사용을 상대방에게 제대로 요구하지 못한 편이었다(88). 또 동성을 상대로 성매매를 하는 남성은 고객에게 콘돔 사용을 요구하더라도 상대방이 돈을 더 지불하면서 콘돔 사용을 원하지 않을 때에는 상대방의 요구를 따른 성행위를 하는 편이었다(99). 그러나 에이즈와 같은 질병의 확산을 막기 위해서는 감염되지 않았음을 확신하기 전에는 가까운 상대라고 하더라도, 그 상대가 누구이든지 상관없이 콘돔을 사용하는 것이 바람직하다. 곧 콘돔을 구입하거나 소지하는 것 등은 성적으로 무분별한 행동을 위한 사전 행위가 아니라 예방 차원의 행위로 받아들여야 한다(435).

27
성폭력

1. 강간의 의미 및 형태

인간은 진화 과정에서 직립보행이 가능해지자 여성의 골반 위치가 이동해 성교 자세도 후미 성교로부터 정면 성교로 바뀌었다. 후미 성교를 시도하는 동물들은 보통 암컷의 의지와 무관한 교미가 이루어지기 어렵지만, 사람들은 서로 얼굴을 마주보고 정면 성교를 시도하므로 여성의 의사와는 상관없이 성교가 가능하다. 또 정면 성교가 가능한 생리적 구조와 기능을 살펴보면, 성적으로 흥분되지 않은 여성과의 강제 성교는 가능해도 성적으로 준비가 되지 않은 남성과의 강제 성교는 거의 불가능하다.

강간에 대한 가장 일반적인 고정관념은 인적이 드문 곳에서 낯선 사람이 갑자기 나타나 강제로 성행위를 하는 것이다. 그러나 이를 비롯하여 실제로는 다양한 형태의 강간이 발생하고 있다. 강간은 우선 피해자(희생자)와 가해자(공격자)와의 면식 관계에서 이분할 수 있다. 우선 강간이 발생할 시점까지 피해자와 가해자가 서로 면식 관계가 없는 낯선자 강간(stranger rape)이 있는데, 이 경우 가해자는 자신의 신분을 은폐하기 위해 복면을 쓰거나 피해자의 얼굴을 수건 등으로 가리기도 하고, 물리적 폭력이 수반되기도 한다. 또 다른 형태는 피해자와 가해자가 최소한의 인간관계를 형성하고 있는 친근자 강간(date rape, friend rape, acquaintance rape 등으로 부르나 nonstranger rape로 통칭)이다. 쉽게 표현하면, 친근자 강간이란 친구, 연인, 지인 등이 피해자의 의지에 반하여 가하는 성행위라고 정의된다. 근친상간은 이러한 정의에 포함시키지 않으며(540, 545, 546), 피해자와 가해자가 부부 사이라면 부부 강간(marital rape)이라 부른다(19).

최근까지 강간을 법적으로 정의할 때 성기 삽입의 성행위가 피해자의 동의 없이 발생했다는 강제성이 내포되어 있었다. 곧 강간으로 고발되면 가해자 측 변호인은 법적으로 강간이 아니라고 변호한다. 특히 친근자 강간의 경우, 무슨 일이 발생했으며, 왜 동의했다가 마음이 변했는지, 또는 왜 남성은 여성이 성교에 동의했다고 해석하게 되었는지 등의 엇갈린 진술이 오고가면 피해자가 불리했다. 생리학적으로도 강간은 논쟁거리가 되었는데, 가해자 측 변호인은 반항하는 여성과의 성교가 불가능하다고 주장하는 논리를 흔히 "움직이는 칼집에 칼을 꽂을 수 없다."고 전개하기도 했다. 가해자가 강간을 시도했던 여러 상황에서 실제로 성기 삽입 성행위가 성립되지 못했던 경우도 많다. 여성이 성공적으로 저항했다든지, 공격자가 음경의 발기 상태를 유지시키지 못했거나 또는 공격자가 상황에 따라 성교를 시도하기 전에 도망을 가 버릴 수도 있다. 이러한 경우도 피해자에게 정신적 상처를 주지만, 법적으로는 성교가 성립되지 않아 강간 미수(attempted rape)에 해당된다.

성인이 법적 미성년자와 성관계를 가질 경우 미성년자 강간(statutory rape)이라고 부른다. 문화권마다 미성년자의 기준이 약간씩 다르지만, 우리나라에서는 13세 미만을 형법상 미성년자라고 규정한다. 일반적으로 미성년자인 여자가 성인과의 성교에 동의했더라도 그녀는 법적으로 자기 행위에 대한 개념을 정확히 파악할 정도의 지식이 없으므로 이를 강간으로 규정하며(375), 우리나라 「형법」 305조에도 그런 맥락이 들어 있다. 즉, 그녀는 자기의 성행위에 대한 책임이 전적으로 없다고 가정하므로 강제성이 전혀 수반되지 않았을지라도 신고하면 강간으로 처벌된다. 예를 들면, 17세기 미국 매사추세츠에서는 10세 미만의 여아와 성교를 하면 사형에 처했으며, 10세 이상이더라도 그녀가 동의하지 않았을 경우 성교 사실을 2인 이상이 증언하면 사형에 처했다(326).

또 가해자가 2인 이상이면 윤간(group 혹은 gang rape)이라 하지만, 이 분야에 대한 연구는 그렇게 많지 않다. 일반적으로 윤간의 가해자들은 피해자를 구타하고, 모욕을 주고, 성적 굴욕을 가하면서 자신의 부적절감을 은폐하려고 한다. 윤간행위에는 이를 계획한 주동자가 있으나, 공모자들도 모두 주동자와 함께 죄의식이라는 운명에 얽매여 있다. 일반적으로 윤간의 주동자는 피해자를 상대로 한 범죄를 먼저 저지른다. 공모자들은 동료 앞에서 자신의 존재를 확인하면서 집단행동 충동을 영속시키고 있다. 주동자는 자기의 행위에 대한 불안을 느끼기 때문에 다른 공모자들보다도 더 격렬한 반응을 보이는데, 극단적으로는 살인도 저지른다. 윤간을 범하는 청소년은 대부분 자신의 남성다움을 동료들에게 보이고 싶은 욕망이 매우 크다(79).

2. 친근자 강간

친근자 강간(nonstranger rape)은 피해자와 가해자가 서로 알고 있는 사이라는 점에서 낯선자 강간과 구분된다. 혹자는 자의적인 만남에서 발생한 친근자 강간을 강간으로 여기지 않기도 한다. 특히 데이트 관계에서 성행위가 발생하였거나, 물리적 폭력을 사용하지 않고 단지 언어적 압력을 가했다면 대부분의 젊은이는 이를 강간이라고 해석하지 않는다. 그러한 이유에서 친근자 강간 피해자들은 낯선자 강간 피해자들에 비해 강간을 제대로 신고하지 못하고 있다. 또 피해자 자신도 이를 신고하거나 다른 사람에게 이야기해도 아무도 믿어 주지 않을 것이라고 생각한다. 그래서 친근자 강간은 강간 형태 중 신고 비율이 가장 낮고, 심리적으로 가장 심한 상처를 입는다. 친근자 강간은 여성권익운동가들의 노력으로 1980년대에 세인의 관심을 끌기 시작했다. 대다수 문화권에서 발생 빈도를 정확히 파악하지 못하고 있는데, 우리 문화권에서도 근래까지 이 문제에 대한 현실적인 지각이 상당히 낮았다. 어쨌든 친근자와의 원하지 않는 성교는 처음에는 물리적 폭력이 아니라 여성을 속이기 위한 설득에 의해 개시되는 경우가 허다하다. 이러한 형태의 강간은 보고마다 다르지만, 신고된 전체 강간 중 거의 항상 과반수를 차지하고 있다.

친근자 강간의 발생 과정에서 남성은 여성의 신뢰를 얻기 위해 거짓말을 이용한다. 역시 피해자로부터 확신을 얻기 위해 다른 여자가 공모자 역할을 하기도 한다. 친근자 강간에서도 언어적 협박 이외에 물리적 강제성이나 폭력이 수반되기도 한다. 그래서 피해자는 가해자를 이중인격자처럼 느끼는데, 그럼에도 많은 사람이 이러한 상황을 강간으로 해석하지 않는다. 특히 그러한 일이 그들의 거주 환경 내에서 발생했다면, 이를 강간으로 해석하기는 더욱 어렵다. 그래서 친근자 강간이 발생한 경우 피해자는 다른 사람과 이를 쉽게 논의하지 못한다. 또 피해자는 친근자와 형성되었던 기존의 신뢰 관계에 대한 배반이나 수치감, 죄책감 등으로 이에 대한 논의를 회피한다. 그들이 받은 심리적 상처의 흔적은 쉽게 사라지지 않으므로 전문적 도움을 필요로 하는 경우가 많다.

친근자 강간은 대학에서도 많이 발생한다. 미국 켄트 대학교 조사에 의하면, 과반수의 여학생들이 남학생들로부터 성관계를 위한 언어적 위협, 물리적 폭력이나 강요를 받았다고 한다. 또 27%의 남학생들은 성교를 원하거나 여성이 저항할 때 정서적이고 물리적인 강제력을 어느 정도 사용했음을 자인했는데, 그러한 관계에서 적어도 8명 중 1명의 여성이 강간을 당했다고 언급했다(91). 왜 그러한 사건이 젊은층에서 자주 발생하고 있는가를 알아보기 위해 대학생들을 대상으로 친근자 강간에 대한 태도를 측정한 결과, 강간에 대한 지각이나 일반적인 믿음 그리고 데이트 중 발생하는 상황 해석 등에서 성차가 크게 드러났다. 또 남녀모두가 전통적으로 구분된 성 역할을 지지하고 있었는데, 특히 남성은 대인관계에서 폭력이나 위압을 사용하는 것을 여성보다 더 합법적이라고 생각했다. 즉, 전통적 성 역할의 집착이 친근자 강간 발생의 가능성을 높이고 있었다(547).

그와 같이 구분된 전통적 성 역할은 데이트 관계에서 발생할 수 있는 상황을 잘못 해석하게 한다(372). 예를 들면, 데이트 비용도 상황의 해석에 한몫을 한다. 전통적으로 데이트 신청은 남성이 여성에게 하는 것이며, 데이트 과정에 소용되는 경비도 거의 대부분 남성이 지불한다(〈표 27-1〉 참조). 그러므로 남성은 만일 여성이 데이트를 신청해 오면 그녀가 성관계를 원하고 있다고 해석한다. 이러한 상황에서 강제 성교가 발생해도 남성은 여성이 먼저 데이트를 신청했기 때문에 이를 정당화하려고 한다. 또한 데이트 경비를 남성이 일방적으로 부담하게 되면, 어떤 남성은 그 대가로 성관계를 갖는 것을 당연하게 생각한다. 만약 여성이 성교에 응하지 않는다면, 그 남성은 묵인된 거래에 대한 약속 위반으로 여기고 당연히 강제 성교를 시도할 가치가 있다고 믿는다(19, 372).

표 27-1 1999~2005년도 1회 데이트 경비의 부담 내역

(단위: 원)

시기	사례 수	데이트 경비	남성 부담액	여성 부담액	남성 부담 비율(%)
1999년	469	22,740	16,490	6,250	72.2
2000년	469	25,430	17,550	7,880	68.8
2001년	553	30,060	21,000	9,060	70.7
2002년	370	36,970	25,920	11,050	70.6
2003년	307	36,490	25,260	11,230	69.5
2004년	617	36,500	25,620	10,890	70.2
2005년	313	36,350	26,100	10,240	69.0

주: 상기 자료는 최근 3개월 이내에 데이트 경험이 있는 대학생을 상대로 가장 최근의 데이트에 사용된 경비 및 자신이 부담한 금액을 조사한 내용인데, 응답 중에서 3천 원 미만의 응답자와 15만 원을 초과한 답변을 제외한 것이다(37).

또 다른 예로 데이트 과정에서 남녀 간 의사소통의 오해도 상황의 해석에 한몫을 한다. 남성이 데이트 파트너인 여성에게 성관계를 제안할 때 여성이 거절했을 경우 그 이유가 무엇이겠는가를 대학생들에게 질문하여 그 답변 내용을 분석한 바에 따르면, 성차가 나타났다. 남성은 그녀가 전통적인 여성의 정숙함을 드러내기 위해서 고의로 거절했다는 이유가 가장 빈번한 응답이었고, 여성이 성행위를 도구로 이용하여 자신을 조정하려는 의도에서 거절했다는 응답도 꽤 많았다. 그 반면에 여성은 그 남성이 단순히 성관계만을 목적으로 그녀를 만나려고 하거나 확실한 결혼 파트너가 아닐 수 있다는 판단에서 거절했다는 응답이 가장 빈번했고, 성관계에 응하면 정숙하지 못한 여성으로 평가되는 것이 두려워 거절했다는 응답도 꽤 많았다(14).

3. 부부 강간

고대의 남성 문화권에서는 아내는 남편의 재산에 해당되었다. 이는 남편이 원할 때는 언제나 부인의 신체를 마음대로 할 수 있다는 뜻이다. 기독교 문화권 전통에 의하면, 부부는 당연히 성관계를 하는 사이이므로 아내의 의지에 반해서도 남편은 성행위를 할 수 있었다. 그 증거를 1778년 헤일(Matthew Hale) 경의 저서(『The history of pleas of the crown』: 영국 법의 기초가 됨)의 "아내를 강간했다는 남편은 유죄가 될 수 없다. 그 이유는 결혼이라는 계약 자체가 부부간의 성관계에 동의한 것이고, 이를 아내가 취소할 수 없기 때문이다."라는 구절에서 찾을 수 있다(126). 근래의 법에도 결혼이라는 단어에는 "부인은 성교에 항상 동의한다."는 의미가 내포되어 있다(266). 이러한 조건에서는 남편이 부인에게 폭력을 가하면서 성행위를 해도 강간이 아니다. 즉, 전통적 결혼체제의 관점에서는 성행위를 결혼 계약의 일부로 보기 때문에 부인이 남편으로부터 강간을 당했다고 법적으로 고소할 수 없다. 부인은 항상 지배자인 남편의 욕망이나 욕구에 거역하지 않고 따라야 한다. 부계사회의 가치체계에서는 이러한 불평등한 결혼 구조를 당연시했다(523).

그러나 근대적 의미에서 성교를 원하지 않는 부인의 옷을 찢고 목을 누르면서 남편이 강제로 성교를 시도한다면, 아내는 과연 부부이기 때문에 묵묵히 참고 살아야만 하는가? 또한 부인은 남편이 원하는 경우 항상 성교에 응해야 하는가? 이러한 물음에 대해 일부 여성은 남편을 거부할 권리가 전혀 없다고 보지만, 일부 여성은 남편의 폭력과 지배적 태도에 저항해 싸우기도 한다. 후자의 예로 1978년 미국 오리건 주 법정에 한 여성(Greta Rideout)이 남편(John Rideout)을 강간으로 고소해 화제가 되었다.

부부 강간은 낯선 자에 의한 강간에서와 마찬가지로 분노, 지배욕, 때로는 성적 강박증이 동기가 된다. 아내는 다른 강간의 피해자처럼 심리적 상처를 심하게 받는데, 그 상처는 매우 오랫동안 남는다. 아내는 여자로서의 자긍심 저하, 이성애적 행동에 대한 거부감, 배신감, 환멸감 때문에 일상적인 친교 관계도 형성하기 힘들어진다. 그들은 남편에게 단순히 폭행을 당한 부인보다도 더 심한 상처를 받는다. 보통 부인을 강간한 남성은 다른 남성들보다 음주 문제를 더 많이 지니고 있다(109, 523).

부부 강간은 일반적으로 아내를 구타하는 남성에게서 자주 나타난다. 한 보고서에 의하면, 미국인 부부 16%가 매년 폭력 상황을 경험했으며, 부인들의 4% 정도는 남편으로부터 심한 구타(wife battering)를 당하는 매 맞는 여성(battered women)이라고 했다(188). 또 러셀은 자신이 조사한 표본의 14%가 남편으로부터 성관계 때문에 폭행을 당했다고 하였다(434). 폭행을 당한 여성은 남편을 비롯한 남성에 대한 두려움이 매우 큰 편이다. 다행히 1990년대에 들어와 서구의 여러 문화권에서 부부 강간을 법적으로 인정하고 있듯이 우리 문화권에서도 매 맞는 여성이나 부부 강간에 대한 법적인 인식이 달라지기 시작했다. 우리나라는 1998년 7월 1일부터 「가정폭력 범죄의 처벌에 관한 특례법」이 시행되면서 부부의 폭력 문제를 제3자가 수사기관에 신고할 수 있었으며, 가정폭력을 휘두른 자는 피해자에게 접근을 금지시키는 등의 처벌을 받는다. 남편이 법률상의 아내에게 성관계를 강요하는 행위는 강간이 아니라는 1970년도의 대법원 판례가 있었지만, 2004년 8월에는 최초로 아내에 대한 강제 성추행으로 유죄 판결을 받은 남성이 있었고, 2013년 5월 대법원에서는 부부 사이에도 강간이 성립된다고 판시했다.

4. 전통사회에서의 강간 해석

성차별에 의한 성폭력은 고대사회에도 발생했다. BC 3000년경 바빌로니아문명 시대에서는 남편의 소유물이었던 기혼 여성이 강간을 당하면, 그녀를 강간범과 함께 묶어 강물에 던져 버리도록 규정했다. 그녀의 남편은 그녀를 구출한 의사가 있으면 물속에서 건질 수도 있지만, 그렇지 않으면 그 처벌로 물에 빠져 죽든지 도망쳐 나와 살든지 상관하지 않았다(117). BC 10세기경 번성했던 유대 문화권에서도 여성은 남성의 재산이었으므로 강간은 당시 다른 남성의 재산을 절도한 행위에 불과했다. 한 남성의 딸을 강간한 남성은 딸의 아버지에게 돈을 지불하거나 결혼하면 문제가 해결되었다. 또 아버지가 딸의 성행위에 대한 대가로 돈을 받을 수도 있었지만, 딸이 자기 마음대로 자신이 선택한 남성과 성관계를 하고서 돈을 받아 챙기면 중범에 해당되었다. 부친의 허락 없이 그런 행위를 한 평민의 딸은 돌에 맞아 죽게 되어 있었으며, 성직자의 딸일 경우 화형을 시킬 수 있었다. 그러나 12세 미만의 딸이 부친의 허락 없이 그런 행위를 했을 때는 12세가 될 때까지 처벌을 연기했다(74). 역시 기혼 여성도 강간당하면 강간범과 함께 돌로 쳐 죽였다. 특히 그녀가 도시 성곽 내에서 강간을 당한 경우 처벌 대상이 되었는데, 그 이유는 단순히 소리를 질러 강간을 막을 수 있다고 믿었기 때문이다(구약성서 신명기 22장 28~30절).

일부 문화권에서는 강간의 일상적인 개념을 그대로 적용하지 않는다. 예를 들면, 뉴기니아 아라페시(Arapesh) 족의 경우 기질이나 특성, 기능 등에서 성차가 없으며, 성 역할도 뚜렷이 구분되지 않았기 때문에 일방적인 공격에 의한 강간 개념이 존재하지 않는다(321). 아프리카 사하라 지방 튀레그(Tuareg) 족도 그와 유사한데, 남성은 여성으로부터 성적으로 거부당해도 전혀 이에 대한 반감을 갖지 않는다. 아프리카 이투리(Ituri) 지방 피그미 족도 마찬가지로 남성이 여성의 옷을 찢고 나서도 그녀의 허락이 없으면 절대로 강제 성교를 시도하지 않는다(441). 그 반면 동아프리카 케냐 고지대의 키큐유(Kikuyu) 족은 소년이 아동기에서 벗어난 성인으로 인정받기 위해 강간을 범해야 하는 의식이 근래까지 있었다. 성년식의 일부로 소년이 강간을 범하여 남성다움을 증명해야 키큐유 족 여자와 결혼할 수 있었다. 결국 성년식을 치르는 소년들은 떼를 지어 산간 지방으로 강간의 대상을 찾는데, 최적의 공격 대상은 적대국인 이웃 부족의 여성이었다. 실질적으로 이처럼 의식에서 소년들은 여성을 제대로 강간하지 못하더라도 그러한 절차를 밟아야만 성인으로 인정받았다(441).

케냐 고원지방의 구시(Gusii, Kisii) 족은 강간 발생률이 보통의 선진국보다 훨씬 높다. 그 이유는 결혼을 심한 폭력이나 고통 등이 수반되는 남녀 사이의 투쟁이라고 생각하기 때문이다. 그 투쟁을 이기지 못한 남성은 적대 관계의 이웃 부족으로부터 신부를 구해야 하는 부담 때문에 자기 종족의 여성을 강제로 취하려고 노력한다. 이러한 이유에서 구시 족 소년들은 혼전 성교가 금지되었지만, 여성을 유혹하여 강제 성교를 시도한다. 또한 구시 족은 남성이 여성의 저항을 물리치고 여성에게 고통을 주는 성행위를 정상이라고 여긴다. 그래서 결혼 초야부터 신부가 성교 후 걸음을 제대로 걸을 수 없어야 신랑은 친구들로부터 체면을 유지했는데, 성교에서 여성이 고통스러워 울음을 터뜨린다면 그는 친구들에게 의기양양한 자세를 취할 수 있다. 이러한 전통적 성 역할 때문에 구시 족 여자들은 일반적으로 남편일지라도 항상 성교를 거부하면서 남성의 성적 능력에 대하여 끊임없이 비난하고 희롱하는데,

이러한 행위들이 남성의 강간을 자극하는 원인이 된다(321).

5. 전쟁과 강간

『삼국유사』 제2권 김부대왕(신라 56대왕) 편에 후백제 견훤이 927년 신라를 침공해 당시 신라 55대 경애왕을 강제로 자결시키고 왕비를 욕보였으며, 부하들에게 왕의 첩들을 욕보이게 했다는 대목이 나온다. 임진왜란과 병자호란 중 조선의 수많은 여인이 침입자들로부터 강간의 피해자가 되었으며, 1960~1970년대의 베트남전쟁에서는 수많은 베트남 여성이 미군이나 한국군에게 강간을 당하였다. 역시 1950년대 한국전쟁 당시에도 미군들의 강간행위는 예외가 아니었다. 전쟁 중에 발생하는 강간은 동서고금을 막론하고 예외가 없었다. 이슬람교도로부터 예루살렘을 해방시키기 위해 전 유럽에 걸쳐서 신성한 행진을 했던 12~13세기 십자군 전사들도 종군 도중 수없이 강간을 범했으며, 제1차 세계대전 당시 독일 군대는 유럽지역에서 강간을 범하며 날뛰었다(117).

그렇다면 전쟁과 강간에는 어떠한 관계가 있는가? 교전의 압력 그 자체가 남성에게는 순수한 성적 의미로서 하나의 자극제가 될 수 있는데, 이로 인해 강간이 발생한다. 전쟁 시 공격에서 나타난 흥분은 성행위에서의 쾌감처럼 남성적이다. 또한 전쟁 중 발생하는 강간행위는 집단으로 행해지는데, 전쟁터에서의 윤간행위는 적군을 도덕적으로 짓밟는 기능, 고조된 공격성이나 공포감의 위로 기능, 남성의 유대 강화 기능, 또 지배욕 증가 기능을 한다. 브라운밀러(Brownmiller)는 명령을 하달하고 명령에 복종하는 남성의 군대 문화가 남성의 도착상태의 우월감을 고취시키고, 또한 강간을 용납하는 분위기를 조장한다고 비난했다. 즉, 전쟁은 여성에 대한 경멸이나 모욕을 표현하는 심리적 배경을 완벽하게 마련해 주고 있다(117).

프로이트에 의하면, 인간이 지닌 기본적인 본능은 크게 삶의 본능(eros) 차원의 성욕과 죽음의 본능(thanatos) 차원의 공격성으로 이분된다. 그 기본적인 본능들의 발산은 스스로 적절하게 억압하고 조절해야 다른 사람들과 원만한 관계를 유지하면서 일상생활을 영위해 나갈 수 있다. 그와 같은 억압이나 조절 능력은 사회화 과정을 통하여 학습되지만, 억압이나 조절하고 있는 본능적 욕구도 일상생활 도중에 외부 자극을 받을 때 표출되고자 하는 경향을 보인다. 그 극단적인 예로 전쟁 상황을 들어 보자. 전쟁은 공격성을 최대한 발휘해야 하는 상황이어서 억압하고 있던 공격성의 본능이 발산되기 쉽다. 한 연구에 의하면, 억압하고 있던 본능적인 욕구들은 한 차원의 자극에 의해서도 다른 차원에까지 영향을 주게 된다. 즉, 공격성을 유발하는 자극을 받았을 때 공격성은 물론 성적 본능도 발산하려고 하는 반면, 성욕을 유발하는 자극을 받았을 때 성욕은 물론 공격 성향도 함께 나타나고 있었다. 이러한 연구 결과는 전쟁 상황에서 공격성을 유발하는 자극 때문에 억제된 성욕까지 발산시키려는 성향이 나타난다는 점을 설명해 주고 있다. 예를 들면, 병사들이 전쟁에 참여할 때는 그렇지 않은 때보다도 성폭력을 저지를 가능성이 더 높아진다는 의미다(538).

6. 성 역할과 남성의 공격성

강간은 전형적으로 생식기가 수반되므로 성범죄로만 여겼다. 즉, 성적으로 욕구 불만을 지닌 남성이 사회적으로 용납할 수 없는 형태로 성욕을 배출시킨 행위라고 생각했다. 그러나 여러 연구자는 강간이 단순히 성적 열망이나 욕구에 의해 발생한 범죄가 아니라고 설명한다. 즉, 그들은 강간범이 보통 사람과 성욕에는 별다른 차이가 없었으며, 단지 폭력 성향이 더 강했다고 보고한다. 그렇다면 강간은 통제할 수 없는 성욕이 충동적으로 표현된 결과라는 설명보다도 공격 성향이라는 면에서 이해할 수 있다(375).

역사적으로 보아도 여성의 숫자가 부족했던 시대에 강간이 더 많이 발생했다는 보고는 없다. 그래서 여성권익운동가들은 강간을 단순한 성범죄로 분류하는 것보다도 오히려 힘, 지배, 굴욕, 착취, 또 가학성에 관련된 폭력행위라고 규정한다. 다시 말하면, 강간은 여성을 기본적으로 지배·통제하는 범죄이자 힘을 무기로 여성을 공격하는 범죄다(117). 예를 들면, 옛 애인을 만난 남성이 그녀와 성관계를 억지로 시도하려 한다면, 그가 그녀를 지배하려는 속성을 지녔기 때문이라고 해석할 수 있다. 그러나 강간이 여성을 지배하기 위한 폭력행위로만 규정된다면 강간자의 발기 현상과 성욕을 무시한 셈이다. 단순히 여성을 폭력적으로 공격하는 남성은 데이트의 마지막 순간에서 성교를 거부한 여성을 강간한 남성과 다르다.

남성의 공격성과 여성의 수동성이라는 전통적 성 역할에 따르면, 남성은 강간을 범할 그리고 여성은 강간을 당할 가능성을 지닌다. 이러한 전통성의 효과는 낯선자 강간보다도 친근자 강간에서 더 잘 나타나는데, 전통적 성 역할 구분에 집착한 사고방식 때문에 발생 가능성이 높아지는 것이다. 성에 관심이 없는 여성도 설득과 유혹을 하면 성적인 관심을 가진다는 전통적 믿음이 강간 발생을 부추긴다. 데이트 강간에서 피해자가 된 여성은 데이트 강간의 상황이 모호할수록 스스로를 비난하는 경향이 더 크며, 그 강간을 신고하지 않았을 경우 자기비난은 더욱 심하다(430). 전통성을 고려한다면, 어떠한 상황에서든지 남성이 성적으로 힘을 행사하는 것을 남성다움으로 여기므로 강간은 사회에서 인정하는 성 역할이 정당화되는 표현일 수도 있다. 또한 남성은 자신의 요구에 대한 여성의 거절을 그들이 수줍어서 꺼리는 행동의 표현으로 생각했기에 그 거절을 긍정적인 대답으로, 심지어 "나를 유혹해라."는 식으로 받아들였다. 예를 들면, 남아프리카공화국 동부의 한 지역(KawaZulu-Natal)의 남자 청소년은 데이트 상황에서 경비를 자신이 전적으로 부담할 때 여성과의 성교를 당연하게 여기며, 이를 거절할 경우 강제적인 성행위도 합당하다고 믿는다(513). 이러한 사고방식이 존속하는 상황에서는 남아를 미래의 잠재적인 강간범, 여아를 잠재적인 피해자로 교육시키는 꼴이다(375).

'행실이 나쁜 여자만 강간을 당한다.'는 등의 강간에 대한 잘못된 믿음(rape myth)은 여성에 대한 남성의 성적 공격을 정당화하는 믿음이나 태도를 말한다. 대학생들을 상대로 한 조사에서 일부 남성은 여성에 대한 적개심이 강간을 정당화하는 기능을 하고 있었으며, 일부 여성은 어쩔 수 없이 강간의 피해자가 될 가능성이 높다고 이해하고 있었다(154). 전통적인 성 역할 틀에서 여성을 보는 사람들은 강간을 성욕이 넘친 남성의 동기를 불러일으킨 여성의 잘못으로 해석한다. 그들은 역시 강간을 당한 여성이 귀중한 가치를 잃었다고 믿는 경향도 강하다. 남녀의 데이트나 성행위 개시나 주도는 남자에 의해서만 가능하다는 믿음은 동서 문화권 모두 공통적이었다. 그러므로 젊은이의 태도나 행동 형성에 영향을 주는 부모를 비롯한 사람들은 그들에게 남녀의 전통적 역할에 따른 갈등이 생기지 않도록 의사소통을 적절히 하도록 가르칠 책임이 있다. 나중에 파트너가 될 가능성이 있는 사람들과 성적 감정을 솔직하게 토의할 수 있도록 가르치면서 폭력은 어떠한 상황에서도 정당하지 않음을 강조해야 한다(74).

7. 강간에 대한 환상

사람들은 누구나 성적 환상을 즐긴다. 가상의 연인, 낯선 사람 또는 유명인사와 성행위를 하는 환상 등이 있을 수 있고, 그 내용은 세속적이거나 변태적일 수 있다. 예를 들면, 강간을 당하거나 범하는 환상이다. 대학생을 상대로 한 조사에 의하면, 남성의 상당수가 강간을 범하는 환상을 경험한 반면, 여성은 강간을 당하는 환상을 경험했다(407, 482). 역시 환상을 경험했다던 여성의 과반수가 그러한 환상을 통해 성적 쾌감을 얻었다고 말했는데, 대부분의 환상은 강간이었을지라도 낭만을 전제로 했던 내용이었다(477). 여성이 왜 강간을 당하는 환상을 즐기는가의 문제를 생각해 보면, 성을 억압하는 도덕적 전통에서 자란 것과 관계가 깊었다. 또 여성의 성욕이나 성행동을 억압하는 문화적 환경에서 자란 여성은 성적 환상을 경험할 때 죄의식이 수반되는 게 보통인데, 그 경우 여자는 단순한 성적 환상보다도 강간을 당하는 환상에서 죄의식을 더 낮게 지각하였다(482). 여성은 강간에 대한 환상을 갖더라도 실제 장면에서는 강간을 원하지 않는다. 설령 남성에게 강간을 당하는 환상에서 즐거움을 얻을지라도 실제의 강간과는 다르다. 환상에서는 여성 스스로가 그 상황을 통제할 수 있지만, 실제의 강간은 그렇지 못하다(317).

여성권익운동가들에 의하면, 그러한 환상이 여성에게 존재하더라도 여성에게 발생하는 강간의 기본조건이 되지 못하며, 또 강간 발생에 어떠한 기능도 하지 않는다. 강간 환상의 경험은 실제 강간의 경험과 전혀 관계가 없으며(482), 오히려 여성의 성적 환상은 남성이 우월하다는 사회적인 지배욕 때문에 조건화된 산물이다. 즉, 남성의 공격성과 여성의 수동성에 초점을 맞추는 사회화 현상이 여성이 강간당하는 환상을 하도록 만든 것이다(117). 실제로 대중매체에서도 남성의 주도성과 여성의 복종을 강조한 분위기, 즉 성 역할 고정관념이 존재하기 때문에 여성이 남성보다 강간을 당하는 환상의 비율이 높다. 성범죄를 저지른 남성도 강간에 관한 환상을 했다고 보고하지만, 그러한 범죄에 관한 환상은 범죄를 저지르지 않는 사람에게서도 흔하게 나타난다. 그러므로 그러한 환상 자체가 범죄를 일으키는 결정적 요인이 되지 못한다(317).

8. 강간의 대상

남녀노소 누구나 강간 피해자가 되고 있지만, 피해자의 대부분은 젊은 여성이다. 나이별로는 피해자 대다수가 가해자와 비슷한 또래이지만 연로한 여성이 피해자가 되는 경우도 무시할 수 없다. 강간범 170명을 연구한 한 보고서에 의하면, 그들 중 3명이 자기보다 나이가 2배 이상인 80대 여성도 강간했다. 이는 거의 모든 연령대가 피해자가 될 수 있음을 시사한다(240). 즉, 나이나 직업, 사회적 지위에 상관없이 누구나 피해자가 된다.

러셀(Russell)은 강간 등 성폭력 실태를 살피기 위해 샌프란시스코 거주 여성 930여 명을 무작위로 추출해 면접했다(434). 그 결과 표본의 24%가 강간을 당한 경험이 있었다고 했는데, 그들은 폭력이나 위협과 같은 강제성이나 약물에 의한 무의식 상태에서 강간을 당했다고 폭로했다. 그러나 놀라운 사실은 강간을 당했다고 말한 여성의 9.5%만이 경찰에 신고했다는 점이었다. 피해자들이 강간 신고를 기피했던 이유는 자신의 사생활을 노출시키고 싶지 않아서, 강간범의 복수를 두려워해서, 강간을 신고하는 절차를 잘 몰라서, 신고해도 강간범이 체포될 확률이 낮다고 생각하여, 수치심에서 또는 법정에서 강간 피해자로 비난받는 것을 두려워해서 등 다양했다(375).

강간 피해자는 대부분 여성이지만 남성도 가끔 피해자가 된다. 그러나 여성이 남성을 강간하는 예는 극히 드물고, 남성이 피해자일 경우 대다수 가해자는 남성이다. 후자와 같은 동성애 강간(homosexual rape)이 어느 정도 발생하는지 정확히 파악하기는 어렵지만, 10명의 강간 피해자 중 1명은 남성으로 추정된다(187). 남성의 동성애 강간은 교도소나 군대와 같은 특수한 환경에서 많이 발생한다. 일반적으로 교도소에서는 여러 명의 수감자가 1명의 약자를 상대로 강간하기도 한다(229). 이러한 강간의 경우 공격자는 피해자보다 나이가 더 많고, 체격이 크며, 재소자인 경우 더 중한 형벌을 받은 사람이다. 강간을 당한 남성도 여성 피해자처럼 분노를 느낀다.

남성 피해자의 특성은 잘 알려지지 않았지만, 남성 피해자 115명을 상대로 한 면담 결과에 따르면 100명(87%)은 적어도 1명 이상의 남성에게 대부분 강제적인 항문성교를 당했고, 7명(6%)은 남성 1명과 여성 1명에게 당했으며, 여자에 의해 강간당한 사례도 8명(7%)이었다. 강간을 당했던 시기의 평균연령은 16.4세였는데, 전체의 60%가 16세 이전이었고, 전체 피해자 중 경찰에 신고한 자는 15%에 불과했고, 77%는 나중에도 아무런 도움을 찾지 않았다. 가족이나 친척들로부터 당한 자는 30% 정도였다. 특히 나이가 들어서 강간 피해자가 된 경우, 그중 15%는 자신의 성적 정체성에 대한 혼동이 생겨 성행동을 전혀 표출하지 않았다(297).

근래까지 남성에게 가해진 강간은 법적으로 인정받지 못했다. 단 피해자가 어린 남자였을 경우 아동학대로 취급한다. 영국은 1994년 남녀를 구분하지 않고 항문이든 질이든 성교를 당하는 것을 강간으로 정의하였다. 미국도 신고가 된 전체 강간의 5~10%가 남성 피해자라면서 법적으로 동성애 강간을 인정하고 있다. 남성이 남성을 상대로 한 강간의 주요한 동기도 지배와 보복, 변태성욕 등이었다(335). 우리나라에서는 「형법」 제297조에 부녀를 강간하는 경우를 처벌한다고 했지만, 2013년 6월부터는 '부녀'를 '사람'으로 수정했기 때문에 남성도 강간의 피해자로 인정되며, 동성끼리의 강간은 유사 강간으로 규제하고 있다.

9. 강간 피해자에 대한 태도

강간은 여러 범죄 중 신고나 기소 비율이 가장 낮은 범죄에 속한다. 재판 과정에서 증언해 줄 증인이 거의 없기 때문에 기소되어 법정에 섰던 상당수의 강간범이 무죄로 석방된다. 또 다른 재판 과정의 문제는 강간이 전혀 원하지 않는 상황에서 발생했는지를 의심하면서 피해자 진술을 그대로 받아 주지 않는다는 점이다. 피해자가 신체적으로 완강하게 저항한 증거가 부족하거나, 가난하거나, 성매매 종사자였거나, 복장이 야했거나 하면 강간범을 무죄로 석방해 버리는 경우가 허다했다. 많은 피해자는 강간 상황에서도 가해자가 자신을 해치지나 않을까 하는 걱정을 한다. 그들은 저항하면 죽거나 중상을 입을 수 있다는 두려움 때문에 강간범의 요구를 순순히 따르기도 한다. 저항이 심할수록 더 심한 폭력이 수반되기 때문이다. 신고 비율도 낮지만, 신고된 강간의 25% 정도만 강간범이 체포되고, 또 발생한 강간의 60분의 1만이 유죄 판결을 받는다(375).

피해자는 강간이 발생한 순간뿐만 아니라 발생 이후에도 끊임없이 불이익을 당한다. 그들이 왜 지속적으로 피해를 당하는지를 몇 가지 측면에서 살펴보자. 어떤 여성이 낯선 곳에서 폭행이나 강도를 당했다면, 사람들은 그녀가 어떤 잘못을 해서 그런 일이 발생했다고 생각하지 않는다. 그러나 강간 피해자는 남편, 친구, 경찰 등으로부터 도덕적 순수성을 의심받는다. 일반적으로 강간에 대한 지각은 상황이나 강간 발생 이후의 행위 등에 따라 다른데, 최소한 대학생 집단에서는 남성이 여성보다 강간을 더 부정확하게 지각한다. 예를 들면, 여성이 술에 취했거나 노출이 심한 옷차림을 한 상태에서 성폭력 피해를 당했다면, 이 사건을 바라보는 관찰자들은 피해자도 그 성폭력에 부분적으로 책임이 있다고 해석해 버린다(15).

관찰자들은 왜 강간 피해자에게 적대적이고 경직된 태도를 보이는가? 그 이유를 두 가지 이론으로 설명할 수 있다. 하나는 행위자-관찰자 모델이며, 다른 하나는 공평한 세상이론(just-world hypothesis)이다. 전자에 의하면, 행위자는 자기 행위에 대한 원인을 외적 요인으로 돌리는 반면, 관찰자는 그 원인을 행위자의 개인적 성향으로 돌리려고 한다(277). 이 모델에 따르면, 강간 피해자는 행위자가 아니고 공격의 목표 대상이라는 점에서 위치가 아주 독특하다. 즉, 관찰자들은 흔히 어떤 행위 결과의 책임감을 해석할 때 사건 발생의 맥락을 전혀 고려하지 않고 행위자의 개인적 특성에만 돌리려 하므로 강간 발생의 책임을 강간 피해자의 내적인 것으로 전가시켜 버린다. 또 모든 행위의 발생은 항상 공정하다고 믿는 공평한 세상이론에 의하면, 사람들은 한 개인에게 무슨 일이 발생했을 때 그 당사자에게 당연한 일이라고 믿는 경향이 있다. 불행한 일이 발생하더라도 그 피해자가 당연한 대가를 치르고 있다고 생각한다. 다시 말하면, 이 세상에서 발생한 모든 사건은 공평한 것이므로 강간 발생의 책임은 당연히 피해자에게 있다고 믿는다(319).

강간 피해자를 비난하는 현상은 피해자가 강간범에게 동기를 유발시켰다는 잘못된 가정에서도 비롯된다. 이러한 가정은 1971년 646건의 강간 사례를 검토한 미국 펜실베이니아 대학교 범죄학자 아미르(Menachem Amir)가 제기했는데, 거의 20%의 사례가 그런 경우였다면서 이를 '피해자 촉진성 강간(victim-precipitated rape)'이라고 명명했다. 피해자 촉진성 강간이란 공격자가 피해자의 어떤 행동이나 언어를 성행위를 원하는 것으로 잘못 해석하여 발생한 강간이다. 실제로 피해자가 성교를 원한다는 말이나 행동을 하지 않았지만, 가해자는 피해자의 언어나 태도 등을 성교 의사나 관심의 표현으로 해석해 버리는 것이다(79). 간혹 피해자가 처음에는 성교에 동의했지만, 곧 어떤 이유 때문에 마음이 변해 성교 의사를 거절하는 경우도 있는데, 이것도 피해자 촉진성 강간에 속한다. 즉, 가해자는 피해자가 자신을 설득시킬 만큼 충분히 저항하지 않아서 성교의 승낙으로 해석했기 때문이다.

피해자의 사회적 명성이나 지위에 따라서도 사람들은 강간 발생의 원인을 다르게 해석한다. 예를 들면, 공평한 세상이론에 따라 사회적 존경도가 낮은 피해자보다도 높은 피해자가 강간 발생에 대한 비난을 더 심하게 받는다. 그렇지만 피해자가 수녀와 술집 여성이라면 그 반대로 해석된다. 신체적 외모 역시 피해자에게 강간 발생의 책임을 달리 지각하는 한 요인이 되고 있다. 관찰자들은 외모가 매력적이지 않은 여성이 매력적인 여성보다 강간의 피해자가 되기 어렵다고 믿어 강간 발생의 책임이 크다고 느낀다. 그래서 만일 매력적이지 않은 여성이 피해자였다면 그녀가 분명히 도발적 행위를 했다고 믿는다. 물론 피해자의 과거 경험을 고려한다면 피해자의 매력이 그렇게 절대적인 요인이 아니라고 밝힌 연구도 있다(98).

피해자에 대한 태도에서도 성차가 분명하다. 일반적으로 피해자들은 강간이 발생한 이후에 남자보다 여자와 얘기하는 것을 더 편하게 느낀다. 여자는 강간이 발생한 상황을 고려하지 않고서도 피해자가 심리적 도움이 필요할 것이라고 지각하고 우선 피해자에게 동정 반응을 보이지만, 남자는 강간 경험을 여자보다 이해하지 못하는 편이므로 피해자에게 그리 민감하지 않다. 또 일부 남성은 가해자 입장에서 상황의 본질을 이해하려고 하기 때문에 강간범보다도 피해자를 더 비난한다. 그래서 남성은 친구로부터 강간당한 여성을 부정적으로 바라보며, 낯선자 강간일 경우 집에서 당한 여성보다 혼자 밤길을 거닐었던 피해자를 더 부정적으로 바라본다(304).

강간 피해자들은 강간 발생의 순간에 입은 신체적 상처 이외에도 심리적 상처까지 심하게 받는다. 소위 강간의 상처(rape trauma)는 공포, 당혹, 굴욕, 불안, 수치 등 매우 다양한데, 이러한 상처는 강간 미수 상황에서도 마찬가지다. 이에 대한 후유증으로 그들은 대인관계가 어려워지고, 과거처럼 성적 만족을 경험하기도 쉽지 않다. 그렇지만 강간 피해자들은 강간이 발생하기 이전에는 성행위 빈도나 만족감에서 다른 사람들과 전혀 차이가 없었다. 사실상 피해자들은 강간을 당한 시점에서 상당한 시간이 지날 때까지 불안이 사라지지 않기 때문에 정상적인 성생활을 하기가 어렵다(294).

또 피해자가 미성년자였거나 친근자 강간의 피해자일 경우 성인보다 상처에 대한 후유증이 더 심한 편이며(124), 연로한 피해자들은 신체적인 상흔이 더 심한 편이다(240). 불안이나 우울 증상을 보임에도 일부 강간 피해자는 타인에게 자신이 피해자임을 완강히 부정하는데, 이를 강간에 대한 침묵 반응(silent rape reaction)이라고 한다. 간혹 피해자가 오히려 가해자에게 연민의 정을 느끼기도 하는데, 이를 스톡홀름 증후군(Stockholm syndrome)이라고 한다. 이 용어는 스톡홀름에서 발생한 은행 강도 사건에서 한 여성 인질이 강도범 중 한 사람에게 정서적으로 매혹되어 약혼자와 파혼하고 교도소에 갇힌 그 강도범을 성실하게 기다렸던 임상 사례에서 유래했는데, 이는 보통 가해자와 피해자 사이에 발달하는 정서적 인연이나 심리적 의존성을 의미한다.

10. 강간범의 동기

강간범의 일반적인 특성 중 가장 두드러진 요인은 자기애(narcissism)다. 자기애 성향이 높은 남성은 여성에게 접근하여 거부를 당할 때 이를 지속적으로 접근해 주기를 원하는 신호로 해석해 버린다. 지속적으로 접근하는 과정에서 잘 통하지 않으면 강압적인 방법을 이용하여 여성을 상대하게 된다. 곧 자기애 성향이 높은 자는 강제로 성행위를 추구하는 경향을 보이며, 강간 피해자에 대한 감정 이입이 부족하며, 스스로를 위대한 사람으로 여기며, 자신의 성욕이 거절되었을 때 성적 좌절을 강하게 느끼면서 자신의 요구를 거부하거나 욕구를 좌절시켰던 사람에 대한 공격적인 의지를 보인다. 그 반응이 바로 강압적인 성행위 시도다. 그들은 성행위를 할 때에도 자기애 성향이 드러나는데, 예를 들면 자신의 노련한 성 기술을 자랑하는 등 자만심이 매우 강하다. 그러나 상대방의 성적 만족에는 별 관심이 없는 편이다(527).

강간범의 심리적 특질을 설명하는 이론은 크게 정신병리(psychopathology) 모델과 사회통제(social control) 모델로 이분된다(302). 정신병리 모델에 의하면, 강간은 가해자의 정서적 부적응 현상에 의하여 발생한다. 예를 들면, 구속되지는 않았지만 성폭력 가해 경험이 있었던 남성과 한 번도 그런 경험이 없었던 남성은 성격이나 태도에서 여러 가지 차이를 보였다. 18~47세 사이의 남성을 대상으로 했던 연구에서 여성에 대한 적개심, 대인관계에서 나타난 폭력의 용납, 우월성 등은 그런 경험이 있었던 남성과 관련이 높게 나타났다(344). 그런 경험이 있었던 자들은 대부분 어린 시절 부모의 사랑을 제대로 받지 못했거나, 형제 사이가 좋지 않았거나, 여성에 대한 공포가 심했거나 좋지 않은 환경에서 살았다. 그들은 정서적 성숙이 제대로 이루어지지 못했으며, 남성다움이 사회적 기대에 미치지 못했다. 그래서 그들은 분노를 느낄 때 약자를 성적으로 공격하면서 자신의 남성다움을 증명하려고 한다(79, 240). 즉, 여성에 대한 반응이 적대적이거나 공격적인 남성은 여성을 통제·지배하면서 만족을 얻으려고 한다. 소위 적대적 남성성(hostile masculinity)을 지닌 자들은 성적 매력을 지닌 여성에게 위협을 느끼는데, 그들은 매력적인 여성으로부터 거부당하는 불안을 감소시키기 위해 협박 등의 수단을 이용한다. 여성에 대한 적대적 감정은 그녀를 굴복시키려는 욕망과 관련된다(346). 또 젊은 시절에 친밀감 형성이나 장래 약속 등과 무관하게 성행위를 놀이처럼 여겨 무분별한 성생활(sociosexuality, impersonal sex, sexual promiscuity)을 즐기는 자들은 성인기에도 성폭력 가해 가능성, 여자와의 관계에서 갈등을 경험할 가능성, 배우자에게 폭력을 행사할 가능성 등이 매우 높다(346).

일반적으로 강간 설명은 정신병리 모델의 지지를 받았다. 그러나 유죄 판결을 받은 강간범들에게는 정신병리 모델이 통용될 수 있지만, 그렇지 않은 경우를 설명할 때에는 사회통제 모델이 더 적합하다. 사회통제 모델에서는 여성에 대한 차별적 태도를 지니고 있다는 사실이 강간과 같은 공격성을 촉진한다고 주장한다. 즉, 전통적 성 역할을 사회적 차별로 여기는 믿음 때문에 강간 발생이 정당화되고 있다는 설명이다. 강간을 시도하는 남성은 강간에 대한 잘못된 믿음을 지니고 있으며, 강간 예방을 단순히 여성의 책임으로 여기며, 여성에 대한 전통적 태도를 고수하고 있었다. 그들은 남성의 성적 공격행위를 잘못으로 여기지 않으며, 정신병리 증상도 지니지 않는다. 그러므로 보통의 남성이 시도하는 강간은 정신병리 모델보다 사회통제 모델의 설명이 더 적합하다(302).

미국 텍사스의 한 교도소에 수감된 33명의 강간범을 면접한 바에 의하면, 그들 중 28명이 우발적으로 강간을 저질렀다고 보고했다(528). 그들은 전통적인 성 역할 구분에 대한 기대가 커서 모든 여성을 잠재적인 강간 피해자, 모든 남성을 잠재적인 가해자로 지각하고 있었다.

그러나 다른 상습범들을 대상으로 한 연구에서는 그들의 성적 공격성은 단순히 상황에 의해서라기보다는 심리학적으로 결정된 행동이라고 밝히고 있다(242). 그래서 여성권익운동가들은 보통의 남자도 성폭력 가해 가능성을 지닌다고 주장한다. 사실인즉, 남자 대학생들은 그들이 잡히지 않는다면 강간을 범하겠는가의 질문에 35%가 그렇다고 답했다(344).

강간 발생 원인은 네 가지 동기로 나누어 이해할 수 있다. 처음 세 가지 동기는 상태(state)적이며, 마지막 동기는 특성(trait)적이다. 첫째, 생리적 동기다. 여러 자극에 노출되어 생리적으로 성적 흥분을 일으키는 식으로 조건화되었기 때문에 성폭력을 저지른다. 예를 들면, 폭력이 수반된 대중매체를 보고 나서 폭력을 저지르는 행위가 이러한 동기에 속한다. 둘째, 인지적 동기다. 가해자들은 성폭력 자체가 희생자에게 만족을 가져다주거나 자비를 베푸는 것으로 잘못 믿고 있다. 셋째, 정감적인(affective) 요인이다. 여성에 대한 분노, 적개심 등이 원인이 된다. 넷째, 발달의 동기다. 개인이 발달하는 과정에서의 문제점이 성폭력 동기를 유발했다. 부모가 이혼했거나 부모 역할을 제대로 못했거나, 가족의 범죄 이력이 있거나, 신체적 또는 성적 학대를 했거나 등이 그 내용이다. 이상의 네 가지 요인 중 최소 한 가지만 있더라도 강간을 범하게 된다(250).

또 강간은 가해자의 기본 동기에 따라 분노형, 권력형, 가학성 및 기회주의적 강간의 네 가지 유형으로 구분된다(124, 241). 첫째, 분노형 강간(anger rape)이다. 이 유형은 매우 폭력적인데, 가해자는 주로 신체 학대를 목적으로 피해자를 공격한다. 가해자는 그의 일상에서 중요하게 생각되는 특정한 여성에 대해서 분노를 느끼지만 그 분노가 낯선 다른 여성에게로 치환된다. 그의 관점에서 여성은 매우 적대적이며 불성실한 상대다. 그의 공격성은 청소년기부터 과도한 남성성의 표현으로 추구되었는데, 과속 운전이나 과격한 운동을 즐기며, 거친 일을 하는 직업을 택하기도 한다. 거짓말로 용무가 있는 것처럼 말하면서 여성의 집에 침입해 그곳에서 강간을 시도하는 게 그 예다. 주로 피해자는 가해자에게 굴복하지 않으려고 반항하므로 가해자를 더욱 분노하게 만든다. 당연히 신체적으로 상처를 많이 입기 때문에 피해자들은 다른 사람들로부터 비난도 별로 받지 않으며, 오히려 위안과 같은 지지를 받는다. 나이가 많은 여성 피해자는 대부분 분노형 강간범의 피해자인데, 자기보다 2배 이상이나 나이가 많은 여성을 강간하는 가해자들은 성욕이 아니라 피해자를 해치고 그녀의 가치를 떨어뜨리기 위한 분노에 의해서 강간을 저지르는 경향이 있다(240).

둘째, 권력형 강간(power rape)으로, 가해자의 성적 동기가 높아 여성을 강간하는 것이다. 가해자는 강간의 목적을 달성하기 위해서만 공격성, 즉 힘을 이용한다. 그들은 보통 집 밖에서, 어두운 거리나 숲 속에서 범행을 저지른다. 일반적으로 그는 피해자를 지배할 수 있을 만큼의 무력을 사용한다. 만약 피해자가 저항하면, 가해자는 그녀를 굴복시키기 위한 행위를 지속하지 않고 오히려 도망간다. 이러한 유형의 강간은 우발적이 아니라 미리 목표를 선택하고서 그녀를 몰래 따라가 범행한다. 강간을 범하는 동안에 그는 발기 상태를 제대로 유지하지 못할 수도 있으며, 사정이 너무 빨리 혹은 늦게 나타나기도 한다. 그들은 사춘기 초기부터 정상적인 이성애보다도 노출증이나 관음증 등의 특이한 성적 표현을 많이 했던 경험이 있다(124). 피해자들은 대체로 신체적으로 상처를 받은 흔적이 없으므로 다른 유형의 강간 피해자들보다 비난을 더 많이 받는다.

셋째, 가학성 강간(sadistic rape)으로 피해자의 분노와 권력이 성적으로 변형되어 가학적인 공격행위 그 자체에서 흥분을 일으키는 정신병리학적 유형이다. 가해자는 피해자에게 의도적으로 학대를 가하며, 그녀가 무기력하거나 고통을 받는 모습 등에서 쾌락과 만족감을 얻는다. 이 유형의 가해자는 반항하는 피해자로부터 만족감을 얻는다. 아미르가 조사한 강간범들의 80%가 피해자를 때리고, 목 조르고, 입을 막는 등의 거칠고 가학적인 행위를 시도했던 것으로 나타났다(79). 다행스럽게도 살인을 저지를 정도의 가학성 강간은 드물다.

마지막 유형은 기회주의적 강간이다. 이는 범죄의 목적은 강간이 아니었지만 기회가 생겨 강간을 범하는 것이다. 예를 들면, 강도짓을 하는 동안 강간할 수 있는 기회가 생기면 범해 버리는 경우다(124).

11. 성폭력의 예방

강간과 같은 사회 문제는 다른 문제들보다 예방이 더 중요하다. 혹자는 강간의 동기를 초래하는 요인이 생물학적 이상성에 있다고 가정했다. 즉, 남성 호르몬인 안드로겐 수준이 너무 높아 범죄를 유발시킨다고 여겨 유럽의 몇 나라에서는 강간 근절책으로 강간범에게 거세 수술을 실시했다. 강간을 저지른 남성을 합법적으로 거세시켰던 관습은 고대에도 존재했으나, 근래에도 있었다. 예를 들면, 미국 캘리포니아의 샌디에이고에서는 1950~1970년대까지 거의 30~400여 명의 성범죄자가 장기 복역을 하는 대신 거세 수술을 받았다. 역시 1930~1950년대 덴마크에서도 300여 명의 죄수가 거세 수술을 선택하였다. 그러나 한 연구에서는 강간이나 아동학대를 범한 사람들의 남성 호르몬 수준이 정상인과 크게 다르지 않았음이 밝혀졌다(375). 또한 고환을 거세해도 많은 사람이 성행위가 가능했다. 그래서 이 방법은 강간을 이미 범했던 자들의 재발 방지 노력일 뿐 근본적인 예방책이 되지 못한다. 일반적으로 여성은 자신의 행동을 제한하여 남성을 성적으로 자극하지 않는 것이 강간을 예방하는 길이라고 믿고 있었다(304).

검사 도구를 통하여 강간을 범할 가능성이 높은 남성을 선발해 강간 중재 프로그램에 참여시키는 것도 효과적이다. 실제로 교육받기 전후의 검사 점수를 비교했는데, 중재 교육의 효과가 나타났다. 대학생이 아닌 청소년에게도 효과가 있을지는 모르지만, 최소한 한 시간 정도의 교육을 받았던 남자 대학생도 전혀 받지 않는 집단보다 더 효과적으로 나타났다(442). 남성뿐만이 아니라 전통적인 성 역할을 믿는 여성도 데이트 강간 등을 지지하는 경향이 강하다. 그러므로 전통적 성 역할 태도를 고수한 여성을 상대로 한 강간 예방 프로그램을 시도하는 것도 매우 중요하다. 남녀 대학생들을 상대로 전통적인 성 역할 태도를 측정한 후 그중 일부에게 심리교육 중재 프로그램에 참여하도록 했는데, 그 중재 프로그램에 참여했던 학생들은 그렇지 않았던 학생들에 비해 강간에 대한 지지나 믿음의 정도가 더 낮았다(430).

그렇지만 검사 실시 이전에는 누가 강간을 범할 가능성이 높은지를 알 수 없다. 그러므로 성폭력을 예방하기 위해서는 남성을 페미니스트 관점에서 사회화하는 것이 중요하다(250). 이 경우 강간 발생을 예방하는 효과적인 방법이란 대중매체를 이용하여 일반인의 인지적 변화를 유도하는 것이다. 상품의 광고처럼 강간에 대한 개념을 일반인에게 재인식시키는 홍보가 필요하며, 그러한 홍보의 근본 목적은 강간의 문제를 대중에게 인식시키고, 강간에 대한 잘못된 믿음이나 생각을 수정 · 재정립하는 장기적 강간 예방책이다(540).

28
친족 성폭력 및 아동학대

1. 근친상간의 발달 배경

배우자 이외의 다른 가족 구성원으로부터 성적 충동을 느낄 수 있지만, 그러한 충동 때문에 성행동을 시도하는 사람은 많지 않다. 근친상간(incest)이란 배우자가 아닌 근친 사이에 발생한 성행동인데, 여기에는 그 상대가 누구인지 또 어떤 행위가 발생했는지의 두 요소가 포함된다(113). 부부가 아닌 근친끼리의 관계는 부모와 자녀, 형제와 자매, 성인과 아동 및 성인과 성인 간의 예들이 있지만, 근친의 범위는 문화권마다 약간씩 다르다. 또 부모와 자녀, 형제와 자매 관계이더라도 계부와 의붓딸이나 이복남매의 관계처럼 생물학적 혈연관계가 아닌 법적으로 계약된 근친을 포함시키는 문제가 제기된다(437). 어떤 성행위를 근친상간이라고 보는가의 문제도 제기되는데, 예를 들면 성교행위가 발생한 경우만을 근친상간으로 본다면 성기나 가슴 등을 만지는 행위 또는 반대로 자신의 성기 등을 만지게 하는 행위 등은 근친상간에서 제외된다.

인류의 진화 과정에서 부족끼리 교류가 전혀 없었던 원시사회에서는 족내혼(동족결혼, endogamy or inbreeding)이 불가피했다. 혈족 내에서의 혼인이 반복되면 동일한 혈통의 유전요소만 계속 전달되는데, 이로 인해 새로운 환경에 적응하는 능력이 그리 크지 못했으며, 결국 끊임없이 변하는 환경에 도전하는 능력에 한계를 느꼈다. 이웃 부족들과 교류가 시작되면서 족외혼(exogamy)이 가능했고, 그 결과 족내혼에서 얻을 수 없었던 유전적 요소를 획득하게 되었다. 곧 족내혼보다도 족외혼을 통해 태어난 후손들은 환경 변화를 극복하고 적응하는 능력이 더 뛰어났다. 이게 바로 근친혼을 금기시한 생물학적 설명이다. 체코에서의 한 가계 연구는 근친 간의 종족 번식이 치명적이고, 열성 유전자를 전달할 확률이 높음을 간접적으로 증명했는데, 근친상간에 의해 태어난 어린이들이 아동기 초기에 사망할 가능성이나 심한 정신이상이나 발육 부전의 가능성이 매우 높음을 보여 주었다(449).

반면 인류학자들은 근친상간 금기를 다른 차원에서 설명한다. 그들은 족내혼보다도 배우자를 가족 외에서 고르는 족외혼이 사회적 유대의 폭을 더 넓혀 주었다고 설명한다. 이와 같은 생물학이나 인류학적 설명과는 달리 정신분석학에서는 근친상간 금기를 성욕 표출과 관련시킨다. 프로이트는 『토템과 금기(Totem and taboo)』에서 고대의 젊은 남성(또는 아들들)이 그 집단의 모든 여성을 혼자서 소유하고 있는 족장(또는 아버지)을 집단으로 살해한 후 죄의식이 생겼으며(primeval oedipal scene이라고 부름), 여기에서 무리의 분열이나 살인 후의 경쟁, 또 그런 행위의 재발을 방지하기 위해 근친상간에 대한 금기가 발달했다고 설명한다. 또 프로이트는 이러한 금기 발달로 인해 문화가 창조되었다고 주장했다(340).

어느 사회에서나 금기는 사람들의 행동을 규제하여 사회체제의 균형을 이루게 한다. 프로이트가 금기의 발달이 문화의 형성과 관계된다고 했지만, 근친상간을 금기시하지 않는 예외가 있다. 바로 신화인데, 고대 문화권의 대다수 신화는 모자 간 근친상간에 관련된다. 또 그리스신화의 제우스와 헤라, 이집트신화의 오시리스(Osiris)와 이시스(Isis) 그리고 일본 신화의 아마테라스와 스사농은 남매가 커플이 되었다. 이처럼 근친상간으로 설명하는 건국 신화들은 근친상간 자체에 사악함이 없음을 정당화시켰는데, 예를 들면 일본 신화에서 근친상간에 의해 태어난 자녀들의 시체에서 벼와 같은 작물들이 생겨났다(60).

그러나 모든 신화가 근친상간을 미화시키지는 않았다. 그리스 3대 비극작가에 속했던 소포클레스(Sophocles, BC 495~406?)는 모자 간의 근친상간을 소재로 한 오이디푸스 신화를 소개했다. 그 작품에서 근친상간 충동은 억압되었을지라도 무의식적으로 존재하며, 아울러 근친상간이 오이디푸스 신화처럼 비극을 자초하므로 금기되어야 함을 엿볼 수 있다. 프로이트는 그 신화에 착안해 남아가 부친을 증오하면서 무의식적으로 모친에 대해 품고 있는 성적 욕망을 오이디푸스 콤플렉스(Oedipus complex)라고 명명했고, 그러한 경향이 남근기에 나타난다고 주장했다. 또 여아가 무의식적으로 부친에게 품는 성적 애착을 호머(Homer)의

서사시 「일리아드(Iliad)」를 근거로 엘렉트라 콤플렉스(Electra complex)라고 했다. 트로이전쟁에서 그리스군 총사령관 아가멤논(Agamemnon)이 아내에 의해 살해되었는데, 아가멤논의 딸 엘렉트라가 아버지의 원수를 갚기 위해 어머니를 죽인 내용에서 유래된 용어다.

정신분석학에서는 누구나 근친상간의 욕망을 지니고 있다고 본다. 즉, 인간에게는 모체 내에서 안전하게 비호를 받았던 출생 전 상태로 돌아가고 싶은 욕망이 있다는 것이다. 프로이트는 이러한 욕망에 의해 아동이 지닌 부모와의 애착 관계(특히 모자 관계)는 나중에 억압되는 근친상간 소원으로 발달한다고 생각했다. 그러나 훗날 정신분석학자들은 이러한 오이디푸스 콤플렉스가 사회문화적 상황에 따라 다르다고 주장했다. 예를 들면, 부친의 권위가 강하지 않은 사회에서는 오이디푸스 콤플렉스가 나타나지 않는다는 주장이다. 또 이러한 본능은 정상인에게는 어디까지나 잠재적인 것에 불과하며, 실제 행동으로 표현되는 경우는 매우 드물다는 주장도 있다.

2. 근친혼

근친상간에 대한 금기나 정의는 시대나 사회마다 조금씩 다르지만, 어느 문화권에서나 이를 법이나 종교, 관습 등으로 억압한다. 그러나 근친혼은 엄격히 규제하기도 하지만, 경우에 따라 신의 권위나 혈통을 유지하기 위해, 또는 선민의식을 강조하기 위해 왕족이나 귀족 등 특수계층에서는 드물지 않게 일어났다. 예를 들면, 고대 이집트 왕족은 왕위 계승에 문제가 생기지 않도록 남매끼리도 혼인시켰다. 만약 첫째 왕비가 딸만 낳고 둘째 왕비가 아들을 얻었다면, 왕위 계승의 문제를 예방하는 수단으로 남매를 결혼시켰다. 또 근대화 이전 하와이 지방의 귀족들은 남매간의 결혼도 시켰으며, 잉카제국에서는 근친상간은 평민에게는 금지되었지만 왕족은 가능했고, 심지어는 동아프리카 아잔데(Azande) 족 귀족은 부녀간에도 통혼할 수 있었다. 이처럼 근친상간 금기는 부계사회인가 모계사회인가에 따라 영향을 받았으며, 재산상속 방식에 따라서도 영향을 받았다(436).

고대 페르시아 및 그리스에서는 이복 남매 간 결혼이 허용되었고, 로마 시대에는 이집트의 평민도 남매간 결혼이 허용되었다. 최근까지 남매의 성행위를 근친상간으로 보지 않는 문화권도 있었다. 미드(Mead)에 의하면, 아라페시(Arapesh) 족은 남매가 성교를 해도 근친상간의 갈등을 전혀 느끼지 않는다. 이러한 행위는 단지 하나의 어리석은 행위로만 간주될 뿐이다. 그 이유는 오빠 입장에서 자매를 다른 남성에게 주게 되면 믿음직스러운 형제가 한

명 더 생기는데 그렇지 못하기 때문이었다. 또 발리(Bali) 족이나 남미의 아미아라(Amyara) 족은 쌍둥이 형제 및 남매의 결혼은 이미 자궁 내에서 가까운 관계였다고 믿기 때문에 결혼이 허락되었다. 유대교에서는 8촌 이내의 결혼도 금하지만, 대부분의 개신교나 이슬람 전통에서는 사촌 간의 결혼도 허용한다. 미국에서도 근친혼이 허용된 사례가 있었는데, 제32대 대통령 루즈벨트(Franklin Roosevelt, 1882~1945)는 부인과 사촌이었다. 1930년대 후반 머독(George Murdock)의 비교문화연구에 의하면, 760여 종족 중 거의 2/3에서만 8촌 이내의 결혼을 금하고 있었다. 일반적으로 인구 과잉이나 알코올중독이 만연한 지역이나 가족 외의 구성원을 적절히 접촉할 수 없는 외딴 지역 등에서는 다른 지역보다 근친상간 행동에 대해서 훨씬 더 관용적이다(436).

우리나라에서도 근친혼이 존재했다. 삼국시대 이전의 부족연맹사회에 대한 정확한 기록은 없지만, 고구려의 전신 예(濊)에서는 동성동본 혼인을 금했으며, 삼한과 같은 토착사회에서는 동성동본 혼인이 가능했다(44). 신라에서는 족내혼도 가능했는데, 이는 김부식의 『삼국사기』(제3권), 이익(1681~1763)의 『성호사설』 그리고 당나라 정사서(正史書)의 하나인 『신당서』(新唐書, 권 220, 동이열전 제145, 신라국 조) 등에 언급되어 있으며, 근친혼 범위는 대부분 4~5촌이었고, 일부는 3촌까지였다(12).

고려시대의 근친혼은 『고려사』에서 추론할 수 있는데, 왕실에서만 63쌍의 근친혼이 있었다. 그중 8촌 이내의 혼인은 44쌍, 4촌 이내는 28쌍 그리고 이복 남매의 혼인이 10쌍이었다(12). 고려 경종(재위 기간 975~981)이 죽자 왕비가 숙부와 통해 아이를 낳은 것이 그 예다. 근친혼이나 동성동본 결혼은 신라와 고려 초까지 가능했지만, 고려 중기 정종(靖宗, 10대) 때부터 근친혼을 금하는 법규가 만들어지기 시작했다. 즉, 정종은 1046년 5월 대공친(大功親)과 혼인한 자는 그의 소생에 대하여 벼슬길을 막는다고 선포했는데, 이는 근친혼을 금하려는 첫 번째 시도였다. 그 뒤 숙종은 1096년 6월 공친(功親) 간의 혼인을 더 강력하게 금한다고 선포했으나 근친혼이나 동성동본 혼인풍습은 쉽게 사라지지 않았고 저항도 심했다. 결국 숙종은 1101년 10월 대소공친과 혼인한 자의 소생의 벼슬 금지를 해소한다고 선포했다가 1116년 8월 예종(16대)이 다시 영을 내려 대소공친과 혼인한 자의 벼슬 금지를 선포했다. 인종(17대)도 1134년 12월 비슷한 영을 내렸지만, 자신은 이모와 결혼했다. 뒤를 이은 의종(18대)도 1147년 12월 근친 간의 혼인을 제한하려는 영을 내렸다(12, 39).

고려 중기 이후 근친혼을 제한하려는 움직임이 있었지만, 왕마다 생각이 달랐다. 26대 충선왕(재위 기간 1308~1313)은 선왕인 충렬왕(재위 기간 1274~1308)을 위로하기 위해 아름답기로 유명한 김 씨를 바쳤다. 김 씨는 원래 최문(崔文)의 아내였으나 일찍 과부가 되었고, 대궐로 들어와 충렬왕을 모시면서 숙창원비(淑昌院妃)가 되었다. 그러나 충렬왕이 죽자 충선왕은 대궐을 나와서 오빠 집에 머물던 그녀를 대궐로 불러들여 숙비(淑妃) 칭호를 내려 자신의 후궁으로 삼았다(45). 근친혼이나 동성동본 혼인이 고려 중기 이후 조선 초기에 이르는 동안 근친혼 금지, 동성동본 불혼 등으로 바뀌었다. 조선은 주자학을 이용해 동성동본 혼인 금지의 법제와 풍습을 도입했다. 조선 초기 『대명률직해(大明律直解)』(명나라 법률서 『대명률』을 해석한 책, 1395년 간행) 제6권의 혼인 규정을 보면, 동성동본 혼인을 하는 자는 형벌에 처하고 이혼시킨다고 적혀 있다. 또 부친이나 조부의 첩, 백모, 숙모를 거두어 처첩으로 한 자는 참형, 형이나 동생이 죽은 후 형수나 제수를 처로 취한 자는 교형, 역시 고모나 조카, 자매를 처로 취한 자는 간음죄로 처벌하고 모두 이혼시킨다고 되어 있다. 그러나 민간에서는 전혀 영향을 받지 않고 그러한 풍속이 존속되기도 했다(12).

우리나라는 조선시대 이후 최근까지 근친혼이나 동성동본 혼인을 비교적 엄하게 규제하고 있다. 그러나 이러한 규제는 「형법」이 아니라 관습이나 「민법」상으로만 이루어지고 있다. 일본에서는 오늘날에도 4촌 간의 결혼을 법적으로 허용하고 있으며, 심지어는 숙질 간의 결혼도 사회적 관습으로 가능하다. 일본에서는 직계 혈족 간의 성행위는 범죄로 규정하므로 이를 위반하는 경우에는 근친상간이라는 범죄에 해당되며, 서구의 독일이나 미국과 같은 나라에서도 유전학상 형법에 근친상간을 처벌하는 규정이 있다.

3. 근친상간의 다양성

근친상간은 관련된 자들의 연령에 따라 성인 간의, 성인과 아동 간의 그리고 아동 간의 근친상간으로 구분된다. 우선 성인 간의 근친상간은 대부분 혈연에 의한 근친끼리의 관계라기보다도 법적으로 근친이 된 성인의 관계일 가능성이 높아 근친상간보다 불륜으로 이해될 가능성이 더 높다. 예를 들면, 한 남성이 법적으로 근친인 형수와 성관계를 맺었다면 이를 불륜으로 이해한다. 대부분 성인의 근친상간은 노출될 경우 사회적으로나 법적으로 비난과 처벌의 대상이 되지만, 그렇지 않을 경우 당사자들끼리는 서로 심리적으로 부담이 될지라도 그들에게 심각한 정서 문제를 일으키지 않는다.

근친상간은 또래 아동(예: 남매나 사촌)끼리 많이 발생한다. 최소한 1회 이상의 성적 쾌감을 경험한 모든 성행위를 근친상간으로 규정한다면 아마도 남매간 근친상간이 가장 흔할 것이다. 특히 저소득층 자녀들은 침실을 공유하는 상황에서 근친상간이 자주 발생하지만, 이들은 거의 보고되지 않는다. 또한 이러한 행위가 어린이들의 성적 놀이에 불과했다면, 또 폭력이나 강압 수단이 수반되지 않았다면 심리적 상처를 거의 남기지 않는다(196). 근친상간 금기에 대한 특이한 문화를 하나 소개하면, 이스라엘 집단농장제(kibbutz)의 동일한 육아원에서 자란 아동들은 금지조항이 없음에도 성장해도 서로 성적 관심은 물론 결혼도 하지 않는다. 아마도 레위기에 명시된 과거의 근친상간에 대한 형벌이 무의식적으로 그들의 뇌리에 남아 있기 때문일 것이다(473).

성인과 아동 사이에 발생한 근친상간은 아동의 입장에서 볼 때 성폭력에 해당되며, 우리 문화권에서는 이를 친족 성폭력으로 표현한다. 가장 대표적인 예는 모자 또는 부녀 사이에 발생한 성행위인데, 특히 모자 사이에 발생한 성행위는 인류 보편적으로 가장 강한 금기에 해당된다. 모자 사이의 성행위 발생은 흔히 부친이 없거나 결혼생활의 갈등이나 알코올중독 또는 정신질환 등과 관계된다. 모자 사이에 실제 성행위가 발생하지 않고 단지 어머니가 아들에게 남성 파트너처럼 정서적 역할을 부여하는 경우를 정서적(emotional) 근친상간이라고 한다. 피해자인 아들은 성교 발생 여부에 상관없이 나중에 다른 여자와의 성숙된 관계 발달에 장애를 지닌다. 모자간 근친상간은 강한 금기 때문인지 발생 빈도는 매우 낮지만, 일단 발생하면 아들은 다른 형태의 근친상간 피해자보다도 더 심각한 정신병리 증상을 보인다(436).

성인과 아동 사이에 발생한 성행위 중 가장 빈번한 형태는 부녀간 근친상간이다. 한 보고서에 의하면, 전체 근친상간 중 75%가 부녀간 사례였다. 이들 중에서도 1980년대 초반 샌프란시스코 거주 여성 930명을 무작위로 추출하여 성폭력 경험을 조사한 러셀에 의하면, 152명이 18세 이전에 가족의 일원으로부터 성폭력을 당한 경험이 있다고 말했으며, 그중 44명은 가해자가 아버지였다고 했다. 또 생물학적 아버지보다 계부에 의한 학대가 더 잦았는데, 그 빈도는 생물학적 아버지에게서 자란 여성이 40명 중 1명, 계부 밑에서 자란 여성이 6명 중 1명꼴이었다(434). 다른 연구도 계부와 딸 사이의 근친상간 비율이 생물학적 부녀간 근친상간 비율보다 5배 정도 더 높다고 보고했다(126). 재혼 가정에서 친족 성폭력 발생 빈도가 더 높은 이유는 금기에 대한 감시가 덜 엄격하고, 딸이 보호를 제대로 받지 못하기 때문이다(436).

대부분의 피해자는 이러한 피해 사실을 비밀로 간직한 채 성인으로 자라난다. 러셀의 조사 대상자 930명 중 친족에 의한 성폭력 사실을 경찰에 고발한 사람은 단 4명에 불과했는데, 대다수가 가족 모두에게 가져다줄 수치심이나 죄의식 때문에 이를 신고하지 않았다. 근친상간을 정확하게 정의하기도 어렵지만, 이런 이유로 빈도를 말하기도 어렵다. 단지 고발되지 않는 사례가 훨씬 더 많다고 추측할 뿐이다. 그러나 친족 성폭력 발생은 사회경제적 지위가 낮은 가정에서 더 자주 보고되고 있다. 그 이유는 그들이 사회사업가, 보건전문가, 경찰에게 더 많이 노출되기 때문인지도 모른다. 실제로 경제적으로 안정된 가정에서는 친족 성폭력 발생을 더 쉽게 숨긴다(436). 보고된 친족 성폭력 피해자는 80~90% 정도가 여성이고, 가해자는 대부분(97%) 남성이다(214). 특히 부모와 자녀 사이의 친족 성폭력은 가족이 아닌 가해자로부터 당한 성폭력처럼 심리적 상처가 심하게 남는다. 매우 드물지만 부자간 근친상간도 존재하는데, 이는 아들에게 심한 상처를 준다. 그러한 상처 내용 중에서 가장 중요한 사항은 아동과 권위 있는 성인 간에 형성된 신뢰감의 파괴다.

4. 친족 성폭력 가해자

왜 아버지가 딸을 성적인 파트너로 여기는가? 가장 통속적인 설명은 아버지가 아내로부터 성적으로나 정서적으로 거부당했거나 상징적으로 버림받았다는 것이다(113). 무력한 어머니는 딸에게 엄마 역할을 그리고 남편에게 성 파트너 역할을 회피하는 경향이 있다. 그러나 아내는 남편이 성적 욕구 불만을 집 밖에서 해소시키려는 것을 금하는 동시에 자기 딸이 자신의 대리자 역할을 하도록 묵시적으로 허락한다(245, 436). 그러나 이러한 설명은 성행위 기회가 결핍된 성인 남성이 자녀와 성행위를 추구할 수 있다는 것이어서 많은 사람의 지지를 받지 못한다. 혹자는 남성이 어린 딸에게 접근하는 이유가 성 문제만이 아니라 정서적 위안을 얻고 싶기 때문이라고 설명한다. 즉, 집 밖에서 상당한 스트레스를 받으며 살아가는 남성이 자녀와 성관계를 추구하면서 사랑과 이해 등의 정서적 안정을 찾고자 하는 것이다. 또 다른 설명은 부인이 의식적으로든 무의식적으로든 남편과 딸 사이에 어떤 일이 진행되고 있는지를 알고 있음에도 이를 신고하지 못하고 묵인함과 동시에 그러한 관계가 지속되고 있다는 사실을 수용하지도 못하는 양가적 태도를 지닌다는 것이다(436). 그러나 현실적으로 남편이 딸하고 성행위를 할 것이라고 기대하는 아내는 거의 없으며, 오히려 어떤 아내는 부녀 사이가 좋다고 생각하여 오히려 기뻐한다.

친족 성폭력이 발생한 가족 구조를 보면, 대부분 큰딸이 가계를 꾸리고 어린 동생을 돌보는 책임도 맡고 있다. 아버지가 딸에게 성적 의무 이행을 요구한 것은 때때로 그녀에게 아내 역할까지 확대시킨 상황에서 비롯된다. 즉, 모녀가 역할이 바뀌면서 그 둘은 상징적으로 유사한 존재가 된다(113). 흔히 어머니가 아프거나 없거나 또는 알코올중독처럼 정신장애를 지닐 때 그렇다. 실제로 어머니가 아플 경우 딸이 친족 성폭력 피해자가 될 확률은 그렇지 않을 경우보다 2배나 높다(471). 강하고 건강하고 유능한 어머니는 친족 성폭력을 용납하지 않으며, 또 어머니가 딸과 좋은 관계를 유지할 때는 거의 발생하지 않는다. 친족 성폭력이 발생하면, 그러한 좋은 관계도 쉽게 깨진다. 보통 부녀간의 친족 성폭력이 발생한 가정에서는 부부보다도 모녀 관계가 더 냉담해진다.

딸에게 성폭력을 범하는 아버지들의 90% 이상은 정신장애를 겪고 있다. 예를 들면, 그들 중 알코올중독자의 비율은 20~50% 정도다. 그들은 아동기 당시 어머니로부터 정서 결핍을 경험했으며, 그 결과 성인기에는 아내에게 어머니 역할까지 기대한다. 이러한 기대가 미치지 못하면 결혼 관계에서 긴장이 발생하면서 아내와 정서적으로나 성적으로 소원해진다. 역시 아내들도 상당수가 문제를 갖고 있는데, 정신적 장애나 신체적 질병으로 딸에게 어머니 역할도 제대로 못한다. 아내로부터 거부당한 남편은 딸이 정서적으로 이해해 줄 것이라고 확신한다. 성 경험이 없는 딸은 아버지에게 취약해 보이며, 그중에서도 큰딸이 가장 취약하다. 아버지와 성행위를 경험한 딸은 사실이 발각되면 아버지가 구속되므로 가족을 위해 비밀을 유지하며, 아버지 요구를 거부하지 못했다는 사실에서 죄의식을 느낀다(126).

딸이나 여동생, 조카 등과의 성행위 때문에 교도소에 수감된 남성 165명을 15년간 조사한 바에 따르면, 그들은 전형적으로 부모와의 관계가 좋지 않았으며, 불행하고 불안정한 가정 출신이었다. 대부분 혼전 성교가 잦았으며, 과음하며, 직장도 자주 바꾸었다. 또 의존적이고 무력한 존재이지만 성행위에 집착하고 살아갔다. 그들의 84%가 결혼 후 외도 경험이 있으며, 기회가 생기면 피해자를 성적으로 유혹했다. 그러나 그와 같은 친족 성폭력은 일회성으로 끝나지 않고 반복되다가 다른 가족 구성원에게 발각되었다. 역설적으로 그들은 아내의 순결을 고집하는 등 성에 대한 태도가 매우 보수적이며, 여성을 착한 여자와 나쁜 여자로 이분하는 경향이 있었다(213). 가해자인 아버지는 대부분 성폭력을 범하는 과정에서 죄의식이나 우울증을 경험하며, 사실이 폭로된 후에 후회한다. 그들은 자신의 잘못된 행위에 대한 죄책감으로 투사나 동일시 등의 방어기제를 잘 이용한다. 예를 들면, 그는 화가 난 딸을 연인처럼 달래려고 노력하면서 딸의 반응을 성적인 유혹으로 해석해 버린다. 이러한 친족 성폭력 문제는 사회경제적 지위의 고하에 상관없이 모든 계층에서 발생하고 있다. 다만, 가족 이외의 사람들이 그런 문제의 발생 여부를 인식하거나 판단하기 어려울 뿐이다(113, 245).

5. 아동 대상 성 학대

성인이 사춘기 이전의 아동에게 성적 매력을 느끼거나 실제로 아동과 성행위를 하는 것을 소아기호증(pedophilia, 기아증)이라고 부른다. 크라프트에빙은 이를 『Psychopathia Sexualis』라는 저서에서 장애의 일종으로 처음 소개했다. 대다수 문화권에서 이러한 행위를 범죄로 여기며, 아동학대(child molest or child abuse) 범주에 포함시킨다. 전술했던 성인과 아동 간의 친족 성폭력도 넓게는 아동학대 범주에 속한다. 성인이 성적으로 성숙한 청소년을 상대할 경우 청소년은 성적 성숙과 무관하게 자신의 행동에 대한 사회적 책임감이 충분하지 않은 미성년자다. 이에 대다수 문화권에서 성인과 청소년 간의 성행위도 범죄로 규정하면서 성관계를 가져도 좋은 최소한의 연령을 설정하고 있다. 유럽 국가들이 설정한 그 연령의 범주는 최소 12세(예: 스페인, 바티칸공화국)로부터 최고 17세까지(예: 아일랜드)다(232).

아동이나 청소년과 성행위를 시도하는 성인의 90% 이상은 남성이다(186). 그렇지만 친족 성폭력이 아닌 가정 밖에서 발생하는 성 학대 피해 아동이나 청소년은 여자보다 남자가 더 많다. 또 남아가 여아보다 더 어린 나이에 그 피해를 당하며, 신체적 폭력까지 당한다. 여아가 당한 피해의 가해자는 전형적으로 성인 남성이며, 남아를 가해한 자도 주로 성인 남성이다(179). 또 여아보다도 남아를 성학대하는 가해자 남성은 남성 동성애자들과 마찬가지로, 형의 수가 더 많고 남동생 더 적은 편이었다(101). 그러나 성학대의 해석은 피해자 성별에 따라서 다른 경향을 보였다. 대부분의 여성은 학대를 부정적으로 평가하지만, 아동이나 청소년기에 성인에게 성학대를 경험한 남성은 매우 부정적인 반응에서 매우 긍정적인 반응까지 다양했으며, 심리적 결과도 정서적이고 행동적인 문제가 매우 심각한 경우에서 전혀 문제가 없는 경우까지 다양했다(93, 179).

그럼에도 나중에 나타난 심리적 상처는 남녀가 유사하다. 남성은 자신이 아동이나 성인기 동안 성적으로 피해를 당한 사실을 여성보다 더 감추려 하는데, 노출 자체가 자신의 나약함이나 남성성의 저하를 인정하는 것으로 믿기 때문이다. 피해자 중 아동들의 반응은 노출과 함께 자위행위를 하거나, 공격적이거나, 요구가 지나치거나 사회적 상황에서 위축된 행동을 보인다. 오줌을 싸거나 아기처럼 말하는 등 퇴행성 행동도 보인다. 또 남아들은 악몽이나 수면 지연, 공포감을 경험하며, 학생이 되었을 경우 또래집단들과의 관계나 학교 성적이 저하된다. 성인기에 와서도 여러 가지 '외상 후 스트레스 장애(PTSD)'를 보인다(93). 아동기에 친족이나 비친족에게 성 학대를 당한 후 제대로 치유받지 못한 여성은 그 후유증이 성인기

에도 나타나는데, 그렇지 않은 여성에 비해 대인관계에서 부정적 정서의 표출이 더 심할 뿐
만 아니라 성생활에서도 만족도가 더 낮은 편이었다(417, 418). 그러한 연유로 아동이 어떠
한 유형의 학대를 받았든지 적절한 상담과 치료가 필요하다. 학대를 받은 아동을 위한 상담
자는, 첫째, 아동에게 자신의 감정을 표현할 분위기를 마련하며, 둘째, 자신이 아동을 보호
해 준다는 것을 확신시켜 주어야 하며, 셋째, 아동이 가진 죄의식을 줄여나갈 수 있도록 도
와주며, 넷째, 전문적인 도움을 제공해 주어야 한다(126).

6. 아동기 학대 피해와 성범죄

아동을 상대로 성범죄를 저지른 성인이 다른 사람들보다 아동에게 성적 흥분을 더 느끼는
지를 알아보기 위해 다른 유형의 범죄자 및 비범죄자 집단과 비교했다. 아동 피해자가 등장
하는 자극, 성인 가해자가 등장하는 자극 그리고 서로 동의한 성인들의 성행위 장면의 자극
을 보여 주고 음경의 팽창 반응을 측정했다. 그 결과, 비범죄자 집단은 서로 동의한 성인의
성행위 장면에서 음경 팽창이 가장 두드러진 반면, 아동 상대 성범죄자들은 다른 두 집단에
비해 아동이 성적인 피해를 당하는 장면을 묘사할 때 성기 팽창이 가장 두드러졌다(133). 또
아동에게 성적 흥분을 느끼는 자들은 강간이나 노출증, 관음증 등 다른 형태의 변태성욕 성
향을 지니고 있었다. 다시 말하면, 아동에게만 성적 흥분을 느끼는 아동학대자는 극히 소수
에 불과하다(278).

아동학대자들의 특성을 설명하는 이론은 다양하다. 그 예로 사회 교제의 기술이나 능력이
부족하기 때문에 아동을 성욕 발산의 목표 대상으로 선정한다는 설명, 범죄자가 아동과의
성행동을 허용하는 태도나 가치관을 지니고 있다는 설명, 어린이와 사랑에 빠지는 왜곡된
인지 구조를 지니고 있다는 설명, 성적으로 상대할 수 있는 성인을 구하지 못해 어린이를
대리자로 선택한다는 설명 등이다(133, 186). 아동학대자들이 왜 사교술이 부족하고, 왜곡된
인지 구조를 지니는지 등을 살피는 것도 문제해결을 위해 필요한 일이다. 많은 심리치료 전
문가들은 아동을 학대하는 성인들이 대부분 어린 시절 학대를 받았다는 이론에 집착한다.
성인이 아동을 학대하는 행위는 어렸을 때 받았던 심리적 상처에 대한 반작용이기 때문에
그 성인을 '학대받은 가해자(abused abuser)'로 표현하기도 한다. 여러 연구에서 이러한 사
실을 증명하고 있는데, 예를 들면 미국 코네티컷 주 교정 당국의 심리학자 그로스(Nicholas
Groth)는 아동을 학대했거나 강간했던 범죄자 연구에서 그들의 81%가 어린 시절 성 학대의

피해자였음을 밝혔다(471). 또 다른 연구도 성범죄자들이 일반 폭력범들보다 아동기 학대 경험이 훨씬 더 심했음을 보여 주었는데, 특히 부모에게 언어적으로 거부당했거나 고립된 경험 등 학대의 내용이 훨씬 심하게 드러났다(287).

일부 아동학대자는 어린 시절의 심리적 상처 때문에 성장하면서 난잡한 성생활이나 성폭력의 가능성이 높으며, 이로 인해 여성과의 관계에서 갈등을 경험하고 있음을 보여 주었다. 일반적으로 아동기 당시 위험 요인이 많을수록 성폭력 수준이 더 높았다(346). 특히 친족 성폭력을 범한 남성은 가정에서 절대 복종을 강요하는 폭군으로 군림할 정도로 성격장애를 보이기도 하며, 그들의 90% 이상이 사회적 고립, 불안정과 같은 정서장애를 보이고 있다. 이와 같은 남성은 일반적으로 어려서 어머니와 사별했거나 헤어져 살았던 사람일 가능성이 높다. 그들은 구순기 때의 욕구 불만 때문에 결혼생활에서도 부인과 적대적이고 부정적인 관계를 이룬다(113). 친족 성폭력을 범한 남성의 부인도 역시 어렸을 때 어머니와의 애착 관계가 병리적이었고, 어떤 일에 직면하면 책임을 회피하는 경향이 있으며, 대부분 정서적으로나 경제적으로 아버지에게 의존했으며, 그로 인해 나중에 그녀의 자녀도 역시 친족 성폭력의 피해자가 되기도 한다(436).

성인과 아동 간의 성 학대는 거의 대부분 그 아동의 장래에 부정적 영향을 미친다. 강압성의 수반 여부에 상관없이 무지한 어린이를 이용했다는 점에서 이들의 앞날에 심각한 해를 끼친다. 아동학대의 형태 중 가장 부정적인 형태가 바로 친족 성폭력이다. 보통 부녀간의 친족 성폭력은 아동이 4~11세 사이일 경우에 가장 자주 발생하며, 그러한 관계는 거의 평균 2년 정도 지속된다. 아동은 성행위를 부모의 사랑이나 훈련으로 잘못 받아들일 수 있으며, 부모를 즐겁게 해 주고 싶은 욕망이나 부모에 대한 신뢰감이 높을 수도 있다. 성 학대를 범하는 부모는 선물이나 용돈을 주거나 위협을 가하면서 어린 자녀의 순수한 충성심을 이용한다(214). 그러나 아동을 상대로 하는 대부분의 친족 성폭력은 물리적 힘보다도 부모와 자녀 사이의 일상적인 상호작용 상황을 성인들 사이의 관계처럼 해석해 버리는 어른의 잘못된 인식에서 비롯된다. 예를 들면, 8세의 딸이 아버지 무릎에 앉아 애교를 부리면 아버지는 자신을 유혹하는 행위로 해석하면서 성적인 의미가 담긴 행위를 요구하는데, 사실 아동은 자기에게 요구되고 있는 행위의 본질을 잘 모른다. 아동은 성인과의 관계가 잘못임을 전혀 깨닫지 못하기 때문에 아버지가 물리적 힘을 거의 사용하지 않아도 이에 순순히 응한다. 아동은 성장하면서 혼돈이 생기며, 친족 성폭력 피해에 대한 죄의식을 심하게 느낀다. 일반적으로 성인들이 무엇을 요구할 때 어린 딸은 단순히 복종적이어서 유순한 어린이로서 아버지의 성적 요구에 반대하지 못하고 질문도 하지 않는다.

일단 친족 성폭력이 발생하면, 아버지는 딸에게 전혀 잘못된 일이 아님을 인식시키려고 노력한다. 어떤 아버지는 직접적인 위협이나 미묘한 강제성을 이용하여 딸이 침묵하도록 만든다. 어린 피해자는 자신이 가족의 한 일원이라고 믿으면서, 만약 그 사실이 밝혀지면 아버지는 구속될 것이라고 두려워한다. 어떤 아이는 여러 가지 감정 때문에 절망하고 묵묵히 따르거나 도움을 요청해도 아무도 그녀를 도와주지 않을 것이라고 믿는다. 그들이 10대 초반이 되면 잘못된 일이었음을 알아차리기 시작한다. 흔히 사춘기 이전에는 성교가 아닌 다른 행위로 학대당하지만, 11~12세부터는 실제로 성교가 이루어지기 시작한다. 그러한 접촉은 보통 피해자가 14~15세가 될 때까지 지속되지만, 그러한 관계가 종식되는 이유는 나이가 들어갈수록 가족끼리의 성행위가 금기임을 피해자가 깨닫기 때문이다. 이때부터 딸은 이 사실을 폭로해 버리겠다고 아버지에게 저항하거나 가출하여 관계가 종식되기도 한다. 그러므로 딸의 나이가 들어갈수록 성폭력을 범한 성인은 승낙을 얻기 위해 강압적 수단을 사용하는 빈도가 증가하며, 또 자녀의 사회생활을 통제하면서 고립시킨다. 아버지는 딸을 소유하려는 질투심 때문에 딸의 정상적 교우 관계 형성도 방해한다(436).

어떤 친족 성폭력은 우연히 노출된다. 예를 들면, 피해자의 임신이나 질병 감염, 신체적인 상해 또는 그런 장면이 목격되었을 경우 등이다. 우연이었든지 계획적이었든지 이러한 노출은 가족 모두에게 위기를 초래한다. 친족 성폭력의 관계는 노출 당시에 상황이 잘 처리되지 못하면 많은 것을 잃게 된다. 특히 이런 상황에서 어린이는 모든 사람의 관심이 자기에게 집중되어 있음을 알기 때문에 일의 해결에 선뜻 응하려고 하지 않는다. 친족 성폭력 피해자에 대한 근본적 치료 목표는 그녀에게 발생된 사실에 대한 책임이 그녀 자신에게 없음을 확신시키는 일이다. 모녀간의 관계를 재정립시키는 것 또한 중요하다.

부녀 사이에 발생한 성폭력은 딸에게는 무조건적으로 신뢰하고 의지하는 보호자로부터의 배반이기 때문에 심각한 정서장애로 이어진다. 딸은 빠르게 성장하는 편이지만, 어머니에 대한 동일시, 청소년기의 자아 발달, 성격 발달 등에 문제가 생긴다. 이로 인하여 가족들의 긴장 유발은 물론 딸에게는 자긍심 저하, 죄의식, 고립된 사생활, 남성 불신, 친교 관계 형성의 어려움, 성적 조숙, 약물이나 알코올중독, 난잡한 성행위, 우울증, 심지어는 자살 등의 문제가 일어날 수 있다. 친족 성폭력 피해자들은 대부분 성인이 되면 그러한 사실을 완전히 억압하면서 살지만, 때때로 과거 장면이 회상되어 우울증이나 죄의식 등 고통이 뒤따른다. 특히 불신감 때문에 남자와의 관계를 정상적으로 유지하지 못하는 여성이 많다. 그래서 동성애자가 되기도 하며, 심지어 자살을 시도하기도 한다. 그러한 가정에서 도피하기 위해 가출하여 성매매에 빠져든 경우도 있고, 10대에 결혼을 해 버리는 예도 허다하다. 그러한 성폭력 경험은 다른 사람과의 관계에서 문제로 발전하는데, 예를 들면 연인, 배우자 또는 자녀들과의 관계에서 문제가 생긴다. 특히 남편과의 성생활에서 문제가 나타나는데, 이 경우 쾌감을 경험하기 힘든 사람이 많다. 친족 성폭력의 피해자는 수치심이나 굴욕감 때문에 아무에게도 함부로 이야기하지 못하며, 죄의식이나 무력감에 사로잡혀 살아간다. 또 부자간 성폭력 피해자인 아들도 아버지에게 심한 적개심을 느끼는데, 어떤 아이들은 아버지를 죽이고 싶은 욕망을 지니기도 하고, 자신을 스스로 학대하기 시작하여 약물 복용이나 사고를 끊임없이 저지르기도 한다(162, 471).

29
성희롱

1. 성희롱의 정의

전통사회에서 편의상 구분되었던 성 역할은 남편이 집밖에서 양식을 구하고 아내가 그 외의 일을 집안에서 하는 것이었다. 그러한 구분을 서구에서는 "Men at work, women at home!" 이라고 표현했으며, 우리 문화권에서는 내외(內外)라고 불렀다. 20세기 중반 이후 산업화 사회 후기에도 그와 같이 구분된 전통사회의 틀이 계속 유지되면서 사회 문제가 생겨났는데, 그 대표적인 것이 바로 성희롱(sexual harassment)이다. 과거의 틀에 따르면, 여성이 사회 활동을 한다는 것은 남성의 영역에서 그녀가 남성이 일을 더 잘할 수 있도록 보조하는 역할을 한다는 의미였다. 여성이 직장생활을 하게 되면, 남성은 그녀를 업무를 보조해 주는 사람이자 스트레스를 해소시킬 수 있는 상대 정도로만 인식했다. 예를 들면, 직장 상사나 동료 남성이 여성과 데이트 상대가 되다가 연인 관계로 발전한다면 모르지만, 사랑과 무관하든지 또는 남성이 기혼자여서 여성에게 부적절한 파트너로 인식되었다면 여성은 남성으로부터의 데이트나 성적 요구를 매우 불편하게 지각할 수밖에 없다.

후자의 상황은 여성의 입장에서 남성에게 성적으로 괴롭힘을 당하는 것이어서 성희롱이라고 표현했는데, 이 문제는 1975년 미국 코넬 대학교 캠퍼스에서 논의되기 시작하여 대중에게 인식되었으며, 우리 문화권에서는 1993년 10월 처음으로 성희롱 사건이 법정 소송으로 비화되면서 세인의 관심거리로 등장했다. 성희롱은 초기에는 상하 지위 관계가 뚜렷하게 구분된 직장에서 발생한 사건을 의미했지만, 나중에는 직장에서 조직이라는 범주로 바뀌어서 학교에서 발생하는 사제 간의 사건도 성희롱으로 해석하게 되었다. 대다수 선진 문화권에서는 성희롱을 법적으로 정의하고 있지만, 법적으로 성희롱에 해당되는지의 여부는 대인 관계의 맥락에 따라 상이하므로 성희롱에 내포된 의미를 이해하는 것이 더 바람직하다. 즉, 성희롱을 포괄적으로 정의하면 조직 사회의 상급자가 지위가 더 낮은 자에게 '원하지 않는(unwelcome, unwanted)' 성적 요구를 하거나 또는 그러한 요구가 내포된 행위를 한다는 것이다. 이러한 정의에는 그러한 요구에 응하지 않을 경우 불이익이 초래될 수 있고, 행위자가 상대방을 귀찮게 할 의도(intention)도 담겨 있다(193). 여성의 사회 진출이 근래에 본격화되기 시작했기 때문에 대부분의 조직에서 상급자는 남성이며, 또 기존의 남성 위주의 틀을 탈피하지 못한 조직 문화가 잔존하고 있기 때문에 성희롱 행위자의 대다수는 남성이다. 그러나 여성이 상급자로서 남성을 상대로 한 성희롱 행위자인 경우나 동성 간에 발생하는 성희롱도 존재한다(243).

2. 성희롱의 유형 및 동기

서구사회에서 처음으로 제기되었던 성희롱은 일반적으로 대가형 및 환경형으로 이분된다(335). 대가형(quid pro quo) 성희롱이란 행위자가 피해자에게 성적 요구를 했을 때 피해자가 그 요구를 수용하는가에 따라서 그 대가가 달라진다는 것이다. 그 요구에 응할 경우 긍정적인 대가, 응하지 않을 경우 부정적인 대가가 나타난다는 의미다. 학교나 직장에서 성적이나 졸업, 승진 등에 관련해 교수나 상사에게 성적 요구를 받는 경우가 전형적인 대가형 성희롱에 해당된다. 대가형 성희롱은 대부분 물리적인 폭력을 수반하지 않지만, 피해자가 지위를 이용한 행위자의 성적 요구를 쉽게 거절하기 어려운 상황이기 때문에 강제적이라고 해석된다(90).

환경형 성희롱은 적대적 환경형(hostile environment) 성희롱의 준말이며, 이는 지난 수십 세기 동안 형성되어 온 남성 중심의 문화, 즉 여성의 입장에서 성차별적 환경이 자신의 능력 발휘에 적대적으로 인식된다는 뜻이다. 환경형 성희롱의 대부분은 전통적인 남성주의 입

장에서 바라볼 때 아무런 문제가 아닌 것
같지만, 양성평등의 관점에서는 쉽게 성차
별로 인식된다. 조직에서 남성우월주의 사
고방식으로 여성을 대할 경우 그녀는 자신
의 잠재 능력을 충분히 발휘할 수 없으므로
양성평등의 관점에서 성희롱에 해당된다.
예를 들면, 성차별주의 발언, 신체나 의복
에 대한 평가, 여성의 성생활이나 사생활

육체적 성희롱의 사례

등을 소문내는 것, 음담패설과 같은 저속한 언어 등이 환경형 성희롱의 예가 된다.

　우리 문화권에서는 대가형 및 환경형 성희롱으로 구분하는 대신에 성희롱의 이해를 돕기
위해서 구체적인 사례 중심으로 성희롱의 유형을 육체적(신체적), 언어적 및 시각적으로 삼
분하고 있다. 첫째는 상대의 의지를 무시하고 상대의 신체 부위를 접촉하여 불편함을 초래
하는 육체적 형태의 성희롱이며, 둘째는 성적이거나 차별적인 언어 표현으로 상대방의 기분
이나 감정을 상하게 하는 언어적 형태의 성희롱이며, 셋째는 본인이 원하지 않는데도 무언
가(예: 신체 부위, 성 관련 사진이나 출판물 등)를 보여 주어 불편함을 초래하거나 상대방이 불
쾌감이 들 정도로 자신의 신체 부위를 쳐다보는 시각적 형태의 성희롱이다.

　성희롱은 성차별적 사고방식과 관련이 높기 때문에 대부분 남성이 가해자이고, 여성이 피
해자다. 그렇다면 남성이 여성보다 상대방을 더 불편하게 하는 동기를 지니고 있는가? 성희
롱의 동기도 다른 행동처럼 유전이나 환경 또는 그 상호작용의 측면에서 생각해 볼 수 있다.
먼저 생물학적 입장에서 살펴보면 남성이 성적이고 공격적인 동기를 선천적으로 가지고 태
어났다고 해석한다. 원래 남성의 성욕이 여성보다 더 강하므로 미혼이고, 여성과 나이도 비
슷하며, 사회적 지위도 비슷한 남성이 여성을 성적으로 접근하고 불편하게 하는 행위는 구애
행위와 다를 바가 없다는 것이다(539). 또 후천성이 약간 가미된 생물학 이론에서는 강간을
어떤 환경 자극이 단초가 되어 발생하는 남성 특유의 적응행동이라고 설명했는데, 성희롱도
남성이 성욕을 충족하기 위해 여성에게 힘을 행사하는 공격행동이라고 설명한다. 강간의 경
우 남성은 성교를 위하여 물리적 힘을 이용하는 반면, 성희롱의 경우 조직의 권위나 힘을 이
용할 뿐이다. 근래까지의 대다수 조직에서의 위계질서를 보면, 남성이 여성보다 위에 있기
때문에 남성이 지위를 이용하는 가해자가 되고 여성이 피해자가 되기 쉽다. 성희롱을 시도하
는 남성의 특성 중 하나는 사회적 지위나 힘을 이용하는 자신의 행위가 잘못임을 잘 모르고
있으며, 가부장제 사고방식 때문에 여성의 불편한 심리를 전혀 공감하지 못한다(90, 539).

그러나 성희롱 동기에 대한 선천성 이론들은 성희롱 가해자들의 전반적인 특성을 설명하지 못한다. 예를 들면, 미혼 남성이 비슷한 연령의 여성에게 가하는 성희롱을 부분적으로는 구애행위로 해석할 수 있지만, 기혼 남성이 딸과 연령이 비슷한 여성에게 성적 요구를 하는 행위는 구애행위와는 전혀 무관하다. 이러한 이유로 많은 학자는 성희롱 동기를 선천성보다도 후천성으로 설명하려고 노력한다. 여성권익운동가들은 특히 1970년대 이후 부각된 성희롱을 남성이 사회에서 여성에 대한 힘의 우월성을 유지하기 위해 이용하고 있다고 본다. 그들에 의하면, 성희롱은 단순히 성욕에 기반을 둔 행위라기보다도 남녀의 힘의 불균형에 관련된 행위 및 여성을 지배하려는 수단이다.

사회문화적 모델에 의하면, 조직 사회에서 상급자가 부하 직원에게 힘을 행사하는 경향을 가부장제의 흔적으로 해석한다. 어린이를 포함한 여성에 대한 성적 위협이나 착취행위는 대부분 여성을 상대적으로 열등한 존재로 여겼던 사회화 과정에서 발생할 수 있다고 설명한다. 즉, 이러한 위협이나 착취행위를 통해 남성의 우월감이 더욱 조장될 뿐만 아니라 강자가 약자를 학대하는 분위기가 지속되는 것이다(532). 문화적으로 답습된 성 역할 고정관념이 조직에서 직무와 무관한 상황까지 그대로 이행된다는 성 역할 이행(spillover) 이론도 있다. 예를 들면, 남성 위주로 구성된 조직에서의 남성은 조직 내외에서의 행동이 모두 거친 편이다.

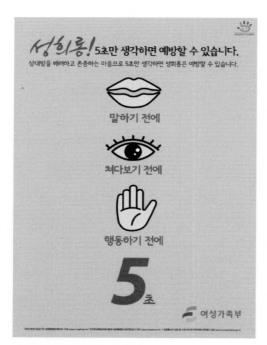

성희롱 예방을 위해 제작된 홍보물
출처: 여성가족부

거친 특성이 몸에 배어 있기 때문에 여성에게 성적인 요구를 하거나 신체적 접촉을 하거나, 욕설을 하는 행위 등을 별로 심각하게 여기지 않는다. 그러한 상황에서 남성은 여성을 직무와 관련된 역할보다 여성의 역할에 관련시켜 이해하려고 한다. 결과적으로 여성이 주로 근무하는 조직보다도 남성 위주로 구성된 조직 사회에서 성희롱이 더 빈번하다. 여성이 주로 종사하는 직종이더라도 성별과 관련된 고정관념이 역시 성희롱을 조장한다. 예를 들면, 술집 여종업원은 다른 직종에 비하여 성적인 요소를 강조하는 직종이므로 성적인 농담을 성희롱으로 해석하지 못하는 환경에서 일하고 있다(154).

3. 여성의 반응과 조직의 맥락

　　남성은 직장생활을 하면서 동료나 부하직원인 여성을 무료함을 달래기 위한 농담의 대상이나 욕구 충족의 대상으로 여긴다. 이러한 남성의 인식에는 그녀가 미혼이라면 자신의 소유나 자신의 성적 상대가 될 수 있다는 얄팍한 기대심리가 깔려 있다. 남성이 여성을 성관계의 대상으로 여기지 않는다고 해도 여성에 대한 우월감이나 무시, 지배욕이 머릿속에 박혀 있는 한 성희롱 가능성은 사라지지 않는다(19). 성희롱 발생을 줄이기 위해서는 남성의 사고방식 전환이 필요하지만, 성희롱 발생 상황이 변하면 남성도 달라질 것이다. 이를 위해서는 성희롱 대상이 되는 여성이 남성에게 어떻게 대처하는지 또는 조직은 성희롱 발생이나 예방에 대해서 어떤 입장을 취하는지를 살펴보아야 한다.

　　우선 여성은 어떻게 반응하는가? 어떤 여성은 남성 상사가 추파를 던지거나 어떤 요구를 할 때 놀라고 기분이 나쁘더라도 남성의 행위를 무시하려고 노력하거나 사라지기만을 바란다. 한편 그 남성은 자신의 행위가 어느 정도 먹힌다고 판단하면 그 행위를 반복하게 된다. 그러한 행위를 시도하는 대다수 남성은 여성의 침묵 반응을 묵인으로 받아들이며, 만약 여성이 자신의 요구를 정중하게 거절하면 완력을 휘두르려고 한다(19). 그러한 경험을 한 여성은 보복의 두려움 외에도 분노와 정서 반응을 보이거나 죄의식을 느끼며, 신체적으로도 위축된다(532).

　　왜 여성은 분노나 죄의식을 느끼는가? 기본적인 이유는 남성에게 그만 괴롭히라고 요구하기 힘들기 때문이다. 또 중단을 요구하지 못한 이유는 행위자가 조직의 상사이고, 행위자의 의도도 불분명하기 때문이다. 그러한 이유로 여성은 초기에는 성희롱을 무시하거나, 상황을 성희롱으로 해석하지 않으려고 노력하거나, 또 성희롱으로 생각했더라도 다시 상황을 바꾸어 해석해 버린다. 간혹 피해자는 행위자를 아예 피해 버리는데, 학생들을 희롱하는 교수의 강의를 수강하지 않는 것이 그 예다(244).

　　피해자가 느끼는 반응을 굳이 4단계로 설명하면, 첫째, 혼동과 자기비난의 단계(희롱이 이루어질 때마다 희롱이 중단되겠지 하고 믿으며, 희롱의 정도가 더 강해질 때 통제가 불가능하고 도움을 받을 수 없다고 느낌), 둘째, 공포와 불안의 단계(희롱행위가 지속되면 직장에서의 보복 등 장래에 대한 불안이 커지며, 직장 밖에서도 전화 소리에 놀라고, 귀가할 때도 혹시 자기를 따라오는가를 의심하고, 자기 집이 감시당하는지를 의심하며, 주의집중이 어려워 일을 잘 못하며 자존심도 심하게 상함), 셋째, 우울증과 분노의 단계(피해 사실을 고소할 수 없는 상황이라고 인식하게 되면 불안이 분노로 바뀌며, 이렇게 태도가 바뀌면 흔히 직장을 그만두는 결과를 초래함), 넷째, 환멸의 단계(만약 조직에서 성희롱을 바라보는 관점이 자신의 기대에 미치지 못하면 실망하고, 조직에 도움을 바라는 것 자체가 비현실적이기 때문에 정의가 통하지 않는 사회라는 환멸을 느낌)다(244).

성희롱 피해자의 반응은 자신감이나 자존심 저하, 직장생활의 의욕 상실, 신뢰감 상실에 따른 대인관계장애, 우울증, 불안, 초조, 무기력, 외상 후 스트레스 장애(PTSD), 강간이나 일반 범죄에 대한 두려움 등이다(193). 소화장애, 신경쇠약, 두통, 불면증, 피곤, 체중 감소, 식욕장애 등과 같은 여러 신체 반응도 나타난다. 특히 여성이 성희롱을 단순히 참아 버리거나, 부정하거나, 상황을 재해석하거나, 현실이 아니라고 해석하거나, 잊어버리려고 노력하거나, 별로 중요하지 않다고 생각하거나 등 내적으로 대응하게 되면, 그와 같은 정서 반응을 초래한다. 그러나 그러한 방법보다 더 적극적으로 대응한다면, 즉, 상대방의 성희롱 행위가 나타날 상황을 차단하거나 중지를 요구하거나, 고발이나 신고 또는 사회적 지지를 찾는다면, 그러한 부정적인 정서 반응은 줄어들 수 있다(194).

그러나 여성이 성희롱에 단호하게 대응하면 심리적으로나 신체적으로는 심각한 결과가 초래되지 않더라도 조직에서 적응 문제가 생길 수 있다. 조직 내의 성희롱 규제 정책에 따라서 신고 절차를 밟았더라도 고소인이 조직의 문제아, 나쁜 일을 만드는 자, 소란을 피우는 자 등으로 매도당하는 경우가 생긴다. 또 남성 직원을 무턱대고 처벌하라고 고소하면, 실제로 그 남성이 혹시라도 기대 이상의 부당한 처벌을 받게 되었을 때 신고자로서 마음이 불편해질 수 있다(194). 그렇기 때문에 성희롱을 근절시키는 최상의 해결방안은 예방이다. 조직에서는 성희롱 주제를 적극적으로 부각시키고, 그 사례를 기술한 소책자를 발간·보급하고, 조직원들에게 공개 토론의 기회를 제공하고, 성희롱 발생 시 적절한 조치를 강구하고, 그 제재 조치 내용을 구성원에게 인식시켜야 한다(397). 여러 연구에 의하면, 조직에서의 성희롱에 대한 포용성 수준, 예방이나 발생 시에 대비한 정책 여부, 성희롱에 대한 구성원의 인식 수준, 조직 구성원의 성비, 전통적인 남성성과 관련된 직업 여부 등에 따라서 성희롱 발생 가능성이 달라진다. 역시 연령, 결혼 상태, 학력, 출신 배경, 조직에서의 위치, 학대에 대한 포용성 등이 어느 정도 취약한가에 따라서도 성희롱 발생 가능성이 다르다(244).

4. 스토킹

과거 연인이나 배우자, 마음속으로 그리는 연인 또는 유명 인사 등을 몰래 추적하는 행위를 흔히 스토킹(stalking), 그런 행위를 하는 사람을 스토커(stalker)라고 한다. 대부분의 스토킹 행위는 특성상 성폭력이나 성희롱과 관련이 깊다. 통계 수치에 의하면, 남성은 자신이 학대했던 여성보다도 자신을 떠나버린 여성을 상대로 더 자주 스토킹한다. 일반적으로 남성 스토커 비율이 여성의 4~5배이며, 피해자는 여성이 남성의 3~4배에 해당된다.

스토커의 특성은 잔인하고 강박적이다. 그들은 스토킹을 당하는 사람의 불편한 심기를 잘 알면서 괴롭힌다. 스토커들은 상대가 스토킹을 당하는 과정에서 고개를 돌려 어깨너머로 쳐다보거나, 걸음이 빨라지거나, 전화번호를 바꾸는 등의 반응이 나타나면 자신과 상대가 연결되어 있다고 믿는다. 대다수 스토커는 젊거나 중년층이며, 지능도 보통 이상이다. 스토커마다 다르기 때문에 그들의 심리를 설명해 주는 명료한 이론은 없으며, 그들의 행동을 범주화하거나 효과적인 대응 전략을 마련하기가 쉽지 않다. 보통 스토커들의 범주를 '애정강박형(love obsession)'과 '단순강박형(simple obsession)'으로 이분할 수 있다(328).

첫째, 애정강박형 스토커는 자신과 아무런 관계를 형성하지 않았던 사람에 대해서도 사랑의 감정을 강박적으로 발달시켰던 사람이다. 목표 대상의 입장에서 스토커는 그저 얼굴만 아는 사람이거나 전혀 만나거나 교류하지 않았던 모르는 사람일 가능성이 높다. 이들은 전체 스토커의 약 20~25%에 해당된다. 사회적 유명 인사나 인기 스타들을 비롯하여 함께 직장생활을 했던 사람, 얼굴을 몇 차례 마주쳤던 사람, 길거리에서 우연히 본 사람 등이 스토킹 대상이다. 그들의 상당수는 정신분열증이나 편집증 등 정신질환을 앓고 있는데, 질환 유형에 상관없이 그들의 행동은 거의 모두 망상에 관련된다. 그들의 대다수가 일상적인 인간관계를 형성하지 못하기 때문에 스토킹 대상과의 관계에 대한 환상에 사로잡혀 살아간다. 그들은 상대가 실제로 자신과 사랑하는 관계라는 이야기를 꾸며 내어 그러한 허구적인 구상이 실제 상황에서 나타나도록 노력을 기울인다. 그 노력의 결과가 바로 스토킹이다. 이들은 자신의 환상에 집착하면서 상대가 자신의 환상 속에서의 역할을 해 주기를 바란다. 그들은 상대가 자신을 사랑하도록 만들 수 있다고 믿으며, 상대와 긍정적인 관계가 형성되기를 간절히 바란다. 상대가 자신이 원하는 각본대로 따라 주지 않을 때 그들은 자신의 원하는 바를 이루기 위해 위협이나 협박 등을 사용하며, 그것들이 통하지 않으면 폭력에 의존한다. 그들의 일부는 자신이 원하는 바가 이루어지기 힘들다고 판단될 경우 상대를 부정적인 상황으로 몰아넣는데, 그 극단적인 사례가 살인이다(328).

둘째, 단순강박형 스토커는 전체 스토커의 약 70~80%를 차지하며, 대부분 스토킹이 시도되기 전에 스토커와 상대가 개인적인 관계나 사랑의 관계에 있었던 경우에 해당된다. 이러한 범주의 스토커들은 성격장애를 지니고 있는데, 즉 사회적 관계를 제대로 형성하지 못하거나, 정서적으로 미성숙하거나, 무력감에 빠져 있거나, 질투가 심하거나, 망상 증상을 보이거나, 자존감이 매우 낮거나 또는 불안감이 심한 자들이다. 정신질환까지 앓고 있는 자들도 있다. 그들의 자존감은 상대와의 관계에 전적으로 달려 있기 때문에 상대를 위협하고 지배하려고 하면서 낮은 자존감을 높이려고 하며, 상대와의 관계가 단절되는 것 자체가 최대의 두려움이다. 그러한 사고방식 때문에 자존감을 회복하기 위해 무슨 일이든지 하므로 그들은 상대에게 매우 위험한 존재가 된다. 만약 그런 성향을 가진 사람과 사귀다가 헤어지려고 할 경우 그는 절박할 정도로 관계 회복을 위한 노력을 하게 된다. 그를 거절하거나 협조하지 않으면 위협과 협박을 이용하며, 이어서 폭력적으로 변한다. 그는 상대와의 관계 회복을 희망하는 과정에서 폭력이 갈수록 심해져 살인을 저지르기도 한다(328).

스토킹 행위는 가정폭력과 양상이 흡사하다. 스토커는 상대를 통제하기 위하여 꽃이나 연애 편지, 선물 등을 보낸다. 만일 상대가 협조하지 않거나 긍정적인 반응을 보이지 않으면, 협박을 한다. 간혹 사랑이 아니라 증오, 복수 또는 항의 때문에 상대를 스토킹하면서 괴롭히기도 한다. 미국에서는 스토킹을 금지하는 법률을 1990년 캘리포니아 주가 최초로 마련했는데, 주마다 내용이 약간씩 다르지만 1993년에는 50개 주 모두 금지 법안을 마련하고 있으며, 1996년에는 연방법으로 금지하고 있다(328).

30
성욕의 매매

1. 신전 성매매

성매매는 세상에서 가장 역사가 긴 직업이라고 하지만 얼마나 오래 되었는지를 잘 모른다. 인류의 유목생활 시절부터 존재했으며, 세월이 흐르면서 다양한 형태로 변했을 것이라고 생각된다. 몸을 파는 여성이라는 영문 단어 'prostitute'는 노출한다는 의미의 라틴어(prostituere)에서 유래했다. 이를 통해 결혼과 같은 사회제도의 발달로 자유로운 성행위를 제한하는 사회에서 성매매가 필요악으로 발달했음을 짐작할 수 있다(403).

성매매의 최초 기록은 종교와 관련되며, 이는 근대적 의미의 성매매와 다르다. 예를 들면, BC 18세기경 바빌로니아의 함무라비(Hammurabi) 법전에는 모든 여성이 일생에 한 번은 미리타(비너스) 신전에서 성직자나 참배자에게 몸을 바쳐야 한다고 기록되어 있다. 종교적 차원의 성매매는 여성이 신에게 몸을 바치는 형태에서 발달했다. 신의 역할을 대신하는 성직자에게 여성이 몸을 바쳐야 한다는 가장 보편적인 목적은 신을 달래서 풍작과 다산, 건강을 기원하는 것이었다. 결혼 후에도 모든 잉태가 신에 의해 신성하게 이루어져야 한다는 믿음도 존재했다. 이러한 행위를 통해 신과 가까워질 수 있다고 믿었지만, 제한된 수의 성직자들은 모든 여성을 상대할 수 없었다. 그러므로 낯선 여행자가 성직자를 대신해서 신성한 성행위를 해 주는 사람으로 선택되기에 이르렀다(29).

여성은 신전을 참배하는 낯선 남성이 은전(銀錢)을 무릎에 던져 동침 의사를 밝히면 밖으로 나가 함께 자야 한다. 그 후 그녀는 신전에 대한 봉사 의무가 없어지고 자유의 몸이 되었다. 그러나 신전에서 봉사하는 여성은 남자를 선택할 권한이 전혀 없었고, 가장 먼저 자기에게 은전을 던진 남성과 의무적으로 자야 했다. 그 은전은 자동적으로 신전 수입이 되었다. 그러나 시간이 흐를수록 신전 수입이 더 늘어나야 했으며, 또 신전에 나가자마자 쉽게 은전을 받은 여성도 있었지만 그렇지 못해 매일 신전에 머물러야 했던 여성도 많았다. 이러한 연유로 모든 여성에 대한 신전 봉사 의무가 사라지면서 남성으로부터 쉽게 은전을 받을 수 있는 여성을 신전에서 고용하게 되었다.

곧 신전 성매매 여성이 등장했는데, 그녀는 신전에서 봉사하는 자신의 업무를 전혀 수치스럽게 여기지 않았다. 신전 성매매 관습은 바빌로니아 이외에도 이집트, 그리스, 로마, 페르시아, 페니키아, 키프로스, 시리아, 인도, 일본 등 고대사회의 여러 문화권에 존재했다. BC 5세기 헤로도투스(Herodotus)에 의하면, 고대 이집트 파라오들은 스스로 딸을 신전에 바쳐 모범을 보였다. 신도(神道)를 신봉했던 일본에서도 여성 성직자는 남성 성직자들과 신성한 성행위를 했고, 그녀의 자녀들은 신에 의해서 만들어졌다고 간주했다(300). 인도의 힌두교 사원에서도 그러한 제도가 있었는데, 바시(Vashee)가 사원에서 춤을 추고 동(同) 계급의 참배자들에게 몸을 팔았다(323, 403). 소아시아의 옛 수도 에버소에도 다이아나 신전이 있었는데, 여기에도 여행자나 신자에게 몸을 파는 부인들이 있어 그들을 에버소의 부인들이라고 불렀다. 시리아에서는 처녀는 물론 부인들도 모두 성매매를 통해 여신에 대한 신앙심을 증명해야 한다고 법으로 규정되어 있었다(11).

문명이 발달하면서 신전에서의 종교적 봉사 차원의 성매매 형태가 점점 사라지기 시작했다. 그 대신 생활 수단으로 돈을 받고 몸을 파는 전문 직업이 등장했다. 시대적으로는 로마 시대부터 종교적 연관성을 완전히 잃었고, 순전히 상업적으로 전락한 성매매가 발달했다. 이러한 성매매는 남성의 육체적 욕구 등을 만족시키는 일을 하였으며, 이는 범세계적인 사회 현상이 되었다. 신전에서의 성매매가 등장한 이후부터 지배자들의 권위에 의해 성매매가 발달했는데, 이를 역으로 증명할 수 있는 문화권이 바로 근래의 하와이 문화권이었다. 하와이 원주민들은 신분 차이가 심한 상대를 제외하고는 연령, 성별, 결혼 여부, 면식 여부 등과 무관하게 누구하고든지 성행위를 즐기는 게 그들의 전통이었다. 그들은 상호 만족을 위한 접촉이 어느 상황에서든 가능했으므로 성매매가 존재하지 않았다(159).

고대로부터 현재에 이르기까지 차별화된 성 역할과 같은 계급 차이가 심한 문화권에서는 성욕의 충족에서도 차이가 생기며, 이에 대한 반동으로 성매매가 사라지지 않고 있다.

2. 성매매의 발달

고대 그리스의 솔론(Solon)은 BC 6세기 초 아테네에 역사상 최초로 공창제도를 개설했다. 히티어리즘(hetaerism, 축첩제도)이라는 제도를 마련하자 아테네 남성은 "찬양받을지어다, 솔론이여! 당신은 도시의 안녕과 풍기를 위해 공창제도를 설치했도다. 그대의 현명한 정책이 아니었다면 시내를 메운 건장한 젊은이들은 틀림없이 양가의 규수를 유혹해 못된 짓을 저질렀을 테니까요!"라며 솔론을 칭송했다. 그리스에서는 공창 업소 방문 가격을 국가가 고시했으며, 신전을 운영하기 위해 성매매 업소 사업자에게 세금도 부과했다. 아레오파거스(Areopagus) 궁전의 히티어리즘의 구성원들은 원래 자유민이었지만 가난 때문에 그곳에 기거하면서 계급에 따라 남자의 첩이 되거나 몸을 파는 역할을 했다. 당시 아테네 남성은 아름답고 유식했던 그녀들에게 매료되었는데, 그들은 남성의 아내가 집에서 하지 못한 여러 가지를 능숙하게 해 주었기 때문이었다. 남성은 아내에게는 가사만을 하도록 한정시키고, 성매매 여성이나 첩과 성적 기쁨을 자유롭게 만끽했다.

그리스 시대에도 요즈음처럼 교통이 번잡한 곳에서 성매매 업소가 번성했다. 예를 들면, 남부 항구도시 고린스(Corinth)는 장사꾼이나 뱃사람을 유혹하려는 여성이 많았던 곳으로 유명하다. 부둣가의 성매매 여성은 신전의 여성과 달리 전혀 신성하게 취급되지 않았다. 고대 로마 역시 공창제도를 실시했다. 그들의 경우에는 기혼 남성이 등록되지 않은 성매매 여성과 성행위를 하면 처벌되었기 때문에 등록된 성매매 여성이 급격하게 늘어나 심지어는 귀족 출신의 여성도 등록할 정도였다. 로마에서는 특히 목욕탕에서의 성매매가 성행했는데, 발굴된 폼페이의 목욕탕들은 매우 작고 좁았다고 한다(403). 로마 시대에는 성매매 업소를 관리하는 기구가 있었고, 남성 여행자들의 편리를 위해 주요 통로마다 유곽을 두었다. 또 거리의 성매매 여성은 서커스나 연극, 검투 경기를 즐기는 남성에게 서비스를 제공했다. 예를 들면, 남성들은 검투 경기가 시작되기 전 준비행위로 그녀들이 선보이는 다양한 성행위 쇼를 구경했다. 경기 후 성행위에 관심 있는 관객들은 그녀들과 특정한 공공 건물(cellae fornicae라고 알려짐) 아래로 내려간다. 포니피케이션(fornication, 간통)이라는 단어는 그곳에서 부부가 아닌 남녀가 성행위를 한다는 의미였다(121).

그리스와 로마 문명의 영향으로 고대와 중세 유럽에도 성매매가 성행했다. 중세 유럽에서는 엄격한 일부일처제를 유지하기 위해 축첩제도를 없애려고 노력했으나 실패하였다. 독일 튜튼(Teuton) 족은 성매매를 없애려고 했으나, 특히 오토(Otto I) 황제 시대(912~973)에는 성매매가 사회 문제가 부각될 정도로 번성했다. 그 후 십자군운동은 성매매가 더욱 번성하는 계기가 되었다. 심지어는 아비뇽에는 교인을 상대로 성매매 사업을 하는 교회도 있었으며, 교황 율리우스 2세(Julius II, 재위 1503~13) 시절에도 교회 재정을 위해 로마에 성매매 업소를 설치했다. 이외에도 유럽에서는 고대 로마 시대와 비슷한 목욕탕에서의 성매매 행위가 유행했다.

한편 12~13세기 유럽 지역에서는 도시마다 허가를 받아 세금을 내는 성매매 업소 이외의 유곽을 규제하기도 했다. 당시 비엔나에는 유곽이 두 곳 있었으며, 성매매 행위도 유곽 내에서만 가능하도록 한정시켰다. 또한 여러 지방에서는 성매매 종사자들이 외출할 때에 일반인과 다른 표시를 하도록 했다. 예를 들면, 1347년 8월 8일 아비뇽에서는 성매매 여성이 외출할 때 왼쪽 어깨에 붉은 띠를 두르도록 규정했다. 당시 여왕은 매주 토요일 의사와 감독관에게 성매매 여성을 검사하여 성교로 인한 질병에 걸렸을 경우 그녀를 격리했다. 그러한 규정에 의해 1506년 라이프치히의 성매매 여성은 청색 장식이 있는 노란 외투를 입었으며, 비엔나의 성매매 여성은 노란 손수건을 어깨에 걸치고 다녔다.

한편 동양 3국은 어떠했는가? 우선 신도를 신봉하던 일본은 6~7세기에 유교와 불교의 유입으로 성을 억압하지는 않았지만 고상하게 여기던 태도가 달라지면서 성매매를 제한했고, 여성도 남자를 유혹해 나락으로 빠뜨리는 죄인이라고 가치를 떨어뜨려 이해했다(323). 유곽의 허용 지역도 엄격히 제한했는데, 그중 가장 대표적인 곳은 1626년 동경에 건립되어 거의 3세기 동안 번성했던 요시와라(吉原) 유곽이다. 그 지역은 도쿠가와 이에야스(德川家康, 1542~1616)가 에도(江戶, 옛 동경)에 막부를 설치하고 정권을 잡은 뒤 녹을 잃고 떠돌아다니는 무사들과 경제력이 있어도 정치적 실권이 없는 상인들의 불평을 제어하기 위해 개간했던 곳이다. 당시 성매매 여성은 미인의 의미로 게이세이(傾城), 또 그들 중 최고급 여성을 다유(大夫, 太夫)라고 불렀다. 다유들은 자신의 존재를 외부에 알리기 위해 2년에 한 차례 거리 행진을 했으며, 남성도 유곽을 찾는 행위를 전혀 수치스럽게 여기지 않았다.

또 일본에는 1650년경부터 남녀가 목욕 도구도 함께 사용하면서 목욕하는 목욕탕이 등장했다. 목욕탕 내에서는 허리에 간단한 옷을 걸치지만 서로 나체를 접촉할 기회가 많았다. 탕 중앙에 얇은 판을 설치해 남녀 탕으로 구분했어도 판 밑의 구분은 분명하지 않았다. 온탕의 여성은 남자 손님의 시중을 들고, 음식과 노래, 춤을 선사했으며, 역시 돈을 받고 성교도 했다. 이처럼 대중 목욕탕에서 시중을 든 에도시대의 여성을 유나(湯女)라고 불렀다. 이러한 제도는 1657년 금지되었는데, 그 이유는 요시와라 유곽의 경제 불안정을 초래했기 때문이었다(323). 결국 요시와라 유곽에 국한된 성매매를 폐지하려는 규제가 생겼다. 즉, 1872년 새장에 갇힌 생활을 하던 성매매 여성에게 자유롭게 살도록 했는데, 그녀들은 돗자리를 왼쪽 어깨에 메고 밤거리를 거닐다가 남성의 요청이 있을 때는 어디에서나 그 돗자리를 깔고 누워서 몸을 팔았다(403). 요시와라 유곽은 여성의 압력으로 1958년 완전히 문을 닫을 때까지 존재했는데, 그 이후 그곳에 성매매가 가능한 목욕탕이 들어섰다.

중국에서는 고대로부터 청조 말까지 성매매가 법으로 금지되지 않아서 다양한 계급의 기녀들이 존재했다. 춤이나 노래가 뛰어난 기녀를 비롯하여 글이나 글씨가 뛰어난 기녀, 또 단순히 몸만 파는 기녀도 있었다. 재주가 뛰어난 고급 기녀들은 손님을 거절할 수 있을 능력도 있었다. 광동 지방에서 화선(花船)이라는 배가 강에서 유곽 역할을 했다. 화선에서 일하는 여성은 유곽 주인의 노예가 되어 어려서부터 체계적으로 훈련을 받는다. 주인은 가난한 집에서 태어난 여자들을 훔치거나 부모들로부터 사온다. 그들은 6세경부터 나이가 많은 선배 기녀나 손님 심부름부터 시작하여 10~11세경에 노래, 춤, 그림, 글씨 등을 배우면서 돈을 목적으로 이용되었다. 화류계에 일단 발을 내디딘 여성은 돈 많은 손님의 첩이 되려는 야망 때문에 무엇이든지 열심히 배우려고 노력했다.

이능화(李能和, 1869~1945)에 의하면, 우리나라에도 신라시대에 성매매가 존재했다. 원래 사회교육제도였던 신라의 원화제도 및 화랑제도는 성매매 기능도 했는데, 원화는 기생, 화랑은 미동(美童)을 지칭한다고 설명할 수 있다. 고려와 조선시대에는 축첩 및 기생제도가 유행했으며, 사대부들은 물론 국왕들이 사랑하는 기생들이 있었다. 원래 기생이란 어떤 특별한 기능을 가진 여성을 뜻하며, 조선시대에는 의약이나 침술 또는 가무의 기예를 익혀 나라에서 필요할 때에 봉사하는 여성을 말했다. 기생들은 천민 신분이었지만, 남녀가 서로 만나는 것이 금지된 유교사회에서 남성의 접근이 허용된 유일한 계급이었다(40, 44).

3. 다양한 형태의 성매매

고대 그리스에는 네 부류의 성매매 여성이 있었다. 문학과 정치를 논하고 풍류에도 뛰어났던 히티어리어, 주인을 위해 시중과 성적 서비스를 제공하는 첩인 콘크비네스, 성행위 전문의 아우레트리데스 그리고 아테네 근교의 공창 지대에서 일하는 최하급의 리크테리아레스가 있었다(14). 이능화는 1927년 『조선해어화사(朝鮮解語花史)』라는 책을 발표했는데, 해어화란 '말을 알아듣는 꽃(유녀)'의 의미다. 그는 유녀의 총칭을 창부라 하고, 그 책의 마지막 장에 갈보(喝甫) 종류 총람이라는 주제로 저급한 갈보의 종류를 들고 있다. 그에 의하면, 여섯 부류의 성매매 여성이 있었다. 첫째, 각 관청에 소속되어 있으면서 연회가 있을 때에 사회 교제상 관청에 필수적으로 불려가는 기생이 있었다. 그들은 가무를 익혀 남성의 흥을 돋우는 일을 업으로 하는데, 소속 관청에 따라서 그들의 지위가 높아지기도 했지만 30세가 되면 기계에서 물러나야만 했다. 이와 같은 우리나라의 관기는 일본의 고대나 중세 초기의 유녀와 아주 유사하다. 둘째, 남몰래 은밀하게 몸을 파는 은근짜(殷勤子, 隱君子)라는 여성이 있었다. 은근짜는 대부분 기생 출신으로 기생보다 수준이 더 낮았다. 셋째, 노래와 춤으로 손님을 접대하는 다반모리(拾仰謀利)라는 여성이 있었다. 그들은 손님을 접대할 때 잡가를 부를 수 있었지만, 기생처럼 가무를 할 수 없었다. 넷째,

이능화의 『조선해어화사』

절(寺)과 관계하는 화낭유녀(花娘遊女)가 있었고, 다섯째, 꼭두각시놀이를 하는 창녀인 여사당패(女寺堂牌)가 있었고, 여섯째, 남자들의 술시중을 드는 작부(酌婦)가 있었다(40, 62). 요즈음은 작부를 보통 술집 아가씨라고 부르는데, 이들도 성매매 여성의 이미지를 지닌다.

근래에도 다양한 형태의 성매매 종사자들이 있다. 일반인은 그들을 밤거리에 나와 거래를 하는 사람(sex trade workers)이라고 생각하지만, 하나의 직업으로서 금전과 성행위를 교환하는 사람들은 다음과 같은 부류로 나뉜다(375). 첫째, 비교적 잘 갖추어진 아파트에 살면서 손님과 전화 약속으로 상대하는 콜걸(call girl)이다. 이들은 일정한 소식통에 의해서 소

수의 손님만을 주로 성관계 목적으로 상대하지만, 때로는 손님들의 치료 전문가 역할도 한다. 콜걸은 성매매 종사자 중에서 가장 비싸고, 생활 수준이나 교육 수준이 높은 편이다. 둘째, 일정한 장소에 집단을 이루어 거주하는 성매매 종사자들(house prostitutes)이다. 동양의 유곽이나 화선 등에 소속되었던 여성이 이에 속한다. 우리나라의 유곽은 일제 강점기 유산이었으며(62), 서구 문화가 영입된 이후 텍사스촌이나 기지촌이라고 불렸다. 이와 같은 형태에서 생활하는 성매매 종사자들은 콜걸보다 훨씬 값싸게 거래된다. 셋째, 밤거리를 거니는 여인들(streetwalkers)이다. 이들은 콜걸처럼 독립된 생활을 하지만 손님과 사회적 접촉 능력이 부족해서 간혹 낮에도 거리에 나선다. 보통 생활수단으로 거리에 나서기 때문에 교육 수준이나 사회경제적 지위가 낮다. 성매매가 불법인 나라에서는 이들이 체포된 성매매 종사자들의 대부분을 차지한다. 다른 부류와 달리 이들은 임신이나 낙태, 출산, 엄마 역할 등으로 인한 스트레스를 받는 비율이 매우 높다(463). 넷째, 안마시술소에서 시중을 드는 여성(massage parlor attendants)이다. 합법적으로 치료적 안마를 제공하면서 손님의 요구에 따라 성매매를 한다. 이러한 형태의 매매는 중세 및 근대의 일본에서 유행했던 목욕탕이나 근래 우리나라에서 문제가 되고 있는 퇴폐 이발업소 등과 유사하다. 다섯째, 술집에서 일하는 여성이다. 단순히 작부 역할을 하면서 몸을 파는 여성만 해당되는 것이 아니라, 더 많은 매상 수익을 올리기 위해 옷을 벗고 춤을 추는 여성도 여기에 속한다(375). 여섯째, 여성을 대상으로 몸을 파는 남성(male prostitutes)이다. 소위 남성 접대부들은 주로 여성의 성욕을 충족시켜 주는 역할을 한다. '방관의 여왕(watch queen)'이라는 관음광들은 성매매 남성들로 하여금 방안을 거닐게 하거나 그들끼리 성교를 하도록 요구하면서 이를 관찰한다. 그들은 이러한 행위를 관찰하면서 자위행위를 하며 성적으로 만족을 느끼는데, 그들은 이 같은 만족을 얻기 위해 돈을 지불한다. 일곱째, 동성애 성매매 종사자(homosexual prostitutes)가 있다. 남성은 게이 남성, 여성은 레즈비언을 상대로 돈을 번다. 여성의 동성애 성매매는 대체로 비밀리 진행되므로 잘 알려지지 않고 있다. 고령이고 비매력적이어서 성 파트너를 구하기 힘든 게이 남성은 동성을 상대로 성매매에 나선 남성을 찾는다. 전화로 접촉하여 돈을 버는 동성애 남성을 콜보이(call boy)라고 부르는데, 이들도 콜걸처럼 사회경제적 지위가 비교적 높은 편이다(375). 이성애 관점에서는 몸을 파는 여성을 천하게 여기지만, 동성애 세계에서는 성교를 위해 돈을 지불하는 게이 남성을 천하게 여긴다. 흔히 남성 성매매 종사자 중 여성을 상대하는 자를 지골로(gigolo), 동성인 남자를 상대하는 자를 허슬러(hustler)라고 부른다(126).

성매매업계에서는 이성의 복장을 하고 성매매에 나서는 자들의 신분이 최하위에 속한다. 그들은 가장 바람직하지 못한 장소에서 영업을 하며, 소득도 가장 낮고, 이성처럼 변장하지 않는 성매매 종사자들이나 성매매를 단속하는 경찰, 일반인에게 조롱과 멸시를 가장 심하게 당한다. 양성애자이거나 성전환자도 있지만, 그들의 대부분은 동성애자다. 또 그들은 고객들이 쉽게 찾아오는 길거리에서 호객행위를 하며, 자신의 남성 신분이 드러나지 않도록 으슥한 장소에서 주로 구강성교만을 서비스하는데, 어떤 남성은 꼭 그들을 찾기도 한다. 여성처럼 변장을 하고 살아가는 남성 중에는 적절한 일자리를 찾기 어려워 성매매의 길로 접어든 경우가 적지 않다(107).

통신기술이 발달한 요즈음에는 전화나 컴퓨터를 이용한 섹스 판매도 사회 문제로 부각되고 있다. 멀리서 성적 자극을 얻고자 한다면 전화를 이용한 성적 대화가 가능하다. 소위 다이얼어포른(dial-a-porn)이라는 산업은 한때 수지가 맞는 장사였는데, 아동이나 원하지 않는 성인에게도 쉽게 노출되는 문제가 있었다. 미국의 경우 1988년 그 사업체들이 대대적인 조사를 받았으며, 국회에서도 이를 다룰 정도였다. 미국 국회는 전화 섹스 서비스를 금지하는 법안을 372대 22로 가결시켰는데, 동의하는 성인은 물론 미성년자, 원하지 않는 성인들에게 상업적으로 음란한 내용을 전달하는 행위를 범죄로 규정했다(74).

전화나 컴퓨터 섹스 서비스 이용자들은 흔히 사회적 접촉이 없는 성 일탈자로 취급되었다. 이러한 서비스는 1980년대 급성장했는데, 대중 잡지들의 상당수가 이를 광고하고 있다. 전화 섹스 서비스의 내용은 이성애자 또는 동성애자를 위한 것, 녹음된 메시지나 실제 상대와 통화하는 것 등 매우 다양하다. 서비스 제공자와 개인적 관계를 유지하기 위해 선물을 보내고 데이트 약속을 한 고객도 있다. 고객은 신용카드로 서비스를 신청하므로 성년 여부가 선별되며, 전화 섹스는 미국에서 매년 수백억 달러 규모의 사업이 되었다. 레이건 대통령 재임 당시 미즈위원회(Meese Commission)에서는 포르노를 조사할 때 전화 섹스 사업체의 해체를 요구하며, 그들의 사업을 불법으로 규정해야 한다고 주장했다. 곧 1988년 전화 섹스 서비스를 금지하는 법률을 만들었으나 1989년 대법원에서는 이를 파기시켰다. 오히려 에이즈와 같은 질병이 확산되면서 안전하게 성욕의 분출구를 찾는 방법 중 하나로 인식되었다. 조사에 의하면, 전화 섹스 이용자의 일부는 일탈된 성행동에 관한 환상을 즐기고 있었지만, 대다수는 일탈된 자가 아닌 중산층이었다(111).

4. 미성년자 성매매와 회춘 욕구

중국의 도교에서는 장수 비법으로 소녀와의 동침을 권했다. 동침하면서 성교를 하더라도 사정을 하면 기를 잃지만, 그렇지 않으면 젊은이의 기를 얻어 장수한다는 논리였다. 반대로 젊은 남성이 나이 든 여성과 성교를 하면 자신의 정기를 모두 빼앗긴다는 논리였다. 서구에서도 소녀와 동침하면 건강을 되찾는다고 믿는 습속이 있었는데, 구약성서 열왕기 상(1 Kings) 1장 1~4절에 다윗(David) 왕 이야기가 바로 그 증거다. 다윗은 사울(Saul)의 뒤를 이은 이스라엘의 2대 왕이며, BC 10세기경 솔로몬의 선왕이었다. 다윗이 늙고 기운이 쇠하자 신하들은 기력 보강 방안으로 여아를 찾아 나섰다. 그들은 슈넴에 살던 여아 아비삭을 데려와 왕에게 동침을 권유했다. 이렇게 동녀와 동침하면 정기를 되찾는다는 습속을 슈네미티즘(Shunammitism)이라 하는데, 이는 슈넴의 여자라는 뜻에서 유래했다. 슈네미티즘은 여아와 자더라도 성교를 하지 않고, 나체로 살갗만 대고 자야 정기를 찾는다고 했다. 이러한 습속은 어린 여아와 성교를 하면 쇠퇴한 정력을 보충할 수 있다고 와전되었다.

어떤 남성은 성년이 된 미혼 여성에게는 성적 만족을 느끼지 못해 어린 여성을 찾는데, 중세 유럽에서는 슈네미티즘 영향으로 그런 남성이 많았다. 업소에서 아동이나 청소년을 이용하는 미성년자 성매매는 미성년자 보호법령이 거의 없었던 시절에는 흔했다. 18세기경 프랑스에서는 미성년자를 성매매에 종사시키지 못하도록 제지하는 법률이 엄격했으나, 대부분 유럽 나라에서는 14~15세 여아를 성매매 업소에서 고용했으며, 19세기 후반에도 유사했다(216). 당시 미성년자 성매매가 존재했다는 사실은 성매매 여성 등록 규정 및 사업 허가에 관한 1865년도 휘겔(Friedrich Huegel)의 제안서를 보면 알 수 있다. 휘겔은 빈곤이나 실업 등으로 교육 수준이 낮은 계층의 여성이 일반적으로 일을 싫어하고, 쾌락만을 추구하며, 사치와 허세를 위한 욕망으로 가득 차 있고, 알코올중독이나 부도덕성에 물들었다고 지적하면서 16세 이하를 성매매 사업에서 제외시켜야 한다고 주장했다.

오스트리아에서 성매매 여성의 최저 연령을 14세로 규정하여 등록시켰는데, 그 이유는 초경 시기를 고려했기 때문이었다. 그러나 1911년 6월 1일자로 최저 연령을 18세로 높여 등록하도록 했다(216). 이러한 미성년자 성매매 등록 현상은 스코틀랜드 에딘버그(Edinburgh)에서도 동일하게 나타났다. 우리나라에서도 소위 영계를 찾는 남성의 사고방식이 앞서 언급한 것들과 일맥상통하는데, 아동·청소년 관련 성매매는 「아동·청소

년의 성보호에 관한 법률」이나 「성매매 방지 및 피해자 보호 등에 관한 법률」에 의해
처벌받는다.

5. 성매매의 욕구

일상생활에서 성과 관련된 여러 대상이 상품화되고 있다. 스포츠신문이나 주간지 등
잡지에서는 성에 관한 기사나 그림, 사진들이 적잖은 부분을 차지한다. 거리에는 포르노
를 무색하게 하는 영화 광고나 술집, 여관의 현란한 간판들이 시야를 벗어나지 않는다.
집에서 시청하는 TV나 영화도 성적인 내용으로 가득 차 있다. 화장품이나 의류 광고에서
도 선정적인 내용을 최대한 이용하고 있으며, 성행위에 관련된 기구들의 판매도 늘고 있
다. 선정적 영화나 잡지, 광고와 같은 성의 상품화가 건전한 생활에 부정적 영향을 크게
미치고 있다는 것은 누구도 부인할 수 없다. 성매매는 성이 상품화된 대표적인 예인데,
금전을 목적으로 몸을 파는 행위야말로 인간의 거래 중 가장 야비한 형태다. 그렇지만 성
매매 현상을 이해하기 위해서는 사회적 위치가 서로 다른 성매매 서비스를 판매(매도)하
는 사람과 구매(매수)하는 사람의 입장을 비교해 보아야 한다.

성매매 판매의 길로 접어드는 이유는 다양하다. 가정 경제의 곤궁, 경제공황, 실직, 부
당한 대우 등 때문에 성매매의 생활양식을 선택한다. 이성애자이면서 동성을 상대로 성매
매 서비스를 판매하는 남성도 있는데, 이들이 성매매를 하게 된 주된 이유는 재정 문제였
다(99). 또 먼저 일하고 있는 또래집단의 영향으로 성매매로 빠져든 경우도 있으며, 성매
매업자의 유혹이나 강제적인 유인, 약물 구입 등의 돈을 마련하려고 빠져들기도 한다
(384). 그러나 성매매 판매 여성에 관한 연구가 대부분 가족 관계의 문제점만을 중요한 요
인으로 부각시키고 있다. 가정 파괴, 부모와의 관계 악화, 아동기 시절 성 학대나 방임 등
으로 가출한 여성이 성매매에 빠져든다는 분석이 대부분이었다(519). 즉, 그들이 성매매에
빠져든 주된 이유가 가정 및 경제적 요인에 기인한다는 설명이다. 한 연구에 의하면, 성
매매 판매 여성의 80% 이상이 불행한 아동기의 생활에서 도피한 사람이거나, 친족 성폭
력이나 강간 또는 성 학대의 피해자였다(375).

성매매가 특정한 기술 없이 돈을 쉽게 벌 수 있는 직업이라고 생각하는 이들도 있다.
그래서 가정이나 직장을 버리고 성매매로 나선 여성은 다른 사람들로부터 경멸이나 조롱
의 대상이었다. 이들이 일단 성매매에 빠져들면 여러 어려움과 위험이 뒤따른다. 성매매

판매 여성은 자신이 받은 금액을 대부분 빼앗기며, 폭행 등 갖은 고초를 겪는다. 그들 주위에서 맴도는 사람들은 소위 뚜쟁이(포주, pimp)들이다. 포주들의 대다수가 범죄와도 관계하거나 범죄에 연루된 사람들과 접촉하므로 사회적 차별을 받고 있다.

일부 문화권에서는 남편이 가게 수입을 위해 부인에게 성매매를 강요한다. 예를 들면, 수마트라 람퐁(Lampong) 지역 남성은 여러 여성과 결혼한 후 부인들에게 성매매 행위로 돈을 벌어오게 하며, 아프리카 적도 지방의 남편들도 부인을 돈을 벌 수 있는 소유물로 간주하였다. 어떤 부족의 여성은 아주 어려서부터 성매매를 직업으로 선택하며, 돈을 충분히 벌었을 때에는 이를 중단하고 일상생활로 되돌아간다. 헤로도투스의 기록에 의하면, 소아시아 지역 구 리디아(Lydia, 현 터키 영토)에서는 여성이 결혼 자금을 마련하기 위해 몸을 팔기도 했다(403). 근래의 북아프리카 알제리아의 일부 부족이나 울라드나일(Ulad-Nail) 족도 리디아인과 유사한 생활을 한다. 즉, 가정이 부유한 여성일지라도 남편에게 가져갈 결혼지참금을 마련하기 위해 성매매에 의존한다.

대만에서 이루어진 한 연구도 대부분 경제적 이유로 성매매 판매자가 됨을 설명하고 있다. 남존여비의 영향으로 대만은 가계가 곤란할 때 여성은 학업을 포기하거나 직장생활을 하면서 가정 경제에 보탬이 되어야 하는 등 희생이 크다. 심지어 부모는 곤궁한 삶에서 벗어나기 위한 적절한 수단으로 딸이 성매매에 종사하는 것을 용납하기도 하며, 딸은 가족을 보살피는 의무 차원에서 성매매를 선택하기도 한다. 실제로 성매매에 종사하는 16~49세의 여성 89명과의 면접에서 90%가 성매매에 종사하기 전부터 조사 당일까지 부모와의 관계가 나쁘지 않았던 것으로 드러났다. 그들이 성매매를 택하게 된 주요인은 부모의 빚 탕감 34%, 자신이나 남편의 빚 탕감 29%, 자신의 경제적 지위 향상이나 개인적 만족 17%, 부모나 가족의 학대로 가출한 후 생계 유지 9%, 그리고 기타였다(341).

성매매의 역사는 성매매에 연루된 여성을 도덕적으로 비난하고 억압하는 역사이자, 욕망의 사회적 조직, 남성성, 자본주의 교환 관계의 역사 그리고 사랑의 역사이기도 하다. 남성은 성매매를 인정하면서도 이에 연루된 여성만을 부도덕하고, 위험하고, 위협적인 존재로 여기며 용납하지 않는다. 여성권익운동가들은 남성의 욕구 충족을 위해 발달한 성매매가 생물학적이라기보다 사회적 요인에 의한 것으로 보기 때문에 비난받아야 할 대상도 매도자 여성이 아니라 매수자 남성이나 성매매 업소 운영자들이라고 말하며, 성매매 문제를 남성 우월적인 구조 틀에서 가부장제를 영속시키는 성적·사회적 불평등 문제라고 지적하고 있다(384).

성매매 업소 방문자는 거의 대부분 남성인데, 킨제이 등이 조사했던 남성의 69%가 성

매매 여성과 접촉한 경험이 있었으며, 남성의 15%는 규칙적으로 접촉했으며, 접촉 빈도
는 혼자 살거나 연령이 높은 남성일수록 더 높았다(122). 혼전 성행위를 억압하던 시절에
는 성매매 업소 방문자들은 하류 계층의 젊은 미혼 남성이었고, 그들은 그곳에서 처음으
로 성 경험을 했던 자들이었다. 근래에는 결혼 여부와 무관하게 연인과 성관계를 갖는 경
향이 있으므로 고객의 범위는 연령에 한정되지 않고 확대되었다.

　　그렇다면 왜 일부 기혼자들은 돈을 지불하면서까지 성관계를 원하는가? 그들의 동기는
단순히 성욕 때문만은 아니다. 어떤 남성은 남성다움을 확인하기 위해, 가정에서 얻을 수
없는 것을 얻기 위해, 또는 사랑이 결핍된 냉담한 결혼으로부터 도피처를 찾기 위해 업소
를 찾는다. 그러나 대부분의 남성은 얄팍한 호기심이나 정서적이고 낭만적인 관계에 얽매
이지 않은 안전한 성관계를 원해서 업소를 방문한다. 자신의 성욕을 표출시킬 상대가 없
거나 성욕을 억제할 수 없는 사람도 성매매에 의존한다. 어떤 사람은 자신이 너무 매력이
없어 성적 파트너가 없기 때문에, 또 발기부전과 같은 신체장애가 있거나 성격상의 이유
로 다른 여성과는 성관계를 가질 수 없기 때문에 성매매에 의존하기도 한다. 과거에는 성
매매 판매 여성을 찾는 남성이 사회적으로 용납되었다. 남성의 성욕은 억압하기 어려운
강한 충동이라는 생각에서 그러한 행위가 장려되기도 했다. 또 성매매 업소를 자주 방문
하는 남성을 그런 곳을 한 번도 방문해 보지 않은 남성보다 더 남성답고 젊음을 더 과시
하는 자로 보았던 반면에, 그 남성을 상대로 몸을 파는 여성은 타락한 자나 음탕한 폐물
정도로 여겼다(229).

6. 성매매의 규제

　　성매매가 세상에서 가장 오래된 직종이라는 언급 자체는 그 당위성을 주장하려는 의도
와 같다. 성매매에 대한 이중 기준의 도덕성은 서구 문화에 깊이 뿌리박혀 있으며, 성경
도 이를 뒷받침한다. 창세기에 언급된 타마르(Tamar)도 성매매 여성처럼 시아버지를 유혹
했고, 예수의 부활을 믿었던 여성(Mary Magdalene)은 성매매 여성으로 나중에 성인으로
등극하기도 했다(122). 성매매에 관한 유대 및 기독교적 입장을 보면, 고대 유대인들은 이
를 엄격히 금지했다(구약성서 창세기 및 레위기). 신명기에도 이스라엘의 딸이나 아들이 성
소에서 몸을 파는 사람이 되어서는 안 된다고 규정하고 있다. 그렇지만 이스라엘 남성은
이웃 종족의 성매매 여성을 상대했으며, 나중에는 그러한 행위를 억압할 수 없게 되었다.

결국 그들도 사원에서 성매매 사업으로 재화를 획득했다(65). 또 잠언(Proverbs)의 "지혜를 사랑한 자는 아버지에게 기쁨을 가져다주지만, 매춘부에게 드나들면 재산을 탕진한다."는 기록에서 성매매의 경계를 엿볼 수 있다.

성매매 문제를 최초로 논한 기독교 지도자는 성 오거스틴(Augustine, 354~430)이다. 그는 386년 "성매매 여성이 비열하고 부도덕해도 필요하다. 그들을 없애 버리면 남성의 욕정이 채워지지 않아 강간과 같은 사악한 일이 발생할 것이다."라고 논했다. 로마의 유스티니아누스(Justinian, 재위 기간 527~565) 황제 시절 시민법에도 그런 입장이 반영되었다(118). 성 아퀴나스(Aquinas, 1225~1274)도 성매매 판매 여성을 바다의 오물로 비유하면서도 "성매매가 죄에 해당되지만 사회에는 유익하다."고 평했다. 마호메트 시대의 아랍인들은 몸을 파는 행위를 큰 수치로 여겼는데, 그들은 이를 경전에서 금지하면서 발각 시 태형으로 다스렸다. 딸이 성매매의 길로 빠지면 아버지는 딸을 암매장할 수 있었지만, 노예들의 성매매 행위는 묵인했다. 아직도 대부분의 이슬람 문화권이나 사회주의 국가에서는 성매매 행위가 그들의 기본 이념에 저촉되므로 아주 엄하게 다스린다(65).

성매매 판매 여성에 대한 태도는 시대나 지역에 따라 약간 다르지만, 동일한 지역이나 시대에서도 차이가 있다. 성매매 퇴치를 위해 지속적으로 노력했던 대표적 인물은 프랑스의 루이 9세였다. 그는 1254년 성매매 판매 여성의 의복이나 소지품까지 압수하고 추방했으며, 1256년 그 포고령을 다시 내렸다. 십자군운동을 전개하기 이전인 1269년에는 유곽을 파괴하라고 명령했다. 그러나 그럴 때마다 상황이 악화되었다. 예를 들면, 일반인이 그 여성과 함께 생활하면서 영향을 받게 된 것이다. 루이 9세의 성매매 근절 운동은 실패했으나, 프랑스의 다른 통치자들도 그와 비슷한 정책을 전개했는데, 그때마다 상황은 더 악화되었다. 영국 등 여러 유럽 국가에서는 14세기 성매매 판매 여성에게 오명의 상징으로 특별한 옷을 입도록 했는데, 이러한 관습은 고대 로마 시대에도 있었다. 그러나 로마의 성매매 판매 여성은 특수한 의복에 머리도 금발이나 빨간 색으로 염색하고 다녔어도 관대한 취급을 받았고, 특별한 옷을 입힌 14세기 여성도 전혀 오명의 상징이 아니었다(181).

중세 유럽에서는 성매매를 법으로 허용해 유곽이 발달했지만, 이를 규제하려는 노력도 있었다. 찰스 9세도 1560년 성매매 업소를 폐지하는 칙령을 내렸지만, 전혀 의심하지 않았던 지역에서 새로운 업소가 등장하면서 폐지 전보다 성매매 종사자가 증가했다(181). 도시마다 성직자나 기혼 남성이 유곽에 출입하지 못하도록 엄격히 금했으며, 유대인에게는 그 규제가 더 심했다. 프랑스에서는 13세기 초반 유곽 폐지를 최초로 선포했으나

1254년에 이를 다시 도입하고 1560년 다시 폐지했다. 16세기 종교개혁 주창자들은 성매매 근절을 주장했고, 16세기 중반 유럽의 여러 도시에서는 유곽을 폐쇄하고 성매매 판매 여성을 추방하려고 했다. 그러나 성매매는 쉽게 근절되지 않았다. 예를 들면, 교황은 1566년 7월 모든 성매매 여성에게 로마를 떠나도록 명령했지만, 그 명령을 곧 취소하게 되었다. 그 이유는 성매매 여성에 연루된 가족의 수가 수만 명이었기 때문이었다(122).

중세에는 유럽의 여러 도시에 성매매가 확산되었다. 파리의 증기목욕탕은 성매매 판매 여성과 구매 남성이 가장 빈번하게 만나는 장소였다. 이 목욕탕은 국가의 허가를 받아 세금을 냈으며, 부활절 1주일 전부터 부활절까지는 영업을 하지 않았다. 성매매를 법적으로 관용했지만, 16세기 독일을 비롯한 유럽 지역에서는 점차 목욕탕과 유곽이 사라졌다. 그 이유는 두 가지였다. 하나는 종교개혁으로 기독교에서 성매매를 도덕성을 위반하는 것이라 여겼던 점이고, 다른 하나는 유럽에 확산된 매독 때문이었다(121). 매독이 유행하는 바람에 중국도 역시 16세기에 성매매 업소를 찾는 남성이 감소했다.

18세기 중반 비엔나에서도 테레사 여왕(Maria Theresa, 1717~1780)은 성매매를 퇴치하려는 강력한 조치를 취했다. 벌금, 구금, 태형 등으로 성매매와 간음을 억압했다. 간음의 원인이라고 생각되는 것들도 엄격하게 다루었는데, 짧은 옷을 입지 못하게 했고, 당구장이나 카페에서도 여자 종업원 고용을 금지했고, 만일 발견되면 경찰이 수갑을 채워 연행해 갔다. 소위 1751년 정조위원회가 구성되어 이러한 조치를 강력하게 실행했는데, 이는 요셉 2세 황제(Joseph II, 1741~1790) 때 조용히 폐지되었다. 심한 조치를 취하면 더 악화되는 결과를 초래했기 때문이다(181). 빅토리아왕조 시대의 영국에서도 순결과 고상함을 부르짖었지만 성매매가 성행했다. 성매매 여성은 사회적으로 천대받는 계층이었지만, 19세기 영국 남편들의 열정을 만족시켜 주는 배출구 역할을 했기 때문에 실제로는 전혀 천대받지 않았다(189).

도덕을 중요시하던 조선시대의 유교사회에서도 기녀제도 폐지 논의가 건국 초기부터 활발하게 전개되었다. 예를 들면, 1410년(태종 10)에 기녀제도를 폐지하라는 왕명이 있었지만 하륜(河崙, 1347~1416)의 반대로 시행되지 못했다. 세종 집권 시에도 폐지 논의가 있었지만 실효를 거두지 못했다. 이처럼 여러 차례 논의에도 기녀제도를 폐지하지 못했던 이유는 결국 관리들 스스로의 처신에 직접 관련되었기 때문이었다. 오히려 연산군 시대에는 채홍사(採紅使)나 채청사(採靑使)라는 관리를 두어 전국에서 기녀들을 서울로 뽑아 올려 원각사 승려들을 축출하고 기녀들이 그곳에 거주하도록 했다. 매년 기녀 수가 늘어나 궁궐에서 거주하는 기녀만도 거의 300명이었다. 연산군 시대의 이러한 기녀제도는 1506년

중종반정으로 해체되었지만, 완전히 사라지지는 않았다. 수많은 지식인이 기녀제도 폐지를 외쳤지만, 조선시대 기녀제도는 한말까지 존속했다(44).

성매매 근절 노력이 지속되었지만 이는 사라지지 않았다. 그 이유는 인간의 성생활을 규제할 수 있어도 억압할 수 없었기 때문이며, 매수자와 매도자가 동시에 존재하기 때문이다. 성매매 근절의 노력은 일반적으로 매도자만 법적으로 처벌하려고 했는데, 불법으로 체포된 사람들도 대부분 여성 매도자였다. 또 고급 호텔과 같은 유흥업소에는 외국 손님들을 상대하는 성매매 여성이 있지만, 대다수 문화권에서 그들은 경찰 단속에서 면제되고 있는 실정이다. 어떤 사람들은 성매매 산업이 성행하는 것은 이중 기준을 고취시키는 경향이 있다고 비난하기도 하다(229, 341).

인간의 욕망은 법으로도 금지하기 어렵다. 기독교 문화권이면서도 유럽의 여러 나라에서는 남성을 위한 성매매가 부분적으로 허용되고 있다. 예를 들면, 독일의 함부르크나 네덜란드의 암스테르담 등 유럽의 주요 도시에서는 아예 성매매를 허가해 이를 정부에서 규제하고 있다. 특히 암스테르담은 다양한 성적 서비스를 제공하는 도시로 악명이 높지만, 정작 네덜란드 정부나 일반인은 그곳에서의 성적 다양성이나 생활양식을 묵인하고 있다(312). 그러한 성매매는 대도시 홍등가에만 국한된 것이 아니며 사회의 하층계급에만 제한시킬 수 있는 일도 아니다. 앞에서도 지적했지만, 사회주의자들은 일부일처제도가 성매매와 간통과 관련된다고 비웃었다. 예를 들어, 베벨(August Bebel, 1840~1913)은 『사회주의하의 여성(woman under socialism)』이라는 책에서 성매매가 사적 소유권 제도하의 혼인제도에 대한 필요악으로 발생했다고 주장했다(4).

근래 성매매를 법적으로 허용한 터키는 성매매 종사자들이 합법적으로 활동하면서 임금 협상이나 단체 교섭을 위해 노동조합을 결성하기도 했다(48). 또 영국이나 프랑스를 포함한 많은 유럽 국가는 성매매를 범죄로 여기지 않으며, 공공연한 호객행위는 상대방을 귀찮게 할 수 있으므로 금지한다. 몇몇 유럽 국가에서는 성매매로 벌어들인 소득이나 성매매를 목적으로 장소를 임대해 주는 것도 불법으로 간주한다. 차별이 심한 사회 구조에서는 성매매가 인정 여부에 상관없이 사회 문제로 존속하고 있다.

우리 문화권에서는 2004년 9월 23일부터 성매매 방지와 피해자 보호를 비롯하여

가출 청소년의 일부는 성매매에 연루될 가능성이 높은 편이다.

성매매 알선행위 등을 금지하는 「성매매 특별법」이 시행되고 있다. 그 이후 일시적으로 성매매에 대한 경각심을 보이기도 했지만, 곧바로 신종·변종 형태의 성매매 업소가 등장하고 있으며, 성매매를 알선하는 행위도 사회관계망서비스(social networking service: SNS)를 이용하는 등 새로운 수법이 난무하고 있다. 이는 성매매를 제도적으로 규제하더라도 성을 영리와 쾌락의 도구로 여기는 잘못된 사고방식을 변화시키기에는 역부족이라는 것을 여실히 보여 준다. 성매매 근절 노력은 인간의 성을 상품화하는, 특히 여성의 성을 성적 대상화하는 가부장제의 사고방식과 관행에서 벗어나 인간 평등과 존엄성의 가치를 키우는 데 초점을 맞춰야 한다.

3I
포르노

1. 포르노 정의와 기준의 상대성

포르노(pornography)는 그리스어로 몸을 팔거나 전쟁에서 포로가 된 여성(porne)이라는 단어와 그림이나 묘사(graphos)라는 단어의 합성어다. 묘사 대상이 그런 여성에 한정되었다면, 이는 주로 남성의 욕구 충족을 위해 발달했다고 짐작된다. 고대 사회에서는 전쟁 도중 붙잡힌 여성을 남성의 성적 노리개로 여겼기에, 이를 묘사한 것 자체가 현역병을 비롯한 젊은이들의 사기를 드높이는 도구로 이용되었다(26). 예술로서의 포르노는 감상하는 자에게 미와 매력을 제공해 주는데, 인간의 성행위를 묘사한 포르노 중 최고는 BC 3000년경의 메소포타미아 벽화다. 페루, 인도, 중국 및 일본 등 고대 사회의 작품들은 여러 가지 성교 체위, 구강성교, 항문성교 등 다양한 성교 장면이 묘사되었는데, 거의 대부분 주술적이고 종교적인 색채를 띤다. 페루 지역에서 발견된 도자기 술병의 일부는 음경을 거대하게 묘사했거나, 해부학적으로 매우 상세하게 묘사했다. 그들의 도자기에 나타난 성적 동기는 그 당시 부족들에 대한 족장의 권력을 예술적으로 표현했다고 해석된다(164).

포르노는 처음에는 벽화와 같은 그림으로 표현되었지만, 세월이 흐르면서 도자기 예술이 발달했고, 인쇄술 발달로 문학, 사진술 발달로 사진이나 영화, 또 근래에는 정보기술 발달로 사이버 포르노가 발달했다. 시대가 변하면서 포르노의 순수한 예술성이 퇴색하여 원래의 예술적 가치를 인정받지 못하고 성을 쾌락적으로 표현한 결과, 음란물이나 외설물(obscenity)이라는 오명과 함께 사회적 지탄의 대상이 되었다. 예술성을 내포하는 도자기나 그림은 사실상 성행위를 묘사했을지라도 이를 음미하는 사람에게 음란한 마음을 심하게 유발시키지는 않는다. 반면에 최근에 발달한 사진, 잡지, 영화 등은 그 본래의 예술적 의미나 가치를 전혀 수반하지 않기 때문에 사회적으로 문제가 되고 있다.

예술성의 내포 여부를 판단하는 기준은 무엇인가? 예를 들면, 미국 대법원은 1957년 외설이 헌법상의 표현의 자유를 보장해 주지 못한다고 결정했는데, 외설에 대한 최초 판정이었던 로스(Roth) 판례에 세 가지 기준이 명시되어 있다. 첫째, 평범한 사람들이 작품의 주된 주제들로부터 성에 대한 음란함을 느끼는 것, 둘째, 작품이 성에 대한 동시대의 사회규범을 명백하게 위반하는 것, 셋째, 그 작품에서 문학이나 예술, 정치, 과학 등 사회적 가치를 찾아볼 수 없는 것이다(74, 229, 335). 우리나라나 일본의 대법원 판례에서도 그와 유사한 기준을 찾아볼 수 있는데, 첫째, 함부로 성욕을 흥분 또는 자극시키는 효과가 있는 것, 둘째, 보통 사람의 일반적인 성적 수치심을 해치는 것, 섯째, 선량한 성적 도덕 관념에 위배되는 것이다. 그러나 판례에서도 음란의 기준이나 평가 방법, 예술과 음란이 혼재할 때 판단하는 방법 등을 찾을 수 없다(5). 즉, 이러한 기준들이 문제를 분명하게 규정하기보다도 오히려 여러 가지 불확실성을 유발시키고 있다.

1970년대 일부 여성권익운동가들은 예술성 여부에 따라 여성이 비하되거나 굴욕적으로 묘사된 경우를 포르노나 외설, 또 그렇지 않은 경우를 예술이나 에로티카(erotica)라고 구분했다(472). 역시 비인간적 요소가 내포된 작품을 예술에서 제외한다는 설명도 있는데, 비인간적 요소란 폭력의 정당화, 생명 경시, 여성의 종속화, 유색인 비하, 아동이나 노약자 학대 등 차별적인 내용을 뜻한다(26). 그러나 이러한 구분이나 정의도 개인마다 판단 기준이 다르다.

포르노의 외설 시비 판단 기준은 문화권마다 다르며, 도덕성이나 윤리관의 변화로 시대에 따라서도 다르다. 예들 들면, 1950년대 헤프너(Hugh Hefner)가 발간하기 시작한 「플레이보이(Playboy)」는 미국 사회에서는 성인용 대중잡지에 불과하지만, 우리 문화권에서는 음란물에 해당된다. 또 다른 예로 유교 문화권에서는 윤리적으로 성적 표현을 억압했는데, 대만에서는 벽보에서 여성의 나체 사진을 보기 어려운 것이 그 예다(67). 한편 중국에서는 포르노를 서구 문화의 폭력으로 규정하면서 제한하는데, 1982년 퇴치 운동이 전개되면서부터 약

10년 동안 21명을 포르노 보급, 판매 등의 이유로 처형했다. 그럼에도 수많은 중국인은 실제로 포르노를 감상한 경험이 있거나 이를 희망하고 있으며, 법으로 금지된 성 보조 기구나 약품도 판매하고 있다(389). 일본은 근래에 서구사회보다도 성에 대한 개방이 더 자유로운 모습을 보인다. 그래서 심야 시간의 민간방송 TV 프로그램은 성인의 성기나 음모를 노출시키지 않는다는 조건하에서 성행위나 성과 관련된 묘사가 가능하다(69).

이처럼 포르노의 존재 가치는 사회마다 다르다. 분명한 사실은 순수한 예술성이 결여되어 있거나 인간의 존엄한 가치를 왜곡하고 상품화를 목적으로 하는 포르노는 거의 모든 사회에서 규제되고 있다는 점이다. 어떤 사람들은 예술의 포르노가 외설로 발달하게 된 동기는 성을 억압했던 과거 사고방식에 대한 반발 때문이라고 주장한다. 그렇다면 규제가 심할수록 다른 형태로 성을 표현하는 포르노가 발달할 가능성도 존재한다. 본문에서의 포르노라는 용어는 특정한 언급이 없는 한 사회에서 외설로 규정한 포르노를 칭한다.

2. 문 학

동서고금을 막론하고 사랑에 관한 문학은 허다하다. 그중 고대 이집트 문학작품은 낭만, 그리스 작품은 외설로 유명했다. 초기 작품들 중 로마 오비디우스(Ovid, BC 43~AD 17)의 『사랑의 예술(Art of love)』, 힌두 문화권의 『카마수트라(Kama Sutra)』(Kama는 힌두교 문화권의 사랑의 신, Sutra는 길잡이 의미) 등이 현존한다. 카마수트라에는 쾌락을 증진시키는 성교 체위나 기술 등이 언급되었는데, 19세기 후반 영어로 번역, 소개되었다. 또 청나라 이전의 중국에서는 도교의 영향으로 성 관련 교본(예: 『소녀경』)이나 문학작품(예: 『금병매』) 등이 유행했다. 15세기 인도의 『아낭가랑가(Ananga Ranga)』는 남녀 성기와 성감대, 달의 주기에 따른 성욕의 주기, 성교 체위 등을 상세하게 묘사한 작품이다(516).

포르노 문학은 서구에서 18세기까지 일부 귀족이나 상류층의 전유물이었다. 당시의 대표적 문인으로는 성의 이상향을 추구했으며 가학성 변태성욕(sadism)의 어

『카마수트라』

원이 된 사드(Sade, 1740~1814)나 호색가 의미로 변한 카사노바(Giacome Casanova, 1725~1798) 등이 있다. 그러나 18세기 후반 서구에서는 문맹에서 벗어나면서 도덕성을 지키려는 것, 중산층 세력이 신장되면서 상류층의 포르노 독점 문화를 비판한 것, 성에 대한 태도가 보수적으로 바뀐 것, 사생활이 중요해지면서 가옥 구조도 성인과 자녀들 간의 방이 구분되어 자녀에게 노출되지 않는 것, 그리고 중산층에서 여성과 가족의 개념이 변한 것 등의 이유로 포르노의 문제점에 대한 관심이 커지게 되었다(122).

19세기에 들어와서는 인쇄술 발전과 경제력 향상으로 포르노가 더 쉽게 확산되면서 사회 문제로 부각되기 시작했다. 18세기에서 20세기 초반까지 유럽에서 유행한 포르노는 성매매 여성이나 하층 계급 여성의 성생활을 자서전적으로 기술했던 것이 많았다(216). 특히 19세기는 빅토리아왕조 시대 영향으로 성교 체위도 남성 상위의 자세만 가르쳐 왔는데, 포르노 문학은 그러한 고정관념을 깨는 역할을 했다. 예를 들면, 네덜란드의 한 의사(T. van de Velde, 1873~1937)가 저술한 『이상 결혼(Ideal marriage: Its physiology and technique)』에는 열 가지 체위의 성교 방법과 구강성교가 소개되었다. 결국 당시에는 음란한 내용으로 판명되어 가톨릭교회의 금서가 되었다(516). 20세기 초반에도 분위기는 크게 바뀌지 않았는데, 영국에서는 로렌스(D. H. Lawrence)의 한 작품(『Lady Chatterley' s Lover』)이 1929년 발표될 당시 논란 끝에 내용 일부가 삭제된 상태로 인쇄되었으며, 작가가 사망한 지 30년이 지난 1960년에 외설로 고발되기도 했다(335).

Box 31-1 음담패설에 가까운 조선시대 문집

유교의 영향으로 성을 억압하던 조선시대에는 유명한 학자나 정치가들이 저마다 음담패설이 그득한 문집을 남겼다. 서거정(1420~88, 좌찬성)의 『태평한화골계전(太平閑話滑稽傳)』, 강희맹(1424~83, 이조 및 형조판서)의 『촌담해이(村談解頤)』, 송세림(1479~?, 알성문과 장원)의 『어면순(禦眠楯)』, 유몽인(1559~1623, 이조 참판)의 『어우야담(於于野談)』, 장한종(1768~?, 잡직 화가)의 『어수신화(禦睡新話)』, 성여학의 『속어면순(續禦眠楯)』, 홍만종(연대미상)의 『명엽지해(蓂葉誌諧)』, 부묵자(가명)의 『파수록(破睡錄)』, 김려(1766~1822)의 『담정총서(潭庭叢書)』, 익명의 『성수패설(醒睡稗說)』, 『교수잡사(攪睡雜史)』, 『기문(奇聞)』 등이 그 예다(45). 일본에서도 17세기경부터 화류계 생활을 중점적으로 표현한 『우키요조우시(浮世草子)』라는 소설들이 활기차게 등장했다.

3. 춘 화

우리나라에서는 유교 문화의 영향으로 성행하지는 못했지만 예로부터 음탕한 광경의 그림을 춘의도나 춘화도, 상사화라고 불렀다. 반면 8세기 초 중국에서 의학서와 함께 전해진 언식도(偃息圖)의 영향을 받은 일본은 17~18세기에 춘화가 유행했는데, 언식도는 성교 체위를 해설하는 그림이 곁들여진 의학 참고서였다. 도교 원리를 따른 중국 의술에서의 방중술은 불로장수의 의술로서 진지하게 연구되었기 때문에 성교 체위에 관한 해설용 그림이 필요했는데, 그것이 마침내 원래 목적을 벗어나 춘화로 발전했다(64). 즉, 춘화는 언어로 표현하기에는 어색할 정도로 남녀의 성행위를 아주 적나라하게 묘사한 인물화다.

이러한 춘화는 17세기 초 도쿠가와 막부시대에 유곽이 개간될 무렵 급속히 발달했다. 처음에는 일류 화가가 직접 그린 우키요에(浮世繪)가 거래되었지만, 너무 비싸 귀족 계급에 독점되었다. 그러한 춘화들은 설명 글이 곁들여 있는 두루마리 형식을 갖추었는데, 화면을 차례로 이동시킬 수 있어 '에마키모노'라고 불렀다. 그러나 그동안 공공연하게 묵인되던 춘화가 1722년 법으로 금지되면서 선정적 정도가 매우 높아서 아부나에(위험한 그림)라는 춘화로 발달하였다. 즉, 화가들은 위험을 무릅쓰고 춘화를 그렸는데, 이때부터 나체에 가까운 여인들의 모습을 묘사하기 시작했다. 아부나에는 에도시대의 풍속화였다는 점에서 본질적으로 서민들의 생활과 관계가 깊은데, 당시 판화 기술의 발달로 서민에게도 인기가 높았다(63). 즉, 판화 기술이 발달하기 전에는 소수 귀족이나 무사들에게도 친필 춘화에 대한 수요를 충

일본의 춘화

족시켜 주기 어려웠기 때문에 서민의 요구에 응하기가 불가능했다.

일본에서 춘화를 신혼부부 교과서로 이용했던 관습이 언제 시작되었는지는 정확하게 알 수 없지만, 명치시대까지는 포목점에 혼례 의복을 주문하면 모친이 요구하지 않았는데도 주인이 옷장 서랍에 춘화를 넣어 주었던 풍습이 있었다. 춘화를 담은 두루마리는 각 화면을 통해 성생활을 교육시키는 원시적 자료였다. 그것들은 귀족 계급의 남성이 약혼녀의 어머니에게 주는 선물이었는데, 그 어머니는 이를 딸의 성교육 자료로 이용했다(69). 그렇지 못한 경우 딸은 어머니가 결혼할 때 얻었던 것을 재사용하기도 했다. 일찍이 신혼부부는 이 춘화를 통해 성생활의 지식이나 예절을 일목요연하게 배울 수 있었다.

일본 춘화의 최대 특색은 소재의 형태를 의식적으로 변형시킨 점이다. 일본 춘화에 묘사된 성기 크기는 서구의 춘화에서보다 그리고 실제보다 예외 없이 더 크다. 에도시대 초기의 춘화나 중국에서 수입된 춘화에는 성기를 과장한 묘사가 거의 없었는데, 일본인은 초기의 언식도에 묘사된 성기나 체위에 권태를 느꼈던 것이다. 그리하여 그들은 그러한 영향에서 탈피하기 위해 해부학적 정확성을 무시하고 남녀의 교합만을 효과적으로 묘사하는 등 독자적 작법을 발달시켰다. 부자연스럽거나 현실적으로 불가능한 자세로 교합하는 남녀의 모습을 묘사한 까닭은 시각적 관심을 세부로 유혹하기 위한 의도였던 것 같다(64).

일본 춘화의 또 다른 특색은 나체 표현이 별로 없다는 점이다. 그리스를 비롯한 중세의 유럽 예술은 나체 표현에 무척 관심이 많았지만, 일본 춘화는 주인공들이 실오라기라도 걸친 상태에서의 성교를 묘사했다. 혹자는 한국 민화에 일본 춘화와 같은 유형의 흔적이 전혀 없다고 주장하지만(62), 일반인에게 공개되지 않았을 뿐이지 전혀 존재하지 않았다는 주장은 너무 성급하다. 예를 들면, 풍속화가 신윤복(1758~?)은 자신의 예술 세계에서 남녀의 애정 표현을 노골적으로 묘사한 대표 작가였다. 그의 작품들은 조선시대 사대부 윤리관에서 볼 때 외설이지만, 당시의 성 문화 개방 분위기를 엿볼 수 있는 것들이 많다. 19세기 풍속화 가운데 성희를 묘사한 춘화들의 일부는 화풍으로 보아 신윤복의 작품으로 추정된다. 그 춘화들은 기방들을 출입하는 청·장년층, 주인과 여종, 처녀와 총각, 승려와 아낙, 노부부, 한 남자와 두 여인의 혼교 등에 이르기까지 다양하다(42).

4. 포르노 영화와 비디오

영화나 비디오가 순수한 예술성을 잃고 성적 내용을 위주로 묘사했다면 포르노라고 부른다. 포르노 영화나 비디오의 목적이 이에 노출된 개인들을 성적으로 자극시키는 것이라고 규정하더라도 그 종류는 몇 가지로 구분된다. 우선 포르노 영화나 비디오는 개인을 자극시키는 노출 정도, 즉 성교 장면에서 성기의 세부적 묘사에 따라 이분한다. 성기의 크기나 모양, 움직임 등이 노골적으로 그려진 성행위를 묘사한 경성 포르노 영화(hardcore pornograph, 소위 XXX급)와 성교 장면만을 단순히 묘사한 연성 포르노 영화(softcore pornography, 소위 X급)가 그것이다. 포르노 영화나 비디오는 제작 목적에 따라 상업용 포르노와 교육용 포르노로도 구분한다. 전자는 영리 이윤을 목적으로 성을 상품화시킨 것으로, 한 편의 작품 제작에 소요되는 시간은 3일 정도에 불과하다(555). 반면에 후자는 그 목적이 영리 이윤이 아니고 개인에게 성에 대한 지식이나 정보를 제공하는 기능을 지니는데, 남녀의 신체나 성행위에 대한 묘사가 과학적이고 중립적이다(477). 그러나 문화권에 따라서 교육용 포르노도 상업용으로 해석될 가능성이 있다.

최근에는 포르노에 노출된 개인의 행동이 어느 정도 변했는가를 연구하게 되면서 포르노 내용이나 성격에 따라 구분하기도 한다. 예를 들면, 폭력성을 근거로 폭력성과 비폭력성 포르노로 구분한다. 또 인간의 존엄성을 근거로 비인간화(degraded or dehumanizing) 포르노라고 분류된 경우도 있다. 고통이나 폭력, 위협 등이 포함되지 않았더라도 언어적 학대나 동물적 묘사 등 인간을 비하하는 내용, 예를 들면 여성을 인간의 특성이 결여되었거나, 성적으로 도발적인 존재로 묘사했거나, 간혹 남성의 성기에 대한 숭배의식을 조장했거나 여성의 가치가 남성에 달려 있다는 내용 등이다(477).

포르노에 성인이 아닌 어린이를 주인공으로 출연시킨 경우를 아동 포르노라고 부르는데, 1970년대 중반까지 서구 사회에서 성행했다. 대부분 8~10세의 아동을 이용해 포르노를 제작하거나 심지어는 3세 아이와 성인 간의 성행위도 잡지에 싣는 경우가 있었다. 이는 비인간화 포르노의 전형으로 아동학대라는 범죄에 해당되기 때문에 대다수 문화권에서 철저하게 단속하고 있다. 경찰들은 이를 키디 또는 치킨 포른(kiddie or chicken porn)이라고 불렀는데, 1970년대 후반까지는 서구에서도 단속이 심하지 않은 편이었다(126). 그밖에 성행동을 기괴한 방법으로 묘사한 경우를 광적인(frenzy) 포르노라고 부르며, 또 비디오 기자재가 보급되기 이전 남성만의 모임이 있는 곳에서 10~15분 정도 길이의 8mm 영사기용 포르노 영화의 인기가 높았는데, 보통 이를 남성용 영화(stag movie)라고 불렀다(555).

5. 서구 사회의 포르노 규제

포르노 제작자들은 사회적 요구에 따른 서비스를 제공한다는 구실도 내세우지만, 다른 어떠한 직종보다도 고소득을 올릴 수 있다고 믿기 때문에 이러한 일에 종사한다. 그러나 사회의 구성원들이 포르노 노출로 인한 득보다 실이 더 많다면, 포르노를 규제할 필요가 있다. 이러한 규제는 두 가지 차원에서 이루어지는데, 하나는 개인이 그러한 포르노에 노출되지 않도록 하는 방법이고, 다른 하나는 포르노의 제작이나 유포를 금하는 방법이다. 그러나 작품을 감상하기 전에 그 작품의 유해성을 발견하기란 어려운 일이기에 개인을 상대로 포르노에 노출되지 않도록 요구하는 것은 적절하지 않다(26).

작품의 제작이나 유포를 금지하는 방법도 일관성을 찾기 어렵다. 시대가 바뀌면서 기준이 달라질 수 있으며, 법규를 어기며 이윤을 추구하려는 사람은 어느 사회에서나 존재하기 때문이다. 그 예로 아일랜드 조이스(James Joyce)의 『율리시즈(Ulysses)』가 어떻게 평가되었는가를 살펴보자. 율리시즈는 한 남성(Leopold Bloom), 그의 아내(Molly), 또 그 남성의 친구이자 작가인 선생님(Stephen Daedalus) 간의 이야기다. 프랑스에서 1918년 최초의 연재소설로 발표된 『율리시즈』는 성적인 묘사 때문에 작품이 미국으로 들어올 때 세관원들에게 압수당했다. 당시 미국 사회는 콤스톡의 영향으로 외설물에 관한 우편 배달이 금지되었기 때문이다. 그럼에도 이윤을 추구하려는 출판사(Random House)가 1930년대 초반 조이스와 계약을 맺자 법원에서 외설을 검증하는 사태로 발전했다. 뉴욕 지방법원의 판사(Leonard Woolsey)는 1933년 출판 금지는 불법이라고 판결하였다. 독자를 성적으로 자극하기 위해 외설적 부분을 의도적으로 삽입한 것이 아니라 인간의 의식을 반영한 새로운 문학 장르라는 판결이었다(74).

포르노가 유해하다고 믿고 포르노를 규제하지만, 포르노가 인간에게 어떻게 영향을 미치는지를 설명하는 이론은 보통 세 가지로 구분된다. 첫째는 사람들이 포르노에서 보았던 행동을 그대로 모방한다는 사회학습 차원의 모방(modelling)이론이고, 둘째는 포르노에 대한 노출은 억압된 성욕을 발산시켜 주므로 반사회적·폭력적인 성행동 가능성을 완화시킨다는 정화(catharsis)이론이다. 후자에 따르면, 개인이 지니고 있던 성에 대한 욕구 불만이 대리적으로 표출되면서 그 불만이 어느 정도 정화될 수 있다. 셋째는 무 효과이론(null theory)인데,

포르노가 유해하지도, 또 아무런 영향을 미치지도 않는다는 주장이다.

서구에서는 1960년대 폭력성이나 비인간화 등을 기저로 한 포르노물이 판을 치고 있었다. 미국의 존슨 대통령은 그러한 문제를 없애기 위해 폭력의 원인 및 예방에 대한 자문위원회 (Commission on the Causes and Prevention of Violence)와 외설물과 포르노에 대한 자문위원 회(Commission on Obscenity and Pornography)를 구성했다. 그 위원회의 위원들을 임명하고 퇴임했던 존슨 대통령은 포르노 문제를 쉽게 해결할 수 있으리라고 기대했지만, 두 위원회 에서는 서로 상치된 결과를 발표했다. 폭력에 관한 위원회에서는 폭력적 TV 프로그램을 본 사람은 그렇지 않은 사람보다 더 폭력적으로 행동한다고 결론지었다. 사람들이 영화에서 본 행동을 그대로 모방한다는 사회학습이론이나 모방이론을 지지한 셈이다. 외설물에 관한 위원회는 포르노 노출이 청소년이나 성인의 비행과 범죄에 큰 영향을 미치지 않는다고 결론지었다. 오히려 포르노에 장기간 노출되면 성욕이나 성적 흥분이 감소하여 성폭력을 범할 가능성이 있는 사람들을 정화시킬 수 있다는 정화이론에 근거했던 결론이었다. 그러한 결과를 접한 닉슨 대통령을 비롯한 많은 사람은 실망하지 않을 수 없었다.

거의 2백만 달러의 예산을 들여 2년의 연구 끝에 나온 결론을 토대로 위원회는 성인에게 적용된 외설에 관한 법률 폐지를 건의했다. 물론 위원회의 소수(3명)는 반대 의견을 표명했으며, 의회 상원에서도 법률 폐지를 60대 6으로 부결시켰다. 그럼에도 자문위원회 결정을 적용할 수밖에 없었는데, 그 결정에 적극적으로 편승한 사람들은 바로 포르노 제작자들이었다. 또 법률이 폐지되면서 일반인의 인식도 부모의 동의가 있으면 어린이들을 포르노 영화에 노출시켜도 괜찮다는 식으로 변했다(229). 실제로 그러한 결론이 그대로 적용된 문화권이 덴마크다. 덴마크에서는 1960년대에 포르노를 법으로 허용한 결과 이용도가 급속하게 증가했다. 그와 같은 결과와 함께 사회학 연구에서는 포르노 영화 관람 증가와 성범죄 건수가 반비례했음이 밝혀졌다.

물론 포르노의 허용이 덴마크에서의 성범죄를 줄였다고 결론지을 수는 없지만 성범죄가 줄어든 것은 사실이다(229). 그러나 미국 사회는 1980년대에 들어와 포르노 제작자들의 파렴치한 태도와 행위로 인해 포르노 규제 법률이 제정되어야 한다는 목소리가 높아지기 시작했다. 그 이유 중 하나는 아동을 포르노에 출연시켜 성적으로 착취한다는 사실이 세상에 알려졌기 때문이었고, 또 다른 주요한 이유는 포르노를 반대하는 여성권익운동가들의 영향력 때문이었다. 그들은 포르노 내용이 여성의 신체적 학대와 성적 억압을 토대로 여성의 가치 저하를 정당화시킨다고 규정했다. 이처럼 포르노는 반대 여론 때문에 포르노의 정의부터 사회적이고 정치적인 논쟁거리로 떠올랐다.

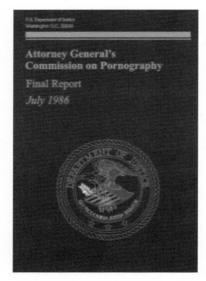

미즈위원회의 보고서

레이건 대통령은 1985년 12명의 위원으로 포르노위원회(Commission on Pornography)를 구성했다. 검찰총장(Edwin Meese)이 위원장이어서 미즈위원회로 불리던 그 위원회는 일 년 동안 50만 달러의 예산으로 포르노가 유해하다는 결론을 내렸다. 물론 연구가 진행되기 전부터 포르노가 유해하다는 결론이 나와야 한다는 요구가 강하게 반영되었다. 연구 내용은 포르노에 대한 잦은 노출이 아동학대, 친족 성폭력, 강간 등 반사회적인 문제와 관계가 높으며, 여성에 대한 폭력도 증가시킨다는 것이었다. 그러한 이유로 미즈위원회에서는 포르노의 거래, 방영 등에 보다 엄격한 제재를 가해야 한다고 건의했으며, 시민운동을 통하여 포르노의 상거래 활동을 비난하도록 촉구하였다(329).

미즈위원회 활동을 더 구체적으로 살펴보면, 그 위원회는 포르노의 가장 심각한 위험성을 포르노에 노출된 사람이 도덕적으로 타락한다고 믿고서 포르노의 유해성을 평가하려고 시도했다. 당시 포르노를 전문적으로 연구하던 심리학자(예: Donnerstein, Malamuth)가 포르노를 폭력성에 의거해 구분했던 것을 응용하여, 그 위원회에서는 폭력성과 인간의 존엄성을 기본으로 하여 포르노를 구분했다. 그 결과 위원회는 그 심리학자들처럼 성적·폭력적인 포르노에 대한 노출이 여성에 대한 지각이나 태도에 부정적 변화를 가져온다고 결론지었다 (168). 그러나 혹자들은 심리학자들의 연구가 실험실에서 진행된 것이기 때문에 그 결과를 법적으로 적용하려는 결정은 신중히 검토해야 한다고 주장했다(329).

미즈위원회의 결론에 부응하여 학술적인 연구 결과도 1980년대 후반 이후 폭력성 포르노가 유해하다는 방향으로 전개되었다. 예를 들면, 폭력적 요소가 담긴 포르노에 장기간 노출되면 남녀 모두 폭력성 포르노에 대한 관용이 증가하고, 양성평등의 개념을 반대하며, 강간범의 처벌에 대해 더 관대한 태도를 보이며, 자기 파트너에 대해 외모 및 성적 수행에 대한 불만을 제기하며, 결혼의 가치도 의심하며, 여성에 대한 남성의 경직적인 태도가 증가한다는 등의 결론이 도출되었다(553). 물론 비폭력적 요소를 지닌 포르노에 대한 장기적 노출 효과는 이러한 결론과 다를 수 있지만, 폭력성 포르노에 대한 평가는 매우 부정적이다.

근래 포르노가 사회 문제로 부각된 근본 이유는 날이 갈수록 폭력적 내용이 증가한다는 사실 때문이다. 고통이나 고문 등을 주고받으면서 변태적으로 성적 쾌락을 얻는 것, 아동이 포르노 제작에 이용되는 것, 그리고 강간을 비롯한 여러 가지 성범죄 내용을 다룬 것 등이 문제의 초점이다. 폭력성 포르노가 유해하다면 미성년자들을 포함시키거나 여성을 성적으로 학대하는 내용이 담긴 포르노 제작이나 판매행위를 규제할 필요가 있다. 수많은 사람과 단체는 이러한 문제를 해결하기 위해 정부 차원에서 포르노 금지 법률을 제정해야 한다고 주장한다. 특히 여성권익운동가들은 포르노가 여성의 권리를 침해한 것이라고 여기고 이에 대한 끊임없는 반대 운동을 벌이고 있다. 아동 포르노 반대 운동 또한 활발히 전개되고 있다. 아동 포르노는 성인들이 출연하는 포르노와는 달리 아동을 착취·학대하는 범죄행위로 대부분의 문화권에서 이를 규제하고 있다(229).

우리나라는 「형법」 제243조에 음란한 문서, 도화, 기타 물건을 반포, 판매 또는 임대하거나 공연히 전시하거나 상영한 자, 그리고 제244조에 제조, 소지, 수입 또는 수출한 자를 처벌한다고 되어 있다. 또 아동이나 청소년을 이용하는 음란물은 「아동·청소년 성보호에 관한 법률」에 의해 불법으로 간주되고 있다. 그러나 성 연구자들은 더 넓은 시각에서 포르노가 왜 문제가 되고 있는지, 그러한 자극을 원하는 사람들이 왜, 어떻게 생겨났는지 등의 근본 문제에 대한 해답을 찾아 주어야 한다. 교육용 포르노를 제작할 경우에도 그것이 성의 가치를 증진시킬 수 있는지도 고려해야 한다. 대부분의 사람이 포르노가 교육적이라고 생각하지는 않지만 포르노 노출 차단을 반대하는 이유는 최소한 두 가지다. 하나는 어떤 것을 금지하면 사람들의 호기심이 더 커진다는 소위 금단의 열매(forbidden fruit) 효과다. 또 다른 이유는 성인들이 작품을 감상할 권리가 있다는 점이다(229).

6. 포르노 노출의 영향

킨제이가 성을 연구하던 시대 이래로 남성이 여성보다 성적 자극이나 포르노에 더 자주 노출되고 있지만, 20세기 중반 이후부터 여성도 남성처럼 포르노에 자주 노출되고 있다. 포르노와 같은 성적 자극에 노출된 경험을 측정할 때 보통 남성은 자신의 경험을 더 과장해서 평가하는 경향이 있는 반면, 여성은 더 축소해서 평가하는 경향이 있다. 실제 경험과 조사 응답에서의 성차는 아마도 사회문화적 학습 효과에 기인한 것으로 생각된다(74). 대부분의 경우 이러한 노출은 자발적이며, 통계적으로는 고등교육을 받은 사람일수록 포르노에 대한 노출 빈도가 더 높은 편이다(229). 포르노 노출 경험뿐만 아니라 포르노에 대한 태도에서도 성차가 나타난다. 여러 연구자가 지적했듯이 남성이 여성보다 포르노에 더 우호적인 태도를 보인다. 물론 강간이나 남성의 우월성, 폭력성을 수반한 포르노에서만 그와 같은 성차가 존재했으며, 종교적 신념이 강할수록 포르노에 대한 태도가 더 부정적이었다(424). 포르노 노출 빈도가 높았던 사람들은 그렇지 않는 사람들보다 10대나 혼전 성행위 및 혼외 성교를 더 허용했고, 사귀던 사람과의 관계도 성행위 후 곧바로 끝내 버리는 비율이 더 높았고, 성 파트너 수도 더 많은 편이었다(536).

포르노에 대한 태도는 문화권에 따라서도 차이를 보인다. 미국, 체코, 슬로바키아의 정신건강전문가(성 연구가, 심리학자, 상담치료가, 정신의학자)들을 대상으로 교육용, 연성, 경성, 폭력성, 일탈된 성행위에 관한 포르노에 대한 태도를 비교했다. 그들은 모두 교육용 포르노에 가장 호의적이었으며, 다음으로는 연성, 경성 포르노 순서였다. 폭력성과 일탈성의 포르노에는 부정적인 태도를 나타냈는데, 특히 폭력성 포르노에 대한 태도는 매우 부정적이었다. 종교적 신념이 강한 전문가일수록 모든 포르노를 더 부정적으로 바라보았다. 종교성의 영향을 통제한 후 분석했을 때 전문가 중에서도 성 연구가들은 다른 전문가들보다도 포르노 종류에 상관없이 포르노에 더 긍정적인 태도를 보였고, 체코와 슬로바키아 전문가들이 미국 전문가들보다 더 긍정적이었다. 전문가들 사이에서의 성차는 없었다(424).

일반적으로 시각 자극에 대한 노출에서 남성이 여성보다 더 쉽게 흥분을 일으킨다고 알려져 있다(543). 포르노의 경우 남녀 모두가 시각 자극의 대상이 이성일 때 성적으로 더 쉽게 흥분한다. 예를 들면, 남성의 자위행위 장면에서는 남성이 잘 흥분하지 못하나 여성은 쉽게 흥분했으며, 여성의 자위행위 장면에 대해서는 그 반대였다(258). 또한 포르노 내용에서 선정성 정도가 심할수록 생리적 반응이 더 잘 나타났다. 즉, 여성을 대상으로 했던 연구에서 평범한 성적 이야기에 노출되었을 때보다 경성 포르노에 노출되었을 때에 혈액 반응의 강도가 더 높았다(385).

포르노 영화를 시청할 때 생길 수 있는 부정적인 영향 중 하나는 감각 효과에 따른 것이다. 청각적 음향 효과는 물론이거니와 흔히 성행위를 하는 배우들도 시각적으로 일반인에게 큰 영향을 미친다. 여배우의 관능적 행위나 신체 특성, 남배우의 초인적인 성교 수행 능력 등은 남성에게 성기 크기에 대한 열등감이나 성적 수행 능력에 대한 불안감을 조장할 수 있고, 여성에게 성행위를 단순히 쾌락을 위한 수단으로 받아들이면서 강한 남성만을 기대하게 해 버린다. 영상 속에서 만족스러운 표정을 짓고 있는 포르노 배우들도 실생활에서는 경제적 어려움, 자존감 저하, 미래에 대한 걱정이 심한 것으로 드러났다(239). 여기서 알아야 할 또 하나는 플러퍼(fluffer)라는 배역이다. 이는 포르노 영화를 제작할 때 출연하는 남성의 성기를 발기한 상태로 유지시키는 일만을 전문적으로 하는 여성을 칭하는데, 그녀는 배우는 아니지만 장면이 바뀔 때마다 남성 배우의 성기를 자극시키는 역할을 한다(555). 그러한 사실을 잘 알지 못하거나 성에 대한 건전한 태도나 지식을 갖추지 못한 채 포르노 영화에 노출되면 성행위 기술이 사람의 가치를 대변하는 것처럼 혼동하는 등 성 개념 발달에 부정적인 영향을 줄 수 있다.

초창기 포르노 영화에서 주로 다룬 폭력은 강간이나 매질 등이었다. 그러나 나중에는 몸을 묶거나 서로 때리고 학대하는 변태적 형태가 포함되기 시작했다. 특히 일본에서 제작된 포르노 영화들은 잔인성으로 유명했다(535). 폭력성 포르노 영화의 공통점은 폭력이나 학대가 성적 만족의 수단이며, 폭력이나 학대 피해자는 거의 모두 여자라는 점이다. 또한 영화 내용에서 여성의 성기나 유방, 엉덩이 부분 등을 극단적으로 노출시키는 장면이 매우 빈번하다. 결과적으로 일반인에게 여성을 하나의 육신에 불과한 성적 대상이며, 음란하고 위험한 존재라고 인식시킨다. 사실상 포르노 제작자들은 성공을 보장받기 위해 젊은 여성을 강간하거나 잔인하게 대하는 작품을 만들어야 한다고 생각하며(69), 많은 남성이 아동을 등장시킨 포르노에 관심을 갖기 때문에 포르노 제작에 아동을 이용하고 있다.

전술한 바처럼 일반인은 폭력이나 학대 장면이 담긴 포르노에 노출되는 것이 개인에게 미치는 효과, 즉 그러한 장면에 대한 잦은 노출이 개인의 태도 변화를 촉진시켜 실제 행동에 영향을 줄 수 있다고 생각한다. 여성권익운동가들은 이러한 이유 때문에 남성이 지배하는 사회가 영속되고 있다고 비판했는데, 그 예로 러셀은 수많은 남성이 강간을 범할 경향을 지니고 있으며, 폭력성 포르노가 폭력적 충동의 발산을 조장한다고 주장했다(434). 그래서 심리학자(Donnerstein, Malamuth 등)들은 과연 폭력성 포르노가 그 같은 영향을 미치는가를 파헤치기 시작하였다. 그들은 남학생을 대상으로 했던 연구에서 포르노에 빈번히 노출될 때 여성에 대한 남성의 공격성을 당연시하는 경향을 증가시키고 강간 문제를 사소하게 여기며, 또 강간 피해자보다 강간범에게 더 많은 동정을 하게 된다고 결론지었다(168, 345).

이와 같은 결론의 바탕으로 여성권익운동가들은 폭력성 포르노가 여성에게 적개심을 가지고 있는 남성에게 여성을 향한 공격성을 부추기고 있다고 우려한다. 공격성과 성욕이라는 기본적인 본능의 속성 때문에 포르노를 감상하는 것 자체가 공격성을 유발할 수 있는데, 폭력성 포르노 영화를 감상했을 경우에는 그 부추기는 정도가 더 심해지게 된다(538).

32
노출증과 관음증

1. 변태성욕의 정의

성욕 표현의 정상 여부를 논할 때 흔히 편차(일탈, deviation)나 도착(perversion)이라는 용어를 사용한다. 편차는 통계적·문화적 의미에서 기준을 벗어난 성행위를 뜻하고, 도착은 성욕의 정상적 발달에서 어떤 변화가 생겼음을 의미한다. 또 도착이라는 용어는 타인에게 해를 끼치는 경우에만 적용하고, 그렇지 않을 경우 이보다 더 허용된 의미의 편차라는 용어를 적용한다. 그렇지만 성행동의 정상 여부에 대한 기준이 자주 바뀌므로 임상전문가들은 편차나 도착 대신에 보통이 아닌 특이한 성행동을 즐긴다는 의미의 '변태성욕(paraphilia)'이라는 용어를 사용한다. 변태성욕은 '사랑에서 벗어난(beyond love)' 성행위를 뜻하므로 개인의 성적 관심이나 대상의 본질이 비정상이라는 것을 강조한다. 사회적·법적 제약으로 변태적 성행동 빈도에 대한 믿을 만한 자료는 별로 없지만, 체포되었거나 치료 중인 자들의 거의 9할이 남성이다(74).

정신분석학적으로 변태성욕의 공통 특성은, 첫째, 격리 불안이나 거세 불안에 대한 보호, 둘째, 환상에 의존하여 성적 쾌감을 얻는 것, 셋째, 도착의 환상이나 행동에 의한 갈등 생성,

넷째, 특이한 환상의 지속과 반복이다. 정상적 성행위로부터의 위협이나 불안에 대한 방어기제, 해결되지 못한 아동기 시절의 욕구가 성인기에 변태성욕으로 나타나는 것으로 보며, 그 상태에서는 죄의식이나 유아기 충동이 수반된다. 또 변태성욕을 신경과학적으로도 설명하기도 한다. 쥐를 연구한 결과에 따르면, 중추신경계에서 세로토닌을 고갈시킬 경우 성적 흥분이 증가하여 교미행동을 강박적으로 시도한다. 세로토닌에 관계된 약물을 투여해도 유사한 반응이 나타난다. 거세한 수컷 쥐에게 테스토스테론을 소량 주입하면 성행동이 복원되지 않지만, 테스토스테론을 소량 주입하는 동시에 세로토닌 활동을 억제시키는 약물을 주입하면 성행동이 복원된다. 반대로 중추신경계에서 세로토닌 활동을 증가시키면 성행동이 억제되거나 감소한다. 이러한 이유로 일부 학자는 변태성욕이 중추신경계에서 세로토닌 장애와 관련된다고 주장한다(278).

DSM-5(2013)에 의하면, 변태성욕은 최소한 6개월 이상 사회적으로 일탈된 환상, 충동, 행동 등에 의하여 반복적으로 성적 흥분을 얻는 것으로, 대인관계의 사회적·직업적·기타 영역에서 임상적으로 심각한 장애가 수반된 것이다. DSM-III 이후 개정판들에서는 변태성욕을 여러 유형으로 분류하는데, 이들은 강박적 자위행위, 다양한 파트너 추구, 포르노 중독 등 사회적으로 일탈되지 않는 성적 충동과 상당 부분 중복된다. 또 남성 변태성욕자들은 상당수가 다양한 변태적 특성을 보이는데, 그 형태가 하나씩 바뀌는 자도 있고, 여러 형태가 동시에 나타나는 자도 있다. 예를 들면, 기아증은 노출증, 관음증, 강간행위를 반복적으로 범하는 자에게서 나타나거나, 알코올 남용, 주의집중 결핍, 반사회적 충동성, 불안 및 우울 장애를 가진 자들이 많다(278). 〈표 1-1〉에 명시된 변태성욕의 일부가 이 책 제32~34장에 소개된다.

2. 노출증

사람이 원숭이와 다른 것 중 하나는 성기나 가슴을 가리기 위해 옷을 입는다는 점이다. 인류가 성을 의식하게 된 것은 동물과 구분되는 문명의 창조와도 관련이 깊다. 우선 타인에게 본능을 함부로 자극할 수 있는 성 기관을 감추면서 문명이 싹트기 시작했다. 그러므로 숨겨져 있어야 하는 타인의 성기를 보는 것은 매우 강력한 성적 자극이 된다. 즉, 인간의 내적 성향은 노출된 성 기관을 감추지 못했을 때 수치심과 불안을 느끼는 차원으로 발달하였다. 대다수 남성 중심 사회 문화권에서는 남성이 여성을 성적으로 자극하는 경우보다 여성이 남성을 자극하는 경우를 더 일탈되었다고 규정한다. 그러한 이유로 여성은 유혹자라는 오해를 받지 않기 위해 신체의 여러 부위를 가려야 했고, 다리도 가지런히 모아야 했다. 상대방을 자극할 정도로 신체 부위를 노출시키는 사람은 사회규범을 어긴 대가로 수치심을 느끼고 이를 보는 사람도 불안감에 사로잡히므로 그 신체 부위를 치부라고 한다(28).

노출증

　인간의 신체에서 얻는 성적 관심이나 반응은 사회, 문화 및 시대 상황에 따라 다르다. 고대 로마나 중세 일본의 남녀 혼용 공중목욕탕 제도는 치부의 노출을 현대적인 의미로 해석하기 어려우며, 과거 중국인들은 여성의 맨발을 보아서는 안 된다는 관례 때문에 남편이 아내의 발을 쳐다보는 것도 매우 부적절하게 여겼다. 근대에 와서도 성기 노출과 수줍음의 관계가 전혀 발달되지 않은 문화권도 있었다. 예를 들면, 포나프(Ponape) 섬의 여인들은 고의로 성적 관심을 유발시키기 위해 성기를 보여 준다. 그들은 음순이 클수록 성적으로 더 매력적이라고 생각하므로 성기를 노출하고서 남성에게 음순을 물어당기도록 요구했다(375, 403).

　또 하와이 전통사회에서는 알몸을 전혀 성적으로 인식하지 않았다. 그들은 따뜻한 기후 때문에 옷이 불필요했다. 성인이 되면 성기 부위를 가리고 다녔지만, 여성은 가슴을 가리지 않았다. 성기 부위를 가린 이유는 수치심이나 정숙함을 위해서가 아니라 남성은 성기를 보호하고 경배하기 위해, 여성은 추위나 태양으로부터 보호하기 위해서였다. 그러나 그들의 문화에서는 성기를 가린 의상 자체가 젖는 것은 중죄에 해당해 물에 들어갈 때에는 알몸으로 들어갔다. 결국 남녀 모두가 알몸으로 파도타기를 즐겼다. 나중에 선교사들이 이를 수치스럽게 여겨 알몸으로 파도타는 것을 금지시켰다. 하와이 원주민들에게는 알몸이 죽음, 처벌, 슬픔이나 고뇌 등의 상징이기도 했다. 그 예로 추방은 알몸으로 이루어지며, 알몸에 관한 꿈은 죽음의 전조로 해석한다. 반면 의식이 거행될 때의 알몸은 굴복이나 사퇴의 신호, 또는 용서를 호소하는 행위로 해석되었다(159).

　현대 문화권에서 어떤 사람들은 고의로 치부를 노출시킨다. 그들이 고의로 치부를 노출시키는 이유는 사회규범을 어기는 그와 같은 행위에서 쾌감을 얻기 때문이다. 치부를 노출시켜 상대에게 기쁨을 제공하기보다도 놀라움이나 불안감을 조성하려는 의도를 지닌 사람들은 대부분 남성이다. 여기에서 성적 흥분에 도달할 목적으로 경계하지 않는 낯선 사람 또는

노출을 이용한 권리 주장

공공장소에서 자신의 성기를 노출시키는 행위를 노출증(exhibitionism)이라고 말한다. 또 그러한 행위를 강박적으로 시도하는 자를 노출광(exhibitionist)이라 부르는데, 진정한 노출광은 성적 흥분이나 만족을 얻기 위해 자신의 성기를 노출시키는 행위에 병적으로 의존한다. 반면 간혹 스트레스를 받고 있는 동안에만 성교 대신 노출을 시도하는 경우를 의사노출증(pseudoexhibitionism)이라고 부른다. 전자는 수줍어하는 성향 때문에 여성과의 성관계 자체를 이루지 못하지만, 후자는 기회가 생긴다면 성교를 한다.

노출증은 성기를 노출하는 사람만을 칭하는 게 아니라 넓게는 속옷을 입지 않는 경우도 포함시킬 수 있다. 또한 창문을 닫지 않고 습관적으로 옷을 입었다가 벗었다가 하는 사람, 상의를 전혀 걸치지 않거나 완전 나체로 춤추는 사람들(topless or strip dancer)도 이에 해당된다. 만약 가슴을 노출하고 다니는 여성이 많아진다면 가슴이 지니는 성적 관심이 줄어들게 되고, 결국 가슴 노출이 수치심과 연결되지도 않고 노출이라고 해석되지도 않겠지만, 대다수 현대 문화권은 가슴, 성기 등을 주요한 치부로 여기고 있다. 성기의 불룩한 모습이나 유두의 윤곽을 드러내는 의복은 상대방의 촉감을 원하는 것으로 해석되는데, 성기의 시각적 효과를 위해 성기 부위가 불룩하게 나온 코드피스(codpiece)를 착용했던 15~16세기 유럽 남성이 그 예에 해당된다(143).

많은 사람이 의복이나 외모 등으로도 자신의 매력을 드러내려고 노력한다. 옆선이 탁 트인 치마, 속이 들여다보이는 블라우스 또는 목이 깊게 파인 상의를 즐겨 입는 여성, 또 가슴에 돋아난 털을 보여 주거나 성기의 윤곽이 드러난 밀착성 바지를 입거나 공중목욕탕 등에서 자신의 성기 크기를 노출시키려는 남성의 심리는 모두 자신의 신체나 모습을 더 매력적으로 보이고 싶은 욕망에서 비롯된다. 이러한 행위는 타인들이 자신을 성적으로 지각해 주기를 바라는 신호이며, 스스로를 성적으로 매력이 있다고 생각하면서 타인들도 그렇게 여겨 주기를 바란다는 뜻이다(143, 375). 그러나 그와 같이 성적 매력을 드러내는 행위는 누군가가 자신에게 성적으로 접근해 주기를 기대하거나 성관계를 원한다는 의미는 아니다.

3. 노출광의 심리

공공장소에서 자신의 성기를 노출하는 행위는 아동이 아닐 경우 정상 범주에 속하지 않으며, 여성보다 남성이 그러한 욕망을 더 많이 지니고 있다. 어떤 남성은 단지 자신의 노출행위 자체에서 만족을 얻으며, 여성에게 노출했어도 그녀에게 아무런 요구도 하지 않고, 그녀에게 접근도 하지 않는다. 성적으로 흥분된 흔적을 찾아보기 어려울 수도 있다. 그러나 어떤 남성은 자신의 노출행위 자체보다도 여성이 놀라거나 당황하는 정서 반응에서 더 큰 만족을 얻는다(181). 성기를 노출시켜 여성을 놀라게 하는 남성은 다른 남성 앞에서는 그런 행위를 하지 않는다. 이러한 현상은 일부 고등영장류에게서도 나타나는데, 예를 들면 원숭이(squirrel monkey) 수컷은 암컷을 놀라게 할 목적으로 성기를 노출한다(356).

노출증은 서구에서 성범죄로 체포된 자들의 거의 1/3을 차지하며, 늦봄에서 초가을 오후 3~6시 사이에 가장 흔하게 나타난다. 그들은 자신의 행위에 놀라는 여성의 반응을 보고서 성적 만족을 얻는다. 만일 남성의 노출된 성기를 본 여성이 전혀 관심을 보이지 않거나 어리석은 짓이라고 조용히 말한다면, 그는 전혀 쾌락을 얻지 못한다. 또 여성이 놀라서 도망가지 않고 오히려 자신에게 접근한다면 그는 재빨리 상황을 도피해 버린다. 노출 당시 발기된 경우도 있으며, 노출과 함께 자위행위를 하는 자들도 있다. 그러나 상당수는 노출 상황에서 벗어난 후 그 장면을 머릿속으로 떠올리며 자위행위를 한다. 최초로 노출행위를 시도한 연령은 전형적으로 20대이며, 가장 빈번한 목표 대상은 10대 후반에서 30대 사이의 여성이다. 그들은 대부분 성격검사를 하더라도 정상 범위에 속하며, 테스토스테론 수준도 거의 정상이다(74). 그런 남성의 일부는 자기가 싫어하는 사람에게 성기를 노출시켜 상대방이 그 행위를 싫어하는 반응에서도 성적 만족을 느낀다. 여성 앞에서 성기를 노출하는 남성이 악의가 없는 상태에서 그런 행위를 시도했더라도 그 행위는 여성에게 불안, 호기심, 수치심, 놀라움 등을 비롯하여 부정적인 남성 이미지를 심어 준다. 남성이 시도하는 그러한 행위는 프로이트 관점에서 간략하게 설명하면 거세 불안을 탈피하는 수단이다(28).

남성 노출광은 자기의 노출행위를 보고 여성이 깜짝 놀라는 반응을 관찰한다. 그는 여성의 그러한 반응을 토대로 자신의 존재감이나 남근이 거세되지 않았음을, 그리고 여성에 대한 경멸과 우월감을 확인한다. 그래서 여성이 냉담하거나 무관심했다면 그는 전혀 만족을 느끼지 못한다. 일반적으로 그가 성기를 노출할 때에는 발기가 유지되어 있지만 항상 그런 것은 아니다. 또한 상대방이 자신을 보자마자 그를 공격하는 대신에 달아나 버리는 노출광도 많다. 노출광의 성기는 때때로 발기되지 않기도 하는데, 그 이유는 경찰에 체포될지 모른다는 두려움이나 자신의 행위에 대한 죄의식 때문이다. 그러한 노출 증상은 주로 사춘기에서 중년기 사이에 나타난다. 여성 노출광도 나체나 성기를 노출하면 자신의 가치가 확인되고 자존심이 고양된다고 생각한다. 그래서 남녀 모두에게 성기 노출증은 자신의 상처를 달래기 위한 자기도취 수단이나 사회적으로 거의 용납되지 않는 성행동을 이용해 적개심을 표출하는 수단이며, 적어도 19세기 후반부터 이를 비정상으로 여기고 있다(419).

그들 대다수는 이성애 기혼자이지만, 기본적으로 결혼 관계에서 부부의 성생활을 원하지 않는다. 그들은 수줍어하는 성격의 소유자이면서 성생활을 금욕하는 자이기 때문에 부인과의 성생활 자체보다도 노출 행위에서 더 큰 만족을 느낀다. 즉, 대부분의 경우 노출행위에서 만족을 얻기 때문에 부인에게 성교를 요구하지 않는다. 그러나 성적으로 노출을 원하는 사람들은 상대적으로 악의 없는 행위에만 국한되지 않는다. 간혹 어떤 남자는 목표 대상을 선정하고 기회를 포착할 때까지 보이지 않는 곳에 숨어 있다가 갑자기 나타나 성기를 노출시켜 여성을 놀라게 한다. 이렇게 자신의 목표 대상에 몰래 접근하여 번갯불처럼 순간적으로 성기를 노출하는 자를 플래셔(flasher)라고 부른다(196). 이는 기소된 성범죄자들의 아주 공통된 특성이다. 그러한 경우가 희극에서 연출한 것이 아닌 현실일 때 목표 대상이 된 여성은 강간이 발생할 수 있다고 생각하기 때문에 공포감을 경험한다(499). 그러한 노출 현상은 불법이기 때문에 정상이 아닌 것으로 간주되는데, 대상이 아동일 경우에는 아동학대에도 해당된다.

부적절한 상황에서 자신의 성기를 노출하는 남성의 행동은 정신분석학적으로 거세 불안과 관계된다고 했지만, 그러한 행위의 원인은 성교를 두려워하거나 수줍어하는 성격 때문이라고 해석된다(466). 한 남성이 정지된 자동차 안에 있다가 지나가는 여성에게 발기된 성기를 보여 주었다면, 보통 사람은 그의 노출행위를 그녀와의 성관계에 대한 강력한 의사 표현이라고 해석할 것이다. 그렇지만 만약 그녀가 성관계 제의에 수락하는 반응을 보이면서 그를 자기 아파트로 초대한다고 말한다면 그는 대경실색하여 도망간다. 그 사례의 배경을 보면, 그는 어린 시절 포악한 아버지와 쌀쌀한 어머니 밑에서 자라면서 집에서 운영하는 가게에서만 일해야 했고 다른 아동들과는 놀 기회가 거의 없었다. 그는 수줍어하고 부끄럼타는 소년으로 자라면서 이성과 마주치면 불편하게 느꼈고, 여자를 만나는 것도 꺼렸다. 그는 고의로 어머니에게 노출행위를 한 적이 있었는데, 그때 심하게 혼났다. 그의 노출행위는 자신의 성기가 아직도 존재함을, 즉 남성 정체성을 확인하고 싶은 의도에서 나타난 반응이었다. 그의 실현할 수 없는 어머니에 대한 연모가 거세 불안이라는 위협이 되었다. 그래서 그의

Box 32-1   스포츠 경기와 노출행위

1995년 8월 관중들로 꽉 찬 미국 프로야구 LA 다저스 구장에서 뉴욕 메츠 팀의 경기가 있던 날이었다. 경기 도중 한 남녀 커플이 관중석에서 성행위를 했다. 그들의 공개적 성행위는 사회규범을 무시한 노출 행위였기 때문에 1996년 4월 20일 법원은 그들에게 야구장 관람 티켓 50장을 구입해 자선단체에 기부할 것 그리고 500달러의 벌금과 120시간의 자원봉사 활동을 명령했다(50).

1996년 7월 8일 런던에서 열린 윔블던테니스대회 남자 단식 결승전에서 멜리사 존슨(23)이 에이프런만 걸친 채 스트리킹 소동을 벌이고 있다(조선일보 1996. 8. 28.).

알몸으로 경기장에 출현하는 스트리커들은 사람들이 많은 경기장을 관심을 유도하는 데 최적의 장소로 여긴다. 이러한 일은 그들에게 비교적 관대한 영국에서 자주 발생한다. 1996년 7월 8일 윔블던테니스대회 남자 단식 결승전이 시작되는 순간 23세의 여성 멜리사 존슨은 발가벗고 코트로 난입해 윔블던 사상 첫 스트리킹 기록을 세웠다. 또 1996년 7월 22일 브리티시오픈 골프대회에서 우승자가 된 미국의 톰 레먼이 마지막 18번 홀에서 두 번째 샷을 날린 직후 30대 남자가 발가벗은 채 모자만 쓰고 18번 그린 위로 뛰어들었고, 1996년 7월 30일 엘리자베스 영국 여왕이 런던 근교에서 열린 폴로대회에 남편 필립공과 참석했을 때 2명의 남성이 알몸으로 뛰어들었고, 1996년 8월 26일 런던에서 열린 크리켓 경기 도중 바지를 벗어 내린 남성이 존 메이저 영국 총리를 향해 엉덩이를 흔들어댔다. 우리나라도 예외가 아니다. 1996년 8월 24일 프로야구 해태와 한화의 경기가 열린 대전 구장에서 한 남성이 알몸으로 조명탑 위로 올라간 탓에 TV를 통해 전국으로 생중계되던 경기가 한동안 중단되었다.

모든 성적 관심을 억압하며, 그 결과로 수줍은 성격이 형성되었다. 즉, 정신분석에서는 그의 행위를 성적 발달이 중지되었고 수줍어하는 성격 때문에 성기를 노출시켰던 것으로 해석할 수 있다.

4. 관음증

노출증이나 관음증의 해석은 문화권에 따라 다를 수 있다. 대다수 문화권에서는 성욕을 자극하는 부위를 의복으로 가리고 다니는데, 의복으로 가리기 때문에 상상하는 것 자체도 일종의 성적 자극이 된다. 사회과학자들은 나체에 대한 수줍음은 선천적인 것이 아니라 사회적으로 일반화되고 학습된 형태라고 본다. 다시 말하면, 성행위는 일반적으로 사적인 곳에서 이루어지지만 자녀에게 숨기지 않는 문화권도 있다. 그 예로 트로브리안드(Trobriand) 섬 주민들은 아이들 앞에서도 성교를 한다(375). 또한 발리(Bali) 족 여성은 유방을 노출시키지만 다리만은 가린다(466).

촉각 다음으로 성적 흥분을 일으키는 감각은 시각이다. 그래서 성행동에 몰두한 사람들을 바라보는 그 자체도 많은 사람에게 흥분을 유발시키는 하나의 자극이 된다. 또한 거의 모든 사람은 타인의 성적인 면을 엿보는 것에 관심이 있다. 그러나 관음광(voyeur)이란 강박적으로 타인들의 성행위나 배설행위, 나체를 보기 좋아하는, 또는 보면서 성적으로 만족을 느끼는 사람을 말하며, 이와 같은 사람들의 행위를 관음증(voyeurism)이나 절시증(scoptophilia)이라고 한다(229). 몰(Albert Moll, 1862~1939)은 이러한 행위를 통해서 성적 쾌감을 얻는 것을 믹소스코피아(mixoscopia)라고 불렀다. 진정한 관음광은 성적 흥분과 만족을 얻기 위하여 타인의 성행위 관찰에 병적으로 의존하는 자들이다. 그들은 관음행위에 관한 환상을 하지 않는 상태에서는 실제로 성교행위를 하지 못한다. 반면 성행위 상대가 없을 때 성욕을 해소시키는 방법으로 포르노 영화나 잡지를 감상하거나 스트립쇼를 구경하면서 만족을 얻는다면 의사관음광(pseudovoyeur)이다. 관음광들은 대리 만족을 얻기 위해 음란한 포르노 영화를 즐기기도 한다. 또한 관음행위 자체가 거울이나 영상화면을 통해 자기 자신에 관련된다면 이를 자기관음증(autovoyeurism)이라고 부른다(196).

관음증은 피해자에게 동의를 구하지 않지만, 동의를 구하는 변형된 형태도 있다. 즉, 자신의 파트

아담과 이브를 훔쳐 보는 천사
출처: Time, 1994. 5. 2.

너가 다른 사람과 성행위를 하도록 한 다음 이를 관찰하면서 성적 만족을 얻는 관음증을 트로일리즘(troilism) 또는 그리스의 역사적 인물을 빌어 캔돌리즘(Candaulism)이라고도 한다. 특히 남편이 부인에게 다른 남성과 성교를 하도록 요청하고서 부인이 옷을 벗는 장면을 바라보거나, 성행위를 하는 것을 보거나, 또 성행위 시의 신음 소리 등을 들으면서 쾌감을 얻는 것을 말한다. 그 경우 부인은 남편에게 낯선 사람으로, 다른 남성의 연인 역할을 한다 (204, 335).

상당수의 관음광은 특히 창문을 통하여 타인을 관찰한다. 예를 들면, 여성이 나체 상태이거나 옷을 갈아입을 때 또는 커플이 성행위를 하고 있을 때 창문으로 은밀히 관찰하면서 성적 만족을 얻는 남성이다. 그들을 흔히 '피핑 톰(peeping Tom)'이라고 부른다. 이들은 전형적으로 젊고, 미성숙하고, 여성과의 관계가 불안정한 남성인데, 여성에게 성교를 제안하면 거부당할지도 모른다는 불안 때문에 그 대안으로 관음행위에서 성적 만족을 추구한다. 원래

Box 32-2 피핑 톰의 전설

전설에 의하면, 백작 레오프릭(Leofric)이 1043년 코벤트리라는 도시를 건설하였다. 그의 부인은 1086년 사망했다는 고디바(Godiva)였다. 백작이 도시의 거주자들에게 가혹한 세금 인상을 계획하자 부인은 청원을 하였다. 그녀는 백작에게 세금 인상 계획을 취소하면 알몸으로 백마를 타고 거리를 가로지르겠다고 약속했다. 감사와 존경에 찬 마을 사람들은 모두 집안의 문을 잠그고 있어야만 했다. 밖을 내다볼 수 없도록 모두 창문을 가리고 집에서 기다렸지

고디바의 행렬

만, 단지 한 남성은 그러지 않았다. 양복 재단사 톰은 창문을 통해 밖을 내다보았다. 전설에 의하면, 톰은 그로 인해 맹인이 되어 버렸다. 이러한 이야기는 1236년에 사망한 한 연대기 편자(Roger of Wendover)로부터 전해지기 시작했다. 실제로 부인이 그러한 행동을 했는지에 관한 증거는 없지만, 근래에도 코벤트리에서는 고디바 행렬(Godiva's ride)이 화려하게 진행되면서 관광객을 불러모은다.

이 용어는 〈Box 32-2〉에 소개된 영국 전설에서 유래되었다.

여성도 남성처럼 알몸으로 춤추는 남성을 보기 위해 여성 전용 클럽을 찾는다. 엿보는 행동은 많은 사람에게 일시적으로 나타나지만, 간혹 어떤 사람에게는 그 행위가 절도나 강간으로까지 연결되기도 한다. 일반적으로 관음광은 미혼이며, 비교적 젊은 20대의 남성으로 정신장애를 지닌 경우는 매우 드물다. 대부분 그러한 행동은 성인기 초기에 발달하는데, 이성애적 성적 발달이 일반 남성보다 좀 늦게 나타나며, 또 데이트 상대와의 성교 시기도 늦은 편이다(126).

관음증은 일반적으로 지켜보는 대상이 자신의 존재를 알아차리지 못할 때나 어떤 위협이 내포되어 있을 때에만 성적으로 흥분한다. 그리고 성적 쾌감은 그러한 관찰을 하고 있는 동안이나 그 후에 자위행위를 함으로써 얻는다. 그들은 자위행위를 통해 성기가 손상되지 않았음을 느끼며 여성에 대한 우월감도 얻는다. 누드비치나 스트립댄서에 대한 그들의 반응은 일반인과 다를 바가 없지만, 남몰래 나체를 엿볼 때에는 극적으로 흥분한다(499). 그들의 훔쳐보는 행위는 당사자를 놀라게 할 수 있으며, 또한 불법이기 때문에 정상으로 간주하지 않는다. 관음광은 보통 이성의 파트너가 있는 이성애자이지만, 정상적인 이성애 관계를 유지하는 데 문제가 있으며, 어린 시절 부모와 관계가 좋지 않아 청소년기부터 관음 증상이 시작되었으며, 간혹 강간과 같은 범죄를 저지르기도 한다(335).

관음광으로 기소된 자들은 거의 항상 남성인데, 여성은 그러한 행위에 에너지를 별로 투자하지 않는다. 이러한 성차는 여성이 성적 자극을 추구하는 것을 적대시하는 문화적 제약에서 비롯된 것인지도 모른다. 또는 그 차이가 남성이 시각적 성적 자극에 대한 반응도나 민감도가 더 높다는 점에 기인할지도 모른다. 관음의 행위 다음에 보통 성적 흥분이 따르면 오르가슴도 자주 경험한다. 가끔 관음광은 낌새를 채지 못하는 목표를 바라보는 동안 자위행위를 하거나 그 상황을 나중에 환상으로 즐기면서 자위행위를 한다. 관음증에 대한 원인은 아직 정확히 밝혀지지 않았지만 행동이론가들은 관음행위와 성적 흥분이 우연히 연결되었다고 본다. 한 남성이 엿보면서, 또는 그 행위를 나중에 환상으로 떠올리면서 자위행위를 한다면 그 연상은 더욱 강해진다. 정신분석학자들은 아동기 당시 부모의 성교 장면을 목

몰래 카메라를 이용하여 신체 부위를 촬영하는 범죄행위는 일종의 관음증에 해당된다.

격한 경험에 기인한다고 보기도 한다. 사회적으로나 성적으로 교류하는 기술이 제대로 발달하지 못하는 자들에게 관음증은 성교에서 파생될지도 모르는 위험을 회피하면서 성적 만족을 얻는 수단이 된다(74). 근래 스웨덴의 조사에 의하면, 의도적으로 타인의 성행위를 몰래 한 차례라도 들여다본 경험이 있다고 응답한 비율은 남성이 11.5%, 여성 3.9%였다(312).

33
물품음란증 및 이성의 의복 착용

1. 물품음란증

　페티시(fetish)라는 용어는 지능검사를 개발했던 프랑스 심리학자 비네(Alfred Binet)에 의해 1888년 문헌에 처음 등장했다. 이는 '매력에 사로잡히다' 또는 '부적'이라는 뜻을 지닌 포르투갈어(fetico)에서 유래했다(74). 만일 한 남성이 여자 속옷을 입거나 소유한 채로 성적 흥분을 느끼고 자위행위를 한다면 그의 행동이나 증상은 속옷에 대한 물품음란증(fetishism, fetishistic disorder)이라고 부른다. 그러나 DSM-5(2013)에 따르면, 첫째, 최소 6개월 이상 동안 생명체가 아닌 물건 사용을 포함한 환상, 성적 충동, 행동에서 강한 성적 흥분을 반복해서 얻어야 하고, 둘째, 그 환상이나 성적 충동, 행동 등의 기능이 사회나 직장생활 등에서 임상적으로 장애를 일으켜야 하는 두 가지 기준에 적합해야 물품음란증이라고 부른다. 첫째 기준에서 대상을 생명체가 아닌 물건이라고 했지만, 대부분의 대상은 인체와 긴밀한 관련이 있으며 보통 부서지지 않는 물건이다. 사랑의 상징이나 표적으로 특히 남성에게 주로 이용되는 물건은 흔히 부드러운 감촉을 지닌 브래지어 등 여성 속옷, 양말이다. 그들이 이용하는 물건 종류는 아동기 때의 개인적 경험에 따라 달라진다.

다음 절에서 설명하겠지만, 어떤 사람들은 물건이 아닌 인체의 일부에서만 성적 흥분을 느낀다. 또 동일한 대상이라고 해도 문화권의 특성에 따라 해석이 다르다. 예를 들면, 과거의 중국 남성은 여성의 얼굴보다 발에 더 관심을 가졌다. 유럽 여성이 유방의 노출을 수줍어하듯이 근세 이전의 중국 여성은 발을 남성에게 보여 주는 것을 부끄러워했는데, 남편 이외의 남성에게는 발을 감추고 살았다. 거리에서 여성의 발을 보는 행위는 부도덕하고 음란한 행위로 간주된다. 이러한 전족(foot-binding) 풍습과 관련된 중국 남부 지방 이야기는 발에 대한 물품음란증(foot fetishism)에 해당된다(181).

정신분석이론에서는 여성의 몸에 관련된 거의 모든 물품이 주술적으로 음경을 상징하며, 그러한 물건에 애착을 보이는 남성은 거세 불안에 대한 방어를 하고 있는 것이다(65). 심지어는 연인의 신체 일부분(예: 머리카락, 손톱, 발 모양) 등도 애착이나 숭배의 대상으로 선택되는데, 신체의 일부와 관계하는 물품음란증을 편애증(partialism)이라고 부른다. 그러한 물건에 집착하는 남성에게 머리카락은 사랑하는 여성의 음모 그리고 발가락은 위협을 주지 않는 음경의 상징이다. 일반적으로 그러한 남성의 집착은 개인 생활에 영향을 미칠 정도로 강박적이며, 자위행위를 통해서 얻은 쾌감이 강박행위에 대한 보상이 된다. 일반적으로 남성은 여성보다 시각 자극에 의해서 훨씬 쉽게 조건화되는 경향이 있기 때문에 물품음란증은 주로 남성에게서 나타난다. 물품음란증은 조건형성(conditioning)으로도 설명되는데, 예를 들면 여성의 나체 사진이나 유혹적인 사진(무조건자극)을 환등기 슬라이드로 만들어 제시할 때 여성의 검은 구두 사진(조건자극)도 함께 반복적으로 삽입하면 남성은 구두 슬라이드만 제시해도 어느 정도 흥분 반응을 보인다(411, 543).

2. 물품음란증의 다양성

물품음란증은 특정한 물질이나 형태에 대한 것으로 분류되지만, 두 가지 내용이 중복될 수도 있다. 이와 같은 변태성욕 증상은 주로 남성에게서 보이는 특성인데, 여성도 예외는 아니다. 특정한 목적 없이 저지르는 강박적인 도벽행위(kleptomania)나 방화행위(pyromania)도 성적 흥분과 관련될 경우 물품음란증으로 볼 수 있다. 후자의 경우 화재 장면의 목격이 성적 흥분을 일으킬 수 있는데, 섬광을 바라보면서 남성은 자위행위를 통해 오르가슴에 도달한다. 일단 오르가슴에 도달한 후 침착성을 되찾고 진화 작업에 동참하기도 한다. 화재를 일으켜 흥분을 느끼는 자들은 다른 형태의 물품음란증을 보이는 사람들보다 정서적으로 장애가 더 심하며, 일부는 정신분열증에 해당된다. 물품음란증의 원인은 분명하지 않으며, 그러한 행위는 인간에게만 한정되지도 않는다. 예를 들면, 일부 원숭이(baboon, 침팬지 등)에게서 고무장화가 발기와 사정을 유도하는 경우도 관찰되었다(74).

남성 동성애자나 양성애자 일부는 남자의 발이나 신발, 양말에서 성적 흥분을 느낀다. 발에 매력을 느낀 남성 동아리(foot fraternity: FF)도 있는데, 이는 2014년 후반 2천 명 이상의 회원을 두고 있다. FF회원 262명과의 면접 연구에 의하면, 응답자들은 모두 임상 환자가 아니었으며, 81%가 사무직 종사자, 17%는 노무직, 2%는 실업자였다. 또 응답자의 60%는 남자의 깨끗한 맨발, 52%는 부츠, 49%는 구두, 47%는 운동화, 45%는 냄새나는 양말, 또 37%는 냄새나는 맨발에서 성적 흥분을 느낀다고 했다. 발에 대한 성적 흥분이 어느 감각 형태와 관련되는지를 살펴본 결과, 1명은 발자국 소리, 2명은 혀로 맛을 보고서 흥분을 느낀다고 답했다. 그러나 대다수 응답자는 눈으로 보거나 손으로 만지거나, 냄새를 맡아보면서 흥분을 느낀다고 했다. 또 발이나 신발 등과 놀이를 하면서 시도하는 성행동으로는 자신 또는 파트너와 함께 자위행위를 하는 비율이 매우 높았고, 구강성교도 자주 나타났으나, 항문성교 비율은 그다지 높지 않았다. 물품음란증은 성적 환상이나 자위행위에 매우 중요한 역할을 하고 있는 셈이다(522).

간혹 성 관련 소리나 문자에 의해서도 성적으로 흥분하는 사람도 있는데, 이를 '청각성 물품음란증(audiofetishism)'이라고 한다. 고착행동을 보인 한 남성의 사례를 보면, 병원에서 다른 환자의 발작 소리를 들으면 곧바로 자위행위를 하고 성적 쾌감을 얻었다. 기침 소리가 크게 들릴수록 그의 흥분 정도는 더 심했는데, 이러한 연상은 폐렴을 앓던 모친에 대한 근친상간 욕망 때문이었다. 그는 어린 시절 밤마다 어머니의 기침 소리를 들었는데, 입원 중에 옆방에서 들린 기침 소리가 성적인 연모에 대한 그의 기억을 연상시키면서 고착 현상이 나타난 것이다(196). 흔하지는 않지만 후각이나 촉각 자극으로 성적 흥분을 일으키는 사람도 있다. 대부분의 사람은 침대의 천이나 고무 등과 같은 부드러운 표면을 만질 때 사람 피부에서 얻을 수 있는 감각 단서가 되기 때문에 성적 쾌락이 증진되는 느낌을 얻는다. 보통 촉각 자극에서 성적 기쁨을 얻는 이유는 부분적으로 아동기 때의 더러운 것과 성행위 그 자체와의 연관 때문이다. 그러나 더러운 옷, 땀 냄새가 나는 옷이나 양말, 향수 냄새가 나는 옷 또는 겨드랑이에서 풍기는 특유한 냄새 등과 같은 후각 자극에서 성적 흥분을 일으키는 사람들도 있다. 프로이트에 의하면 이렇게 의식적으로 더러운 냄새를 갈망하는 행위는 잃어버렸던 것(예컨대, 대변)에 대한 억압의 표현이다(446).

극단적인 경우 대소변에서 성적 흥분을 느끼는 사람도 있다. 소변에서 흥분을 느끼면 언디니즘(undinism or urolagnia: undine은 신화에서 물의 영령 의미), 또 대변에서 성적 흥분을 느끼면 코프로필리어(coprophilia: 그리스어로 kopros는 '똥'을 의미)라고 부른다. 이러한 이상 행동의 소유자는 대소변을 만지고 싶어 한다. 보통 언디니즘은 소변 행위를 보는 것에 초점을 두는데, 손님에게 소변보기를 서비스로 제공하는 성매매 여성도 있다. 증상이 심한 사람들은 상대방 소변을 마시기도 한다. 또한 속옷이 항상 소변으로 축축하게 젖은 상태로 다니길 좋아하는 사람(특히 남성)들이 있는데, 이러한 행동도 언디니즘에 속한다. 소변은 바닷물과 화학적 성분은 다르지만 따뜻한 바닷물에서의 목욕은 소변에 푹 젖는 것과 유사한데, 이러한 행위는 출생 이전 양수 속에서 자랐던 것과 연관된다.

개화기의 우리나라 기생들은 자신의 오줌으로 세수를 했다고 한다. 이는 피부를 부드럽게 하기 위한 미용 차원이 아니라 오줌을 주물처럼 여기던 오랜 습속에서 연유되었는지도 모르겠다. 오줌을 마시는 풍습 또한 우리나라 민간에 근래까지 유행했다. 사람들은 오줌이 만병에 대한 필수불가결한 영약이라고 믿었고, 춘정을 모르는 아이의 오줌일수록 효과가 더 좋다고 믿었다. 이처럼 우리나라 사람들이 오줌을 마시던 기괴한 습속은 오줌 속의 화학 성분이 병을 치료한다는 믿음이 아니라 어떤 정령의 주술에 의해 병마를 쫓아내거나 막을 수 있다는 믿음에서 비롯된 것 같다(39).

코프로필리어는 소변보다 더 지저분하고 이상하게 생각될 수 있다. 흔히 어린이들이 화장실 변기에 손을 넣고 노는 행위는 이상하지 않지만, 성인이 대변과 관련된 욕망을 가질 때 이는 정상이 아니다. 그들은 대변을 보고 흥분하고 자위행위를 하거나 성적으로 쾌감에 도달할 수도 있다. 진흙과의 접촉을 좋아하는 것 역시 이와 관련된 현상일 수 있다. 일부 남성이 즐기는 항문성교도 코프로필리어와 관계가 깊다. 그들 대부분은 항문이 여성 성기의 대용이 되기도 하지만, 상대방의 배변과 관련시켜 성욕을 표현하려는 의도를 지니고 있는 사람도 있다. 대변에서 성욕을 느끼는 극단적 형태로는 실제로 자기 대변이나 그와 관계된 물질을 맛보고 성적 흥분과 쾌감을 얻는 코프로파기아(coprophagia)가 있다.

3. 이성의 의복 착용

1) 이성의 의복착용장애의 진단 기준

고대사회부터 현재까지 남녀를 구분하는 여러 특성 중 하나는 의복이다. 의복을 통해서 상대방이 이성인지 동성인지를 쉽게 식별할 수 있는데, 어떤 사람들은 이성이 착용하는 의복을 즐겨 입는다. 이러한 행위(cross-dressing: CD)는 역사적으로 죄나 질병으로 이해되기도 했으며, 여전히 이러한 행위를 하는 사람들의 일부는 정상이 아니라고 이해되었다. 예를 들면, 약 BC 1,400년 전 유대교 법률은 이성 의복의 착용 행위를 금했으며, 중세 프랑스의 성녀 잔다르크(Joan of Arc, 1412~1431)가 이교도로 재판을 받을 때 그녀를 구속했던 주된 이유 중 하나가 바로 남성 외형(머리 모양과 의복) 때문이었다(74).

허슈펠트는 1910년 17명(남 16, 여 1)의 사례 연구 관련 저서를 발표할 때 이성의 복장 착용 현상을 트랜스베스티즘(transvestism)이라고 표현했다. 그의 사례 대상은 대부분 이성애자였으며, 이성 복장을 착용하는 현상이 아동기 초에 시작되어 사춘기에 증가했고, 그 뒤로는 거의 불변했다. 엘리스는 허슈펠트의 견해를 지지하면서 1913년의 사례 보고서에서 이를 이오니즘(eonism)으로 표현했는데(122, 123), 그 명칭은 여장으로 유명했던 이온 부몽(Chevalier d' Eon de Beaumont, 1728~1810, 루이 15세의 비밀칙사)에서 얻어 냈다. 부몽은 신체 조건이 뛰어나지는 않았지만 70세까지 영국의 펜싱 선수와 대적할 정도의 검술로 유명한 프랑스 기사였다. 그는 어릴 때 여자 옷을 입고 생활했는데, 7세까지 성모마리아회 예복을 입었다고 한다. 이성 복장을 착용하는 자들이 주로 이성애자라는 점을 주장한 프린스(Virginia Prince)가 주도해 결성된 모임은 1960년대 미국에서 시작되어 동성애에 대한 부정적 시각이 사라질 무렵인 1970년대에는 유럽, 캐나다, 호주 등까지 확산되었다. 그러한 모임들의 한 예를 들면, 이성 복장을 착용하는 자들끼리의 동아리 부몽회(the Beaumont Society)를 결성했는데, 동성애자에게는 회원 자격을 주지 않았다. 부몽회 모임은 그들을 용납하는 어느 곳에서나 이루어졌는데, 회원들은 배우자나 친구들을 동반하기도 한다(123, 196). 현재는 부몽회가 단순히 의복만이 아니라 성적 소수자 모임으로 확장되었다.

문헌에서 이온 부몽이 여성의 옷을 즐겨 입었던 자들의 대명사로 부각되었지만, 여성의 옷을 입었던 남성 중 부몽보다 시기적으로 앞섰던 인물들이 적지 않다. 프랑스의 한 수도원장(Francios-Timoleon de Choisy, 1644~1724), 루이 14세(Louis XIV, 1638~1715)의 막내 동생 필립(Philppe) 공작, 1700년대 초 뉴욕 주지사였던 콘버리(Cornbury) 등이 그 예다. 이성 복장의 착용 빈도를 측정하기는 어렵지만, 서구 남성의 약 1%가 여성의 옷을 즐겨 입는 것으로 추측된다(181, 196). 스웨덴의 연구에 의하면, 적어도 한 차례라도 이성의 복장을 착용해서 성적 흥분을 얻은 경험이 있는 비율은 남성의 경우 2.8%, 여성의 경우 0.4%였다. 이 같은 행위는 포르노 이용 빈도, 자위행위 빈도, 동성 간의 성행위 경험 등과 관련성이 매우 높았다(312).

그러나 이성 복장 착용에 대한 정상 여부 논란은 별로 없었다. 1960년대 미국정신의학회에서 발간한 DSM-II에는 '트랜스베스티즘' 목록만 수록되었을 뿐 그 논의는 없었다. DSM-III에는 이성 복장을 착용하며 성적 흥분을 느끼는 경우에 대한 진단 기준이 구체적으로 명시되어 있는데, 그 기준들은 다음과 같다. 첫째, 이성애자인 남성이 반복적으로, 또 지속적으로 이성 복장을 착용하는 행위, 둘째, 최소한 장애로 발달하는 최초의 과정에서 성적 흥분을 목적으로 이성 복장을 착용하는 행위, 셋째, 이성 복장을 착용하지 못하면 욕구 좌절을 심하게 느끼는 것, 넷째, 성전환 기준에 해당되지 않는 것 등이다. 반면 DSM-IV에는 진단 용어가 'transvestic fetishism' 그리고 DSM-5에서는 'transvestic disorder'로 바뀌었다. 그 기준들은 우선 최소 6개월 이상 이성의 의복을 착용하는 행위나 이와 관련된 성적 충동, 환상에서 강한 성적 흥분을 반복적으로 경험하는 것, 또 그 환상이나 성적 충동, 행동 등이 직장이나 사회생활에서 임상적으로 심각한 장애를 일으키게 되는 것이다(76, 77, 78).

2) 이성의 의복 착용 동기

왜 어떤 사람들은 이성의 의상을 즐겨 입는가? 아직 이를 완벽하게 설명할 수 있는 이론은 없다. 일반적으로 이성 복장을 착용하면서 성적 흥분을 얻는 자들은 성전환을 원하는 자들과 달리 자신의 생물학적 성별에 의혹을 제기하지 않는다. 한동안 성호르몬 결핍 때문이라는 가설이 등장하면서 여자 옷을 즐겨 입는 남성의 혈장 내 테스토스테론 수준을 측정하려는 시도가 있었다. 또한 이들이 뇌파 검사(EEG) 결과가 비정상이라는 제안도 있었지만 생물학적 원인을 검증하는 과정에서 일반인과의 차이가 전혀 발견되지 않았다.

성적 흥분이나 정서적 안정을 위해 이성의 복장을 착용하는 행위는 남녀 모두에게 나타날 수 있는 현상이다. 이러한 현상은 이성의 옷으로 바꾸어 입는 행위라고 정의되지만, 그 진단이 시대에 따라 달라질 수 있기 때문에 그렇게 단순하게 해석될 수 없다. 만약 현대 남성이 여성의 복장을 착용한다면 이 증상에 속한다고 하겠으나, 현대 여성이 남성처럼 바지를 입고 다닌다고 해도 이 증상에 해당된다고 하지 않는다. 그렇지만 분명히 반세기 전의 여성이 바지를 입었던 동기는 오늘날의 여성이 바지를 입고 다니는 동기와 다르다. 20세기 이전의 여성이 남자 옷을 착용한 동기는 성적 충동이 아니라 자유를 위한 갈망이나 경제적 이유로 알려졌다. 여성권익운동의 일환으로 남성과 동등한 가치를 추구하려는 욕구에서 여성이 남자 옷을 입는 행위를 소위 '정치적 이성 복장 착용(political transvestism)'이라고 부른다. 이러한 흔적은 승마 선수처럼 운동선수들의 제복에도 나타난다.

현대사회에서 이성의 옷을 착용하고 다니면서 비정상으로 판정된 사람들은 거의 대부분 남성이다. 여성이 무슨 옷을 입든지 별다른 제약이 없는 반면에 남성이 여장을 하는 것을 제한하기 때문이다. 예를 들면, 아내가 한밤중에 남편 잠옷을 입고 먹을 것을 찾으려 부엌으로 나가도 그다지 이상하게 생각하지 않고 오히려 귀엽게 보일 수 있는 반면, 남편이 아내 잠옷을 입고 냉장고 근처에 나타났다면 웃음거리가 된다. 다시 말하면, 현대사회는 여성의 남장 행위보다 남성의 여장 행위를 규준에서 더 벗어난 것으로 여긴다. 이성의 복장에서 홍분을 얻는 남성은 남녀 구별이 모호한 옷을 입는 것으로는 충족되지 않는다. 그들은 오직 여성만 착용하는 브래지어, 거들, 기타 속옷 등을 입고 싶어 한다. 그들은 역시 성 역할 규준이 제한된 경우보다 느슨한 문화권에서 더 많이 나타난다(74).

　정신분석학에서는 이성의 복장 착용에서 성적 홍분을 얻는 경우를 단순한 성적 장애가 아니라 격리불안이 심했던 아동기 상처로 인한 자아정체성 형성 장애로 해석한다(386). 흔히 이성의 복장을 착용하면서 성적으로 홍분을 얻는 경우는 거의 모두 남성에게서만 나타난다. 그러한 행동은 사춘기부터 시작되나, 사춘기 이전이나 30~40대에 시작된 경우도 있다. 그 원인이 되는 요인들은 분명하지 않지만 가족의 내력에 의하면 18개월 정도부터 시작된다. 처음에 가족의 일원(특히 여성)은 남자 아동에게 여자 옷을 입혀 본다. 그러나 아동은 당시 전혀 성적 홍분을 느끼지 않더라도 그 옷을 입으면서 여성과의 동일시 감정을 얻는다. 이 시기에 이성의 의복뿐만 아니라 어머니의 높은 구두를 신고 아장아장 걷는 것이나 수건을 옷처럼 동여매는 것, 가발을 쓰는 것, 화장하는 것, 장신구를 착용하는 것 등도 같은 영향을 준다. 사실상 이와 같은 과정은 그 아동에게 창피를 주기 위해 시작되었다. 즉, 가족 중 어떤 여성이 아동의 남성 정체성 본질을 공격했던 것으로 해석된다. 그러나 해가 갈수록 그 아동은 여자 옷을 입어 보고 스스로 자기도취에 사로잡힌다. 또한 그들은 이성의 의복 착용을 아무도 의심하지 않을 때에는 가끔 옷을 바꿔 입어 보면서 그런 유형으로 발달한다(196). 이성 복장을 착용했을 때에는 화장을 해서 완전히 이성처럼 보이기도 하는데, 몸가짐이나 목소리까지도 구별하기 힘들 정도로 변장한다. 그러나 이성 복장을 착용하지 않았을 때에는 외모나 직업에서 매우 과격한 남성적인 면을 보인다. 결혼한 남성은 부인과 가족에게 자신의 여장 행위를 감쪽같이 숨기는 기술도 있다.

　이성 복장을 착용하는 목적은 이성의 구성원으로 살고 싶은 것이 아니다. 남성의 여장 행위는 여성과의 동일시 이외에도 여성에 대한 적개심을 표현하는 승리 기능도 지닌다. 여성과의 동일시 기능은 어머니와 상징적으로 합해져 격리불안을 해소하려는 역할을 한다. 반면에 그러한 동일시와 합병에 대한 욕망은 거세불안을 강화시킨다. 또 거세불안은 그에게 자신의 남근이 항상 존재한다는 사실을 증명하도록 만든다. 이를 증명하기 위해 여자 옷을 입을 때마다 자위행위를 실시한다. 그리고 자위행위로부터 쾌감을 얻으면서 여성과의 동일시에 대한 승리를 맛본다. 한편 여아의 일부도 어렸을 때에 여자 옷을 입지 않으려는 현상이 나타난다. 그 여성이 자라면서 나타난 남성 의복 착용은 남근의 결여를 부정하려는 소망 때문이다. 여장을 하는 남성은 두 집단으로 분류된다. 하나는 착용하는 물건 한 가지만을 선택하여 일생 동안 즐겨 이용하는 집단이고, 다른 하나는 처음에는 한 가지 물건에서 시작하지만 결국 완전히 여성처럼 치장하는 사람들이다. 두 번째 집단에 속하는 사람은 자신이 여성의 복장 안에 음경과 고환을 숨기고 있다는 은밀한 사실에서 스스로 쾌락이나 만족을 얻는다. 그래서 이성 복장을 하는 것을 간섭받으면 욕구 불만이 생긴다.

  이성 복장 착용자가 공공질서나 안전을 위반했다고 판정될 경우 경범죄의 처벌 대상이 된다. 그러나 원인에 대한 설명이 불충분해서 치료법을 강구하기가 쉽지 않다. 아직까지 처벌받은 경험이 없었더라도 여성으로서 공공장소에 나서고 싶은 충동이 클수록 치료 후에도 재발 위험성이 낮지 않다. 이성 복장을 착용하는 남성을 연구한 바에 의하면, 7세 이전에 여성 옷을 입었던 경험의 비율이 전체의 50%, 또 13세 이전의 경험 비율은 97%였다. 22%는 그 시절 어머니나 누이가 여자 옷을 입혀 주면서 긍정적 평가를 했다고 한다. 아동기 당시의 행위에 대해 기쁨과 만족 등 긍정적 평가를 하는 비율은 전체의 55%였으며, 14%는 죄의식이나 수치심 등을 느꼈고, 19%는 양가감정, 12%는 특정한 느낌이 없었다고 답했다. 그들은 아동기 때 아버지보다 어머니와 정서적으로 더 가까웠으며, 어머니와의 관계의 질이 여자 옷을 입는 행위 및 성적 정체성의 형성에 영향을 미쳤다. 아버지는 아들과 정이 없거나 자신의 일에만 몰두하고 학대하는 등 아들과 소원한 관계를 유지했다(447).

  이성 복장 착용자에 대한 연구는 많지만, 그들의 파트너에 대한 연구는 매우 드물다. 임상 환자이면서 여자 옷을 즐겨 입는 남성의 부인들은 보통 자존심 저하나 도덕적으로 학대받는 느낌을 받는다. 그렇지만 여자 옷을 즐겨 입더라도 임상 환자가 아닌 남성의 아내나 애인 106명을 조사한 연구에서는 약간 다른 결과가 나타났다. 그들의 40%는 그 남성을 사귀기 전부터 남성의 습관을 이미 알고 있었다고 했으며, 94%는 자신의 앞에서도 여자 옷을 자주 입는다고 했다. 또 남자가 성행위 바로 직전에 꼭 여자 옷을 입는다고 답한 여성은 48%이며, 남자가 여자 옷을 입는 과정에서 거울 앞에서 상당한 시간을 보내고 있다고 답한 여성은 45%였다. 반면 여성의 32%가 남성의 습관 때문에 이혼이나 이별을 심각하게 고려한 적이 있다고 답했다. 남성의 그러한 습관을 가까운 사이가 된 이후에 발견한 여성은 그 습관에 대하여 긍정적인 반응을 보이는 대신에 용납하고 싶지 않다고 답했다. 남성의 습관을 처음 알아차릴 당시에는 치료 방법이 있고, 치료가 될 것이라고 믿었으나 조사 당시까지 그러한 관심을 보이는 여성은 2%에 불과했다. 응답자들은 자신이 남성의 행위를 용납하고 살아가고 있는 것을 의아하게 생각하고 있었다. 그들의 22%는 남성이 성전환 수술을 받거나 호르몬 치료를 받아서 아예 여자가 되는 것을 지지한다고 답했다(116).

3) 동성애나 성전환과의 관계

이성의 옷을 입는 행위나 이성의 옷을 입고자 하는 심리 상태는 당사자가 성적 흥분과 오르가슴을 얻거나 관심을 받는 결과와 관계된다. 이러한 현상이 나타나더라도 성전환 수술로 이어지는 경우는 흔하지 않으며, 동성애와의 관련성도 높지 않다. 여성의 복장을 하고서 흥분을 느끼는 남성도 남성적인 면을 나타내는 생활을 해 왔기 때문에 결혼도 하고, 아버지 역할도 하면서 남성의 관심사나 남성적 업무를 요구하는 직장을 가진다. 그들의 일부는 여성이 되고 싶어서 성전환에 대한 욕망을 지니고 있더라도 실제로 성전환으로 이어지는 경우가 많지 않고, 대부분은 여성이 되기를 원하지 않는다.

이성의 의복을 착용하는 사람들도 단순히 옷만 입는 경우부터 의복은 물론 화장술 등으로 외모를 이성처럼 꾸미고 다니는 경우까지 다양하다. 후자처럼 의복이나 화장 등으로 항상 여자로 위장하고 다니는 남성을 드래그 퀸(drag queen)이라고 하는데, 그들 상당수는 동성애자로 적절한 일거리를 찾기 어려워 신분을 위장하고 성매매를 하는 자들이다(107). 또 여성으로 분장하여 관객을 즐겁게 하는 예능인들은 동성애자일 수도 있고 그렇지 않을 수도 있다. 그렇기 때문에 엄밀하게 그러한 연예인, 드래그 퀸, 이성의 복장을 착용하여 성적 흥분을 느끼는 자들은 서로 구별되고 있다(165).

과거 20세기 이전 미국 군대에서는 신체검사를 하지 않아서 남성으로 위장해 군에 복무한 여성도 꽤 있었다. 그들을 근래 드래그 킹(drag king)이라 부르는데, 전쟁에 나가서 부상당하거나 사망할 경우에야 여성으로 판명되기도 했다. 남자 옷을 즐겨 입는 여성은 대부분 남성적 역할 수행에 대한 관심이 더 크다. 일부는 동성애를 억압하는 사회에서 자신의 레즈비언 정체성을 감추기 위한 수단으로 남성처럼 위장하고 살아가는 자들이다(122). 즉, 남자 역할을 하는 일부 여성 동성애자들은 남성적인 면을 부각시키기 위하여 남성의 복장을 한다. 그러나 다른 사람들이 남자라고 여길 정도까지는 아니다(229).

문화권이나 연구자에 따라 이성의 복장을 하는 자들 중 동성애자의 비율이 다르다. 예를 들면, 여자 옷을 착용하는 남성 372명을 조사한 바에 따르면 조사에서 동성애자나 양성애자의 비율은 13%에 불과했지만(123), 동성애자 비율이 4%, 양성애자의 비율이 32%라고 밝힌 조사도 있다(447). 프린스(Virginia Prince)는 1972년 이성애자이면서 이성의 옷을 즐겨 입는 사람들을 위한 잡지(「Transvestia」)를 만들어 편집을 맡았다. 그녀는 1972년 당시 잡지 구독자들을 대상으로 조사한 내용과 1992년도에 조사한 내용을 비교하였다. 여자 옷을 입는 남성이지만, 화장술 등으로 여성처럼 변신하는 드래그 퀸들은 조사 대상에서 제외했다(166). 비교 결과는 〈표 33-1〉과 같다. 최근 스웨덴에서 조사한 바에 의하면, 이성 복장을 착용하는 남성 중 이성애자의 비율은 85.7%로 프린스의 1970년대와 1990년대 자료와 비슷한 수준이었다(312).

표 33-1 이성 복장 착용자의 특성

	1972년(504명)	1992년(1032명)	변화
이성애자의 비율	89%	87%	
동성과의 성교 비율	28%	29%	
아내가 결혼 전 CD를 알았다.	80%	83%	
스스로를 여성으로 느낀다.	2%	17%	증가
상담전문가를 찾아간다.	24%	45%	증가
상담을 원한다.	47%	67%	증가
공공연한 CD행위의 비율 변화			
자주 공개적으로 한다.	8%	14%	
가끔 공개적으로 한다.	23%	48%	
거의 하지 않는다.	69%	38%	
남성이기를 바란다.	29%	11%	감소
여성이기를 바란다.	56%	28%	감소
남녀 반반이기를 바란다.	12%	60%	증가

CD: cross-dressing

34
공격성 변태성욕

1. 가학성 변태성욕

가학성 변태성욕(sadism, 사디즘)은 성적 흥분이나 오르가슴을 얻기 위해 파트너에게 고통, 처벌, 고문, 압박, 굴욕 등을 가하는 심리적 의존성을 말한다. 이는 상대방의 동의 여부에 상관없이 성적 만족을 위해 신체적 또는 심리적 고통이나 상처를 가하는 경우인데, 상대방이 동의하지 않거나 가학의 정도가 심해 상대방이 목숨을 잃는다면 범죄에 해당된다. 남성이 성교 도중 여자의 목을 졸라 가사 상태에 이를 때 질 근육이 수축되므로 질 속의 음경은 자극을 강하게 받는데, 이러한 압박에서 성적 쾌감이 증진되므로 이러한 행동을 병적으로 시도하는 남성이 있다. 이와 반대로 성교 도중 남성의 목을 조르면 음경의 혈관이 더 팽창해져 성적 쾌감이 극도에 이를 수 있는데, 제2차 세계대전 당시 독일 여군들은 유대인 남성을 죽이기 직전 그러한 방법으로 성적 쾌감을 얻었다고 전해진다. 또한 성적 흥분을 높이기 위해 혼자 스스로 목을 조이는 행위(autoerotic asphyxia)를 시도하다 실제로 목숨을 잃은 청소년기 남성 사례도 가끔 보고되고 있다(172). 정신분석학에서는 배변 훈련을 받던 항문기에 경험한 처벌로 인해 나타난 사디즘을 항문기 사디즘(anal sadism), 또 남성이 자신의 성기를

Box 34-1 사드와 사디즘

사디즘(Sadism)이란 프랑스 작가이자 철학자 사드(Louis D. de Sade, 1740~1814)에서 유래한다. 그는 젊은 시절 파리에서 공작 신분이었을 때 악명이 높았다. 집안일을 시켜 준다면서 거리에서 데려온 거지(Rose Keller)를 여름 별장으로 데려가 옷을 벗기고, 두 손을 뒤로 묶어 피가 흐를 때까지 매질하고, 피가 나면 상처에 연고를 발라 주었다. 다음날 그녀를 칼로 위협하면서 그녀가 두려움에 떠는 모습을 보기 위해 아물기 시작하는 상처를 다시 건드렸다. 그곳에서 도망친 그녀가 사드를 고발했으며, 그는 짧은 기간이나마 구속되었다. 그가 마르세이유 사창가를 방문한 후 악명은 더욱 널리 퍼졌는데, 최음제(Spanish fly)가 섞인 술을 성매매 여성에게 마시도록 했다. 그 최음제는 인체 내에서 점막을 자극하는 해로운 물질인데, 그는 이를 복용한 여성이 괴로워하는 모습을 보고 싶었다. 그 술을 마신 여성 중 한 명은 고통을 이기지 못해 비명을 지르면서 창문으로 뛰어내려 중상을 입었고, 다른 두 명은 출혈로 숨졌다. 그는 이 사고로 사형선고를 받았으나, 힘 있는 친구들 덕분으로 사형 선고가 기각되었다. 그는 과도한 방탕 생활로 벌금형을 받거나 단기간의 투옥 생활을 수차례 경험했는데, 30여 년 동안 교도소를 드나들면서 투옥되었던 기간이 17년이나 되었다.

그는 투옥 기간 동안 쓴 소설로 다시 유명해졌다. 첫 번째 소설은 아버지가 죽자 두 딸(Juliette, Justine)이 스스로 생활을 꾸려나간다는 내용의, 1791년 발표한 『쥐스틴(Justine)』이다. 언니 쥘리에트는 사창가에 들어가 일하면서 한 고객과 결혼하고 나서 자신에게 유산을 물려달라고 설득한 후 남편을 독살하고, 프랑스 고위 관리의 애인이 된다. 대조적으로 순진한 동생 쥐스틴은 강간을 당하기도 하며, 또 부당하게 구속되어 수감 생활을 하다가 탈주하고, 갖은 고통을 경험하다가 다른 죄목으로 사형 선고를 받고 생을 마감한다. 사드는 자신의 소설에서 여성을 남성보다 더 열등한 존재, 남성과 동물의 중간 형태에 해당된다고 표현했는데, 남녀의 차이를 인간과 원숭이의 차이 만큼이라고 말했다. 1797년 발표된 두 번째 소설 『쥘리에트(Juliette)』에서는 앞에 언급한 언니의 가학성 변태성욕을 나열했으며, 세 번째 작품은 나폴레옹 황제의 부인 조세핀을 모델로 그려 1801년 다시 체포되었다. 그밖에도 『소돔의 120일(120 Days of Sodom)』이라는 소설도 유명하며, 소설마다 온갖 형태의 성적 묘사가 들어 있다. 그는 고통이 기쁨보다 신경을 더 흥분시키며, 여성이 남성보다 성 기관의 민감도가 뛰어나므로 성적 고통을 잔인하게 즐긴다고 믿고 그 믿음을 소설로 표현했다. 사드는 여러 감옥을 전전하다 결국 정신병 수용소에 들어가 1814년 사망했다. 크라프트에빙은 사드의 심리나 행동 및 그의 작품 속 주인공들의 특성을 근거로 '사디즘'이라는 용어를 고안해 1895년 『Psychophathia Sexualis』라는 저서에 소개했다(74, 122, 506).

공격과 우월성의 무기로 여기면서, 성교를 폭력행위로 여기면서 환상을 즐기는 행위를 남근기 사디즘(phallic sadism)이라고 부른다. 후자와 같은 가학성 변태성욕은 거세불안 때문에 상대방에게 고통을 가하면서 자신의 우월감을 과시하는 것으로 해석한다.

2. 피학성 변태성욕

피학성 변태성욕(masochism, 마조히즘)이란 사디즘과 반대로 성적 흥분이나 오르가슴을 얻으려고 신체적 또는 정신적으로 굴욕이나 고통, 경멸, 상처, 학대를 받고자 하는 심리 상태를 말한다. 그런 성향을 가진 자들은 고의로 상대방에게 채찍으로 자신을 두들겨 패도록 요구하면서 고통 등을 인내한다. 이러한 고통을 즐기는 사람은 많지 않지만, 의외로 고통을 당하는 환상을 즐기는 사람은 많다. 물리적 고통이 아니라 정신적이고 정서적 처벌만 원하는 경우를 정신적 마조히즘(mental masochism)이라고 한다. 프로이트는 여성이 아버지처럼 권위 있는 자로부터 처벌받고 싶어 하는 무의식적 욕구를 지닌다면서 이를 도덕적 마조히즘(moral masochism)이라고 했는데, 이는 아버지와 수동적인 성교를 원하는 욕구에서 비롯되었다고 주장했다. 또 그는 남성이 아이를 낳는 고통이나 몸을 파는 일을 상상하면서 성욕을 충족시키는 경우가 있는데, 이를 여성화 마조히즘(feminine masochism)이라고 불렀다. 또 한 개인이 성적 자극이나 오르가슴을 경험하기 위해 동의하지 않는 낯선 사람으로부터 거센 저항을 얻고자 하는 심리적 상태를 강간증(rapism, raptophilia)이라고 한다.

Box 34-2　　**매소크와 마조히즘**

마조히즘(Masochism)이란 사드보다 약 100년 후에 태어난 오스트리아 역사가, 변호사, 소설가 자허마조흐(Leopold von Sacher-Masoch, 1836~1895)의 이름에서 유래했다. 성적 쾌락을 위해 고통과 굴욕에 대한 욕구가 매우 강했던 매소크는 수동적인 남성의 경험을 토대로 『Venus in Furs』라는 소설을 썼다. 작가의 실제 생활이 소설 내용으로 묘사되었는데, 그의 고통이나 굴욕, 또 모피(fur)에 대한 갈망은 그가 어렸을 때 고모가 애인과 함께 모피로 가득 찬 헛간에서 묶어 놓고 채찍질하면서 사랑을 나누는 장면을 목격한 경험에서 비롯되었다. 그는 정신병동에 수감된 후 곧 사망했다. 크라프트에빙은 1895년 『Psychopathia Sexualis』에서 자허마조흐의 소설 주인공의 특성을 토대로 마조히즘이라는 단어를 고안해 소개했다(122).

마조히즘에 접근하는 방식에는 성차를 보인다. 남성에게 마조히즘은 전통적 남성 역할로 부터의 도피 전략으로 보인다. 굴욕을 당하고 자신의 성적 쾌락을 희생하는 것은 남성적 모습과 모순이며, 이러한 자아로부터의 도피행위는 남성에게 자아감을 감소시킨다. 반면 여성에게 마조히즘은 여성의 고정관념을 과장하면서 자신의 일상적인 자아로부터 도피하는 행위로, 자기 파트너의 쾌락에 헌신적인 것이다(92). 이러한 차이점은 원래 여성이 피학성을 지니고 있다고 주장한 프로이트의 견해에서 비롯되었다. 그는 난자가 정자세포에 의해 파열되는 상처의 경험으로 인해 여성이 기본적으로 피학성을 지닌다고 주장했다.

이미 보편화되어 있는 귀고리 이외에 신체 일부에 고리를 달고 다니는 자들이 있다. 신체 일부를 관통시켜 만족이나 쾌락을 얻는 피어싱(piercing) 행위는 마조히즘과 관련된다. 실제로 그러한 사람들이 늘어나면서 그들을 위한 모임이나 잡지도 생겨났다. 그들을 위한 한 잡지 (『Piercing Fans International Quarterly』) 구독자를 비롯하여 여러 단체에 속해 있는 자들 중 젖꼭지를 뚫고 다니는 24~76세의 남성 292명과 22~60세의 여성 70명을 상대로 그들의 동기를 조사하였다(370). 조사 대상자들은 킨제이 이성애~동성애 척도로 평가할 때 완전한 이성애자보다 완전한 동성애자가 훨씬 더 많았다. 신체 부위 중 젖꼭지 이외의 부위를 뚫어 고리를 착용하는 비율을 보면, 여성은 귀 81%, 코 19%, 복부 9%, 음순 50%, 음핵 20%이었으며, 남성은 귀

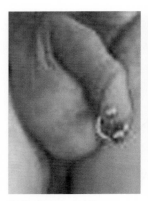 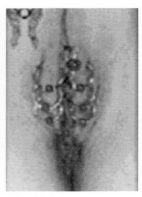

남성 성기의 피어싱　　　여성 성기의 피어싱

36%, 코 17%, 복부 16%, 고환 29%, 음경 57%, 음경 주변 20% 등이었다. 그들이 그러한 행위를 하는 동기로는 매력적이라고 생각해서, 젖꼭지를 더 민감하게 하기 위해, 타인을 흥분시키므로, 성적으로 흥분시키므로 등이었다. 그들은 그러한 시술을 받는 과정에서 병원 관계자들이 별로 적대적인 태도를 보이지 않았고, 오히려 신기하게 생각했다고 답했다. 또 이러한 현상은 교육 수준이 높은 사람들에게서도 나타났으며, 그들의 대부분은 그러한 행위를 다시 해 보고 싶다는 등 자신의 피어싱 선택 행위를 긍정적으로 평가하고 있었다(370).

또 다른 마조히즘의 일종으로 질식된 상태에서 자위행위를 즐기는 행위(asphyxiophilia, autoerotic asphyxia)가 있다. 남성이 자위행위를 하면서 성적 흥분과 오르가슴 수준을 높이려는 목적으로 뇌로 전달되는 산소 공급을 중단하는데, 이러한 행위를 혼자서 또는 다른 파

트너와 함께 시도한다. 이러한 행위 도중 사고로 사망할 수 있는데, 미국에서만 근래에도 매년 사망자가 수백 명에 이른다고 한다. 자위행위 자체가 사적으로 발생하기 때문에 이러한 행위를 시도하는 사람들이 어느 정도인지를 알 수 없지만, 사고로 사망한 사람 대다수는 청소년이나 10~30대 이성애자 남성이다. 뇌로 전달되는 산소 공급이 중단되어 사망에 이르는 방법은 다양한데, 나중에 흔적이 나타나지 않게 하기 위하여 목에 패드 등을 감고서 줄이나 끈, 사슬 등으로 조이거나, 담요나 베개 등으로 머리를 덮거나, 질식가스(aerosol sprays 또는 질산 아밀)를 흡입하거나, 흉통 치료제를 복용하는 것 등이다. 뇌에 산소가 부족할 경우 현기증, 몽롱함, 들뜬 기분 등을 경험하면서 자위행위로부터 얻은 감각이 더욱 고조되기 때문에 그런 행위를 시도하는데, 이는 매우 위험하다(275, 485).

3. 가학-피학성 변태성욕

고대 로마제국에는 신을 위한 여러 축제가 있었다. 그중에는 매년 2월 15일 열리는 루페르칼리아(Lupercalia) 축제가 있었는데, 이 축제에서는 알몸으로 젊은 귀족이나 고급 관리들이 집단으로 채찍을 들고 시내를 돌아다니며 부녀자들에게 채찍질을 해 댔다. 당시 이 채찍을 맞으면 난임 여성이 아이를 임신하게 되며, 임신한 여성이 순산한다고 믿어 서로 채찍을 맞으려 했다고 전해진다(20). 당시 남성은 때리면서 그리고 여성은 맞으면서 만족스러워 했다.

대다수 사람은 폭력이 수반된 성관계를 원하지 않지만, 일부 사람은 서로 상처를 주고받으면서 성적 기쁨을 얻는데, 서로 신체 일부를 밧줄로 묶거나, 입에 재갈을 물리거나, 채찍으로 때리고 맞으며, 또는 언어적 학대를 가하고 당한다. 성적 상호작용에서 사디즘과 마조히즘 경향이 결합된 경우를 가학-피학성 변태성욕(sadomasochism: SM)이라고 부른다. SM을 간단히 정의하면, 심리적·정서적 또는 물리적 고통을 주고받으면서 상호 보완적으로 성적 만족을 얻는 행위다. 간혹 파트너가 사망할 정도로 심한 고통을 가하며 오르가슴을 얻는 경우(erotophonophilia, lust murder)도 있으며, 죽음에 이르는 고통을 받으면서 오르가슴을 느끼는 경우(autoassasinatophilia)도 있다. 오르가슴이나 성적 흥분을 위하여 실제의 고통이나 살인이 등장하는 포르노 영화를 스너프(snuff) 포르노라고 부른다(122).

그러나 살인이나 몸을 불구로 만들 정도의 SM은 실제가 아니라 환상에 의존하는 경우가 흔하다. SM과 유사한 표현 형태는 문화권에 따라 다양한데, 이를테면 일본 북해도 아이누

족은 성행위 도중 손가락, 팔, 어깨, 목, 뺨 등을 서로 물어뜯는 것을 즐긴다(373). 인도의 성전 카마수트라에는 연인들이 성행위 중 상대방을 때리거나 맞으면서 얻는 고통과 기쁨, 만족과 해방감 등의 언어적 표현을 열정이라고 기록하고 있다(122). 서구 사회의 도시 지역에도 SM을 즐기는 단체나 클럽도 있는데, 그들의 실행은 매질(beating), 굴욕(humiliation) 그리고 속박(bondage)의 세 형태가 주를 이룬다(335).

매질은 채찍이나 매 등이 이용되며, 굴욕의 예는 신발을 핥도록 하거나 기어 다니게 하는 것이다. SM을 즐기는 남녀의 2/3 이상이 굴욕을 당할 때 성적 흥분을 느낀다고 보고한다(335). 속박은 상호 만족을 위해 미리 계획된 상태로 수갑, 줄, 가죽, 재갈, 눈가리개, 두건 등을 이용하여 고통을 주고 받는 것인데, 이 경우도 명령과 복종(dominance or submission: DS) 및 구금과 징벌(bondage or discipline: BD)의 두 가지로 분류할 수 있다. DS는 파트너에게 영향력을 행사하기로 동의한 상태에서 실시되는 다양한 형태의 오락적 성행동이다. 파트너들은 선생과 제자, 교도관과 죄수, 주인과 종 등의 역할이나 지위를 부여하는데, 그중 명령하는 역할의 파트너는 언어적이거나 물리적인 자극을 가하는 반면, 복종하는 역할의 파트너는 신체적으로 묶이거나 속박당하거나 성적으로 농락당한다. 그들의 목표는 오르가슴이지만, DS행위는 오르가슴에 이르지 않고도 성적으로 만족될 수 있다. 특히 사회경제적 신분이 높은 사람들이 성적으로 명령을 하는 역할을 더 맡고 싶어 한다(184).

물리적 기구를 이용한 속박이나 명령 등의 BD는 기본 목표가 신체에 고통을 가하는 것이 아니므로 순수한 사디즘과 구별된다. 성적 만족을 위해 구금과 징벌을 이용하는데, 징벌이란 심리적 속박으로 통제, 훈련 등 비물리적인 방법에 의한 처벌을 뜻한다. 성적인 BD에서는 환상이 매우 결정적인 역할을 하는데, 파트너들끼리 미리 환상의 주제 등에 관하여 동의한 상태에서 실시한다. 이러한 성적 BD의 내용은 중국이나 일본의 전통 춘화에서도 찾아볼 수 있다. 또 1970년대 중반 『플레이보이(Playboy)』에서 대학생을 대상으로 조사하였을 때 3% 정도가 성적인 BD를 즐기고 있었다(184).

크라프트에빙은 사디즘이 잔인성을 근거로 오르가슴에 이르는 행위로 남성의 정상적 심리가 병리적으로 과장된 상태라고 했으며, 마조히즘을 여성의 정상적 성적 경향이 왜곡된 상태라고 했다. 반면 엘리스는 사디즘이 잔인성에 기인한다는 생각을 거부하고 이러한 행위는 실제로 사랑에 의해 동기화되었다고 설명했다. 그리고 프로이트는 사디즘이나 마조히즘 모두 동일한 실체의 두 가지 형태로 한 사람이 두 가지 특성 모두 가질 수 있다고 설명했다. 그렇다면 가학성과 피학성을 남녀의 특징으로 국한시킬 수 있는 것이 아니라 사디즘 행위는 남성에게, 마조히즘 행위는 여성에게 더 흔하다고 할 수 있다.

일부 정신분석학자들도 SM의 성차를 강조했다. 예를 들면, 도이치(Helene Deutsch)는 종의 생존이 다소 고통과 관련된 암컷에 달려 있다고 믿으면서 여성의 피학성 가능성을 지적했다(92). 킨제이 보고서에서도 사디즘 관련 성적 흥분 비율이 남성 22%와 여성 12%로 차이가 있다고 보고했으며, 근래의 연구에서도 남성이 성행동에서 고통을 가하는 경향이 다소 높았다. 일부 응답자들 역시 때리고, 물어뜯고, 할퀴고, 꼬집는 등 고통을 가하는 행위를 보고했지만, 미혼의 자원자들 중 여성 10%와 남성 6%가 고통을 참으면서 성적 쾌락을 얻는다고 보고했다(273). 그러나 이 정도의 차이로 SM의 성차를 강조하기는 어렵다.

성 연구가들은 SM행위로부터 실제 쾌락을 얻는 여성이 드물 것이라고 생각해 대부분 남성을 상대로 연구했으며, 여성의 연구도 거의 성매매 여성을 위주로 했다. 그러나 일반 여성을 상대로 한 SM 연구에 의하면, 이를 즐기는 여성은 그렇지 않은 여성보다 교육 수준이 더 높았고, 남편이 없는 비율도 더 높았다. 그들 대다수는 이성애자였으나, 일부는 양성애자였다. 그들은 대부분 성인기에 와서 자신의 SM 정체성을 인식하기 시작했다고 한다.

SM 역할에는 지배, 종속 및 지배와 종속의 교대 등 세 가지 유형이 있다. 그중 일부만이 지배 유형인 반면 대다수가 종속이나 교대 유형이었다. 그들이 행하는 가장 빈번한 행위는 구강성교, 속박, 뺨 때리기, 주인과 노예 놀이, 자위행위, 항문성교 등이었고, 85%가 자신의 SM 정체성에 만족하고 있었다. SM행위를 즐기는 자들 중에서도 성별이나 성정체성에 따라서 약간 다른 양상을 보였다. 여성은 남성보다 굴욕을 당하는 비율이 더 높은 반면, 남성은 여성보다 상대방에게 굴욕이나 고통을 가하는 비율이 더 높았다. 또 남성의 경우 이성애자가 굴욕을 당하는 비율 그리고 동성애자가 고통을 가하는 비율이 더 높았다(75).

4. 소아기호증

아동을 성적 흥분의 기본 대상으로 여기는 기아증(pedophilia, 소아애증이나 소아기호증 등으로도 번역되며, 치료감호법에서는 소아성기호증이라고 칭함)은 대다수 문화권에서 아동학대 범죄행위에 해당된다. 또 그런 범죄를 저지르는 자를 기아광(pedophile)이라고 한다. 일반적으로 기아광은 낯선 사람, 친지, 가족, 동성애자, 이성애자, 여성 등이지만, 그들의 대다수는 이성애자 성인 남성이다. 피해자는 대부분 여아이지만, 남아도 있다. 후자의 경우를 그리스어로 소년과 연인을 의미하는 'paidos'와 'erastes'를 합성해 피테라스티(peterasty)라고 한다.

일부 기아광들은 아동에게 성적 매력을 느끼지만, 일부 기아광들은 성인과의 성행위에서 긴장이나 공포를 느끼기 때문에 아동을 대상으로 삼는다. 그들은 보통 폭력이나 무력을 사용하지 않더라도 상대가 아동이기 때문에 이는 사회 문제가 된다. 기아광들은 전형적으로 아동의 머리를 쓰다듬으면서도 만족하지만, 시간이 지나면 아동의 성기도 만지며, 아동에게 자신의 성기도 만지게 한다. 기아광은 간혹 유혹의 전략을 사용한다. 예를 들면, 아동과 게임을 하면서 아동이 자연스럽게 성기를 노출시키는 상황으로 유도한다. 그들은 그러한 게임을 아동이 주저하지 않고 참여할 수 있도록 의도적으로 재미있게 꾸민다. 또한 아동의 환심을 사기 위해 아동이 좋아하는 물건을 사 주면서 성적 접촉을 시도한다.

기아광들은 이런 상황에서 승리와 성취의 기쁨이나 흥분을 느끼지만, 아동은 자신에게 무슨 일이 발생하고 있는지 등 그 성적 본질을 알아차리지 못한다. 대부분의 아동은 성인처럼 성적인 느낌이나 반응을 보일 수 있지만, 상황은 성인과 다르게 해석한다. 무슨 일이 벌어졌는지를 부모에게 말해 버리기도 하므로 아동은 간혹 기아광에게 위협적 존재가 되고 있다. 기아광은 자기도취에 빠져 아동과 동일시하려고 하며, 아동을 지배하고 힘을 행사하려는 신경증적 성격의 소유자다. 아동에 대한 지배나 통제 그리고 유혹은 무력감에 대한 보상이며, 성적으로는 공격성의 표현으로 해석된다. 거의 90% 이상의 사례에서 피해 아동은 기아광과 서로 아는 사이다(359).

어떤 사람이 기아광이 되는지에 대한 연구는 많지 않지만, 아동기에 뇌 손상을 입은 경험과 관련이 높다는 연구가 있다. 특히 6세 이전에 뇌를 다쳐서 지능 발달이나 교육 수준 저하와 같은 신경 발달의 문제가 생기는데, 그러한 문제가 기아증으로 이어진다는 설명이다. 뇌를 다치지 않았더라도 신경 발달에 문제가 생기면 사고를 당할 위험성이나 기아광이 될 가능성이 커진다고도 설명한다(103). 기아증과 반대로 젊은 사람이 자기보다 나이가 훨씬 많은 상대에게만 성적 흥분을 느끼는 경우를 기로증(gerontosexuality)이라고 부르는데, 이는 기아증에 비해 매우 드물다.

5. 동물애증

동물과 성교, 자위행위, 구강성교 등을 하거나 또는 이러한 환상을 통해 성적 만족을 얻는 경우를 동물애증(zoophilia)이라고 부른다. 또 단순히 동물과 성적으로 접촉하는 행위를 수간(bestiality)이라고 한다면, 동물애증은 사람보다도 동물이 성적 흥분을 얻기 위한 상대로

선호되는 현상을 언급한다. 곧 동물애증은 행위의 정상 여부를 표현할 때 사용되는 용어이며, 행위의 정상 여부를 따지지 않고 동물과의 성행동을 포괄적으로 표현할 때에는 수간이라고 한다. 수간의 기록은 고대 신화나 전기, 예술품 등에 등장하지만, 과거로부터 실제 나타나는 경우도 있다. 특히 고대 그리스신화에는 인간과 동물의 성적 교합이 여러 곳에서 언급되는데, 아예 반은 인간이고 반은 동물인 주인공들도 있다(예: Centaur, Minotaur, Satyr은 각각 반은 사람이고 반은 말, 소, 염소다).

　보통 동물과의 성행동은 사회적으로 심하게 고립된 지역의 거주자들이나 혼전 성교가 매우 엄하게 제한된 사회에서 가끔 나타난다. 예를 들면, 성 파트너를 찾기 어려울 정도로 고립된 상태에서 유목 생활을 하는 경우 사람들은 동물과의 교접에서 성적 에너지를 배출하기도 한다. 1940년대 킨제이 보고서에 의하면, 약 8%의 남성이 동물과 교접을 경험했는데, 대부분 농촌 지역에서 자란 자들이었다. 또 그들의 17%가 동물과의 교접에서 오르가슴에 이르는 성적 흥분을 경험했다고 한다. 역시 그들 대부분이 여성과 성 경험을 하기 전 청소년기에 동물과 교접했다고 말했으며, 성인기에 와서는 그러한 행위를 거의 중단했다고 한다. 곧 킨제이 보고서에서 동물과의 성적 접촉을 보고한 자들의 대부분은 동물애증의 변태성욕으로 진단되지는 않는다. 즉, 성 파트너가 되는 사람을 찾지 못했을 때 동물과 접촉했을 뿐이지, 동물이 성적 만족을 얻는 최상의 수단은 아니었다. 실제로 성 혁명이 전개된 시점 이후 동물과 성적 접촉을 시도한 비율이 급격히 감소했다(74).

　서구 사회에서는 고대부터 동물과의 성적 접촉을 엄격히 금하고 있다. 구약성서 레위기 20장을 보면, 이스라엘인은 동물과 교접할 경우 사형에 처한다고 기록되어 있다. 이에 따라 토머스 아퀴나스도 동물과의 성적 접촉을 중죄로 규정했다. 그는 신의 명령이나 자연에 거역하는 범죄로 자위행위, 수간, 동성애 그리고 여성이 드러누운 상태가 아닌 자세에서의 성교행위 등을 거론했으며, 그중에서도 수간을 가장 죄질이 무거운 범죄로 여겼고, 그다음이 남성의 항문성교라고 했다(122). 성적 쾌락을 얻기 위한 수단 또는 항상 동물과만 성적으로 접촉하기 위해 동물을 이용하는 동물애증은 비교적 드물다. 그렇지만 성 파트너를 찾지 못할 때 동물이 이용되는 수간은 드물지 않다. 수간의 대상으로 가축이나 애완동물이 이용되는데, 닭처럼 작은 동물에서 말처럼 큰 동물까지 다양하다(171). 이처럼 동물과의 성행위를 시도하는 변태행위는 근래에 포르노 영화 제작자들이 호기심을 끌기 위해 이용하기도 한다. 특히 포르노에서는 여성과 동물의 교접에 관한 내용을 주로 묘사한다. 그 포르노 영화들은 성행동 자체보다도 여성 비하에 초점을 맞추는 경우가 대부분이다(74).

6. 성욕 과다

성욕이 넘쳐 스스로의 성행동을 통제할 수 없거나 일반인의 기대 이상으로 성행동을 강박적으로 추구하는 사람들이 있는데, 남성을 새티라이어시스(satyriasis), 여성을 님포매니아(nymphomania)라고 부른다. 전자는 그리스신화에서 술과 여자를 좋아하면서 난교행위에 몰두했던 반인반염소 모습을 한 숲의 신 새터(Satyr)에서 유래한다. 후자도 역시 그리스신화의 젊고 아름다운 여신 님프(Nymph)에서 유래한다. 과다 성욕을 보이거나 이를 스스로 통제하지 못한 경우는 여성보다도 남성에게 더 흔하게 나타난다.

일부 역사학자들은 궁녀, 기생, 이복 여동생(휘숙옹주), 백모(월산대군 부인)까지도 능욕했던 조선시대 연산군의 성격을 돈 후안 증후군으로 여긴다. 근래에도 성 혁명을 잘못 이해한 사람들이나 사회병질적(sociopathic) 성격의 소유자 일부가 이와 같은 증후군에 해당된다고 할 수 있다. 또 스트레스를 심하게 받으면 성욕이 저하되는 것이 보통이지만, 간혹 스트레스

Box 34-3 **카사노바와 돈 후안**

카사노바(Giovanni G. Casanova, 1725~1798)는 이탈리아의 외교관, 역사가, 수학자, 화학자, 작곡가, 극작가였다. 주로 수많은 여성과의 연애담을 12권으로 구성된 『회상록(Memories)』이라는 작품으로 발표했다. 그는 하녀에서 귀부인에 이르기까지 많은 여성을 충동적으로 유혹했지만 여성을 단순히 이용하지 않고 정서적이고 영적인 관계만을 맺었다. 그는 발도 넓어 보즈웰(James Boswell), 프랭클린(Benjamin Franklin), 프레더릭 대왕(Frederick the Great), 괴테, 볼테르 등과도 가깝게 지냈다. 한편 스페인 몰리나(Tirso de Molina, 1571~1648)의 희곡 『세빌랴의 엽색꾼과 돌의 초대객』에는 돈 후안(Don Juan)이라는 전설상의 방탕한 귀족이 소개된다. 성욕을 무분별하게 발산하는 인물로 묘사된 돈 후안이 여성을 정복하는 이야기들은 몰리나뿐만 아니라 여러 작가의 시, 소설, 오페라, 연극 등에서도 인용되고 있다. 그러한 이유로 인간관계를 전혀 고려하지 않고 성행위에만 관심을 가진 남성을 돈 후안, 그 특성을 '돈 후안 증후군'이라고 한다(65).

를 심하게 받을 경우 오히려 성행동을 더 적극적으로 추구하면서 스트레스에 의한 욕구 불만을 해소하려는 자들이 있는데, 그들의 경우 성 중독자라고 할 수 있다(⟨Box 34-3⟩ 참조).

강박적으로 무분별한 성생활을 하는 남성의 동기는 크게 셋으로 구분된다. 첫째, 무의식적인 근친상간 욕망인데, 그들은 자기 어머니를 훌륭한 여성이라고 생각하므로 그녀와 성교를 하고 싶은 욕망을 무의식적으로 억압한다. 그들은 근친상간 욕망을 부정하려는 노력에서 성매매 여성과의 성교를 강박적으로 원한다. 둘째, 아동기 때에 겪었던 성적인 상처 때문에 무분별한 성행동을 추구한다. 어렸을 때에 어머니나 다른 성인 여성에게 받았던 잠재적인 성적 유혹을 되찾으려고 노력하기 때문에 그들의 성생활은 문란해진다. 셋째, 여성을 증오하는 심리 때문에 무분별한 성생활을 추구한다. 그들은 모든 여성이 사악하다는 사실이나 남성의 우월감을 입증하기 위해 여성을 성적으로 정복하려고 힘쓴다. 소위 성 중독자들은 여성을 강박적으로 유혹하면서 성적인 만족을 얻는다. 그렇지만 그들이 얻은 만족은 순간적이기 때문에 그러한 시도는 반복된다. 또 그들의 내적인 긴장은 성욕과 무관하며 오히려 적개심을 표현하거나 우월감을 성취하는 것에서 만족을 느낀다.

성욕의 과다한 표현을 흔히 불안에 대한 방어로 해석하지만, 어떤 사람들은 실제로 대뇌의 장애 때문에 성 중독자가 된다. 그들의 일부는 대뇌피질 측두엽에 장애가 있었다. 일반적으로 대뇌의 편도체와 해마 부위를 제거하거나 시상하부와 같은 중격 부위(septal region)에 전기 자극을 가하면 과다한 성행동을 보인다. 도파민(dopamine) 기능도 쾌락이나 성적 흥분과 관계가 있는데, 페노디아진(phenothiazine)과 같이 도파민 활동을 방해하는 물질이 남성 성 중독자의 성욕을 크게 감소시킨 것으로 밝혀졌다(65, 465).

우리 문화권에서는 과거 군자는 주색과 잡기에 능해야 한다는 의식이 팽배했다. 그러한 이유로 남성이 사회에 잘 적응하려면 여자들과의 관계도 서슴없이 가져야 한다고 생각했다(19). 그래서 아직도 상당수 남성은 수많은 여성을 성적으로 상대한 남성을 그렇지 못한 남성보다 더 대단한 사람으로 생각하기도 한다(135). 이러한 의식 때문에 우리 문화권에서는 성 중독에 대한 기준이 다른 문화권에 비해 매우 관대한 편이었다. 그러나 고려시대 문장가 이규보(1168~1241)는 저서 『색유(色喻)』에서 남성이 색에 미혹되면 형제도 친척도 몰라보면서 패가망신하게 되므로 여성을 경계해야 한다고 지적하기도 했다(45).

Box 34-4 성 중독과 정신장애

　　미국의 칸스(Patrick Carnes)는 강박적인 성행동을 다른 형태의 중독처럼 성 중독(sexual addiction)으로 부르면서 1970년대부터 이 분야를 전문적으로 연구한 대표적인 심리학자다. 그에 의하면, 성 중독은 표면상으로 성에 관련된 문제로만 보이지만, 내면적으로는 매우 고통스러운 현실에 관련된 문제다. 그 현실적인 고통은 어린 시절 양육자와의 관계에서 받았던 상처(예: 신체적, 정서적, 성적인 학대 경험)에 뿌리를 두고 있는데, 아직까지 그 상처가 치유되지 못하여 고통스러운 삶에서 벗어나지 못하고 있다는 것이다. 곧 성 중독은 그 고통스러운 현실을 도피하거나 대처하려는 수단으로 성을 이용한 것인데, 성행위에 의존하여 쾌감을 얻는 순간만큼은 그 고통을 잊어버릴 수 있기 때문이다. 그러나 시간이 얼마 흐르지 않아서 다시 현실적인 고통이 생기고, 그 고통을 잊기 위해 새로운 성행위를 다시 추구하는 생활을 반복하게 된다. 성 중독 여부를 판가름하는 가장 일반적인 지표는 바로 강박적 사고와 행동이다. 본인이 원하지 않는 고통스러운 생각이 머릿속에서 떠나지 않으며, 그런 생각을 떨쳐버리지 못해서 불안이나 고통이 가중되면서 이를 잊기 위한 행동을 강박적으로 시도하는 것이다. 그것은 바로 성행위와 관련된 행동이다. 그러한 생활을 하다보면 자신이나 타인의 삶에 부정적인 결과가 나타남에도 강박적인 성행동을 지속하게 된다. 이런 맥락에서 성 중독은 도움이 절대적으로 필요한 정신장애로 볼 수 있다.

　　그러나 세계보건기구(WHO)가 발간한 ICD-10에는 성 중독이라는 용어가 없다. 그 대신 '과다한 성욕(excessive sexual drive)'이라는 진단 기준이 존재하며, 과다한 성욕을 소유하는 남성을 '새티라이어시스(Satyriasis)' 그리고 여성을 '님포매니아(Nymphomania)'라고 표현했다. 미국정신의학회(APA)에서는 성 중독을 DSM에 포함시켜 정신장애로 여겼던 적이 있었다. 1987년도에 발간된 DSM-III-R에는 '비변태성 성 중독(non-paraphilic sexual addiction)의 다른 형태'라는 진단 기준을 수록한 적이 있지만, 그 이후에는 전문가들의 의견 불일치로 성 중독이라는 용어 자체를 DSM에 포함시키지 않고 있다. 그러나 이는 성 중독이 정신장애와 전적으로 무관함을 의미하는 것은 아니다. 적어도 DSM-IV에는 성 중독과 매우 가까운 내용이 들어 있는 진단 기준, 즉 성 중독의 이해에 도움이 되는 기준이 적어도 세 가지가 있었다. 첫째, '달리 분리되지 않은 변태성욕(paraphilia not otherwise specified)', 둘째, '달리 분리되지 않은 성적 장애(sexual disorders not otherwise specified)', 셋째, '달리 분류되지 않은 충동조절장애(impulse control disorder not otherwise specified)'였다. 그러나 DSM-IV-TR에는 첫째 조항이 사라지고, 둘째 조항과 셋째 조항만 남아 있었다. 여러 연구자가 성 중독을 DSM에 다시 도입해야 한다고 주장했지만, 2013년도에 발간된 DSM-5에도 이를 포함시키지 않았다. DSM-5가 발간될 무렵에는 성 중독을 대체할 진단 기준으로 과잉 성욕장애(hyper-sexuality, hypersexual disorder)가 도입될 가능성이 높다고 했지만, 그 용어마저도 도입되지 않았다.

7. 시체애증

고대 이집트에서는 상류층 여성이나 미인이 사망했을 때 시신과의 성행위를 막기 위해 3~4일 정도 시신을 미라 제작자에서 건네주지 않았다(287). 시체애증(necrophilia)은 죽은 사람과 성행위를 시도하거나 시신의 일부에서 성적 매력을 느끼고 자위행위를 하는 도착 증을 이른다. 장례 절차와 관련된 사람들이 그런 행위나 상상을 하겠지만, 실제 그렇게 하 는 사람은 매우 드물다. 또 시체와의 성교를 위해서나 성적 만족을 얻기 위해 시체 일부를 손상하는 경우를 시간(vampirism)이라고 부르는데, 해부학적으로 이와 같은 도착증은 단지 남성에 의해서만 시도될 수 있다(65, 196).

임상적으로 시체애증은 성적 대상이 시신임에도 불구하고 성적 흥분을 얻는다는 점에서 극단적인 가학성 변태성욕과는 다르다. 한 연구자는 시신으로부터 성적 흥분을 얻기 위하여 여성을 살해하고 성교를 시도했던 남성 범법자의 임상 사례를 기술했다. 범인은 여성의 질 에 위험한 치아와 날카로운 물건들이 들어 있다고 믿었으며, 결과적으로 여성이 살아 있는 동안은 성교를 할 수 없었다고 믿었다. 그는 그녀를 살해한 후 자신이 다치지 않으려고 여 성의 성기를 절단한 후 성교를 시도했다(96). 시체애증과 관련되었다고 추측되거나 그런 환 상을 지녔던 121명의 사례를 조사했던 한 연구에 의하면, 그들 중에서 54명만이 실제로 시 체와 성행위를 했다(431). 또 그들이 시신을 상대로 성행위를 시도한 가장 일반적인 동기는 정신질환의 문제보다도 무저항 상태의 대상이라는 점이었다.

8. 외설 음란전화와 마찰도착증

외설 음란전화(obscene telephone calls, telephone scatologia)를 거는 행위도 비록 기타의 영역에 해당되지만, DSM-5에 등록된 일종의 변태성욕이다. 허슈펠트는 이를 언어적 형태 의 노출증으로 해석했다. 노출증 환자처럼 전화를 거는 사람은 전화를 받는 사람이 당황한 반응을 보일 경우 쾌감을 얻는다. 음란전화를 거는 사람들은 가정환경에 문제가 없으며, 이 성애적 경험에서도 일반인과 차이가 없는 남성이 대부분이다. 그들은 성기 노출 행위처럼 성적인 농담, 성교 시 신음소리 등의 음란한 내용에 놀라는 반응을 즐긴다. 그들은 전화를 거는 동안이나 끝난 후 자위행위를 한다. 그러나 전화를 받는 사람이 차분하게 반응하면 충격이나 놀라움을 기대하던 그들은 곧 낙담해 버린다(74, 126, 204). 근래 우리 문화권에서는 발신자의 번호를 알려 주는 서비스를 제공하여 이와 같은 음란행위가 별로 나타나지 않지만, 그렇지 못한 문화권에서는 아직도 유행 중에 있는 변태성욕이다.

　마찰도착증(frotteuristic disorder, frottage)은 성교행위가 아니지만 전형적으로 자신의 신체 일부를 이성의 신체에 접촉시키거나 비벼대면서 성적 쾌락을 느끼는 변태성욕을 말한다. 단순한 접촉도착증은 만원 버스나 지하철에서처럼 대부분 대중교통 수단을 이용하면서 발생한다. 다른 사람들의 몸에 자신의 신체를 밀착시키면서 성적 만족이나 흥분을 얻으려는 행위는 대부분 남성에게서 나타나며, 그들의 표적은 여성의 신체다. 그들은 성기를 여성의 허벅지나 엉덩이에 대고 문지르거나 손으로 상대방의 가슴이나 다른 신체 부위를 건드리기도 한다. DSM-5의 진단 기준에는 그러한 행위 또는 충동, 환상 등이 적어도 6개월 이상 지속되면서 자신의 생활 장면에 장애를 초래하는 경우 마찰도착증으로 부른다.

35
성욕장애의 치료와 지적장애

1. 러브맵

성 발달의 정상 여부를 이해하기 위해 필요한 개념으로 머니(John Money)는 마음속에 그리는 이상향의 연인이나 이상(理想)적인 성행위 등에 관해 개인이 발달시킨 표상이나 틀이라는 뜻으로 러브맵(lovemap)이라는 용어를 고안했다. 실제든 환상이든 연인 간의 관계는 러브맵에 투사되고 있으며, 개인이 지닌 러브맵의 고유한 특성은 각자가 출생 후에 얻은 성적 경험과 출생 전에 마련된 틀이 합해진 결과이므로 성적 매력을 추구하는 모습이 사람마다 다르다. 출생 후 여러 가지 사회적 영향을 받기도 하지만, 개인의 성 역할이나 성 정체성 등은 출생 전 신경학적 틀에 의해 어느 정도 정해져 있다. 러브맵은 후천적 영향으로 조금씩 바뀔 수 있지만, 타인의 러브맵과의 차이나 유사성에 상관없이 누구에게도 양도할 수 없는 자신에게 고유한 러브맵을 자연성(native) 러브맵이라고 부른다. 아동기나 사춘기 이전에 부모의 심한 억압이나 금지에 의해 성적으로 심하게 상처를 입을 경우 러브맵의 발달이 정상 궤도에서 이탈하여 파괴성(vandalized) 러브맵이 형성될 수 있다. 이 경우 성기능장애나 변태성욕으로 발달하는데, 이를 다음 두 가지로 나눌 수 있다(335, 363).

첫째, 구애나 사랑을 나누는 과정과 전혀 무관한 요소가 러브맵 발달에 포함될 경우 정상이 아니라 변태성욕의 러브맵으로 변한다. 이를 러브맵 함유(inclusion, 포함)라고 부른다. 예를 들면, 아이의 항문에 관장을 시키는 행위나 엉덩이에 매질을 하는 행위가 정상적인 러브맵 발달에 포함된 경우다. 나중에 성적 만족을 일으킬 때 이러한 행위에 의존하게 되면 이미 변태성욕의 러브맵으로 발달해 버린 셈이다.

둘째, 구애나 사랑을 나누는 과정과 관계가 깊은 어떤 요소가 러브맵 발달에 포함된 경우다. 이는 정상적 러브맵이 위치한 곳

John Money의 저서

에 변태성욕의 러브맵이 대신 자리한 것이며, 이를 러브맵 치환 (displacement)이라 한다. 그 예로 사랑이나 구애 과정에서 관음이나 노출 행위와 같은 요소가 성적 만족이나 흥분의 초점이 된 것을 들 수 있다.

2. 변태성욕 및 성범죄의 처치

대부분의 변태성욕자는 스스로 전문적인 도움을 구하지 않는다. 그들이 전문가의 관심을 받는 이유는 모두 법원의 결정이나 가족의 집요한 요청 때문이다(335). 전통적인 상담 및 심리치료 기법에 의한 성범죄나 변태성욕의 행동수정 효과는 그렇게 크지 않다. 전통적 치료 기법에 대한 저항이 큰 이유는 불분명하지만, 변태성욕이 지적 수준의 저하와 관계되거나 성적 일탈로 인한 처벌을 받을 때 역시 보상도 경험했기 때문일 수 있다. 또 아동기나 청소년기에 경험한 정서적으로 결핍된 환경과 관련이 높아서 치료가 어려울 수 있다. 예를 들면, 성폭력범들은 성과 무관한 다른 범죄를 저지른 자들보다 어린 시절 신체 학대 및 성 학대를 받았던 비율이 훨씬 더 높은 것으로 드러났다. 일주일에 1~2시간 정도 접근하는 여러 가지 치료기법들로 수년에 걸쳐 쌓아온 학습 효과를 없애는 일은 쉽지 않다(74). 그렇지만 과거부터 시도되었던 성범죄 처치기법을 고찰해 볼 필요는 있다.

1) 거세 수술

과거에는 남성의 성호르몬 생성 기능 상실을 목적으로 거세 수술(castration)을 시도한 문화권도 있었다. 정신질환이나 범죄와 관련된 자들의 종족 번식을 막기 위해서나 범죄의 처벌 수단으로 거세를 시켰던 것이다. 예를 들면, 서구에서는 19세기 후반 성적 흥분이 과다한 경우 치료 방법으로 거세 수술을 추천했으며, 1889년 최초로 치료법으로 이용되었다(286). 특히 북유럽 지역에서는 상습적인 성범죄자들에게 거세 수술을 시켰는데, 1910~1970년대 사이에 스위스 취리히 지역에서만 정신질환의 이유로 실시된 거세가 1만여 건이었다(260).

미국에서는 1980년대 초반 체중 36Kg의 여성을 집단으로 강간한 세 남성에게 30년형 복역과 거세 수술 중에서 선택하라는 판결이 있었다(452). 1992년에도 7세 아동을 학대한 혐의로 보호 관찰 중이던 한 남성이 13세 여아를 강간하여 체포된 후 투옥보다도 거세 수술을 선택했다(308). 한 연구자는 교도소에서 복역하는 동안 거세 수술을 받고 풀려난 성범죄자들을 상대로 거세의 효과를 알아보기 위해 질문을 했다. 응답자들은 교도소에서 출감한 지 4개월에서 13년 정도 지난 자들이었는데, 그들은 성교, 자위행위, 성적 사고나 욕망 등의 빈도가 과거에 비해 매우 줄어들었다고 답했다. 그러나 그들의 1/3은 아직도 성교를 하고 있다고 답했다(260). 또 상습범들을 거세한 후 조사한 바에 따르면, 거세 후에도 상습성이 유지되기도 했다(110).

성범죄 치료를 위한 거세 수술은 고환에서 생성되는 테스토스테론이 성행동에 필수적이라는 잘못된 믿음에서 출발했다. 성행동의 원인은 외과적 수술이 암시하는 것보다 훨씬 더 복잡한데, 테스토스테론 수준의 감소가 항상 성행동 감소와 직결되는 게 아니다(74). 이러한 이유로 일부 문화권에서는 거세가 범죄를 중단시키기에 불충분하다고 믿고 아예 중추신경계를 손상시켜 버렸다. 예를 들면, 서독에서는 1960~1970년대에 성행동을 통제하기 위한 수단으로 70명의 남성에게 뇌 수술을 단행했다. 수술은 전형적으로 시상하부에 손상을 입히는 것이었지만, 그 수술 효과 역시 모호했다. 그래서 혹자들은 수술 효과에 관한 보다 많은 정보를 밝혀낼 때까지 모든 외과적 수술을 중단해야 한다고 주장한다(420).

2) 혐오치료법

빅토리아왕조 시대에는 성범죄를 치료하거나 청소년의 자위행위 의욕을 줄일 목적으로 성욕을 억제시킨다는 약물을 사용했다. 예를 들면, 학생이나 재소자들의 급식에 성욕 억제 효과가 있다고 알려진 초석(saltpeter, 질산칼륨)을 첨가했다. 그러나 초석은 이뇨제의 일종일 뿐 성욕이나 성적 활동을 억제한다는 증거는 없다. 성적으로 흥분하면 성기 부위에 혈류 울혈로 체온이 상승하는데, 체온을 떨어뜨리는 초석이 성욕의 열기를 식혀 줄 것으로 믿으면서 생겨난 잘못된 처방이었다. 부적절한 성적 흥분을 줄이기 위해 이용되는 행동수정의 주 원리는 제거할 행동과 혐오 경험을 짝짓는 기법이다. 그 예로 화학적 혐오(chemical aversion) 치료법은 성욕을 유발하는 자극 제시와 함께 구토를 유발하는 약물을 투여한다. 화학적 치료는 외과적 거세 수술과 목표가 동일하지만, 범행자에게는 고환을 유지시켜 주는 장점이 있다. 그러나 화학적 혐오치료는 약물 복용의 효과에서 개인차가 심하며, 구토 증상이 지속되면 건강상의 위험을 초래하고, 어떤 사람들은 이러한 치료법이 응용되고 있는 동안 점점 더 공격적으로 변해 가기 때문에 보편화되지는 않았다. 구토제를 사용하는 대신에 단순히 역겨운 냄새를 이용하는 방법도 간혹 있었다. 전기적 혐오(electrical aversion) 치료법은 부적절한 자극과 전기충격을 연결시키는 방법이다. 그러나 성욕 감소를 위한 전기충격 이용이 인권유린의 윤리 문제를 초래하므로 혐오치료법 이용에서 윤리적 문제를 피할 수 있는 접근 방법으로 인지혐오(cognitive aversion, covert sensitization) 기법이 이용된다. 이 기법에서는 성욕을 일으키는 자극을 제시할 때 상상으로 전기충격이나 고약한 냄새와 같은 외적 자극을 유도시켜 연결시킨다. 그러나 인지치료법은 다른 접근 방법보다 효과는 뛰어나지 못하다(74).

3) 호르몬 치료법

'화학적 거세'라고도 알려진 호르몬 치료법은 테스토스테론 기능을 저하시켜서 성욕을 억제할 목적으로 남성에게 에스트로겐을 주입하는 것이다. 알약이나 주사로 에스트로겐을 반복적으로 투입하면 뇌하수체 전엽에서 성선호르몬 생성을 억제시켜 성욕이나 일반 성행동을 감소시켜 주지만, 에스트로겐을 주입받은 남성은 가슴의 발달이나 둔부의 원형화 등 체형이 여성화되는 부작용을 비롯하여 근육 조직 약화, 모발 성장 감소 등 성적 특징이 여성화 될 수 있다(74). 에스트로겐과 달리 테스토스테론 활동을 방해하더라도 체형을 여성화시키지 않는 항안드로겐 약물도 개발되었는데, 그중 가장 대표적인 것이 바로 MPA와 CPA이다. MPA(medroxy-progesterone acetate, 상표명 Depo-Provera)는 구조적으로는 안드로겐이지만, 프로게스테론 특성을 지닌 합성 프로게스틴이다. 이는 안드로겐 방출을 억압하므로 남성에게 정자세포의 생성을 방해하여 피임 역할을 하고, 성욕 감소 효과가 있다. 그러므로 MPA는 끊임없이 자위행위를 시도하거나, 기회가 생길 때마다 성적 접촉을 시도하거나, 성폭력의 충동을 강박적으로 느끼는 등의 통제할 수 없는 과도한 성욕을 지닌 사람들에게 적용되는 약물이다(365). MPA는 여성에게도 배란을 억제하는 효과가 있으므로 제3세계 국가에서는 피임법의 하나로 주사되고 있는 호르몬이다. 이 호르몬을 주입했을 때의 부작용으로 영구 불임의 결과가 나타날지도 모른다는 우려 때문에 미국 FDA는 이를 1990년대 들어와서야 피임기구로 사용하는 것을 승인했다.

미국에서는 1966년부터 성범죄자들에게 MPA를 이용하고 있는데, 1984년 미시간의 한 법정에서는 만성적인 기아광에게 금고형 대신 MPA를 처방하는 판결을 내렸다. 대부분의 임상전문가들은 이러한 약물을 성욕 제한의 목적으로 사용하는 것에는 일치하지만 장기적 부작용에 대한 연구가 더 필요하다고 생각한다. 즉, 1980년대 MPA 처방 명령을 받은 성범죄자들을 치료했던 텍사스 대학교 연구진들은 약물이 신체에 미치는 부작용도 매우 심했고, 성범죄에 대한 심리적 변화가 없었고, 재발 가능성도 줄어들지 않아 극단적 경우에만 이 약물을 사용해야 한다고 주장했다(144, 182). 한편 CPA(cyproterone acetate)는 1966년 독일에서 최초로 변태성욕자(특히 노출증 환자)들에게 임상적으로 이용했으며, 현재도 유럽 여러 나라와 캐나다 등지에서 사용한다. 그 성분 중 일부는 프로게스테론과 구조가 비슷한 합성 스테로이드다. 또 CPA도 MPA처럼 체형을 여성화시키지 않는 항안드로겐 약품인데, 이는 안드로겐 활동을 방해하며, 배란과 임신에 관여하는 성분을 지니고 있으므로 남성에게는 정자세포 생성 억제와 사정 능력 감소는 물론 성욕, 발기, 오르가슴을 어렵게 만든다. 그러나 CPA와 같은 약물을 주입해도 거세처럼 범죄의 상습성이 다시 나타난다는 연구도 있다. 그 약물의 장기 효과는 잘 알려지지 않았지만, 실험을 통해 변태성욕자 및 성 범죄자들에게 사용할 경우 성적 욕구나 행동, 환상의 감소에 효과가 있다는 것을 알아냈다(110).

종합적으로 정리하면, 서구에서 성범죄자들에게 주입했던 CPA 등의 항안드로겐성 약물이나 합성 프로게스테론은 에스트로겐과 유사한 효과를 낸다. 그러나 어떠한 약물도 성 반응 강도나 과정을 직접적으로 결정하지 않는다. 인간의 성 반응은 화학물질의 영향뿐만 아니라 여러 가지 복잡한 과정을 거쳐서 나타난다. 성 반응을 증진시키기 위한 것이나 다른 치료를 목적으로 복용한 약물은 모두 오히려 성기능을 약하게 만들 수 있다. 화학물질이 성행동에 미치는 영향은 아직도 더 많은 연구가 필요하다. 부작용이나 단기 및 장기적 행동 변화가 정확히 평가될 때까지 성범죄자들의 치료 효과에 관한 결론을 내리기 어렵다(74). 그럼에도 우리나라는 화학적 거세를 응용하고 있다. 2011년 7월 「성폭력 범죄자의 성충동 약물치료에 관한 법률」이 시행됨에 따라서 성폭력 피해자의 연령이 16세 이하이면서 성폭력 재범 위험성이 높은 19세 이상의 가해자에 대하여 가해자의 동의 없이 검찰이 법원에 청구하면 법원의 결정으로 화학적 거세가 가능하게 되었다. 2013년 3월부터는 피해자의 나이와 상관없이 재범의 위험이 인정되는 성폭력 범죄자에 대하여 그와 같은 화학적 거세를 시행할 수 있도록 변경되었다. 성충동 약물치료 대상자는 출소하기 2개월 전부터 약물치료를 받기 시작해서 최장 15년까지 치료받아야 한다. 법률 시행 이후 법원이 약물치료 명령을 내린 첫 번째 사례는 2013년 1월이었는데, 당시 10대 청소년 5명을 성폭행한 혐의로 기소된 남성에게 징역 15년을 선고하고 출소 후 3년 동안 성충동 약물치료를 받도록 한 것이었다.

4) 성범죄자 신상공개제도 및 위치추적제도

성범죄자 신상공개제도는 아동과 청소년을 대상으로 이루어지는 성매매 및 알선 행위, 강간이나 강제추행 등의 성범죄를 저지르고 형이 확정된 사람의 신상을 공개하는 것이다. 이러한 제도는 서구에서는 오래전부터 실시되고 있는데, 우리나라는 2000년 7월 시행된 「아동·청소년의 성보호에 관한 법률」에서 최초로 도입하여 징역형이나 벌금형 등 형사 처벌 이외에 별도로 형이 확정된 자의 신상을 공개할 수 있도록 하고 있다. 아동·청소년 대상 성범죄자 중 재범 우려가 있어 법원에서 신상 공개 명령을 선고받은 이들의 얼굴, 이름, 나이, 직업, 주소 등의 정보를 인터넷 사이트(성범죄자 알림-e)를 통해 최장 10년까지 공개할 수 있다. 법원은 인터넷을 통한 신상정보 공개와는 별도로 성범죄자가 거주하고 있는 지역(읍·면·동)의 아동·청소년 보호세대와 학교 등에 우편으로 그 정보를 고지하도록 명령할 수 있다. 한편 2011년 4월부터는 「성폭력 범죄의 처벌 등에 관한 특례법」에 따라 성인을 대상으로 성폭력 범죄를 저지른 자도 신상 공개 및 고지 대상에 포함되었다.

성폭력 범죄는 다른 범죄에 비해 재범의 가능성이 높기 때문에 지역사회 주민을 보호하고 성폭력 범죄의 재범 발생을 방지하기 위해 출소한 범죄자의 행적을 추적하여 위치를 확인할 수 있는 전자장치를 신체에 부착하게 하는 위치추적제도가 여러 문화권에서 시행되고 있다. 우리나라에서는 이러한 제도가 「특정 성폭력 범죄자에 대한 위치추적 전자장치 부착에 관한 법률」에 따라 2008년 9월부터 시행되고 있다. 전자발찌 위치추적장치 부착이 그 대표적인 예인데, 현재 부착 대상자는 2회 이상 성폭력 범죄를 저질렀거나 13세 미만의 어린이를 상대로 성폭력을 가한 범죄자 등이다. 법원은 성폭력 범죄자 중에서 재범 위험성이 높다고 판단되는 사람에 대한 검찰의 전자발찌 부착 명령 청구가 있을 때 10년 미만의 기간 동안 부착 명령을 내릴 수 있다. 이미 가석방이나 집행유예 판결을 받아서 검찰의 부착 명령 청구가 없는 성폭력 범죄자도 경우에 따라서 보호관찰명령과 함께 전자발찌 부착 대상자가 될 수 있다. 성폭력범죄자의 처벌 수위를 높이고 재범률을 낮추기 위해 앞에서 언급한 다양한 제도가 시행되고 있지만, 실효성 논란이 일고 있는 것은 그러한 제도가 성폭력 문제를 근본적으로 해결해 줄 수 없기 때문이다. 무엇보다도 의식의 전환을 통한 성폭력 예방이 선행되어야 한다.

3. 지적장애와 성

신체적으로나 정신적으로 장애가 심한 사람들은 스스로를 성적 존재로 발달시킬 수 있는 능력이나 자신의 성기능을 발휘할 기회가 제한될 수도 있다. 이러한 입장에 처한 일부 사람들은 쉽게 극복할 수도 있지만, 일부 사람들은 성적 만족을 추구하려는 도전 자체가 현실적으로 거의 불가능하다. 장애가 없는 사람에 비해 적절한 성교육 기회가 부족한 문화권에서 살아가는 시각이나 청각 등의 신체장애, 지적장애 또는 심한 질병을 앓고 있는 사람들은 성욕을 발산하거나 충족하기가 쉽지 않은 환경에서 살아가고 있다. 그들은 성 및 장애에 관한 뿌리 깊은 부정적 태도, 특히 능동적인 성생활을 추구하려는 장애인에 대한 강한 사회적 금기에 직면해야 한다.

지적장애를 보인 청소년이 지능검사 점수가 낮다고 해도 그들의 성적 친밀감이나 종족 보존의 능력은 손상되지 않은 경우가 대부분이다. 그러나 그들은 상대적으로 자신을 방어할 능력이 부족하므로 일반 청소년보다 더 쉽게 성적으로 이용 당할 가능성이 높다. 만일 장애의 원인이 유전이었다면, 2세에게도 유전될 가능성 때문에 그 장애인이 아이를 임신하는 문제는 논쟁거리가 될 수 있다. 장애의 원인이 환경이었을지라도 지적장애를 지닌 자들은 2세를 돌보는 기술이 부족할 수도 있다. 그러한 경우 그들의 성관계에서 피임의 중요성이 부각된다(35, 74). 지적장애는 장애 수준에 따라 네 범주로 구분하지만, 이와 같은 범주 구분은 그들을 이해하는 수단에 해당될 뿐이지 그 범주에 따라 권리가 제한되는 영역이 다르다는 것은 아니다. 지적장애인들에게 성교육을 실시하는 가장 기본적인 목적은 스스로의 성에 대한 책임감을 가질 수 있도록 돕기 위함이다. 성상담은 언어적인 의사 교환이 가능한 자들에게는 언어로, 그렇지 못한 자들에게는 비언어적 의사 교환으로 실시한다. 역할놀이는 성상담에서 사용되는 가장 효과적인 도구 중 하나다(360).

첫째, 지적장애 정도가 경미한 자(mildly mentally retarded)들은 비장애인들이 보여 주는 일반적인 심리 성적인 행동을 보인다. 그들은 비장애인처럼 성 충동을 스스로 탐색하고, 적응하며, 또 통제할 수 있다. 성교육이나 상담, 치료 등에 언어적으로 반응하며, 현행의 교육, 상담, 치료기법들로 적절한 적응 기술을 발달시킬 수도 있다. 그렇지만 이들은 이성적이라기보다도 본능적으로 반응하는 경향을 보이기 때문에 만약 그들이 성적 쾌감을 맛보았다면, 그 행위의 적절성을 스스로 분석하지 않을 가능성이 높다. 그러므로 그들은 피해자나 가해자로서 성폭력에 쉽게 연루되기도 한다.

둘째, 지적장애 정도가 중간인 자(moderately mentally retarded)들은 간혹 이차성징의 발달이 지연되기도 한다. 그들은 심리 성적인 행동의 적절성 여부를 잘 이해하지 못하지만, 기본적인 보상이나 강화와 함께 훈련을 시켜야 행동의 적절성을 어느 정도 구분하게 된다. 단순히 성교육이나 상담에 의한 적절한 행동의 발달이나 유도보다는 행동수정기법이 수반되어야 하며, 지속적인 훈련에 의해 그들에게 성적으로 책임 있는 행동이 무엇인지를 어느 정도 가르칠 수 있다. 그들을 위한 성교육에서 포함할 내용은 성기를 비롯한 자기 신체 부위의 탐색, 적절한 자위행위, 타인을 학대하지도 않고 타인에게 학대당하지도 않기, 공공연한 상황에서 적절하게 행동하기 등으로 모든 행동이 사회 규준을 벗어나지 않도록 한다. 예를 들면, 화장실을 발견하지 못해 아무 곳에서 소변을 보는 행위도 부적절함을 이해시킨다.

셋째, 지적장애 정도가 심한 자(severely mentally retarded)에게 성 충동을 통제시키는 것은 매우 어렵다. 그들은 대부분 심리성적인 행동 발달이 결여되어 있으며, 성행동의 결과를 전혀 예측하지도 못하며, 공사 구별이나 사회 규칙을 이해하는 능력도 부족하다. 그들이 보이는 가장 주요한 문제는 자위행위의 영역인데, 자위행위가 사적으로 이루어져야 하는 행위임을 인식시키기가 쉽지 않다. 그들에게 성행동을 포함하여 모든 적절한 사회행동을 유도하기 위해서는 행동수정기법이 가장 효과적이다. 예를 들면, 조건형성의 원리에 의해 적절한 상황이 전개될 때마다 항상 긍정적 강화가 수반되어야 한다.

넷째, 지적장애 정도가 극도로 심한 자(profoundly mentally retarded)들은 거의 적응행동을 보이지 않는다. 그들은 기본 욕구를 거의 충동적으로 충족시킨다. 또 관능적이거나 성적인 행동 결과를 예측하는 능력이 전혀 없다. 자기 자극의 방법으로 쾌락을 추구하다 보니 매우 위험한 방법으로 자위행위를 실시하기도 한다. 이들에게는 행동수정기법으로 변화를 유도해야 하지만, 언어적이든 비언어적이든 그들과의 의사소통은 매우 어렵다. 대소변 훈련도 잘되지 못한 상태이고, 여자의 경우 월경 현상도 잘 처리하지 못한다. 기저귀를 갈기 위해 옷을 내릴 때 등 상황을 가리지 않고 자위행위를 하려고 시도한다.

36
성교육의 방향

1. 성교육의 필요성

대다수 사람은 종족 보존의 의무와 별개로 쾌락 추구의 차원에서 성욕을 발산하면서 생의 의미를 찾는다. 물론 성욕은 자신이 속한 사회·문화권의 기준에 적합한 상태에서 발산해야 하며, 그렇지 못하면 사회 문제로 비화될 수 있다. 근래 성에 관련된 자극들이 대중매체를 통하여 자신의 의지와 상관없이 무분별하게 전달되면서 아동이나 청소년은 물론 성인도 가치관의 혼동을 경험하며, 그로 인한 사회 문제도 초래된다. 가치관 혼동을 최소화하기 위해서는 성욕의 본질을 정확하게 이해시키는 성교육이 누구에게나 필요하다. 특히 가치관이 형성되고 있는 시기의 청소년이나 아동을 위한 교육은 더욱 필요하다.

과거보다 성적 발달과 성숙이 더 빨라지고 결혼 연령도 더 높아지면서 청소년이 성인들의 기대에 따라 금욕해야 하는 기간은 더 길어졌다. 그러나 대다수 문화권에서 청소년의 성행동은 그 기대에 부응하지 못하는 추세다. 이러한 상황에서는 성교육을 통해 청소년이 성행동으로 인한 사회 문제에 연루되지 않도록 하는 예방이 매우 중요하다. 그렇지만 일부 성인은 청소년에게 성교육을 실시할 경우 오히려 성 문제가 더 커질 것이라는 우려 때문에 반대한다. 예를 들면, 청소년이 성교육을 받으면 자위행위를 비롯하여 여러 가지 성행동이 증가하게 되고, 그러한 행동이 난잡한 성생활로 이어지며, 친교 관계의 영속성을 유지하기 어려워 결혼생활에도 적응하지 못할 것이라고 우려한다.

대다수 유교 문화권에서는 성에 대한 지식이나 태도 등을 습득시키기 위한 성교육 방침이나 방향이 뚜렷하지 못한 편이었다. 우리 문화권도 그동안 성교육에 무관심한 태도를 보였고, 20세기 후반 이후에도 상당수 부모나 교사들이 성교육 개념을 잘못 이해하여 소극적인 태도를 보였다(3). 그들은 성에 대한 무지로 발생하는 과실의 중대성을 이해하지 못하거나, 아동이나 청소년의 성욕 표현을 위험으로 보기 때문에 성교육을 반대했다. 또 성의 본질과 목적이 결혼제도 틀 안에서의 종족 보존이며, 결혼과 동시에 성을 자동적으로 알게 되어 자녀를 출산하게 된다고 믿어 일부러 성교육을 할 필요가 없다고 생각했다(46). 즉, 우리 문화권에서는 근래까지 이성과의 교제 자체도 바람직하지 않게 여겼고, 부모나 사회는 청소년이 단지 학업 성취를 위해 모든 시간과 에너지를 소비하기를 기대하고 있었다. 성폭력이나 십대의 임신 같은 눈에 보이는 문제가 자주 등장할 때마다 성교육의 부재로 전통 윤리나 도덕성이 실추되었다고 보는 견해가 지배적이지만(31), 그 윤리나 도덕성의 문제도 매우 보수적으로 이해하고 있어서 성교육을 찬성하더라도 결혼할 때까지 순결을 유지하도록 하는 교육 과정만 필요하다는 입장이었다(205).

성에 대한 언급을 금기할 정도로 보수적이던 우리 문화권에서는 여성의 순결만을 강조하는 등 이중 기준이 팽배하다. 그러므로 오늘날의 성 관련 사회 문제를 서구 문화의 영향으로 인한 전통적인 성 윤리의 파괴로 보는 입장에는 한계가 있다. 산업화 과정에서 서구 문물을 받아들이면서 다양한 변화가 나타나기도 했지만, 20세기 후반부터 부각되고 있는 여러 유형의 성 문제는 과거 남성의 성욕 표출과 비교할 때 다를 바가 없다. 그렇다면 이를 전통 윤리의 논리로 해석해서는 안 된다. 남성이 여성에게 가하는 성폭력은 전통윤리의 파괴가 아니라 시기에 상관없이 인간평등이나 인권을 침해하는 범죄였는데, 과거에는 이를 사회 문제로 비화시키지 않았을 뿐이다(31).

성교육 찬반의 핵심은 성교육 실시 이후 어떠한 행동 변화가 생겼는가에 달려 있다. 긍정적인 면과 부정적인 면에서의 변화를 비교해야 성교육 효과가 평가될 수 있다(17). 그러한 평가가 없거나 부정적 차원의 변화만을 부각시키면서 성교육의 필요성 여부를 판가름해서는 안 된다. 또 청소년이 생물학적으로 성숙하는 시기부터 결혼 때까지 단순히 금욕이나 운동, 독서 등으로 성 충동이 모두 해소될 수 있다는 성인의 기대는 비현실적이다. 서구의 여러 나라에서는 1960년대부터 십대의 원하지 않는 임신 등으로 사생아 수가 늘어나고 성교 개시 연령이 낮아지는 등 문제가 발생하자, 십대 임신이나 출산을 통제할 방안을 찾는 데 초점을 맞추었다. 여러 연구 결과에 따르면, 성교육이 이루어진 가정의 아이들이 성교 개시 연령이 더 높고, 성을 금기한 가정환경에서 자라난 아이들보다 성에 대하여 더 합리적이고 성숙한 판단을 내리고 있었다. 부모에게서 성교육을 받은 여성은 부지불식간에 이루어진 임신 비율이 훨씬 더 낮았다. 또 다른 이점으로 성에 대한 의사소통을 잘하게 되고 피임에 대한 인식 수준이 높아 질병과 임신을 예방하는 능력이 더 높았다(84, 550).

2. 성교육의 3요소

1) 성교육의 목표와 시기

성교육의 목표는 성장과 발달 과정에 관련된 정확한 정보를 전달하여 개인의 성 개념을 건전하게 발달시켜 그 개인의 존재 가치나 의미 등을 부여하는 것이다. 그렇다면 발달과업의 측면에서 성교육은 출생 순간부터 가정에서 실시하면서 학교로 연계되어야 한다. 어려서부터 성교육을 받는다고 해서 자라는 도중에 쉽게 성 문제에 연루되는 것이 아니다. 당연히 그들에게 성에 대한 적절한 지식과 정보를 제공하여 성의 중요성을 인식시키고, 성행동에 대한 책임감을 심어 주며, 결과적으로 원만한 인간관계를 형성할 수 있도록 도덕성이나 윤리관 및 정서적인 가치 등을 심어 주어야 한다(265, 275). 최근 이러한 목표의 성교육을 통합(포괄)적인 성교육(comprehensive sexuality education)이라고 표현하는데, 이는 자신의 가치를 이해하고, 책임감 있는 행동이나 관계를 유지시키며, 타인과의 의사소통 기술을 습득시키는 등의 다양한 내용을 담고 있다(287).

학교에서의 성교육도 초등학교부터 실시하는 것이 가장 바람직하지만 일부 학부모들은 이에 대한 거부감을 보인다. 중학교부터 실시한다면 이미 성적으로 성숙한 이후에 성교육을 받게 되지만, 그렇다고 하더라도 최소한 청소년기에는 자신의 행동이나 인간관계에 대한 책임감을 증진시켜 주는 성교육이어야 한다. 그 이유는 성적 관심이 증가하는 청소년기에는 사회 관계의 본질을 이해하는 능력, 장래를 고려하는 능력, 모든 의사결정의 결과를 예언하는 능력이 증가하기 때문이며, 사회에서 준수하도록 요구하는 규칙이 무엇인가를 이해하면서 스스로 욕망을 통제하는 능력이 어느 정도 생기기 때문이다(18, 84, 275).

인간의 성욕은 성적 성숙과 함께 곧바로 충족되지 않는다. 인간의 성행동은 필연적으로 대인관계가 전제되는 사회문화적 · 윤리적인 행위이므로 각종 통제를 받는데, 문화권마다 통제 수준이 다르다. 또 그 사회의 도덕이나 전통, 풍습에 의해 통제된 성행동 내용이나 청소년의 성교육 방향도 달라진다. 즉, 성교육은 청소년에게는 성에 대한 올바른 판단력과 진지한 태도를 길러 건전한 대인관계의 틀과 인격을 형성시켜 준다. 새로운 습관의 형성이나 잘못된 행동의 수정 과정에서 청소년에게 모범적인 모델이 절대적으로 필요하다(46).

2) 성교육의 내용

성교육의 본질을 잘 모르는 사람은 생식기의 해부학적 구조, 생리학적 변화, 피임, 임신 과정 등을 성교육 내용의 핵심으로 여긴다. 그러나 이는 필수 조건에 해당될 뿐 충분조건이 아니다. 예를 들면, 임신했거나 임신 여부를 확인하러 온 십대 여성을 조사한 바에 따르면, 성교육을 받았어도 생리주기에서 임신 가능성이 가장 높은 시기를 아는 비율은 1/3에 불과했다. 또 십대 남아는 여아보다 임신이나 출산 과정에 대한 이해와 책임의식이 훨씬 더 낮았다(114). 이는 청소년 성 문제를 예방하기 위해서는 생물학적 차원의 교육도 필요하지만, 다른 차원의 교육이 더 필요함을 암시한다. 십대에게는 생리적 변화뿐만 아니라 심리적 욕구도 성적 발달에 영향을 주므로 그들의 성적 행동, 태도, 신념, 지식 및 가치를 이해하려면 그들이 어디서, 어떻게 사는지의 문화 및 과거사 등을 종합적으로 살펴야 한다. 즉, 성교육의 본질은 생물학적 차원에서의 지식 전달보다도 정치, 경제, 윤리, 문화, 사회, 환경 등의 영역에서 개인의 성적 존재를 이해시키는 사회과학적 측면을 더 강조해야 한다(71, 265).

성행동을 다소 허용하는 문화권일지라도 청소년은 어떻게 피임기구를 사용하는지, 또 이들을 어디서 구할 수 있는지도 잘 모른다. 이러한 무지는 자신의 행동에 대한 책임감이 부족한 것과 관련된다. 그러므로 성교육 내용은 자신의 모든 성행동에 대한 책임감을 발달시킬 수 있는 내용이 포함되어야 하는데, 특히 성교 시 항상 피임기구를 사용하여 질병이나 임신의 예방에 대한 책임감을 갖도록 해야 한다(84). 예를 들면, 청소년이 임신을 한다면 개인과 사회에 어떤 파급 효과가 발생하는가를 제대로 전달해야 한다. 낙태가 발생한다면 인간의 생명 존중에 대한 의문점이 제기될 수 있으며, 그렇다고 자녀를 생산할 경우는 사생아를 출산하는 것이 된다. 또 입양이나 미혼모의 문제도 함께 생기는데, 이러한 문제는 순간적인 상황에서 이루어지더라도 파급 효과가 평생 지속된다(18). 십대 부모에게서 태어난 아이는 유감스럽게도 악순환을 되풀이하여 십대에 부모가 될 확률이 높다.

청소년의 성교 개시 연령을 높이기 위한 여러 가지 프로그램을 구상해 볼 수도 있다. 즉,

그들에게 생식 과정이나 피임기법에 관한 정확한 정보를 제공하면서 절제를 가르치고 그 가치를 강화시키며, 의사결정이나 사회적 교제 기술 능력을 키워 준다. 청소년도 성숙과 함께 인지 능력이 발달해야 판단력이나 책임감을 기대할 수 있다. 그러므로 십대에게 성행동 개시를 늦추고, 피임법을 사용하는 기회를 늘리기 위하여 십대 중반까지는 절제를 가르치고 십대 후반에게는 올바른 피임법을 가르치는 것이 현명하다(138).

청소년은 도덕이나 윤리 기준을 익히기 전에 정서나 감정이 먼저 성숙한다. 그러므로 청소년은 별다른 의식 없이 일시적으로나 심각한 상태로 성관계를 추구한다. 이는 자신의 행동에 대한 책임감이 부족하기 때문일 수도 있지만, 인위적으로 억제가 불가능한 시기에 나타난 본능적 행위일 수도 있다. 성에 대한 태도가 변하고 있는 현재 청소년을 위한 윤리 기준을 몇 가지 설정해 줄 수 있는데, 그 내용은 다음과 같다. 첫째, 사랑이 전제되지 않는 성관계에서는 인간의 본질을 찾기 어렵고, 둘째, 상대가 원하지 않는 상태에서의 성관계 시도는 범죄행위이며, 셋째, 질병과 임신의 예방 등 준비가 없는 상태에서의 성관계 시도는 사회 적응 능력이나 책임감이 없는 행위이며, 넷째, 결혼할 때까지 자신의 성욕을 통제하는 것이 바람직하지만 최소 고등학교 과정을 마친 후에는 본인이 의사결정을 해야 하는데, 고등학교 졸업 이전에 성관계를 추구하는 행위는 사회적으로 비난받을 수 있다는 것 등이다(31).

3) 성교육자

아동이 태어나서 가장 먼저 상대하는 사람은 엄마를 비롯한 가족이다. 그러한 이유로 아동의 성교육은 부모가 담당하는 것이 가장 바람직하다. 부모와 자녀 사이의 관계가 원만하게 형성되었다면 부모가 성교육의 최적임자라고 할 수 있다. 그러나 가장 적합한 성교육자가 되어야 하는 부모도 성격이나 가정의 분위기 때문에 그 역할을 제대로 수행하지 못한다. 어느 가정에서는 부모가 시키는 성교육이 오히려 해가 되기도 한다. 그렇지만 가능하다면 부모는 어느 상황에서든지 자녀의 정신 성적인 정체성 형성과 발달에 조력해야 한다. 가정에서 성교육이 가능한 경우에도 아동의 질문에 대해서 부모는 아동이 분명하게 이해할 수 있는 수준에서 설명해 주어야 한다.

그렇다면 부모가 가정에서 성교육을 실시하기 어려운 이유를 살펴보자. 첫째, 어떤 부모는 자녀들보다 성을 더 억압했던 시절에 성장했기 때문에 지식이나 정보가 풍부해도 성 관련 언급을 불편하게 여기며, 정보나 지식을 자녀에게 전달해 주려고 해도 이를 직접 논하는 대신에 우회적으로밖에 표현하지 못하고 있다. 둘째, 어떤 부모는 성 관련 지식이 부족하여 자녀에게 전해 주고 싶은 것이 별로 없다. 또 부모가 과거에 성교육을 학교에서 받았더라도 시대적 환경의 차이 때문에 자녀가 알고 싶은 내용을 잘 모를 가능성이 높다. 셋째, 부모가 가장 두려워하는 것은 자녀에게 정보를 제공하면 자녀의 호기심이 커져 조숙한 성행동이 나타날지도 모른다는 우려 때문이다. 그러나 여러 연구는 정보를 제대로 얻지 못한 청소년이 더 많은 문제를 일으키고 있다고 밝히고 있다. 결국 부모에게서 얻는 정보는 여아가 엄마로부터 월경이나 임신에 관한 기초지식을 얻는 것 이외에는 별로 없다(84, 275).

청소년의 성 지식 관련 연구는 정보의 출처, 정확성 및 내용 등에 초점을 맞추고 있다. 청소년이 성 관련 정보를 획득하는 가장 주요한 근원은 또래다. 또래집단은 특히 남성에게 주요한 근원인데, 또래들과는 다른 곳에서는 논의하기 어려운 정보까지 주고받는다. 청소년은 일반적으로 경험이 부족하고 다른 연령층과의 교류가 제한되어 있으므로 또래집단의 영향을 쉽게 받는다. 다른 근원은 개별적으로 접하는 서적이나 잡지 등이며, 부모는 자녀에게 정보를 제공하는 중요한 근원이 되지 못한다. 단지 어머니들은 딸들에게 어느 정도 중요한 근원이 된다. 청소년이 또래들을 비롯하여 나름대로 얻은 정보의 대부분은 불완전하거나 부정확하다(71, 84, 541).

가정에서 성교육을 실시하기도 어렵고, 또래에게 얻는 정보도 불확실하다면, 청소년에게 건전한 인격을 형성하게 하면서 정확한 지식이나 정보를 제공할 수 있는 곳은 학교다. 그렇지만 학교에서의 성교육 방법도 교사가 따로 시간을 정해 놓고 가르치는 교과 중심의 강의나 단편적 지식 위주의 이론 교육에 제한된다면 효과를 기대하기 어렵다. 시청각 자료를 활용하고 학생들과 교사와의 개방적인 토론을 이용해야 한다. 또 학교에서 성교육을 실시할 때 특정 과목에만 국한하지 않고 신규 교원양성 과정에서 성교육에 관한 일반이론, 교수방법 등을 다루어야 한다(3). 성교육 전담교사는 성에 대한 건강한 태도를 지닌 훈련받은 유자격자로 교육에 참여하는 구성원들 간 토론을 잘 유도하는 중재자 역할을 해야 한다. 학교에서 성교육을 실시한다고 해도 부모가 방관자의 자세를 취할 때에는 성교육의 긍정적 효과를 기대할 수 없다(84).

학교 성교육에 대한 외국의 사례를 보면, 스웨덴은 1956년부터 모든 학년에서 성교육을 의무적으로 실시하고 있다. 제2차 세계대전 이후 성 개방 사회로 탈바꿈한 스웨덴은 줄곧 양성평등정책을 펼쳐나가면서 학교에서도 윤리, 정조, 평등, 피임, 부모의 책임 등 성적 상호작용의 중요성을 연령에 따라서 적절하게 강조하고 있다. 어느 나라보다도 양성평등을 촉진시키는 정책을 매우 구체적으로 제도화한 탓에 성행동에 대한 이중 기준이 없다. 물론 청소년의 혼전 성교 비율이 매우 높은 편이지만, 십대의 임신이나 낙태 등의 문제는 다른 문화권에 비하여 거의 무시할 정도로 낮다(521).

미국은 1900년경부터 국가 차원에서 성교육을 실시하기 시작했는데, 초창기는 성의 위험성을 강조하는, 즉 성을 억압하는 교육 위주였다. 그것도 남아에게만 실시했다. 1940년경에 들어와서는 성교육 초점을 가정생활이나 종족 번식, 위생, 도덕성 등에 맞추었는데, 이는 성적 적응이 개인의 건강을 증진시킨다는 입장이었다. 그러나 1964년 성 정보 및 교육위원회(Sex Information & Education Council of the Unites States: SIECUS)가 창설되면서 그들의 성교육 목표와 범위가 대폭 수정되었다. 즉, 과학으로서의 성교육이 일반인에게 소개되면서 부모나 교사들이 성교육에 많은 관심을 갖기 시작했다. 이러한 추세는 일본에까지 영향을 미쳐 1970년 '일본성교육연구회'라는 성교육기구가 발족되었다(65). 이러한 변화로 1960년대 초부터 미국의 의사들도 환자들에게 성에 대한 정보를 제공하거나 상담할 필요성을 느끼게 되어 20년 후에는 미국 의과대학들의 80~90% 정도가 성교육 강좌를 선택이나 필수과목으로 지정했다(445). 역시 의과대학이 아닌 일반대학에서도 그 중요성을 인식하고 성교육 강좌를 개설하고 있다. 즉, 1980년대 중반 무작위로 추출한 미국의 225개 일반대학 중 40% 이상이 성 관련 교과목을 지정하고 있었는데, 학교 규모가 큰 대학일수록 그러한 교과목을 지정한 학교가 많았으며, 교과목이 지정된 학과별 순서로는 심리학과, 사회학과, 보건 및 체육교육학과, 간호학과, 가정학과, 생물학과 등이었다(405).

사회주의체제하의 옛 소련은 성 관련 연구나 교육이 거의 없었다. 그 후유증으로 1990년대에는 성폭력 증가, 피임 실패, 질병 감염 증가, 동성애 공포증 확산 등이 나타났다. 1983년에는 실험적으로 8학년을 대상으로 주 1시간씩 성교육을 실시했지만, 학생들의 알려는 욕구를 제대로 충족시키기는 어려웠다(205). 우리나라도 1980년대까지 학교 성교육이 거의 부재했으나, 1990년대부터 일부 대학에서는 성 관련 교과목이 개설되기 시작했고, 초·중·고등학교에서는 2000년대부터 조금씩 틀을 잡아가고 있다. 현대사회에서는 가정이나 학교의 성교육만으로는 아동이나 청소년의 건강한 인격을 형성하는 데 충분하지 못하다. 그들을 위한 문화적 환경, 그중에서도 대중매체는 건전한 인격 형성과 발달에 지대한 역할을 한다. 유럽 여러 나라에서는 국가 주도로 매체를 통한 성교육을 실시하고 있다. 아동이나 청소년기는 자아정체성이 충분히 발달하지 못한 상태이므로 사회적 책임이나 판단 능력이 결여된 상태에서 행동이 표출되기도 한다. 그들의 폭력행동은 단순히 모방에 의해 발달되는데, 이러한 시기적 특성을 감안할 때 폭력적이거나 선정적 자극에 노출되는 것은 성폭력과 같은 범죄의 동기를 마련할 수 있다(30). 현대사회에서 순기능보다도 역기능이 더 부각되는 대중매체에 관련된 사람들이 이러한 실상을 파악하고 올바른 가치관 정립에 신중해야 한다(3).

Box 36-1   **청소년을 위한 콘돔**

1990년대 초반 미국의 공립학교에서는 십대가 콘돔을 구할 수 있는 성교육 프로그램에 대한 갈등이 심했다. 그런 프로그램을 갖춘 곳은 21개 주, 431개교였다. 어떤 학교는 성교육 프로그램을 실시하면서 콘돔을 직접 나누어 주기도 하고, 어떤 학교에서는 자동판매기를 통해 구할 수 있었다. 뉴욕 시는 모든 공립학교에서 학생들이 콘돔을 구할 수 있도록 했는데, 학부모의 절반이 자기 자녀가 콘돔을 받는 것을 원하지 않았으나 69%의 학부모가 그 프로그램에는 찬성했다. 청소년이 콘돔을 얻을 수 있도록 하는 성교육 프로그램을 가장 적극적으로 반대했던 집단은 종교적인 이유로 모든 피임을 반대하던 가톨릭교도였으며, 일부 반대하는 자들은 결혼관계 이외에서 발생하는 성행위를 부추길 수 있다는 우려 때문이었다(275).

3. 성인 성교육

연인이나 부부 사이의 친밀감 수준이 최고에 달하려면 허물없는 의사소통이 필요하며, 이를 위해서는 서로 상대방을 도와야 한다. 그러나 의사소통의 내용이 성과 관련될 때에는 수치심이나 죄의식에 사로잡혀 서로 언급을 피하는 경우가 있다. 상당수의 성인도 연령 증가와 함께 환경 변화에 적응하기 어렵다고 표현한다. 그러한 변화 속에서 성행동 자체만을 논의할 때 성에 대한 태도가 바르지 못하면 성을 논의하기 어렵다. 특히 아동기나 청소년기에 성교육을 받지 못한 사람들은 그 정도가 더욱 심하며, 그들은 청소년에게 성교육을 실시하는 것도 싫어한다. 그러나 성교육을 적절하게 받았을 경우 청소년기는 물론 성인기에도 성 문제에 잘 적응하는 편이다(550).

결혼 문제의 치료 영역은 심리치료의 한 분야로 근래 대두했다. 소위 결혼치료는 결혼생활에서 파생된 장애나 갈등 해소를 목적으로 한다. 만약 부부가 서로 다른 가치체계를 지니고 있다면 유사한 부부보다 결혼생활에서 더 많은 갈등을 겪게 된다. 결혼치료에서는 부부의 성관계, 피임, 출산 계획이나 양육, 경제, 친인척 관계, 사회생활에 대한 태도, 의사소통, 부부 싸움의 해결 방법 등을 다루는데, 주로 심리학이나 정신의학 전공자들이 이를 담당한다. 특히 부부의 성생활 적응 문제는 결혼 관계의 유지나 발전에 직접적으로 관련되므로 결혼치료에서 그 비중이 크다. 결혼생활의 불만족 증상은 주로 성생활에서 나타난다. 일반적으로 부부 관계에서는 성생활의 빈도가 매우 중요하지만, 그보다 중요한 것은 생활의 질적인 면이다. 다시 말하면, 결혼생활의 적응 여부는 대화 부족과 같은 부부의 성격 요인에 크게 달려 있다. 부부는 서로 상대방의 성 심리를 이해하도록 노력해야 하며, 이를 위해서는 원만한 의사소통이 필요하다. 그렇지 못하면 성적·정서적·영적인 면에서 판단이나 결정이 어려워진다. 특히 성적인 면에서 의사소통이 어려운 이유는 성행위에 관한 언어가 수치감이나 불편함을 초래하기 때문이다.

부부가 성에 관한 이야기를 하거나 다른 갈등 때문에 의견을 교환할 때 고려해야 할 몇 가지 사항을 살펴보자. 첫째, 부부의 친교 관계에서 미리 동의해야 할 기본 요소는 어떤 갈등이 생길지라도 서로 그 문제에만 국한시켜 논쟁하면서 해결책을 찾으려고 해야 한다. 그렇지 못하고 옛 상처나 6개월 전의 논쟁을 더하면 불난 데 기름을 퍼붓는 격이 된다. 그러나 갈등 상황 자체에 국한시켜 문제를 풀려고 노력하면 효과적인 해결책이 나온다(229). 둘째, 성에 관한 이야기를 자신의 관점에서 하면 오해가 생길 수 있다. 그렇게 되면 문제가 해결되기보다 오히려 더 많은 갈등을 야기한다. 그러므로 상대방이 어떻게 생각하는가를 먼저 고려하는 자세가 필요하다. 셋째, 성적으로 부조화가 생기면 반드시 그것을 고치는 방법을 서로 강구해야 한다. 이를 고치지 못하여 나중에 성관계 이외의 문제에서도 부조화가 생긴다면 결혼생활에 큰 문제를 안겨 줄 수 있다.

성에 관한 의사소통은 궁극적으로 여러 면에서 만족스러운 관계를 유지시켜 주면서 성적으로 잘 적응하게 해 준다. 성적 의사소통도 중요하지만 비(非)성적인 의사소통도 매우 중요하다. 서로의 정서, 사고, 개성 등의 상호 교환이 그들의 성생활 자체를 결정한다. 또한 비언어적인 의사 교환도 관계의 유지에 매우 중요하다. 눈짓이나 몸짓, 목소리의 억양에서도 서로의 이해심을 느낄 수 있다. 남녀의 사랑이란 의존과 독립, 주고받는 것의 고상한 균형이다.

참고문헌

(J: Journal, P: Psychology, ASB: Archives of Sexual Behavior)

001. 고원경, 양동옥, 윤가현(2010). 외도에 대한 질투 및 죄책감에서의 성차. 사회과학연구, 21, 163-181.

002. 국립광주박물관(1984). 한국의 性신앙 현지조사(국립광주박물관 학술총서 제9집). 광주: 국립광주박물관.

003. 권이종(1992). 청소년과 정신병리. 서울: 양서원.

004. 김계환(1981). 남녀평등권론. 서울: 박영사.

005. 김동철(1985). 표현의 자유와 음란성. 언론중재, 5(4), 9-21.

006. 김용숙(1989). 한국 여속사. 서울: 민음사.

007. 김태곤(1983). 한국 민간신앙 연구. 서울: 집문당.

008. 동아일보(1998. 2. 19.). 7년 만에 태어난 쌍둥이 동생.

009. 동아일보(1998. 4. 27.). 컵 라면 등 용기에 생식 기능 저하 물질.(도쿄연합)

010. 동아일보(1998. 5. 4.). 신라 土偶, 그 뜨겁고 대담한 性.

011. 무등일보(1996. 7. 22.). 약수터: 고대의 매춘.

012. 박경휘(1992). 조선 민족 혼인사 연구. 대전: 한남대학교 출판부.

013. 신경림 등(2011). 대학생의 성태도 실태조사(연구보고서). 한국건강증진개발원.

014. 양동옥(2015). 성행동 상황에서 여성의 거절 이유 평가의 성차. 한국심리학회지: 여성, 20, 205-224.

015. 양동옥, 국혜윤, 백현경, 윤가현(2012). 참가자의 성별, 피해 여성의 옷차림 종류와 음주량 수준에 따른 성폭력 책임 귀인의 차이. 한국심리학회지: 여성, 17, 323-345.

016. 윤가현(1990). 성 심리학. 서울: 성원사.

017. 윤가현(1991). 전성(sexuality) 교육이 여성에 대한 태도변화에 미치는 효과. 현대사회과학연구, 2, 139-147.

018. 윤가현(1992). 청소년기의 이해: 전성(sexuality)의 발달. 현대사회과학연구, 3, 235-250.

019. 윤가현(1993). 한반도 내 성폭력 실상: 남자들은 모두 미쳤어요. 서울: 나라원.

020. 윤가현(1993. 7.). 성풍속의 변화를 고찰하며. 금호문화, 97, 106-110.

021. 윤가현(1994. 9.). 성 혁명의 진행과 종말. 지성과 패기, 24, 92-95.

022. 윤가현(1994. 11.). 숨길 것인가, 연구할 것인가. 지성과 패기, 25, 64-67.

023. 윤가현(1995). 동성애의 금세기적 조명. 석순, 12, 148-154.

024. 윤가현(1995. 1.). 동성애에 대한 편견. 지성과 패기, 26, 112-116.

025. 윤가현(1995. 3.). 낙태에 대한 당신의 입장은? 지성과 패기, 27, 122-125.

026. 윤가현(1995. 5.). 포르노를 어떻게 해석할 것인가? 지성과 패기, 28, 112-115.

027. 윤가현(1995. 7.). 남성의 데이트 주도권과 소유욕. 지성과 패기, 29, 100-103.

028. 윤가현(1995. 9.). 노출행위의 속셈. 지성과 패기, 30, 100-103.

029. 윤가현(1996. 1.). 매춘이 남성의 전유물인 까닭은? 지성과 패기, 32, 104-107.

030. 윤가현(1996. 10.). 음란 폭력간행물이 청소년의 성폭력에 미치는 영향과 대책. 한국간행물윤리위원회 주최 세미나. 서울: 한국프레스센터.

031. 윤가현(1997). 청소년 세대의 성 문제와 성 윤리. 현대사회와 성 윤리(pp. 127-144). 서울: 아산사회복지사업재단.(a)

032. 윤가현(1997). 동성애의 심리학. 서울: 학지사.(b)

033. 윤가현(2000). 한국 10대 청소년의 성행동 양상. 청소년복지연구, 2(2), 31-42.

034. 윤가현(2001). 문화 속의 성. 서울: 학민사.

035. 윤가현(2002). 정신지체장애와 성. 광주: 전남대학교 출판부.

036. 윤가현(2004). 부인교환(wife swapping)과 스윙잉(swinging). 다솜: 한국성문화회보, 5, 40-44.

037. 윤가현(2005. 10.). 성 심리학 개론. 대한성학회 연차학술대회. 서울: 그랜드힐튼호텔.

038. 윤가현(2014). 성 반응 주기 모델의 발달과 여성의 성. 대한성학회지, 1, 1-9.

039. 이규태(1985). 한국인의 性과 미신. 서울: 기린원.

040. 이능화(1927/1981). 朝鮮解語花史. 서울: 민속원.

041. 이은성(1990). 소설 『동의보감』(상). 서울: 창작과 비평사.

042. 이태호(1996). 풍속화(둘). 서울: 대원사.

043. 이홍탁(1986). 여성사회학. 서울: 법문사.

044. 이화여자대학교 한국여성사 편찬위원회(1978). 한국여성사 I. 서울: 이화여자대학교 출판부.

045. 전완길(1980). 한국인의 본성. 서울: 문음사.

046. 조선일보(1990. 9. 15.). 한민족 뿌리 찾기: 라마승의 초야권.

047. 조선일보(1994. 6. 7.). 터키 처녀성검사 강요.(앙카라＝AP)

048. 조선일보(1995. 8. 27.). 해외토픽: 터키 매춘부 노조.

049. 조선일보(1995. 9. 15.). 이혼制 재도입 국민투표.(더블린＝AFP)

050. 조선일보(1996. 4. 21.). '관중들의 성 관계' 실형.(LA＝로이터합동)

051. 최성민(1996). 갯마을에 가고 싶다. 서울: 한겨레신문사.

052. 한국일보(1995. 8. 10.). 깅그리치 성 추문 동료교수 아내와 오럴섹스.(미주판)

053. 한국일보(1997. 7. 29.). 미국과 영국 사회의 골칫거리.(미주판 A11쪽)

054. 한국일보(1997. 8. 15.). 남성 존재 이유는?(미주판 A11쪽)

055. 한국일보(1997. 10. 23.). 알프레드 킨제이 호모 음란증 환자.(미주판 A11쪽)

056. 허정(1992). 에세이 한국 의료사. 서울: 한울.

057. 허준용(1994). 인공유산의 의학적 윤리 – 한국에서의 인공유산 현황과 문제점. 대한산부인과학회지, 37, 615-621.

058. 허태균, 조자의(2007). 한국대학생들의 콘돔협상전략 탐색: 콘돔연구에서 협응적 관점의 제안. 한국심리학회지: 사회 문제, 13, 43-61.

059. 황패강(1988). 한국의 신화(Myth of Korea). 서울: 단국대학교 출판사.

060. 橋本峰雄(1976). 性の神. 京都: 淡文社.

061. 宮田登(1987). 民俗學における性研究. 文化人類學, 3, 21-28.

062. 綱野善彦, 川村湊(1988). 列島と半島の社會史. 東京: 作品社.

063. 日本風俗史 別巻 1(1959). 性風俗 第一集 總括篇. 東京: 雄山閣.

064. 林美一(1988). 浮世繪の極み: 春畫. 東京: 新潮社.

065. 田中敏明(1987). 性と愛の心理. 東京: 福村出版.

066. 志賀貢(1996). 性のおもしろ大疑問. 東京: 夢の設計社.

067. 土井卓治(1987). 農耕と性. 文化人類學, 3, 206-217.

068. Aaron, R. (1971). Male contributions to female frigidity. *Medical Aspects of Human Sexuality*, *5*(5), 42-57.

069. Abramson, P., & Hayashi, H. (1982). Cross-cultural and theoretical considerations. In N. Malamuth & E. Donnerstein (Eds.), *Pornography and sexual behavior*. New York: Academic Press.

070. Ackerman, M., & Carey, M. (1995). Psychology's role in the assessment of erectile dysfunction: Historical precedents, current knowledge, and methods. *J of Consulting & Clinical P*, *63*, 862-876.

071. Adams, J. (1980). *Understanding adolescence*. Boston: Ally & Bacon.

072. Adams, S., Dubbert, P., Chupurdia, K. et al. (1996). Assessment of sexual beliefs and information in aging couples with sexual dysfunction. *ASB*, *25*, 249-260.

073. Al Bustan, M., El Tomi, N., Faiwalla, M. et al. (1995). Maternal sexuality during pregnancy and after childbirth in Muslim Kuwaiti women. *ASB*, *24*, 207-215.

074. Allgeier, E., & Allgeier, A. (1991). *Sexual interactions*(3rd ed.). Lexington, Massachusetts: D. C. Heath.

075. Allison, L., Santtila, P., Sandnabba, N., & Nordling, N. (2001). Sadomasochistically oriented behavior: Diversity in practice and meaning. *ASB*, *30*, 1-12.

076. American Psychiatric Association (1994). *Diagnostic and Statistical Manual of Mental Disorders*(4th ed.). Washington, DC: The Author.

077. American Psychiatric Association (2000). *Diagnostic and Statistical Manual of Mental Disorders*(4th ed., text revision). Washington, DC: The Author.

078. American Psychiatric Association (2013). *Diagnostic and Statistical Manual of Mental Disorders*(5h ed.). Washington, DC: The Author.

079. Amir, M. (1971). *Patterns in forcible rape.* Chicago: University of Chicago Press.

080. Anderson, B., & Cyranowski, J. (1995). Women's sexuality: Behaviors, responses, and individual differences. *J of Consulting & Clinical P, 63*, 891-906

081. Annon, J. (1974). *The behavioral treatment of sexual problems, Volume 1: Brief therapy.* New York: Harper & Row.

082. Asali, A., Khamaysi, N., Aburabia, Y. et al. (1995). Ritual female genital surgery among Bedouin in Israel. *ASB, 24*, 571-575.

083. Atchan, M., Foureur, M., & Davis, D. (2011). The decision not to initiate breastfeeding-Women's reasons, attitudes and influencing factors: A review of literature. *Breastfeeding Review, 19*(2), 9-17.

084. Atwater, E. (1992). *Adolescence.* Englewood Cliff, New Jersey: Prentice Hall.

085. Bach, G., & Wyden, P. (1969). *The intimate enemy: How to fight fair in love and marriage.* New York: Morrow.

086. Bailey, J., & Oberschneider, M. (1997). Sexual orientation and professional dance. *ASB, 26*, 433-444.

087. Baldwin, J., & Baldwin, J. (1997). Gender differences in sexual interest. *ASB, 26*, 181-210.

088. Balthasar, H., Jeannin, A., & Dubois-Arber, F. (2009). First anal intercourse and condom use among men who have sex with men in Switzerland. *ASB, 38*, 1000-1008.

089. Bancroft, J., Loftus, J., & Long, J. (2003). Distress about sex: A national survey of women in heterosexual relationships. *ASB, 32*, 193-208.

090. Bargh, J. (1995). Attractiveness of the underling: An automatic power-sex association and its consequences for sexual harassment and aggression. *J of Personality & Social P, 68*, 768-781.

091. Barrett, K. (1982, September). date rape-campus epidemic? *Ms*, 48-51 & 130.

092. Baumeister, R. (1988). Gender differences in masochistic scripts. *J of Sex Research, 25*, 478-499.

093. Bauserman, R., & Rind, B. (1997). Psychological correlates of male child and adolescent sexual experiences with adults: A review of the nonclinical literature. *ASB, 26*, 105-141.

094. Beck, J. (1995). Hypoactive sexual desire disorder: An overview. *J of Consulting & Clinical P, 63*, 919-927.

095. Beck, J., & Bozman, A. (1995). Gender differences in sexual desire: The effects of anger and

anxiety. *ASB, 24*, 595-612.

096. Beit-Hallahmi, B. (1985). Dangers of the vagina. *British J of Medical P, 58*, 351-356.

097. Bem, D. (2000). Exotic becomes erotic: Interpreting the biological correlates of sexual orientation. *ASB, 29*, 531-548.

098. Best, J., & Demmin, H. (1982). Victim's provocativeness and victim's attracti-veness as determinants of blame in rape. *Psychological Reports, 51*, 255-258.

099. Bianch, F. et al. (2014). Sex work among men who have sex with men and transgender women in Bogota. *ASB, 43*, 1637-1650.

100. Bieber, I., Dain, H., Dince, O. et al. (1962). *Homosexuality: A psychoanalytical study*. New York: Basic Books.

101. Blanchard, R., Barbaree, H., Bogaert, A. et al. (2000). Fraternal birth order and sexual orientation in pedophiles. *ASB, 29*, 463-478.

102. Blanchard, R., & Bogaert, A. (1996). Biodemographic comparisons of homosexual and heterosexual men in the Kinsey interview data. *ASB, 25*, 551-579.

103. Blanchard, R., Christensen, B., Strong, S., Cantor, J., Kuban, M., Klassen, P., Dickey, R., & Blak, T. (2002). Retrospective self-reports of childhood accidents causing unconsciousness in phallometrically diagnosed pedophiles. *ASB, 31*, 511-526.

104. Blanchard, R., Steiner, B., Clemmensen, L. et al. (1989). Prediction of regrets in postoperative transsexuals. *Canadian J of Psychiatry, 34*, 43-45.

105. Bleske-Rechek, A., Kolb, C., Stern, A., Quigley, K., Nelson, L. (2014). Face and Body: Independent predictors of women's attractiveness. *ASB, 43*, 1355-1365.

106. Bogaert, A. (1996). Volunteer bias in human sexuality research: Evidence for both sexuality and personality differences in males. *ASB, 25*, 125-140.

107. Boles, J., & Elifson, K. (1994). The social organization of transvestite prostitution and AIDS. *Social Science in Medicine, 39*, 85-93.

108. Bosinski, H., Schroeder, I., Peter, M. et al. (1997). Anthropometrical measurement and androgen levels in males, females, and hormonally untreated female-to-male transsexual. *ASB, 26*, 143-157.

109. Bowker, L. (1983). Marital rape: A distinct syndrome? *J of Contemporary Social Work, 64*, 347-352.

110. Bradford, J., & Pawlak, A. (1993). Double-blind placebo crossover study of cyproterone acetate in the treatment of the paraphilias. *ASB, 22*, 383-402.

111. Bridges, L. (1990). *Safest intercourse: A study of telephone and computer sex customers*. Unpublished honor's thesis. University of Georgia, Athens, Georgia.

112. Brodie, H., Gartrell, N., Doering, C., & Rhue, T. (1974). Plasma testosterone levels in heterosexual and homosexual. *American J of Psychiatry, 131*, 82-83.

113. Brooks, B. (1982). Family influences in father-daughter incest. *J of Psychiatric Treatment &*

Evaluation, 4, 117-124.

114. Brooks-Gunn, J., & Furstenberg, F. (1989). Adolescent sexual behavior. *American Psychologist, 44*, 249-257.

115. Brotto, L., & Yule, M. (2011). Physiological and subjective sexual arousal in self-identified asexual women. *ASB, 40*, 699-712.

116. Brown, G. (1994). Women in relationships with cross-dressing men: A descriptive study from a nonclinical setting. *ASB, 23*, 515-530.

117. Brownmiller, S. (1975). *Against our will: Men, women, and rape.* New York: Simon & Schuster.

118. Bullough, V. (1975). Sex and the medical model. *J of Sex Research, 11*, 291-303.

119. Bullough, V. (1976). *Sexual deviance in society and history.* New York: Wiley.

120. Bullough, V. (1990). History in adult human sexual behavior with children and adolescents in Western societies. In J. Feierman(Ed.), *Pedophilia: Biosocial dimensions* (pp. 69-90). New York: Springer-Verlag.

121. Bullough, V., & Bullough, B. (1987). *Women and prostitution.* Buffalo, New York: Prometheus Books.

122. Bullough, V., & Bullough, B. (1995). *Sexual attitudes: Myths and realities.* Amherst, New York: Prometheus Books.

123. Bullough, V., & Bullough, B. (1997). Are transvestites necessarily heterosexual? *ASB, 26*, 1-12.

124. Burgess, A., & Holmstrom, L. (1974). *Rape: Victims of crisis.* Bowie, Maryland: Robert J. Brady.

125. Burrows, K. (2013). Age preferences in dating advertisements by homosexuals and heterosexuals: From sociobiological to sociological explanations. *ASB, 42*, 203-211.

126. Byer, C., & Shainberg, L. (1994). *Dimensions of human sexuality*(4th ed.). Madison, Wisconsin: Brown & Benchmark.

127. Byers, E., Henderson, J., Hobson, K. (2009). University students' definitions of sexual abstinence and having sex. *ASB, 38*, 665-674.

128. Cado, S., & Leitenberg, H. (1990). Guilt reactions to sexual fantasies during intercourse. *ASB, 19*, 49-63.

129. Caird, W., & Wincze, J. (1977). *Sex therapy: A behavioral approach.* New York: Harper & Row.

130. Cantor, J., Blanchard, R., Paterson, A., & Bogaert, A. (2002). How many gay men owe their sexual orientation to fraternal birth order? *ASB, 31*, 63-71.

131. Carey, M., & Johnson, B. (1996). Effectiveness of yohimbine in the treatment of erectile disorder: Four meta-analytic integrations. *ASB, 25*, 341-360.

132. Cerny, J., & Janssen, E. (2011). Pattern of sexual arousal in homosexual, bisexual, and

heterosexual men. *ASB, 40*, 1119-1127.

133. Chaplin, T., Rice, M., & Harris, G. (1995). Salient victim suffering and the sexual responses of child molesters. *J of Consulting & Clinical P, 63*, 249-255.

134. Chivers, M., Seto, M., Lalumiere, M., Laan, E., & Grimbos, T. (2010). Agreement of self-reported and genital measures of sexual arousal in men and women: A meta-analysis. *ASB, 39*, 5-56.

135. Choi, S., Yang, D., & Youn, G. (2015). Late adolescents' perception of their peers who report a large number of sex partners. *P & Behavioral Sciences, 4*, 1-4.

136. Clark, M., & Mills, J. (1970). Interpersonal attraction in exchange and communal relationships. *J of Personality & Social P, 17*, 11-14.

137. Cole, C., O'Boyle, M., Emory, L. et al. (1997). Comorbidity of gender dysphoria and other major psychiatric diagnoses. *ASB, 26*, 13-26.

138. Coley, R., & Chase-Lansdale, P. (1998). Adolescent pregnancy and parenthood: Recent evidence and future directions. *American Psychologist, 53*, 152-166.

139. Comfort, A. (1980). Sexuality in later life. In J. Birren & R. Sloane (Eds.), *Handbook of mental health and aging*(pp. 885-892). Englewood Cliffs, NJ: Prentice-Hall.

140. Conaglen, H., Suttie, J., & Conaglen, J. (2003). Effect of deer velvet on sexual function in men and their partners: A double-blind, placebo-controlled study. *ASB, 32*, 271-278.

141. Cook, M. (1981). Social skill and human sexual attraction. In M. Cook (Ed.), *The bases of human sexual attraction* (pp. 145-177). London: Academic Press.

142. Cook, K., Kretchmer, A., & Nellis, B. et al. (1983, May). The playboy readers' sex survey-part 3. *Playboy*, pp. 126-128.

143. Cook, M., & McHenry, R. (1978). *Sexual attraction*. New York: Pergamon Press.

144. Cooper, A. (1986). Progestogens in the treatment of male sex offenders: A review. *Canadian J of Psychiatry, 31*, 73-79.

145. Cooper, E., Fenigstein, A., & Fauber, R. (2014). The faking orgasm scale for women: Psychometric properties. *ASB, 43*, 423-435.

146. Costa, R., & Brody, S. (2010). Greater frequency of penile-vaginal intercourse without condoms in associated with better mental health. *ASB, 39*, 1-2.

147. Costa, R., & Brody, S. (2012). Sexual satisfaction, relationship satisfaction, and health are associated with greater frequency of penile-vaginal intercourse. *ASB, 41*, 9-10.

148. Cross, R. (1993). What doctors and others need to know: Six facts on human sexuality and aging. *SIECUS Report, 21*(5), 7-9.

149. Cutler, W., Friedmann, E., & McCoy, N. (1998). Pheromonal influences on sociosexual behavior in men. *ASB, 27*, 1-13.

150. Dacey, J., & Travers, J. (1996). *Human development: Across the lifespan*. Chicago Brown & Benchmark.

151. Daly, M., & Wilson, M. (1983). *Sex, evolution, and behavior* (2nd ed.). Belmont, CA: Wadsworth.

152. Darling, C., Davidson, K., & Conway-Welch, C. (1990). Female ejaculation: Perceived origins, the Grafenberg spot/area, and sexual responsiveness. *ASB, 19*, 29-47.

153. Dawson, S., Suschinsky, K., & Lalumière, M. (2012). Sexual fantasies and viewing times across the menstrual cycle: A diary study. *ASB, 41*, 173-183.

154. Deaux, K. (1995). How basic can you be? The evolution of research on gender stereotypes. *J of Social Issues, 51*, 11-20.

155. Delecce, T., Polheber, J., & Matchock, R. (2014). Sociosexual orientation and 2D:4D ratios in women: Relationship to men's desirability ratings as a long-term pair bond. *ASB, 43*, 319-327.

156. Derogatis, L. (1981). Psychotherapy in individuals with sexual dysfunction. *American J of Psychiatry, 138*, 757-763.

157. Desrochers, S. (1995). What types of men are most attractive and most repulsive to women? *Sex Roles, 32*, 375-391.

158. de Wall, F. (1995). Bonobo sex and society. *Scientific American, 272*(3), 82-88.

159. Diamond, M. (1990). Selected cross-generational sexual behavior in traditional Hawaii: A sexological ethnography. In J. Feierman(Ed.), *Pedophilia: Biosocial dimensions* (pp. 422-444). New York: Springer-Verlag.

160. DiBartolo, P., & Barlow, D. (1996). Perfectionism, marital satisfaction, and contributing factors to sexual dysfunction in men with erectile disorder and their spouses. *ASB, 25*, 581-588.

161. Dickey, T., & Stephens, J. (1995). Female-to-male transsexualism, heterosexual type: Two cases. *ASB, 24*, 439-445.

162. Dixon, K., Arnold, L., & Calestro, K. (1978). Father-son incest: Underreported psychiatric problems? *American J of Psychiatry, 135*, 835-838.

163. Dixson, B., Grimshaw, G., Linklater, W., & Dixsonm A. (2011). Eye-tracking of men's preferences for waist-to-hip ratio and breast size of women. *ASB, 40*, 43-50.

164. Dobkin de Rios, M. (1982). Plant hallucinogens, sexuality and shamanism in the ceramic art of ancient Peru. *J of Psychoactive Drugs, 14*, 81-90.

165. Docter, R. (1988). *Transvestites and transsexuals: Toward a theory of cross-gender behavior.* New York: Plenum.

166. Docter, R., & Prince, V. (1997). Transvestism: A survey of 1032 cross-dresser. *ASB, 26*, 589-605.

167. Donnelly, D. (1993). Sexually inactive marriages. *J of Sex Research, 30*, 171-179.

168. Donnerstein, E., & Berkowitz, L. (1981). Victim reactions in aggressive erotic films as a factor in violence against women. *J of Personality & Social P, 41*, 710-724.

169. Dougherty, R. (1979). Sperm counts decreasing in American men. *Sexual Medicine Today*, *3*(11), 14-15.

170. Douglas, N., & Slinger, P. (1979). *Sexual secrets: The alchemy of ecstasy*. New York: Destiny Books.

171. Earls, C., & Lalumiere, M. (2009). A case study of preferential bestiality. *ASB, 38*, 605-609.

172. Eber, M., & Wetli, C. (1985). A case of autoerotic asphyxia. *Psychotherapy, 22*, 662-668.

173. Edley, N., & Wetherell, M. (1995). *Men in perspective: Practice, power and identity*. London: Prentice Hall.

174. Edwards, M. (1978). Venereal disease: A nursing overview. *J of Obsteric, Gynecologic, & Neonatal Nursing, 7*(5), 7-14.

175. Edwards, W., & Coleman, E. (2004). Defining sexual health: A descriptive overview. *ASB, 33*, 189-195.

176. Eisler, R. (1995). *Sacred pleasure: Sex, myth, and the politics of the body*. New York: Harper Collins.

177. Eliason, M. (1997). The prevalence and nature of biphobia in heterosexual undergraduate students. *ASB, 26*, 317-326.

178. Elliott, A., & O'Donohue, W. (1970). The effects of anxiety and distraction on sexual arousal in a nonclinical women. *ASB, 26*, 607-624.

179. Elliott, D., & Briere, J. (1992). The sexually abused boy: Problems in manhood. *Medical Aspects of Human Sexuality, 26*(2), 68-71.

180. Ellis, B., & Symons, D. (1990). Sex differences in sexual fantasy: An evolutionary psychological approach. *J of Sex Research, 27*, 527-555.

181. Ellis, H. (1936). *Studies in the psychology of sex*. New York: Random House.

182. Emory, L., Cole, C., & Meyer, W. (1992). The Texas experience with DepoProvera: 1980-1990. *J of Offender Rehabilitation, 18*(3/4), 125-139.

183. Engel, J. (1982, July). *Changes in male-female relationships and family life in the People's Republic of China*. HITAHR Research Series 014. University of Hawaii.

184. Ernulf, K., & Innala, S. (1995). Sexual bondage: A review and unobtrusive investigation. *ASB, 24*, 631-654.

185. Faustro-Sterling, A. (1993, March/April). The five sexes: Why male and female are not enough. *The Sciences*, pp. 20-24.

186. Feierman, J. (1990). A biosocial overview of adult human sexual behavior with children and adolescents. In J. Feierman (Ed.), *Pedophilia: Biosocial dimensions* (pp. 8-68). New York: Springer-Verlag.

187. Felson, R., & Cundiff, P. (2014). Sexual assault as a crime against young people. *ASB, 43*, 273-284.

188. Finkelhor, D., & Yllo, K. (1982). Forced sex in marriage: A preliminary research report.

Crime & Delinquency, 28, 459-478.

189. Finnegan, F. (1979). *Poverty and prostitution.* London: Cambridge University Press.

190. Fink, B., Hugill, N., & Lange, B. (2012). Women's body movements are a potential cue to ovulation. *Personality & Individual Differences, 53,* 759-763.

191. Fischer, G. (1996). Deceptive, verbally coercive college males: Attitudinal predictors and lies told. *ASB, 25,* 527-533.

192. Fisher, H., Aron, A., Mashek, D., Li, H., & Brown, L. (2002). Defining the brain systems of lust, romantic attraction, and attachment. *ASB, 31,* 413-419.

193. Fitzgerald, L. (1993). Sexual harassment: Violence against women in the workplace. *American Psychologist, 48,* 1070-1076.

194. Fitzgerald, L., & Shullman, S. (1993). Sexual harassment: A research analysis and agenda for the 1990s. *J of Vocational Behavior, 42,* 5-27.

195. Fiumara, N. (1971). Gonococcal pharyngitis. *Medical Aspects of Human Sexuality, 5*(5), 195-209.

196. Ford, B. (1980). *Patterns of sex: The mating urge and our sexual future.* New York: St. Martin's Press.

197. Ford, C., & Beach, F. (1951). *Patterns of sexual behavior.* New York: St. Martin's Press.

198. Francis, A. (2013). The wages of sin: How the discovery of penicillin reshaped modern sexuality. *ASB, 42,* 5-13.

199. Francoeur, R. (1992). Sexuality and spirituality: The relevance of eastern tradition. *SIECUS Report, 20*(4), 1-8.

200. Francoeur, R., Pepper, T., & Scherzer, N. (1991). *A descriptive dictionary and atlas of sexology* (Eds.). New York: Greenwood Press.

201. Frandrin, J. (1977). Repression and change in the sexual life of young people in medieval and early times. *J of Family History, 2,* 196-210.

202. Freeman, R. (1986). *Beauty bound.* Lexington, Massachusetts: Heath.

203. Freud, S. (1913). *Totem and taboo.* London: Hogarth.

204. Freund, K., & Watson, R. (1993). Gender identity disorder and courtship disorder. *ASB, 22,* 13-21.

205. Friedman, J. (1992). Cross-cultural perspectives on sexuality education. *SIECUS Report, 20*(6), 5-11.

206. Frisch, R. (1988, March). Fatness and fertility. *Scientific American,* pp. 88-95.

207. Fromm, E. (1956). *The art of love.* New York: Harper & Row.

208. Futterweit, W. (1998). Endocrine therapy of transsexualism and potential complications of long-term treatment. *ASB, 27,* 209-226.

209. Gagnon, J., & Simon, W. (1978). *Family life and sexual learning.* Cambridge, Massachusetts: Population Education.

210. Galis, F., Ten Broek, C., Van Dongen, S., & Wijnaendts, L. (2010). Sexual dimorphism in the prenatal digit ratio(2D:4D). *ASB, 39,* 57–62.

211. Gallup, G., Jr., Burch, R., & Platek, S. (2002). Does semen have antidepressant properties? *ASB, 31,* 289–293.

212. Gander, A. (1992). Reasons for divorce: Age and gender differences. *J of Women & Aging, 4*(2), 47–60.

213. Gebhard, P., Gagnon, J., Pomeroy, W. et al. (1965). *Sex offenders.* New York: Harper & Row.

214. Gelinas, D. (1983). The persisting negative effects of incest. *Psychiatry, 46,* 312–332.

215. Gerressu, M., Mercer, C., Graham, C., Wellings, K., & Johnson, A. (2008). Prevalence of masturbation and associated factors in a British national probability survey. *ASB, 37,* 266–278.

216. Gilman, S. (1981). Freud and the prostitute: male stereotypes of female sexuality in fin-de-siecle Vienna. *J of the American Academy of Psychoanalysis, 9,* 337–360.

217. Gilmartin, B. (1974). Sexual deviance and social networkers: A study of social, family, and marital interaction patterns among comarital sex participants. In J. Smith & L. Smith (Eds.), *Beyond monogamy: recent studies of sexual alternatives in marriage* (pp. 291–323). Baltimore, Maryland: Johns Hopkins University Press.

218. Glass, H., Temkin, O., & Straus, W. (1959). *Forerunners of Darwin 1745–1859.* Baltimore, Maryland: Johns Hopkins University Press.

219. Gobrogge, K., Breedlove, S., & Klump, K. (2008). Genetic and environmental influences on 2D:4D finger length rations: A study of monozygotic and dizygotic male and female twins. *ASB, 37,* 112–118.

220. Goldberg, M. (1993). Choosing a contraceptive. *FDA Consumer, 27*(7), 18–25.

221. Goldstein, B. (1976). *Introduction to human sexuality.* New York: McGraw Hill.

222. Gollaher, D. (2000) *Circumcision: A history of the world's most controversial surgery.* New York: Basic Books.

223. Goodall, J. (1971). *Tiwi wives.* Seattle, Washington: University of Washington Press.

224. Goodall, J. (1986). *The chimpanzees of Gombe: Patterns of behavior.* Cambridge, Massachusetts: Belknap.

225. Goodman, E. (1983, July). The turmoil of teenage sexuality. *Ms,* 37–41.

226. Goodman, L., & Gilman, A. (1970). *The pharmacological basis of therapeutics* (Eds.). London: MacMillan.

227. Gordon, C., & Carey, M. (1995). Penile tumescence monitoring during morning naps to assess male erectile functioning: An initial study of healthy men of varied ages. *ASB, 24,* 291–307.

228. Gordon, E. (1991). Transsexual healing: Medicaid funding of sex reassignment surgery. *ASB,*

20, 61-74.

229. Gordon, S., & Snyder, C. (1986). *Personal issues in human sexuality*. Boston, Massachusetts: Allyn & Bacon.

230. Gove, C. (1989). Wife lending: Sexual pathways to transcendence in Eskimo culture. In G. Feuerstein(Ed.), *Enlightened spirituality: Essays on body-positive spirituality*. Freedom, California: Crossing Press.

231. Grafenberg, E. (1950). The role of urethra in female orgasm. *International J of Sexology, 3*, 145-148.

232. Graupner, H. (2000). Sexual consent: The criminal law in Europe and overseas. *ASB, 29*, 415-461.

233. Green, R., & Young, R. (2001). Hand preference, sexual preference, and transsexualism. *ASB, 30*, 565-574.

234. Greenhalgh, S., & Bongaarts, J. (1987). Fertility policy in China: Future options. *Science, 235*, 1167-1172.

235. Greenhouse, H. (1974). Penile erections during dreams. In R. Woods & H. Greenhouse (Eds.), *The new world of dreams*. New York: MacMillan.

236. Greenson, R. (1968). Dis-identifying from mother: Its special importance for the boy. *International Psychoanalytical J, 49*, 370-374.

237. Gregor, T. (1985). *Anxious pleasures: The sexual lives of an Amazonian people*. Chicago, University of Chicago Press.

238. Grenier, G., & Byers, E. (1997). The relationships among ejaculatory control, ejaculatory latency, and attempts to prolong heterosexual intercourse. *ASB, 24*, 309-327.

239. Griffith, J., Hayworth, M., Adams, L., Mitchell, S., & Hart, C. (2013). Characteristics of pornography film actors: Self-report verse perceptions of college students. *ASB, 42*, 637-647.

240. Groth, A., & Birnbaum, H. (1979). *Men who rape: The psychology of the offender*. New York: Plenum Press.

241. Groth, A., Burgess, A., & Holmstrom, L. (1977). Power, anger and sexuality. *American J of Psychiatry, 134*, 1239-1243.

242. Groth, A., Longo, R., & McFadin, J. (1982). Undetected redicivism among rapists and child molesters. *Crime & Delinquency, 28*, 450-458.

243. Gruber, J., & Bjorn, L. (1982). Blue-collar blues: The sexual harassment of women autoworkers. *Work & Occupation, 9*, 271-278.

244. Gutek, B., & Koss, M. S. (1993). Changed women and changed organizations: Consequences of and coping with sexual harassment. *J of Vocational Behavior, 42*, 5-27.

245. Guthiel, T., & Avery, N. (1977). Multiple overt incest as family defense against loss. *Family Process, 16*, 105-116.

246. Ha, N. et al. (2014). Hurdling over sex? Sport, science, and equity. *ASB, 43*, 1035-1042.

247. Haapasalo, J., & Kankkonen, M. (1997). Self-reported childhood abuse among sex and violent offenders. *ASB, 26*, 421-431.

248. Haavio-Mannila, E., & Kontula, O. (1997). Correlates of increased sexual satisfaction. *ASB, 26*, 399-419.

249. Haig, D. (2004). The inexorable rise of gender and the decline of sex: Social change in academic titles, 1945-2001. *ASB, 33*, 87-96.

250. Hall, G., & Barongan, C. (1997). Prevention of sexual aggression: Sociocultural risk and protective factors. *American Psychologist, 52*, 5-14.

251. Handy, J. (1982). Psychological and social aspects of induced abortion. *British J of Clinical P, 21*, 29-41.

252. Harawa, N., Williams, J., Ramamurthi, H., Manago, C., Avina, S., & Jones, M. (2008). Sexual behavior, sexual identity, and substance abuse among low-income bisexual and non-gay-identifying african american men who have sex with men. *ASB, 37*, 748-762.

253. Harrington, C. (1968). Sexual differentiation in socialization and some male genital mutilations. *American Anthropologist, 70*, 952-956.

254. Harris, A. (1986). *Child Development*. New York: West Pub.

255. Harris, L. (1993, May). 25 ways to make marriage sexier. *Ladies' Home J*, pp. 88-92.

256. Hartmann, E. (1984). *The nightmare*. New York: Basic Books.

257. Haseltine, W. (1993, Winter). The future of AIDS. *Priorities*, pp. 30-32.

258. Hatfield, E., Sprecher, S., & Traupmann, J. (1978). Men's and women's reactions to sexually explicit films: A serendipitious finding. *ASB, 7*, 583-592.

259. Hawton, K., Gath, D., & Day, A. (1994). Sexual function in a community sample of middle-aged women with partners: Effects of age, marital, socioeconomic, psychiatric, gynecological, and menopausal factors. *ASB, 23*, 375-395.

260. Heim, N. (1981). Sexual behavior of castrated sex offenders. *ASB, 10*, 11-19.

261. Heiman, J., Long, J., Simth, S., Fisher, W., Sand, M., & Rosen, R. (2011). Sexual satisfaction and relationship happiness in midlife and older couple in five countries. *ASB, 40*, 741-753.

262. Herek, G., & Glunt, E. (1988). An epidemic of stigma: Public reactions to AIDS. *American Psychologist, 43*, 948-955.

263. Herek, G., Kimmel, D., Amaro, H., & melton, G. (1991). Avoiding heterosexist bias in psychological research. *American Psychologist, 46*, 957-963.

264. Herman-Jeglinsak, A., Grabowska, A., & Dulko, S. (2002). Masculinity, femininity, and transsexualism. *ASB, 31*, 527-534.

265. Hibel, J., & Anderson, W. (1983). The development of a human sexuality education program. *J of College Student Personnel, 24*, 468-469.

266. Hite, S. (1976). *The Hite report on female sexuality*. New York: Ballantine Books.

267. Hite, S. (1981). *The Hite report on male sexuality*. New York: Ballantine Books.

268. Hoch, P. (1979). *White hero, black beast: Racism, sexism and the mask of masculinity.* New York: Knopf.

269. Hopson, J., & Rosenfeld, A. (1984, August). PMS. *P Today*, pp. 30-35.

270. Hosken, F. (1989). Female genital mutilation. *The Truth Seeker, 1*(3), 22-30.

271. Hoyanga, K., & Hoyanga, K. (1993). *Gender-related differences: Origins and outcomes.* Boston: Allyn & Bacon.

272. Hugli, P. (1985, February). A history of virginity. *Forum*, pp. 53-58.

273. Hunt, M. (1974). *Sexual behavior in the 1970s.* Chicago: Playboy Press.

274. Hwang, I., Yang, D., & Park, K. (2013). Self-reported prevalence of and attitudes toward premature ejaculation in a community-based study of married couples. *World J of Men's Health, 31*, 70-75.

275. Hyde, J., & DeLamater, J. (2000). *Understanding human sexuality* (7th ed.). New York: McGraw Hill.

276. Jenks, R. (1998). Swinging: A review of the literature. *ASB, 27*, 507-521.
Jensen, P., Jensen, S., & Sorensen, P. (1990). Sexual dysfunction in male and female patients with epilepsy: A study of 86 outpatients. *ASB, 14*, 118-128.

277. Jones, E., & Nisbett, R. (1971). The actor and the observer: Divergent perceptions of the cause of behavior. In E. Jones, D. Kanouse, H. Kelley et al. (Eds.), *Attribution: Receiving the causes of behavior.* Morristown, New Jersey: General Learning Press.

278. Kafka, M. (1997). A monoamine hypothesis for the pathophysiology of paraphilic disorders. *ASB, 26*, 343-358.

279. Kaighobadi, F., Shackelford, T., & Weekes-Shackelford, V. (2012). Do women pretend orgasm to retain a mate? *ASB, 41*, 1121-1125.

280. Kalichman, S., Adair, V., Somlai, A. et al. (1995). The perceived social context of AIDS: Study of inner-city sexually transmitted disease clinic patients. *AIDS Education & Prevention, 7*, 298-307. (a)

281. Kalichman, S., Sikkema, K., & Somlai, A. (1995). Assessing persons with human immunodefici-ency virus infection using the Beck Depression Inventory: Disease processes and other potential confounds. *J of Personality Assessment, 64*, 86-100. (b)

282. Kane, E., & Schipper, M. (1996). Men's and women's beliefs about gender and sexuality. *Gender & Society, 10*, 650-665.

283. Kaplan, H. (1974). *The new sex therapy.* New York: Bruner/Mazel.

284. Kaplan, H. (1979). *Disorders of sexual desire.* New York: Bruner/Mazel.

285. Karlson, P., & Luscher, M. (1959). Pheromones: A new term for a class of biologically active substances. *Nature, 183*, 55-56.

286. Karpman, B. (1954). *The sexual offender and his offenses.* New York: Julian Press.

287. Kelly, G. (2004). *Sexuality today: The human perspective* (7th ed.). New York: McGrawHill.

288. Kelly, M., Strassberg, D., & Kircher, J. (1990). Attitudinal and experiential correlates of anorgasmia. *ASB, 19*, 165-177.

289. Kempeneers, P., Andrianne, R., Bauwens, S., Georis, I., Pairous, J., & Blairy, S. (2013). Functional and psychological characteristics of belgian men with premature ejaculation and their partners. *ASB, 42*, 51-66.

290. Kendrik, D., & Keefe, R. (1992). Age preferences in mates reflect sex differences in human reproductive strategies. *Behavioral & Brain Sciences, 15*, 75-133.

291. Kessley, S., & McKenna, W. (1978). *Gender: An ethnomethodological approach*. New York: Wiley.

292. Kiecolt-Glaser, J., & Glaser, R. (1988). Psychological influences on immunity: Implications for AIDS. *American Psychologist, 43*, 892-898.

293. Kilmann, P., Boland, J., West, M. et al. (1993). Sexual arousal of college students in relation to sex experience. *J of Sex Education & Therapy, 19*, 157-164.

294. Kilpatrick, D., Vernon, L., & Resick, P. (1982). psychological sequelae to rape. In D. Doleys, R. Meredith, & A. Ciminero (Eds.), *Behavior medicine: Assessment and treatment strategies* (pp. 473-497). New York: Plenum Press.

295. Kim, Y., & Youn, G. (2014). Implication of sexual intention on date initiation in the Korean college students. *P & Behavioral Sciences, 3*, 6-11.

296. Kimmel, D., & Weiner, I. (1995). *Adolescence: A developmental transition*. New York: John Wiley & Sons.

297. King, M., & Woollett, E. (1997). Sexually assaulted males: 115 men consulting a counselling service. *ASB, 26*, 579-588.

298. Kinsey, A., Pomeroy, W., & Martin, C. (1948). *Sexual behavior in the human male*. Philadelphia: Saunders.

299. Kinsey, A., Pomeroy, W., Martin, C. et al. (1953). *Sexual behavior in the human female*. Philadelphia: Saunders.

300. Kirchengast, S., Hartmann, B., Gruber, D. et al. (1996). Decreased sexual interest and its relationship to body build in postmenopausal women. *Maturitas: J of the Climacteric & Postmenopause, 23*, 63-71.

301. Kolodny, R., Masters, W., Hendrix, J. et al. (1971). Plasma testosterone and the semen analysis in male homosexuals. *New England J of Medicine, 285*, 1170-1174.

302. Koss, M., Leonard, K., Beezley, D. et al. (1985). Nonstranger sexual aggression: A discriminant analysis of the psychological characteristics of undetected offenders. *Sex Roles, 12*, 981-992.

303. Krug, R., Finn, M., Pietrowsky, R. et al. (1996). Jealousy, general creativity, and coping with social frustration during the menstrual cycle. *ASB, 25*, 181-199.

304. Krulewitz, J. (1982). Reactions to rape victims: Effects of rape circumstances, victim's emotional responses, and sex of helper. *J of Counseling P, 29*, 645–654.

305. Kurdek, L., & Schmitt, J. (1986). Early development of relationship quality in heterosexual married, heterosexual cohabiting, gay, and lesbian couples. *Developmental P, 22*, 305–309.

306. Kuyper, L., & Fokkema, T. (2010). Loneliness among older lesbian, gay, and bisexual adults: The role of minority stress. *ASB, 39*, 1171–1180.

307. Laan, E., & Everaerd, W. (1995). Habituation of female sexual arousal to slides and film. *ASB, 25*, 517–541.

308. Lacayo, R. (1992. 3. 23.). Sentence inscribed on flesh. *Time*, p. 54.

309. Lacey, J., Brinton, L., Lubin, J. et. al. (2005). Endometrial carcinoma risks among menopausal estrogen plus progestin and unopposed estrogen users in a cohort of postmenopausal women. *Cancer Epidemiology Biomarkers & Prevention, 14*, 1724–1731.

310. Ladas, A., Whipple, B., & Perry, M. (1982). *The G spot and other discoveries in female sexuality*. New York: Holt Rinehart & Winston.

311. Lander, E. (1997) Sex after 60: The catch phrase-the reality. *Senior Highlights, 14*(9), 28.

312. Langström, N., & Zucker, K. (2005). Transvestic fetishism in the general population: Prevalence and correlates. *J of Sex & Marital Therapy, 31*(2), 87–95.

313. Larue, G. (1989). Religious traditions and circumcision. *The Truth Seeker, 1*(3), 4–8.

314. Lehfeldt, H. (1971). Psychology of contraceptive failure. *Medical Aspects of Human Sexuality, 5*(5), 68–77.

315. Leigh, B., & Stall, R. (1993). Substance use and risky sexual behavior for exposure to HIV: Issues in methodology, interpretation, and prevention. *American Psychologist, 48*, 1035–1045.

316. Leitenberg, H., Detzer, M., & Srebnik, D. (1993). Gender differences in masturbation and the relation of masturbation experience in preadolescence and/or early adolescence to sexual behavior and sexual adjustment in young adulthood. *ASB, 22*, 87–98.

317. Leitenberg, H., & Henning, K. (1995). Sexual fantasy. *Psychological Bulletin, 117*, 469–496.

318. Leitenberg, H., & Slavin, L. (1983). Comparison of attitudes toward transsexuality and homosexuality. *ASB, 12*, 337–346.

319. Lerner, M., & Miller, D. (1978). Just world research and the attribution process: Looking back and ahead. *Psychological Bulletin, 85*, 1030–1051.

320. LeVay, S. (1991). A difference in hypothalamic structure between heterosexual and homosexual men. *Science, 253*, 1034–1037.

321. LeVine, R. (1959). Gusii sex offenses: A study in social control. *American Anthropologist, 61*, 956–990.

322. Lewis, C. (1987). Minors' competence to content to abortion. *American Psychologist, 42*, 84–88.

323. Lewis, H. (1972). Sex massage Japanese style. *Sexology, 38*, 61–64.

324. Lief, H., & Berman, E. (1976). Sexual interviewing of the individual patient through the life cycle. In W. Oaks, G. Melchiode, & I. Ficher (Eds.), *Sex and the life cycle* (pp. 1-11). New York: Grune & Stratton.

325. Lief, H., & Hubschman, L. (1993). Orgasm in the postoperative transsexual. *ASB, 22*, 145-155.

326. Lindemann, S. (1984). "To ravish and carnally know": Rape in 18th century Massachusetts. *J of Women in Culture & Society, 10*, 63-82.

327. Linder, M., Ryckman, R., Gold, J. at al. (1995). Traditional vs. nontraditional women and men's perceptions of personalities and physiques of ideal women and men. *Sex Roles, 32*, 675-690.

328. Lindquist, S. (2000). *The date rape prevention book: The essential guide for girls and women.* Naperville, IL: Sourcebooks, Inc.

329. Linz, D., Donnerstein, E., & Penrod, S. (1987). The findings and recommendations of the Attorney General's Commission on Pornography: do the psychological "facts" fit the political fury? *American Psychologist, 42*, 946-953.

330. Lippa, R. (2003). Handedness, sexual orientation, and gender-related personality traits in men and women. *ASB, 32*, 103-114.

331. LoPiccolo, J., & Friedman, J. (1988). Broad spectrum treatment of low sexual desire: Integration of cognitive, behavioral, and systematic therapy. In S. Leiblum & R. Rosen(Eds.), *Sexual desire disorders* (pp. 107-144). New York: Guildford Press.

332. LoPiccolo, J., Heiman, J., Hogan, D. et al. (1985). Effectiveness of single therapists vs. cotherapy teams in sex therapy. *J of Consulting & Clinical P, 53*, 287-294.

333. Loraine, J., Adamopoulos, D. Kirkham, E. et al. (1971). Patterns of hormone excretion in male and female homosexuals. *Nature, 234*, 552-555.

334. Loth, H. (1987). *Woman in ancient Africa.* Westport, Connecticut: Lawrence Hill.

335. McAnulty, R., & Burnette, M. (2004). *Exploring human sexuality* (2nd ed.). Boston: Allyn and Bacon.

336. McCall, K., Rellini, A., Seal, B., & Meston, C. (2007). Sex differences in memory for sexually-relevant information. *ASB, 36*, 477-507.

337. McClintock, M. (1971). Menstrual synchrony and suppression. *Nature, 229*, 244-245.

338. Maccoby, E. (1999). *The two sexes: Growing up apart, coming together.* Cambridge, Massachusetts: Harvard University Press.

339. McCoy, N., & Matyas, J. (1996). Oral contraceptives and sexuality in university women. *ASB, 25*, 73-90.

340. MacDonald, K. (1986). Civilization and its discontents revisited: Freud as an evolutionary biologist. *J of Social Biology & Structure, 9*, 307-318.

341. McKay, C., & Hou, C. (1994). Family affiliation and prostitution in a cultural context: Career

onsets of Taiwanese prostitutes. *ASB*, *23*, 251-265.

342. McLaren, A. (1990). *A history of contraception: From antiquity to the present*. Oxford, England: Basil Blackwell.

343. Mace, N., & Rabins, P. (1991). *The 36-hour day* (Revised Ed.). Baltimore, Maryland: The Johns Hopkins University Press.

344. Malamuth, N. (1986). Predictors of naturalistic sexual aggression. *J of Personality & Social P*, *50*, 953-962.

345. Malamuth, N., & Donnerstein, E. (1982). The effects of aggressive-pornographic mass media stimuli. In L. Berkowitz (Ed.), *Advances in experimental social psychology* (Vol. 15, pp. 103-136). New York: Academic Press.

346. Malamuth, N., Linz, D., Heavey, C. et al. (1995). Using the confluence model of sexual aggression to predict men's conflict with women: A 10-year follow-up study. *J Personality & Social P*, *69*, 353-369.

347. Malatesta, V., Pollack, R., Wilbanks, W. et al. (1979). Alcohol effects on the orgasmic-ejaculatory response in human males. *J of Sex Research*, *15*, 101-107.

348. Marecek, J. (1987). Counseling adolescents with problem pregnancies. *American Psychologist*, *42*, 89-93.

349. Marokoff, P., & Gilliland, R. (1993). Stress, sexual functioning, and marital satisfaction. *J of Sex Reseach*, *30*, 43-53.

350. Marshall, D. (1971). Sexual behavior on Mangaia. In D. Marshall & R. Suggs (Eds.), *Human sexual behavior*. New York: Basic Books.

351. Masters, W., & Johnson, V. (1966). *Human sexual response*. Boston: Little, Brown.

352. Masters, W., & Johnson, V. (1970). *Human sexual inadequacy*. Boston: Little, Brown.

353. Masters, W., Johnson, V., & Kolodny, R. (1994). *Heterosexuality*. New York: Harper Collins.

354. Medicus, G., & Hopf, S. (1990). The phylogeny of male/female differences in sexual behavior. In J. Feierman (Ed.), *Pedophilia: Biological dimensions* (pp. 122-149). New York: Springer-Verlag.

355. Meredith, N. (1984, January). The gay dilemma. *P Today*, pp. 56-62.

356. Messenger, J. (1993). Sex and repression in an Irish folk community. In D. Suggs & A. Miracle(Eds.), *Culture and human sexuality*. Pacific Grove, CA: Books/Cole.

357. Meston, C., & Buss, D. (2007). Why humans have sex. *ASB*, *36*, 477-507.

358. Meston, C., Trapnell, P., & Gorzalka, B. (1996). Ethnic and gender differences in sexuality: Variation in sexual behavior between Asian and non-Asian university students. *ASB*, *25*, 33-72.

359. Mohr, J., Turner, R., & Jerry, M. (1964). *Pedophilia and exhibitionism*. Toronto: University of Toronto Press.

360. Monat, R. (1982). *Sexuality and the mentally retarded*. San Diego, California: College-Hill

Press.

361. Money, J. (1973). Sexology: Behavioral, cultural, hormonal, neurological, genetic etc. *Journal of Sex Research, 9,* 3–10.

362. Money, J. (1985). *The destroying angel.* Buffalo, New York: Prometheus Books.

363. Money, J. (1986). *Lovemaps.* New York: Irvington.

364. Money, J. (1987). Sin, sickness, or status? Homosexual gender identity and psychoneuroendocrinology. *American Psychologist, 42,* 384–399.

365. Money, J. (1988). *Gay, straight, and in-between: The sexology of erotic orientation.* New York: Oxford University Press.

366. Moore, C. (1985). Morning erection. *Medical Aspects of Human Sexuality, 19*(6), 49–56.

367. Moracco, J., & Zeidan, M. (1982). Assessment of sex knowledge and attitude of non-Western medical students. *P: A Quarterly J of Human Behavior, 19,* 13–21.

368. Morris, N., & Udry, J. (1978). Pheromonal influences on human sexual behavior: An experiential search. *J of Biosocial Science, 10,* 147–159.

369. Morrissetts, D., Skinner, M., Hoffman, B. et al. (1993). Effects of antihypertensive drugs atenolol and nifedipine on sexual function in older men: A placebo-controlled, crossover study. *ASB, 22,* 99–109.

370. Moser, C., Lee, J., & Christensen, P. (1993). Nipple piercing: An exploratory-descriptive study. *J of P & Human Sexuality, 6*(2), 51–61.

371. Moss, H., & Panzak, G., & Tarter, R. (1993). Sexual functioning of male anabolic steroid abusers. *ASB, 22,* 1–12.

372. Muehlenhard, C., Friedman, D., & Thomas, C. (1985). Is date rape justifiable? The effects of dating activity, who initiated, who paid, and men's attitudes toward women. *P of Women Quarterly, 9,* 297–310.

373. Munroe, R., & Munroe, R. (1975). *Cross-cultural human development.* Monterey, California: Brooks/Cole.

374. Murstein, B. (1974). *Love, sex, and marriage through the ages.* New York: Springer.

375. Nass, G., Libby, R., & Fisher, M. (1984). *Sexual choices: An introduction to human sexuality* (2nd ed.). Monterey, California: Wadworth Health Sciences.

376. National Enquirer (1997, May 13). Miracle mom at 63!

377. Nelson, H. (2002). Assessing benefits and harms of hormone replacement therapy: Clinical applications. *J of the American Medical Association, 288*(7), 882–884.

378. Nobile, P. (1985, February). 20 greatest moments in sex history. *Forum,* 19–24. (a)

379. Nobile, P. (1985, July). Is male circumcision a form of child abuse? *Forum,* 12–16, 24–25. (b)

380. Okami, P., Olmstead, R., Abramson, P., & Pendleton, L. (1998). Early childhood exposure to parental nudity and scenes of parental sexuality("primal scenes"): An 18-year longitudinal

study of outcome. *ASB, 27,* 361-384.

381. Oliver, M., & Hyde, J. (1993). Gender differences in sexuality: A meta-analysis. *Psychological Bulletin, 114,* 29-51.

382. Olsson, S., & Moller, A. (2003). On the incidence and sex ratio of transsexualism in Sweden, 1972-2002. *ASB, 32,* 381-386.

383. Oncale, R., & King, B. (2001). Comparison of men's and women's attempts to dissuade sexual partners from the couple using condoms. *ASB, 30,* 379-391.

384. O'Neill, M. (1997). Prostitute women now. In G. Scambler & A. Scambler (Eds.), *Rethinking prostitution: Purchasing sex in the 1990s* (pp. 3-28). London: Rutledge.

385. Osborn, C., & Pollack, R. (1977). The effects of two types of erotic literature on physiological and verbal measures of female sexual arousal. *J of Sex Research, 13,* 250-256.

386. Ovesey, L., & Person, E. (1976). Transvestism: A disorder of the self. *International J of Psychoanalytic Psychotherapy, 5,* 219-236.

387. Palace, E. (1995). Modification of dysfunctional patterns of sexual response through autonomic arousal and false physiological feedback. *J of Consulting & Clinical P, 63,* 604-615.

388. Paluszny, M. (1979). Current thinking on children's sexuality. *Medical Aspects of Human Sexuality, 13,* 120-121.

389. Pan, S. (1993). A sex revolution in current China. *J of P & Human Sexuality, 6*(2), 1-14.

390. Parkes, A., & Bruce, N. (1961). Olfactory stimuli in mammalian reproduction. *Science, 134,* 1049-1054.

391. Parsons, J., Starks, T., DuBois, S., Grov, C., & Golub, S. (2013). Alternatives to monogamy among gay male couples in a community survey: Implications for mental health and sexual risk. *ASB, 42,* 303-312.

392. Pauly, I. (1990). Gender identity disorders: Evaluation and treatment. *J of Sex Education & Therapy, 16,* 2-24.

393. Pelletier, L., & Herold, E. (1988). The relationship of age, sex guilt, and sexual experience with female sexual fantasies. *J of Sex Research, 24,* 250-256.

394. Peplau, L., Frederick, D., Yee, C., Maisel, N., Lever, J., & Ghavami, N. (2009). Body image satisfaction in heterosexual, gay, lesbian adult. *ASB, 38,* 713-725.

395. Peplau, L., Rubin, Z., & Hill, C. (1977). Sexual intimacy in dating relationships. *J of Social Issue, 33,* 86-109.

396. Perry, J., & Whipple, b. (1982). Multiple components of female orgasm. In B. Graber (Ed.), *Circumvaginal musculature and sexual function* (pp. 101-114). New York: Karger.

397. Perry, N. (1993). Sexual harassment on campus: Are your actions actionable? *J of College Student Development, 34,* 406-410.

398. Petersen, J., Kretchmer, A., Nellis, B. et al. (1983, January). The Playboy readers sex survey,

part I. *Playboy, 108,* 241-250.

399. Peterson, J., & Marin, G. (1988). Issues in the prevention of AIDS among black and hispanic men. *American Psychologist, 43,* 871-898.

400. Pfuhl, E., Jr. (1978). The unwed father: A "nondeviant" rule breaker. *The Sociological Quarterly, 19,* 113-128.

401. Phillis, D., & Stein, P. (1983). Sink or swing? The lifestyles of single adults. In E. Allgeier & N. McCormick (Eds.), *Changing boundaries: Gender roles and sexual behavior* (pp. 202-225). Palo Alto, California: Mayfield.

402. Pittman, F. (1993, May/June). Beyond betrayal: Life after infidelity. *P Today,* pp. 32-38, & 78-82.

403. Ploss, H., Bartels, P., & von Reitzenstein, F. (1964). *Women in the sexual relation.* New York: Medical Press of New York.

404. Pollack, A. (1991). Norplant: What you should know about the new contraceptive. *Medical Aspects of Human Sexuality, 25,* 38-42.

405. Polyson, J., Lash, S., & Evans, K. (1986). Human sexuality courses: Where and how many? *Teaching of P, 13,* 221-222.

406. Pope, K., Keith-Spiegel, P., & Tabachnik, B. (1986). Sexual attraction to clients: The human therapist and the(sometimes) in human training system. *American Psychologist, 41,* 147-158.

407. Price, J., & Miller, P. (1984). Sexual fantasies of black and white college students. *Psychological Reports, 54,* 1007-1014.

408. Profet, M. (1993). Menstruation as a defense against pathogens transported by sperm. *The Quarterly Review of Biology, 68,* 335-386.

409. Puckett, S. (1988, January). When a worker gets AIDS. *P Today,* 26-27.

410. Puretz, S., & Haas, A. (1993). Sexual desire and responsiveness following hysterectomy and menopause. *J of Women & Aging, 5*(2), 3-15.

411. Rachman, S. (1966). Sexual fetishism: An experimental analogue. *Psychological Record, 16,* 293-296.

412. Rakie, Z., Starcevic, V., Maric, J. et al. (1996). The outcome of sex reassignment surgery in Belgrade: 32 patients of both sexes. *ASB, 25,* 515-525.

413. Rehman, J. Lazer, L., Benet, A. et al. (1999). The reported sex and surgery satisfaction of 28 postoperative male-to-female transsexual patients. *ASB, 28,* 71-89.

414. Reich, W. (1942). *The function of the orgasm.* New York: Orgone Institute Press.

415. Reiss, I., Anderson, R., & Sponaugle, G. (1980). A multivariate model of the determinants of extramarital sexual permissiveness. *J of Marriage & the Family, 42,* 395-411.

416. Reite, M., Sheeder, J., Richardson, D. et al. (1995). Cerebral laterality in homosexual males: Preliminary communication using magnetoencephalography. *ASB, 24,* 585-593.

417. Rellini, A., Elinson, S., Janssen, E., & Menston, C. (2012). The effect of pre-existing affect on the sexual responses of women with and without a history of childhood sexual abuse. *ASB, 41,* 329-339.

418. Rellini, A., & Mestion, C. (2007). Sexual desire and linguistic analysis: A comparison of sexully-abused and non-abused women. *ASB, 36,* 67-77.

419. Rhoads, J., & Boekelheide, P. (1984/85). Female genital exhibitionism. *The Psychiatric Forum, 13,* 1-6.

420. Rieber, I., & Sigusch, V. (1979). Psychosurgery on sex offenders and sexual deviants in West Germany. *ASB, 8,* 523-527.

421. Robbins, J., & DeLamater, J. (1985). Support from significant others and loneliness following induced abortion. *Social P, 20,* 92-99.

422. Roberts, A., Glymour, M., & Koenen, K. (2013). Does maltreatment in childhood affect sexual orientation in adulthood? *ASB, 42,* 161-171.

423. Roberts, S., et al. (2004). Female facial attractiveness increases during the fertile phase of the menstrual cycle. *Proceedings of the Royal Society of London.* B(Suppl.), *271,* S270-S272.

424. Robinson, B., Scheltma, K., Koznar, J. et al. (1996). Attitudes of U.S. and Czech/Slovak mental health professionals toward five types of sexually explicit materials. *ASB, 25,* 601-628.

425. Roche, J. (1986). Premarital sex: Attitudes and behavior by dating stage. *Adolescence, 21,* 107-121.

426. Rorvik, D., & Shettles, L. (1977). *Choose your baby' s sex.* New York: Dodd, Mead.

427. Rose, K. (1988). *The body in time.* New York: John Wiley & Sons.

428. Rosen, R., & Beck, J. (1988). *Patterns of sexual arousal.* New York: Guildford.

429. Rosen, R., & Leiblum, S. (1995). Treatment of sexual disorders in the 1990s: An integrated approach. *J of Consulting & Clinical P, 63,* 877-890.

430. Rosenthal, E., Heesacker, M., & Neimeyer, G. (1995). Changing the rape-supportive attitudes of traditional and nontraditional male and female college students. *J of Counseling P, 42,* 171-177.

431. Rosman, J., & Resnick, P. (1989) Sexual attraction to corpse: A psychiatric review of necrophilia. *Bulletin of the American Academy of Psychiatry and the Law,* 17, 153-163.

432. Rowland, D., Kallan, K., & Slob, A. (1996). Yohimbine, erectile capacity, and sexual response in men. *ASB, 26,* 49-62.

433. Rubenstein, C. (1986). The modern art of courtly love. In O. Pocs(Ed.), *Human sexuality 86/87*(pp. 125-133). Guildford, Connecticut: The Dushkin Pub.

434. Russell, D. (1984). *Sexual exploitation: Rape, child sexual abuse, and workplace harassment.* Beverly Hills, California: Sage Publications.

435. Sacco, W., Rickman, R., Thompson, K. et al. (1993). Gender differences in AIDS-relevant

condom attitudes and condom use. *AIDS Education & Prevention*, 5(4), 311–326.

436. Sadock, V. (1985). Special areas of interest in normal human sexuality and psychosexual disorders. In H. Kaplan & B. Sadock (Eds.), *Comprehensive textbook of psychiatry/IV* (pp. 1090–1096). Baltimore, Maryland: Williams & Wilkins.

437. Sagarin, E. (1977). Incest. *J of Sex Research*, 13, 126–135.

438. Sagiv-Reiss, D., Birnbaum, G., & Safir, M. (2012). Change in sexual experiences and relationship quality during pregnancy. *ASB*, 41, 1241–1251.

439. Salmon, D. (1991, May). Coping with miscarriage. *Parents*, pp. 106–110.

440. Sanda, L., Mazo, R., & Chancellor, M. (1990). The role of yohimbine for the treatment of erectile impotence. *J of Sex & Marital Therapy*, 16, 15–21.

441. Sanday, P. (1981). The social-cultural context of rape: A cross-cultural study. *J of Social Issues*, 37, 5–27.

442. Schewe, P., & O'Donohue, W. (1996). Rape prevention with high-risk males: Short-term outcome of two interventions. *ASB*, 25, 455–471.

443. Schiavi, R., White, R., Mandeli, J. et al. (1997). Effect of testosterone administration on sexual behavior and mood in men with erectile dysfunction. *ASB*, 26, 231–241.

444. Schmidt, G., Klusmann, D., Zeitzschel, U. et al. (1994). Changes in adolescents' sexuality between 1970 and 1990 in West Germany. *ASB*, 23, 489–513.

445. Schnarch, D. (1981). Impact of sex education on medical students' projections of patients' attitudes. *J of Sex & Marital Therapy*, 7(2), 141–155.

446. Schneider, R. (1971). The sense of smell and human sexuality. *Medical Aspects of Human Sexuality*, 5(5), 157–168.

447. Schott, R. (1995). The children and family dynamics of transvestites. *ASB*, 24, 309–327.

448. Seal, B., Bradford, A., Meston, C. (2009). The association between body esteem and sexual desire among college women. *ASB*, 38, 866–872.

449. Seemanova, E. (1971). A study of children with incestuous matings. *Human Heredity*, 21, 108–128.

450. Segraves, R. (1988). Drugs and desire. In S. Leiblum & R. Rosen (Eds.), *Sexual desire disorder* (pp. 313–347). New York: Guilford Press.

451. Semans, J. (1956). Premature ejaculation: A new approach. *J of Southern Medicine*, 49, 353–361.

452. Serrill, M. (1983. 12. 12.). Castration or incarceration? *Time*, p. 30.

453. Sexuality Today (1979, March 26). *Husbands and wives: Divergence on attitudes toward sex. 2*(23), p. 3.

454. Shaw, E. (1985). Female circumcision. *American J of Nursing*, 85, 684–687.

455. Sheeran, P., Abrams, D., Abraham, C. et al. (1993). Religiosity and adolescents' premarital sexual attitudes and behavior: An empirical study of conceptual issues. *European J of Social*

P, *23*, 39-52.

456. Shettles, L. (1972). Predetermining children's sex. *Medical Aspects of Human Sexuality*, *6*(6), 172.

457. Sikstrom, B., Helleberg, D., Nilson, S. (1996). Sexual risk behavior in women with cervical human papilloma virus infection. *ASB*, *25*, 361-372.

458. Silber, M. (1994). Menstrual cycle and work schedule: Effects on women's sexuality. *ASB*, *23*, 397-404.

459. Silverthorne, Z., & Quinsey, V. (2000). Sexual partner age preferences of homosexual and heterosexual men and women. *ASB*, *29*, 67-76.

460. Simons, J., & Carey, M. (2001). Prevalence of sexual dysfunctions: Results from a decade of research. *ASB*, *30*, 177-219.

461. Singh, D., Meyer, W., Zambarano, R. et al. (1998). Frequency and timing of coital orgasm in women desirous of becoming pregnant. *ASB*, *27*, 15-29.

462. Slayton, W. (1989). A theology of sexual pleasure. *American Baptist Review*, *8*(2), 94-108.

463. Sloss, C., & Harper, G. (2004). When street sex workers are mothers. *ASB*, *33*, 329-341.

464. Smolowe, J. (1993, June 14). New, improved and ready for battle. *Time*, pp. 48-51.

465. Snyder, S. (1980). Basic science of psychopharmacology. In H. Kaplan, A. Freedman, & B. Sadock(Eds.), *Comprehensive textbook of Psychiatry/III*. Baltimore, Maryland: Williams & Wilkins.

466. Solomon, G., & Solomon, J. (1971). Shyness and sex. *Medical Aspects of Human Sexuality*, *5*(5), 10-19.

467. Spanier, G. (1979). *Human sexuality in a changing society*. Minneapolis, Minnesota: Burgess Pub.

468. Specken, A., Hengeveld, M., Nijeholt, G. et al. (1995). Psychosexual functioning of partners of men with erectile dysfunction: cause or consequence of the disorder? *ASB*, *24*, 157-172.

469. Sprecher, S., & Hatfield, E. (1996). Premarital sexual standards among U.S. college students: Comparison with Russian and Japanese students. *ASB*, *25*, 261-288.

470. Stack, S., & Gundlach, J. (1992). Divorce and sex. *ASB*, *21*, 359-367.

471. Stark, E. (1984, May). The unspeakable family secret. *P Today*, 38, 42-46.

472. Steinem, G. (1980). Erotica and pornography. In L. Lederer (Ed.), *The back of the night: Women on pornography*. New York: Morrow.

473. Stephens, W. (1962). *The Oedipus complex*. Gencoe, Illinois: Free Press.

474. Sternberg, R. (1986). A triangular theory of love. *Psychological Review*, *93*, 119-135.

475. Sternberg, R. (1988). Triangulating love. In R. Sternberg & M. Barnes, *The psychology of love* (pp. 119-138). New Haven, Connecticut: Yale University Press.

476. Sternberg, R., & Grajek, S. (1984). The nature of love. *J of Personality & Social P*, 47, 312-327.

477. Stock, W. (1995). The effects of pornography on women. In L. Lederer & R. Delgado(Eds.), *The price we pay: The case against racist speech, hate propaganda, and pornography* (pp. 80-88). New York: Hill and Wang.

478. Stockdale, M. (1993). The role of sexual misperceptions of women's friendliness in an emerging theory of sexual harassment. *J of Vocational Behavior, 42,* 84-101.

479. Stockard, J., & Johnson, M. (1980). *Sex roles: Sex inequality and sex role development.* Englewood Cliffs, New Jersey: Prentice Hall.

480. Stokes, J., Vanable, P., & McKirnan, D. (1997). Comparing gay and bisexual men on sexual behavior, condom use, and psychological variables related to HIV/AIDS. *ASB, 26,* 383-397.

481. Stoller, R. (1991). The term perversion. In G. Fogel & W. Myers (Eds.), *Perversions: Near-perversions in clinical practice*(pp. 36-56). New Haven, Connecticut: Yale University Press.

482. Strassberg, D., & Lockerd, L. (1998). Force in women's sexual fantasies. *ASB, 27,* 403-414.

483. Strassberg, D., & Mahoney, J. (1988). Correlates of the contraceptive behavior of adolescent/young adults. *J of Sex Research, 25,* 531-536.

484. Strong, B., & DeVault, C. (1988). *Understanding our sexuality* (2nd ed.). St Paul, Minnesota: West Pub.

485. Strong, B., DeVault, C., & Sayad, B. (1999). *Human sexuality: Diversity in contemporary America* (2nd ed.). Mountain View, CA: Mayfield.

486. Stulhofer, A., & Ajdukovi?. (2013). A mixed-methods exploration of women's experiences of anal intercourse: Meaning related to pain and pleasure. *ASB, 42,* 1053-1062.

487. Swami, V., & Tovee, M. (2013). Men's oppressive beliefs predict their breast size preferences in women. *ASB, 42,* 1199-1207.

488. Swim, J., Aikin, K., Hall, W. et al. (1995). Sexism and racism: Old-fashioned and modern prejudices. *J of Personality & Social P, 68,* 199-214.

489. Swindle, R., Cameron, A., Lockhart, D., & Rosen, R. (2004). The psychological and interpersonal relationship scales: Assessing psychological and relationship outcomes associated with erectile dysfunction and its treatment. *ASB, 33,* 19-30.

490. Sydow, K. (1995). Unconventional sexual relationships: Data about German women aged 50 to 91 years. *ASB, 24,* 271-290.

491. Sydow, K. (1996). Female sexuality and historical time: A comparison of sexual biographies of German women born between 1895 and 1936. *ASB, 25,* 473-493.

492. Tang, C., Lai, F., & Chung, T. (1997). Assessment of sexual functioning for Chinese college students. *ASB, 26,* 79-90.

493. Tanner, J. (1962). *Growth at adolescence*(2nd ed.). Oxford, England: Blackwell.

494. Tanner, W., & Pollack, R. (1988). The effect of condom use and erotic instructions on attitudes toward condoms. *J of Sex Research, 25,* 537-541.

495. Taris, T., & Semin, G. (1997). Gender as a moderator of the effects of the love motive and relational context on sexual experience. *ASB, 26*, 159-180.

496. Terman, L., Buttenwieser, P., Ferguson, L. (1938). *Psychological factors in marital happiness.* New York: McGraw-Hill.

497. Time (1993, January 10). Miracles postmenopause, p. 10.

498. Todd, J., & Dewhurst, K. (1955). The Othello syndrome: A study in the psychopathology of sexual jealousy. *J of Nervous & Mental Disease, 122*, 367-374.

499. Tollison, C., & Adams, H. (1979). *Sexual disorder: Treatment, theory, and research.* New York: Gardner.

500. Toufexis, A. (1993, February 15). The right chemistry. *Time*, pp. 37-39.

501. Townsend, J. (1995). Sex without emotional involvement: An evolutionary interpretation of sex differences. *ASB, 24*, 173-206.

502. Townsend, J., & Wasserman, T. (1997). The perception of sexual attractiveness: Sex differences in variability. *ASB, 26*, 243-268.

503. Træen, B., Holmen, K., & Stigum, H. (2007). Extradyadic sexual relationship in Norway. *ASB, 36*, 55-65.

504. Traeen, B., & Kvalem, I. (1996). Sexual socialization and motives for intercourse among Norwegian adolescents. *ASB, 25*, 289-302.

505. Trivers, R. (1985). *Social evolution.* Monro Park, CA: Benjamin Cummnings.

506. Tuana, N. (1993). *The less noble sex: Scientific, religious, and philosophical conceptions of woman in nature.* Bloomington, Indiana: Indiana University Press.

507. UNAIDS (2012). *Global report: UNAIDS report on the global AIDS epidemic 2012.* Geneva: Switzerland.

508. UNFPA (2013). *State of World Population 2013: Motherhood in childhood.* The United Nations Population Fund.

509. Valois, R., & Kammermann, S. (1984). *Your sexuality: A personal inventory.* New York: Random House.

510. Van Goozen, S., Wiegant, V., Endert, E. et al. (1997). Psychoendocrinological assessment of the menstrual cycle: The relationship between hormones, sexuality, and mood. *ASB, 26*, 359-382.

511. Van Kesteren, P., Gooren, L., & Megens, J. (1996). An epidemiological and demographical study of transsexuals in the Netherlands. *ASB, 25*, 589-600.

512. Vanwesenbeeck, I., Graaf, R., van Zessen, G. et al. (1995). Professional HIV risk taking, levels of victimization, and well-being in female prostitutes in the Netherlands. *ASB, 24*, 503-515.

513. Vries, H., Eggers, S., Jinabhai, C., Weitz, Meyer-Weitz, A., Sathiparsad, R., & Taylor, M. (2014). Adolescent's beliefs about forced sex in KwaZulu-Natal, South Africa. *ASB, 43*, 1087-1095.

514. Walen, S., & Roth, D. (1987). A cognitive approach. In J. Geer & W. O'Donohue (Eds.), *Theories of human sexuality*. New York: Plenum.

515. Waletzky, L. (1979). Husbands' problems with breast-feeding. *American J of Orthopsychiatry, 49*, 349-352.

516. Wallechinsky, D., & Wallace, I. (1978). *The people's almanac #2*. New York: Bantam Books.

517. Walling, M., Anderson, B., & Johnson, S. (1990). Hormonal replacement theory for women: A review of sexual outcomes and related gynecological effects. *ASB, 19*, 119-137.

518. Weeks, J. (1985). *Sexuality and its discontents*. London: Routledge & Kegan Paul.

519. Weinberg, G. (1985). Homophobia. In O. Pocs (Ed.), *Human sexuality 86/87* (pp. 198-200). Guilford, Connecticut: The Duskin Publishing Co.

520. Weinberg, M., Lottes, I., & Gordon, L. (1997). Social class background, sexual attitudes, and sexual behavior in a heterosexual undergraduate sample. *ASB, 26*, 625-642.

521. Weinberg, M., Lottes, I., & Shaver, F. (1995). Swedish or American heterosexual college youth: Who is more permissive? *ASB, 24*, 409-437.

522. Weinberg, M., Williams, C., & Calhan, C. (1994). Homosexual foot fetishism. *ASB, 23*, 611-626.

523. Weingourt, R. (1985). Wife rape: Barriers to identification and treatment. *American J of Psychotherapy, 39*, 187-192.

524. Weitze, C., & Osburg, S. (1996). Transsexualism in Germany: Empirical data on epidemiology and application of the German transsexuals' act during its first ten years. *ASB, 25*, 409-425.

525. Weller, L., Weller, A., & Roizman, S. (1999). Human menstrual syndrome in families and among close friends: Examining the importance of mutual experience. *J of Comparative P, 113*, 261-268.

526. Wells, B. (1986). Predictors of female nocturnal orgasm. *J of Sex Research, 23*, 421-437.

527. Widman, L., & McNulty, J. (2010). Sexual narcissism and the perpetration of sexual aggression. *ASB, 39*, 926-939.

528. Williams, J., & Nielson, W. (1979). The rapist looks at his crime. *Free Inquiry in Creative Sociology, 7*, 128-132.

529. Wilson, E. (1963). Pheromones. *Scientific American, 208*(5), 100-114.

530. Wilson, E. (1975). *On human nature*. Cambridge, Massachusetts: Harvard University Press.

531. Wilson, G. (1979). The sociobiology of sex differences. *Bulletin of the Psychological Society, 32*, 350-353.

532. Wilson, K., & Kraus, L. (1983). Sexual harassment in the university. *J of College Student Personnel, 24*, 219-224.

533. Winner, B., Peipert, J., Zhao, Q., Buckel, C., Madden, T., Allsworth, J., & Secura, G. (2012),

Effectiveness of long-acting reversible contraception. *New England J Medicine, 366*(21), 1998-2007.

534. Woo, J., Brotto, L., & Gorzalka, B. (2011). The role of sex guilt in the relationship between culture and wonen's sexual desire. *ASB, 40*, 385-394.

535. Worthley, R. (1983). *Erotic movies.* New York: Crescent Books.

536. Wright, P., Bae, S., & Funk, M. (2013). United states women and pornography through four decades: Exposure, attitudes, behaviors, individual differences. *ASB, 42*, 1131-1144.

537. Wyatt, G. (1994). The sociocultural relevance of sex research: Challenges for the 1990s and beyond. *American Psychologist, 49*, 748-754.

538. Yang, D., & Youn, G. (2012). Effects of exposure to pornography on male aggressive behavioral tendencies. *The Open P J, 5*, 1-10.

539. Yates, A., & Wolman, W. (1991). Aphrodisiacs: Myth and reality. *Medical Aspects of Human Sexuality, 25*, 58-64.

540. Youn, G. (1987). On using public media for prevention of rape. *Psychological Reports, 61*, 237-238.

541. Youn, G. (1996). Sexual activities and attitudes of adolescent Koreans. *ASB, 25*, 629-643.

542. Youn, G. (2001). Perceptions of peer sexual activities in Korean adolescents. *J of Sex Research, 38*, 352-360.

543. Youn, G. (2006). Subjective sexual arousal in response to erotica: Effects of gender, guided fantasy, erotic stimulus, and duration of exposure. *ASB, 35*, 87-97.

544. Youn, G. (2013). Challenges facing sex therapy in Korea. In K. Hall & C. Graham(Eds.), *The cultural context of sexual pleasure and problems: Psychotherapy with diverse clients* (pp. 155-169). New York: Rutledge.

545. Youn, G., & Ball, L. (1986, April). *Development of a scale of attitudes toward nonstranger rape.* Paper presented at the annual meeting of the Eastern Psychological Association, New York. (a)

546. Youn, G., & Ball, L. (1986, May). *Development of a scale of attitudes toward nonstranger rape: Some validity findings.* Paper presented at the annual meeting of the Midwestern Psychological Association, Chicago, USA. (b)

547. Youn, G., & Ball, L. (1987, April). *Gender differences in college students' attitudes toward nonstranger rape.* Paper presented at the annual meeting of the Southern Society for Philosophy & Psychology, Atlanta, Georgia, USA.

548. Yuksel, S., Yucel, B., Tukel, R. et al. (1992). Assessment of 21 transsexual cases in group psychotherapy, admitted to hospital. *Nordisk Sexologi, 10*, 227-235.

549. Yule, M., Brotto, L., & Gorzalka, B. (2014). Biological markers of asexuality: Handedness, birth order, and finger length ration in self-identified asexual men and women. ASB, *43*, 299-310.

550. Zelnik, M., & Kim, Y. (1982). Sex education and its association with teenage sexual activity, pregnancy, and contraceptive use. *Family Planning perspectives, 14,* 117-119, 123-126.

551. Zhou, M. (1993). A survey of sexual states of married, healthy, reproductive age women. *J of P & Human Sexuality, 6*(2), 15-28.

552. Zilbergeld, B., & Evans, M. (1980). The inadequacy of Masters and Johnson. *P Today,* 14, 29-43.

553. Zillmann, D., & Bryant, J. (1988). Pornography's impact on sexual satisfaction. *J of Applied Social P, 18,* 438-453.

554. Zillmann, D., & Schweitzer, K., & Mundorf, N. (1994). Menstrual cycle variation of women's interest in erotica. *ASB, 23,* 579-597.

555. Ziplow, S. (1977). *The film maker's guide to pornography.* New York: Drack Pub.

찾아보기

G-점 152

HIV 317

REM 수면 253

가시폴 179

가정폭력 328, 364

가족계획 173

가학성 강간 340

가학-피학성 변태성욕 421

간성 302

간통죄 242

감각집중훈련 262

강간 118, 184, 323, 352

강간 미수 324

강간에 대한 잘못된 믿음 332

강간에 대한 침묵 반응 337

강간의 상처 337

강간증 419

강제 성추행 328

개방 결혼 235

갱신 결혼 216

거세 수술 340, 433

거세불안 74, 106, 399, 413, 418

거세술 178

게이댄서 318

게이역병 318

격리불안 307

결혼치료 446

경구피임약 176

경성 포르노 영화 387

계약 결혼 216

고노리아 313

고착 69

공격성 67

공동 결혼 235

공동 관계 213

공생 306

공평한 세상이론 335

공포증 295

공허한 사랑 196, 197

관음광 402

관음증 340, 352, 402

교감신경계 95

구강성교 127, 198, 200, 201, 292, 424

구성주의 66

구순기 70

권력형 강간 339

그라펜베르크 160

근친상간 109, 118, 184, 344
근친상간의 욕망 74
근친혼 345
금단의 열매 효과 391
기계적인 처녀 127
기로증 424
기아증 423
기초체온측정법 178
기회주의적 강간 340
꼬집기기법 150

나팔관 결찰술 178
낙태 183, 444
난교 46
난임 166
난자세포 59, 89, 162
난포자극호르몬 144
남근기 73
남근기 사디즘 418
남근선망 75
남매간 근친상간 347
남성 갱년기 275
남성 폐경 275
남성 호르몬 과다증 여성 302
남성해방운동 87
남자형제가설 289
낭만적 사랑 196, 197
낯선자 강간 323
내재화된 동성애 혐오증 296
넥스플라논 177
노어에피네프린 97
노어플랜트 175, 176

노출광 398
노출증 340, 352, 398, 429
뇌하수체 91
님포매니아 426

다이어프램 174
다이얼어포른 372
단순강박형 스토커 363
대가형 성희롱 358
대리자 역할 349
대상관계 73
대상관계이론 85
대의 임신 440
데이트 205, 331
데이트 비용 326
도덕적 마조히즘 419
도착 395
도파민 97
독신 225
돈 후안 증후군 426
동물애증 424
동성동본 혼인 346
동성애 118, 119, 207, 279,
    415, 425
동성애 강간 334
동성애 성매매 371
동성애 혐오증 295, 307
동성애자 128, 354
두뇌 155, 160
드래그 퀸 415
드래그 킹 415
디포-프로베라 175

라이히 137, 157
러브맵 431
리듬 178

마돈나 증후군 87
마스터스 124, 138, 160
마찰도착증 430
만족지연 72
매독 313, 378
매력 205
면역 글로블린 169
모방이론 388
모유 169
무 효과이론 388
무분별한 성생활 338
무성생식 136
무성애 279
무의식 68
물품음란증 407
미성년자 강간 324
미성년자 성매매 373
미숙한 죄의식 159

바닐라 섹스 126
바순 140
바티칸 룰렛 178
발기부전 250, 259, 260, 264,
    274
발달의 동기 339
발정기 99
배란 현상 176

배란기 100

배우자 교환 235, 236

범성주의 66

변태성욕 352, 395, 431

보노보 원숭이 20

복수의 오르가슴 156

부교감신경계 95

부녀간 근친상간 348

부모투자이론 212

부부 강간 324

부자간 근친상간 349

분노형 강간 339

불응기 153, 275

브루스 효과 144

비인간화 포르노 387

비폭력성 포르노 387

사교병 311

사디즘 418

사랑 195

사회교환이론 213

사회병질적 성격 23

사회병질적 성격장애 283

사회생물학 65, 240

사회생물학적 207

사회적 차별 338

사회정화운동 32

사회통제 모델 338

사후피임약 185

살정제 174

상황적 동성애 288

새티라이어시스 426

생거 173

생리 전 증후군 101

생리적 동기 339

생리적 흥분 140

생물주의 65

서비컬 캡 174

선교사 체위 126

성 건강 22

성 대리자 263

성 반응 주기 137

성 신앙 43

성 역할 198, 208, 251, 291,
    326, 357, 367, 431

성 역할 고정관념 333

성 역할 구분 79

성 역할 이행 360

성 전파성 질환 311

성 정체성 431

성 중독자 427

성 진화 26

성 충동 438

성 치료 142

성 태도 26

성 학대 351, 374, 432

성 혁명 26

성감대 159

성과학 18

성관계 125

성교 125

성교 빈도 226, 227

성교육 386, 439

성교육자 443

성기기 76

성기능장애 138, 147, 159, 245,
    259, 431

성년식 109

성매매 172, 320, 354, 365,
    415, 423

성범죄 432

성범죄자 신상공개제도 436

성별 변경 303

성별결정이론 57

성병 311

성상담 437

성숙한 죄의식 159

성염색체 55, 59, 301

성욕 66, 84

성욕감퇴장애 259

성욕발달이론 68

성욕억제제 254

성의 상품화 374

성적 관심 97

성적 사회화 13

성적 상호작용 19

성적 억압 35

성적 정체성 18, 158

성적 죄의식 260

성적 지향 285

성적 혐오 262

성적 환대 243

성적 환상 157, 158, 332

성적인 인격 18

성전환 299, 303, 415

성차별 79

성차별주의 79

성폭력 440

성학 18
성행동 19
성호르몬 89, 269
성희롱 357
세로토닌 97, 151
세속적 저하 90
섹슈얼리티 18
소도미 128
소아기호중 351, 423
속박 422
속임수 전략 210
수간 118, 128, 424
수유 168
수정란 163
수행불안 247, 260, 262
순결 129, 131
슈네미티즘 373
스윙어 236
스윙잉 235
스토킹 363
스톡홀름 증후군 337
스톤월 항쟁 284
스트리커 401
스트리킹 401
스펀지 174
스피로키트 314
습관화 141
승화 75
시상하부 91
시체애중 429
시행 결혼 216
신전 성매매 366
신체상 207

심리 성적인 장애 23
심리적 피로 276

아동 포르노 387
아동학대 351
아웃터코스 127
아이소가미 217
안드로겐 141
안드로지니 62
애널링거스 127
애정강박형 스토커 363
야간정루 122
양매창 314
양성애 279, 297
양성체 16
양성평등 359, 444
어리석은 사랑 197
언디니즘 409
언식도 385
언어적 359
에스트로겐 91
에이즈 372
엔도르핀 97
엘렉트라 콤플렉스 75
엘리스 33, 120
여성의 사출 152
여성화 마조히즘 419
연성 포르노 영화 387
열정 195
열정적 사랑 197
오나니즘 118
오델로 증후군 240

오르가슴 123, 137, 138, 200,
    228, 260, 309, 408
오르가슴장애 259
오이디푸스 콤플렉스 74
옥시토신 93, 97
완경 269
완성된 사랑 197
외도 220
외상 후 스트레스 장애 351
외호르몬 143
요힘빈 255
우라니즘 282
우애 결혼 216
우애적 사랑 197
우정 197
울릭스 281
원시적 장 228
원초아 68
월경 165
월경 현상 89
월경에 대한 금기 104
월경주기 103, 305
위약 효과 254
위치추적제도 436
유발적 낙태 183, 186
유방선망 169
유사 강간 334
유치증 287
윤간 324
윤활 작용 123, 156, 180, 270,
    271, 274
음경보철기술 264
음란물 382

음부봉쇄술 113, 115, 130
음부포진 315
음핵 61
음핵절제술 113, 116
의사관음광 402
의사노출증 398
의식 67
의처증 240
이능화 369
이성애 279
이성애적 차별주의 295
이오니즘 411
이중 기준 84, 98, 440, 444
이혼 219
이혼숙려제도 221
인지 재구조화 260
인지적 동기 339
일부다처제 215
일부일처제 215, 221
일처다부제 215
임산부의 날 169
임신 164, 183,
임질 312
임플라논 177

자궁 내 장치 178
자궁선망 169
자궁절제술 178
자기관음증 402
자기애 337
자아 68
자아 이긴장성 동성애 286

자연성 러브맵 431
자연유산 183
자위행위 117, 118, 119, 150,
　　　201, 251, 408, 424, 440
자유연상 68
잠재 기간 75
장염 119
적대적 남성성 338
전기적 혐오 치료법 434
전성설 81, 186
전의식 67
전자발찌 436
전족 408
전통적 성 역할 338
전희 127
정관절제술 178
정면 성교 126, 323
정서적 근친상간 348
정신병리 모델 338
정신분석 259
정신분석이론 67
정신분석치료 308
정신적 마조히즘 419
정신적 상처 34, 68
정자 82
정자세포 59, 89, 161
정조검사 130
정조대 130
정치적 이성 복장 착용 412
정화이론 388
젠더 16
조루 147, 174
조발성 사춘기 90

조혼 217
족내혼 343
족외혼 344
종족 보존 17, 125, 276, 439
지각 139
지골로 371
지적장애 437
집단 결혼 238

착상 163
창조 19
처녀 숭배 135
처녀막 130
처녀막 재생수술 132
처녀성 129, 130
천포창 314
청각성 물품음란증 409
체계적 둔감화 261
초경 89
초야권 134
초자아 68
최음제 254
축소인간 82
축소인간이론 57, 186
춘화도 385
출산 조절 173
치료적 낙태 183, 186
치킨 포른 387
친근자 강간 324, 325
친밀감 140, 195
친족 성폭력 348

카레짜 48
커닐링거스 127
코드피스 398
코풀린 145
코프로파기아 410
콘돔 174, 191, 320
쾌락 추구 17, 125, 439
쿨리지 효과 142
킨제이 보고서 211

테스토스테론 61, 92
토템과 금기 344
통합(포괄)적인 성교육 441
퇴화 118
트랜스베스티즘 411

파괴성 러브맵 431
패싱 296
패치형 피임법 175
페니실린 314
페닐에틸아민 97
페로몬 143
페미돔 174, 175

페사리 178
펠라치오 127
편애증 408
폐경 269
포경 112
포르노 381
포진 315
포피 109
포피제거술 113
폭력성 387
표면 261
프랑스 병 313
프로라이프 186
프로락틴 93, 144, 170
프로초이스 186
플라토닉 사랑 196
피어싱 420
피임 128, 169, 171, 184
피핑 톰 403
피학성 변태성욕 419
피해자 촉진성 강간 336

하이어로가미 134
하이퍼가미 217

학대받은 가해자 352
할례 109
항문기 71
항문기 사디즘 417
항문성교 128, 171, 229, 280,
  292, 320, 423
행동수정절차 308
행위자-관찰자 모델 335
허위 오르가슴 154
헤르마프로디티즘 61
형사취수 222
호르몬대체요법 270
혼외 성교 234, 317,
혼전 성교 86, 199, 202
혼전 임신 190
화학적 거세 434
화학적 혐오 치료법 434
환경형 성희롱 358
황혼 이혼 220
후미 성교 125, 323
후천성면역결핍증후군 316
흥분 137
흥분제 256
히스테리 115, 119

윤가현

약 력

전남대학교 심리학과 졸업(문학사)

University of Georgia 대학원 심리학과 졸업(이학석사)

University of Georgia Gerontology Center(Gerontology Certificate)

University of Georgia 대학원 심리학과 졸업(철학박사)

2010~2011 한국노년학회 회장 역임

2013~2015 대한성학회 회장 역임

1989년부터 전남대학교 심리학과 교수로 재직

저 서

성심리학(성원사, 1990)

심리학의 이해(4판, 공저, 학지사, 1993, 1998, 2005, 2012)

남자들은 모두 미쳤어요: 성폭력 실상(나라원, 1993)

동성애의 심리학(학지사, 1997)

문화 속의 성(학민사, 2001)

정신지체장애와 성(전남대학교 출판부, 2002)

21세기 지식 키워드 100(공저, 한국출판마케팅연구소, 2004)

기타 논문 다수

양동옥

약 력

전남대학교 심리학과 졸업(문학사, 심리학석사, 심리학박사)
건강과 성 박물관 관장 역임(2011. 2.~2012. 1.)
『광주일보』〈양동옥의 S스토리〉칼럼니스트(2012. 1.~)
성희롱예방교육전문가, 양성평등교육전문가,
성폭력예방교육전문가(한국양성평등교육진흥원)
청소년상담전문가(여성가족부)
성교육전문가(대한성학회)
2014년부터 전남대학교 학술연구교수로 재직

논 문

참가자의 성별, 피해 여성의 옷차림 종류와 음주량 수준에 따른 성폭력 책임 귀인의 차이
   (한국심리학회지: 여성, 2012)

Self-reported prevalence of and attitudes toward premature ejaculation in a community-
   based study of married couples(World Journal of Men's Health, 2013)

Late adolescents' perception of their peers who report a large number of sex
   partners(Psychology and Behavioral Sciences, 2015)

성행동 상황에서 여성의 거절 이유 평가의 성차(한국심리학회지: 여성, 2015)

Effect of exposure of pornography on male aggression behavioral tendencies(The Open
   Psychology Journal, 2012)

기타 논문 다수

성문화와 심리(3판)

Sex Culture and Psychology of Sexuality

1998년 8월 20일 1판 1쇄 발행
2005년 1월 10일 1판 8쇄 발행
2006년 3월 2일 2판 1쇄 발행
2015년 8월 20일 2판 9쇄 발행
2016년 3월 10일 3판 1쇄 발행
2019년 7월 10일 3판 3쇄 발행

지은이 • 윤가현 · 양동옥

펴낸이 • 김진환

펴낸곳 • (주) **학지사**

04031 서울특별시 마포구 양화로 15길 20 마인드월드빌딩 5층

대표전화 • 02) 330-5114   팩스 • 02) 324-2345

등록번호 • 제313-2006-000265호

홈페이지 • http://www.hakjisa.co.kr
페이스북 • https://www.facebook.com/hakjisabook

ISBN 978-89-997-0904-3 93180

정가 **20,000원**

이 도서의 국립중앙도서관 출판시도서목록(CIP)은 서지정보유통지원시스템
홈페이지(http://seoji.nl.go.kr)와 국가자료공동목록시스템(http://www.nl.go.kr/kolisnet)
에서 이용하실 수 있습니다.
(CIP제어번호: CIP2016003989)

출판 · 교육 · 미디어기업 **학지사**

간호보건의학출판 **학지사메디컬** www.hakjisamd.co.kr
심리검사연구소 **인싸이트** www.inpsyt.co.kr
학술논문서비스 **뉴논문** www.newnonmun.com
원격교육연수원 **카운피아** www.counpia.com